主办：
四川大学法学院
四川大学刑事政策研究中心

Criminal Law
Interpretation Review VOL.10

刑法解释

编委会

主　任：赵秉志　李少平

副主任：魏　东（常务）　胡东飞　莫晓宇

委　员：（排名不分先后）
高铭暄　李少平　赵秉志　陈兴良
张明楷　陈忠林　龙宗智　左卫民
周光权　梁根林　孙万怀　刘艳红
王政勋　梅传强　袁　林　高维俭
何荣功　邓子滨　刘志伟　时延安
徐　岱　刘　远　曾粤兴　苏彩霞
周　详　黄　河　刘志远　刘树德
周加海　周洪波　翟中东　李运才
唐稷尧　陈泽宪　付玉明　黎　宏
林　维　李晓明　彭文华　卢勤忠
姜　涛　张心向　陈洪兵　付立庆
喻海松　胡东飞　莫晓宇　魏　东

执行编辑

李　侠　谢雯昕　王　濛　周树超
何　强　贡保华旦　谢　铠　陈　莲

特别支持

四川蜀鼎律师事务所

魏　东　主　编

2024

总第 10 卷

法律出版社
LAW PRESS·CHINA
北京

图书在版编目（CIP）数据

刑法解释. 总第10卷 / 魏东主编. -- 北京：法律出版社，2024. -- ISBN 978-7-5197-9904-5

Ⅰ. D924.05-53

中国国家版本馆 CIP 数据核字第 2025PS2954 号

刑法解释（总第10卷）
XINGFA JIESHI（ZONG DI-10 JUAN）

魏　东　主编

责任编辑　余群化
装帧设计　贾丹丹

出版发行　法律出版社	开本　787毫米×1092毫米　1/16
编辑统筹　司法实务出版分社	印张　26.25　　　字数　545千
责任校对　郭艳萍	版本　2024年12月第1版
责任印制　胡晓雅	印次　2024年12月第1次印刷
经　　销　新华书店	印刷　三河市龙大印装有限公司

地址：北京市丰台区莲花池西里7号（100073）
网址：www.lawpress.com.cn　　　　　　　　销售电话：010-83938349
投稿邮箱：info@lawpress.com.cn　　　　　　客服电话：010-83938350
举报盗版邮箱：jbwq@lawpress.com.cn　　　　咨询电话：010-63939796
版权所有·侵权必究

书号：ISBN 978-7-5197-9904-5　　　　　　　定价：85.00元

凡购买本社图书，如有印装错误，我社负责退换。电话：010-83938349

目　录　　刑法解释（总第10卷）

卷首语　　　　　　　　　　　　　　　　　　　　　　　　　　　　　/ 1

【特稿】
类推解释的法学方法论考察　　　　　　　　　　　　　　　陈兴良 / 1

【刑法解释学】
刑法解释整体有效性原则的内涵与展开　　　　　　　　　　魏　东 / 26
刑法文义解释中的类型思维与法律概念外延类型化　　　　　程　荣 / 40
刑法中的体系解释和连续推理
　　——以追诉时效为例　　　　　　　　　　　　　　　　王登辉 / 59
刑法体系解释的基础理论考察　　　　　　　　　田　维　罗予婕 / 72
刑法解释司法场域的主体博弈　　　　　　　　　　　　　　王东海 / 86
刑法解释过程论视域下的主观性与客观性　　　　　　　　　田杜国 / 109
刑法解释融贯性的概念界定　　　　　　　　　　　　　　　谢雯昕 / 123

【刑法教义学】
日本刑法对权利行使与财产犯罪问题的解决路径研究　　　　王昭武 / 144
论"慎刑"思想的经济刑法贯彻　　　　　　　　　　　　　刘天宏 / 162
违法性认识功能论的"三重逻辑"　　　　　　　　　　　　赵天琦 / 184
法益视位下行为犯既遂标准的检讨与再造　　　　　　　　　王德政 / 202
轻罪视域下的高空抛物行为的解释适用　　　　　　　　　　刘　浩 / 219
微罪治理的立法论课题　　　　　　　　　　　　　　　　　王　濛 / 238

【案例刑法学】

作为量刑规则的"被害人过错"实证研究
——以"亲密伴侣"故意杀人案件为视角　　　　　　韩　骁　庄　瑶 / 260

网络犯罪的功能主义解释　　　　　　　　　　　　　　　　曾　聪 / 287

帮助信息网络犯罪活动罪的争议问题与法理辨析　　贡保华旦　才让拉毛 / 315

职务犯罪调查的解释与适用
——以补充调查为视角　　　　　　　　　　　　　　　　赵何佚玺 / 329

【比较刑法学】

敌人刑法及其批判　　　　　　　　　［德］托马斯·冯鲍姆 著　黄礼登 译 / 342

论疏忽大意的过失　　　［美］克雷格·K. 阿古莱 著　徐　卓　姜吴熙来 译 / 370

刑法上的危险概念与刑法解释　　　　　　　　［韩］金台明 著　赵　跃 译 / 389

稿　约　　　　　　　　　　　　　　　　　　　　　　　　　　　　 / 408

卷 首 语

魏 东

《刑法解释》(总第10卷)共设5个栏目,载文21篇。

本卷"特稿"刊载了著名刑法学家陈兴良教授大作《类推解释的法学方法论考察》。文章提出,类推解释并不是一种独立的刑法解释方法,而只是在考察刑法解释方法过程中需要认真处理的一个问题。在日本法学方法论和德国法学方法论中,类推的性质是不同的:在日本法学方法论中,类推解释是存在的,只不过它在刑法中被禁止,在民法中则被允许;但在德国法学方法论中,类推是一种推理方法而不是解释方法,其功效在于填补法律漏洞。刑法中禁止类推,是指基于法无明文规定不为罪的原理,禁止通过类推填补刑法漏洞(如果有的话);而民法中不禁止类推,是指允许通过类推填补法律漏洞。我国对类推的理解,从传统上看,接近日本而不同于德国,需要区分类推解释、类推适用、法律类推、法类推、同类解释等概念。类推解释与类推适用这两个概念都以类推为基本内容,但前者将类推称为解释方法,后者将类推称为适用方法,因此,类推解释和类推适用在方法论意义上不能完全等同。如果把类推解释理解为采用类比推理的方法对法律所作的解释,则类推解释可以区分为两种不同类型:语义范围外的类推解释和语义范围内的类推解释。为区别起见,可以将语义范围内的类推解释称为同类解释,是指在法律规定的范围内,采用类比推理的方式对法律文本所进行的解释。语义范围外的类推解释,简称法外类推解释,是指在法律没有明文规定的情况下,采用类比推理的方法对法律文本所进行的解释。类推解释超出了法律文本的语义边界,在刑法解释中,原则上应当禁止采用类推解释入罪或者将轻罪解释为重罪;同类解释适用于兜底条款,因而它是对法律笼统规定的具体化,并没有超出法律文本的语义范围。

本卷"刑法解释学"栏目共刊载7篇文章,主要研究刑法解释整体有效性、刑法文义解释、刑法体系解释、刑法解释的主体博弈、刑法解释的主观性与客观性、刑法解释的融贯性等内容。魏东教授在《刑法解释整体有效性原则的内涵与展开》一文中指出,刑法解释的整体有效性原则,是指刑法解释必须是同时符合合法性、合理性、合目的性"三性统一体"的有效性,是在合法性底线基础价值范围内以"可包容的优化价值"规则整合的"三性统一体"的整体有效性。刑法解释整体有效性原则的核心内容是刑法解释结论整体有效性。刑法解释结论有效性(合法性、合理性、合目的性)的真正实现,离不开刑法解释方法确证功能的充分发挥与共生融合关系的体系化证成。刑法解释整体有效性原则是刑法解释结论有效性和刑法解释方法体系化的根本指导原则,凡是不符合刑法解释整体有效性原则要求的刑法解释都是错误的和必须被排除的。刑法解释整体有效性原则是一项整合合法性、合理性和合目的性的原则,必须遵循一定的整合规则,以确保刑法解释整体有效性。因此,在相当意义上可以认为,刑法解释的基本原则就是整体有效性原则。程荣博士在《刑法文义解释中的类型思维与法律概念外延类型化》一文中提出,法律概念的定义不应当仅停留在对概念内涵的理论界定上,而应以概念内涵为评价标准,进一步将概念外延类型化。对法律概念进行定义时,应当明确其概念外延的肯定(典型)类型、否定类型和中间类型。其中,肯定(典型)类型是概念的核心内容,也是语词的通常含义;否定类型是概念边缘含义的界限。在刑法解释中,应当坚持保守的刑法解释观和阶层思维,区分立法与司法、形式与实质、入罪与出罪、法律解释与法律续造,以法律概念外延类型化中的否定类型和上位概念坚守"可能语义范围"这一刑法解释的限度。王登辉研究员在《刑法中的体系解释和连续推理——以追诉时效为例》一文中指出,刑法的体系解释有利于解决关于追诉时效的理论争议。追诉时效具有丰富的内涵,不等于有限追诉,也不等于无限追诉。将追诉时效和追诉时效期限严格区分开来,是正确认识追诉时效的关键。追诉时效的适用范围是一切犯罪,这是正确认识追诉时效的基础。通过体系解释、连续推理,可以认识到1979年《刑法》第77条、1997年《刑法》第88条是关于追诉时效终止的规定,而不是关于追诉时效延长或中止的规定,也不是对追诉时效终点的直接规定。发生在1997年9月30日以前的犯罪,1979年《刑法》第76~78条同时适用;发生在1997年10月1日以后的犯罪,1997年《刑法》第87~89条同时适用。追诉时效的适用规则的关键是看刑事立案之日或采取强制措施之日是否在追诉时效期限届满之日以前;其适用步骤是:确定犯罪对应的法定最高刑—确定追诉时效期限—确定追诉时效起点—确定追诉时效终点—判断是否超过了追诉时效(判断是否符合报请核准追诉的条件)。未超过追诉时效,只是"可以追诉"的必要条件,不是充分条件,不表明最终能够判决有罪。田维博士和罗予婕同学在《刑法体系解释的基础理论考察》一文中提出,法定犯时代背景下,体系解释在当前的刑法适用中将发挥更为突出的作用。而想要正确适用刑法体系解释,需要在本体论与方法论层面厘定体系范围,同时阐明体系解释与目的解释的关系。在刑法体系解释的过程中,应在遵循刑法解释目标的基础上明确自身定位,保持法律体系在形式层面与实质层面的整体性和一致性,充分发挥协调功能、融贯功能与纠正功能,以保障其解释目标的实现。王东海博士在《刑法解释司法场域的主体博弈》一文中提出,一个案件完成完整的司法过程,需要经历从个人场域的刑法解释到司法场域的刑法解释。司法场域的刑法解释的显著特征是解释过程的动态性,此种动态性既表现在侦查或调查、起诉、审判不同阶段依次进行的动态上，又表现在不同主体之间的动态博弈上。侦查、调查与审查逮捕和审查起诉之间均存在动态的交融关系。解释主体不同，所处立场的差异、知识结构的差别，致使侦查与审查逮捕、审查起诉之间存在动态的博弈关系。田杜国副教授在《刑法解释过程论视域下的主观性与客观性》一文中提出，刑法解释不仅是刑法解释主体对刑法解释对象所作出的一种阐释说明行为，同时更是由刑法解释主体、刑法解释立场、刑法解释角度、刑法解释行为、刑法解释客体、刑法解释目的、刑法解释原则以及刑法解释方法八种必备构成要素所组成的一种社会认知实践过程。在此种过程之中，围绕刑法解释的主观性和客观性所展开的讨论其实际上应该是围绕刑法解释过程的主观性和客观性所展开的讨论。此外，想要进一步展开讨论刑法解释过程的主观性和客观性，就需要在刑法解释过程的认知基础之上从刑法解释过程的主观性和客观性的内涵、表现形式、各自对刑法解释过程所产生的作用以及二者之间的关系等多个方面展开详尽的论述。谢雯昕博士在《刑法解释融贯性的概念界定》一文中提出，刑法解释的融贯性，是指刑法解释必须具有法秩序上的一致性和协调性，在刑法内部各要素之间以及刑法与其他各部门法之间必须具有逻辑一致性、相互证立性，而不至于出现刑法解释过程中和结论上无法解决的矛盾。与文义解释、体系解释、历史解释和目的解释等解释方法相比，刑法解释的融贯性是一种本体论层面的属性描述，它可以具体体现为刑法内部各条文之间、刑法与其他各部门法之间的法秩序统一性。

本卷"刑法教义学"栏目共刊载6篇文章，主要研究日本刑法中的财产犯罪问题、"慎刑"思想在经济刑法中的运用、违法性认识功能论、行为犯的既遂标准、高空抛物罪的解释适用、微罪治理的立法论等内容。王昭武教授在《日本刑法对权利行使与财产犯罪问题的解决路径研究》一文中提出，日本的判例与学说所关注的"权利行使与财产犯罪"的问题，对于司法实务中认定有关财产犯罪具有重要的参考意义。通过研究日本相关的判例学说对此类问题的解决路径，我国解决相关问题需要注意以下四个方面：第一，重视禁止私力救济的理念；第二，区分构成要件的该当性判断与权利行使行为的正当化判断，避免研究路径上的混乱；第三，不能仅以手段行为作为评价对象，而应对手段行为与目的行为进行整体评价；第四，确定问题的关键在于是否给债务人造成了财产损失，而非债权人有无"非法占有的目的"。刘天宏博士在《论"慎刑"思想的经济刑法贯彻》一文中提出，"慎刑"思想尤其是在刑事立法较为活跃的当下意义更为重大。受我国经济社会转型、金融风险防范、国家行政权力膨胀等影响，刑法的机能和角色逐渐由保障法向社会管理法转向，经济刑法的"肥大症"即为此种角色转变的表征。为了使刑法在承担社会管理职责时仍然保持谦抑本性，维持经济秩序又不至于过度干预市场经济自由，引入和贯彻"慎刑"思想指导司法实践是有必要性和正当性的。解决市场经济秩序法益"泛秩序化"难题，将仅属于行政法保护的程序性秩序排除出刑法的保护法益范围,遏制兜底条款不适当入罪、限定变相经济行为的犯罪化规则是"慎刑"思想在经济刑法中具体化贯彻的有效路径。赵天琦博士在《违法性认识功能论的"三重逻辑"》一文中提出,违法性认识理论研究应遵循逆向构建范式,将功能评估放置于本体之前。违法性认识应当从责任阶层参与到行政犯的缓和规制之中:第一,违法性认识理论以"人"和"规范"为意蕴。基于"国家与个人""报应与预防""心理责任论、规范责任论与功能责任论""责任主义与功利主义"四对命题的不同组合,在体系上会演化出违法性认识"要或不要"以及"怎么要"的具体分歧。第二,以"最小化痛苦"为目的,居于违法性认识背后的责任主义与功利主义并非"互斥关系",二者的整合路径只能是在坚守责任主义的基础上"求取平衡"。为正确导向违法性认识的理论功能,应当坚持责任主义的"底线原则"与"优位原则"。第三,违法性认识的功能定位应注重对时代背景下本土问题的回应,有必要构建行政犯违法性认识的"缓和规制论",积极发挥违法性认识在行政犯中构建"出罪机制"与维持"量刑均衡"的功能。王德政博士在《法益视位下行为犯既遂标准的检讨与再造》一文中提出,行为犯可分为实害犯型行为犯和抽象危险犯两种类型,其既遂标准既不能坚持"着手"标准,也不能坚持"完成"标准,可运用法益·行为点标准:将行为人的实行行为划分为若干"行为点",在实害犯型行为犯中,当实行行为进行至"侵害法益的行为点"时,该行为点为既遂标准;在抽象危险犯中,当实行行为进行至"法益可能有危险的行为点"时,该行为点为既遂标准。针对行为犯的具体个罪,也可根据该标准分别推导出各自的具体既遂标准,以判断个案中行为人的实行行为是否既遂,同时,可防止具体个罪行为犯的既遂标准由于既定各说的错杂混乱或模糊抽象而造成司法实践中认定既遂的无所适从。刘浩博士在《轻罪视域下的高空抛物行为的解释适用》一文中提出,高空抛物行为独立成罪之后涉及该罪及其相关个罪的解释适用问题,无论是区分罪与非罪或者此罪与彼罪还是区分违法行为与犯罪行为以及违法行为与合法行为,均有赖于先在解释论层面对该罪的法益内容予以具体明确。高空抛物罪属于轻罪规范与具体危险犯的类型,情节是否严重的判断是对具体危险的司法判断,该判断同样有赖于以该罪的法益内容为指引,并予以解释层面的规范分析。高空抛物罪的法益内容是公共空间中的他人人身安全的危险禁止与内心安宁。造成人身安全的危险与内心安宁的侵犯主要是源于从高处袭击所产生的压迫与惊吓,而其他有关财产方面的利益则属于附带内容。在处理高空抛物行为时,定性相对容易的其他个罪应当直接按照相关个罪予以处理。高空抛物行为的独立成罪将排除以寻衅滋事罪规制该类行为的空间,并在原则上排除以危险方法危害公共安全罪的适用。在轻罪视域下,对高空抛物行为应坚持体系规制,遵循预防与惩治相结合的治理方式。王濛博士在《微罪治理的立法论课题》一文中提出,当下中国刑法立法中客观存在微罪和轻罪两种不同的犯罪群落,可以将法定刑最高刑为一年以下有期徒刑或者拘役的微罪作为独立于轻罪的一种特殊犯罪类型,基于特定价值的考量作出特殊的立法安排。罪名论意义上的微罪只包括纯正微罪,位于犯罪整体结构的最底层,是微罪治理立法论研究的重心。纯正微罪的刑事处遇措施可以差异化地适用于不纯正微罪。近年来,我国在微罪立法的实践中面临立法膨胀与立法紧缩并存的困境,作为实现刑法现代化治理的方向性指引,关于犯罪化与非犯罪化的争论从未消失,无论犯罪化的理论说理如何充分与自圆其说,都无法避免来自非犯罪化的端量与诘问。微罪治理正是在犯罪化与非犯罪化之间的中和之道。由于缺乏系统化的顶层设计,目前学界对微罪治理的研究停留在立法比较论层面,更多的是观察性的描述和相对零散化的论断,存在根本的体系性缺陷。因此,基于立法政策论的宏观视角探讨微罪治理,明确微罪治理的立法目标及政策定位,是实现微罪治理现代化的立法论课题。

本卷"案例刑法学"栏目共刊载4篇文章,主要研究作为量刑规则的"被害人过错"、网络犯罪的功能主义解释、帮助信息网络犯罪活动罪实务适用、职务犯罪调查等内容。韩晓博士和庄瑶同学在《作为量刑规则的"被害人过错"实证研究——以"亲密伴侣"故意杀人案件为视角》一文中,以2016年至2021年"中国裁判文书网"中的829个案例为样本,考察"被害人过错"的裁判机制。研究显示,"被害人过错"是"亲密伴侣"故意杀人案件量刑轻缓于"非亲密伴侣"案件,以及女性被告人"亲密伴侣"故意杀人案件量刑轻缓于男性被告人案件的关键要素。"亲密伴侣"故意杀人案件中"被害人过错"的适用存在两点缺陷:一是"被害人过错"的独立性存疑,"被害人过错"的有无、大小一定程度上受到其他非责任刑因素的影响,背后的原因可能是司法功能的异化。二是"被害人过错"的规范构造有待完善。具体修正路径是:(1)明确"被害人过错"的规范概念,适度扩张其外延;(2)确立"被害人过错"的主客观条件,以"加害行为"为核心;(3)实现"被害人过错"的类型化,统一认定标准;(4)目的限缩拒斥"情节较轻"适用的解释条款。曾聪博士生在《网络犯罪的功能主义解释》一文中提出,功能主义体系作为一种开放的体系,对外可以整合社会结构的变化发展,通过刑法修正案、司法解释及法院判例等素材,将刑事政策细化为微观判断原则融入教义学体系;对内可以依托答责性阶层,在内部发展出"罪责之下的预防"之传统犯罪规制与"罪责融入预防"之特殊犯罪规制的二元犯罪检验程序。网络犯罪覆盖面较广,因而不存在一以贯之的单一规制体系,通过法律条文、刑法修正案、司法解释及法院判例可以识别网络犯罪落入的规制场域,进而采取不同的规制机理与解释准则,从而实现网络犯罪治理的精细化与体系化。在答责性层面采取双轨制的前提下,根据权威素材提炼出灵活且具体的解释原则,形成条文规则与原则的融贯体系,也可以在不法层面充分发挥教义学的解释机能。贡保华旦博士生和才让拉毛同学在《帮助信息网络犯罪活动罪的争议问题与法理辨析》一文中,从探讨帮助信息网络犯罪活动罪的立法根据和规范属性出发,立足中立帮助行为的可罚性理论,在罪刑法定原则的框架内探索帮助信息网络犯罪活动罪理论上的限缩空间。认为在客观不法层面,立法者为了避免过分扩大本罪的处罚范围,特别规定了"情节严重"的整体限制要素;在主观责任层面,核心在于认定行为人是否"明知他人利用信息网络实施犯罪","明知"的范围应该严格地限制在明确知道以及推定明知。基于以客观说为基础的综合限制中立帮助行为的处罚范围路径,要求在确定接受帮助者客观上制造了法不允许的危险时,该中立帮助行为才具备可罚性基础。同时,针对某些特殊地区涉信息网络犯罪活动激增且帮助信息网络犯罪活动罪治理缺位的现状,有必要促进帮助信息网络犯罪活动罪的司法扩张,提出理论上的限缩与司法的扩张并不冲突,可以推进以客观说为基础的综合说在某些特殊地区帮助信息网络犯罪活动罪案件中的运用,以斩断其帮助链条,从而有效治理该类犯罪。赵何佚玺博士生在《职务犯罪调查的解释与适用——以补充调查为视角》一文中提出,职务犯罪调查解释不清可能导致补充调查的制度设计面临应然与实然相差的问题,其制度语境内含了权力制约、对诉讼价值的追求、保持法律体系完整性的基本目标。而实践中可能会存在"对人"之监督难以制衡"对事"之监督的权力掣肘现象,检察院人员转属难以胜任自行补充侦查的工作,两种监督权的"共益性"可能导致制度难以落实的问题。有必要从新的角度对监察委员会的"政治机关"理论定性予以重新解释,纠正对监察权属性的错误解读。从目的解释出发理解"必要时",增强制度在司法实践中的实操性。对"共益性"重新解释,廓清权力运行的边界。

本卷"比较刑法学"栏目共刊载 3 篇译文,主要研究敌人刑法、疏忽大意的过失、刑法上的危险概念等内容。德国学者托马斯·冯鲍姆教授(黄礼登副教授译)在《敌人刑法及其批判》一文中提出,雅各布斯声称:为了重塑自由秩序而不得不暂时搁置自由的时代已经到来,敌人刑法作为例外性的紧急状态刑法有被合法化的空间,敌人刑法遵循与"法治国内部刑法"不一样的规则。多位意大利、西班牙和德国学者对于敌人刑法理论进行了批判。有人认为敌人刑法是对西方国家新近刑事立法的正确描写,有人认为它只是旧绝对刑罚理论的翻版,还有人认为它是一种单方面强调安全的模式。学者们批判雅各布斯误解了基本法关于"人"作出的有约束力的评价,认为敌人刑法的错误在于它极端地否定了平等和权利的关系,是风险刑法错误发展的结果。敌人定义的模糊性也增加了定义权落入政治权力的风险。冯鲍姆指出,拒绝敌人刑法有时只是出于情绪原因,好战式法律语言在德国法律文本中广泛存在。他揭示雅各布斯使用了系统论、黑格尔哲学以及安全基本权利理论来证成他的敌人刑法理论,其与宪法精神之间的对立是没有消弭的缺陷。冯鲍姆警示,将敌人刑法作为普通刑法的亚系统来发展也是有危险的,青少年刑法的独立发展就具有这方面的教训。如果要从历史角度观察,要注意人们可能会错误地认为他站在历史发展的正确道路上。美国克雷格·K.阿古莱副教授(徐卓博士生和姜吴熙来译)在《论疏忽大意的过失》一文中提出,行为人在过失犯罪活动中的反事实心理状态,引发的心理状态是否作为承担刑事责任的重要因素的讨论。对此作者提出,对过失犯罪中行为人心理状态理解的新思路,即过失犯罪中行为人的心理状态应当是现实的,而非反事实的。这种对过失犯罪中行为人心理状态的新理解,不仅消解了怀疑论者对过失犯罪行为人归责的担忧,并有助于解释行为人在过失犯罪中过失相对较轻时的罪责承担问题。韩国金台明教授(赵跃博士译)在《刑法上的危险概念与刑法解释》一文中提出,"危险"的概念已经在刑法学的广泛领域中得到了广泛的应用,例如:因果关系、未遂、危险犯等,与对1953年《韩国刑法典》的立法产生影响的外国刑法典不同,1953年《韩国刑法典》在若干条款中明确规定[例如:第17条(因果关系),第27条(不能犯)等]将危险的概念定义为其基本特征。然而,在解释中,这一特征在文献中主要被忽视,因为它在确定因果关系和不能犯的刑事责任时并没有包含任何标准。但是,对于1953年《韩国刑法典》中这一特征的接受过程的历史研究表明,立法者通过明确危险概念,以期修订以前的讨论。根据该法典第17条的规定,刑事责任只能依托于行为与预期的犯罪危险发生之间的因果关系存在,并且行为与构成犯罪危险的发生有关。行为的危险性不仅是不能犯的刑罚基础,也是区分(可罚)未遂犯罪和(无罪)幻想犯罪的标准。这是关于危险概念的含义。为了清楚阐述其内容,作者首先介绍了不同的危险概念,然后探讨了它在刑法中的应用。在这里,发现1953年《韩国刑法典》的危险概念,先是受到了1940年日本《刑法典草案》的影响,而该草案又受到了1927年《德国刑法典草案》的影响。从这一研究中可以发现,1953年《韩国刑法典》的立法者吸收了危险的客观概念,并将其应用于刑法的普遍原理,特别是因果关系和不能犯。对于该法典分则上的许多危险犯罪,客观危险概念也被用于对构成要件的适用。

【特稿】

类推解释的法学方法论考察

陈兴良[*]

【摘要】 类推解释并不是一种独立的刑法解释方法,而是在考察刑法解释方法过程中需要认真处理的一个问题。在日本法学方法论和德国法学方法论中,类推的性质是不同的:在日本法学方法论中,类推解释只不过在刑法中被禁止,在民法中则被允许。但在德国法学方法论中,类推是一种推理方法而不是解释方法,其功效在于填补法律漏洞。刑法中禁止类推,是指基于法无明文规定不为罪的原理,禁止通过类推填补刑法漏洞(如果有的话);而民法中不禁止类推,是指允许通过类推填补法律漏洞。我国对类推的理解,从传统上看,接近日本而不同于德国,需要区分类推解释、类推适用、法律类推、法类推、同类解释等概念。类推解释与类推适用这两个概念都以类推为基本内容,但前者将类推称为解释方法,后者将类推称为适用方法,因此,类推解释和类推适用在方法论意义上不能完全等同。如果把类推解释理解为采用类比推理的方法对法律所作的解释,则类推解释可以区分为两种不同类型:语义范围外的类推解释和语义范围内的类推解释。为区别起见,可以将语义范围内的类推解释称为同类解释,这是指在法律规定的范围内,采用类比推理的方式对法律文本所进行的解释。语义范围外的类推解释,简称法外类推解释,这是指在法律没有明文规定的情况下,采用类比推理的方式对法律文本所进行的解释。类推解释超出了法律文本的语义边界,在刑法解释中,原则上应当禁止采用类推解释入罪或者将轻罪解释为重罪;同类解释适用于兜底条款,因而它是对法律笼统规定的具体化,并没有超出法律文本的语义范围。

【关键词】 类推解释　类推适用　同类解释

在考察刑法解释方法的时候,类推解释是一个绕不过去的问题,并且,围绕类推解释存在各种观点的聚讼。在某种意义上说,类推解释是刑法解释中的一个难点。类推

---

[*] 陈兴良,北京大学博雅讲席教授、博士生导师。

解释并不是刑法的一种解释方法,而只是在考察刑法解释方法过程中需要认真处理的一个问题。严格来说,类推解释并不是一种独立的刑法解释方法,甚至类推解释这个概念本身都是不能成立的,本文只是在学术讨论的意义上采用类推解释概念,对刑法中的类推解释及其相关问题进行法学方法论的考察。

一、类推解释的概念

类推解释概念中的类推一词,如果仅从字面来看,是类比推理的简称。然而,在刑法教义学中类推已经成为一个专用名词。如果类比推理是一个逻辑学概念,那么类推解释就是一个法学概念。因此,对于类推解释应当在法学方法论的意义上加以把握。

在刑法方法论中,类推解释这个概念本身在日本刑法教义学与德国刑法教义学中就存在巨大差异。可以说,类推解释的概念只存在于日本刑法教义学中,而在德国刑法教义学中并无类推解释的概念。例如,日本学者指出:"所谓类推解释,就是以刑法明文规定的事项与无明文规定的事项之间所存在的类似性为依据,将前一事项的规定适用于后一事项的逻辑操作。"[①]在此,虽然日本学者将类推解释落脚在逻辑操作,实际上就是逻辑推理,但仍然对类推解释冠以解释之名。日本学者是在罪刑法定原则中论及类推解释的禁止,并且将其视为罪刑法定的派生原则。例如,日本学者山口厚指出:"一般认为,作为刑法的解释来说,'允许扩张解释而不允许类推解释'。这是因为,类推解释无非就是裁判所(指法院——引者注)的事后的立法而已,由于其违反了法律主义以及禁止事后法,故而不为罪刑法定原则所允许。"[②]在此,山口厚在禁止的意义上论及类推解释,其含义是说,类推解释本身是成立的,只不过被罪刑法定原则所禁止,不能在刑法解释中采用而已。日本之所以认可类推解释这个概念,是因为在第二次世界大战之前,类推解释在日本是被允许的。只是在第二次世界大战以后,类推解释才被禁止。但被禁止以后,类推解释这个概念仍然被保留下来,成为刑法解释中在与扩大解释相区分意义上具有一定价值的概念。此外,日本学者认为虽然刑法中禁止类推解释,但在民事法律中采用类推解释(也被称为"准用"),被认为是理所当然的。其理由在于:为了合理解决民事纠纷,即便允许类推解释,也并无弊端。[③] 由此可见,即使在罪刑法定原则的语境下,日本仍然保留了类推解释的概念。

德国则与日本不同,德国刑法教义学中虽然有类推的概念,但并没有类推解释的概念。例如,德国学者罗克辛将禁止类推而非禁止类推解释作为罪刑法定的派生原则,是严格的罪刑法定的应有之义。罗克辛指出:"类推是通过类似性推理的方法,将

[①] [日]关哲夫:《论禁止类推解释与刑法解释的界限》,王充译,载陈兴良主编:《刑事法评论》第20卷,北京大学出版社2007年版,第357页。

[②] [日]山口厚:《刑法总论》(第3版),付立庆译,中国人民大学出版社2018年版,第13页。

[③] 参见[日]西田典之:《日本刑法总论》(第2版),王昭武、刘明祥译,法律出版社2013年版,第43页。

一个法律规则转而适用于一个在法律中没有规定的其他案件的作法。任何一种在其他法律领域中被认为是很平常的作为获得法律手段的类推用法,只要是发挥对行为人不利的作用的,那么在刑法中,出于保护行为人的目的,都要为《德国基本法》第103条第2款所禁止。对于仅类似于法律规定的案件,这种刑事可罚性在法律上就是不确定的。"[1]值得注意的是,罗克辛在上述叙述中表明,罪刑法定所禁止的并不是类推解释而是类推,因此在罗克辛的语境中,类推并不是一种解释方法,而是一种基于类似性的推理方法。应该说,解释方法与推理方法之间是具有明显区别的。在日本的法学方法论中并无推理的概念,所有法学方法都归之于解释,而在德国的法学方法论中则将解释与推理加以区分。解释是语言分析方法,而推理是逻辑分析方法,两者具有各自的功效。而且,即使在民法或者其他法学领域的方法论中,也不存在类推解释的方法。例如,德国学者拉伦茨将类推确定为一种开放型漏洞的填补方法,指出:"《德国民法典》第463条第2句提供了将制定法的规定类推适用于制定法并未提及,但根据价值评判应做相同评价的事实构成的例子,之前我们在阐述漏洞概念时已经提到过这个条文。"[2]根据拉伦茨的以上论述,在刑法中被禁止的是类推而不是类推解释,同样,在民法中被允许的是漏洞填补而不是类推解释。由此可见,在日本法学方法论和德国法学方法论中,类推的性质是不同的:日本法学方法论中,类推解释是存在的,只不过它在刑法中被禁止,在民法中则被允许。但在德国法学方法论中,类推是一种推理方法而不是解释方法,其功效在于填补法律漏洞。刑法中禁止类推,是指基于法无明文规定不为罪的原理,禁止通过类推填补刑法漏洞(如果有的话)。而民法中不禁止类推,是指允许通过类推填补法律漏洞。

我国对类推的理解,从传统上看,接近日本而不同于德国。因此,我国刑法教义学中采用类推解释的概念。尤其是我国1979年《刑法》曾经设立类推制度,在这种类推合法化的法律语境中,类推解释的概念当然也就具有其存在的合理性。及至1997年《刑法》废除类推制度,引入了罪刑法定原则。在这种情况下,不仅类推,甚至类推解释都丧失了其存在的根基。然而,类推解释的概念仍然作为罪刑法定原则的对立物被我国刑法所保留。例如,立法机关在阐述罪刑法定原则的含义时指出:"贯彻罪刑法定原则就必须在进行法律适用、解释的过程中,坚持禁止类推的精神,正确把握类推解释和扩大解释的界限,前者违反罪刑法定原则,后者在法律用语的含义之内并不违反罪刑法定原则。"[3]由此可见,类推解释的概念虽然不符合解释的本义,但由于历史传统,类推解释在我国刑法话语体系中还是占据一席之地。

---

[1] [德]克劳斯·罗克辛:《德国刑法学总论》(第1卷),王世洲译,法律出版社2005年版,第79页。
[2] [德]卡尔·拉伦茨:《法学方法论》(全本)(第6版),黄家镇译,商务印书馆2020年版,第480页。
[3] 陈兴良、刘树德、王芳凯编:《注释刑法全书》,北京大学出版社2022年版,第7页。

从逻辑上来说，类推不可能是一种解释方法。因为解释是对法律文本含义的揭示，它以法律规定为前提。在没有法律规定的情况下，根本就不存在解释。类推解释的概念是与解释的概念相矛盾的，其本身难以成立，只有将类推确定为一种推理方法才具有合理性。考虑我国的特殊语境，本文还是在特定的意义上采用"类推解释"一词。因为刑法中类推解释的含义已经约定俗成地被确定为对于法律没有明文规定的行为，根据其与法律规定之间具有类似性而解释其具有定罪根据，所以这里的类推解释是指类推的入罪解释。在这种情况下，本文严格禁止让类推解释的含义超出法律范围。至于在法律范围内采用类比推理方法的解释，本文称为同类解释。在某种意义上说，同类解释其实也是一种类推解释，只不过是在法律范围内的类推解释。

二、类推适用的概念

类推适用是指基于类比推理将刑法规定适用于与之最相类似的案件事实。类推适用与依法适用之间存在明显的区别：依法适用是指将刑法规定适用于与其具有同一性的案件事实。因此，依法适用是有法司法，但类推适用在某种意义上是无法司法。

作为一种法律适用方法，类推可谓源远流长。中国古代春秋时期著名思想家荀子曾经指出："有法者以法行，无法者以类举。"荀子所说的类举，就是指类推。由此可见，早在春秋时期我国就已经产生了类推的观念。这里的"类"是指因具有类似关系而归之为一类。因此，类似关系与同一关系之间存在区别：类似关系是指两个事物之间虽然不完全相同但具有较高的相似性，同一关系则是指两个事物完全相同没有任何差异。所谓"有法者以法行"，就是指在案件事实与法律规定之间具有同一关系的情况下，应当直接依法处理。"无法者以类举"则是指在案件事实与法律规定之间具有类似关系的情况下，应当依照类推原则处理案件。因此，类推与完全依法处理是有所不同的。类推将法律规定扩大适用于法律虽然没有规定，但与法律规定之间具有类似关系的案件事实，是一种扩张法律规定的涵括面的适用方法。应该说，在古代语言书写方式简陋，例如，春秋时期采用竹子作为书写工具，将律文刻写在竹简上，成文法不发达的状态下，不可能制定十分详尽的法律规定，因而通过类推扩大法律的涵盖范围，具有一定的合理性。

及至汉代，通行决事比，也就是根据类比作为判决的依据。决事比是汉代的法律形式之一，它是指将已判决的典型案例汇编后经皇帝批准具有法律效力，可以作为判案的依据。决事比是通过比照典型判例以此弥补律令之不足，《周礼·秋官·大司寇》注云："若今律其有所事，皆依旧事断之；其无条，取比类以决之，故云决事比。"从形式上看，决事比类似于遵循先例的判例法，即从既往判例中寻找法律规则，以此作为处理目前案件的法律依据。决事比起源于董仲舒首倡的"春秋决狱"，具有推衍经义以决狱的性质。在春秋的决狱中，决事比先前的故事，这些故事通常来自《春秋》等儒家的经典著作。因此,决事比也被称为"春秋决狱"。董仲舒在断狱时往往引用儒家经典的论断作为断案的根据,由此形成一种司法制度。例如,时有疑狱曰:"甲无子,拾道旁弃儿乙养之,以为子。及乙长,有罪杀人,以状语甲,甲藏匿乙,甲当何论?"仲舒断曰:"甲无子,振活养乙,虽非所生,谁与易之。《诗》云,螟蛉有子,蜾蠃负之。《春秋》之义,父为子隐。甲宜匿乙,诏不当坐。"这个案例的案情是养父隐匿犯罪的养子,对此能否适用亲亲相隐不为罪的免责事由。根据儒家学说,父子相隐不为罪。例如,《论语·子路》:"孔子曰:吾党之直者异于是;父为子隐,子为父隐,直在其中矣。"但本案的甲与乙并不是父子关系,而是养父养子关系。那么,原本适用于父子之间的亲亲相隐不为罪的规定能否适用于养父子呢?董仲舒采用决事比的方式,认为对于养父子应当比照父子,适用亲亲相隐不为罪的规定,这就是一种典型的类推。此后,决事比逐渐发展为一种从已经生效的判决中寻找判案根据的方法,这是中国古代判例法的肇始。正如我国学者指出:"决事比,其性质相对于判例汇编。按照汉律,某些案例若无律法明文规定,可比附近似的条文,并上报皇帝定案。由此形成的种种判例汇编起来,再奏请皇帝批准,称为'决事比',同样具有律法效力,可作为以后判案的根据。"①

决事比是以法律没有明文规定为前提的,因而是类推的一种特殊形式。决事比中的"比",是指两个事物之间的对比和比较,因此,"比"的观念更为强调的是在不同事物中寻找相同之处,以此作为认知的一种方法。中国汉代司法活动中大力推行的决事比,就是采取比较的方法适用法律的断案形式。从逻辑学上考察,"类"和"比"具有共同特征,因而将其合为一体,称为类比推理,简称为类推。中国古代刑法中并无类推一词,类似于类推的概念是比附援引。例如,我国学者引用清代刑部(山东司)在某个案件中的以下论述,总结了比附原理:"审理案件遇有例无明文原可比附它律定拟,然必所引之条与本案事理切合,即或事理不一而彼此情罪实无二致方可援照定谳,庶不失为平允。"②由此可见,我国古代刑法中的比附援引是以事理和情理相同为根据的一种类比推理,与现代刑法中的类推别无二致。

在大陆法系国家的法律中,类推是在法律续造的名义下讨论的,在规范不能解决案例的情况下,只有通过具体类推,对构成要件要素予以补充,才能使案件事实得以涵摄于规范之下。③ 因此,类推是以法律没有明文规定为前置条件的,通过类推弥补法律规范的所谓漏洞。从这个意义上说,类推是一种弥补法律漏洞的方法,因而具有法律续造的性质。例如,在古罗马法中就已经出现类推适用,奥地利学者指出:"从法律

---

① 曾亦:《〈春秋〉为"刑书"——兼论中国古代法律的儒家化问题》,载《孔子研究》2022年第5期。
② 陈新宇:《从比附援引到罪刑法定——以规则的分析与案例的论证为中心》,北京大学出版社2007年版,第36页。
③ 参见[德]托马斯·M. J. 默勒斯:《法学方法论》(第4版),杜志浩译,北京大学出版社2022年版,第371页。

史的视角来看,对类推适用方法的认可,是在克服了早期法秩序中典型的形式主义(最终是以文字魔法为基础)的文字约束后。有趣的是在古罗马法实践中有一个关于类推适用的故事:按照古罗马《十二铜表法》,四角动物的所有人对其动物出于野性造成的损失承担责任。在布匿战争之后,非洲的鸵鸟被带入意大利,产生了令人担忧的问题,即所提到的诉讼是否也适用于两只脚的动物。诉讼条款的文字明确不涵盖两脚动物,但是从目的角度来看,鸵鸟显然与四脚动物有同等的地位。因此,裁判官使用类推的方法,准许了扩用诉讼:'如果不是四脚动物,而是其他的动物造成损害,本诉讼可以类推适用'。"①由此可见,类推适用在古罗马法中就已存在。类推适用的前提除了法律没有明文规定,还必须具备另外一个前提,即法律未规定的情形与法律规定的情形之间具有相似性。也就是说,并非所有法律没有明文规定的情形都可以通过类推获得规范依据,只有在具备类似性条件的情况下,才能适用类推。德国学者指出,历史上的具体类推在《学说汇纂》中已经存在,并且已用于《十二铜表法》。随着在立法上确认法官具有法续造的权限,在德国类推几乎没有争议地得到了认可。法国法亦承认类推适用。在英美法系,将先例适用于类似案例的法官法可谓众所周知地适用类推。② 由此可见,无论是大陆法系还是英美法系,都普遍采用类推方法。例如,德国学者萨维尼指出:"实在法应当根据自身而得到完善,因为我们认为实在法中存在一种有机的形成力量(eine organisch bildende Kraft)。根据我们对于实在法的基本观点,我们必须将此种处理方式视为正确的和必要的方式,并且此处理方式与以下处理方式是相同的,即在通过消除矛盾而确立统一性之中所应用的处理方式。通过这种处理方式而发现的法规定与既定的实在法之间的关系,我们称之为类推(Analogie),我们必须通过类推去填补任何已被发现的漏洞。"③因此,萨维尼将类推明确地定性为法发现(Rechtsfindung),认为类推是"基于法律的论证"(ex argumento legis),它是一种法完善的途径。

作为法律适用的一般方法,类推受到各国法律的承认,这是毫无疑问的。但对刑法能否采用类推的适用方法,则随着罪刑法定原则的确立发生了根本改变。例如,意大利刑法学家贝卡里亚明确否定法官具有对刑法解释的权力,指出:"刑事法官根本没有解释刑事法律的权力,因为他们不是立法者。"由此可见,贝卡里亚是从立法权与司法权严格区分的角度反对法官的法律解释权。当然,贝卡里亚并不否认严格区分立法权与司法权在刑法适用过程中也会出现各种问题,但这种问题的性质与法官任意解

---

① [奥]恩斯特·A. 克莱默:《法律方法论》,周万里译,法律出版社2019年版,第173页。
② 参见[德]托马斯·M. J. 默勒斯:《法学方法论》(第4版),杜志浩译,北京大学出版社2022年版,第372页。
③ [德]弗里德里希·卡尔·冯·萨维尼:《当代罗马法体系》(第1卷),朱虎、张梓萱译,中国人民大学出版社2023年版,第221页。

释法律显然不能相提并论。反之,在刑法适用中暴露的法律局限性会促使立法者对法律文本进行必要的修正。因此,贝卡里亚认为:"当一部法典业已厘定,就应逐字遵守,法官唯一的使命就是判定公民的行为是否符合成文法律。"[①]正是在这个意义上,贝卡里亚提出罪刑法定原则,并将禁止类推作为其派生原则。自此以后,禁止类推成为现代刑法中不可动摇的规则。可以说,能否采用类推方法填补法律漏洞,民法和刑法对此的立场截然对立。例如,德国学者萨维尼指出:"解释总是涉及以下问题:就规则所涉及的案例而言,什么是法律规定?只是在实际应用的时候比较困难。在民法中,总得有一方当事人享有权利,对此,必须寻找一条能够解决这个案件的规则:既可以从一条更抽象的规则推导出来,也可以从其他特殊规则中找到它。人们把第二种方法称为类推(Analogie),它也属于对立法的补充,但它是立法的自我补充,而不是从外部把某种东西添加给立法。刑法与民法截然不同。在刑法领域,法律可以对某个问题保持沉默。此刻该如何处理?不适用刑罚。因为,在实践中,或者说从法官的视角看,可罚性(Strafbarkeit)是偶然的。易言之,以存在相关的法律规定为前提。"[②]因此,在民法中类推是一种漏洞补充方法,民法教义学称之为法律续造。在刑法中的类推,这里是指对法无明文规定行为的入罪类推是被禁止的。当然,类推是一个内涵较为丰富的概念,并且在法教义学中对其含义存在不同的理解。

在法学方法论中,类推适用可以分为不同的类型。因此,类推的类型考察对全面理解刑法中的类推具有重要意义。

(一)法律类推

法律类推,也称为制定法类推,是指援引某个法律文本条款作为类推依据,由此将该条款适用于与之最相类似的案件事实。法律类推是狭义上的类推,我们通常所说的类推就是指法律类推。可以说,法律类推是以法律文本的条款为根据的类推。

在罪刑法定的语境中,法律类推是被禁止的。但在我国1979年《刑法》第79条规定设立了类推制度的情况下,适用类推是合法的,这个意义上的类推就是法律类推。以下是适用我国1979年《刑法》类推定罪的案例,通过对两个类推案例的分析,可以发现类推适用中存在的问题。例如,最高人民法院类推核准王某堂妨害婚姻家庭案:被告人王某堂(男,45岁)系宁夏电力局青铜峡建工处职工,1981年以来,王某堂与本处职工陈某英通奸。1982年12月,被陈某英的丈夫邵某某发现后,王某堂不思悔改,继续与陈某英通奸,并给陈某英写信对陈某英及其丈夫和女儿继续威胁。1983年3月,王某堂在陈某英提出和其断绝关系后,仍对陈某英纠缠不休。最为严重的是,1983

[①] [意]切萨雷·贝卡里亚:《论犯罪与刑罚》,黄风译,商务印书馆2017年版,第13页。
[②] [德]弗里德里希·卡尔·冯·萨维尼、[德]雅各布·格林:《萨维尼法学方法论讲义与格林笔记》,杨代雄译,法律出版社2008年版,第27~28页。

年7月16日,王某堂给陈某英写信,对陈某英施加精神压力。1983年7月17日下午,陈某英服毒自杀身亡。在上述王某堂妨害婚姻家庭案中,陈某英虽然系自杀,但王某堂与其通奸,并且在被陈某英的丈夫发现以后,继续与陈某英保持通奸关系。在陈某英提出断绝关系后,王某堂不仅继续纠缠,而且写信威胁,最终造成陈某英服毒自杀身亡。由此可见,王某堂的行为妨害了他人的婚姻家庭,并造成严重后果,已达到犯罪程度,应当予以刑罚处罚。

王某堂的行为属于通奸的性质,如果在刑法设立通奸罪的情况下,可以通奸罪论处。但该种行为不仅在1979年《刑法》中没有明文规定,而且在我国现行《刑法》中也没有规定为犯罪。由于1979年《刑法》第79条规定了类推,加上本案王某堂的通奸行为引发他人自杀的后果,司法机关认为王某堂的行为具有严重的社会危害性,类推以妨害婚姻家庭罪定罪处刑。宁夏回族自治区银南地区中级人民法院于1985年4月25日以(85)南刑一再字第1号刑事判决书,认定被告人王某堂的行为已构成妨害婚姻家庭罪,比照我国1979年《刑法》第179条第2款的规定,类推判处王某堂有期徒刑5年。依照我国1979年《刑法》第79条的规定,该案经宁夏回族自治区高级人民法院审核同意后,报请最高人民法院核准。最高人民法院于1985年7月29日裁定核准宁夏回族自治区银南地区中级人民法院于1985年4月25日以(85)南刑一再字第1号刑事判决书以妨害婚姻家庭罪,类推判处被告人王某堂有期徒刑5年的刑事判决。

值得注意的是,类推是以构成要件的行为最相类似为前提的,被援引的是规定具体犯罪的法律条款。但在本案中,却是类推以妨害婚姻家庭罪定罪处刑,而妨害婚姻家庭罪在我国1979年《刑法》中并不是各罪而是类罪。也就是说,在1979年《刑法》中,妨害婚姻家庭罪属于《刑法》分则第七章规定的类罪名。在这种情况下,本案王某堂的行为虽然具有妨害婚姻家庭的性质,但其行为与妨害婚姻家庭罪中的任何一个罪名都没有最相似的关系。从这个意义上说,本案并不符合类推定罪的条件。因为,即使是在刑法规定了类推制度的情况下,也不是任何刑法没有明文规定的行为都可通过类推入罪。

接下来,我们继续考察最高人民法院类推核准的马某东侵占财物案:被告人马某东曾与郭某一同从上海到达广州,此时,因郭某要到深圳办事,就将一只密码箱交给马某东代为保管。马某东在郭某去深圳后,撬开密码箱,窃取郭某在上海的银行存折3本(存款39000元)、现金270元及郭某的私章一枚等财物。携带密码箱回到上海后,马某东先后3次从银行支取郭某存款19000元,然后回到广州挥霍享用。后来返回上海,又将郭某的存款余额及利息共20274.40元全部从银行取出,继续挥霍享用。在郭某告发后,被公安机关追回赃款12500元。上海市南市区人民法院依照1979年《刑法》第79条的规定,比照第152条以非法侵占他人财产罪类推判处有期徒刑15年,剥夺政治权利5年。经中级人民法院和高级人民法院逐级审核同意,依法报送最高人民法院核准。最高人民法院审核认为，原判以非法侵占他人财产罪的判处是正确的，但量刑过重，判决被告人马某东以侵占他人财产罪类推判处有期徒刑10年，剥夺政治权利3年。

在上述马某东侵占财物案中，被告人马某东受郭某委托保管财物，在保管期间，马某东撬开密码箱，窃取郭某财物。司法机关认为本案的行为属于侵占，由于我国1979年《刑法》并没有设立侵占罪，司法机关对本案类推盗窃罪定罪处刑。本案引用的类推条款是1979年《刑法》第152条，该条是盗窃罪、诈骗罪、抢劫罪的加重条款。从内容来看，本案类推的对象是盗窃罪，也就是说，本案侵占财物的行为，与盗窃罪最相类似，本案数额达到了数额巨大，因而援引1979年《刑法》第152条作为类推的法律依据。就本案以盗窃罪类推定罪而言，在类推的引用条款上是正确的。但本案存在的类推必要性问题，确实值得思考。因为类推的前提是法律没有明文规定，如果是法律有明文规定，则根本就没有类推的必要性。但在本案中，对于马某东的行为是否属于刑法没有明文规定这一点上，恰恰存在可以商榷之处。

马某东的行为并不是直接侵占代为保管的他人财物，因为在本案中，马某东受托保管的是密码箱，委托人对密码箱加了锁，马某东是撬开密码箱窃取他人财物。这种行为在刑法教义学中称为侵占缄封物，对这种行为的定性存在盗窃说和侵占说的争议。盗窃说也称为委托者占有说，认为侵占缄封物的行为属于盗窃。在本案中，他人委托保管的是密码箱本身，并且对密码箱加锁，因此密码箱内的财物仍然处于委托人的占有之中。在这种情况下，撬开密码箱窃取密码箱内财物的行为完全符合盗窃罪的构成要件，应以盗窃罪论处。侵占说也称为受托者占有说，认为在本案中，他人在委托保管密码箱的同时，实际上也将密码箱内的财物委托给马某东保管，密码箱内的财物处于受托者占有的状态。因此，马某东撬开密码箱非法占有财物的行为，具有侵占的性质。否则，在将缄封物交给他人保管的情况下，就没有成立侵占罪的可能性。对于上述两种观点，我国刑法学界虽然存在争议，但这种争论只是存在于刑法同时设立了盗窃罪和侵占罪的法律语境中。如果在刑法只是设立了盗窃罪但并没有设立侵占罪的情况下，从刑法适用角度来说，对于侵占缄封物的行为直接认定为盗窃罪并无不当。因此，马某东侵占财物案也是一个错误适用类推的案件。

通过对上述两个类推案件的分析，我们可以看到，法律类推的适用是具有严格的实体和程序条件限制的。类推并不意味着它可以在缺乏法律根据的情况下，对法律没有明文规定的行为任意定罪。这是我们在理解法律类推的时候，应当特别注意的问题。尤其应当指出的是，我国1997年《刑法》第3条规定了罪刑法定原则，废弃了1979年《刑法》第79条的类推制度，因此，在我国刑法中禁止适用法律类推。

(二)法类推

法类推(Rechtsanalogie)是指基于一般法目的的类推。在法教义学中，法类推是相对于法律类推而言的,法律类推是具体类推,而法类推则是整体类推。如果说,法律类推是根据某个具体法律规范所做的类推;那么,法类推就是从许多法规范当中抽象出一个一般性的思想,之后再使之形成一项一般性的法律陈述,从而即可将其应用于法律所未规定的构成要件上。其理由在于,该构成要件与法律所规定的各种构成要件相比,在价值上具有一致性。① 由此可见,法类推和法律类推的类比前提是不同的:法律类推的类比对象是具体的法律规范,是基于法规范的类比推理;而法类推的类比对象是从数个法规范中抽象出来的法目的或者法的一般思想,是基于法目的的类比推理。显然,法类推脱离具体法律规定的特征决定了在罪刑法定的语境中,它更是被绝对禁止的。至于在民法领域,作为一种法律漏洞的填补方法,法类推具有采用的余地。

(三)法律类推与法类推的区别

法律类推和法类推虽然都是法律适用中的类推,但这两种类推还是存在较大差别的。我国学者从以下三个角度阐述了法律类推与法类推的差异:② 第一,两者在适用前提上的差异。在法律类推的情况下,其从单一的法律规定出发,将其类推适用于待决案件;而在法类推的情况下,其从复数法律规定出发,将其共同的原理适用于待决案件。第二,两者在逻辑方法运用上的差异。在法律类推中,仅有演绎的方法,即借助于类似问题类似处理来进行演绎,法官没有进行相应操作;而在法类推中,其不仅有演绎的方法,还有归纳的方法,即通过数个法律规定,归纳出共同的法理,进而将其适用于法律没有规定的情形。第三,从适用情况来看,法律类推是常态,属于类推适用的一般情况;而法类推是特别规定,仅适用于特殊情况。由此可见,法律类推是较为常见的类推方法,但法类推则是较为特殊的类推方法。因为法律类推是以具体法条为根据的类推,但法类推则是以一般法律原则为根据的类推。例如,我国《民法典》第10条规定:"处理民事纠纷,应当依照法律;法律没有规定的,可以适用习惯,但是不得违背公序良俗。"这是民事审判在法律没有明文规定的情况下,可以适用习惯的一般条款,它对于所有民事案件的适用都具有指导意义。因此,根据这一规定对法律没有明文规定的情形,归纳出法律规则,然后适用于待决案件,这就是法类推。我国刑法实行罪刑法定原则,对于法律没有明文规定的行为不得定罪处罚。因此,我国刑法禁止法外类推,并且没有适用法类推的余地。

这里应当指出,刑法中的类推还可以区分为不利于被告人的类推和有利于被告人的类推两种情形:不利于被告人的类推是指入罪或者罪重的类推,即以类推作为被告人有罪或者罪重的根据;有利于被告人的类推是指无罪或者罪轻的类推,即以类推作

---

① 参见[德]托马斯·M.J.默勒斯:《法学方法论》(第4版),杜志浩译,北京大学出版社2022年版,第381~382页。
② 参见王利明:《法律解释学导论——以民法为视角》(第2版),法律出版社2017年版,第599页。

为被告人无罪或者罪轻的根据。可以说,有利于被告人的类推与不利于被告人的类推这一分类是刑法所特有的。德国学者在论述类推在刑法中的特殊之处时,指出:"虽然类推在民法中是合法的,但在刑法中,只有有利于行为人的类推是合法的,而不利于行为人的类推是不被允许的(禁止类推)。换言之,当您确认尽管存在一个法律漏洞,但是这个法律漏洞只能通过法律续造加以填补时,您的解释工作便结束了。"①在通常情况下,不利于被告人的类推都是指入罪类推。因此,入罪类推是狭义上的刑法类推,其他情形则是广义上的刑法类推。在刑法中入罪或者罪重的类推是违反罪刑法定原则的,因而被禁止,但无罪或者罪轻的类推则是被允许的。综上,对刑法中的类推应当全面正确与科学合理地理解。

三、类推解释与类推适用

从法学方法论上来说,类推解释与类推适用之间并不完全相同。一般意义上的类推解释是指在法律没有规定类推制度的情况下,将类推作为一种解释方法,为定罪处罚提供法律根据。因此,类推解释可以作为一种解释方法独立存在。不同于类推解释,类推适用是在刑法明确规定类推制度的情况下,对法律没有明文规定的案件按照类推定罪处罚。当然,在民法中即使没有法律规定,亦可通过类比推理进行类推适用。在类推适用中,并不需要进行法律解释就可以直接通过类比推理获得法律规定,并将其适用于最相类似的案件。类推解释和类推适用这两个概念虽然紧密联系,但其区别也是显而易见的。在日本刑法教义学中,类推往往是指类推解释。在德国刑法教义学中,类推则往往是指类推适用。因此,我们需要厘清类推解释与类推适用之间的关系。

应该说,无论是类推解释还是类推适用,都属于类推的范畴。在我国刑法学界,关于类推解释和类推适用的关系存在三种不同观点:第一种观点认为,类推解释与类推适用没有区别。第二种观点认为,类推解释与类推适用截然不同:前者属于狭义的法律解释范畴,后者则是一种法律漏洞之补充技术。第三种观点认为,在狭义的法律解释观念下,类推是一个外在于解释的范畴,因而类推解释本身是一个悖论,根本没有成立的余地。② 以上三种关于类推解释和类推适用关系的观点是从不同前提和角度出发的,虽然各不相同,但又各有其理。笔者认为,关键问题在于如何界定这里的类推:如果把类推理解为一种类比推理的逻辑方法,则它既可以界定为法律解释方法,又可以界定为以类推为依据的法律适用方法。当它作为法律解释方法的时候,在其超出法律文本语义范围的情况下,类推不是法律解释而是法律适用的方法。但在其没有超出法律文本的语义范围的情况下,类推可以是法律解释而不是法律适用的方法。

---

① [德]罗尔夫·旺克:《法律解释》(第6版),蒋毅、季红明译,北京大学出版社2020年版,第156页。
② 参见黄奇中:《刑法解释的沟通之维》,中国人民公安大学出版社2011年版,第180页。

在超出法律文本语义范围的情况下,把类推解释理解为采用类比推理的方法对法律文本进行解释的观点,在逻辑上是难以成立的。因为类推和解释之间是存在矛盾的:解释排斥类推,而类推是以法律没有明文规定为前提的,在某种意义上说,类推是一种法律漏洞填补的工具。正如德国学者指出:"在对已确认的法律漏洞进行补充的时候,法院常常使用类比推理。由于法院缺乏关于待决法律问题的法律规定,它就参考其它调整类似问题的法律规定。这种将具有不同事实构成前提的法律规范适用于类似的、没有规定的事实情况,人们就称之为类推。"①由此可见,只有在法律没有规定的情况下,才有类推存在的可能性。在这个意义上说,类推不是,也不可能是对法律文本的解释。因此,类推解释本身就是一个错误的用语。即使是在法律允许类推适用的情况下,也不应该采用类推解释的概念。例如,我国1979年《刑法》第79条规定了对于该法分则没有明文规定的行为,可以比照最相类似的条文定罪处刑,但应当报请最高人民法院核准。也就是说,类推适用是一案一报,具有严格的程序限制。在这种情况下,如果允许类推解释,那么在实际上就否定了类推适用。对于那些需要类推的案件直接根据类推解释的结论进行定罪处刑,就不再需要一案一报,因而彻底否定了1979年《刑法》第79条所规定的类推制度的适用流程。

然而,在没有超出法律文本的语义范围的情况下,类比推理的方法是完全可以采用的。但以类比推理为方法所做的解释,笔者认为不应当称为类推解释,而可以称为同类解释,同类解释就是类比推理在法律解释中的实际运用。正如我国学者指出:"法律解释是对法律进行解释,寻找大前提的过程,即将抽象法条具体化的过程,可见法律解释是法律适用过程中的重要一环。既然类推思维贯彻刑法适用的整个过程,那么类推思维和法律适用也是交织的。"②我国学者还以对抢劫罪中"其他方法"的解释为例对类比推理方法在法律解释中的适用情形进行了说明:当法官将"用酒灌醉或药物麻醉来实施抢劫"解释为抢劫罪的"其他方法"时,就意味着他把这种情形与"暴力""胁迫"进行了类比并肯定它们之间具有充分相似的刑法意义。在刑事裁判中,类比推理方法可以启迪思维,起到举一反三、触类旁通的作用,从而对模糊性和概括性刑法规范的解释发挥重要作用。③上述对抢劫罪的"其他方法"的解释过程就是类推思维的运用过程。其实,不仅在同一罪名中存在类比推理,而且在不同罪名之间也同样存在类比推理。例如,我国《刑法》第114条、第115条在规定放火罪、决水罪、爆炸罪、投放危险物质罪的同时,还规定了以危险方法危险公共安全罪。在刑法教义学中,将以危险方法危害公共安全罪称为兜底罪名。也就是说,立法机关对"其他危险方法"

---

① [德]伯恩·魏德士:《法理学》,丁小春、吴越译,法律出版社2003年版,第381页。
② 孙祎晨:《刑法适用中类比推理的系统检视——对"禁止类推"命题的反思》,载《福建警察学院学报》2014年第6期。
③ 参见沈琪:《刑法推理方法研究》,浙江大学出版社2008年版,第96页。

并没有具体规定,在这种情况下,在解释"其他危险方法"的时候就应当类比放火、决水、爆炸、投放危险物质等方法,因而这里需要采用同类解释的方法,这也是类比推理方法的实际运用。[1] 应该说,类推思维和类比思维在含义上是相同的,因此在叙述中也是可以相互替换的,但为避免误解,笔者认为在法律解释意义上还是应该尽可能采用"同类解释"一词。

类推情形中的刑法适用当然也始于找法,也就是解释法律。如果找到法律,则无须类推。只有在找法而不得的情况下,才需要进行类推。因此,类推是以法律没有明文规定为前提的。如果说类推是一种解释的话,那么它是一种越界解释或者越权解释。因此,完全摒弃类推解释的概念,将其还原为类推适用,这种做法虽然具有一定的合理性,但并不能彻底解决以解释名义出现的类推在现实生活中存在的状况。需要特别指出的是,我国1979年《刑法》第79条曾经规定了类推制度,在这种情况下,类推适用是合法的。在依法进行类推适用的时候,当然就不需要类推解释。因为类推适用本身就是以"本法分则没有规定"为前提的。在这个意义上说,类推适用排斥类推解释。值得关注的是,在我国1979年《刑法》规定类推适用应当报请最高人民法院核准的严格程序限制的情况下,直接提供类推解释对法律没有明文规定的行为通过类推而定罪,这种做法当然是违法的。然而,类推制度的存在却助长了类推解释的流行。最高人民法院本身也在司法解释中采用这种类推解释的方法,此外,最高人民法院还颁布了具有类推性质的案例,以此指导下级法院的刑事审判活动。在1997年《刑法》废除类推制度以后,类推解释概念也就更没有其存在的法律基础,本来应当随着类推制度的废除而废弃不用,然而,由于历史惯性的作用,它在我国刑法理论中仍然被保留下来。当然,我国学者通常都是在否定的意义上使用的,同时都认同禁止类推解释是罪刑法定的派生原则。由此可见,我国刑法中类推解释已经不是一个法律概念,但它作为一个学理概念仍然具有其存在的叙事价值。

类推解释与类推适用两个概念都以类推为基本内容,但前者将类推称为解释方法,后者将类推称为适用方法。因此,类推解释和类推适用在方法论意义上不能完全等同。例如,在民法方法论中,也只有类推适用而无类推解释。我国学者指出:"类推适用虽然是从法律文本出发进行的法律解释,但是,其已经超出了法律语义的可能范围,属于漏洞填补方法,而不属于狭义的法律解释方法。"[2] 在此,类推适用似乎包含了法律解释,这是值得商榷的。但否定类推是一种法律解释方法是正确的,因为超出法律的语义范围就没有解释可言,这是区分类推适用与类推解释必须坚持的底线。当

---

[1] 参见陈兴良:《口袋罪的法教义学分析:以危险方法危害公共安全罪为例》,载《政治与法律》2013年第3期。
[2] 王利明:《法学解释学导论——以民法适用为视角》(第2版),法律出版社2017年版,第587页。

然，在刑法中类推更不可能是一种解释方法。然而，采用类比推理的解释，如果是在法律的语义范围内，仍然不失为一种解释方法。

关于类推解释与刑法适用的关系，涉及类推与解释的区分问题，而这个问题又影响到类推解释概念的存废。德国学者指出，对于解释，应当援引条款的语义、体系、产生历史以及意旨与目的。①因此，根据法律的解释方法可以将法律解释分为语义解释、体系解释、历史解释和目的解释。这四种解释方法中，除了语义解释是单纯围绕法律文本所进行的语言学阐述，其他三种解释方法都是在语义范围内，基于体系、历史和目的等要素，对法律文本的语义进一步加以明确。无论如何，法律解释都是从法律文本中寻找法律含义，因而它是以存在一定的法律规范为前置条件的。如果没有法律，也就不存在法律解释。然而，类推则不然，正如德国学者所指出，类推的首要前提是存在一个法律漏洞。②与解释相反，类推是以不存在法律规范为前提的。换言之，如果存在法律规范，则对法律规范进行解释；只有在不存在法律规范，同时待决案件又与法律规范的内容具有类似性的前提下，才有可能适用类推。从这个意义上说，类推是一种法律漏洞的填补方法。

法律本身并不是完美无缺的，任何法律都存在一定的漏洞。德国学者指出，漏洞是一种不令人满意的、违反计划的不完整性。如果从这个普遍语言用法中推导出的概念转用于法律漏洞，那么可以得出以下结论："法律漏洞是法律违反计划的不完整性。"③因此，法律漏洞的存在是客观的，也是必然的。对于法律漏洞需要加以填补，这个过程就是在法律之外发现法律。显然，类推就是一种填补法律漏洞的方法。因此，法律到底是有规定还是没有规定，就成为区分类推与解释的一个关键问题。对此，德国学者认为不能一概而论。德国学者在论述漏洞与类推的关系时，指出："至少在核心领域，解释和漏洞填补能够借助于可能语义清楚区分；而且如果涉及内在相似关系的领域，无论如何也不能再要求区分标准：漏洞补充与解释之延续并无不同。"④根据上述论述，德国学者认为在语义的核心领域，解释和类推的区分标准是明确的，因而容易区分。但在语义的边缘领域，漏洞填补和法律解释的延续并无区分。这里的法律解释的延续实际上是指类推，也就是说，在这种情况下类推就是一种漏洞填补的方法。因此，德国学者认为，在对法律上相似构成要件予以相同处理意义上的类推无疑还是进入了依据法律的法之发现领域。

---

① 参见［德］罗尔夫·旺克：《法律解释》（第6版），蒋毅、季红明译，北京大学出版社2020年版，第159页。
② 参见［德］罗尔夫·旺克：《法律解释》（第6版），蒋毅、季红明译，北京大学出版社2020年版，第161页。
③ ［德］克劳斯－威廉·卡纳里斯：《法律漏洞的确定：法官在法律外续造法之前提与界限的方法论研究》（第2版），杨旭译，北京大学出版社2023年版，第2页。
④ ［德］克劳斯－威廉·卡纳里斯：《法律漏洞的确定：法官在法律外续造法之前提与界限的方法论研究》（第2版），杨旭译，北京大学出版社2023年版，第9页。

事实上，对于是否承认类推解释这个概念，在刑法教义学中是存在较大争议的：有的学者将法类推与法律类推加以区分，认为法律类推而不是法类推可以称为解释，由此将类推归入解释的领域；还有学者认为，类推既是合意义的解释的工具，又是自由的法之发现的工具；如此；等等。① 由此可见，究竟如何区分类推与解释的关系，在刑法教义学中可谓聚讼纷呈。这个问题在民法领域尚且不是那么重要，因为无论是类推还是解释在民法适用中都是允许的，所以类推与解释的区分只是一个形式的问题。但在刑法领域则不然，因为刑法实行罪刑法定原则，所以只允许解释而排斥类推。在这种情况下，某种方法如果被界定为解释，则其就具有适用的正当性；反之，如果被界定为类推，则不得采用。在罪刑法定的语境中，类推与解释具有天然的紧张关系。然而，个别刑法学者仍然对类推与解释之间的这种对立关系持质疑态度。其中，最为典型的就是德国学者考夫曼。考夫曼提出了类推性概念的命题，考夫曼将类推性概念理解为其是介乎于明确的、单义的概念与模糊的、多义的概念之间的中点。类推性概念既指出了一个统一性的要素，即一个固定的核心，不使用它无法掌握任何事物，但类推性概念也能接纳不同的意义，否则它将缺乏结合多样类似事物的能力。类推性概念的主要意义之一在于：透过它，可以使我们观念世界的语言移转到心灵或精神生活。② 根据考夫曼的以上论述，类推性概念其实就是类型概念。考夫曼将类推性概念引入对法律概念的考察，指出："实际上所有的法律概念，所谓的描述性概念亦同，都是类推的概念，因为它们绝非只是直观的事物，而只是一直（至少也）表达着一种精神上的，特别是法律上的意义。"③在法律概念都是类推概念的命题提出以后，类推就不再是在法外发现法律的工具，而且是在法内发现法律的工具，因而发生了类推与解释的重合。按照考夫曼的观点，在法律适用过程之中，将具体的案例事实涵摄于法律规范，如将刀、枪都涵摄于武（凶）器的概念之内，就是在进行类似性的思考，在寻找刀与枪所具有的相同点。因此，在对法律进行解释进而确定适用的过程之中，必然带有类推的成分，解释与类推之间与其说是具有区别的困难性，毋宁说是无法区别。即便是在可能语义的范围之内，法官所从事的法律解释与适用，仍然是在类推。④ 考夫曼由此得出结论：以可能语义作为界限区分类推与解释的说法根本就不能成立，以此否定类推与解释的区分。正是在此基础上，形成了类推解释的概念，换言之，类推本身就是解释的一种方法。由此可见，考夫曼实际上是将某些采用类比方法的解释归之于类推，在这个意义上，当然

---

① 参见［德］克劳斯－威廉·卡纳里斯：《法律漏洞的确定：法官在法律外续造法之前提与界限的方法论研究》（第2版），杨旭译，北京大学出版社2023年版，第11页。
② 参见［德］亚图·考夫曼：《类推与"事物本质"——兼论类型理论》，吴从周译，台北，学林文化事业有限公司1999年版，第69、71页。
③ ［德］亚图·考夫曼：《类推与"事物本质"——兼论类型理论》，吴从周译，台北，学林文化事业有限公司1999年版，第73页。
④ 参见徐育安：《刑法上类推禁止之生与死》，台北，春风煦日论坛1998年版，第85页。

也就否定了类推与解释的界限。

综上所述,就类推与解释的关系而言,存在两种互相排斥的观点:第一种是对立说,认为类推与解释不能两立。类推是以法无明文规定为前提的,解释是以法律有明文规定为前提的,因而两者不可能并存。在这种情况下,类推就是类推,解释就是解释,类推解释就是一个矛盾的概念。第二种是重合说,认为类推是以类比为根据的一种推理方法,更为极端的是考夫曼甚至不承认类推是一种推理方法,而只是一种比较。正如学者所指出,考夫曼对类推(Analogie)做了较为广义的理解,凡是在做类似性比较者,皆称之为类推。①在这种情况下,类推与解释根本无法区分。因此,类推解释的概念也就具有存在的合理性。那么,考夫曼对类推扩展到什么程度呢?我们可以来看考夫曼的以下论述:"这种本质不同者之间对应的统一性:在当为与存在间、在规范与生活事实间对应的统一性,就是具体的,真实的法。照我的规定:'法是当为与存在的对应'。因此可以说:'在法之中,当为与存在既非同一亦非相异,而是类似地(对应地)联系在一起'——可以说,法的现实性本身是基于一种类推,因此法律认识一直是类推性的认识。法原本即带有类推的性质。"②在此,考夫曼将类推确定为法认识的本质,不仅如此,考夫曼将类推确定为法本体。这个意义上的类推与作为法律适用或者法律解释方法的类推已经是相去甚远。因此,我们不能根据考夫曼的上述观点论证类推在法律适用中的正当性与合理性。

当然,类推与解释的关系确实是一个复杂的问题,在刑法领域更是如此。那种一概否定类推的传统观点是值得反思的。我国学者指出:"我们极有必要重新反思刑法上'禁止类推'之命题:一方面,解释与类推之间并不存在某种截然两分的界限。至少到目前为止,我们尚未发现一种合理且实用的隔栅。何处是'可允许的接受'(扩张解释)之结束,何处是'应禁止的类推'之开始,实在难以清晰确定,类推禁止缺乏技术上的可行性支撑。另一方面,问题的更深纠结乃在于,解释与类推之间并不存在誓不两立的关系,两者在思考方式上高度交织。如果没有类推作为内在的动力与方法,解释就无从推动和展开。基于上述的考虑,我们无法将类推完全驱逐出刑法适用的领域。"③我国学者所主张的类推在刑法适用中无从禁止的观点笔者是认同的,至于完全否定禁止的类推与允许的类推之间区分可能性的观点则还需要推敲。德国学者指出:"类推也可以被用作单纯的解释工具。比如,倘若不清楚某个规定应该作狭义还是广义解释,那么,有时就可以通过考虑某个法律上相似并由法律所明确规定的情形去解

---

① 参见徐育安:《刑法上类推禁止之生与死》,台北,春风煦日论坛1998年版,第86页。
② [德]亚图·考夫曼:《类推与"事物本质"——兼论类型理论》,吴从周译,台北,学林文化事业有限公司1999年版,第45页。
③ 杜宇:《类型思维与刑法方法》,北京大学出版社2021年版,第292页。

决该问题。除此以外,所有的类推皆要求已存在法律漏洞。"① 由此可见,德国学者并没有将类推与解释截然对立,而是在某种特定的情况下承认类推解释这一概念。这个意义上的类推解释是指在语义范围内,根据类比推理的方法解释法律文本的含义。因此,这是一种语义范围内的类推解释。但是通常所说的都是指语义范围外的类推解释,语义范围内的类推解释并没有受到重视。

我国刑法学界存在一种为类推解释辩护的现象,这对禁止类推解释提出了质疑。如果仅从题目上看,似乎有些难以接受。但我们不能只看题目,关键在于其内容。这些质疑禁止类推解释的观点并不是禁止法外的类推解释,而是提倡法内的类推解释。例如,我国学者认为《刑法》第114条、第115条规定的"其他危险方法",在司法实践中通过与放火、决水、爆炸以及投放危险物质行为相比较确定这里的"其他危险方法"的做法,就是一种类推解释。② 此外,我国学者明确地提出将法外类推与法内类推加以区分,应当禁止法外类推,但法内类推应当允许。这里涉及类推与解释这两个概念能否相容的问题。我国学者指出:"类推解释概念能否存在,关键在于对类推的解读。如果认为类推是法的续造,那类推解释自然就是在语义之外所作的解释,与解释不能超出法律的语义范围相违背,从而相互排斥。但如果认为类推解释是在解释过程中运用了类推思维,那么类推解释显然就可以在解释的范畴之内了。第二种理解更具合理性,否则很难解释为什么类推与解释水火不容,类推解释概念本身就是个悖论,而学界却有这么多学者前赴后继地去讨论这一问题。"③ 笔者认为,如果把类推的本质理解为是建立在事物之间类似性基础之上的类比推理,那么无论是法律没有规定的类比推理还是法律语义范围内的类比推理都属于类推。只不过在法律没有明文规定情况下的类推不是解释而是漏洞填补,法律语义范围内的类推则属于法律解释,这个意义上的类推解释是可以成立的。也就是说,类推解释可以分为法外类推和法内类推,法外类推是应当被禁止的,但法内类推则是被允许的。然而,将上述两种类推都称为类推解释,是十分容易引起混淆的。为此,笔者认为可以将法律禁止的类推按照习惯称为类推适用,而把法律允许的类推称为解释。为避免歧义,这个意义上的类推解释称为同类解释,以示区别。

四、类推解释的界定

类推解释是指在法律没有明文规定的情况下,采用类比推理的方法寻找法律规定的解释方法。如前所述,类推解释并不是以法律规定为前提的,就其性质而言,不能认

---

① [德]克劳斯-威廉·卡纳里斯:《法律漏洞的确定:法官在法律外续造法之前提与界限的方法论研究》(第2版),杨旭译,北京大学出版社2023年版,第10~11页。
② 参见黎宏:《"禁止类推解释"之质疑》,载《法学评论》2008年第5期。
③ 杨绪峰:《反思与重塑:刑法上类推解释禁止之研究》,载《环球法律评论》2015年第3期。

为是解释方法。因此,在厘清类推概念的基础上,需要进一步对类推解释加以探究。

(一)类推解释与语义解释

在刑法适用中,如何正确区分语义解释与类推解释是一个争议较大的问题,这个问题的核心是如何确定可能语义的范围。在德国刑法学界曾经围绕盐酸案[1]产生了一场关于能否认定为类推解释的争论。在该案中,X携带盐酸泼洒于一名女会计脸上进而抢走她的钱包。在联邦法院的判决中,涉及的问题在于:X是否违犯了加重强盗罪(抢劫罪——引者注)。根据当时有效的《德国刑法典》第250条的规定,构成加重强盗罪的原因在于"当行为人……携带武器实施强盗行为,而以武力或以武力胁迫,防止或压制他人反抗时"。

在本案中,需要判断的问题是:被告人使用的盐酸是否属于刑法规定的武器?对此,德国联邦法院采用了肯定盐酸是武器的观点,但引起相当大的争议。德国联邦法院对武器一词的理解存在一个转变的过程。在20世纪50年代以前对于武器的认定,是以能为一定的机械性的作用为根据,如砍、刺、撞击、投掷、射击,因此腐蚀性的物资并不被视为一种武器。在20世纪50年代以后,德国联邦法院对武器的认识发生了变化,认为过去对武器是从刑法之外、一般而技术性语言的观点立论,而随着战争技术的发展,能造成如焚烧、昏迷、中毒等效果的武器,具有不下于机械性武器之威力。因此在一般的语言使用上,武器的概念早已不再区分所造成的究竟是机械性抑制还是化学性的作用,二者皆包含在对武器概念的理解之中。而且,就立法目的而言,如果使用化学物质会产生同样高度的危险性,当然不能做不同之处遇。[2] 按照这一观点,德国联邦法院将盐酸通过语义解释的方法解释为武器。对此,也有德国学者认为盐酸可以说是一种化学武器,因而语义解释就可以完成本案的找法任务。然而,虽说存在化学武器的概念,但化学物品不能直接等同于化学武器,只有按照武器的使用目的进行加工形成的特殊物质,才能称为化学武器。也就是说,按照语义解释并不能将盐酸归类为武器,对他人泼洒盐酸也不能简单等同于使用武器。就此而言,利用盐酸进行抢劫便不能认定为使用武器进行抢劫,因而此种行为属于刑法没有规定的情形。对此,使用武器的规定属于类推解释,其原理在于:盐酸虽然不是武器,但具有与武器相同的性能,使用盐酸进行抢劫具有与使用武器进行抢劫在性质上的相似性,按照类比推理的方法,可以解释为加重强盗罪。这种类推实际上是在法律明文规定之外,按照类比推理的方法进行定罪。这种观点在德国刑法学界也具有一定的影响。此后,立法者相应地修改了《德国刑法典》第250条,现在的规定是:"携带武器或其他器械或方法实施强盗行为,而……"这一修改表明,立法者也不认可将盐酸解释为武器是一种语义解

---

[1] 参见[德]考夫曼:《法律哲学》,刘幸义等译,法律出版社2004年版,第107页。
[2] 参见徐育安:《刑法上类推禁止之生与死》,台北,春风煦日论坛1998年版,第15页。

释。由此可见,判断可能语义的范围可以避免将刑法规定扩张至法律范围之外。在某种意义上说,禁止类推解释表明了刑法解释具有不同于其他部门法中的法律解释的特殊性,这是因为刑法涉及出罪、入罪,基于罪刑法定原则,不得将刑法没有明文规定的行为进行定罪处罚,这也就剥夺了具有扩张犯罪范围功能的类推解释在刑法适用中存在的正当性。

(二)类推解释与目的解释

在论及类推解释的时候,还涉及类推解释与目的解释的区分问题。在法学方法论中,往往将目的解释视为类推解释的一种形式。例如,德国学者指出:"规范的事实构成可能太窄,以致根据规范目的必须囊括的某些事实不能被涵摄于其中。这种目的延展(teleologische extension)的出发点同样是规范语义与其目的之间的紧张关系。语义表达范围过于狭窄,因此拘泥于文字地适用法律不能达到所追求的调整目标。重要的是,如何超越语义的'解释'事实上都是以漏洞认定为前提的。现行法律规范的规范目的可能更加广泛,这里存在法律漏洞,应当以类推来补充。因此,目的延展是法律类推的一种类型。"[1]这里的目的延展就是指目的性扩张,在此德国学者将目的性扩张定性为一种法律漏洞的补充方法,属于类推的范畴。此外,德国学者萨克斯(Sax)在1953年出版的《论刑法上的类推适用》一书中明确提出了"刑法中根本不存在所谓的'禁止类推适用原则'的观点",其认为类推是对于法律语义所明显加以规范的案例和语义上未规范的案例,借由目的性作为中介所推导出的法律意义中,取得两者之间共同的一致性,因此,类推不外乎是一个在目的解释的范围之中所进行的逻辑的及法律的推理程序。[2] 在此,德国学者又将类推归之于目的解释的范畴。值得注意的是,德国学者还在目的解释之外提出了目的论的法律解释的概念,例如,萨克斯主张类推程序必须助规范目的方得开始,并将这种解释方法称为目的论的法律解释。萨克斯论述了目的论的法律解释与目的解释在效果上的相同性,借此阐述类推与目的解释具有一致性的理由,由此得出以下结论:既然目的解释在刑法上是被容许的,那么类推在刑法上也应该是被容许的。即便它被用来当作处罚或加重处罚的理由亦是如此。[3] 这种观点是在将类推混同于目的解释的名义下为类推张目,并为推翻禁止类推原则提供根据。此外,在上述论述中,目的解释与目的论解释分立的提法也是值得商榷的。事实上,目的解释与目的论解释的区分标准在于是否超出法律文本的语义范围:目的解释是在语义范围内,基于目的所进行的法律解释;目的论解释则是超出法律文本的语义范围,基于目的所进行的法律解释。但是,如果将解释限定为法律文本的语义范围,则

---

[1] [德]伯恩·魏德士:《法理学》,丁小春、吴越译,法律出版社2003年版,第387页。
[2] 参见王祖书:《法诠释学视域内"可能的字义"界限理论之反思》,载《北方法学》2015年第1期。
[3] 参见徐育安:《刑法上类推禁止之生与死》,台北,春风煦日论坛1998年版,第52页。

超出法律文本语义范围的所谓目的论解释根本就不是法律解释,而是一种法律推理。

如果说上述观点可谓是类推解释与目的解释的等同说,那么以下观点就是类推解释与目的解释的相似说。这种观点没有将类推解释与目的解释完全等同,但认为两者的性质相近。例如,德国学者指出:"这种目的论扩张在效果上与类推适用极为相近。两者均将一项规则扩张适用于规则可能的语义并未包含的其他案件事实。两者都是为了充分实现制定法规则的目的以及避免不正当的评价矛盾。因此禁止类推之处,同样必然不允许进行目的论扩张。"① 相近说虽然没有将类推解释与目的解释完全等同,但论者并没有揭示两者之间的差别,因而与等同说并无根本区分。当然,在上述论述中,德国学者都是以目的性扩张为例进行对比的,在目的解释中,除了目的性扩张解释,还存在目的性限缩解释。但对于类推来说,只有对法律规定的扩张适用而并无对法律规定的限制适用。因此,目的性扩张解释就扩张法律适用范围而言,确实在效果上可以等同于类推解释。当然,类推解释也存在有利于被告人的类推解释与不利于被告人的类推解释之分,刑法只是禁止后者但并不禁止前者。就此而言,目的解释也是相同的:目的解释也存在有利于被告人的目的解释与不利于被告人的目的解释之分,刑法也只是禁止后者但并不禁止前者。尽管类推解释与目的解释存在某些方面的共同之处,但两者还是具有明显的差异,对此应当予以充分关注。例如,日本学者对禁止的类推解释与目的论解释的关系做了论述,认为在学说上大致存在三种观点:第一,坚持严格解释的立场,被称为严格解释说。第二,基于目的论的解释以实质的解释为指向的立场,被称为实质解释说。第三,依据具体的解释情况,调整严格解释的要求与目的论解释的立场,被称为调整解释说。② 上述三种观点,是从三个方面对类推解释与目的论解释之间的划分标准提出了不同的见解。尽管界分的标准不同,但在肯定类推解释与目的论解释之间存在区别的问题上,立场是完全一致的。

笔者认为,类推解释和目的解释之间的关系如何处理取决于对类推解释和目的解释这两个概念的界定。如前所述,如果把类推解释界定为在法律没有明文规定的情况下按照最相类似的根据所进行的解释,则这种解释是不能成立的,因为它已经背离了解释的含义。至于法律范围内采用类比方法的解释,也就是同类解释则是法律所允许的一种解释方法。同样,目的解释只能是指在法律文本语义模糊不清或者存在歧义的情况下,依照规范目的选择确定法律文本含义的解释方法,这是对语义解释的一种补充,由于没有超越语义范围,当然是被法律所允许的。至于超出法律语义范围的目的考量,包括目的性限缩和目的性扩张并不是一种法律解释方法,而是一种漏洞填补方

---

① [德]卡尔·拉伦茨:《法学方法论》(全本)(第6版),黄家镇译,商务印书馆2020年版,第501页。
② 参见[日]关哲夫:《论禁止类推解释与刑法解释的界限》,王充译,载陈兴良主编:《刑事法评论》第20卷,北京大学出版社2007年版,第360~361页。

法。可以说，类推是一种由此及彼的推理，也就是对此事物没有规定，引用与之存在最相类似关系的法律规定加以适用。因此，类推是以类比推理为根据的，类似性是类推的基础。也就是说，在类推的情况下，无论是目的性限缩还是目的性扩张，其将法律规定限缩或者扩张于语义范围之外，并不是基于类似性而是基于规范目的。德国学者在论及类推与目的解释之间的区分时指出："具体类推和目的性限缩的共通之处在于，规范的文义都不能囊括案件事实，但规范的目的却与案件事实相符。于此类情形则不得不修正法律之文义，以维护规范之理性。（具体类推）要预设两个留待合理论证的前提，即存在违反计划的漏洞，且法律未规定的情形与法律规定的情形之间存在类似性。"[1]例如，将虚开增值税专用发票罪的构成要件限缩为具有骗取国家税款目的的情形，或者将审判时怀孕妇女不适用死刑的规定扩张理解为包括侦查、审查起诉时怀孕的妇女也不适用死刑，属于目的论考量。在这种情况下，目的的考量并不是以法律规定与限缩事项或者扩张事项之间具有类似性为根据的。在刑法中受罪刑法定原则的限制，只有适用于对被告人有利的情形，包括出罪或者罪轻的目的性限缩或者目的性扩张才是被允许的，法外类推亦如此。反之，入罪或者罪重的目的性限缩或者目的性扩张则是不被允许的，法外类推亦如此。

五、类推解释的类型

如果把类推解释理解为采用类比推理的方法对法律所作的解释，则类推解释可以区分为两种不同类型：语义范围外的类推解释和语义范围内的类推解释。为区别起见，本文将语义范围内的类推解释称为同类解释。

（一）语义范围外的类推解释

语义范围外的类推解释，简称法外类推解释，是指在法律没有明文规定的情况下，采用类比推理的方式对法律文本所进行的解释。因此，法外类推解释其实就是类推解释的本来之意，它是一种漏洞填补的方法。这里应当指出，法外类推解释是以超出法律文本语义范围为特征的，但超出了法律文本的语义范围的解释也不能一概称为类推解释。从某种意义上说，法律禁止的类推解释与法律解释的关系，实际上就是法律漏洞填补与法律解释的关系。德国学者指出："法律解释和漏洞填补之间的关系是不能被忽视的。法律解释和法律漏洞的不同在于法律规范的可能语义：法律解释是在法律语词的意义范围之内进行。如果越出这一界限，即进入了法律漏洞的发现和填补的领域。这一界限的意义在于，出于维护法律安定性的考虑，对法律规范之语义范围的超越应增加其难度，在某些情况下由于禁止类推原则的存在甚至完全不允许这么做。"[2]

---

[1] ［德］托马斯·M. J. 默勒斯：《法学方法论》（第4版），杜志浩译，北京大学出版社2022年版，第371页。
[2] ［德］齐佩利乌斯：《法学方法论》，金振豹译，法律出版社2009年版，第105页。

这里的不允许这么做是指禁止对法律漏洞采用类推的方法加以填补。因此,具有法律漏洞填补功能的类推解释,也就是法外类推在刑法适用中是不被允许的。

应当指出,不能把所有对法律没有明文规定事项的所谓解释都视为法外类推解释。根据类推概念,只有在待决案件与刑法的明文规定之间具有最相类似关系的情况下才能进行类推。如果不存在这种类似性的情形,则不存在类推的空间。在司法实践中,以下两种超出法律文本语义范围的情形不能视为类推解释:第一种是超出法律文本的可能语义,并且与法律规定之间并不存在最相类似关系的解释;第二种是违背法律文本语义的解释。在超出法律文本语义的解释中,只有超出的内容与法律规定之间存在最相类似关系的部分才属于类推解释,其余部分因缺乏类推解释的前提条件,不属于类推解释。至于违背法律文本语义的解释,其内容与法律文本的含义是背离的,无论如何都不能归类到类推解释的范畴。由此可见,所谓类推解释是以待处理事项与法律文本的规定之间存在最相类似的关系为前提的,它不同于其他超出法律文本语义的解释,更不同于背离法律文本语义的解释。

在刑法领域中之所以仍然存在法外类推解释的概念,是因为其与罪刑法定原则所形成的刑法特殊语境密切相关。可以想见,在民法领域并不存在类推解释的概念,因为民法是允许类推适用的,所以对于法律没有明文规定的行为,直接进行类推适用即可,完全没有必要再创设一个类推解释的概念。但在刑法领域,基于罪刑法定原则,对刑法没有明文规定的行为是不得定罪处刑的,因而才保留了类推解释这个概念,类推一旦打上了解释的印记,似乎就获得了正当性。其实,所谓法外类推解释并不是解释,而只是打着解释名义的类推适用。值得注意的是,在德国刑法学界都不采用类推解释的概念,而直接称为类推。例如,德国学者在论述类推与解释的关系时,指出:"任何法律规范(Rechtsnorm)都需要解释(Aualegung)。但要规定出准许的解释与禁止的类推之间的界限,由于两者间的流动交叉性又常常是困难的。如果说解释所要做的仅是阐明法律规范或者法律概念的关键性意义,并且限制在对法律规范或者法律概念的意思解读之上,那么类推所寻求的则是离开法律条文本来框定的直接适用范围。解释的目的是将法律意思明了化,使之在面对出现的相应情况时能够适应今天已经变化了的要求与观点。类推的目的相反则是通过扩展和进一步发展法律条文而充填法律的空白。"[①]因此,超出法律文本语义范围的类推解释是违反罪刑法定原则的,被刑法所禁止。

在类推解释的考察中,关键在于如何区分类推解释和扩大解释,可以说这两者之间的区分是在毫厘之间,因而区分的难度是极大的。在刑法教义学和刑法适用过程中,对于如何区分类推解释与扩大解释往往存在争议。这种争议在一定程度上影响了

---

① [德]约翰内斯·韦塞尔斯:《德国刑法总论》,李昌珂译,法律出版社2008年版,第23~24页。

刑法的正确适用,因此应当从不同层面对类推解释与扩大解释的区分问题进行不同视角的考察。

(二)同类解释

同类解释,是指在法律规定的范围内,采用类比推理的方式对法律文本所进行的解释。在英美法系的法律解释中,同类解释也称为同类规则(ejusdem generis),其主要内容是:如果概括性用词只是把每一种或某一类的人或物归类,而不是概括所有种类而得出结论,则对它们的解释应限制在该种类的事物上。[①] 严格来说,同类解释是在语义范围内的类比解释,也就是没有超出法律文本语义范围的类推解释。也可以说,同类解释是建立在类比推理基础之上的解释方法。

同类解释是采用类比推理的一种解释方法,它主要适用于刑法兜底条款的场景中。兜底条款所具有的空框结构,使同类解释可以发挥填补的功能。我国学者指出:列举式规定中的"等""其他"之类的兜底语或兜底条款,并不可以毫无限制地包罗万象,而是必须对其做严格的限定,这个限定就是对其须作同类解释。所谓同类解释,是指如果一个法律条文做出列举式规定,未被列举的概括性概念应当与例示概念作"同类"的解释。[②] 因此,同类解释是以待决事项与刑法所列举事项进行比对,在类似性的基础上,对待决事项比照刑法所列举事项处理的一种解释方法。

同类解释源于英美法系的法律解释理论。例如,英美法系对刑法解释的宪法限制蕴含在"只含同类"的法律解释格言之中。根据这一格言,同类解释规则的基本内容可表述为:"如果超过两项的以同类解释规则为结尾的一系列内容比对象从属的类别更广泛,而哲学对象无法穷尽,则同类解释规则的目的可能是不要超出这一类别。"[③] 我国学者在解释同类解释时,指出:"如果一项刑事法律在列举了几个情况之后跟随着一个总括词语,如'以及诸如此类',那就意味着只限于包括未列举的同类情况,而不包括不同类情况。根据'只含同类'规则,司法者在适用解释刑法时,应当通过与法条在罪状中明确列举的构成要件要素的类比推断,明确界定总括性构成要件要素的内涵,从而满足刑法明确和确定的要求。为了避免解释的随意性,解释时应根据类比的对象而定,即'或者其他'之前的情形是参照物,以其他基本相当的情形才可被解释到'其他'这一用语的内涵之中。按照'只含同类'规则,这种总括性语词的含义只限于未被明确列举的性质、情状与具体列举的情形或事项类同或基本相当的其他情形或事

[①] 参见郭华成:《法律解释比较研究》,中国人民大学出版社1993年版,第81页。
[②] 参见余文唐:《法律解释的同类规则》,载中国法院网,https://www.chinacourt.org/article/detail/2017/05/id/2860528.shtml。
[③] [美]布莱恩·G.斯洛科姆编著:《法律解释的本质:法学家从语言学和哲学中学到的法律解释》,连城译,中国民主法制出版社2023年版,第28页。

项,而不包括不类同或不相当的其他情形或事项。"①因此,作为同类解释的"只含同类"规则,在一定程度上限制了兜底条款的内容,对于确定概然性的刑法规定具有重要的意义。

　　同类解释是以类比推理为逻辑方法的,因此,同类解释的适用根据是类比。所谓类比,是指在两个事项之间进行比较。这里的两个事项,第一是比较标的,第二是待决事项。例如,在"A、B或者其他方法"的句式中,在确定"其他方法"含义的时候,A、B是比较标的,而"其他方法"则是待决事项。通过类比,就可以明确"其他方法"的含义,即与A、B具有同类关系的事项。我国学者对同类解释的步骤作了描述,指出:"在司法操作上,大体上可以将同类解释的过程分为三大步骤:一是确定判断基准,即从法条已经列举的事项中提取共同特征,作为判断其是否属同类的标准。二是分析系争案型,即从性质、手段和后果等方面对系争案型进行分析,并得出具体的分析结果。三是比对两个案型,即将系争案型的分析结果与法条已经列举的法定案型的共同特征相比较,确定两者是否同类。在此过程中需要运用类比方法,得出'同类'结论后则需要进行类推适用,对系争案型作出与法定案型相同或类似的处理。"②在上述各项步骤中,第一个步骤,也就是确定是否为同类的判断标准是最重要的。只有科学地确定同类的判断基准,才能对是否为同类得出正确的结论。

　　在法学方法论中,类比被认为是一种推理方法,亦即类比推理。在法律思维中,类比推理也是经常使用的思维方法,在刑法领域更是如此。作为一种类比思维方法的类推,只有法内类推才具有合理性,而法外类推在刑法领域因为违反罪刑法定原则,所以是应当被禁止的。正如我国学者指出:"类推解释概念能否存在,关键在于对类推的解读。如果认为类推是法的续造,那么类推解释自然就是在语义之外所作的解释,与解释不能超出法律的语义范围相违背,从而相互排斥。但如果认为类推解释是在解释过程中运用了类推思维,那么类推解释显然就可以在解释的范畴之内了。在笔者看来,第二种理解更具合理性,否则很难解释为什么类推与解释水火不容,类推解释概念本身就是个悖论,而学界却有这么多学者前赴后继地去讨论这一问题。"③这里涉及法律续造的概念,这个概念通常在民法领域采用,类推就被认为是一种法律续造的方法,或者称为法律漏洞的填补方法。在上述意义上的法律续造或者法律漏洞填补都是指制定法外部的法律续造或者法律漏洞的填补。但德国学者拉伦茨提出了制定法内部的法续造的命题,④此种情形通常发生在法律的不确定概念或者兜底条款的解释当

---

① 储槐植:《美国刑法》(第3版),北京大学出版社2005年版,第30、45~46页。
② 余文唐:《法律解释的同类规则》,载中国法院网,https://www.chinacourt.org/article/detail/2017/05/id/2860528.shtml。
③ 杨旭峰:《反思与重塑:刑法上类推解释禁止之研究》,载《环球法律评论》2015年第3期。
④ 参见[德]卡尔·拉伦茨:《法学方法论》(全本)(第6版),黄家镇译,商务印书馆2020年版,第500页。

中,此时的解释采取了类比推理的方法,因而可以说是法律允许的同类解释。我国学者虽然将同类解释确定为体系解释的一种具体规则,但笔者在这一点上难以认同,这属于对体系解释作了过于扩张的界定。我国学者对同类解释与类推解释相区分的论述具有合理性,这种区分表现为四个方面。[①] 笔者认为,在这四个方面中,最为根本的还是:类推解释与同类解释在是否超出法律文本的语义边界上的差别。也就是说,类推解释超出了法律文本的语义边界,同类解释适用于兜底条款,因为它是对法律笼统规定的具体化,并没有超出法律文本的语义范围。值得注意的是,我国张明楷教授也采用同类解释的概念,但将其列为体系解释的下位概念,即同类解释是体系解释的一种具体规则。[②] 从参照前文的明确语词以解释后文的兜底规定的意义上来说,同类解释具有体系解释的性质。然而,考虑到同类解释采用的是类比方法,因而将其归为法律文本范围内的类推解释也是合乎逻辑的。可以说,同类解释是体系解释与类推解释的竞合。

[①] 参见贾银生:《刑法体系解释研究》,法律出版社 2021 年版,第 221 页。
[②] 参见张明楷:《刑法分则的解释原理》(上册),高等教育出版社 2024 年版,第 59 页。

【刑法解释学】

刑法解释整体有效性原则的内涵与展开

魏 东[*]

【摘要】 刑法解释的整体有效性原则,是指刑法解释必须是同时具备合法性、合理性、合目的性的"三性统一体"的有效性,是在合法性底线基础价值范围内以"可包容的优化价值"规则整合的"三性统一体"的整体有效性。刑法解释整体有效性原则,其核心内容是刑法解释结论整体有效性。刑法解释结论整体有效性(合法性、合理性、合目的性)的真正实现,离不开刑法解释方法确证功能的充分发挥与共生融合关系的体系化证成。刑法解释整体有效性原则是刑法解释结论有效性和刑法解释方法体系化的根本指导原则,凡是不符合刑法解释整体有效性原则要求的刑法解释都是错误的和必须被排除的。刑法解释整体有效性原则是一项整合合法性、合理性和合目的性的原则,必须遵循一定的整合规则,以确保刑法解释整体有效性。因此,在相当意义上可以认为,刑法解释的基本原则就是整体有效性原则。

【关键词】 刑法解释整体有效性原则 合法性 合理性 合目的性 "三性统一体"

刑法解释的基本原则,是指贯穿刑法解释活动过程始终,指导和制约刑法解释活动全过程的基本准则。刑法解释的基本原则是一个非常重要的问题,因为只有刑法解释原则才是具有全局意义的、统筹刑法解释其他方面内容的终极命题,但是,我国刑法解释学界着力于刑法解释的立场、解释的方法、解释的位阶等问题的研究较多,对刑法解释原则的研究不足,[①]因此,十分有必要针对刑法解释原则问题展开专门讨论。

如何确定刑法解释的基本原则?本文认为,刑法解释的基本原则,必须符合法理学意义上的法律解释基本原则的一般原理,同时需要进一步审查刑法解释的特殊性,最终才能确定既符合法律解释学一般原理又体现刑法解释自身个性特点的"刑法解

---

[*] 魏东,法学博士,四川大学法学院教授、博士生导师。
[①] 参见刘艳红:《实质出罪论》,中国人民大学出版社2020年版,第165页。

释的基本原则"。

关于法律解释的基本原则,法律解释学是以"法律解释的基本原则""法律解释的原则""法治原则"等来阐释的。有的学者认为,法律解释的基本原则,是指法官在运用一定的解释方法解释法律时所应当遵循的一般原则,也是法官在解释法律过程中应当遵循的基本准则,具体内容包括"清晰文本本身无须解释""忠实于法律文本""忠实于立法目的和立法意图""妥当地进行价值判断""兼顾法的安定性和法的妥当性""充分说理论证规则"等六项基本原则。① 有的学者认为,法律解释的原则很多,如维护法治、维护正义、宪法至上、合法性、合理性、客观性等,而客观性与合法性原则不但都具有根本法治意义而且它们之间有时易发生冲突,因而客观性与合法性需要得到特别强调。② 还有的学者认为:"总的来说,合法性是法律解释的最基本原则,客观性与合理性都是为合法性进行论证的原则。广义上的合法性能涵盖这两个原则。当然这里的合法性之法不应包括那种'不法'之法,而是包括了法律规范、法律精神、法律价值和正当程序之法。"③有的学者主张,法律解释(司法裁判)"要追求自身的合理性,又要兼顾社会效果及其合法性评价"④。还有的学者则将法律解释的基本原则表述为"法律解释规则",主张应当坚持"法律解释的两类规则:合法性规则和合理性规则"⑤。可见,尽管在学理上存在一些争论,但是较为普遍的看法是,法律解释的基本原则有合法性原则、合理性原则(客观性原则或者客观合理性原则)、妥当性原则(正当性原则或者客观正当性原则或者兼顾社会效果原则)三项。

刑法解释学在遵从法律解释的基本原则的基础上,对某些概念的用语和含义上略有个性化转换。例如,赵秉志、曾粤兴、齐文远、周详、刘艳红、李希慧等刑法学者都明确主张刑法解释的基本原则包括合法性原则、合理性原则、合目的性原则。赵秉志和曾粤兴认为,刑法解释方法的运用应当受到合法性、合理性和正当性的原则调控;⑥齐文远和周详认为,"我国刑法解释的基本原则有三个:合法性原则,它是刑法解释的形式规制;合理性原则,它是刑法解释的实质规制;合目的性原则,它是刑法解释原则的冲突之整合规则"⑦;刘艳红指出,"刑法解释的原则应当为合法性、合理性与技术导向

---

① 参见王利明:《法律解释学导论——以民法为视角》(第2版),法律出版社2017年版,第163~177页。
② 参见陈金钊、焦宝乾等:《法律解释学》,中国政法大学出版社2006年版,第13~15页。
③ 陈金钊、焦宝乾等:《法律解释学》,中国政法大学出版社2006年版,第13~15页。
④ 魏治勋:《法律解释的原理与方法体系》,北京大学出版社2017年版,第80页。
⑤ 参见周永坤:《法理学——全球视野》(第4版),法律出版社2016年版,第298~300页。
⑥ 参见赵秉志:《刑法基本问题》,北京大学出版社2010年版,第305页。
⑦ 齐文远、周详:《论刑法解释的基本原则》,载《中国法学》2004年第2期。

性三个原则"①;李希慧将合法性、合理性和契合刑事政策性作为刑法解释原则。②可见,我国较多的刑法学者认为:刑法解释的基本原则包括合法性原则、合理性原则、合目的性原则三项。

本文认为,刑法解释的基本原则还应该在合法性原则、合理性原则、合目的性原则的基础上增加一项"整体有效性原则"。理由在于:合法性、合理性、合目的性三项原则之间有时存在紧张关系,是需要根据一定准则(规则)进行体系化整合的,既要确保合法性,又要确保合理性、合目的性,由此决定了整体有效性原则的必要性。德国法学家卡尔·拉伦茨强调,法解释必须关切法秩序的整体性,指出:"解释始终都与该当法秩序的整体及其基础的评价准则密切相关。"③我国学者也提出了"整体性原则"的概念:"整体性原则,是指在解释某一具体的刑法规定时,必须综合地考虑刑法的其他规定,在对刑法的总体把握中阐明该规定的含义。"④可见,"整体性原则"所表达的含义是比较接近"整体有效性原则"的实质内涵的。可以认为,整体有效性原则是一项整合合法性、合理性和合目的性的原则,应当成为刑法解释的基本原则(之一)。

同时应注意,刑法解释的基本原则不同于刑法基本原则。刑法基本原则,是指贯穿全部刑法规范,具有指导和制约全部刑事立法和刑事司法的意义,并体现我国刑事法治基本精神的准则。⑤ 刑法基本原则可以说是针对刑法立法和司法整体的实体刑法准则,包括罪刑法定原则、平等适用刑法原则、罪责刑相适应原则,以及法益保护原则、责任主义原则等。而刑法解释的基本原则仅是针对刑法司法过程中的刑法解释适用活动的实体刑法准则,它是在坚持刑法基本原则、体现刑法基本精神的基础上,进一步归纳总结出的有关刑法解释适用活动规律以及刑法解释特殊功能的准则,存在一个功能和话语转换的过程。例如,刑法解释将其应坚持全部刑法基本原则和刑法规定的功能特点归纳为"合法性原则",将其应遵从宪法秩序和法秩序统一原理、刑法教义学原理的功能特点归纳为"合理性原则",将其应适当兼顾时代发展和刑事政策变化的动态过程的功能特点归纳为"合目的性原则",将其应全面整合合法性、合理性和合目的性的功能特点归纳为"整体有效性原则",以避免出现解释过程无序化、解释活动顾此失彼化、解释结论荒谬等违背刑事法治理性的现象。尤其是刑法解释的整体有效性原则,它是针对个案与具体罪名的刑法解释适用准则,是确保刑法解释结论兼顾好合法性、合理性和合目的性的一项重要原则,是充分体现刑法解释适用功能特点的重要

---

① 刘艳红:《刑法解释原则的确立、展开与适用》,载《国家检察官学院学报》2015年第3期。刘艳红在该文中使用了"技术导向性"这一概念,在严格意义上仅表达了合目的性的部分内涵。
② 参见李希慧:《刑法解释论》,中国人民公安大学出版社1995年版,第82~92页。李希慧在该书中认为:刑法解释原则有合法性原则、合理性原则、以刑事政策为指导原则、整体性原则以及明确、具体原则等5项。
③ [德]卡尔·拉伦茨:《法学方法论》,陈爱娥译,商务印书馆2003年版,第195页。
④ 李希慧:《刑法解释论》,中国人民公安大学出版社1995年版,第92页。
⑤ 参见《刑法学》编写组编:《刑法学(上册·总论)》,高等教育出版社2019年版,第55页。

原则,是刑法基本原则所不能囊括的重要内容。

综上,刑法解释的基本原则,是指贯穿刑法解释活动过程始终,指导和制约刑法解释活动全过程的基本准则,具体内容包括合法性原则、合理性原则、合目的性原则、整体有效性原则等基本原则。在相当意义上可以认为,刑法解释的基本原则就是整体有效性原则。因为,整体有效性原则的实质内涵中包含了合法性原则、合理性原则、合目的性原则及其关系整合,亦即整体有效性原则是一项整合合法性、合理性和合目的性的原则,必须遵循一定的整合规则,以确保刑法解释的整体有效性。

一、合法性原则

（一）合法性原则的概念

刑法解释的合法性原则,是指刑法解释必须符合宪法和法律的明文规定与基本精神,不能违宪和违反法律。

合法性原则的概念在理论认识上并非具有高度一致性,主要体现在:有的刑法学者认为合法性原则是包括形式合法性和实质合法性在内的全面合法性。例如,赵秉志和曾粤兴认为,合法性原则"不仅是指不能违宪和违反刑法的原则与规则,还要求刑法的解释和刑法的内容尽可能做到和谐一致"[1];李希慧和刘艳红都认为,合法性原则"是指刑法的解释必须符合宪法和法律的要求"[2]。另有学者认为,合法性原则仅指形式合法性(形式规制),如齐文远和周详认为,合法性原则是"刑法解释的形式规制"[3]。

从法律逻辑看,合法性原则应当是指包括形式合法性和实质合法性在内的全面合法性。依照合法性原则,刑法解释必须在形式合法性层面符合法律规定,在实质合法性层面符合法律规定的价值理性和法治精神,切实做到刑法解释的全面合法性,这是合法性原则所欲实现的最理想的合法境界。但是,合法性的这种理想境界只能是刑法解释所欲追求的终极目标,有赖于合理性原则和合目的性原则的共同协力才能最终实现。因此,应在合法性原则、合理性原则、合目的性原则之间进行适当的功能划分,将合法性原则的主要功能框定在形式合法性的范畴之内,将合理性原则和合目的性原则的主要功能框定在实质合法性范畴之内。只有那种实质上具有合理性和合目的性的刑法解释(结论)才能匹配"实质合法性"的美誉。这样,合法性原则就主要解决形式合法性的问题,合理性原则和合目的性原则则主要解决(共同解决)实质合法性的问题,这有利于实现刑法解释基本原则上的逻辑自洽。

综上,我们认为,就刑法解释而言,由于刑法文本(成文法)的客观存在,刑法解释

---

[1] 赵秉志:《刑法基本问题》,北京大学出版社2010年版,第305页。
[2] 李希慧:《刑法解释论》,中国人民公安大学出版社1995年版,第82~92页;刘艳红:《刑法解释原则的确立、展开与适用》,载《国家检察官学院学报》2015年第3期。
[3] 齐文远、周详:《论刑法解释的基本原则》,载《中国法学》2004年第2期。

的形式合法性就不是空中楼阁,而是有明确的文字载体和规范形式作为保障;相应地,实质合法性是从实质层面具体审查刑法解释实质的合理性和合目的性(实质合法性)。换言之,实质合法性的"事物本质"应归到"合理性""合目的性"原则之中。因此,刑法解释的合法性原则,主要是指形式合法性,主要功能是确证刑法解释结论合法性底线基础(价值)和合法空间。合法性底线基础由刑法文本的语义解释限度具体限定,合法性空间由刑法文本的语义解释空间所包容。任何僭越刑法文本的语义解释限度或者超出刑法文本的语义解释空间的刑法解释都是不符合合法性原则要求的,都不具有合法性。

(二)合法性原则的具体展开

合法性原则要求刑法解释必须符合形式法治和实质法治的基本要求,不得逾越法治底线和罪刑法定原则。因此,合法性原则在文义解释中体现得最集中、最充分,在论理解释中也有所体现。

例如,"违反国家规定"的刑法解释。不符合《立法法》规定的法律、法规,均不得作为"违反国家规定"中的"国家规定"。

又如,"强奸妇女、奸淫幼女"的刑法解释。强奸罪的对象只能是"妇女""幼女",而不能是男子;"奸淫"既包括强奸,也包括其他任何形式的奸淫,但是又不能将一些猥亵行为("手淫""波推""口交""肛交"等)认定为"奸淫"。

再如,"冒充军警人员抢劫"的刑法解释。真正的军警人员抢劫就不能被认定为"冒充军警人员抢劫",这也是刑法解释的合法性原则的基本要求。

二、合理性原则

(一)合理性原则的概念

刑法解释的合理性原则,是指刑法解释必须符合宪法和法律规定的实质法理、刑法教义学原理和常识情理。

关于合理性原则的理解,刑法学界的阐释有所差异。赵秉志和曾粤兴认为,合理性"是对合法性原则的一个补充,它要求刑法解释一方面符合法理;另一方面符合公认的情理、事理"[1]。齐文远和周详认为,"合理性原则,它是刑法解释的实质规制"[2]。刘艳红认为,"合理性原则是指刑法的解释必须符合罪刑法定实质正当性的要求"[3]。

---

[1] 赵秉志:《刑法基本问题》,北京大学出版社2010年版,第305页。
[2] 齐文远、周详:《论刑法解释的基本原则》,载《中国法学》2004年第2期。
[3] 刘艳红:《刑法解释原则的确立、展开与适用》,载《国家检察官学院学报》2015年第3期。刘艳红在该文中使用了"技术导向性"这一概念,在严格意义上仅表达了合目的性的部分内涵。

李希慧认为,合理性原则"是指刑法的解释要合乎法理、人伦常理和社会发展需要之理"①。

我们认为,刑法解释的合理性原则主要是指刑法解释要符合实质法理和常识情理,因而主要是实质判断。它在合法性原则的基础上更进一步强调实质合理性,使刑法解释合法、合理,符合法治理念,确保刑法解释符合法治要求。

(二)合理性原则的具体展开

刑法解释的合理性原则,集中体现在论理解释中,强调刑法解释必须充分运用刑法教义学原理(犯罪构成理论、目的犯理论、短缩的二行为犯理论、共同犯罪理论等)展开深刻的说理和论证。

例如,对传播淫秽物品牟利罪(《刑法》第363条第1款)运用目的犯理论的刑法教义学原理来解释,就是合理性原则的要求。在某甲和某乙共同犯罪中,某甲具有以牟利为目的这一情节,而某乙不具有这一情节,则应当注意运用目的犯理论和共同犯罪理论的刑法教义学原理进行论理解释,某乙构成传播淫秽物品罪(《刑法》第364条第1款)。事实上,目的犯中"参与非规范目的行为"的分则性封闭与实质违法性判断,就主要是合理性原则的要求和体现。

又如,盗窃罪,作为"非法定的目的犯",对于那些不具有非法占有目的的"盗窃"行为,就需要运用盗窃罪、目的犯理论的刑法教义学原理进行论理解释,才符合合理性原则的要求,才能获得正确的解释结论。

再如,虚开增值税专用发票罪、伪造货币罪,作为"短缩的二行为犯",就必须运用两罪本身的犯罪构成理论、短缩的二行为犯理论等刑法教义学原理进行论理解释才符合合理性原则的要求,才能获得正确的解释结论。

还如,寻衅滋事罪、故意伤害罪、故意杀人罪的刑法解释由于其界限存在一定模糊性,必须认真审查解释结论合理性。比较典型的案例就是2010年发生的肖某国袭击方某子案。

【案例】肖某国袭击方某子案②

2010年9月,肖某国指使其亲戚戴某湘找人袭击方某子和方某昌为他出气。对此,警方认为,肖某国是因为方某子、方某昌通过媒体、网络对其学术"打假",致其未能入选中国科学院院士。为报复两人,肖某国指使远亲戴某湘实施报复行为。因而警方和检均认为肖某国涉嫌寻衅滋事罪;但是方某子和方某昌则认为肖某国涉嫌故意杀人罪(未遂)。而在庭审中,肖某国说学术质疑并不是打人的原因,他认为方某子没

---

① 李希慧:《刑法解释论》,中国人民公安大学出版社1995年版,第82~92页。李希慧在该书中认为:刑法解释原则有合法性原则、合理性原则、以刑事政策为指导原则、整体性原则以及明确、具体原则等5项。
② 参见公磊、李京华:《肖某国被判拘役5月半是否太轻?支持者庭外冲突》,载新华网,http://news.xinhuanet.com/school/2010-10/11/c_12647210.htm。

有能力和资格质疑他,事件真正的起因,是方某子诽谤了他的妻子,还侮辱了肖某国的导师、中科院院士裒某祖;肖某国称,曾为诽谤其妻之事在2007年对方某子提起刑事自诉,却未被法院受理;因觉得他和方某子之间的"恩怨"通过以往的官司并没有得到有效解决,所以他才让亲戚戴某湘为他出气。据此,肖某国及其辩护人均认为,肖某国的行为涉嫌故意伤害,但是只造成了致人轻伤的后果,不应追究刑事责任。其他相关证据显示:据戴某湘供述,肖某国对把人打成什么样没有指示,要求不要把事闹大;打手许某春称,打第一个人(方某昌)时,戴某湘指示"随便打",他理解是不会带来很严重伤害的殴打。之所以使用钢管,是因为怕打不过对方;袭击方某昌一周后,"湘哥"指示他,打第二个人(方某子)要稍微重一点。另一名打手龙某光称,许某春说要把人打到住院两三天就行了。

2010年10月10日,北京市石景山区人民法院经过简易程序审理,以寻衅滋事罪判处肖某国拘役5个半月,判决其他4名被告人拘役5个半月到1个半月不等刑期。后来经过二审维持原判。

对于故意杀人罪与故意伤害罪的界限,表象上、理论逻辑上看似乎比较好区分。理论上的区分方法有以下三种标准:(1)工具与部位说。但是,此说太机械。(2)目的说。此说的问题是:一是"目的"本身不好认定;二是不能解释间接故意杀人。(3)故意内容说。一般认为第三种观点比较科学。

但是,在实践中区分故意杀人罪与故意伤害罪,情况却可能十分复杂,应当特别注意刑法解释结论合理性原则的要求。在肖某国袭击方某子案中,基于在案证据事实固定的情况下所作出的法律定性判断分歧较大,居然有故意杀人罪、故意伤害行为(罪)、寻衅滋事罪之分歧,这是十分令人迷惑不解的现象。对此,我们的看法是:要对客观性证据、客观性结果予以高度重视,更要对行为人的行为内容和故意内容进行实质审查,这种实质审查必须公正合理、合乎常识、适当保守,否则会过度形成"公说公有理,婆说婆有理"一样的局面,损害司法公正。

就本案而言,本文倾向于认为,肖某国有错,其基于个人私利和报复心态而雇人对方某子予以打击报复,其行为性质"解释"为故意伤害是比较合理的(刑法解释合理性原则),由于其行为性质及其客观后果(轻微伤)不符合我国《刑法》所规定的故意伤害罪的定罪条件,依法应判决其行为不构成犯罪。但是对于其故意伤害他人致人轻微伤的行为,可以依照《治安管理处罚法》的规定进行治安处罚,以实现恢复秩序和教育行为人的执法目的。

三、合目的性原则

(一)合目的性原则的概念

刑法解释的合目的性原则,是指刑法解释必须符合刑事政策目的价值目标,具体包括防控犯罪价值意义上的"秩序"目的性、保障人权价值意义上的"自由"目的性、社会发展意义上的"效率"目的性与"公正"目的性四项价值目的性及其权衡整合。

关于合目的性原则,刑法学界的认识正在逐步走向共识。赵秉志认为,合目的性原则(正当性原则)"即刑法解释应当符合必要的程序和社会应当具有的价值观念"[①]。齐文远和周详认为,"合目的性原则,它是刑法解释原则的冲突之整合规则"[②]。李希慧认为,契合刑事政策性(合目的性)"是指在阐明刑法规定的含义时,必须充分考虑党和国家的政策,而不能背离党和国家的政策,这既是由党和国家政策在我们国家政治、经济、法律生活中的地位以及我国刑法立法的特点所决定,也是保持法律的稳定性和生命力所必需的"[③]。

需要说明的是,法律解释学上的正当性(妥当性)概念实质上是指通过法外的社会学解释方法的确证功能获得解释结论"法律的社会效果"属性,而在刑法解释这一特殊领域中,正当性(妥当性)主要体现的是契合刑事政策目的性(合目的性)这一特殊性。因此,功能主义刑法解释论所提出的合目的性可以更为精准地涵盖正当性(妥当性)的基本内涵,从而在刑法解释学上可以进行话语转换,即由法社会学解释方法所确证的解释结论"正当性"转换为由刑事政策解释方法所确证的解释结论"合目的性"。"刑事政策解释方法作为运用'法外'的刑事政策原理解释刑法的论理解释方法就是一般意义上的法社会学解释(方法)在刑法解释中的进一步具体化、特别化,是刑法解释方法中唯一区别于其他非刑事法律解释方法的、具有独占性和标签性的特别解释方法,并且刑事政策解释方法作为运用'法外'的刑事政策原理解释刑法的论理解释方法同样也能够成为区别于作为'法内'的规范法理的刑法解释的论理解释方法","刑事政策解释方法(广义的论理解释方法),具有刑事政策上特别校正刑法解释结论的正当性功能,依次从底线功能、合理性功能、正当性功能逐级限定刑法解释结论的妥当性和可接受性"[④]。可以说,合目的性被视为刑法解释结论有效性的重要内容,正是功能主义刑法解释论的新贡献。劳东燕指出,"如果说政策性的目标代表着对社会效果的积极追求,那么,对于功能主义的刑法解释而言,便是要在法律之内寻求社会效果",因此应当强调"刑事政策被定位为方法论上的合目的性考虑,以指导犯罪论的构建与刑法解释论的发展"[⑤]。

合目的性原则强调刑法解释必须重视刑事政策价值目标秩序、自由、效率、公正的

[①] 赵秉志:《刑法基本问题》,北京大学出版社2010年版,第305页。
[②] 齐文远、周详:《论刑法解释的基本原则》,载《中国法学》2004年第2期。
[③] 李希慧:《刑法解释论》,中国人民公安大学出版社1995年版,第82～92页。李希慧在该书中认为:刑法解释原则有合法性原则、合理性原则、以刑事政策为指导原则、整体性原则以及明确、具体原则等5项。
[④] 参见魏东:《刑法解释学基石范畴的法理阐释——关于"刑法解释"的若干重要命题》,载《法治现代化研究》2018年第3期。
[⑤] 劳东燕:《能动司法与功能主义的刑法解释论》,载《法学家》2016年第6期。

权衡整合。这种价值目标的权衡整合,有以下两点意义:首先,意味着秩序、自由、效率、公正全部都有份,一个都不能少,缺少其中任何一个都是不可想象的、不可接受的;其次,意味着四项价值目的性之间的轻重权衡、位阶权衡与有效整合,并且应当将这种权衡整合作为合目的性考量的重点。因此,功能主义刑法解释论上结果的功能主义,必须强调刑法解释结论合目的性本身是秩序、自由、效率、公正等四项价值目的性及其整合体,而并非仅是某一种单项目的性(例如,"秩序"目的性)。刑事政策原理认为,四项价值目的性之间存在紧张关系并需要适当权衡整合:其一,最大限度地保障人权(自由价值)、最大限度地促进社会发展(效率价值)、最大限度地体现相对公正(公正价值)、最小限度地维持必要秩序(秩序价值)这种"三大一小"的理念是现代刑事政策的基本品格和基本理念;其二,在自由与秩序两者之间的价值权衡中,应当坚持"自由优先、兼顾秩序"的价值立场,即强调"自由至上"(人权保障至上)而反对"秩序至上"(犯罪防控至上);其三,在公正与效率两者之间的价值权衡中,应当坚持"公正优先、兼顾效率"的价值立场,即强调"公正至上"而反对"效率至上"。[①] 在刑事实体法上,秩序与自由、秩序与公正、自由与公正、效率与公正之间的价值权衡经常出现,需要在刑法解释论上(以及刑法教义学上)予以充分关注,以防止某种顾此失彼式的价值判断失策。

合目的性原则有一个预设前提,就是合目的性原则必须被限定在合法性原则和合理性原则之内进行优化价值选择,这种优化价值可以并且应当是最优化价值,但是必须是合法性原则和合理性原则可以包容的范围内的最优化,而不能是超出合法性原则和合理性原则可以包容的范围的最优化。因此,合目的性原则必须遵循(合法性和合理性)"可包容的合目的性优化价值"规则。

(二)合目的性原则的具体展开

刑法解释的合目的性原则,强调刑法解释必须重视刑事政策价值目标秩序、自由、效率、公正的权衡整合,需要在具体个案中予以特别谨慎、周全的判断。合目的性也可能具有多样性,它是通过超越刑法文本规范进行刑事政策解释(法社会学解释)获得的,那么,基于合目的性立场来审查文义解释结论和论理解释结论,就有可能出现这些解释结论(文义解释结论和论理解释结论)"完全符合""部分符合""完全不符合"刑事政策解释结论合目的性的多种情形。应按照(合法性和合理性)"可包容的合目的性优化价值"规则进行刑事政策解释结论合目的性优化价值遴选,即从合法性和合理性可包容的合目的性价值中选择最优化价值,但是应排除那些合法性和合理性无法包容的合目的性价值。因此,必须特别强调的是,在某些特殊情形下,如果单纯按照刑事政策解释方法所得出的解释结论(具有合目的性)完全超出了文义解释结论和论理解

---

① 参见魏东:《刑事政策原理》,中国社会科学出版社2015年版,第91~95页。

释结论的范围(不具有合法性和合理性),则应当否定该刑事政策解释结论的合法性和合理性(即使具备合目的性优化价值),因为这时合目的性价值违背了"可包容的合目的性优化价值"规则。

有以下两种情形需要运用合目的性原则进行专门讨论:

其一,当法益内容的有无判断不清晰时,刑事政策解释方法对解释结论合目的性的确证功能主要表现为秩序与自由(犯罪防控与人权保障)之间价值的谨慎权衡,应当坚持"自由优先、兼顾秩序"的价值立场,通过适当限缩"秩序"合目的性以实现最大化的"自由"合目的性。

例如,"近亲属入户抢劫"的解释。我国《刑法》第263条规定了"入户抢劫"这一加重法定刑情节,基于特别保护住宅安宁和人身财产安全的合目的性要求,需要"处十年以上有期徒刑、无期徒刑或者死刑,并处罚金或者没收财产"。那么,"近亲属入户抢劫"是否适用这一加重法定刑情节?对此问题的回答,如果适用刑法解释合目的性原则就要求考虑以下因素:由于近亲属之间的关系非常特殊,有的分家析产后往来较少但是亲情纽带仍在,而有的没有明确分家析产、常年往来并且共处一室,总体上都涉及亲情和家庭和睦等因素,从而"近亲属入户抢劫"不同于通常的"入户抢劫"情节,其特别予以保护的法益内容的有无判断不清晰,通常不宜将"近亲属入户抢劫"认定为基于特别保护住宅安宁和人身财产安全的合目的性要求的加重法定刑情节。

其二,当法益内容之间的界限与程度判断不清晰之时,刑事政策解释方法对解释结论合目的性的确证功能主要表现为效率与公正之间价值的谨慎权衡,应当坚持"公正优先、兼顾效率"的价值立场,通过适当限缩"效率"合目的性以实现最大化的"公正"合目的性。

这种语境下,秩序与自由之间的紧张关系不是主要矛盾,即对行为人定罪本身不存在争议,而仅在如何"公正"地定罪处罚上存在争议,从而使效率与公正之间的紧张关系成为主要矛盾,应当坚持"公正优先、兼顾效率"的价值立场来处理。

例如,"强奸双性人"行为定性的刑法解释。双性人本身不同于普通女性和男性,因此应当承认其具有特殊性,需要结合被害人社会身份和生活习惯以及合目的性来具体判断行为性质。在被害人始终以"女性"身份生活、结婚和社交的情况下,将"强奸双性人"的行为解释为强奸罪就比强制猥亵罪更具有合目的性。

四、整体有效性原则

(一)整体有效性原则的概念

刑法解释的整体有效性原则,是指刑法解释必须具有同时符合合法性、合理性、合目的性的"三性统一体"的有效性,是在合法性底线基础价值范围内以"可包容的优化价值"规则整合的"三性统一体"整体有效性。"同时符合"的要求是:既要同时具备,又要消除矛盾,还要整体上协调一致;既要刑法解释结论的整体有效性,又要刑法解释方法确证功能的整体有效性,还要刑法解释方法和刑法解释结论之间整体上协调一致。可见,整体有效性原则是一项整合合法性、合理性和合目的性的原则,必须遵循一定的整合规则。整合规则只能是:合法性原则是底线基础(价值),在合法性范围内遴选"(合法性)可包容的合理性优化价值",在合法性和合理性范围内遴选"(合法性和合理性)可包容的合目的性优化价值"。可见,"(合法性)可包容的合理性优化价值""(合法性和合理性)可包容的合目的性优化价值",是整体有效性原则内含的两个重要整合规则,这两个整合规则均以"合法性可包容的优化价值"规则为基础,可以合并简称为"可包容的优化价值"规则。对此,我国有学者提出了"技术导向性原则"的概念,认为技术导向性的原则是作为达到合法性、合理性原则的中立的桥梁和媒介而被提出的,能够确保防止出现在解释操作的有限空间内因合法性原则与合理性原则同时被要求满足所产生的、被波斯纳戏称为"变色龙"[①]效应的合法性与合理性相互冲突、排挤的局面。[②]

刑法解释整体有效性原则,其核心内容是刑法解释结论整体有效性。刑法解释结论整体有效性,是指刑法解释结论所具有的合法性、合理性、合目的性所共同构成的"三性统一体"有效性。[③] 刑法解释结论只有在同时具备合法性、合理性和合目的性所共同构成的"三性统一体"之时才能称得上获得了"有效性";反之,刑法解释结论若仅具有合法性,或者仅具有合理性,或者仅具有合目的性,或者缺少合法性、合理性和合目的性中的任何一项,均不能获得完整意义上的"有效性"。换言之,刑法解释结论有效性意义上的合法性、合理性和合目的性之间的关系不是相互排斥的竞争关系,而是以合法性为底线基础价值、以合理性和合目的性为优化价值的共生融合关系:合法性作为底线基础价值当然必不可少,具体限定了解释结论的合法空间;合理性和合目的性作为优化价值当然不可或缺,但是优化价值的不可或缺性是有条件限制的,即只能是在合法性底线基础价值所限定的合法空间内可包容的优化价值(可包容的优化价值论)才是不可或缺的,而超出合法空间的所谓优化价值则是被排斥在外的。具体来讲,有效性是指在合法性底线基础价值的基础上进一步追求实现合法空间可包容的合理性和合目的性优化价值的"三性统一体"有效性,是合法性底线基础价值、可包容的合理性和合目的性优化价值的共生融合。刑法解释整体有效性原则"三性统一体"的

[①] 参见[美]理查德·A.波斯纳:《法理学问题》,苏力译,中国政法大学出版社1994年版,第342页。
[②] 参见刘艳红:《实质出罪论》,中国人民大学出版社2020年版,第171~172页。
[③] 例如,赵秉志、齐文远、李希慧、曾粤兴、周详等学者均认为,应当把合法性、合理性、合目的(合刑事政策性或者正当性)作为刑法解释原则;其中李希慧认为,刑法解释原则有合法性原则、合理性原则、以刑事政策为指导原则、整体性原则以及明确、具体原则等5项。参见赵秉志:《刑法基本问题》,北京大学出版社2010年版,第305页;齐文远、周详:《论刑法解释的基本原则》,载《中国法学》2004年第2期;李希慧:《刑法解释论》,中国人民公安大学出版社1995年版,第82~92页。

具体结构,如图1所示。

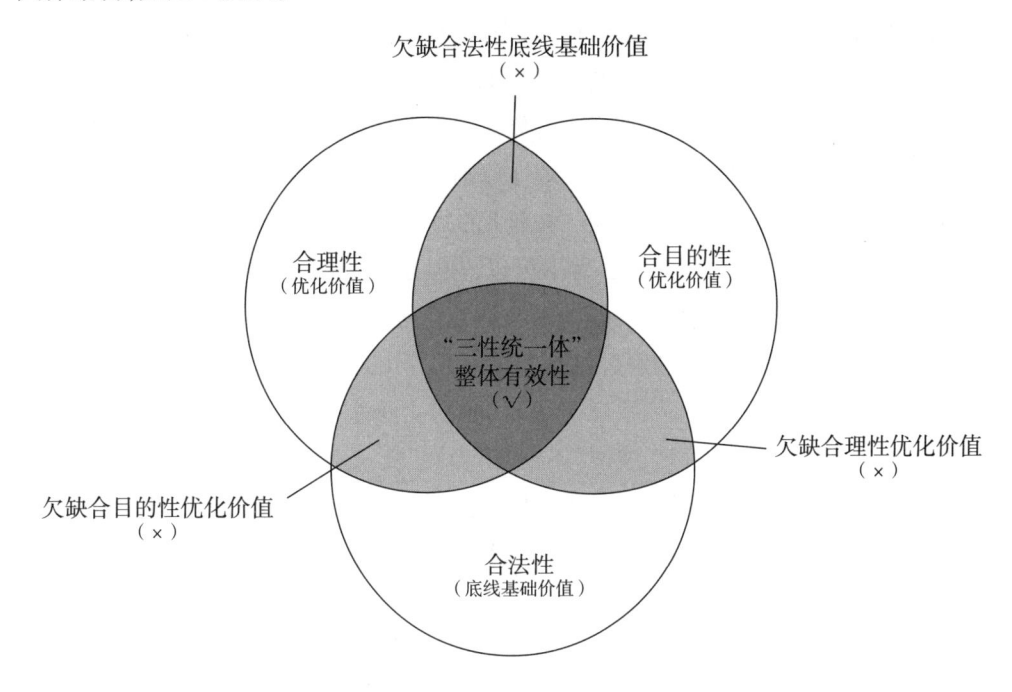

图1 刑法解释整体有效性原则"三性统一体"具体结构

(二)整体有效性原则的具体展开

刑法解释结论有效性(合法性、合理性、合目的性)的真正实现,离不开刑法解释方法确证功能的充分发挥与共生融合关系的体系化证成。刑法解释方法确证功能,又称为刑法解释方法对刑法解释结论有效性的确证功能,具体是指刑法解释方法所具有的确证刑法解释结论有效性(合法性、合理性、合目的性)的功能。刑法解释方法确证功能必须结合(刑法)解释结论有效性来阐释,具体包括三方面确证功能:刑法解释方法中的文义解释方法对(文义解释结论)合法性的确证功能、论理解释方法对(论理解释结论)合理性的确证功能、刑事政策解释方法对(刑事政策解释结论)合目的性的确证功能,只有通过刑法解释方法"三性确证功能统一体"的充分发挥与共生融合关系的体系化证成,才能完整实现刑法解释结论合法性、合理性和合目的性"三性统一体"有效性。① 刑法解释方法确证功能的体系化逻辑,只能是刑法解释方法确证功能的功能结构关系论与共生融合论:首先,需要进行文义解释,确证解释结论合法性底线基础价值和合法空间;其次,需要进行论理解释和刑事政策解释,在合法性底线基础价值之上进一步求证合法空间可包容的合理性和合目的性优化价值(可包容的优化价值论),并在合法空间可包容的各种优化价值中遴选出"最优化价值"(可包容的最优化

---

① 参见魏东:《刑法解释学基石范畴的法理阐释——关于"刑法解释"的若干重要命题》,载《法治现代化研究》2018年第3期。

价值论),以确保实现刑法解释结论有效性的"三性统一体"。刑法解释方法确证功能的体系化路径,只能是先进行文义解释,后进行论理解释和刑事政策解释,解释过程中可以进行解释性循环(解释过程论与解释性循环论)。

刑法解释整体有效性原则,是刑法解释结论有效性和刑法解释方法体系化的根本指导原则,凡是不符合刑法解释整体有效性原则要求的刑法解释都是错误的和必须被排除的。例如,理发店里容留"手淫""波推"的行为,是否可以解释认定为容留卖淫罪?广东省东莞市中级人民法院认为不可以,[①]但是其他部分人民法院却认为可以,这里就存在一个"合法性判断"问题。本文同意广东省东莞市中级人民法院作出的"不可以"认定为容留卖淫罪的解释结论。针对东莞市理发店容留"手淫""波推"案,文义解释方法客观上不能确证"手淫""波推"属于卖淫这一解释结论合法性底线基础价值(合法空间),因为"手淫""波推"不具有"卖淫"文义上所内含的"性侵入"这一内容;论理解释方法也难以确证"手淫""波推"属于卖淫这一解释结论的合理性(至少存有争议);刑事政策解释方法在较大程度上能够确证"手淫""波推"属于卖淫这一解释结论合目的性(主要是有利于治安政策上防控"手淫""波推")。也就是说,这时刑法的文义解释方法和刑事政策解释方法(以及论理解释方法)所分别确证的解释结论出现了明显的矛盾,通过刑事政策解释方法和文义解释方法进行解释性循环、回溯仍然无法解决这个矛盾。文义解释方法客观上不能确证"手淫""波推"属于卖淫这一解释结论合法性底线基础价值,因此根本无法实现刑法解释方法"三性确证功能统一体",从而不能确证"手淫""波推"属于卖淫这一解释结论有效性"三性统一体",根本不符合刑法解释整体有效性原则。据此,人民法院认为理发店里容留"手淫""波推"的行为不可以解释认定为容留卖淫罪。当然,治安政策上将"手淫""波推"解释认定为卖淫,从而可以进行治安处罚,这里涉及《治安管理处罚法》相关条款的文义解释结论有效性问题,它不同于刑法解释结论有效性问题,这里不做具体展开。

又如,以军警人员与军警人员共同抢劫的刑法解释为例,这种情形是否适用抢劫罪"冒充军警人员抢劫的"这一法定的加重处罚情节?对此,本文主张的解释结论是:军警人员与军警人员共同抢劫的情形不可以适用抢劫罪"冒充军警人员抢劫的"这一法定的加重处罚情节,这时仅可以按照"可包容的最优化价值"规则进行解释论整合,可考虑对此情形予以"从重处罚"(但不能适用加重处罚情节)。值得注意的是,不能说刑事政策解释方法"优于"刑法文义解释方法和论理解释方法,而不顾刑法文义解释方法和论理解释方法的确证功能,从而违背刑法解释方法"三性确证功能统一体"的体系性要求。在文义解释结论底线基础价值之上,再运用论理解释方法和刑事政策解释方法进行进一步的解释说理,这种体系性安排强调的是刑法解释方法"三性确证

---

① 参见陈旭均、蒋小美:《提供手淫"服务"不构成介绍、容留卖淫罪》,载《人民司法》2008年第16期。

功能统一体"和解释结论有效性"三性统一体",而并非简单地确认刑事政策解释方法"优于"刑法文义解释方法和论理解释方法,其重要法理就在于刑法解释的整体有效性原则。

再如,强行插入女性口腔(强制口交)、肛门(强制肛交)的行为,到底是解释为强奸罪还是强制猥亵、侮辱罪?这涉及"强制口交、肛交"行为的解释结论合目的性优化价值问题。我国有学者认为,"按照传统的观点,行为人强行将生殖器插入被害妇女肛门或口腔的行为,一般认为构成猥亵妇女罪。但如果刑事政策上强调对被害人权益的保护,则将此类行为评价为强奸行为,按强奸罪来处罚也完全没有问题。实际上,从刑事政策的角度来看,将此类行为按强奸罪来处罚更为合理。并且,这样的解释也能找到教义学上的支持根据……在某些情况下,鸡奸给被害人带来的肉体痛苦甚至更严重"①。这里,论者针对"强制口交、肛交"行为所得出的解释结论是:"强制口交、肛交"行为定性为强奸罪,理由是更符合刑事政策合目的性。对此,本文首先表明态度:认为构成强奸罪的这一解释结论根本就不具有合法性、合理性、合目的性,当然不具有解释结论有效性(我国根本没有这种判例)。主张强奸罪的论者"出错"的根本原因在于,片面地强调刑事政策制裁犯罪"秩序"价值上的合目的性,不当忽视刑事政策保障人权"自由"价值上的合目的性,背离了合目的性的整全主义立场。在我国现行刑法框架下,刑法教义学原理(法规范内的论理解释)认为强制口交、肛交的行为是比较恶劣的强制猥亵行为,依法认定为强制猥亵、侮辱罪本来是不存在争议的,②依法不能得出强奸罪的解释结论。这也说明,判断刑法解释结论合理性也需要关照体系性和融贯性的要求,具体讲,这里需要关照强奸罪和强制猥亵、侮辱罪两者之间的关系来审查解释结论合法性、合理性、合目的性以及整体有效性。但是,由于仅片面地强调刑事政策制裁犯罪"秩序"价值上的合目的性,忽视了刑事政策"自由"价值上的合目的性,才"制造"出了解释结论上强制猥亵、侮辱罪与强奸罪之间的争议,并最终选择了强奸罪这一错误的解释结论。这种解释结论的错误还表现在,如果对"女性"的"强制口交、肛交"行为定性为强奸罪,那么对"男性"的强制口交、肛交的行为似乎也可以定性为强奸罪,而实际上,按照我国刑法规定,"强制口交、肛交"行为的解释结论只能是构成强制猥亵、侮辱罪,从而,强奸罪的这种解释结论也违背了体系解释的内在要求。

---

① 劳东燕:《功能主义刑法解释论的方法与立场》,载《政法论坛》2018年第2期。
② 参见张明楷:《刑法学》(第5版)(下),法律出版社2016年版,第869页。

刑法文义解释中的类型思维与法律概念外延类型化[*]

程 荣[**]

【摘要】 类型化既是一种知识,也是一种方法,是类型思维在刑法解释,尤其是刑法文义解释中的具体运用。概念外延的类型化旨在概念思维的框架下吸收类型思维的精髓,明确概念外延的肯定类型、否定类型以及中间类型。就法律概念的使用而言,外延列举与内涵界定同等重要,概念外延的类型化更有利于厘清概念外延的边界。因而,法律概念的定义不应当仅停留在概念内涵的理论界定,而应以概念内涵为评价标准,进一步将概念外延类型化。具体而言,对法律概念进行定义时应当明确其概念外延的肯定(典型)类型、否定类型和中间类型。其中,肯定(典型)类型是概念的核心内容,也是语词的通常含义;否定类型是概念边缘含义的界限。在刑法解释中,应当坚守保守的刑法解释观和阶层思维,区分立法与司法、形式与实质、入罪与出罪、法律解释与法律续造,以法律概念外延类型化中的否定类型和上位概念坚守"可能语义范围"这一刑法解释的限度。

【关键词】 法律概念 概念外延 类型化 刑法教义学

一、问题的提出

法律概念至关重要。一方面,在法理学中,法律概念是法的基本要素之一;另一方面,在法律逻辑学中,法律概念是法律命题和法律推理的重要组成部分。然而,在法学理论界,越来越多的学者基于概念法学的弊端和概念的封闭性开始主张放弃概念思维而转向类型思维,试图在概念和对象之间寻求中间范畴,在刑法学界,陈兴良教授、杜宇教授、周光权教授、齐文远教授、苏彩霞教授等都提出并运用了刑法中的类型思维方法理论,既侧重方法论维度,也关照教义学层面。当然,也有些学者还在坚持概念思

---

[*] 本文系西北民族大学2022年校级创新创业教育教学改革研究项目"刑法鉴定式案例教学改革问题研究"(202220)的阶段性成果。

[**] 程荣(1986—),男,山西晋中人,西北民族大学法学院讲师,法学博士,主要研究中国刑法学、法律解释学、刑事政策学、法律方法论、法律语言学等。

维,因为类型思维是一种实质思维,而且对于应当类型化到什么程度缺乏明确标准。其实,在笔者看来,概念思维和类型思维不但不冲突,反而是可以兼容的。首先,概念法学的弊端并非绝对导致"必须摒弃概念思维"的命题。因为法律概念是基本的法律思维单位,脱离法律概念进行法律思考往往"不可思议"。其次,概念思维的封闭性并非绝对的,因为概念的外延是可以伸缩的。与之相对,类型思维的开放性也并非没有边界,否则容易背离法治。再次,概念思维中的同一性认定也包括与概念之典型类型的比较,与类型思维中的相似性判断并无二致。最后,类型思维之类型化过程强调"事物本质"等评价标准,而这一标准的理论描述恰恰是概念内涵。对此,有观点指出:"类型思维并不排斥概念思维,也并不优于概念思维,两者都以家族相似性为语言哲学基础。现代概念思维同样可具有开放性、层级性及意义性。"[1]同时,类型思维应当受到现代概念思维的制约,而概念外延是最好的切入点。在概念外延部分,可以实现概念思维和类型思维的融合。于是,法律概念外延的类型化就成为重要的法学理论命题。同时,与传统概念思维相比较,法律概念外延类型化之命题更加强调法律概念之外延的重要性。[2] 不过,随之而来的问题是,法律概念外延类型化具体是指什么?其在刑法理论中处于何种地位?基本原理是什么?为何要对法律概念外延进行类型化?类型思维在刑法解释中具有何种方法论意义?类型思维的刑法解释适用是否会导致类推解释不妥当?如何对法律概念的外延进行类型化?法律概念外延类型化的理论基础是什么?法律概念外延的类型化的实践效果如何?笔者重点从法律概念外延类型化的理论界说、正当理由、具体展开等三方面展开论述,以回应上述问题。

二、法律概念外延类型化的理论界说

本部分旨在明确法律概念外延类型化的理论内容,回答法律概念外延类型化具体是指什么,其在刑法理论中处于何种地位以及其基本原理是什么等问题,主要包括基本概念、理论地位和基本原理三方面内容。

(一)法律概念外延类型化的基本概念

就字面含义而言,法律概念外延类型化就是对法律概念的概念外延进行类型化分析。之所以如此界说,旨在从概念层面明确以下三个重要问题:一是法律概念仍然是至关重要的理论范畴。如前所述,法律概念不仅是法的基本要素,而且是法律逻辑的

---

[1] 李紫阳:《刑法类型思维的评价与反思——基于语言哲学概念理论的新认知》,载《贵州警察学院学报》2020年第2期。

[2] 在司法实践中,众多法律疑难案例形成的原因是法律涵摄困难,即难以确定特定案件事实是否属于规范的概念外延。究其根本在于缺少类型思维的运用,没有对案件事实和法律概念的外延进行类型化分析。同时,在法学理论中,学者对法律概念的理解,除了下定义和阐述特征,就是对概念进行分类。在一定程度上,概念分类和概念外延类型化可以同义使用,但两者还是应当有所区别。参见王利明:《法学方法论教程》,中国人民大学出版社2022年版,第245页。

重要组成部分。同时,否认概念法学并不必然反对概念思维,概念并非绝对封闭的。二是类型思维是概念思维之下的新思维。一方面,类型思维是在概念思维的基础之上发展起来的。如前所述,类型思维是在对概念思维之过于体系形式化的批判反思的过程中形成的新思维,类型思维的理论构建和具体运用不能完全脱离概念思维。另一方面,类型思维的特点是实质性和开放性,必须受到概念思维的形式性和封闭性的制约,在刑法中尤其如此。这是罪刑法定原则之明确性的要求。三是类型化只是对概念外延的类型化。之所以如此说,一方面,是因为笔者通过观察,发现逻辑学只停留在概念外延的列举,而没有向类型化深入。列举存在一定的随意性,而类型化有着一定的标准和体系性。另一方面,是因为类型类似于集合,介于概念与对象之间,犯罪类型介于犯罪概念与具体案例之间,归类判断是一种更具有实践意义的判断。正如有观点所言:"类型作为价值与事实间的中项,经受住了诠释学的反思,被证明是法律适用的普遍思维。"[1]因此,具体案件的司法认定,是规范类型与事实类型的符合性判断。这一判断不只是非此即彼的涵摄判断,还是一种符合程度的类似性判断。概言之,法律概念外延类型化的理论要义是法律概念之概念外延而非法律概念本身的类型化。

(二)法律概念外延类型化的理论地位

法律概念外延类型化是刑法文义解释的核心。刑法文义解释,亦即刑法的语言学解释,是指将刑法条文视为一种语言现象,从语言学的角度,运用语义学、语法学、语用学等语言学理论,以立法描述所选择的语言意义来理解并说明有争议的刑法条文术语之含义的思维过程。[2]

其一,刑法文义解释是解释者理解并且说明的过程。这是从"解释"的角度对刑法文义解释进行的定义。解释,即说明含义、原因、误会或争议,是哲学介入刑法的最佳切口。如前所述,解释的本质是理解并说明。其中,理解是内化的自我认识过程,是对系争语词进行识别判断的过程。对此,哲学解释学认为,解释的过程就是解释者前见和系争语词视域融合的过程。其实,理解的过程是心理过程。不同于传统的认识论,诠释的过程不仅强调主体的主观能动性,而且更包含有个体选择的主观色彩。而说明是外化的意思表达过程,是对所认识的系争语词进行说明阐述的过程。这一过程为大多数学者所忽视,其在定义"解释"一词时更多地侧重"认识"。然而,在笔者看来,就方法论而言,表达比认识更重要。因为,认识有感性和理性、主动和被动之分,而且没有表达的认识只能停留于主观世界,如此解释并不能提供理由。更为主要的是,没有表达的认识无法交流,也因为无法争论而不具有科学性。因为"可复制性与可验

---

[1] 付举乾:《面向本体诠释学的类型思维及其方法展开》,载《法律方法》2023年第2期。

[2] 参见程荣:《刑法的文义解释:语言学视域下的法理分析》,载魏东主编:《刑法解释》第7卷,法律出版社2022年版,第68页。

证性是科学与经验的本质区别"。即便是经验也要科学。对此,美国大法官霍姆斯曾强调"法律的生命在于经验而不在于逻辑",但其更强调"逻辑是经验的组成部分"。只不过,理论上存在"断章取义",只强调前半句话而得出"霍姆斯反逻辑"的谬论。其实,并非如此,其原话是"法律的生命不在于逻辑而在于经验,但是经验是由逻辑构成的"。卡多佐也说过"霍姆斯并没有告诉我们当经验沉默无语时应当忽略逻辑"①。可见,经验要建立在逻辑的基础之上,而建立在逻辑基础之上的经验则又因"科学"而可取。其实,无论是理解、说明、表达还是逻辑或经验都必须建立在概念外延类型的基础上,理解的内化和说明的外化都存在概念外延类型化的过程。

其二,刑法文义解释是从语言学角度进行的理解和说明。这是从"文义"的角度对刑法文义解释所做的定义。刑法文义解释以"根据语言学知识"解释文本含义为根本特点。② 文义,即文字的意义,是语言学介入刑法学的最佳切口。"语义解释就是以揭示语言的含义为目标的解释方法。"③语言角度意味着侧重表达和交流。具体而言:第一,语言角度意味着在认识视角方面侧重将刑法条文视为一种语言现象。正如有观点所言:"语言现象,是指在一定语言环境下,有自身特点和运用规律的语言的某种客观存在。"④作为符号系统,语言现象是一种特殊的客观存在,可以确保意义来源和发现的客观性。将刑法条文视为一种语言现象旨在突出刑法解释的客观性。第二,语言角度意味着在理论依据方面侧重运用语义学、语法学、语用学等语言学理论。步骤即分阶段和有序性是刑法解释科学性的主要体现,也是其与传统的"估堆式"的经验性解释的最大区别。"语义—语法—语用"之有序的语言学分析路径有充分的理据性,运用语言学理论对刑法进行解释可以提高刑法解释的科学性。第三,语言角度还意味着在意义选择方面侧重以语言意义为基础。以语言意义为基础意在突出刑法条文意义的多层次性以及语言意义的不可或缺性。正如有观点所言:"解释是思想的工作,它在于从明显的意义里解读隐蔽的意义,在于展开暗含在文字意义中的意义层次。"⑤探求语言意义的过程其实是发现刑法条文术语之"核心含义"和"可能含义"的过程。这一过程在理论上也被习惯性地称为发现"狭义和广义以及最广义"的过程,也是法律概念外延不同层次类型化的过程。概言之,以语言意义为基础可以促进刑法解释的合理性,以语言类型为基础可以促进法律概念外延类型化的科学性。正如有观点所言:"运用类型思维对文义解释进行矫正,将法律文本置于具体的语言环境中,在符合

---

① 张斌峰主编:《法学方法论教程》,武汉大学出版社2013年版,第77页。
② 参见魏东:《刑法的文义解释:一般法理、概念与特点》,载魏东主编:《刑法解释》第7卷,法律出版社2022年版,第61页。
③ 陈兴良:《刑法教义学中的语义解释》,载《法学》2023年第10期。
④ 刘红婴:《法律语言学》,北京大学出版社2007年版,第15页。
⑤ [法]利科尔:《存在与诠释学》,载洪汉鼎主编:《理解与解释——诠释学经典文选》,东方出版社2006年版,第256页。

立法宗旨、保护法益的范围内进行文义解释,而不是呆板地适用文本的字面含义,最终实现法律对人权的保障。"①

其三,刑法文义解释是对具有争议的刑法条文术语之含义的理解和说明。这是从"刑法"的角度对刑法文义解释进行的定义,是刑法解释之对象理性的内在要求。如前所述,刑法是区分义素,其限定对象,也框定学科,更确定语境。刑法的惩罚(制裁)规范之本质是刑法文义解释的学科界限,是其与他学科文义解释的根本区别之所在。在此,笔者重点强调"刑法解释的对象是刑法条文"的根本目的在于:一方面,强调法律与事实的区别。众所周知,司法审判包括事实认定和法律适用两个方面。事实与规范是司法审判思维的两端,司法裁判过程是"目光不断往返于规范与事实之间"的过程。因而,我们必须对规范与事实进行区分,而且不能因"目光不断往返"而模糊事实与法律的界限。事实只能通过"认定",即定性的方式被认识,而法律则是通过"解释",即定义的方式被解释。即便事实可以被解释也只能称为"事实解释"。② 而且,人们一般习惯从"发生学"的角度来解释事实发生的原因,即"释因"。简言之,就一个具体案例而言,"司法认定"侧重于事实定性,其对象是案件事实,"法律解释"侧重于法律适用,其对象是法律条文。另一方面,强调刑法条文与刑法规范的区别。刑法条文是刑法存在的载体,而刑法规范是刑法存在内涵的意义本身。对此,张明楷教授认为:"刑法条文表述刑法规范,是刑法规范的载体和认识来源,刑法规范是刑法条文的内容和实质。"③张志铭教授更是直截了当地指出:"法律条文是法律规范的载体,法律规范则是法律条文的内容。法律条文和法律文本是同义词。法律文本是以书面法律语言的形式存在并包含法律规范内容的法律条文。而对于'法律规定'一词,尽管人们往往把它与'法律规范'相提并论,但实际上它与'法律条文'一词更为亲和,用法大致相当。"④由此可见,刑法条文是罗列于刑法文本中的具体条款,是刑法解释的对象。而刑法规范作为裁判规范,是法律推理的大前提,必须意义清晰且结构完善,是刑法解释的目标。同时,有学者指出:"规范只是陈述的规定性意义……如果规范就是意义的话,它就不可以被解释,因为一个意义不可能。因而,解释只能针对陈述,解释就是确定陈述所表达的规范……在解释之前不存在意义……在解释之前不存在规范,仅存在文本而已。"⑤由是观之,规范是意义本身。刑法条文是一种陈述,而刑法规范是陈述的规定性意义——作为刑法推理之前提的刑法命题。其实,在具体案件中,无论是

---

① 肖灵姗:《类型思维对文义解释的矫正》,载《安阳师范学院学报》2023年第4期。
② 参见魏治勋:《法律解释的原理与方法体系》,北京大学出版社2017年版,第44页。
③ 张明楷:《刑法学》(上)(第5版),法律出版社2016年版,第26页。
④ 张志铭:《法律解释学》,中国人民大学出版社2015年版,第20页。
⑤ [法]米歇尔·托贝:《法律哲学:一种现实主义的理论》,张平、崔文倩译,中国政法大学出版社2012年版,第89页。

案件事实认定,还是法律条文适用,都存在类型化的过程。法院最终认定的案件事实其实是"事实类型",所适用的法律条文其实是规范类型,法律适用的过程就是建立在法律概念外延类型化基础上的类型比较过程。同时,如前所述,在司法实践中,众多法律疑难案例的形成在于法律涵摄困难,即难以确定特定案件事实是否属于规范的概念外延,这也是刑法条文术语有争议的根本原因所在。

(三)法律概念外延类型化的基本原理

概念外延类型化,其实是对概念的类型化分类,是寻找其所有逻辑下位概念的过程。与此同时,法律概念外延类型化不是简单的概念分类,而是在概念分类的同时明确法律概念的规范意义。在刑法语境下,法律概念外延类型化主要是明确罪与非罪以及此罪与彼罪的界限。法律概念外延类型化的基本原理旨在回答如何类型化的问题。这一问题的回答需要对类型进行类型学的分析。根据类型学理论,类型可以分为理念类型和经验类型,理念类型又分为逻辑类型和规范类型;经验类型又分为经常类型和形态类型。[1] 首先,理念类型与经验类型以理念与现实为划分标准,经验类型又称为事实类型或生活类型,是以描述生活现象或事实为目标而形成的类型;与之相对的理念类型又称为价值类型,是以践行特定理念或价值为目标而建构的类型。其次,逻辑类型与规范类型是理念类型的进一步划分,逻辑类型其实是逻辑的理念类型,又称为理想类型,是理论思维建构的结果;规范类型即规范的理念类型,是基于特定规范目的而进行实体规范建构的结果。最后,经常类型与形态类型是经验类型的进一步划分。经常类型又被称为平均类型、通常类型、典型类型,是根据概率性经验对事物共同特征进行概括而获得的类型分类,刑法中的"一般人标准或平均人标准"就是经常类型的具体展开;形态类型又被称为整体类型,是根据要素整体或一般形象来掌握事物特征而获得的类型分类。

类型还可以分为肯定(典型)类型、中间类型和否定类型。这一标准是对英格博格·普珀(Ingeborg Puppe)法律概念理论借鉴的结果,其指出:"过去在法学方法论上,人们提出来概念核心与概念外围的主张。那些可清楚地被包摄到概念下的对象或案例,也就是所谓的'肯定(积极)选项'组成了概念核心。位于这个概念之外的,亦即那些明显不会落入这个概念的情形,则是'否定(消极)选项'。概念外围,则是由'中立(中性)选项'所组成。这些'中立选项',是指那些根据一般的概念界定或语言使用习惯,无法清楚确认是否应落入此概念下的情形。"[2] 首先将其引入刑法学研究的,是周光权教授,其在论述文义解释方法的具体内容时指出:"任何一个刑法概念都存在

---

[1] 参见杜宇:《类型思维与刑法方法》,北京大学出版社2021年版,第41~49页。
[2] [德]英格博格·普珀:《法学思维小学堂:法律人的6堂思维训练课》,蔡圣伟译,北京大学出版社2011年版,第53页。

一个肯定选项(概念核心)、中立选项(概念外围)、消极选项(概念之外)。"①对此,笔者认为,类型比选项更为妥当,方法论意义更加明显,中间比中立更加符合汉语思维和习惯。"合类型性解释要求,对规范意义的探寻,必须回溯到'作为规范基础之类型',对超出类型轮廓的行为,则应予以排除。"②与此同时,在日常生活和司法实践中,典型案例或典型类型也需要重点关注,因为其更加能够检验概念内涵界定的妥当性。另外,肯定(典型)类型,即理论上所说的狭义概念或通常含义,对应概念思维和形式主义解释立场,常用的解释方法是平义解释或限制解释;而中间类型则对应广义概念,对应类型思维和实质主义解释立场,常用的解释方法是扩大解释。

法律概念外延类型化的基本原理建构必须厘清新类型化方法与传统类型化方法的关系。对此,笔者认为,新类型化方法是一种综合标准,传统类型化方法是一种方法标准。易言之,肯定(典型)类型、否定类型与中间类型既是一种方法标准,也是一种结果标准;而传统的类型化标准则只是一种方法标准,只关注"如何进行类型化"的问题,而不注重"类型化结果为何"的问题。在刑法适用中,一个具体案例的处理可以分为法律规范与案件事实两个维度,对应于规范类型与事实类型;而法律规范又往往以经常类型为标准进行建构,案件事实则需要从整体进行把握。然而,具体案件的处理还需要进行规范类型与事实类型是否具有一致性的判断,这一过程就需要对规范类型进行再类型化,需要将其划分为肯定类型、否定类型与中间类型。因此,笔者一直主张,法律疑难案例之疑难之处在于法律规范类型不明确,尤其是法律概念外延的否定类型不明确,难以确定事实类型是否能为规范类型所包容。

三、法律概念外延类型化的正当理由

对法律概念外延类型化的正当理由进行探讨旨在明确法律概念外延类型化的理论价值,回答具体为何要对法律概念外延进行类型化,类型思维在刑法解释中具有何种方法论意义以及类型思维的刑法解释适用是否会导致类推解释不妥当等问题。具体而言,法律概念外延类型化的正当理由首先在于其必要性,即现有法律概念定义方法存在不足时,才需要引入新的方法,而法律概念外延类型化恰巧是解决这一问题的科学方法。质言之,科学性是其主要的正当事由。同时,类型是重要的刑法知识体系内容,有助于明确类型思维禁区从反面消除其可能引致的争议问题。综上,法律概念外延类型化的正当理由包括现有法律概念定义方法存在不足、类型是重要的刑法知识体系内容、有罪类推适用是类型思维的误区三方面内容。

(一)现有法律概念定义方法存在不足

法律概念外延类型化的正当理由之一在于其必要性,即现有法律概念定义方法存

---

① 周光权:《刑法总论》(第4版),中国人民大学出版社2021年版,第50页。
② 杜宇:《刑法解释的另一种路径:以"合类型性"为中心》,载《中国法学》2010年第5期。

在不足。笔者通过法律文本分析发现,法律解释尤其是有权解释或者只界定内涵而不列举概念外延,或者只列举概念外延不界定概念内涵,但是都用了"是指"的表述。因而,存在混淆概念内涵界定和概念外延的现象。

例如,《刑法》第93条第1款规定,"本法所称国家工作人员,是指国家机关中从事公务的人员"。该规定其实只是在界定"国家工作人员"的概念内涵,并不是通过列举的方式明确哪些人员属于或不属于国家工作人员。而且,在概念外延上,该规定有与国家机关工作人员混淆的嫌疑。[①] 究其根本在于,立法(解释)者在定义时不注重法律概念外延的重要性。类似的规定还有《刑法》第94条关于司法工作人员的含义、第97条关于首要分子的含义。第93条不列举概念外延,也存在同样的情况。有学者可能基于立法的经济性考虑认为,法律概念的定义没有列举外延的必要性。但是,笔者认为,就实现罪刑法定原则之明确性要求而言,法律概念外延列举不仅必要而且迫切。因为法律概念外延之否定类型是区分扩大解释与类推解释的标准,中间类型可以通过兜底条款的方式实现法律概念外延的周延性。即便是基于立法表述的经济性考虑,法律解释的规定至少也要明确法律概念外延的否定类型,即明确法律概念不包括什么的问题。

又如,有的概念如暴力甚至没有定义,只有列举而已。[②] 类似的还有《刑法》第91条关于公共财产的含义、第92条关于公民私人所有财产的含义、第95条关于重伤的含义、第96条关于违反国家规定的含义。如此定义带来的问题是,法律涵摄变成了词语对比,而缺乏实质的评价标准。这一定义方法的最大问题是导致机械司法和列举不周延的法律漏洞。例如,《刑法》关于盗窃罪行为类型的规定就采取了只列举外延而不界定内涵的定义方法。正因为如此,刑法学界才有"盗窃罪到底是以秘密与公开为区分标准,还是以和平与暴力为区分标准"的争论,公开盗窃究竟是构成盗窃罪还是抢夺罪?如果认为秘密性是盗窃罪与抢夺罪的区分标准,那么作为特殊行为类型的扒窃就不能被认定为盗窃罪。现有理论和刑法规定存在抵牾,在某种意义上法律概念定义方法不合理难辞其咎。

由此可见,法律解释在一定程度上混淆了概念定义中内涵界定和外延列举的界限,而且外延列举时往往不列举概念不包括什么。不仅如此,理论上也在一定程度上混淆了概念外延与概念内涵的关系甚至将两者之一直接等同于概念定义本身。就理论表述而言,比较常见的是将"是什么"与"什么是"等而视之。概而言之,当下法律解释存在的主要问题是要么只定义概念内涵而不列举概念外延(只定义不列举),要么只列举概念外延而不界定概念内涵(只列举不定义)。但是,"内涵界定+外延列举"

---

① 与此类似,外延列举混淆上位概念和下位概念的还有《刑法》关于信用卡含义的立法解释等。
② 参见张明楷:《刑法学》(下)(第6版),法律出版社2021年版,第846页。

式的定义方法才是比较科学的法律概念定义方法。法律概念的规范立法表述应当是以"是指"为标志的内涵界定和以"包括……等其他"或"包括……以及其他"为标志的外延列举,而且此处的列举不应当是没有逻辑的随意列举,而应当是以概念内涵为实质标准,以"是否典型"以及"典型程度"为形式标准的从肯定(典型)类型到中间类型的类型化列举。

(二)类型是重要的刑法知识体系内容

法律概念外延类型化的正当理由还在于其科学性,即类型已经是一种科学的理论知识。一方面,类型是一种重要的刑法知识。例如,牵连犯是重要的罪数形态,而手段行为与目的行为或原因行为与结果行为只有形成类型化的牵连关系才能认定为牵连犯,从一重罪处罚,否则只能数罪并罚。易言之,刑法中牵连犯已经因为刑法分则的明文规定,以数罪并罚为处罚原则。又如,在犯罪论体系中,无论是德日刑法犯罪论体系中的构成要件还是我国刑法中的罪状,都是一种犯罪类型,其或者是作为行为类型抑或作为违法类型或责任类型。再如,同类解释规则是体系解释的重要规则。无论是兜底条款等一般条款还是不确定概念的理解都离不开类型理论的运用。甚至可以说,一般条款和不确定概念的具体化方法就是类型化。前者如对《刑法》第114条、第115条"以其他危险方法"的理解,以及对《刑法》第20条第3款"其他严重危及人身安全的暴力犯罪"的理解;后者如对"情节严重""数额较大"等抽象概念的理解。可以说,类型思维是刑法中规范构成要件要素存在的法理根据。[①] 还如,《刑法》分则体系安排就是类型化的过程,首先犯罪同类客体(现在理论习惯称之为法益)是重要的分类标准,由重到轻的犯罪同类客体的重要性及犯罪危害程度是重要的排序标准。财产犯罪体系建构最具有代表性。一般而言,财产犯罪可以类型化为取得型犯罪、毁坏型犯罪以及不履行债务型犯罪。取得型犯罪可以类型化为转移占有型犯罪和不(需要)转移占有型犯罪;转移占有型犯罪可以类型化为夺取型犯罪和交付型犯罪,[②]不转移占有型犯罪可以类型化为不具有非法占有目的的挪用型犯罪和具有非法占有目的的侵占型犯罪。甚至可以说,体系化的过程也是类型化的过程,类型化是体系化的第一步。在实体上,类型化是法律概念外延的类型化;在程序上,类型化是法律程序的分阶段。因而无论是刑法教义学还是体系思维,类型化都是不可或缺的逻辑起点。

另一方面,类型是一种重要的刑法思维。首先,刑法运行蕴含丰富的类型思维。

[①] 参见王昭振:《类型思维:刑法中规范构成要件要素存在的法理根据》,载《法制与社会发展》2009年第1期。

[②] 无论是夺取型犯罪还是交付型犯罪,都可以再以和平与暴力为标准进一步区分,如夺取型犯罪可以对人暴力与对物暴力为标准区分为抢劫罪与抢夺罪以及和平型的盗窃罪;交付型犯罪可以暴力与和平为标准区分为敲诈勒索罪和诈骗罪。

"类型思维隐含于刑法规范形成与适用的始终,指引着刑事立法与司法的内在操作。"①刑法立法是刑法规范形成的过程,也是刑法规范类型构建的过程。无论是行为类型、违法类型还是责任类型抑或整体的犯罪类型,都是理念类型由逻辑类型向规范类型转变的过程,也是融合经验类型之经常类型和形态类型的过程。刑法适用过程则是事实类型与规范类型之相似性判断的过程,而不是事实与规范的抽象判断。犯罪论体系之"犯罪客体—犯罪客观方面—犯罪主体—犯罪主观方面"之主客观相统一的四要件理论和"法益—构成要件符合性—违法性—有责性"之违法责任立体评价的三阶层理论都是犯罪成立条件理论的重要类型,而且两者存在一定的对应关系。类型思维无论是对刑法立法还是对刑法适用都至关重要。"在刑法立法上,类型化应是我国将来的刑事立法发展方向;在刑法适用中,合理解释犯罪构成要件、准确形成案件事实都离不开类型思维。"②其中,犯罪客体之一般客体、同类客体、直接客体,直接客体之下的简单客体和复杂客体,复杂客体之下的主要客体和次要客体都是犯罪客体的概念外延类型。其次,类型思维有重要的解释论意义。在解释限度方面,否定类型是通说之"可能的文义范围"的具体化,融合了"犯罪定型"理论的基本观点,界限更加明确,因而也更具有实践操作性。③ 在解释方法层面,合类型性解释不仅是一种新的解释方法类型,也推动了传统解释方法的发展。"合类型性刑法解释的功能优势主要表现在解释的实质化、具体化、结构化与区分化。"④在文义解释中,基于"类似性"的意义比较就是类型思维方式的体现,扩大解释的界说更是离不开类型思维;在体系解释中,基于"类似性"的体系位置、意义脉络梳理同样是类型思维的体现,同类解释规则的实现同样离不开类型思维;在目的解释中,基于"类似性"的规范目的比较同样是类型思维的体现,对规范目的、惩罚必要性、实质合理性等的比较,对法益解释的运用也不能离开类型思维。最后,类型思维应当有所限定。基于罪刑法定原则的明确性规则,禁止有罪类推解释是刑事法治的基本要求。类型思维容易导致类推解释,对其要有所限定。有学者认为应当通过适用对象对其适用范围进行限定,其指出:"在对兜底条款进行解释适用的时候,应当采用类型思维的类比与等置方法。"⑤在民法中也有类似的观点,如有学者认为:"与一般的解释方法不同,类型化的对象仅限于针对不确定概念和一般条款进行具体化。"⑥不过,笔者更愿意以概念思维限定类型思维,以形式思维限定实质思维,以同一性限定类似性,以体系思维限定开放思维,以合法性思维限定合理

---

① 杜宇:《类型思维的兴起与刑法上之展开路径》,载《中山大学法律评论》2014年第3期。
② 齐文远、苏彩霞:《刑法中的类型思维之提倡》,载《法律科学》2010年第1期。
③ 参见程荣:《刑法的文义解释限度的法理阐释》,载魏东主编:《刑法解释》第9卷,法律出版社2023年版,第94页。
④ 杜宇:《基于类型思维的刑法解释的实践功能》,载《中外法学》2016年第5期。
⑤ 陈兴良:《刑法教义学中的类型思维》,载《中国法律评论》2022年第4期。
⑥ 王利明:《法学方法论教程》,中国人民大学出版社2022年版,第246页。

性和合目的性思维,以否定类型限定扩大解释。理由是:"在刑法立法环节,刑法类型化思维是刑法概念式思维之'下'的类型化思维,因为刑法问题包括罪名都是用概念来指称的;在刑法司法环节,刑法类型化思维是刑法概念式思维之'中'的类型化思维,因为类型化仍然要以概念作为思维工具或表达元素。"①

(三)有罪类推适用是类型思维的误区

类型思维容易导致允许类推解释的理论争议。其实,这里存在理论误区。一方面,刑法并不绝对禁止类推解释。有利于行为人的类推解释也是被允许的。因为是否禁止类推解释的关键标准在于人权保障理念是否有利于行为人。换言之,类推解释应当区分入罪和出罪的司法场域,以类推解释进行入罪是绝对禁止的,而以类推解释进行出罪是被允许的。另一方面,类型思维容易引致允许类推解释的逻辑进路是"类型思维—类推—类推解释"。详言之,类型思维容易导致类推(类比推理),类比推理又容易导致类推解释。对此,笔者认为应当对类型思维的适用进行剥离分析。其一,类型思维的适用并不必然就是类推。如前所述,类型思维的适用主要是概念外延的类型化,而概念外延类型化的过程就是以概念内涵和典型类型寻找概念下位概念的过程。质言之,概念外延类型化就是依据特定标准分类的过程。刑法教义中的类型思维主要用于不确定概念或一般条款的解释,尤其是刑法条文中的抽象名词、形容词、副词及其由此组合而成的短语,刑法司法解释往往是以行为的法益侵害性为标准对其进行列举解释。例如,对《刑法》中"数额较大""情节恶劣""手段极其残忍""其他方法"等术语的解释。然而,需要注意的是,如果不以概念外延的否定类型进行限制,上述不确定概念的解释极容易从"解释"滑向"类推"。如果不注重罪刑法定原则下的"法律制约"和刑法文义解释的"可能语义"限度,法益侵害性标准及罪刑相适应原则容易扩张。②因此,需要从"解释"的行为限度区分解释与推理,区分法律解释与法律推理。但是,类型思维以及法律概念外延的类型化本身并没有问题,有问题的是以法益侵害性标准的实质性侧面和入罪的司法场域为起点,不区分解释与推理尤其是不区分法律解释与法律续造,不区分立法与司法,简单地将类型思维的适用等同于类推。"在具体适用中,事物的本质与事物的语言指向同一真理,解释与类推的界限应在不法类型与可能文义之间沟通,且最终通过可能文义得以实现。"③其二,类推并不必然就是类推解释。在字面表述上,类推即类比推理,是以相似性而非同一性为标准进行的归纳推理和演绎推理。类比推理其实是先以"事物本质"等为标准进行类似性归纳推理确定演绎推

---

① 马荣春:《刑法类型化思维的概念与边界》,载《政治与法律》2014年第1期。
② 扩大解释与类推解释的区分标准在于:是否超越法律文本可能语义的范围。参见陈兴良:《刑法教义学中的缩小解释与扩大解释》,载《法学论坛》2024年第2期。
③ 赵春玉:《罪刑法定的路径选择与方法保障——以刑法中的类型思维为中心》,载《现代法学》2014年第3期。

理的大前提,然后再进行演绎推理。根据适用场域,类推可以分为类推立法与类推司法、类推解释与类推适用。其实,不难发现,在现行《刑法》中存在诸多类推立法或立法层面的类推解释。法律拟制或转化犯以及"以……论"便是类推立法最好的例证。刑法中常见的法律拟制或转化犯主要是抢劫罪和故意杀人罪(故意伤害罪)的法律拟制。根据《刑法》第267条第2款、第269条以及第289条的规定,携带凶器抢夺行为、事后转化型抢劫行为、聚众"打砸抢"行为本身并不是抢劫罪的概念外延类型,甚至是否定类型,但是基于法益侵害性或社会危害性的类似性,刑法都规定依照抢劫罪定罪处罚。非法拘禁使用暴力,刑讯逼供或暴力取证,虐待被监管人,聚众"打砸抢",聚众斗殴行为致人重伤、死亡的,此处的"致人重伤、死亡"是过失,并非故意杀人(伤害)的概念外延类型,刑法也都一律规定按照故意杀人罪和故意伤害罪定罪处罚。法律拟制或转化犯是将本来不属于特定概念的类型解释成特定概念,已经远远超出以"同一性"比较为核心的典型类型思维。《刑法》第67条第2款的"以自首论"、第91条的"以公共财产论"、第93条第2款的"以国家工作人员论"、第155条的"以走私罪论"、第236条第2款的"以强奸论"、第382条第2款的"以贪污论"、第395条第1款的"以非法所得论"、第451条第2款的"以战时论",这些"以……论"也都是立法层面的类推解释,都不属于法律概念外延类型。另外,刑法司法解释中也存在类推解释。刑法司法解释关于交通肇事罪中逃逸的共犯、信用卡的解释便是最好的例证。前者突破了《刑法》第25条第1款"共同犯罪是指二人以上共同故意犯罪"的概念外延类型,后者直接将信用卡解释成了银行卡,将下位概念解释成了上位概念。当然,刑法司法解释层面的类推解释一直为学界所批评。与之相对,立法层面的类推解释则被理论允许,而且被不断证成。因而,理论上并非绝对禁止类型思维的适用,而是要区分立法场域和司法场域,区分类推、类推解释与类推适用,区分入罪场域和出罪场域,进而禁止有罪类推适用,尤其是没有法律依据的有罪类推适用。而法律概念外延的否定类型是刑法解释的限度,是否将下位概念解释为上位概念则是刑法解释结论的反向验证。简言之,刑法解释的限度主要通过刑法的文义解释确定。正如魏东教授所言:"刑法解释限度,是指刑法文义解释所不能超越的、法律文本(刑法文本)所限定的文义界限和程度,以确保刑法解释对象和解释结论的合法性(限度)。"[①]

四、法律概念外延类型化的具体展开

本部分旨在明确法律概念外延类型化的理论方案,回答如何对法律概念的外延进行类型化,法律概念外延类型化的理论基础是什么以及法律概念外延的类型化的实践

---

① 魏东:《刑法解释限度的理论构建:从价值优化论回归合法限度论》,载《西南政法大学学报》2022年第1期。

效果如何等问题。具体而言,法律概念外延类型化的具体展开是在确定其理论基础的基础上对其操作方法进行具体建构,并且通过具体操作实证检验理论方法的科学性和可操作性。

(一)法律概念外延类型化的理论基础

法律概念外延类型化的具体操作需要建立在科学理论指导基础之上,包括刑法解释的知识论和方法论。其中,在刑法解释的知识论层面要坚持保守的刑法(解释)观,在刑法解释的思维方法论层面要坚持刑法位阶思维。

保守的刑法(解释)观,提出了"刑法解释的保守性"问题,是综合考虑刑法主观解释与刑法客观解释、刑法形式解释与刑法实质解释的解释观,其最核心的要义是先区分刑法解释与刑法漏洞填补(刑法法律续造),在刑法解释之下再区分入罪解释场合和出罪解释场合。"在入罪解释场合下,为侧重贯彻刑法人权保障价值,应以刑法主观解释和刑法形式解释为原则(主张坚守刚性化、形式化的入罪底线的原则立场),同时为适当照顾刑法秩序维护价值,应谨慎地准许例外的、个别的且可以限定数量的刑法客观解释与刑法实质解释对被告人入罪(入罪解释的例外方法);在出罪解释场合下,为侧重贯彻刑法人权保障价值,应主张准许有利于被告人出罪的刑法客观解释与刑法实质解释这样一种常态化刑法解释立场,不得以刑法主观解释与刑法形式解释反对有利于被告人出罪的刑法客观解释与刑法实质解释;在刑法(立法)漏洞客观存在的场合,应在坚持刑法漏洞由立法填补的原则下,准许有利于被告人出罪的刑法解释填补,反对入罪的刑法解释填补(司法填补)。"[①]由此可见,保守的刑法(解释)观在刑法的价值机能上,始终侧重贯彻人权保障价值,坚持有利于被告人标准,坚持"刑法入罪解释—刑法出罪解释—刑法漏洞填补"的解释进路,在入罪解释场合下,坚持形式化的入罪底线的原则立场,而在出罪解释场合下,则坚持有利于被告人出罪的刑法客观解释与刑法实质解释这样一种常态化刑法解释立场;在刑法立法漏洞填补场合,坚持立法填补反对司法填补。刑法法律概念外延的类型化必须坚持保守的刑法(解释)观。类型思维的适用必须坚持人权保障价值及有利于行为人的标准,尤其需要进行立法与司法以及司法之下的入罪与出罪的场域区分。只有进行刑法立法、刑法司法以及刑法司法之下的入罪解释与出罪解释的场域区分,才能实现类型思维适用的剥离分析。如前所述,理论上并非绝对禁止类型思维的适用,而是要区分立法场域和司法场域,区分类推、类推解释与类推适用,区分入罪场域和出罪场域,进而禁止有罪类推适用,尤其是没有法律依据的有罪类推适用。而在法律概念外延类型化的具体操作过程中,无论是法律概念内涵的确定还是法律概念外延的类型化分析,都必须坚持保守的刑法(解释)观,始终侧重贯彻人权保障价值,坚持有利于被告人原则,尤其需要进行

---

① 魏东:《中国刑法解释学理论体系的本土化构建》,中国社会科学出版社2022年版,第289页。

刑法入罪解释、刑法出罪解释、刑法漏洞填补的场域区分,坚持形式化的刚性入罪底线原则和常态化的实质出罪立场以及刑法立法漏洞立法填补的基本理论。

刑法位阶思维,即刑法思维是具备阶段性、有序性和递进性特征的思维体系,更具有实践理性。刑法位阶思维是刑法精细化的具体体现。这是由刑法学的本质品格决定的,因为"刑法学是最精确的科学"[①]。精细化的刑法思维应当注重分阶段,然后各个阶段独立推进,而不是简单的整体评价。对此,陈兴良教授指出:"位阶思维强调逻辑,据此,构成要件、违法性和有责性具有层层递进的关系:前一要件的存在不以后一要件为条件,但后一要件则以前一要件的成立为前提。此外,位阶思维也提供了犯罪认定的逻辑顺序,如客观判断先于主观判断,事实判断先于价值判断,形式判断先于实质判断和类型判断先于个别判断等。"[②]由此可见,逻辑、递进、顺序是刑法位阶思维的核心。其实,层层递进和逻辑顺序的前提或基础是分阶段,而分阶段的实质也是类型化。可以说,分阶段更侧重于过程,类型化相比较而言更侧重于实体。刑法位阶思维不只适用于犯罪认定过程,而是可以适用于整个刑法领域。具体而言,就刑法思维过程而言,首先是阶段性,又可称为分阶段或类型化。而分阶段就是将特定的刑法思维过程整体类型化为若干阶段。犯罪论体系不仅是犯罪成立条件的理论模型,也是犯罪认定的整体过程,因而"四要件"的犯罪论体系和"三阶层"的犯罪论体系都强调位阶性,既有实体层面的类型化,也有程序维度的分阶段,而且两者的理论要素之间存在大致的对应关系。如前所述,精细化的刑法思维应当注重分阶段和各个阶段的独立推进,而不是简单的整体评价。其次是有序性,又可称为有次序。有次序就是强调逻辑顺序,即客观判断先于主观判断、事实判断先于价值判断、形式判断先于实质判断和类型判断先于个别判断等。在刑法文义解释中,狭义的语义解释先于语用解释。正如王政勋教授所言:"刑法解释包括语义解释和语用解释两个步骤,即先进行语义解释,再进行语用解释。"[③]其实在有序性中起点思维更为重要,因为起点决定方向,甚至决定本质区别。无论是关乎刑法解释立场和限度的主观解释与客观解释、形式解释与实质解释,还是作为刑法解释方法的文义解释、体系解释、历史解释和目的解释,现代刑法解释论其实都提倡综合折中考虑。在具体的刑法解释过程中,每一个解释要素都会被考虑,而区分的关键在于起点。正是起点决定了解释的路径和解释的类型。陈兴良教授也强调起点思维,其指出:"刑法教义学是以形式理性作为其逻辑出发点。"[④]最后是递进性,又可称为渐递进。渐递进,就是强调线性逐渐递进,而不得跨越或颠倒,但是

---

① [德]克劳斯·罗克辛:《德国刑法学总论》(第1卷),王世洲译,法律出版社1997年版,"译者序"。
② 陈兴良:《刑法教义学中的价值判断》,载微信公众号"刑事法判解"2022年6月30日。
③ 王政勋:《刑法的语义解释与语用解释》,载魏东主编:《刑法解释》第7卷,法律出版社2022年版,第1页。
④ 陈兴良:《刑法教义学中的价值判断》,载《清华法学》2022年第6期。

不排除"往返循环"。渐递进其实是有序性以及起点思维的逻辑延伸,在一定意义上反对"结果导向"或"整体评价"的倒置影响,防止"先入为主"和重复评价。同时,渐递进更多的是一种限缩递进,是漏斗状的筛选过程。简言之,位阶性是刑法思维的独特性质,刑法位阶思维应成为基本刑法类型,适用于刑法整体。刑法类型思维的适用也概莫能外。具体而言,刑法类型思维的适用和法律概念外延的类型化应以概念思维限定类型思维,以形式思维限定实质思维,以同一性限定类似性,以体系思维限定开放思维,以合法性思维限定合理性和合目的性思维,以否定类型限定扩大解释。在贯彻保守的刑法(解释)观时,应当坚持以刚性形式入罪为起点、以实质出罪为常态、以立法填补漏洞的位阶思维。具体到法律概念外延类型化的操作方法,也应当是先通过下定义的方法明确概念内涵意义,再通过类型化的列举方式确定法律概念外延的肯定类型,尤其是典型类型,然后再以此为逻辑标准确定法律概念外延的否定类型,以明确法律概念外延的边界进而确定刑法文义的"可能文义范围",并最终确定刑法解释的合法性限度。其实,在确定法律概念外延之否定类型的过程中还可以确定其上位概念。所谓的类推解释就是将概念的否定类型纳入待解释法律概念的外延范围,进而成了对其逻辑上位概念的解释,而且在立法上无法律依据。

(二)法律概念外延类型化的操作方法

法律概念外延类型化的操作方法旨在明确如何在具体司法实践过程中对系争概念进行类型化。如前所述,法律概念的内涵是对法律概念之"事物本质"的揭示,因而是法律概念外延类型化的评价标准。因此,法律概念外延类型化的前提在于合理界定法律概念的内涵。

就法律概念内涵意义分析而言,拆词造句、查字典、官方定义的再阐释、学理含义的观点综述是常见的四种传统路径。其一,拆词造句是较为直观、本能的语言解释路径,是解构和重构的组合过程。申言之,解释就是将待解释的语词拆成最小语素——文字,然后再将解构后的文字组成更为通俗易懂、不易发生争议的新词,最后将所组新词进行重新组织造成句子。这是一种"顾名思义"式的直觉解释。其二,查字典是较为科学、快捷的语言解释路径,可以获得较为全面的字义及语词通常含义的语言学方法。通过查字典,我们不仅可以明确系争语词的通常含义,而且可以得到系争语词文字的所有含义,还可以明确与系争语词相关的语词的意义的区别所在。其三,官方定义的再阐释是最为专业、权威的法律解释路径,是在阐释官方定义的基础上,或者对官方定义直接援用,或者是对官方定义再解释,抑或是对官方定义进行修正或批判,形成最终的解释观点。究其实质,这一路径的根本是对"解释"的再阐释,而且需要区分是立法解释还是司法解释。前者是立法定义,我们必须不加批判地援用;对于后者,我们则可以进行适当修正后再援用。其四,学理含义的观点综述是较为专业、常见的学理解释路径,是在总结分析现有观点优点和不足以及共同和差异基础之上形成的"综合"观点。详言之,观点综述是通过文献综述的方法寻找眼下学界对系争语词解释的代表性观点,并明确其中的通说或主流观点。当然,更主要的是明确现有观点的自身的优点和不足以及所列观点的共同点和差异点,特别是与通说观点的共同与差异,并最终求同存异形成解释观点。概言之,遵循"官方定义—查字典/拆词造句—观点综述"的解释路径应当是概念内涵意义分析的应然选择。①

法律概念外延类型化的第一步则在于确定法律概念的肯定类型,尤其是典型类型。一般而言,我们可以根据法律概念的内涵,明确系争法律概念外延的典型类型,进而确定其肯定类型。当然,典型类型往往是没有争议的类型,即论及某一概念时第一次浮现在大多数人脑海中的类型。可以说,典型类型越具有代表性就越有利于划定肯定类型。与此同时,法律概念外延之肯定类型(尤其是典型类型)确定的过程,也可以检验法律概念内涵定义的妥当性。易言之,法律概念内涵界定和法律概念外延类型化的过程是一个"目光往返"的循环过程。法律概念外延类型化的第二步则是明确系争法律概念的否定类型,即明确明显不属于法律概念外延的概念。一般而言,逻辑类型或者规范类型中与系争法律概念相并列的法律概念就是其否定类型。法律概念外延类型化的第三步则是明确系争法律概念的中间类型。中间类型游离于肯定类型与否定类型之间,或者偏向于肯定类型,或者偏向于否定类型。可以说,中间类型是扩大解释的存在依据。如果说肯定类型和否定类型的界定是一种形式判断,中间类型则更多的是一种实质判断,其判断标准除法律概念的内涵之外,还有道德、政策、情感等法律外因素。同时,法律概念外延中间类型的界定往往需要采用"列举+兜底"式的表述方式。例如,根据行为方式,行为可以类型化为作为、不作为和持有,而持有是典型的中间类型行为。但是,我们可以根据其背后的行为规范内容,认为其是一种特殊的作为或不作为。如果我们认为刑法是不得持有的禁止规范,那么持有就是一种特殊的作为;如果我们认为刑法是必须上交的命令规范,那么持有就是一种特殊的不作为。②

(三)法律概念外延类型化的具体操作

"国家工作人员"一词是行为主体的构成要素,关乎与职务相关犯罪的理解和认定。在刑法教义中,"国家工作人员"既是贪污贿赂犯罪和渎职犯罪的特殊主体,也是普通犯罪从重处罚的法定事由。在《监察法》实施的背景下,我们更需要厘清"国家工作人员""国家机关公职人员""公职人员"之间的关系。然而,如前所述,《刑法》第93

---

① 在语言学视角下,我们还可以依次通过法定含义、字典含义、专业含义、学理含义等四种方式对系争语词进行概念内涵意义分析。

② 规范内容是作为与不作为的重要类型化标准。作为与不作为违反的是义务规范,而义务规范可以类型化为"必须"型的命令规范和"不得"型的禁止规范。而(纯正)不作为犯违反的是命令规范,作为犯违反的是禁止规范,不纯正不作为犯是以违反命令规范的方式违反了禁止规范,如不作为的故意杀人罪。刑法规范是一种以禁止规范为主的法律规范,因而作为是典型的行为类型。

条对"国家工作人员"虽有立法界定,但是,对"国家工作人员"一词缺乏概念内涵意义的界定,对外延意义的界定也存在问题,混淆了"国家工作人员"和"国家机关工作人员"的概念外延,失之偏颇。因此,我们有必要对其概念外延进行类型化操作。

如前所述,法律概念外延类型化的前提是法律概念内涵意义的合理界定。结合《宪法》《公务员法》,尤其是《监察法》等前置法以及《刑法》第93条的规定,刑法中的"国家工作人员",即从事公务的人员,是指所有代表或代理国家行使(公)权力、从事公共事务管理的人员。这一概念内涵可以引申出以下结论:组织形式是"国家工作人员"概念外延类型化的第一标准,编制形式则是第二标准,这两个标准都是形式标准,行使(公)权力、从事公共事务管理才是实质标准。因此,"国家工作人员"的概念内涵界定应当抛弃唯身份论标准而坚持以公务论或职责论为主导的行为标准。

以此为评价标准,"国家工作人员"的概念外延可以类型化为肯定(典型)类型、中间类型或否定类型。具体而言,"国家工作人员"一词的肯定类型是国家机关工作人员,即国家机关中从事公务(管理)的人员,典型类型是公务员,即有公务员编制的国家机关工作人员,与之相对的是有事业编制的国家机关工作人员和没有编制的合同聘任制人员;最典型的类型是担任领导职务的国家机关工作人员。"国家工作人员"一词的否定类型是国家机关和参公管理的事业单位中的工勤人员,事业单位、国有企业、人民团体中的专业技术人员和工勤人员,基层群众组织中的非管理工作人员以及非国有企业(包括公司)、事业单位、社会团体中的非管理工作人员。"国家工作人员"一词的中间类型由内到外依次是参公管理事业单位(国家机关的所属事业单位,也是法律、法规授权或者受国家机关依法委托管理公共事务的组织)、群众(人民)团体、事业单位(公办的教育、科研、文化、医疗卫生、体育等单位)、国有企业(包括国有公司)中从事公务(管理)的工作人员,这些人员同样有正式编制和没有编制的合同聘任制人员之分;国家机关、国有企业(包括国有公司)、事业单位委派到非国有企业(包括公司)、事业单位、社会团体从事公务(管理)的工作人员,基层群众性自治组织中从事管理的工作人员;其他依法从事公务(履行)公职的人员(见附表"国家工作人员"一词的外延类型体系)。

结 语

法律概念的功能在于表达法律,而法律语言是法律的外在表达形式,法律逻辑是法律的内在表达形式。在法律语言中,与法律概念相对应的是法律术语。而法律术语保持了法律的独特性。"法律有一种独立于外在的利益(尤其是政治利益)的概念性和规范性结构。保持法律独立性(法律和外在的利益的分离)的唯一途径是用法律自身的术语来理解法律。"[1]同时,作为一种特殊的法律语词,法律术语的背后是语言世界(符号)、客观现实世界(对象)、主观思维世界(意义、概念)以及法律世界的对应交融。法律概念与法律类型同属法律思维。只不过法律概念侧重于形式,其方法论是特征概括,而法律类型更侧重于实质,其方法论是要素分析。对此,笔者认为,实质应当是形式基础上的实质,开放是保持自身独立性和明确限度前提下的开放。法律概念比法律类型更为传统和典型,也更有利于明确限度和对法治的守正创新。因此,一种比较稳妥的理论选择,是在法律概念的基础上,对法律概念的外延进行类型化处理,进而获得理想的法律类型。质言之,法律概念外延的类型化,就是在明确法律概念之独特内涵的基础上,列举法律概念的肯定(典型)类型、中间类型和否定类型。其中,否定类型具有重要的法治意义,其是可能语义范围的最大边界,也是法律思维的限度。肯定(典型)类型是法律术语的通常含义和核心含义,也是检验概念内涵或事物本质这一评价标准的重要参照。中间类型中的兜底内容包含了概念内涵或事物本质,内含同一性或等价性比较的抽象概括。需要进一步指出的是,否定类型不仅包括逻辑上矛盾或对立的概念,而且包括逻辑上并列、对应以及相关联的容易混淆的概念。上位概念的替代是实践标准。概言之,对法律概念进行释义就是法律概念外延的类型化,其结论是同时包含概念内涵和概念外延之肯定类型、中间类型(包括什么)以及否定类型(不包括什么或者什么不是)的法律命题。总之,刑法法律概念外延的类型化是刑法文义解释中类型思维运用的重大理论命题。

附表:

表1 "国家工作人员"一词的外延类型体系

组织性质	人员编制性质	
国家机关工作人员,即国家机关中从事公务(管理)的工作人员	公务员(行政编制)	领导人员
		普通公务员
	事业编制工作人员	
	合同聘任制工作人员(无编制)	
参公机关管理人员,即群众团体(人民团队)中从事公务(管理)的工作人员	事业编制工作人员	领导人员
		普通管理人员
	合同聘任制工作人员(无编制)	

---

[1] [美]丹尼斯·M. 帕特森:《法律与真理》,陈锐译,中国法制出版社2007年版,第32~33页。

续表

组织性质	人员编制性质	
参公事业单位管理人员,即参公事业单位中从事公务(管理)的工作人员	事业编制工作人员(在编人员)	领导人员
		普通管理人员
	合同聘任制工作人员(无编制,非在编人员)	
事业单位中从事公务(管理)的工作人员	事业编制工作人员	领导人员
		普通管理人员
	合同聘任制工作人员(无编制)	
国有企业(含国有公司)中从事公务(管理)的工作人员	企业编制工作人员(正式员工)	高级管理人员(企业高管)
		普通管理人员
	劳务派遣协议工作人员(无编制)	
国家机关、国有企业(包括国有公司)、事业单位委派到非国有企业(包括公司)、事业单位、社会团体从事公务(管理)的工作人员		
基层自治组织中从事公务(管理)的工作人员		
其他依法从事公务(履行)公职的工作人员		

刑法中的体系解释和连续推理[*]
——以追诉时效为例

王登辉[**]

【摘要】 刑法界关于追诉时效的争议颇多,在很大程度上和研究者欠缺逻辑学知识有关,以致基础研究薄弱、难以应用。追诉时效具有丰富的内涵,不等于有限追诉,也不等于无限追诉。将追诉时效和追诉时效期限严格区分开来,是正确认识追诉时效的关键。追诉时效的适用范围是一切犯罪,这是正确认识追诉时效的基础。通过体系解释、连续推理,可以认识到1979年《刑法》第77条、1997年《刑法》第88条是关于追诉时效终止的规定,而不是关于追诉时效延长或中止的规定,也不是直接规定了追诉时效终点。发生在1997年9月30日以前的犯罪,1979年《刑法》第76~78条同时适用;发生在1997年10月1日以后的犯罪,1997年《刑法》第87~89条同时适用。追诉时效适用规则的关键是看刑事立案之日或采取强制措施之日是否在追诉时效期限届满之日以前;其适用步骤是:确定犯罪对应的法定最高刑—确定追诉时效期限—确定追诉时效起点—确定追诉时效终点—判断是否超过了追诉时效(判断是否符合报请核准追诉的条件)。未超过追诉时效,只是"可以追诉"的必要条件,不是充分条件,不表明最终能够判决有罪。

【关键词】 追诉时效　体系解释　法律逻辑　法律推理

法律规范命题是以自然语言的形式表达出来的,自然语言是法律规范命题的外在表达形式,逻辑语言是法律规范命题的内在表达形式。只有符合逻辑规则、语法规则的法律规范命题才能正确表达法律自身的内在规律。反之,如果法律规范命题中出现了逻辑错误或语法错误,说明该法律规范命题很可能没有正确反映法律自身的内在规律。"合规律—合规则"、"无矛盾"、"准确"和"简洁"是对立法质量进行评价的逻

---

[*] 国家检察官学院2022年度科研基金资助项目"追诉时效的基本理论与司法应用"(编号:GJY2022D35)的阶段性成果。

[**] 王登辉,男,西南政法大学刑事检察研究中心研究员、硕士生导师,法学博士。

辑—语言标准。① 这四项标准也是衡量司法解释质量、法律解释质量的重要标准。

我国刑法、刑事诉讼法和相关司法解释、其他司法规范性文件、指导性案例、参考案例中关于追诉时效的规定几乎全是复合式法律规范命题，却存在定义不清、用词不准确、省略条件较多等问题，以致厘清内在逻辑联系、妥善解释颇为困难。近些年来，刑法界关于追诉时效的研究成果逐渐增多，而相关问题依然众说纷纭、缺乏共识。司法实务中，辩方往往只提出"过了追诉时效"，缺乏论证，司法机关往往倾向于追诉，相关说理难谓切中肯綮、经常欠缺说服力，说理有误或不予说理的情况颇多，误用追诉时效以致错误追诉或错误地不予追诉的情况亦不少。人们通常以为，存在追诉时效争议的裁判文书中的说理内容会较多，其实不然，控辩审三方都不提及追诉时效争议的情况亦不少，从裁判文书得到启发的途径也是行不通的。

笔者发现，关于追诉时效，人们普遍存在九个认识误区：(1) 不严格区分追诉时效和追诉时效期限。(2) 将追诉时效等同于有限追诉或无限追诉。(3) 对追诉时效的适用对象、范围有认识误区。(4) 对追诉时效的功能有认识误区。(5) 对追诉时效的影响因素有认识误区。(6) 对追诉时效的适用规则、步骤有认识误区。(7) 对追诉时效适用于共同犯罪的特殊规则有认识误区。(8) 对追诉时效的适用原则有认识误区。(9) 对追诉时效和办案期限的关系有认识误区。这些认识误区紧密关联，互相纠缠，妥善解决并非易事。为正确解决上述有关追诉时效的认识误区以及疑难问题，必须进行体系解释和连续推理。体系解释，又称为系统解释、逻辑与系统解释、体系与逻辑解释、整体解释、结构解释，是指根据法规范文本之外在形式的逻辑体系、内在实质的法秩序统一性的价值体系等法理逻辑来系统解释法律的方法。② 连续推理，在本文的语境下，主要是指体系解释的具体展开运用，尤其强调体系解释中的推理合逻辑性和连续性。

一、追诉时效与追诉时效期限等概念界分

我国关于追诉时效的规定数量适中，非常适合运用体系解释方法。"追诉时效""追诉期限""追诉时效期限""追诉期"四个词语在不同位阶的规范性文件中均有出现，在相关裁判文书、相关法学文献中使用都相当多，然而，无人分析这四个词语的联系与区别，甚至有人使用"追溯时效""诉讼时效"等明显错误的表述。相关规定中的"超过追诉期限"有时表达"超过了追诉时效"的意思，有时表达"追诉时效期限届满"的意思；相关文献中的"超过追诉时效"表达的意思亦如是。这既造成理解和司法适

---

① 参见张继成：《逻辑规则何以能够作为立法质量的评价标准——法律与逻辑的内在关系》，载《社会科学论坛》2020 年第 6 期。

② 参见魏东：《中国刑法解释学理论体系的本土化构建》，中国社会科学出版社 2022 年版，第 214 页。

用的困难,也给研究带来了困扰。笔者发现,这在很大程度上是因为人们未深入分析不同语境下"追诉时效"的丰富内涵,应当区分"追诉时效"和"追诉时效期限"而未区分。从某种角度来说,人们对定义的忽视严重影响了关于追诉时效的基础研究,相关研究者欠缺逻辑学的基础知识、不重视定义,以致表意不清、词不达意、难以对话,是久争不决的重要原因。

在刑事法语境下,区分追诉时效和追诉时效期限,是分析追诉时效问题的关键,也是正常对话的基础。追诉时效是上位概念,是衡量司法机关对某个主体的某罪进行追诉的合法性的重要方面,从起点至终点的时长不固定,其终点因办案情况而改变,判断的落脚点是"未超过追诉时效,可以追诉""超过了追诉时效,不能追诉""超过了追诉时效,需要报请最高人民检察院核准追诉"三者之一,而不是"不受追诉期限的限制"或"受追诉期限的限制"。"超过追诉时效"约等于不能追诉;"未超过追诉时效"只是"可以追诉"的必要条件,不是充分条件,仍受证据裁判原则、证明标准等因素的制约,不表明犯罪人可以到案、办案难度降低,也不表明最终能够判决有罪,可能离刑事责任现实化仍存在相当大的差距。追诉时效期限是下位概念,是衡量追诉时效超过与否的尺度,从起点至追诉时效期限届满之日的时长是固定的(1979年《刑法》第76条、1997年《刑法》第87条规定的四种期限之一),其终点不因办案情况而改变,判断的落脚点是"在追诉时效期限内"(在追诉时效期限届满之日以前)或"在追诉时效期限届满之日以后"。① 就具体犯罪而言,追诉时效的起点和追诉时效期限的起点相同,但两者的终点经常不同;追诉时效起点至终点的时长不能长于追诉时效期限;追诉时效终点是追诉时效期限届满之日时(立案之日或采取强制措施之日在追诉时效期限届满之日以后),该犯罪超过了追诉时效。故"追诉时效期限届满了"不一定"超过了追诉时效",前者是后者的必要不充分条件。本文中,追诉时效期限与追诉期限、追诉期是同义词,为避免混乱,笔者只使用前者、不使用后者,引用原文时除外。

1997年《刑法》第87条(与1979年《刑法》第76条相同)规定:"犯罪经过下列期限不再追诉:(一)法定最高刑为不满五年有期徒刑的,经过五年;(二)法定最高刑为五年以上不满十年有期徒刑的,经过十年;(三)法定最高刑为十年以上有期徒刑的,经过十五年;(四)法定最高刑为无期徒刑、死刑的,经过二十年……"可能有人将其解释为,"如果一个犯罪对应的法定最高刑是不满五年有期徒刑,自犯罪之日起经过五年,就不再追诉;如果一个犯罪对应的法定最高刑是不满十年有期徒刑,自犯罪之日起经过十年,就不再追诉;如果一个犯罪对应的法定最高刑是不满十五年有期徒刑,自犯罪之日起经过十五年,就不再追诉;如果一个犯罪对应的法定最高刑是无期徒刑或者死刑,自犯罪之日起经过二十年,就不再追诉"。这种观点可谓"追诉时效期限届满时

---

① 参见王登辉:《追诉时效的若干疑难问题探讨》,载《人民法院报》2023年9月7日,第6版。

说",实质上误将该条当成了追诉时效终点的规定,还将追诉时效和办案期限混为一谈,显然是不成立的。这种观点暗含的逻辑前提是,犯罪的追诉时效终点必定是追诉时效期限届满之日,不因刑事立案、采取强制措施、起诉、审判等原因而改变。按这种观点,公检法机关应当在追诉时效期限届满之日以前完成侦查、起诉、审判、宣判等活动,否则不合法,还会错误解释2018年《刑事诉讼法》第16条第2项。当然,"犯罪经过下列期限不再追诉"之表述导致前述错误理解难以避免,若改为"追诉时效期限有四种,按下列方法确定",①则可以避免这种误读。

笔者认为,该条是关于追诉时效期限的规定,而不是关于追诉时效终点的规定。该条应当解释为,"如果一个犯罪对应的法定最高刑是不满五年有期徒刑,其对应的追诉时效期限就是五年,若该犯罪超过了追诉时效,就不再追诉;如果一个犯罪对应的法定最高刑是不满十年有期徒刑,其对应的追诉时效期限就是十年,若该犯罪超过了追诉时效,就不再追诉;如果一个犯罪对应的法定最高刑是不满十五年有期徒刑,其对应的追诉时效期限就是十五年,若该犯罪超过了追诉时效,就不再追诉;如果一个犯罪对应的法定最高刑是无期徒刑或死刑,其对应的追诉时效期限就是二十年,若该犯罪超过了追诉时效,原则上不再追诉,但符合报请最高人民检察院核准追诉条件的除外"。不过,该条并未规定"超过追诉时效"的判断标准,需要从其他条文中寻找。可见,决定追诉时效期限的因素是对应的法定最高刑,间接因素是基本犯罪事实和情节。例如,抢劫罪的基本犯对应的法定最高刑是有期徒刑十年,对应的追诉时效期限是十五年;抢劫罪的情节加重犯、结果加重犯对应的法定最高刑是死刑,对应的追诉时效期限是二十年。又如,间谍罪的基本犯,故意杀人罪的基本犯,绑架罪的基本犯和结果加重犯,生产、销售、提供劣药罪的结果加重犯,非法持有毒品罪的基本犯等对应的追诉时效期限是二十年;组织出卖人体器官罪的情节加重犯,强奸罪的基本犯,拐卖妇女、儿童罪的基本犯,诬告陷害罪的结果加重犯,组织卖淫罪的基本犯等对应的追诉时效期限是十五年;重大责任事故罪的情节加重犯、走私假币罪的减轻犯、走私文物罪的减轻犯、虐待罪的结果加重犯、遗弃罪、传授犯罪方法罪的基本犯、伪证罪的情节加重犯、破坏生产经营罪的情节加重犯、行贿罪的基本犯、枉法仲裁罪的情节加重犯、虚假破产罪等对应的追诉时效期限是十年;交通肇事罪的基本犯、非法拘禁罪的基本犯、私分国有资产罪的基本犯、串通投标罪、重婚罪、侮辱罪、刑讯逼供罪、危险驾驶罪、危险作业罪、高空抛物罪、催收非法债务罪等对应的追诉时效期限是五年。

《刑法》修改时,修改了罪状但未修改法定刑的,追诉时效期限不变,不必考虑。修改法定刑的,多数是趋轻,少数是趋重,有的会引起追诉时效期限改变。犯罪发生后,修改后的法律生效之日可能在刑事立案以前、立案后的侦查阶段、审查起诉阶段、

---

① 参见王登辉:《"追诉时效制度司法适用指引(学术建议稿)"及其证成》,载《警学研究》2024年第4期。

一审阶段、二审阶段,则会产生适用旧法或新法之争。1997年《刑法》第12条第1款规定:"中华人民共和国成立以后本法施行以前的行为,如果当时的法律不认为是犯罪的,适用当时的法律;如果当时的法律认为是犯罪的,依照本法总则第四章第八节的规定应当追诉的,按照当时的法律追究刑事责任,但是如果本法不认为是犯罪或者处刑较轻的,适用本法。"其后段并不表示条件关系,而是表示假设关系;应当将后段解释为"行为时的法律认为某行为构成犯罪,如果适用新法认为该行为也构成犯罪且未超过追诉时效的,依照行为时的法律追究刑事责任;若新法较轻,则适用新法"。可见,该条规定了从旧兼从轻原则,而不是专门规定追诉时效问题适用从新原则,不能误用存疑有利于被告原则,不是尽力往有利于被告人的方向解释。① 从旧兼从轻原则适用于追诉时效,体现为确定追诉时效期限适用从旧兼从轻原则,适用犯罪时或立案时(法院受理自诉时)较短的追诉时效期限,间接决定了追诉时效的适用也应当遵循从旧兼从轻原则。如果修改后的法条对犯罪嫌疑人更有利,则适用修改后的法条解决定罪量刑问题,可能不同于追诉时效期限的实体法依据,但两者并不矛盾。②

二、追诉时效的适用对象和范围

我国的追诉时效具有丰富内涵,包括追诉时效期限、起点、终止、中断、核准追诉等。有人把追诉时效等同于有限追诉,认为适用了追诉时效制度,就不能对犯罪人追诉;所说的"追诉时效不适用于本案",实际上是想表达"本案未超过追诉时效,可以追诉"的意思。也有人把追诉时效等同于无限追诉,认为适用了追诉时效制度,就可以对某个(或某些)犯罪人追诉;所说的"追诉时效不适用于本案",实际上是想表达"本案超过了追诉时效,不能追诉"的意思。有人分析追诉时效如何适用于存疑案件,③说明其认为追诉时效的适用对象包括存疑案件在内。其实,这三种观点都不成立,原因在于未区分犯罪和刑事案件,也在于对追诉时效的内涵、功能、适用对象等存在错误认识。犯罪不同于刑事案件:犯罪是自在的,司法机关未必知晓,未必成为刑事案件,只有刑事立案(或受理自诉)后才成为刑事案件;刑事案件中可能一人一罪,可能一人多罪、多人多罪,可能有犯罪被证明成立,可能有犯罪由于证据等原因不能证明成立,还可能无犯罪。将犯罪和刑事案件混为一谈,是人们未能正确认识追诉时效的适用对象、范围的第一个原因。

每个法律规则都有自己的逻辑结构,没有例外;法律人看不到(或者不会刻画)法

---

① 参见王登辉:《追诉时效的适用规则与实例检验》,载《澳门法学》2023年第2期。
② 参见王登辉:《论法定刑修改对追诉时效的影响——以贪污受贿犯罪为例》,载《政治与法律》2017年第7期。
③ 参见马如意:《存疑案件追诉时效之司法适用》,载《中国检察官》2024年第14期。

律规则的逻辑结构并不等于法律规则没有自身的逻辑结构。[①] 从我国刑法总则和分则的条文来看,任何犯罪对应的量刑幅度的法定最高刑必然可以归入"不满五年有期徒刑""五年以上不满十年有期徒刑""十年以上有期徒刑""无期徒刑、死刑"四种情形中的一种。也就是说,五年、十年、十五年、二十年这四种追诉时效期限可以覆盖一切犯罪。由此可以得出基本命题:追诉时效适用于一切犯罪。这既是对追诉时效适用对象的认识,也是对追诉时效适用范围的判断。由此可以推理得出:(1)追诉时效可以适用于一切犯罪主体,包括自然人、单位。(2)追诉时效可以适用于一切罪名,如危险驾驶罪、故意杀人罪、抢劫罪、贪污罪、受贿罪、滥用职权罪等。(3)追诉时效不仅可以适用于存在追诉时效争议的犯罪,还可以适用于犯罪"黑数"、立案而未侦破的犯罪、正常办结无追诉时效争议的犯罪,也许这样分类不够严谨,但非常实用。人们往往只分析一些存在追诉时效争议的重罪刑案中追诉时效的适用,从来不考虑后三种情况下追诉时效如何适用,以至于忘记了追诉时效还可以适用于后三种情况,存在"幸存者偏差",这是下文所述六个错误观点的第二个原因。人们分析追诉时效如何适用于一人多罪、多人多罪时,往往不自觉地不当简化为"一人一罪一案"模式,忽视了共同犯罪的特殊性和逻辑自洽,有时会遗漏追诉时效中断,是产生错误认识的第三个原因。

若对"追诉时效的适用范围"这一基础问题认识有误,则后续的推理必定有巨大的局限性、不可能自洽。下列命题流传颇广,却都不能成立:(1)追诉时效的适用对象是刑事案件。(2)追诉时效只适用于重罪刑案。(3)追诉时效只适用于存在追诉时效争议的刑事案件。(4)追诉时效只适用于少数刑事案件,多数刑事案件不适用追诉时效。一些藏于内心未宣之于口的观点亦不成立:(1)研究追诉时效没有意义,或者意义非常有限。(2)将1997年《刑法》第88条解释为追诉时效终止,会导致追诉时效制度被架空。

三、"不受追诉期限的限制"之解释及其法定情形

正确解释1979年《刑法》第77条、1997年《刑法》第88条等条文,特别是其中的"不受追诉期限的限制",是分析追诉时效的核心。例如,1989年最高人民法院研究室《关于重婚案件的被告人长期外逃法院能否中止审理和是否受追诉时效限制问题的电话答复》规定:"关于追诉时效问题,根据刑法第七十七条的规定,对焦有枝追究刑事责任不受追诉期限的限制。"这一规定基本合理,美中不足仍是未解释"不受追诉期限的限制"。其意思不是"不适用追诉时效",而是"不会超过追诉时效,可以追诉"。在我国,"不受追诉期限的限制"包括三种情形:1979年《刑法》第77条规定了一种情

[①] 参见张继成:《逻辑规则何以能够作为立法质量的评价标准——法律与逻辑的内在关系》,载《社会科学论坛》2020年第6期。

形,1997年《刑法》第88条规定了两种情形。很多人认为,这两个条文规定的是追诉时效延长,但从来不进一步说明延长多久,若延长至无限长就不能叫"延长"。不少人认为,这两条规定的是追诉时效中止,但从来不说什么条件下恢复、何时恢复,既然不存在恢复,何来中止?其实,这两条规定的是追诉时效终止——追诉时效停止计算、不再变化。

1979年《刑法》第77条规定:"在人民法院、人民检察院、公安机关采取强制措施以后,逃避侦查或者审判的,不受追诉期限的限制。"笔者认为,此处的"强制措施"包括刑事诉讼法规定的拘传、刑事拘留、取保候审、监视居住、逮捕;无强制措施的情况下只发布了载明了犯罪嫌疑人真实姓名的通缉令、协查通报、上网追逃的,也宜视为采取了强制措施;若到案后被限制人身自由(如临时寄押、收容审查等)且到案后才被决定采取强制措施的,到案之日可以视为被采取强制措施之日。

依据1992年最高人民检察院《关于刑法第七十七条有关采取强制措施的规定应如何适用的批复》(2002年废止)、2014年《全国人民代表大会常务委员会法制工作委员会对刑事追诉时效制度有关规定如何理解适用的答复意见》、2018年最高人民法院研究室《关于1979年刑法第七十七条规定的"采取强制措施"有关问题的答复》,已经批准对犯罪嫌疑人采取强制措施,但因犯罪嫌疑人逃匿,致使强制措施不能执行的,亦属于这里的"采取强制措施"。上述三份意见将"采取强制措施"分为决定(和批准)采取强制措施和执行强制措施,认为"采取强制措施"之日是决定(或批准)采取强制措施之日,应当理解为第一次决定(或批准)采取强制措施之日,不是到案后实际执行强制措施之日,是正确的。这里的"批准对犯罪嫌疑人采取强制措施",应当解释为侦查机关第一次决定或者(自诉案件中)法院决定采取强制措施,以及侦查机关未决定而由检察机关批准采取强制措施(这种情形极少)。

不少人简单地认为,如果犯罪主体实施了逃避侦查或者审判的行为,就不受追诉期限的限制;如果犯罪分子未实施逃避侦查或者审判的行为,就受追诉期限的限制。然而,犯罪主体实施了逃避侦查或者审判的行为,不是"不受追诉期限的限制"的充分条件。认为犯罪人实施了逃避侦查的行为,不必然得出"其犯罪未超过追诉时效,可以追诉"的结论。某个行为是不是逃避侦查或者审判的行为、行为人有没有实施逃避侦查或者审判的行为,不以存在追诉时效争议为前提,与有无追诉时效争议无关,与逃避时间长短无关,与犯罪人到案后的表现无关。很多情况下,犯罪后装作无事人一样会取得更好的逃避效果,故不应当区分积极逃避和消极逃避,不应当认为仅有积极逃避才是逃避行为。其实,犯罪后马上自首的,会较快正常办结,不会发生追诉时效争议;但凡存在追诉时效争议的,犯罪人必定实施了逃避侦查的行为,犯罪人有无逃避侦查的行为不成为问题。① 可以说,逃避侦查的行为和"可以追诉"之间的联系非常微弱。

综上,1979年《刑法》第77条似乎可以解释为:在人民法院、人民检察院、公安机关第一次决定对某个犯罪嫌疑人采取强制措施以后,该犯罪嫌疑人实施了逃避侦查或者审判的行为的,或者犯罪嫌疑人之前的逃避行为延续到决定对其采取强制措施之日以后的,不会超过追诉时效,可以追诉,无论犯罪人何时到案,都可以追诉,且不需要报请最高人民检察院核准追诉。但这并不准确,需要补充一个条件"第一次决定对犯罪人采取强制措施之日在追诉时效期限届满之日以前",才是完整的、正确的。故1979年《刑法》第77条应当解释为:犯罪发生在1997年9月30日以前的,适用1979年《刑法》解决其追诉时效问题,办案机关第一次决定对犯罪嫌疑人采取强制措施之日是判断追诉时效的基准日,立案之日、起诉之日、审判之日均不是基准日;办案机关第一次决定对犯罪嫌疑人采取强制措施之日在追诉时效期限届满之日以前的,未超过追诉时效,不因其他原因而变成超过了追诉时效;办案机关第一次决定对犯罪人采取强制措施之日在追诉时效期限届满之日以后的,超过了追诉时效,一般不能追诉。

1997年《刑法》第88条第1款规定:"在人民检察院、公安机关、国家安全机关立案侦查或者在人民法院受理案件以后,逃避侦查或者审判的,不受追诉期限的限制。"该款应当解释为:犯罪发生在1997年10月1日以后的,适用1997年《刑法》解决其追诉时效问题,如果刑事立案之日或者人民法院受理自诉案件之日在追诉时效期限届满之日以前,就未超过追诉时效,可以追诉,无论犯罪人何时到案,均可以追诉。可以推理得出:(1)犯罪发生在1997年10月1日以后的,办案机关刑事立案之日是判断追诉时效的基准日,采取强制措施之日、起诉之日、审判之日均不是基准日。(2)办案机关刑事立案之日没有超过追诉时效的,不因其他原因而变成超过了追诉时效。结合1997年最高人民法院《关于适用刑法时间效力规定若干问题的解释》,通过体系解释可知,存在两个例外:被最高人民检察院核准追诉、被害人控告且应当立案而不予立案。

1997年《刑法》第88条第2款规定:"被害人在追诉期限内提出控告,人民法院、人民检察院、公安机关应当立案而不予立案的,不受追诉期限的限制。"这里的"被害人"应当作扩大解释,包括被害人的亲属在内;这里的"控告"应当作限缩解释为"具体的刑事控告,且符合刑事立案的条件",不包括抽象的、空泛的、无效的控告,也不包括立案后提出的"控告"。运用体系解释方法,该款应当解释为被害人及其亲属在追诉时效期限届满之日以前提出了具体的刑事控告,人民检察院、公安机关等侦查机关应当立案而不予立案的,或者人民法院应当受理自诉而不受理自诉的,如果最终刑事立

---

① 参见王登辉、周黎笋:《"逃避侦查或者审判"的行为认定》,载《人民法院报》2024年11月14日,第6版。

案之日或法院受理自诉之日在追诉时效期限届满之日以后,拟制为未超过追诉时效,可以追诉。若一度不予刑事立案,但刑事立案之日或法院受理自诉之日在追诉时效期限届满之日以前的,应当适用《刑法》第 88 条第 1 款(而不是第 2 款),可以追诉。可以推理得出:(1)对 1997 年 10 月 1 日以后发生的犯罪,被害人及其家属在追诉时效期限届满之日以前提出了具体的刑事控告,符合刑事立案条件却在追诉时效期限届满之日以后仍未立案的,应当适用《刑法》第 88 条第 2 款,不会超过追诉时效,可以追诉,且不需要报请最高人民检察院核准追诉。(2)对 1997 年 9 月 30 日以前发生的犯罪且追诉时效期限届满之日在 1997 年 10 月 1 日以后的,被害人及其家属在 1997 年 10 月 1 日以后且在追诉时效期限届满之日以前提出了具体的刑事控告,符合刑事立案条件却在追诉时效期限届满之日以后仍未立案的,应当适用《刑法》第 88 条第 2 款,不会超过追诉时效,可以追诉,且不需要报请最高人民检察院核准追诉。

可见,1979 年《刑法》第 77 条、1997 年《刑法》第 88 条是关于追诉时效终止的规定,但不是规定了"强制措施时说"和"立案时说",也不是关于追诉时效延长、中止的规定。

四、追诉时效的适用规则和相应效果

(一)追诉时效的适用规则

2017 年最高人民法院《关于被告人林少钦受贿请示一案的答复》规定:"追诉时效是依照法律规定对犯罪分子追究刑事责任的期限,在追诉时效期限内,司法机关应当依法追究犯罪分子刑事责任。对于法院正在审理的贪污贿赂案件,应当依据司法机关立案侦查时的法律规定认定追诉时效。依据立案侦查时的法律规定未过时效,且已经进入诉讼程序的案件,在新的法律规定生效后应当继续审理。"美中不足的是,常见错误"不区分追诉时效和追诉时效期限""误以为追诉时效的适用对象是刑事案件"在这一答复中亦有体现。从内容来看,该答复并不是只适用于贪污贿赂案件(或贪污贿赂犯罪),还可以适用于 1997 年 10 月 1 日以后发生的一切犯罪案件。这里的"依据立案侦查时的法律规定"并不是说侦查时的法优于立案时的法、立案时的法优于犯罪时的法,而应当解释为"从犯罪时的法律和立案时的法律中择较轻者作为确定追诉时效期限的实体法依据"。刑事立案是公诉案件的起点,是"已经进入诉讼程序"的标志,不能认为提起公诉才是"已经进入诉讼程序";自诉案件的起点是法院受理自诉,不是提起自诉,应无异议。这里的"依据立案侦查时的法律规定未过时效,且已经进入诉讼程序的案件",应当解释为"如果对犯罪已经刑事立案了,且刑事立案之日在追诉时效期限届满之日以前"。这里的"应当继续审理",应当解释为"没有超过追诉时效,可以追诉,不能终止审理",当然包含了"之前可以提起公诉"的意思。该答复应当解释为:(1)判断一个犯罪是否超过追诉时效,应当以刑事立案时或犯罪时较轻的法律作为确定追诉时效期限的依据。(2)如果刑事立案之日在追诉时效期限届满之日以前,该犯罪就没有超过追诉时效,侦查、起诉、审判活动应当继续进行,不能以"超过追诉时效"为由而停止追诉。(3)刑事立案之日没有超过追诉时效的,不因法定刑修改、犯罪嫌疑人到案晚、起诉之日晚、审判之日晚等原因而变成超过追诉时效。通过体系解释,可以完整表述为:(1)发生在1997年10月1日以后的犯罪,若刑事立案之日在追诉时效期限届满之日以前,就没有超过追诉时效,追诉时效终点是刑事立案之日,之后不再变化(主要是不会中断、不会超过)。(2)发生在1997年10月1日以后的犯罪,若刑事立案之日在追诉时效期限届满之日以后,就超过了追诉时效,追诉时效终点是追诉时效期限届满之日,之后不再变化。

由上文可以归纳出追诉时效的适用规则是:(1)1979年《刑法》第76条规定了追诉时效期限、核准追诉,第77条规定了追诉时效终点,第78条规定了追诉时效起点和中断,分析发生在1997年9月30日以前的犯罪的追诉时效适用1979年《刑法》。1997年《刑法》第87条规定了追诉时效期限、核准追诉,第88条规定了追诉时效终点,第89条规定了追诉时效起点和中断,分析发生在1997年10月1日以后的犯罪追诉时效适用1997年《刑法》。[①] 在每个犯罪中,相关的三个条文都是同时适用,不存在只适用一个条文的情况。(2)犯罪发生在1997年9月30日以前,且办案机关第一次决定对犯罪嫌疑人采取强制措施之日在追诉时效期限届满之日以前的,该犯罪嫌疑人未超过追诉时效,可以追诉;犯罪发生在1997年9月30日以前,且办案机关第一次决定对犯罪嫌疑人采取强制措施之日在追诉时效期限届满之日以后的,该犯罪嫌疑人超过了追诉时效,不能追诉。(3)犯罪发生在1997年10月1日以后,且办案机关对该犯罪刑事立案之日在追诉时效期限届满之日以前的,该犯罪未超过追诉时效,可以追诉;犯罪发生在1997年10月1日以后,且办案机关对该犯罪刑事立案之日在追诉时效期限届满之日以后的,该犯罪超过了追诉时效,不能追诉。(4)超过追诉时效的法律效果是不能追诉,但存在两个例外:经最高人民检察院核准追诉的,被害人控告应当立案而不予立案的,拟制为可以追诉,追诉具有合法性。(5)追诉时效的影响因素只有犯罪事实对应的法定刑(可以找到对应的法定最高刑)、犯罪之日(犯罪发生在1997年10月1日以后)、第一次采取强制措施之日(犯罪发生在1997年9月30日以前)、法定刑修改较大(引起追诉时效期限改变)、被害人控告、最高人民检察院核准追诉,很多犯罪中不存在后两个因素。(6)追诉时效的适用规则中没有逃避侦查或者审判的行为的位置。那么,不需要分析行为人有没有实施逃避侦查或者审判的行为,侦查机

[①] 有的文书只分析追诉时效期限是多长,有的文书只分析追诉时效起点是哪一天,有的文书只说发生了追诉时效中断……2024年8月27日,笔者在中国裁判文书网上以"案由:刑事案由,全文关键词:追诉时效终点"为条件,竟然检索到0篇裁判文书,将"追诉时效终点"改为"追诉期限终点"以后,检索结果不变。这绝不表明追诉时效终点不重要。这反而可以说明,人们并不了解追诉时效的适用规则是什么,至少是一知半解、不成体系。

关不需要收集、公诉机关不需要举证证明犯罪人实施了逃避侦查或者审判的行为。还可以将追诉时效的适用规则、步骤进一步提炼为：确定犯罪对应的法定最高刑—确定追诉时效期限—确定追诉时效起点—确定追诉时效终点—判断是否超过了追诉时效（判断是否符合报请核准追诉的条件）。

我们还可以得出追诉时效适用于共同犯罪的特殊规则：共同犯罪中，刑事立案的效力及于全部共同犯罪人，采了强制措施只及于个别犯罪人。共同犯罪发生在1997年10月1日以后且刑事立案之日在追诉时效期限届满之日以前的，全体犯罪人都不会超过追诉时效；共同犯罪被刑事立案前，其中一人又单独犯罪的，前罪的追诉时效中断，对其他共犯不产生影响。共同犯罪发生在1997年9月30日以前的，适用1979年《刑法》，对某个犯罪人采取强制措施之日在追诉时效期限届满之日以前的，该犯罪人不会超过追诉时效。某个犯罪人被采取强制措施以前又犯罪的，前罪的追诉时效中断，对其他共犯不产生影响。[①]

（二）超过追诉时效的法律效果

2018年《刑事诉讼法》第16条规定："有下列情形之一的，不追究刑事责任，已经追究的，应当撤销案件，或者不起诉，或者终止审理，或者宣告无罪：……（二）犯罪已过追诉时效期限的……"有人将该项解释如下："在立案侦查时就已经发现超过追诉期限的，当然要停止侦查；在起诉时发现超过追诉期限的，当然要撤回起诉；在审判时发现超过追诉期限的，当然要宣告无罪。"[②]或是："犯罪已过追诉期限的，尚未立案的，不追究刑事责任、不能立案；已经立案但在移送起诉前追诉时期限届满的，侦查机关应当撤销案件；在审查起诉过程中追诉期限届满的，人民检察院应当决定不起诉；在审判过程中追诉期限届满的，人民法院应当终止审理；审判结束后作出判决前追诉期限届满的，人民法院应当宣告无罪。"[③]这两种观点均值得商榷。其暗含的共同观点是，在侦查、审查起诉、审判阶段，追诉时效期限届满之日一到，所有的追诉活动均应停止；或曰追诉时效终点等于追诉时效期限届满之日，是无条件的，不受立案、采取强制措施、起诉、审判等的影响。这种理解，很可能是把1979年《刑法》第76条、1997年《刑法》第87条当作对追诉时效终点的规定所致，本质上是把追诉时效期限当成了办案期限，

---

① 参见王登辉：《"追诉时效制度司法适用指引（学术建议稿）"及其证成》，载《警学研究》2024年第4期。
② 林亚刚：《刑法学教义（总论）》，北京大学出版社2014年版，第651页。
③ 柳忠卫：《追诉期限终点的法教义学解释》，载《法学》2020年第2期。柳忠卫教授认为，"在立案阶段追诉期限已经届满但在审查起诉特别是审判阶段才发现的情形微乎其微，因为立案审查和起诉审查的一个重要内容就是案件是否超过追诉时效"。这表明，其认为追诉时效适用于案件，对追诉时效的对象认识有误，也未区分"追诉时效期限届满"和"超过追诉时效"。现实中，有一些犯罪直到审判阶段也只能查明犯罪的大概时间是某年某月（或某季），无法精确到日；在立案之日追诉时效期限届满但侦查机关未意识到的情况有可能存在；不少案件中，办案机关对某犯罪是否超过了追诉时效存在巨大争议，侦查机关认为未超过追诉时效而立案，是可能的。笔者也不赞同柳忠卫教授主张的"案件正在审理过程中的终止审理，案件审理完毕的宣告无罪"的观点，其所谓的"统一进行限制解释"也不可能存在。

属于前面提及的"追诉时效期限届满时说"。

按这种观点推理可知:未侦破的案件持续一段时间(犯罪对应的五年、或十年、或十五年、二十年),就不能追诉了,即使犯罪人到案也不能追诉,花大气力侦破积案没有意义。若侦查期间临近追诉时效期限届满之日,侦查机关可能因"时间不够用了"而觉得没有必要继续侦查了,消极懈怠、加剧破案难在所难免。办案人员消极办案、压案不查、拖延一段时间,就可以超过追诉时效、不能追诉了(即使犯罪嫌疑人后来到案了也不能追诉),相当于人为创造了"办案超时出罪机制",会否定"命案必破"信条,显然不合法也不合理。因为立案后能否破案、何时能破案、何时能移送审查起诉是不确定的,法律从未规定立案后多久必须破案,也未规定立案后多久未破案或未办结的案件就放弃追究。若追诉时效期限届满之日在审查起诉阶段,检察机关若加快节奏就可以提起公诉,若慢条斯理就可以不起诉;若追诉时效期限届满之日在审判阶段,法院若加快节奏就可以判决有罪,若慢条斯理就可以终止审理。如此一来,司法机关事实上会享有随意出入人罪的权力,毕竟找理由拖延几日、几个月甚至几年不移送、不办结并非难事。① 这会导致大量在追诉时效期限届满之日以后但未超过追诉时效的犯罪分子逃脱刑法制裁,会被错误地撤销案件、不起诉、终止审理。故这两种观点不能成立,且危害很大。

刑事诉讼法规定的办案期限主要是犯罪嫌疑人到案后的办案期限,与追诉时效无关。《刑事诉讼法》第16条第2项中的"追诉时效期限",和本文中"追诉时效"的意思相同。依据该项,"(犯罪)已过追诉时效期限"的法律效果是"不追究刑事责任,已经追究的,应当撤销案件,或者不起诉,或者终止审理,或者宣告无罪"。结合刑法相关条文,该项应当解释为:对1997年10月1日以后发生的犯罪,侦查机关刑事立案之日在追诉时效期限届满之日以后的,超过了追诉时效,不能移送审查起诉,而应当撤销案件;在审查起诉阶段,检察院发现刑事立案之日在追诉时效期限届满之日以后的,超过了追诉时效,不能提起公诉,而应当不起诉;在审判阶段,法院发现刑事立案之日或者法院受理自诉之日在追诉时效期限届满之日以后的,超过了追诉时效,不能作出有罪判决,而应当终止审理,若法院认为被告人无罪则应当宣告无罪。同理,对1997年9月30日以前发生的犯罪,侦查机关第一次决定对犯罪人采取强制措施之日在追诉时效期限届满之日以后的,超过了追诉时效,不能移送审查起诉,而应当撤销案件;在审查起诉阶段,检察院发现侦查机关第一次决定对犯罪人采取强制措施之日在追诉时效期限届满之日以后的,超过了追诉时效,不能提起公诉,而应当不起诉;在审判阶段,法院发现侦查机关第一次决定对犯罪人采取强制措施之日或者法院对自诉案件的被告

---

① 参见王登辉:《追诉时效延长抑或终止——〈刑法〉第88条之教义学解释及其展开》,载《当代法学》2016年第2期。

人采取强制措施之日在追诉时效期限届满之日以后的,超过了追诉时效,不能作出有罪判决,而应当终止审理,若法院认为被告人无罪则应当宣告无罪。

由此可以推理得出四个命题:(1)某个犯罪是否超过追诉时效,是公检法机关办理刑事案件过程中应当主动考虑的因素。(2)在刑事立案前,侦查机关应当考虑该犯罪是否超过了追诉时效,若已经超过了追诉时效,一般不能立案;若刑事立案时不确定是否超过了追诉时效,仍可以刑事立案,在侦查过程中发现刑事立案之日超过了追诉时效的,原则上应当撤销案件,但符合报请最高人民检察院核准追诉的条件的或应当立案而不予立案的除外。(3)通常认为的"以不追诉为原则,以追诉为例外"的原则,不能成立;同理,"以不核准追诉为原则,以核准追诉为例外"原则,也不能成立。(4)追诉时效和办案期限无关,不存在衔接和扣除的问题。

结　语

法律规范命题的逻辑形式与法律自身的内在逻辑(客观规律)相符合的时候,该规范命题就既具有实质合理性(合规律、合价值),又具有形式合理性(合逻辑、合规则)。[①] 综上,只有严格区分追诉时效和追诉时效期限,充分认识到"追诉时效适用于一切犯罪",才能在现行法律条文的基础上进行再发现,从而正确解释、提炼出自洽的、合理的追诉时效规则体系,运用标准化思维归纳出追诉时效的适用规则、步骤,从而正确认识到追诉时效的功能是衡量追诉的合法性,其影响因素是犯罪之日、立案之日、强制措施之日等几个时间点,澄清认识误区,逐渐形成通说,亦可提高相关分析论证的逻辑性和可接受性。

---

① 参见张继成:《逻辑规则何以能够作为立法质量的评价标准——法律与逻辑的内在关系》,载《社会科学论坛》2020年第6期。

刑法体系解释的基础理论考察*

田 维　罗予婕**

【摘要】法定犯时代背景下，体系解释在当前刑法适用中将发挥更为突出的作用，为了正确适用刑法体系解释，回应其理论与实践中的争议问题，其所关涉的基础理论应当受到重视。中西方体系思想的萌发，为体系解释的形成发展奠定了思想基础。法理学及法哲学的发展，尤其是从概念法学到利益法学（再到功能主义刑法观）的范式转变，使体系解释的内容完成了"由形式向实质"的嬗变，"体系"内涵也随之延展，甚至超出了制定法范畴，将价值体系囊括在内，这导致体系范围在本体论与方法论层面均需要厘定，同时体系解释与目的解释的关系有待释明。刑法体系解释理应遵循刑法解释的目标，在此基础上明确自身定位，保持法律体系在形式层面与实质层面的整体性和一致性，充分发挥协调功能、融贯功能与纠正功能，以保障其解释目标的实现。

【关键词】刑法体系解释　刑法体系　解释方法

一、问题的提出

习近平总书记在党的二十大报告中指出要"推进科学立法、民主立法、依法立法，统筹立改废释纂，增强立法系统性、整体性、协同性、时效性"。随着我国社会主义法律体系的不断完善，在适用法律的过程中，司法者必须考虑条文之间及各部门法之间的内在逻辑性，体系解释在法律解释方法中的必要性及地位越发受到重视。具体到刑法的司法适用，上述情形则更加突出。一方面，刑法作为法律体系的"最后一道屏障"，其余部门法均为刑法的前置法，刑法的二次违法性决定了其与其他部门法的关系更为紧密。另一方面，对于其内部而言，刑法内部存在着总则与分则的关系、不同具体罪名之间的关系、罪状与法定刑的关系等，其内在逻辑的复杂性相较于其他部门法更甚，运用体系解释的场域亦更为广泛，体系解释适用的必要性亦更强。此外，随着我

---

* 本文系教育部人文社会科学研究青年基金项目《刑法目的解释研究》的阶段性成果，项目批准号：18YJC820057。

** 田维，男，山东东营人，法学博士，西南石油大学法学院讲师、硕士生导师，四川省能源法学研究会副秘书长，四川省刑法学会理事，四川大学刑事政策研究中心研究员；罗予婕，女，四川达州人，西南石油大学法学院2021级法律硕士。

国刑事立法"法定犯"时代的到来,行刑交叉领域逐步扩大,如何实现刑法与行政法之间的有效联系,平衡两者价值与目的,亦需要体系解释的参与。

"刑法适用的过程就是刑法解释的过程。"①上述种种原因决定了当前体系解释在刑法适用中的重要地位。近些年来出现的"河南兰草案""深圳鹦鹉案""于某案"等案件不断刺痛着民众的敏感神经,这些热点案件所引发的巨大争议,暴露了刑法体系解释方法在刑事司法中的失语与逻辑乱象,从而导致裁判者孤立、片面地理解和适用刑法规范文本。厘清刑法体系解释的适用逻辑,有赖于刑法体系解释基础理论的梳理。目前,学界在法律体系、刑法解释等相关领域已形成了丰硕的理论成果,但刑法解释中的体系解释理论仍存有诸多争议亟待解决,这需要我们着眼于刑法体系解释的基础理论问题,从发展脉络、基本内涵、适用目标及功能等角度进行考察。

二、刑法体系解释的知识考古

体系解释方法具有悠久的历史渊源,从法律体系思维的萌芽到成熟的法律体系解释方法,过程中诞生和凝练了诸多法学家的智慧与思考,也见证了法理学主流理论观点的变迁。中西方文化中,"体系思想"的哲学土壤与发展路径截然不同,但殊途同归,均成为法学领域内无可替代的思维方式,为法律体系的发展与体系解释的理论萌发奠定了理论基础。同时,体系解释方法跟随法学理论的发展,呈现由形式走向实质的发展脉络,对刑法体系解释理论产生了深远影响。

(一)体系思想的萌发及演变

体系解释本体性问题的基础,在于如何理解和界定"体系"。"体系"思想的形成源远流长,根植于中西方的历史文化与哲学思想底蕴和根基之中。在中华传统文化语境里,以"天人合一""阴阳和谐"为代表的自然观,是古代先民最基础的思维方式之一。中国古代的整体思维把自然界看成一个有组织的有机系统,并将该系统划分为多个小系统,每个系统又由不同部分所构成,由此来探讨人与自然之间、人与人之间、心与身之间的关系。②这种体系思维在《易经》中得到了初步体现,至春秋战国时期逐步发展,《易传》的"三才(天地人)之道"是这种整体思维的早期表现;孟子的"尽心知性说"分析了天道与人道的关系,体现了天人合一的思维模式。至汉代,董仲舒的天人感应论则提出了更加系统、更加完备的整体模式。

中华法系是以儒家思想为理论基础,以"大一统"为核心价值观,以"仁爱、正义、礼治"为基本原则构建的一个系统的法律体系,它注重法律的协调与平衡,追求"和谐"的法律秩序。在形式层面,学界目前普遍认可中国古代法律体例的特征为"诸法

---

① 肖中华:《刑法目的解释和体系解释的具体运用》,载《法学评论》2006年第5期。
② 参见耿希联:《哲学同一观史论》,东北林业大学出版社2004年版,第179页。

并存,民刑有分"。人们常会将中国古代法与近现代部门法进行比较,也很容易视"诸法合体"为中华法系的"落后"特征,由此掩盖了"诸法"配合的实用功能,忽视其"乱"中有序、"合"中有分的具体形式。① 中国古代法的渊源经历了从先秦礼制与刑书到《唐六典》与律令格式的长期发展,逐渐形成了以政典为组织法,以律典为基本法律,以令格式为管理制度,并以廷行事、决事比、判例等为必要补充的完备体系。在两千多年的体系演变进程中,形成了独具中国特色的律例统编体系:在价值理念的统领下,以精湛的立法技术,将垂直构造与水平构造统编为一体;既能维持体系的稳定,又能适应社会发展的需要。② 中华法系并未直接出现"法律体系"意义的字样,但在内容与形式上,充分体现了体系思维。

发展至近现代,马克思主义为我国哲学思想注入新的灵魂。尽管来源不同,但两者在体系思想方面具有高度的契合性。马克思主义思想的核心内容之一——唯物辩证法指出:"与万物普遍联系"是世界存在的基本特征。其用普遍联系的观点看待世界和历史,认为世界是一个有机的整体,世界上的一切事物都处于相互影响、相互作用、相互制约之中,该种联系是客观的、普遍的、多样的。马克思主义思想与中国实际的结合,产生了伟大的马克思主义中国化理论成果,体系思想在法律领域的重要性得到进一步强调与强化,习近平总书记在党的二十大报告中指出:"推进科学立法、民主立法、依法立法,统筹立改废释纂,增强立法系统性、整体性、协同性、时效性。"在理论研究方面,区别于中国古代的模糊概念,学界对"法律体系"有了更为清晰的认识,从宏观的社会主义法律体系研究建设的必要性、法律体系概念以及建设方法,③到针对不同领域、不同部门的法律体系作出的进一步研究,在法哲学等领域形成了丰硕的成果。早在1994年,张明楷教授就刑法在法律体系中的地位发表文章,通过叙述刑法的独立性与补充性、评论法律体系概念与部门法的分类标准,来表明刑法在法律体系中的保障法地位,并附带论证法律体系概念。④

在西方哲学史中,体系思想同样占据着举足轻重的地位,且被较早地引入了法学领域。约瑟夫·拉兹指出,对法律概念的分析依赖于对法律体系概念的分析。这是因为,要想理解某些类型的法律,就需要了解它们之间的内在联系;而且,这些法律的类属性来自它们与其他法律的共同性。⑤ 针对体系思想的渊源,法学家卡尔·拉伦茨指

---

① 参见栗铭徽:《为中华法系"诸法合体"正名——基于对清代〈户部则例〉的考察》,载《河南财经政法大学学报》2023年第6期。
② 参见张生:《中华法系的现代意义:以律典统编体系的演进为中心》,载《东方法学》2022年第1期。
③ 参见朱景文:《中国特色社会主义法律体系:结构、特色和趋势》,载《中国社会科学》2011年第3期。
④ 参见张明楷:《刑法在法律体系中的地位——兼论刑法的补充性与法律体系的概念》,载《法学研究》1994年第6期。
⑤ 参见[英]约瑟夫·拉兹:《法律体系的概念》,吴玉章译,中国法制出版社2003年版,第203~204页。

出:"体系思想是法学中自然法理论的遗产。但它又深深植根于德国唯心论哲学之中。"①德国唯心论哲学以康德、黑格尔哲学思想为代表的近代德国古典哲学。康德最早从知识论的角度提出了体系的观念。他认为,所谓体系,是指一个依原则构成的知识整体。而在黑格尔哲学中,体系远远不只意味着素材的清晰明了和更容易把控,还意味着能够确保真理的认知精神的唯一可能的方式是内在理性的标准,这也是真正的科学性必然会提出的要求。② 由此可见,黑格尔已然认识到"体系"所蕴含的"内在逻辑"。随着体系思想引入法学,许多学者将其用于对法律概念的界定,"法律体系"概念随之形成。诸多法学家以"体系"来诠释法律概念,如法学家萨维尼认为:"法学是历史性科学与哲学性科学的统一。"③这里的"哲学"不是指自然法意义上的法哲学,而是指法科学的内在统一性的特质,也就是所谓的"体系"。④ 凯尔森则认为:法是人的行为的一种"秩序",这种"秩序"是许多规则的一个体系。⑤

综上,尽管中外体系思想渊源与形成逻辑有所不同,但"体系"内涵有诸多共通之处,两者都强调事物的整体性与内部、外部的协调性。代入到法学领域,体系思想强调法律作为法律规范的有机整体,应兼具形式与内容的系统性,即法律体系不是法律规范的简单堆砌,而是各个法律规范按照一定的原则与逻辑构成的相互协调、相互配合、相互制约的整体。"和谐"是法律体系的灵魂,体系性是法律不可或缺的基本特征。

(二)体系解释的理论演变:由形式走向实质

法律不可避免的抽象性与滞后性导致了法律解释的应然性与必要性,随着法律体系概念的形成,为维护法律的体系性,体系解释方法应运而生。

体系解释理论的形成并非一蹴而就。早在古罗马时期,法学家就已提出了体系解释的要求,著名法学家萨维尼正式、系统地阐述了体系解释,并让法律的体系解释首次在学术史上产生了突出影响力。萨维尼在其早期作品中认为:体系等于解释的各种对象的统一,法学研究中的体系解释主要涉及对法律规则的整合。⑥ 此时,萨维尼将体系解释的内涵局限在形式层面。至后期,萨维尼更全面地阐述了他的方法论学说,将早期的三要素调整为四要素:文法、逻辑、历史和体系。体系要素被正式提出,其关涉"将所有法律制度和法规则连接成一个大统一体的内在意义脉络"⑦,萨维尼的观点明

---

① [德]卡尔·拉伦茨:《法学方法论》,黄家镇译,商务印书馆2020年版,第27页。
② 参见陈兴良:《刑法教义学中的体系解释》,载《法制与社会发展》2023年第3期。
③ [德]弗里德里希·卡尔·冯·萨维尼、雅各布·格林:《萨维尼法学方法论讲义与格林笔记》,杨代雄译,法律出版社2008年版,第5页。
④ 参见车浩:《法教义学与体系解释》,载《中国法律评论》2022年第4期。
⑤ 参见[奥]凯尔森:《法与国家的一般理论》,沈宗灵译,中国大百科全书出版社1996年版,第3页。
⑥ 参见[德]弗里德里希·卡尔·冯·萨维尼、雅各布·格林:《萨维尼法学方法论讲义与格林笔记》,杨代雄译,法律出版社2008年版,第24页。
⑦ [德]弗里德里希·卡尔·冯·萨维尼:《当代罗马法体系(第一卷):法律渊源·制定法解释·法律关系》,朱虎译,中国法制出版社2010年版,第167页。

显呈现由形式向实质转变的倾向。

随着法学理论的不断发展,尤其是出现概念法学向利益法学的理论转向后,体系解释的内容随之呈现"由形式向实质"和"由概念向意义"的嬗变。19世纪,概念法学兴起,为了抽象地形成概念,普赫塔放弃了萨维尼所强调的"法律规则"以及奠定其基础的"法律制度"之间的联系,将萨维尼理论中的"有机"脉络变成了概念的逻辑关联,而且这种逻辑关联被视为事先没有经过有意识加工的法条的认识根源。[1] 直至19世纪末,以耶林为代表的利益法学派学者对概念法学加以批判,认为体系解释的任务在于将个别的法律制度以及与之相关的法条分解为其本身所包含的"逻辑要素",再将这些逻辑要素提纯,然后通过组合这些要素,不仅能构造出已经为人所知的法条,也能构造出全新的法条。[2] 由此,体系解释理论发生了重大转向,从注重法律的形式秩序转变为注重法律的价值秩序。"只有当人们追溯到制定法的目的、制定法赖以为基础的决定性的价值决定以及原则构成的'内部'体系时,才能全面地、完整地理解制定法的意义脉络。"[3]需要指出的是,尽管体系解释理论早已具备了实质内涵,但直至李斯特时代,在德国刑法解释理论中,立法者也一直被认为已经对所有涉及价值判断的问题作出了决定,司法者只要运用三段论逻辑便可完成法律适用。[4] 这亦可理解为,传统的刑法解释论是以形式逻辑为基础,将刑法适用视为单纯的涵摄过程,解释过程是一个被动的过程。

但随着社会的不断发展,为回应风险社会中刑法适用所面临的挑战,无论持何种解释立场,当前刑法解释的主流观点均认可应对刑法进行实质解释,只是路径存在差异,以功能主义刑法解释论为代表的诸多理论引起了学界的关注。区别于传统刑法解释理论,功能主义刑法解释论的法条主义色彩极为淡薄,强调司法的能动性,强调价值判断与利益衡量在司法过程中的不可或缺性,提出从"体系性思考"转向"问题性思考"。在该种理论框架下,刑法解释过程不再是对刑法形式逻辑的机械推导,而是将法律体系视为一种价值体系,通过调整合目的性的实质内容而将外在的价值判断引入体系之内。[5] 至此,刑法解释被赋予了更高的能动性,体系解释的内涵得以进一步丰富,其范围不再局限于刑法甚至法律本身。

法律体系概念的确立代表着体系解释必须成为法律解释方法中不可或缺的一部分。而刑法体系解释的内涵也随着法学理论的发展而不断演变,呈现由形式转向实质、由被动转向能动的发展趋势。如今,随着"风险社会""能动司法""功能主义与实

---

[1] 参见[德]卡尔·拉伦茨:《法学方法论》,黄家镇译,商务印书馆2020年版,第34页。
[2] 参见[德]卡尔·拉伦茨:《法学方法论》,黄家镇译,商务印书馆2020年版,第36页。
[3] [德]卡尔·拉伦茨:《法学方法论》,黄家镇译,商务印书馆2020年版,第410页。
[4] 参见劳东燕:《能动司法与功能主义的刑法解释论》,载《法学家》2016年第6期。
[5] 参见劳东燕:《功能主义的刑法解释》,中国人民大学出版社2020年版,第141页。

用主义"等概念的提出,体系解释被赋予了新的内涵,同时应当承担新的使命,即当法内价值判断偏离时代精神时,保持法律体系内外的价值协调性。

三、刑法体系解释的基本内涵辨正

体系解释由形式走向实质的演变,见证了法学基础理论与立场的变迁,也直接影响了刑法体系解释的内涵。质言之,在刑法解释的研究中,当前学界在"实用主义""功能主义"等语境下,对于"体系"一词的内涵和外延进行了延伸性研究,并在诸多不同认识中逐渐形成了关于刑法体系解释内涵的主流观点。

(一)"体系"的厘定

体系解释在法律解释方法体系中具有重要地位,而在刑法领域,基于刑法的"保障法"角色,体系解释所能发挥作用的场域更为广阔。刑法体系解释是指,通过对刑法文本与关联文本进行体系性阐释,避免对刑法文本的理解断章取义,协调刑法文本与关联文本之间外在体系与内在体系上相应矛盾冲突的解释方法。[1] 对"关联文本"——"体系"的范围界限的厘定,决定了体系解释的基本内涵,甚至能够影响最终的解释结论,这是体系解释得以准确运用的基本前提。

就其字面理解,体系解释所对应的"体系"范围可以随着体系解释理论的实质化而加以扩大,亦即随着"体系"内涵的不断丰富而使其外延扩大。但上述"体系"范围之"体系"与体系解释之"体系",两者内涵存在明显差别,应当予以明确认识并加以区分。

体系解释之"体系"系本体论层面的范畴,代表了体系解释的本质属性和内涵,决定了其作为一种解释理论的适用目的与规则。质言之,体系解释之体系决定了其所依据的"关联文本"外延的上限。如在概念法学时期,"体系"内涵在于法律概念之间的形式逻辑,法律规范"关联文本"仅限于明文规定的法律条文。但随着利益法学甚至实用主义法学、功能主义法学的出现,"关联文本"的外延不断扩大,从最狭义的《刑法》内部的体系,扩大到包括同位阶其他法规范甚至最高位阶的宪法之间所构成的体系,最后越过了制定法的边界,将社会共同体价值体系也纳入其中。[2]

但"体系"范围之"体系"不同,其是方法论层面的范畴。具体而言,在解释某一具体刑法条文时,不可能动辄参照整个刑法体系乃至整个法律体系,而必须根据案件事实所对应的刑法文本与具体关联文本,择取恰当的参照范围。而具体范围的选择,需要结合具体案情及其所涉条文确定。当案涉罪名为法定犯时,往往需要将范围界定在

---

[1] 参见贾银生:《刑法体系解释之"体系范围"的审视与厘定》,载《社会科学》2020年第4期。
[2] 参见高维俭、王东海:《刑法体系解释层次论——兼以"赵春华案"为实践检验样本》,载《现代法学》2019年第3期。

"刑法+行政法"的范围内,方能推导出正确的结论,如非法制造、买卖、运输、储存危险物质罪,非法采矿罪等一系列罪名。但当案涉罪名为故意杀人罪、盗窃罪等自然犯时,可能将范围界定在刑法体系内部即可。当厘定范围过窄时,司法者可能会漏掉案情涉及的关键条文;当厘定范围过宽时,司法者可能会过度重视价值判断而违反刑法的谦抑性,典型如"赵某华非法持枪案""王某军无证收购玉米案"等。因此,如何选取正确恰当的"联系文本"范围,是刑法体系解释规则构建中的关键命题。

事实上,以上两种"体系"不可分割。在体系解释方法的运用过程当中,既需要厘清"关联文本"的外延边界,又需要把握适应案件事实的恰当范围。无论是学者还是司法实务工作者,在适用刑法体系解释时通常需要明确以上两种"体系"的不同意蕴,这也使我们在论及刑法体系解释时,其对"体系"的理解一般兼具以上两种意义。

当前,学界对体系的划分主要有以下三种观点:第一,以法律体系的层次结构来界定。① 第二,以法律体系的封闭性与开放性来界定。② 第三,基于法律体系的外在逻辑与内在目的或价值来界定。③ 但前两者具有明显弊端,忽视了体系解释运用中的知识风险,其逻辑是基于法律体系位阶,以刑法为开端依次向外辐射,采取先"形式"、后"实质"的顺序。在上述观点在阐释论证过程中容易将"体系"的形式逻辑内涵与实质价值内涵置于"位阶性"的状态,使解释结论无法兼具形式侧面和实质侧面。该结果并不符合当前刑法解释领域"在刑法的'保守的实质解释'与'开放的形式解释'之间形成的某种共识性的刑法解释结论"④。

目前,学界多对第三种划分方式呈肯定态度,认为刑法体系解释应当同时具备"形式解释"与"实质解释"内涵,即形式的外在体系解释和实质的内在体系解释。外在体系是指刑法的编制体例与条文的上下文关联,本质上是由刑法概念所形成的体系,是从形式上对法律进行的体系性的考察,其采用的是"形式—逻辑"的分析方法。内在体系则是指刑法体系的原则与价值判断,本质上是取向于价值或目的所形成的体系,是基于价值的意义脉络对刑法规定进行体系解释。⑤ 前者注重逻辑的一致性,而后者强调价值的统一性,两者具有不同的解释功能,该种界定弥补了前两种观点在方法论层面的缺陷。随着法学方法论由概念法学到利益法学的革命再到价值法学的当代进化,以法律体系之外在与内在的二维界定体系解释之"体系"更为可取。⑥ 对于外

---

① 参见高维俭、王东海:《刑法体系解释层次论——兼以"赵春华案"为实践检验样本》,载《现代法学》2019年第3期。
② 参见贾银生:《刑法体系解释之"体系范围"的审视与厘定》,载《社会科学》2020年第4期。
③ 参见陈金钊:《用体系思维改进结合论、统一论——完善法治思维的战略措施》,载《东方法学》2018年第1期。
④ 魏东:《刑法解释学的功能主义范式与学科定位》,载《现代法学》2021年第5期。
⑤ 参见王海桥:《刑法解释的基本原理:理念、方法及其运作规则》,法律出版社2012年版,第174~175页。
⑥ 参见贾银生:《刑法体系解释之"体系范围"的审视与厘定》,载《社会科学》2020年第4期。

在体系的最大范围,学界并无争议。陈兴良教授认为,对刑法的外在体系解释应当关注"刑法的合宪性"、"法秩序的统一性"与"刑法的整体性",①即外在体系范围包括宪法及同位阶的其他部门法及相关司法解释。内在体系范围的厘定则更加复杂,学界目前对于"是否可以突破制定法"基本持肯定态度,但对于内在体系的具体范围仍具有讨论空间。大多数持肯定态度的学者对于内在体系范围的描述是模糊的,有观点认为"体系解释之内在体系由刑法基本原则、刑事政策、常识情理等基于价值权衡所形成"②,亦有观点认为体系范围包括社会共同体价值体系,即对刑法用语和刑法条文的解释,要遵循常识、常情和常理。③"常识、常情和常理"是社会中更为开放的价值体系,在使用过程当中具有巨大的裁量空间,需要司法者更为谨慎地判断。投射到司法实践中,对于"常识、常情和常理"价值范围的判断,本质上与刑法解释限度问题息息相关。学界针对刑法解释限度问题学说林立,目前存在"可能文义说""犯罪定型说""国民预测可能性说""语义与规范意义相互调适说"等学说。其中,接受度最高的"国民预测可能性说"仍然有缺陷,存在国民对刑法规范的预测与刑法规范实际含义间的距离问题。与之相比,刑法基本原则与刑事政策作为已经形成文本的规范,其蕴含的价值判断相对清晰固定。因此,"为确保刑法规范的开放性,有必要赋予其合乎时代精神与现实需要的价值判断,优先以刑事政策所代表的价值取向来填充其间的价值判断内容"④。

综上所述,目前学界多认为,刑法体系解释所依据的"体系"范围已然超出了制定法,涵盖了社会共同体价值体系,可将其"体系"划分为"外在体系"与"内在体系",两者如鸟之双翼,车之两轮,适用时"并驾齐驱",不可偏废,以此保障解释结论的科学性与合理性。

(二)体系解释与目的解释的厘清

作为刑法解释"皇冠上的明珠",目的解释在刑法解释中的巨大作用已得到了普遍的认可。但如前文所述,随着体系解释由形式走向实质,"体系"范围已然扩大到了价值层面,这导致两种解释理论的界限也逐渐模糊,有必要界分。

目的解释与体系解释同为法律解释方法论中的特殊方法,其直接目的均在于揭示法律条文的真实含义,实现法律适用的公平正义。不同于体系解释,目的解释是指通过探索制定某一法律的目的,来揭示条文应有之义,其"目的"不仅指立法者在法律制

---

① 参见陈兴良:《刑法教义学中的体系解释》,载《法制与社会发展》2023年第3期。
② 贾银生:《刑法体系解释之"体系范围"的审视与厘定》,载《社会科学》2020年第4期。
③ 参见高维俭、王东海:《刑法体系解释层次论——兼以"赵春华案"为实践检验样本》,载《现代法学》2019年第3期。
④ 劳东燕:《刑事政策与刑法解释中的价值判断——兼论解释论上的"以刑制罪"现象》,载《政法论坛》2012年第4期。

定之时的目的,也包含探寻该条文在当下条件下的需要;既指整部法律的目的,也指个别法条、个别制度的目的。在刑法领域,考虑到刑法设立的初衷系对社会重大利益予以保护,因此刑法目的解释实质上即为以法益为目标导向的解释方法,这与不同章节的条文所保护的法益有所不同。

当前,学界对于两种解释方法的适用问题存有较大争议。针对刑法解释方法是否存在位阶便存在不同观点,主要有"肯定说""否定说""折中说"三种学说。持"肯定说"的学者认为,刑法解释方法符合人类思维的过程规律,因此方法之间存在位阶关系。我国当前刑法的价值目标应当是刑法的安定性优先、兼顾刑法的妥当性,因此体系解释的运用顺序优先于目的解释。[1] 持"否定说"的学者则认为,文义解释具有优先性,但并不具有决定性;目的解释也不是绝对的最高准则;司法判断具有极高的复杂性,这就意味着在各个解释方法之间,并没有一个完全确定的、绝对的次序。[2] "折中说"则承认各种解释方法之间存在一定的位阶关系,但这种位阶关系不是固定不变的,尤其不能将位阶关系直接等同于顺序关系。[3]

随着刑法解释理论的不断发展,当前"折中说"的观点更值得我们在刑法适用中加以关注,其对于解决目的解释和体系解释之间的争议亦有裨益,理由如下:

首先,文义解释需要其他论理解释的方法支撑,在实践中存在单独适用文义解释不能得到恰当结论的情形,甚至在理论与实践中,完全独立的文义解释并不真正存在。文义解释根据法律条文通常的字义、词义和语法规则来阐明刑法条文含义。肯定解释方法适用位阶的学者通常认为文义解释具有绝对优先地位。我国是成文法国家,文义无疑是所有解释的首要出发点,但并不代表当采用文义解释获得解释结论后就不再需要采用其他解释方法。在"概念法学"与"实证法学"观念下,只须通过单纯的概念解析与形式逻辑推演,即可探究出法律规范的含义。"文义解释是在绝对形式主义的罪刑法定原则下,依照严格规则主义的要求所被允许采用的唯一解释方法。"[4]诚然,在法律解释过程中,存在仅通过文义解释便可揭示规范含义的情形。但更多的情况是,文义解释单独适用无法解决司法问题。一方面,语言本身具有多样性。以"处置"一词为例,作为生活中的常见词,其本身具有"安排、处罚、应付、决断"等意思,但在刑法条文中其内涵更为丰富。在非法处置查封、扣押、冻结的财产罪中,刑法条文规定"处置"行为包括"隐藏、转移、变卖、故意毁损"四种情形,而在污染环境罪中,处置有害物质的行为作为犯罪行为方式之一,要求行为人"使用改变固体废物的物理、化学、生物特性的方法,达到减少已产生的固体废物数量、缩小固体废物体积、减少或者消除其危

---

[1] 参见苏彩霞:《刑法解释方法的位阶与运用》,载《中国法学》2008年第5期。
[2] 参见周光权:《刑法解释方法位阶性的质疑》,载《法学研究》2014年第5期。
[3] 参见陈兴良:《刑法教义学方法论》,载《法学研究》2005年第2期。
[4] 魏东、田馨睿:《刑法解释方法:争议与检讨》,载《刑法论丛》2018年第3期。

险成分目的的活动"①。另一方面,刑法作为一种法规范文本,其用语具有高度抽象性以及不同于日常用语的特殊内涵,以日常用语标准理解刑法概念很可能误入歧途。例如,在日常用语和认知中,信用卡是指具有信用贷款功能即"透支"功能的贷记银行卡,显然不包括借记卡,但立法机关通过立法解释的方式,明确规定《刑法》中的信用卡,既包括贷记卡,也包括借记卡。② 法律解释是不断试错的过程,文义解释在适用时需要其他论理解释方法予以支撑,体系解释与目的解释方法尤甚。对文义的探究,必须置身于整部法典乃至整个法律体系之中,脱离了体系,对文义的探究便无从谈起。此时,"文义"是通过体系解释及其他解释方法所确定的"文义",文义解释方法的绝对优先地位已然受到冲击。而对于目的解释而言,其最终决定了解释结论的妥当性与合理性。

其次,体系解释兼具"文义"与"目的"的内涵。体系的范围决定了文义要素与目的要素是体系解释过程中需要同时考虑的问题。如前文所述,如今体系解释已经转化为外部体系和内部体系相结合的解释方法。外部体系以文义为组成要素,所以文义解释与体系解释深度绑定,甚至"文义解释也是体系解释的出发点"。③ 内部体系的价值指向和权衡让目的解释渗透到体系解释内部,从而使体系解释以目的性的利益衡量或者价值考量为终点。因此,有学者认为,体系解释之所以总是与文义解释和目的解释发生纠缠,是因为它同时包含着文义和目的的要素。或者说,体系解释是文义解释和目的解释的综合体,具有中介性质的体系解释在文义解释与目的解释之间发挥着连接和沟通的作用。④

最后,法律问题复杂多样,不同解释的方法在适用过程中互相支撑、互相交叠,无法形成确切的顺序关系甚至位阶关系,该结论同样适用于体系解释与目的解释。在解释方法的运用过程中,目的解释往往需要借助体系解释方法探索法律条文的规范目的,而体系解释的体系范围及解释对象往往需要目的解释加以限定。但需要注意的是,随着目的要素被引入体系解释,两者的内涵愈加纠缠不清,但两种解释方法仍然具有各自的特殊地位,无法互相取代。目的解释强调的是部分法律文本意义与整体法律规范目的的融贯性,以避免过度强调"罪刑法定原则"所导致的法律适用的机械与僵化,其重点在于探索法律文本的规范目的"为何"。而体系解释强调不同法律条文文本意义上以及目的意义上的一致性与协调性,其重点在于通过援引、比较其他法律条

---

① 《固体废物污染环境防治法》第124条第9项规定:"处置,是指将固体废物焚烧和用其他改变固体废物的物理、化学、生物特性的方法,达到减少已产生的固体废物数量、缩小固体废物体积、减少或者消除其危险成分的活动,或者将固体废物最终置于符合环境保护规定要求的填埋场的活动。"
② 参见王思维:《论刑法的体系解释》,华东政法大学2021年博士学位论文,第77页。
③ 参见葛恒浩:《刑法解释规则及其应用研究》,东南大学2017年博士学位论文,第53页。
④ 参见葛恒浩:《刑法解释规则及其应用研究》,东南大学2017年博士学位论文,第55页。

文来分析目标法律条文在体系中的地位及作用。在明确两者区别的基础上,我们更应当将目光从方法的适用位阶上转移到方法的适用规则上,以使其各自的解释功能得到最大限度的发挥。

四、刑法体系解释的适用目标及功能

刑法解释方法与刑法解释目标一直是刑法解释的重要命题,解释方法的运用是解释目标实现的途径,而目标的确立决定了解释方法的功能,从而直接影响了解释方法的运用。因此,针对刑法体系解释的基础理论考察,我们有必要对其适用目标及功能进行梳理。

(一)刑法体系解释的适用目标

刑法体系解释的适用目标作为刑法解释目标的下位概念,首先需要对刑法解释目标加以分析。刑法解释目标一直是刑法解释理论的重要命题,是遵从立法原意还是实现刑法的正义?是尽力揭示法律条文背后蕴涵的所谓立法精神还是将刑法作为一种客观的、用文字表述的规范予以对待而揭示文字包含的意义?[①] 这些问题实质上是客观主义解释论与主观主义解释论之间的差异,争议的核心是对"立法原意"的态度。原因在于:(1)"实现正义"是近代法律体系不变的基本价值,不仅限于刑法,任何法律的目标均包含"实现正义"这一价值取向,因此将其直接设定为刑法解释的目标,仅可作为最终目标,无法突出刑法解释的特殊性。(2)"正义"一词的内涵过于宽泛。其具体内涵会随着时代的变化而调整,每个人心中对于正义的理解也有所不同。(3)"正义"价值实际上被包含在立法原意范围之内。立法者在制定法律条文时,应当也融入了立法当时的价值取向。因此,以上问题需要解决的是刑法解释领域对立法原意的态度。

传统学说强调解释的目标要探寻和遵从立法原意。关于立法原意的探索,学界观点林立,有学者总结为以下三类:第一,主观说(立法者原意说)。该说认为刑法解释的目的在于探寻立法者原意,按立法者的意愿对法进行解释有助于维护法律的安定性。第二,客观说(解释主体说)。该说则认为刑法解释应探究解释时刑法所体现的客观意义,主张法律的含义要因时制宜。第三,折中说。该说尽力忠实于立法原意,但当立法原意与现实时代不相符时,则采取客观说。[②] 为兼顾刑法的安定性与妥当性,折中说的观点更为妥当。在折中说的观点下,立法原意的探索不再是刑法解释的目标,而是实现刑法目标的起点与关键步骤。对立法原意采取该种态度的原因在于:立法原意基于立法过程的复杂性及立法者认识偏差等,本身难以掌握。而刑法一经施行

---

① 参见肖中华:《刑法目的解释和体系解释的具体运用》,载《法学评论》2006年第5期。
② 参见张能、田维等:《刑法解释理论与实务重要问题研究》,四川大学出版社2015年版,第56~57页。

后其存在价值是规范公众和裁判者的行为,面对的是不断发展变化的客观现实,纯粹将立法原意作为刑法解释结论并不具有说服力。因此,在立法原意之上,刑法规范所蕴含的法律精神应当成为判断立法原意是否能够作为解释结论参考的标准。正如肖中华教授所言:"刑法解释目的并不是探索立法原意或贯彻罪刑法定原则,重要的问题是解释方法运用得当,解释结论既符合刑法的正义理念同时又不超出刑法用语可能具有的含义范围,这样才能不违背罪刑法定原则,既有效地实现刑法保障人权的功能,又有力地发挥刑法的保护法益的功能。"[1]刑法解释的根本目标在于,在揭示文本含义的基础上,使法律条文符合刑法规定所蕴含的立法精神,在刑法的安定性与妥当性之间寻找平衡点,最终发挥刑法应有的功能。

刑法体系解释理应沿袭刑法解释的目标,并在此基础上寻找自身的目标定位。体系解释的灵魂在于保持刑法条文适用的"协调性"。立法者在编纂刑法典时已然确立了刑法的基本功能与基本原则,各个法律条文基于以上规定进行制定,从而形成逻辑严密、价值统一的刑法法律体系。当解释某一具体条款时,体系解释便通过援引其他法律条文、部门法甚至刑事政策的方式,保持该法律条文在形式逻辑与内在价值层面与其他法律条文的一致性,从而保证法律体系的整体性免遭破坏。因此,刑法体系解释适用的直接目标即为保持法律体系在形式层面与实质层面的整体性和一致性。

(二)刑法体系解释的基本功能

为保持刑法体系在形式层面与实质层面的整体性与系统性,刑法体系解释应当具备以下功能。

1. 协调功能

法律规定具有各自的独立性,但彼此具有逻辑上的关联性,因而在司法适用中,需要对具有关联性的法律规定进行协调,体系解释就具有这种协调功能。[2] 一方面,就刑法内部而言。我国《刑法》分为总则与分则,分则又根据法益的不同对罪名进行分类,各个罪名则通过独立的犯罪构成与量刑区别于其他罪名。因此,体系解释针对这些罪名进行协调处理,保持条文之间的逻辑性、概念的一致性及刑法内部的和谐,从而为司法机关正确认定犯罪提供法理根据。

例如,对兜底条款及罪名的解释适用:以危险方法危害公共安全罪设置在《刑法》"危害公共安全罪"一章第114条、第115条"放火、决水、爆炸以及投放毒害性、放射性、传染病病原体等物质"之后,因此"其他危险方法"限于与放火、决水、爆炸、投放危险物质在危险性质上具有相当性的行为。另一方面,就刑法与"他法"之间而言。刑法作为其余部门法的后置法,本身与其他法律具有紧密关联,体系解释使刑法不孤立

---

[1] 肖中华:《刑法目的解释和体系解释的具体运用》,载《法学评论》2006年第5期。
[2] 参见陈兴良:《刑法教义学中的体系解释》,载《法制与社会发展》2023年第3期。

地存在于法律体系中,符合刑法在法律体系中后置法的地位特征。尤其是以违反行政法规为前置条件的行政犯,解释这类犯罪更需要保持刑法与行政法之间的协调性,特别是需要在是否达到构罪门槛、法律概念方面达成一致。典型情况是对空白罪状的阐释,如违法发放贷款罪要求"银行或者其他金融机构的工作人员违反国家规定发放贷款",对于行为人是否违反国家规定,需要裁判者结合《商业银行法》等有关信贷管理方面的金融法律、行政法规及国务院规定的行政措施、发布的决定和命令予以衡量。

2. 融贯功能

该功能主要体现为外在体系与内在体系的融贯性。"当代社会对于法律的基本态度在于,法律不仅是概念、文义和语词的体系,更是价值、目的和意义的体系。"[1]然而,过于关注外在体系,易导致解释结论机械僵硬;反之,过度注重内在"体系范围",易导致其肆意厘定继而侵蚀罪刑法定原则。体系解释由内在体系向外在体系出发,以妥当的内在体系范围为基准,在外在形式上将待解释的刑法文本与关联文本之概念或语义尽可能地连贯一致,从而在适当的价值目标下保持刑法条文文义逻辑的一致性。

例如,学界对于"小额贷款公司"是否属于骗取贷款罪中的"其他金融机构"范畴存有争议。持肯定态度的学者认为小额贷款公司在实质上具有金融机构性质,只不过欠缺外在的法律表现形式,基于法定犯双重违法性特征,应当认定为小额贷款公司为"其他金融机构"。[2] 该观点从金融机构的具体特征出发,在公众常识范围内对小额贷款公司性质予以判断,本质为实质解释观点。但持否定态度的学者认为将私募基金公司、小贷公司等其他金融机构也纳入优先保护的范围把本来针对国家金融机构的特殊保护变成对所有金融机构优势地位的一般保护,不仅严重违背刑法平等保护的基本原则,也与我国金融体系的改革方向背道而驰。[3] 从刑法体系解释原理出发:一方面,金融业行政主管机关并未明确小额贷款公司的金融机构地位。在《银行业监督管理法》等法律规章中所列举的金融机构均不包含小额贷款公司。另一方面,从刑法体系内部的角度来看,如果认定小额贷款公司系金融机构,成为刑事案件的被害单位,则必然导致小额贷款公司符合其他金融机构作为犯罪主体的罪名要求,有违罪刑法定原则和刑法的谦抑性。综上,在刑事审判中不应将小额贷款公司视为金融机构。[4]

3. 纠正功能

随着社会的发展和变化,刑法也需要不断适应新的社会需求和变化。通过体系解释的适用,我们可以对刑法的各个条款进行全面审视和评估,发现存在的问题和不足,并及时进行修改和完善,从而保持刑法的适应性和发展性。抽象危险犯、行为犯与法

---

[1] 雷磊:《法律体系、法律方法与法治》,中国政法大学出版社2016年版,第53页。
[2] 参见刘宪权、吴波:《骗取小额贷款公司贷款行为的定性研究》,载《中国刑事法杂志》2012年第9期。
[3] 参见劳东燕:《金融诈骗罪保护法益的重构与运用》,载《中国刑事法杂志》2021年第4期。
[4] 参见北京市第一中级人民法院刑事判决书,(2018)京01刑终14号。

定犯均为对法益的前置保护,它们的"强强联手",使这一形态的犯罪在维护秩序方面作用显著,而在保护行为人的权利方面则屡屡触壁。[①] 因此,在刑事司法中正确适用体系解释,充分发挥其纠正功能,对于实现刑法的人权保障机能当然具有重要意义。

例如,陆某代购假药案,其问题在于前置法与刑法在立法方面的不一致、不协调,最终导致了办案机关采取了与公众期待不符的刑事强制措施,好在公诉机关及时撤回了起诉,立法机关随后对本案涉及的相关行政法规和刑法规定进行了修改,让引发了社会长期热议的"药神案"不再可能发生。

[①] 参见杜小丽:《抽象危险犯形态法定犯的出罪机制——以生产销售假药罪和生产销售有毒有害食品罪为切入》,载《政治与法律》2016年第12期。

刑法解释司法场域的主体博弈*

王东海**

【内容摘要】刑法解释个人场域的完成，只是整个刑法解释过程的一个序章。对于经历了一个完整的司法过程的案件来说，个人场域的刑法解释完结后，刑法解释过程将进入到司法场域。在司法场域，刑法解释同样是动态的，不仅体现在个体对刑法解释的动态上，更体现在具有不同立场、代表不同利益的诉讼主体之间的动态博弈上。刑法解释动态观在司法场域既表现在侦查或调查、起诉、审判不同阶段依次进行的动态上，又表现在不同主体之间的动态博弈上。侦查、调查与审查逮捕和审查起诉之间均存在动态的交融关系。解释主体的不同，所处立场的差异，知识结构的差别，致使侦查与审查逮捕、审查起诉之间存在动态的博弈关系。

【关键词】司法场域　刑法解释　主体　动态　博弈

刑法解释不是解释者个体的一家之言，而是在解释者个体解释的基础上进行商谈、博弈、选取最大公约数的过程。在司法场域，"第二个层次是司法场域的动态递进。此即解释者遵循主体间性原则，充分考量不同诉讼主体或者利益相关方及其代表对刑法解释的立场、理念、态度和接受程度，甚至要进行'想象性重构'，从而与其他主体通过对话协商或者利益博弈而不断完善修正自我见解，形成新的刑法解释结论。理论研究中的'重叠共识理论''沟通交往理论''主体间性理论'等，都鲜明地阐释了不同主体间通过博弈而不断深化至少是改变刑法解释的结论。司法场域的刑法解释，本身也是一个动态的过程。一是公检法三机关内部存在动态互动关系，二是公检法与辩方以及案件利益相关方存在动态关系。各方中的任何一方对刑法解释的过程和结果，必须要考虑其他方的立场观点，通过相互博弈与制衡，使案件裁判结果形成'重叠共识'，能够最大限度地被各方接受，不断接近正义、实现正义"[①]。

---

* 基金项目：本文为2023年度国家社科基金项目：我国违法性认识理论的实践路径研究（项目批准号：23BFX122）阶段性成果。

** 王东海（1980—）男，汉族，河北内丘人，法学博士，重庆市人民检察院检察一部（普通犯罪检察部）副主任，三级高级检察官，全国检察业务专家、全国侦查监督业务能手、全国经济犯罪检察人才，研究方向：刑事法学。

① 王东海：《坚守刑法解释的动态递进品格》，载《检察日报》2018年4月4日，第3版。

一、侦查、调查阶段之博弈

（一）侦查、调查机关的内部博弈

侦查、调查机关的侦查、调查人员，[①]在接到举报、控告、扭送等线索，或者自己发现涉嫌犯罪的线索时，会依据三段论推理的模式对大前提进行寻找，对小前提进行构建，并进行目光不断往返于刑法规范文本和案件事实之间的涵摄，形成初步的是否涉嫌犯罪、涉嫌何种犯罪的结论。抛开检察机关对调查和侦查的提前介入，侦查、调查人员在依据三段论推理形成初步的结论之后，依据法律和规范性文件的规定，将案件移交给具有审核权的部门进行审查。[②] 在审核过程中，调查部门和审理部门、侦查部门和法制部门之间常常会发生关于罪与非罪、此罪与彼罪、事实是否清楚、证据是否确实充分等关于刑法解释的博弈。

1. 侦查机关内部审查博弈

侦查部门在对涉嫌犯罪的案件进行刑事立案时，将相应的材料提交给法制部门进行审核。法制部门认为所提交的材料能够达到刑事立案标准，认为有相关的犯罪事实发生需要立案侦查的，通过审批同意立案。侦查人员在刑事拘留犯罪嫌疑人时，刑事拘留强制措施的适用需要经过相应的审批。侦查人员在收集证据后，认为涉嫌犯罪需要交予检察机关审查逮捕或直接移送给检察机关审查起诉时，必须将收集到的在案证据移交给法制部门进行审查。法制部门在审查过程中，基于不同主体知识结构、观念立场、社会经验和阅历等诸多因素的差异，会根据侦查人员提供的材料对案件进行罪与非罪、此罪与彼罪的判断，并予以是否需要提请逮捕或移送起诉的辨析。在这一过程中，法制部门审查人员不同程度地会与侦查人员进行沟通，两者之间会因对刑法解释的不同而进行罪与非罪、此罪与彼罪、是否需要逮捕或起诉等方面的博弈。特别是在对法制部门有批捕率、起诉率等考核指标的情况下，两者之间的关于大前提的理解、小前提的认定、大前提和小前提之间的契合度是否符合法律规定等的博弈会更加明显。

当然，对于侦查权的内部制约，多数观点认为侦查机关的内部制约并不具有实质性作用，侦查机关是作为一个整体开展侦查活动的，整个侦查机关与案件侦查活动以

[①] 这里需要说明的是，随着检察机关职务犯罪侦查权和人员的转属，职务犯罪划归监察机关管辖。而根据《监察法》的规定，监察机关对涉嫌职务犯罪的案件实施的是调查，而不是侦查。因此，这里的侦查如无特别说明，一般是指公安机关、海关和国家安全机关对案件的刑事侦查；而调查则是指监察机关对涉嫌职务犯罪案件的调查。

[②] 当然，即使检察机关提前介入调查、侦查的案件，按照监察机关和公安机关等内部规定，调查、侦查之后依然应当将案件交与审理部门和法制部门审核。

及侦查的结果存在直接的利害关系,内部控制根本起不到真正的作用。① 虽然多数观点否认的是侦查权内部制约,但是从刑法解释的角度来说,对侦查机关内部制约的否定,就是对刑法解释在侦查机关内部存在博弈的否定。对此,有学者通过实证调查,以鲜活的案例和司法实践事实,质疑了多数观点对侦查权内部不存在制约的指责。例如,马静华教授通过S省三个地区公安机关的实证调查,以刑事拘留审批为切入点,发现三个地区均存在三级审批或四级审批的内部制约(法制部门的审批制约最为关键),其中N县在法制部门层面不批准刑事拘留的案件约占15%,Y区到副局长层面不批准刑事拘留的案件占5%;并且指出,立案、破案、撤案、侦查终结的审批,强制措施、强制性调查措施以及某些任意性侦查措施的审批,均有制约和控权的功能。② 无独有偶,也有学者以S省的四个县市公安机关为分析样本,进行了实证研究,证明了侦查机关法制部门对案件审核把关有很好的作用。③ 还有学者通过对刑事拘留和提请逮捕审核的实证调研指出,虽然在各个审核环节把关宽严存在不同,但是法制部门的审核相当严格,对是否构成犯罪、此罪与彼罪的实体问题和取证规范性的程序问题,均进行严格把关,特别是着重对实体条件进行把控,并进一步通过刑事拘留转捕率和批准逮捕率两个指标证明了内部审核的有效性。④

以上实证研究尽管是对否认侦查权内部制约观点的批判和否定,但是也证明了在侦查机关内部存在对刑法解释的动态博弈。因为法制部门人员对侦查人员提起审核案件意见的否定,并不是简单地对案件不予审核通过,而是在考察在案证据及案件事实、刑法规范条文的基础上,运用三段论推理来判定案件事实能否与刑法规范条文相契合,以证据证明的案件事实是否符合刑法有关罪名的构成要件的规定。法制部门人员认为侦查人员所进行的三段论推理得出的结论有定罪量刑所需的证据支撑并符合刑法规定的构成要件的,则按照侦查人员的意见审核通过;如果认为现有证据不足以证明所描述的事实、相关事实不能与刑法规定的罪名契合,则驳回侦查人员的提请审核。当然,现实的运行过程中充满了侦查人员与法制审核人员的交流沟通、补充证据、反复提交审核、退回等过程。经过对C市J区、B区、S区、F区、Y区、Z县6个区县的法制部门和派出所、刑警队等52名干警的访谈,发现退回、重新提起、再退回的案件并不是个例。

---

① 参见陈瑞华:《刑事诉讼的前沿问题》,中国人民大学出版社2000年版,第336页;陈卫东、李奋飞:《论侦查权的司法控制》,载《政法论坛》2000年第6期;高一飞:《程序超越体制》,中国法制出版社2007年版,第177~178页;周欣:《侦查权配置问题研究》,中国人民公安大学出版社2010年版,第247~248页。

② 参见马静华:《侦查权力的控制如何实现——以刑事拘留审批制度为例的分析》,载《政法论坛》2009年第5期。

③ 参见陈涛、李森、闫永黎:《侦查权内部控制实证研究》,载《中国刑事法杂志》2011年第6期。

④ 参见唐雪莲:《过程与效果:刑事案件审核机制之实证研究——以侦查程序为中心》,载《社会科学》2011年第7期。

这一过程,一方面,体现的是司法制度的设计,即侦查部门内部权力控制的体制机制问题;另一方面,则体现的是在侦查机关内部不同部门不同人员之间关于刑法解释的博弈问题。甚至可以说,前者是表面的现象,而后者才是问题的实质。对于前者来说,权力的控制制约并不能导致法制部门的不批准。法制部门不批准侦查人员提请的刑事拘留、提请逮捕、移送审查起诉等意见的根本原因在于,法制部门工作人员对具体案件进行的三段论式判定,也就是对刑法的解释,与侦查人员的解释结论不同。侦查人员通过法制部门反馈的意见,对案件证据进行补充侦查,使在案证据能够充分证明刑法规定的犯罪构成要件,或者因不能补证而不被审核通过,这个过程始终充满了博弈,充满了侦查人员和法制部门之间关于刑法解释的互动和交锋。

2. 监察机关内部审查博弈

监察机关在内设机构的设置上,也有调查部门和案件审理部门的划分。在实践运行过程中,监察调查部门的调查人员将案件调查完毕后,认为所调查的案件符合相关职务犯罪的构成要件,调查的事实能够归属于刑法规范规定的构成要件之下,则会将案件材料移交案件审理部门进行审查,以便通过案件审理部门的审查后,将案件移交检察机关进行刑事拘留、审查逮捕、审查起诉。

案件审理部门在对案件进行审查时,也会对案件涉及的大前提法律规定进行解读,对小前提案件事实进行裁剪,将大前提和小前提进行涵摄,通过目光不断往复于规范与事实之间而完成刑法解释这一动态过程,形成对案件罪与非罪、此罪与彼罪的判断。之后,将这一判断和调查人员提交的罪与非罪、此罪与彼罪的意见进行对比权衡,对于缺乏相应证据或者证据所证明的案件事实与刑法规定的构成要件不相符合的,以要求调查人员补证或者退回的方式,与调查人员进行刑法解释的博弈。调查人员基于对案件的理解把握,基于对刑法解释的认知,与审理部门的人员就大前提的理解、小前提的裁剪以及两者之间的归属关系进行博弈。经对 C 市 5 个区县的监察机关审理部门的 15 名工作人员、B 市 3 个区县级监察机关审理部门的 8 名工作人员进行电话访谈,发现有 20% 左右的案件,审理部门与调查部门调查人员关于刑法解释的大前提、小前提以及两者之间是否契合,存在不同看法。在纪委常委会研究案件时,两个部门的工作人员进行相互争论的事情屡见不鲜,甚至个别区县审理部门和调查部门在纪委常委会上因案件的认定问题展开争论。在争论过程中,也许双方谁也说服不了对方,但是不得不说,双方都会或多或少地考虑对方刑法解释的过程、方法、结论等,在不断的争吵交锋中重新审视自己得出的刑法解释的结论。这种对事实认定、法律理解的争议,正是由对刑法解释结论存在不同意见所致,也正体现了审理部门与调查部门关于刑法解释博弈的存在。

侦查、调查机关内设机构之间的这一博弈过程,从外界来看也许难以发现,并且前已述及有的观点甚至否认内部博弈的存在。对于没有从事过或者不熟悉相关工作的人员来说,其难以真实地感受到同一机关不同部门之间的制约与博弈的现实运行状态。而对该项工作有所了解,特别是对从事过该项工作的人来说,会深切地感受到侦查、调查人员和法制部门审核、审理部门审核人员之间的博弈过程。

(二)侦查、调查与检察之博弈

在刑法解释过程中,侦查、调查部门内部博弈完成或者说暂时达成一致之后,①会将需要刑事拘留、提请逮捕的案件,移交给检察机关进行审查处理。检察机关在接收到相关的案卷材料后,检察人员会对接收的案件进行审查判断,通过三段论式的推理过程进行刑法解释,并就解释结论与侦查、调查人员进行沟通、商谈,展开动态的博弈。在检警一体化的国家,检察指挥侦查,这种动态的博弈表现得不是特别明显。但是在检警分开的国家,这种表现便较为突出,即侦查思维、侦查方向要受到检察的制约。同时,侦查对检察机关的审查逮捕和审查起诉起到制约作用。两个机关之间是相互配合与相互制约的动态关系——侦查机关对刑法解释的立场观点要考虑审查逮捕和审查起诉的意见,后两者也要考虑侦查机关对刑法解释的观点立场。

1. 侦查与检察之博弈

侦查机关在对案件进行侦查时,有的甚至会在立案之前,商请检察机关对相关案件事实和法律适用进行研判,提前介入引导侦查。检察机关提前介入引导侦查制度,自20世纪80年代在司法实践中出现以来,已经经历几十年的发展,取得了一定成效。尽管在理论界有关检察机关提前介入这一话题一直以来都存在争议,甚至是受到部分学者的诘难,②但是其所发挥的作用却是有目共睹的。特别是2018年以来,检察机关积极主动提前介入"吉林长春长生疫苗事件""江苏昆山龙哥反杀案""浙江乐清滴滴顺风车司机奸杀案"等一系列重大敏感案件,社会公众对检察机关提前介入的做法和效果给予高度肯定。③检察机关在提前介入引导侦查的过程中,检察人员会开展文书审查、现场勘验取证监督、案件讨论、发表意见等工作,在这一系列既有程序又有实体、既有监督又有协作的工作当中,最为重要的是案件讨论和发表意见。因为侦查机关商请检察机关提前介入的主要目的是对案件定性、取证方向等进行商讨。而在案件讨论和发表意见过程中,侦查人员会根据掌握的案件事实证据、适用的法律等发表意见,也就是站在侦查人员的立场,针对具体的个案进行大前提解读、小前提裁剪、大小前提之

---

① 当然,这是针对多数案件而言,对于一些重大疑难复杂案件,或者是敏感案件来说,侦查部门会商请法制或审理部门、检察机关进行会商,有时还会商请法院人员参加,几家对事实性质的认定、侦查取证的方向等进行会商。

② 有学者对此表示担忧,认为检察机关提前介入,"极易发生公、检二机关在侦查中职责混淆不清,不仅破坏了分工负责的原则,而且会大大削弱甚至取消相互制约的作用"。参见张仲麟、博宽芝:《关于"提前介入"的思考》,载《法学研究》1991年第3期。还有学者认为,检察有时为了侦查形成合力不得不在某些侦查监督方面妥协让步。参见董邦俊、操宏均、秦新承:《检察引导侦查之应然方向》,载《法学》2010年第4期。

③ 参见刘子阳:《检察机关频频提前介入热点案事件引关注》,载《法制日报》2018年9月5日,第3版。

间的契合度判断；而检察人员则会在审查相关材料，听取侦查人员介绍案情，以及对案件罪与非罪、此罪与彼罪的意见后，根据掌握的材料和信息对案件事实和适用的刑法罪名作出初步判断，给出初步的刑法解释结论。

在这一过程中，侦查人员会与检察人员进行充分的讨论，有时甚至会出现争论，双方对具体案件的刑法解释进行博弈。当然，由于是商请检察机关提前介入，这时虽然会有争论，但大部分情况是，侦查人员会接受检察人员的意见，会按照检察人员的刑法解释结论而进行侦查取证。也就是说，在提前介入引导侦查取证过程中，尽管侦查和检察之间会对刑法解释进行博弈，但此时的博弈相对来说较为缓和。而进入审查逮捕阶段后，侦查与检察之间关于刑法解释的博弈会升级，多数情况下会比提前介入引导侦查阶段的博弈更激烈。

侦查和检察在审查逮捕阶段的博弈主要体现为检察机关不批准逮捕，部分案件侦查机关会提请复议复核。不批准逮捕本身就是对侦查机关查证事实、适用法律的不认可，这一决定本身便体现了检察机关与侦查机关的博弈；而侦查机关对检察机关部分不批准逮捕案件的复议复核，则更加体现了两者之间的博弈。在这一博弈过程中，首先是侦查机关内部关于刑法解释达成初步一致的结论之后，①侦查机关会将提请逮捕的案卷材料移交检察机关进行审查。检察人员对侦查机关提交的案卷材料进行审查，有的也会进一步听取侦查人员和法制部门人员的意见，在审查案卷材料、听取意见的基础上，不断对案件的大前提、小前提和两者之间的契合性进行衡量，进而做出自己的判断。部分案件还会经过检察官联席会的讨论，少数案件甚至会提交检察委员会进行讨论。之后，检察人员会作出批准逮捕或不批准逮捕的决定。

在不予批准逮捕时，检察人员需要向侦查机关出具不批准逮捕理由说明书，说明不批准逮捕的事实和法律依据，即就案件的刑法解释结论向侦查人员进行说理，以反驳侦查人员关于具体案件刑法解释的认知。侦查人员根据检察人员的不批准逮捕理由说明书以及口头的交流沟通等，再次对案件事实和适用法律进行判断。如果认为检察人员不批准逮捕理由不充分，对具体案件的刑法解释不正确，则会提请复议，甚至是复核。检察人员在接受复议或复核后，新一轮的侦查和检察之间的博弈会开启，此时检察人员会进一步对案件事实进行归纳，对刑法条文以及涉及的法律法规等进行解读，并对事实与法律规范之间的契合性进行判定。最高人民检察院工作报告显示，检察机关对涉嫌犯罪但无须逮捕的决定不批捕 116452 人，同比上升 4.5%；对不构成犯罪或证据不足的决定不批捕 168458 人，同比上升 15.9%。② 这些不批捕案件，实质上

---

① 当然，也存在侦查人员与法制部门审核人员并未就相关案件的罪与非罪、此罪与彼罪等问题达成一致，但是双方决定交到检察机关，由检察机关作出决定的情况。

② 参见最高人民检察院原检察长张军于 2019 年 3 月 12 日在第十三届全国人民代表大会第二次会议上所作的《最高人民检察院工作报告》。

是侦查人员和检察人员刑法解释的不同结论所带来的结果。这里需要说明的是,虽然无逮捕必要不批准逮捕看似是程序的问题,但其实质仍是关于刑法解释的量刑方面的问题,其本质是罪行轻重的刑法解释问题。

在侦查阶段侦查机关和检察机关的博弈,还体现在检察机关监督立案和监督撤案上。① 虽然侦查活动监督中的纠正违法也是侦查和检察的一种博弈,但该项监督主要是程序性的,难以涉及罪与非罪、此罪与彼罪刑法解释的领域。因此,"两项监督"中体现侦查与检察博弈的,主要是监督立案和监督撤案。之所以需要监督立案和监督撤案,是因为侦查机关对刑法解释发生偏差,将构成犯罪应当立案的案件解释成了案件本身不构成犯罪,或者是解释为小前提的案件事实尚不能归属到大前提的法律规范之下,或者事实本身不能归属到法律规范之下,即不能证明有犯罪事实存在。当然,也存在已经超过法定期限,②但侦查机关不撤销案件、检察机关监督撤销案件的情况,此时的撤案监督表面上看与刑法解释的关联不大,但实际上是侦查机关在有效的时间内不能证明犯罪嫌疑人涉嫌犯罪,即作为小前提的事实不能归属到大前提之下,本质上也是刑法解释的结果。

由此可见,在侦查阶段,侦查和检察之间进行着刑法解释的博弈。这一博弈的过程,主要体现在检察机关不批准逮捕侦查机关提请逮捕的案件上,特别是体现在检察机关不批准逮捕后侦查机关复议、复核,检察机关继续进行审查判断这一过程中。在此过程中,双方关于刑法解释进行着动态性的讨论、沟通,甚至是争执。

2. 调查与检察之辩证

检察机关职务犯罪侦查权和人员的转属,以及《监察法》的出台,使监察机关工作人员调查职务违法或犯罪的调查行为是否接受检察机关法律监督的问题浮出水面。检察机关能否提前介入监察机关调查的职务犯罪案件,成为检察机关面临的一项新课

---

① 需要说明的是,立案监督和撤案监督统称为"立案监督",这一职能主要是在侦查阶段发生的。最高人民检察院2018年工作报告显示,2018年督促侦查机关立案22215件、撤案18385件,同比分别上升19.5%和32.0%。

② 最高人民检察院、公安部联合修订印发了《关于公安机关办理经济犯罪案件的若干规定》(公通字〔2017〕25号),第25条规定:

"在侦查过程中,公安机关发现具有下列情形之一的,应当及时撤销案件:

"(一)对犯罪嫌疑人解除强制措施之日起十二个月以内,仍然不能移送审查起诉或者依法作其他处理的;

"(二)对犯罪嫌疑人未采取强制措施,自立案之日起二年以内,仍然不能移送审查起诉或者依法作其他处理的;

"(三)人民检察院通知撤销案件的;

"(四)其他符合法律规定的撤销案件情形的。

"有前款第一项、第二项情形,但是有证据证明有犯罪事实需要进一步侦查的,经省级以上公安机关负责人批准,可以不撤销案件,继续侦查。

"撤销案件后,公安机关应当立即停止侦查活动,并解除相关的侦查措施和强制措施。

"撤销案件后,又发现新的事实或者证据,依法需要追究刑事责任的,公安机关应当重新立案侦查。"

题,也是司法实践和理论研究需要解决的问题。对此,最高人民检察院原检察长张军指出,"有些案件,检察机关还可以应监察委的要求提前介入,了解情况"①,即检察机关应监察委员会要求,可以提前介入监察调查。② 同时,检察机关提前介入监察机关调查的职务犯罪案件,既是检察机关作为国家法律监督机关之宪法定位的必然要求,③也有《监察法》规定的制度支撑。④ 并且,从各地的办案实践来看,各地监察机关在办理职务犯罪案件时,也会主动与检察机关沟通交流,商请检察机关提前介入监察调查的职务犯罪案件,对证据标准的把握、事实认定、案件定性及法律适用等提出意见、建议。⑤

在检察机关选派检察人员提前介入监察机关调查的职务犯罪案件过程中,因不同人员对案件事实裁剪和对法律解释的不同,必然存在不同的认识。也就是说,在检察人员提前介入监察调查案件、与监察调查人员和审理人员进行案件讨论时,检察人员与监察人员会对在案证据是否足以证实认定的案件事实、案件事实能否与相关犯罪的法律规定条款相符合进行商讨,甚至在罪与非罪、此罪与彼罪上发生争执。商讨是商量和讨论,是相互发表意见、相互企图说服对方的过程,这本身便充满了互动的博弈;同时,争执的博弈性质更加明显,争执本身便是指各执己见、互不相让。

在检察机关提前介入监察调查案件结束之后,监察机关便会将其认为涉嫌犯罪需要动用刑罚处罚的案件移交检察机关,进行刑事拘留和审查逮捕,少量案件也会是调查结束后不经过刑事拘留和审查逮捕而直接起诉。虽然在实践中,多数监察调查案件在移交给检察机关之前已经经过了充分协商博弈,两机关对事实认定和法律适用达成一致,但是也存在移送后补充侦查甚至是不起诉的案件。在作出不批准逮捕或不起诉决定时,实际上是检察人员对刑法解释的结论与监察调查人员对刑法解释的结论发生了冲突,不起诉决定的作出,便是这种冲突和博弈最直接的体现。这种博弈体现在刑法解释的各个方面,包括对刑法基本原则、犯罪概念、犯罪行为、犯罪主观方面、责任能力、因果关系、违法阻却事由、共同犯罪、犯罪形态、罪数形态、追诉时效、量刑情节等刑法规定的各个方面;同时,包括了对犯罪事实的归纳、裁剪和评判以及归纳裁剪的犯罪事实能否归属到刑法规范规定的构成要件之下,⑥也就是案件事实和刑法规范条文之

---

① 《国新办举行2019年首场新闻发布会最高检领导就内设机构改革答记者问》,载《检察日报》2019年1月4日,第2版。
② C市监察机关和检察机关签订协作文件,规定监察机关查出的职务犯罪案件,一律在留置期限届满15日之前邀请检察机关提前介入。
③ 参见朱全宝:《论检察机关的提前介入:法理、限度与程序》,载《法学杂志》2019年第9期。
④ 《监察法》第4条第2款规定:"监察机关办理职务违法和职务犯罪案件,应当与审判机关、检察机关、执法部门互相配合,互相制约。"检察机关提前介入监察机关办理的职务犯罪案件,既是配合也是制约。
⑤ 参见朱全宝:《论检察机关的提前介入:法理、限度与程序》,载《法学杂志》2019年第9期。
⑥ 参见黄泽敏:《案件事实的归属论证》,载《法学研究》2017年第5期。

间能否实现形式逻辑和情理价值方面的契合。

（三）侦查与辩护之博弈

因为监察调查的职务犯罪案件，在调查过程中，辩护律师不能会见被调查人，即在该阶段辩护律师不能介入，所以也就不存在监察调查与辩护律师产生博弈的情况。而侦查则不同，我国《刑事诉讼法》规定，在犯罪嫌疑人被采取强制措施或者接受第一次讯问之日起，便有权获得律师的辩护。在侦查阶段，辩护律师与侦查人员之间关于刑法解释也存在着商讨、交流、对抗的博弈。

侦查机关基于打击犯罪、保护社会秩序的需要，在侦查思维的指引下对主动或被动发现的案件进行立案侦查、采取刑事拘留和取保候审监视居住等强制措施，收集犯罪嫌疑人涉嫌犯罪或无罪、罪重或罪轻等方面的证据材料，[①]并不断与刑法规范特别是《刑法》分则规定的罪名的构成要件进行对比分析，以判定查明的事实或者说是侦查人员判断认定的事实是否与刑法规定的构成要件相匹配。辩护律师在侦查阶段介入之后，会依法为犯罪嫌疑人提供法律帮助，并在会见犯罪嫌疑人、收集证据、了解掌握相关事实的基础上，对事实是否符合刑法规定的构成要件进行分析评判，站在辩护的立场，以辩护的视角，极力寻找对犯罪嫌疑人有利的证据——不构成犯罪的证据、罪轻的证据、不适合刑事拘留或提请逮捕的证据等，并将证据与刑法规范相对应，反复衡量两者之间是否契合。

辩护律师在形成初步意见的基础上，也就是对刑法解释形成初步的结论后，会通过提交书面辩护意见或者当面沟通的方式，向侦查人员阐明关于刑法解释过程和刑法解释结论的立场。侦查人员在审查辩护律师的书面意见或者面对面沟通交流的基础上，会对辩护律师的意见进行评判，分析其提出的刑法解释结论是否具有"国法、天理和人情"的支撑，是否符合相关的法律规定。在这一阶段，辩护律师提出的意见往往是基于不构成犯罪或者构成犯罪但不具有社会危险性、具有不适合羁押的法定或酌定情节等，对侦查机关提出变更强制措施的意见建议；而侦查机关则基于自己关于刑法解释的立场、理念以及初步的刑法解释结论等，对辩护律师提出的辩护意见进行考量，作出同意或不同意辩护律师申请的决定，特别是作出不同意辩护律师的决定时，辩护律师往往会再提交相关材料和意见意图说服侦查人员。这一过程，充满了侦查人员与辩护律师关于事实认定、法律适用等方面的罪与非罪、此罪与彼罪、是否适合或需要羁押等方面的博弈，即指控与辩护的博弈。

（四）检察与辩护之博弈

在侦查阶段，虽然案件处于侦查、调查的主导之下，检察机关在当中对案件作出的

[①] 当然，侦查机关是天然的打击追诉犯罪的机关，因此，无论是理论上还是实践中，侦查机关往往更加注重收集犯罪嫌疑人有罪和罪重的证据。

实体性决定只是是否批准逮捕,但是,检察机关作为宪法规定的法律监督机关,需要在整个刑事诉讼过程中全方位全过程履行好法律监督职能,除了依法履行审查批准逮捕的职能,还要依法履行侦查活动监督和立案监督的职能。而无论是履行审查逮捕职能,还是两项监督职能,都可能与辩护律师进行博弈。

当案件进入检察机关审查批准逮捕环节后,多数辩护律师会通过提交书面辩护意见或者面对面交流的方式与检察人员进行沟通联系交流,并且往往是通过否定犯罪事实存在、否定犯罪事实系犯罪嫌疑人所为、案件事实不符合刑法规定的犯罪构成要件、犯罪嫌疑人的行为和人身危险性没有达到逮捕的条件等方面,建议检察机关不批准逮捕犯罪嫌疑人。有的辩护律师甚至会提出,公安机关刑讯逼供、违法动用刑事手段插手经济纠纷、违法立案等,要求检察机关对公安机关的侦查行为进行侦查活动监督或立案监督。检察人员则会根据辩护律师提供的意见和线索对相关事实进行调查,分析评判辩护律师的辩护意见,特别是关于不构成犯罪的刑法解释的意见。在充分考量辩护律师意见的同时,与经过审查判断案件事实所形成的刑法解释结论进行比对,或者是在考量辩护律师意见的基础上不断权衡对刑法的解释。针对一些疑难复杂案件,检察人员还会多次与辩护律师进行沟通,相互交换意见。在相互交换意见、相互考虑对方关于刑法解释结论这一动态性的过程中,进行相互的说服,进行博弈。

可见,在侦查阶段,同一机关内部、不同机关之间、与辩护律师之间等方方面面的博弈,主要表现为罪与非罪的争论,以及在认为构成犯罪的基础上是否适用逮捕强制措施的博弈。在侦查阶段的博弈过程中,从不同主体参与或介入其中开始,不同的解释主体便站在不同的立场、基于不同的利益和价值衡量,展开你来我往动态性的博弈,直至侦查活动结束。

二、审查起诉阶段之博弈

(一)侦查、调查与检察之博弈

1. 侦查与检察的博弈

侦查机关对案件侦查终结后,对于自认为符合起诉条件的案件,会制作起诉意见书,移送检察机关审查起诉。侦查机关移送审查起诉的大部分案件是侦查机关认为其所收集的证据,以及在证据证实基础上的事实能够归属到具体的刑法罪名之下,大前提和小前提之间对应之后能够得出有罪的结论,符合《刑事诉讼法》规定的起诉条件,即侦查机关通过刑法解释得出的结论是构成犯罪。

检察机关在接收到相关案件后,会依照内部的分案规则和流程,将案件分配给员额检察官进行办理。员额检察官在办理相应的案件时,会依据《刑事诉讼法》规定的起诉条件、证据标准、证据证明力等程序法对于证据的要求,以及刑法规定的犯罪构成要件,对侦查机关移送审查起诉的案件进行程序和实体双重审查。在对程序的审查上,主要审查侦查机关的侦查行为是否符合《刑事诉讼法》《公安机关办理刑事案件程序规定》等法律法规的要求,并对侦查机关的侦查行为进行监督。在对实体的问题审查上,检察人员会采取解构和建构双向思维,对在案证据进行横向和纵向的递进式判断和交互式检验,①之后进行综合分析。在实体审查过程中,检察人员会通过犯罪构成要件的实体指引,寻找证据建构案件事实,对案件事实进行归属论证,以确定以证据证明的案件事实是否能够达到实体法所规定的构成要件要求。当然,案件事实的归属论证,是寻找事实和法律的双重进路,正如最高人民法院原院长周强所说,"寻找事实,不仅指法律真实,还要最大限度接近客观真实。寻找法律,也不仅仅指法律条文,还有规则、道德、公序良俗等,要兼顾国法天理人情"②。检察机关审查后,认为达到《刑事诉讼法》规定的起诉条件的,便按照相应的流程将案件起诉至人民法院,这种情况下,体现不出侦查与检察的博弈。如果认为证据条件达不到起诉的标准,则会采取退查、存疑不起诉、法定不起诉的方式对案件进行处理;或者认为证据达到起诉标准,但认为犯罪情节轻微,符合微罪不起诉条件的,也会作出微罪不起诉处理。但是,无论是哪种方式的不起诉,都会发生侦查与检察的博弈。

  在司法实践中,检察机关经审查认为相关的案件达不到起诉的证据标准,或者证据证明的案件事实与刑法规定的犯罪构成存在差异而不能起诉,需要侦查机关进一步补充侦查的,会将案件退回侦查机关补充侦查。侦查机关认为达到了起诉的条件,检察机关认为达不到起诉的条件,③这就是争论,就是博弈。例如,在最高人民检察院披露的"河北邢台正当防卫案"中,④公安机关以董某刚涉嫌故意杀人罪向检察院移送审查起诉后,检察机关先后两次退回公安机关补充侦查,公安机关两次补充侦查后均认为董某刚的行为系防卫过当,移送检察院审查起诉。邢台市人民检察院经审查后,对

---

① 参见王东海:《审判中心格局下刑事指控体系的构建》,载《江汉学术》2016年第4期。
② 周强:《新时代中国法院司法体制改革和智慧法院建设》,载中国法院网,https://www.chinacourt.org/article/detail/2019/11/id/4618892.shtml。
③ 当然,由于办案时间,司法实践中也存在技术性退回补充侦查的情况,也就是说侦查机关收集到的证据达到了起诉的条件,但是案子多检察人员来不及办理,为了争取时间,检察机关以需要补充侦查的名义将案件退回侦查机关,以赢得办案时间。
④ 该案的基本案情是:2016年,刁某某于与董某刚的妻子李某某认识,认识后,李某某被刁某某逼迫与刁某某维持情人关系,刁某某时常在董某刚家中过夜。2018年5月20日晚,刁某某醉酒后到董某刚家,不顾阻拦强行闯入李某某卧室,撕坏董某刚夫妻的衣服,不断对董某刚殴打、辱骂,并使用尖头汽车钥匙戳扎董某刚,造成董某刚鼻尖下方、脸部等多处受伤出血,以此逼迫董某刚书写离婚协议与妻子李某某离婚,董某刚书写过程中因笔落地而再次被刁某某殴打,并让董某刚下跪。董某刚在被追打过程中随手拿起茶几上的剪刀,用剪刀刺扎,导致刁某某死亡。参见杜震、孙莹:《最高检披露"河北邢台正当防卫案"不起诉决定 当事人没想到能被释放》,载央广网,http://finance.sina.com.cn/roll/2019-06-17/doc-ihvhiews9440694.shtml。

董某刚作出正当防卫不负刑事责任不起诉的决定。① 后因刁某某父亲申诉,河北省人民检察院作出维持邢台市人民检察院的不起诉决定,并向刁某某父亲进行宣告。再如,在河北省涞源县反杀案中,检察机关认为赵某芝的行为是正当防卫,建议公安机关对其变更强制措施;公安机关则认为,赵某芝在未确认王某是否死亡的情况下,持菜刀连续数刀砍王某颈部,主观上对自己伤害他人身体的行为持放任态度,具有伤害的故意,能判处有期徒刑以上刑罚。② 这两起典型的案件中,都出现了公安机关和检察机关认识不同,对刑法解释不同的博弈。

当然,这只是报道出来的案件,在现实的司法实践中,公安机关与检察机关对刑法解释持不同意见的案件比比皆是。公安机关和检察机关的博弈,在司法实践中是常见的,有的案件检察机关与公安机关甚至会发生激烈的争吵,以至于相关的案件不得不由政法委组织公安机关和检察机关对案件定性、法律适用、证据收集等进行进一步的协商。

2. 调查与检察的博弈

监察程序的出现,使我国的刑事程序形成了"侦查—起诉—审判—执行"与"调查—起诉—审判—执行"双轨并行的模式。监察机关调查完毕相关的职务犯罪案件后,经过内部的流转程序,认为应当移送审查起诉的,会将案件移送检察机关审查起诉。虽然调查和侦查与起诉职能之间具有"天然的亲和性和合作性",③但是也存在相互制约的关系,会因对刑法解释的不同而进行商讨、争执。司法实践中,大多数监察调查的案件会在调查期间要求检察机关介入,使案件能够在正式移送审查起诉之前便达成共识;但是也存在一些案件,虽然没有达成共识但依然移送检察机关起诉,或者在移送审查起诉之前没有进行过沟通。

在没有达成一致便移送审查起诉的情况下,监察机关和检察机关之间关于刑法解释的动态博弈便会在审查起诉阶段出现。监察机关根据调查的事实和对刑法规范条文的理解,将调查的事实与刑法规范条文进行逻辑三段论推理进而得出被调查人的行为涉嫌职务犯罪的刑法解释结论,并以被调查人涉嫌犯罪而向检察机关移送审查起诉;检察机关刑法解释的结论,与监察机关的刑法解释结论不一致时,便进行说理、沟通和博弈。例如,杜某某涉嫌受贿罪一案中,检察机关经审查后对其作出不起诉决定。其理由是:杜某某的行为虽然构成受贿罪,但犯罪情节轻微,具有坦白情节,认罪悔罪

---

① 邢台市人民检察院认为,刁某某夜晚非法侵入他人住宅,对董某刚持续进行侮辱、殴打,属于刑法规定的不法侵害行为。刁某某用尖头车钥匙攻击董某刚,用力较猛,造成董某刚多处受伤。董某刚情急之下持剪刀捅扎刁某某的行为,是对不法侵害行为的防御和反击,是出于防卫目的。董某刚的行为构成正当防卫。参见杜震、孙莹:《最高检披露河北入室反杀案不起诉决定:属正当防卫》,载《人民法院报》2019年6月18日,第5版。

② 参见朱莹:《河北"涞源反杀案"后的235天:一个家庭的绝境重生》,载荆楚网2019年3月18日,http://news.cnhubei.com/yaowenpd/p/10433947.html。

③ 参见万毅:《构建介入侦查引导取证制度完善证明体系》,载《检察日报》2019年8月3日,第3版。

态度好,积极退缴赃款。① 再如,被告人毛某某涉嫌受贿罪一案,②毛某某受贿3万元,检察机关认为毛某某犯罪情节轻微,作出不起诉处理;叶某甲受贿犯罪,③检察机关对其作出不起诉决定。在这些不起诉案件中,监察机关与检察机关关于刑法解释的结论是存在不同的——尽管对定罪没有争议,但是对量刑的轻重、是否需要提起诉讼等刑法解释的结论存在争议,以至于监察机关认为应当对相关的犯罪嫌疑人进行起诉,而检察机关则认为情节轻微不需要起诉。在司法实践中,也存在多罪少诉和少罪多诉的情况,如C检察机关在审查一起由同级监察机关移送审查起诉的犯罪嫌疑人甲涉嫌贪污罪案中,发现甲在贪污罪之外还涉嫌滥用职权罪,但是监察机关并未对滥用职权的罪名进行移送审查起诉,检察机关遂对贪污罪和滥用职权罪提起公诉。④ 目前来看,检察机关对监察调查的职务犯罪案件作出法定不起诉的情况较少。但是无论是在相对不起诉案件中还是绝对不起诉案件中,都存在一个相同的现象,就是检察机关和监察机关对于刑法解释的结论存在分歧,这种分歧既有可能是定罪上的,也有可能是量刑上的,或者定罪和量刑上都存在分歧。⑤

监察机关和检察机关对于刑法解释的博弈,既体现在上述所引用的不起诉案件中,也体现在退回的案件中。当然,检察机关退回监察机关调查的案件相对较少,但这种退回本身也是一种不同观点的博弈。因为如果观点相同,就不存在退回和不起诉的情况。

(二)检察与辩护之博弈

辩护是站在犯罪嫌疑人立场上为犯罪嫌疑人利益而进行的申辩活动,其往往注重的是无罪和罪轻辩护;而检察机关的公诉职能,是在客观义务的指引下,对犯罪嫌疑人进行指控,注重使犯罪嫌疑人受到法律的审判,对其进行定罪判刑。两者立场的不同,决定了检察和辩护在同一个案件往往存在较大的博弈。

根据《检察官法》第5条第2款的规定,检察官"既要追诉犯罪,也要保障无罪的人不受刑事追究"。对于检察人员而言,虽然其也担负着"要保障无罪的人不受刑事

---

① 本案基本案情是:被不起诉人杜某某利用担任市水资办、市水利局、市水利系统工会工委领导职务的职务便利,在2009年至2017年,多次收受他人现金共计82000元,为他人办理相关打井、取水、申报项目等手续提供帮助。2018年3月27日,被不起诉人杜某某因涉嫌受贿被汉中市监察委员会立案调查,2018年6月25日被检察机关取保候审。参见汉检公刑不诉〔2018〕2号不起诉决定书。
② 该案参见甬鄞检刑不诉〔2018〕86号不起诉决定书。
③ 该案参见衢检公诉刑不诉〔2018〕7号不起诉决定书。
④ 参见任开志、杨继文:《罪诉关系论:审查起诉中的监察案件》,载《学习论坛》2019年第9期。
⑤ 当然,也存在一些案件,监察机关和检察机关之间关于事实认定、法律适用等关于刑法解释的观点一致、监察机关和检察机关之间博弈不明显的情况。

追究"的客观义务职责,[①]但是,打击犯罪保护人民也是检察官的主要职责。也就是说,检察官要承担打击犯罪、将犯罪分子绳之以法的职责。这一职责职能决定了检察官是站在国家和人民的立场,与犯罪分子做斗争,其主要目的在于将犯罪起诉到法院,让法院依法对犯罪嫌疑人进行定罪判刑,以彰显法律的正义,维护社会稳定。律师的职责则不同,《律师法》第31条规定,律师在刑事案件中担任辩护人的,"应当根据事实和法律,提出犯罪嫌疑人、被告人无罪、罪轻或者减轻、免除其刑事责任的材料和意见"。刑事案件中,辩护律师的职责是通过无罪和罪轻辩护,来维护犯罪嫌疑人、被告人的合法权益。

由此可见,检察官和律师不同的职责定位,决定了两者之间会出现"针锋相对"的观点和立场,即检察人员是指控犯罪的,是为了将犯罪分子绳之以法,使其受到法律的公正审判,承担的是控诉的职能。而辩护律师则相反,其是为犯罪嫌疑人、被告人脱罪、减轻处罚辩护的,目的是使犯罪嫌疑人、被告人得到无罪或罪轻的判决。有罪指控和无罪辩护、罪刑法定指控和罪轻辩护,这两对截然不同的目标追求和职责所在,注定了检察和辩护是存在争议和博弈的,即辩护律师会想方设法寻找指控的缺陷,将犯罪向着无罪和罪轻的方向辩护,不断影响检察人员的观点立场,意图说服检察人员对案件作出不起诉处理,或者降低对犯罪嫌疑人、被告人的量刑。

审查起诉环节,辩护律师与检察人员的博弈主要体现在定罪和量刑上。在定罪方面,检察官会依据裁剪的事实和刑法规范条文规定的犯罪构成要件进行多轮次的比对,思维和目光不断往返于事实和规范之间,寻找到处理案件的合适的罪名。辩护律师也会对案件事实进行裁剪,寻找刑法规范并进行解读,将事实和规范不断对应,从寻找漏洞缺陷的角度进行刑法解释,并将解释过程和结论通过书面或者电话或者当面沟通的方式传递给检察人员,不断说服检察人员得出案件事实不清证据不足,或者不构成较重犯罪而是构成较轻犯罪,或者虽然构成犯罪但情节轻微可以微罪不起诉,或者构成犯罪但刑期应当减少等结论,为犯罪嫌疑人、被告人进行无罪和罪轻辩护。检察人员也会将刑法解释的过程和结果向辩护人反馈,来说明检察机关定罪量刑的意见是正确的,有的甚至通过辩护人去给犯罪嫌疑人、被告人做工作,使犯罪嫌疑人、被告人认罪认罚,以换取司法机关的从宽处理,提高诉讼效率。在这一过程中,检察人员会不断听取辩护律师的意见,对认定的事实和适用的法律进行检视,从辩护的视角衡量证据是否确实充分,事实认定是否准确,法律适用是否恰当,等等;辩护律师也会听取检察人员关于刑法解释的过程和结论,不断寻找对犯罪嫌疑人、被告人有利的解释路径

---

① 理论界一直强调检察官要秉持客观立场,负有客观义务。参见万毅:《检察官客观义务的解释与适用》,载《国家检察官学院学报》2015年第6期;龙宗智:《检察官客观义务与司法伦理建设》,载《国家检察官学院学报》2015年第3期;韩旭:《检察官客观义务:从理论预设走向制度实践》,载《社会科学研究》2013年第3期。

和解释方法,寻找证据的瑕疵、事实认定的漏洞、法律适用的错误等。控辩双方通过不断商谈、争执等博弈,不断对刑法解释作出调整,以此来促进刑法解释的合法性与合理性。而缺乏博弈的刑法解释,则是存在缺陷的,毕竟,"没有经过控辩双方的博弈和商谈程序的筛选,解释结论的正确性是得不到保证的"[1]。

当然,在司法实践中,很多刑事案件没有辩护律师参与,辩护率总体较低,且制度不完善等因素导致了"检察机关听取辩护律师意见制度落实得不尽如人意"[2]。如在东南沿海某区,"自2013年至2016年上半年,某区人民检察院审查起诉阶段年均受案580件左右,而辩护律师参与度低于30%"[3]。但是,从实证分析的角度来看,在审查起诉阶段辩护律师发表的实体性辩护意见容易被接受,往往会起到较好的效果。如在罗某非法拘禁案中,经过辩护律师与检察人员的博弈,将罪名由抢劫罪改变为非法拘禁罪。[4] 再如,郭某某等3人为了到我国澳门地区从事人民币和港币兑换的经营活动,通过亲戚朋友在内地C市办理了150多张银行卡,并存入40万元人民币。到澳门后,三人通过分工合作,按照每张银行卡中的人民币可以兑换1万港元的比例,将40万元人民币分散到多张银行卡中,在ATM机上取出对应的港币后卖给需要港币的人,直至将每张银行卡都使用完毕为止。7天时间三人获利5万元人民币,涉嫌非法经营数额1000多万元人民币。案件移送审查起诉后,辩护律师提出了在澳门买卖外汇合法、三人主观上违法性认识存在不足等辩护理由,请求检察机关作微罪不起诉处理。经过多次沟通博弈,检察机关充分考虑辩护律师的意见,最终作出了微罪不诉的决定。其实,在刑事司法实践中,经过辩护律师将其对刑法解释的过程和结论与检察人员充分沟通,检察机关作出不起诉决定、改变重罪罪名为轻罪罪名等,相关的案件并不是少数。而检察人员将刑法解释的过程和初步结论告知辩护律师,使辩护律师认同检察人员的刑法解释观点,并通过律师给犯罪嫌疑人、被告人及其家属做工作,退赃退赔、达成和解的案件也比比皆是。

可见,在审查起诉环节,检察人员和辩护律师之间关于刑法解释的过程和结论是充满博弈的,是动态的、互动的过程。

三、法庭审判阶段之博弈

(一)控辩双方的争执与博弈

前已述及,《检察官法》和《律师法》赋予了检察官和律师不同的职责使命,使检察

---

[1] 张建军:《互动解释:一种新的刑法适用解释观》,载《法商研究》2016年第6期。
[2] 杨亮、王秋杰:《检察机关听取辩护律师意见制度的完善》,载《人民检察》2017年第2期。
[3] 陆而启、周灵敏:《审查起诉阶段的辩护律师意见表达——从东南沿海某基层检察院的实践切入》,载《福建江夏学院学报》2016年第6期。
[4] 参见陆而启、周灵敏:《审查起诉阶段的辩护律师意见表达——从东南沿海某基层检察院的实践切入》,载《福建江夏学院学报》2016年第6期。

官在客观义务的指引下,站在指控方的角度对犯罪嫌疑人、被告人进行有罪指控,让有罪的人受到法律追究和刑罚惩罚,实现一般预防和特殊预防的目的,维护社会稳定;而辩护律师则"受人之托,终人之事",依据法律和事实为犯罪嫌疑人、被告人进行无罪和罪轻辩护。控辩双方形成了针锋相对的"两极",即"两造"。特别是在以审判为中心的诉讼制度改革背景下,控辩双方的相互说服、争执等博弈更加突出,比以往更加明显。党的十八届四中全会审议通过的中共中央《关于全面推进依法治国若干重大问题的决定》提出,要"推进以审判为中心的诉讼制度改革……保证庭审在查明事实、认定证据、保护诉权、公正裁判中发挥决定性作用"。以审判为中心的诉讼制度改革的要旨是庭审实质化,[1]而庭审实质化的基本要求是"实现诉讼证据质证在法庭、案件事实查明在法庭、诉辩意见发表在法庭、裁判理由形成在法庭"。[2]

在法庭审理过程中,检察机关作为控方,在将案件起诉到法院之前,基于案件事实和法律规定进行刑法解释,认为犯罪嫌疑人、被告人的犯罪事实清楚,证据确实充分,能够排除合理怀疑。在法庭审理阶段,除了速裁程序,检察机关会在法庭上发表公诉意见,对刑法解释论证过程、定罪量刑结论及其依据等进行阐述说明,意在说服辩护律师不要做无谓的无罪辩护,更意在说服法庭按照检察机关指控的事实和罪名以及量刑建议进行宣判,追究被告人的刑事责任,彰显法律的权威,实现司法公正,让被告人受到应有的惩罚。而辩护人则站在被告人的立场上,对案件事实认定、法律适用、定罪量刑等进行论证说理,将刑法解释的过程、结论、依据等,向法庭进行阐释;其既想说服检察官要听取辩护人意见,适时调整指控的事实和法律适用,减轻对被告人的处罚,更重要的也是在与控方的论辩中说服法庭,希望法庭作出无罪或罪轻的裁判。尽管在审查起诉阶段,多数的检察官和辩护人已经进行了博弈,有的甚至已经达成共识,但是在庭审阶段双方之间仍然会进行说服,针对被告人的定罪量刑进行博弈。

司法实践中,对于多数简单案件,控辩双方在法庭上的博弈不太明显,而对于新型案件、有争议的案件、疑难复杂案件、媒体和公众关注的案件,双方在法庭上的博弈便会异常激烈,针锋相对、唇枪舌剑的情况屡见不鲜。如在快播案第一次庭审中,被告一方及其辩护律师认为,检察机关的指控事实不清、证据不足、适用法律错误,犯罪不成立。理由为:一是快播不是传播淫秽物品的主体,不能确定在案的四台服务器系由被告一方控制和管理;快播已经与光通公司签订合同,淫秽视频的删除责任由光通公司承担。二是鉴定书所鉴定出来的数量缺乏依据,不能作为定罪依据,且快播公司不是这些淫秽视频的发布者和使用者。三是快播公司提供的是技术服务,技术中立不应受

---

[1] 参见王东海:《论庭审实质化背景下的侦监职权配置改革》,载《福建江夏学院学报》2018年第3期。
[2] 参见最高人民法院《关于全面深化人民法院改革的意见——人民法院第四个五年改革纲要(2014—2018)》(法发〔2015〕3号)。

到刑事追究;非法获利金额不能确定。四是被告一方没有网络安全管理义务,也不具备防范和杜绝他人利用快播软件传播淫秽视频的能力。五是被告一方在主观上不具有构成犯罪的故意和牟利目的。六是被告一方与直接传播淫秽视频的行为人之间不存在共同犯罪关系。而控方则认为,被告一方的行为构成涉嫌传播淫秽物品牟利罪,其理由如下:一是快播公司及涉案人员对平台上的视频没有尽到审核义务,且在明知平台存在大量淫秽视频的情况下仍然放任,有能力监管而不监管,从中谋取利益。二是虽然技术本身无罪,但快播利用技术危害社会,不属于技术中立免除刑事责任的情况。三是快播公司放任淫秽视频传播进行牟利,属于间接故意。四是快播案属于单位犯罪。[1]

可见,在快播案中,控辩双方围绕认定的案件事实是否具有充分的证据支撑、能否将该案事实归属于传播淫秽物品牟利罪的刑法规范条文之下、对被告一方以该罪名进行定罪处罚是否符合规范逻辑和情理价值等刑法解释问题,针锋相对地发表意见,在庭审中进行充分博弈。特别是在第一次开庭审理时,辩护一方的无罪辩护、技术中立辩护、是否具有保证人地位等方面的辩护,直接与检察机关的指控针锋相对,引起社会广泛关注,各大网络媒体争相报道,网络上还出现了辩护律师"吊打"公诉人的说法。

刑法理论学界,也出现了对该案进行分析论证的论著,如《中外法学》2017 年第 1 期,以"快播案的教义分析与证据鉴真"为专题的形式,发表了陈兴良的《快播案一审判决的刑法教义学评判》、范君的《快播案犯罪构成及相关审判问题:从技术判断行为的进路》、周光权的《犯罪支配还是义务违反:快播案定罪理由之探究》、高艳东的《不纯正不作为犯的中国命运:从快播案说起》、刘品新的《电子证据的鉴真问题:基于快播案的反思》等文章,对该案进行了深入探讨。[2]

经过控辩双方围绕刑法解释的依据、过程和结论的激烈争辩和充分博弈,最终辩护方开始接纳控方的意见,不再坚持无罪辩护;检察机关也充分听取被告一方及其辩护律师的意见,在坚持定罪的同时,同意对各被告人从宽处罚。可以说,快播案的庭审,充分展现了控辩双方在法庭上相互说服、交锋、争执的博弈过程,而博弈的焦点包括但不限于作为义务的来源、不作为犯罪的监管义务和保证人地位认定、主观明知的认定和判断、犯罪故意的认定、有能力履行义务却予以放任的认定、是否具有非法牟利目的、是否属于中立的帮助行为、单位犯罪与个人犯罪的区分等一系列刑法规范条文的解读问题;同时,包含了证据的采信,对事实的构建等案件事实的问题;还有将寻找到的刑法规范条文作为大前提,应用到构建的案件事实这一小前提时,两者之间的契合度研判的问题。在这一博弈过程中,对每一个问题的回答和交锋,都是关于刑法解

---

[1] 北京市海淀区人民法院刑事判决书,(2015)海刑初字第 512 号。
[2] 相关的文章参见《中外法学》2017 年第 1 期。

释过程和结论的交锋与博弈,体现了在庭审这一共时性条件下不同主体间之间关于刑法解释的互动博弈,是一个活生生的动态过程。

(二)法官裁判的居中兼听与辨析

在刑事庭审过程中,法官是居中裁判的。法官不断听取公诉人和辩护人的意见,对公诉人指控的罪名和量刑建议进行考量,即对公诉人对刑法解释的过程、结论和依据进行审查判断;同时,对辩护人提出的辩护意见进行衡量,审视辩护人提出的无罪和罪轻的刑法解释依据是否充分,论证过程是否科学,解释结论是否合法合理。法官居中听取控辩双方关于刑法解释依据、过程、结论的阐述,不偏不倚,并依据法官自身关于刑法解释的初步意见对控辩双方的意见进行辨析。此正所谓"沉默的法官,争斗的当事人"。

法官在居中兼听的裁判过程中,会同时与公诉人和辩护律师进行博弈,虽然这种博弈因法官的居中裁判在大多数情况下不易被发现,也没有像控辩双方激烈的博弈一样展现出来,但这种博弈互动是客观存在的。在庭审过程中,主要是公诉人发表指控犯罪成立的意见,要求法院依法判决被告人有罪;辩护律师则往往反其道而行之,与公诉人进行对抗,提出应当判决被告人无罪或罪轻的意见。[①] 当然,也不排除个别情况下法官与辩护律师进行争辩的情况,正如最高人民检察院原检察长张军所说,"有时候法官和辩护律师争论起来,个别甚至走向极端,把辩护律师逐出法庭"[②]。但是,从整个司法实践来看,这种情况是较少的,法官在庭审中只是对庭审进度和场面进行掌控,确保庭审顺利进行。而公诉人和辩护律师则针对案件事实、证据采信、法律适用等刑法解释问题进行争辩,也就是针对刑法解释的依据、过程和结论进行争辩、说服、博弈。但是,这并不能否认,法官与检察官和辩护律师之间关于刑法解释博弈的存在。

法官与检察官之间关于刑法解释的博弈主要体现在:检察官起诉被告人,认定被告人有罪,应当作出有罪判决,并不断地通过起诉前的沟通、庭审过程中的指控说服、庭审之后判决之前的交流等,对法官进行说服,意在让法官按照起诉书指控的罪名和量刑建议进行判决,支持起诉的观点。而法官在审理案件时,特别是对于一些在证据采纳、事实认定、法律适用等方面存在争议的案件,以及社会关注度高的案件,会不断与检察官沟通,在听取检察官意见的同时,不断地将自己对案件事实的认定和法律适用的理解以及事实与法律之间的契合关系等告知检察官。法官和检察官之间的博弈,显在的表现主要为法院对起诉的被告人作出无罪判决,或者检察机关撤回起诉,或者

---

① 当然也有例外,如在王某金强奸、故意杀人一案中,被告人王某金一方坚称,1994年发生在石家庄西郊的强奸杀人案系其所为(聂某斌则已因被认定为系该案行为人而被执行死刑);而控方举示大量证据,否认该案系王某金所为;王某金的辩护律师虽然没有直接回应,但是通过否认控方举示证据的来源与合法性对控方的观点进行了反驳。

② 张军:《关于检察工作的若干问题》,载《国家检察官学院学报》2019年第5期。

法官对检察官起诉的罪名进行改判,以及检察官不服法官的判决而提起抗诉。

从无罪判决来看,检察机关的指控得不到法院的认可,也就是检察官刑法解释的结论被法官所否定,如在陈某昊故意杀人案中,广东省广州市人民检察院指控被告人陈某昊于2009年1月13日晚23时许,以手捂口鼻的方式将被害人张某璐(张某璐系被告人陈某昊前女友)杀害,本案经过两次有罪判决后,最终改判陈某昊无罪。[①] 在该案的终审判决中,广东省高级人民法院指出,"原公诉机关指控上诉人陈某昊的犯罪不能成立"[②],作出撤销广州市中级人民法院判决、陈某昊无罪的终审判决。司法实践中,法院将检察机关起诉的案件认定为无罪并不是个例,这鲜明地呈现了检察官与法官关于刑法解释进行博弈的情形。在诉判不一方面,除证据发生变化、司法解释发生变化等客观情形外,证据采信认定不一致、法律适用认识不一致、罪责刑认识把握不一致等成为其主要原因,特别是在证据认定采信和法律适用方面,直接与刑法解释发生勾连,或者说主要是刑法解释不同而造成,[③]这体现了检察官和法官在刑法解释过程中认识的不统一,解释观念、立场、方法以及具体解释结论的不一致,两者之间关于刑法解释问题存在博弈。

撤回起诉案件方面,有人对此进行实证研究发现,"证据不足或证据发生变化、法律或司法解释发生变化、法检分歧是撤回起诉的三个主要原因"。如万某以虚构交易的方式为信用卡持卡人进行现金套现以牟取利润,造成随行付公司直接经济损失50多万元,法院认为不能认定该公司为金融机构,检察机关则认为应当认定该公司为金融机构,进而认定万某的行为构成非法经营罪。[④] 法官和检察官关于刑法规范条文的理解明显不同,法官的刑法解释结论使本案的案件事实与刑法规范不能契合,也就是案件事实不符合犯罪构成要件,进而要以无罪进行判决;而检察官认为该事实与非法经营罪的构成要件相符合,即刑法解释的结论是有罪。

在检察机关的抗诉中,检察机关认为法院判决存在错误进而提起抗诉,抗诉之前的沟通和抗诉过程的启动,都体现了法官和检察官关于刑法解释不同观点的博弈。然而,司法实践中的抗诉,有些情况也不能真实反映法院的审判质量;[⑤]个别案件甚至是

[①] 参见庄华:《陈灼昊故意杀人案终审无罪判决的侦查反思》,载《中国刑警学院学报》2016年第3期。
[②] 广东省高级人民法院刑事附带民事判决书,(2014)粤高法刑一终字351号。
[③] 参见黄生林、胡勇:《剖析诉判差异提升刑事公诉精准度》,载《检察日报》2018年8月17日,第3版。
[④] 参见广东省人民检察院课题组、马谨斌、余响铃:《公诉案件撤回起诉的实践状况和规范路径研究》,载《东南法学》2017年第1期。
[⑤] 抗诉多少应当与审判质量有关,但也存在不同的情形,如法检之间的关系、考核目标的设置等。参见徐清:《刑事诉讼中公检法三机关的"共议格局"——一种组织社会学解读》,载《山东大学学报(哲学社会科学版)》2017年第3期。

法院通知检察院抗诉。① 但是，一个不可否认的事实是，抗诉案件中，体现的是法官、检察官关于刑法解释分歧的博弈。

法官与辩护人之间关于刑法解释的博弈主要体现在：辩护律师站在无罪辩护和罪轻辩护的立场，通过庭审中发表辩护意见以及递交书面材料、和被告人一起上诉等方式，与法官展开关于刑法解释的博弈，试图说服法官采纳辩护意见，作出有利于被告人的判决。司法实践中，尽管无罪辩护率较低，②法官对一些案件的无罪辩护意见没有充分予以说理，特别是没有进行"回应性说理"，③但是，在辩护律师提出不同于检察机关的公诉指控意见后，多数法官会认真听取辩护律师的意见，特别是在辩护律师提出无罪的辩护意见后，法官会更加严格地审查证据、认定事实、适用法律，在进行刑法解释时会考量辩护方提出的意见，并反复推敲刑法解释的过程是否科学、结论是否合法合理。在人们法治意识不断增强、律师辩护质量不断提高的情况下，法官也需要考虑辩护律师的意见，与辩护律师进行充分的沟通和博弈，对辩护意见进行回应和说理，进行有效的沟通和交流。④ 这一过程，就是法官和辩护律师针对刑法解释进行博弈的过程。

(三) 解释结论形成的利益平衡

刑法解释形成的结论，要落实到具体的法律文书中。除去部分案件侦查机关不予立案、撤销案件、撤回移送审查起诉，检察机关不起诉之外，起诉到法院的案件，法官需要作出载明刑法解释依据、过程和结论的判决。⑤ 这个过程，是法官在刑事立法所确立的刑法规范文本指引下，"将法律规范和案件事实对应起来，从而使法律效果予以实现的过程"⑥。当然，在这一过程中，法官并不是输入案件事实和刑法规范条文后可以自动输出成文的判决，法官适用刑事法律也是一种带有主观能动性的判断和执行的过程。这不仅是因为"司法的生命在于法主体的规范塑造。而非一开始便在完美的规范世界翩翩起舞"⑦，更是因为，司法是面向多元主体的，是一种在多元主体互动之下对利益和诉求进行权衡、将刑法规范条文所蕴含的社会情理价值现实化的过程，司

---

① 个别地方的司法实践中存在这样的状况，特别是在认罪认罚案件中，法院判决后部分被告人会采取"技术性上诉"，在此情况下，有的法官会通知检察机关进行抗诉，以加重被告人刑罚，对恶意利用规则、浪费司法资源的被告人进行变相的惩罚。参见赵树坤、徐艳霞：《认罪认罚从宽制度中的"技术性上诉"》，载《中国社会科学报》2018年7月11日，第5版。

② 参见成安：《无罪辩护实证研究——以无罪辩护率为考察对象》，载《西南民族大学学报(人文社会科学版)》2012年第2期。

③ 参见叶琦、孙红日：《刑事判决书针对辩护意见的"回应性说理"之提倡——以S市基层法院无罪辩护的刑事判决书为样本》，载《法律适用》2017年第13期。

④ 参见毛兴勤：《法律职业的内在冲突与调适：以法官与律师的关系为中心》，载《法治研究》2013年第9期。

⑤ 当然，少部分案件检察机关会撤回抗诉，这只是例外的情况。

⑥ 王帅：《刑法解释分歧的司法化解》，中国人民公安大学出版社2018年版，第101页。

⑦ 廖奕：《司法均衡论：法理本体与中国实践的双重建构》，武汉大学出版社2008年版，引言第1页。

法要求"审判一方作为决策主体,不能是擅断的,必须要面向控辩双方保持一种开放和互动的姿态,裁判结论也必须是基于这种开放互动作出的"①,即刑法解释结论也必须是基于多元主体的博弈互动而作出,而不能仅听取一方的刑法解释观点和利益诉求。法官需要在充分听取检察官和辩护律师及其当事人意见的基础上,认真考量检察官和辩护律师关于刑法解释的论证,综合控辩双方的意见,不断审视甚至是修正法官自己关于刑法解释的看法和观点,并不断与检察官和辩护律师进行刑法解释的沟通、交流,甚至是争执。在充分博弈的基础上,法官综合各方意见,形成最终的刑事判决。

在这一过程中,检察官的职责是代表国家,以国家公诉人的身份,遵循客观义务,在实事求是、依法准确、客观公正的根本价值追求的指引下,②依据刑法解释的有罪结论向法院提起公诉,要求法院依法对被告人判处相应的刑罚。从某种意义上说,检察官是站在追诉的立场要求依法追究被告人刑事责任的,③其目的在于将通过刑法解释认为涉嫌犯罪的被告人绳之以法,即向着给被告人定罪的方向进行努力。辩护律师则代表的是被告人一方的利益,站在被告人的立场上,依据事实和法律进行三段论式的法律适用推理和刑法解释,并力图将刑法解释向着无罪或罪轻的方向行进,通过各种方法为被告人减轻罪责。可以说,检察官在客观的立场下把被告人向着有罪的方向拉近,而辩护律师则想方设法把被告人向无罪或罪轻的方向推进。如此,检察和辩护,或者说控诉一方和辩护一方便形成了"拉锯式""拔河式"的互动博弈关系。而法官则居中听取检察官和辩护律师的意见,听取控辩双方对刑法解释过程的论证和对刑法解释结果的说明,以判断双方谁的依据合法、谁的论证合理、谁的论证结果更加符合规范逻辑和社会情理价值,进而得出最终的刑法解释结论,形成判决。当然,前已述及,在此过程中,法官也会与控辩双方发生博弈,但这种博弈是居中判决的博弈而不同于控辩双方的博弈。

在这一互动式的刑法解释过程中,法官"必须在作为被裁判者的控辩双方同时参与的情境下,通过听取各方举证、辩论的方式来进行"④。同时,必须要"通过个别的具体的主体之间的相互交涉与辩论,来甄别和确立其间的利益分野与利益取舍"⑤。控辩双方通过向法庭提出自己对刑法解释的理由、解释过程、解释结论,来反驳对方的刑

---

① 王帅:《刑法解释分歧的司法化解》,中国人民公安大学出版社2018年版,第106页。
② 参见张军:《关于检察工作的若干问题》,载《国家检察官学院学报》2019年第5期。
③ 当然,《检察官法》第3条、第5条明确规定,检察官要"维护社会公平正义""秉持客观公正的立场""尊重和保障人权,既要追诉犯罪,也要保障无罪的人不受刑事追究"。这就要求检察官更新理念,明白检察机关是犯罪的追诉人,也是无辜者的保护人,以及追诉中的公正司法人。参见张军:《关于检察工作的若干问题》,载《国家检察官学院学报》2019年第5期。
④ 陈瑞华:《问题与主义之间——刑事诉讼基本问题研究》,中国人民大学出版社2003年版,第21页。
⑤ 汪习根:《司法权论——当代中国司法权运行的目标模式、方法与技巧》,武汉大学出版社2006年版,第17页。

法解释观点,在说服对方的同时也在说服法官,进而影响法官在作出刑法解释结论时采纳自己的观点。正如有学者所指出,"刑法解释结论不是法官个人的独白,而是控、辩、审三方'和而不同'的三重奏,是控辩双方的解释意见经过博弈,并经由法官统合后形成的一种新理解,是对三方先前理解的修正、整合和提纯,凝聚着控、辩、审三方的共同智慧,包含着三方的共识"①。虽然在司法实践中,通过商谈、说服和沟通,不一定能够达成共识的刑法解释结论,但是这种方式可以使法官达到兼听则明的效果,也有利于充分说理后双方矛盾的化解,使作出的判决能够最大限度得到双方的认可,达到"息诉罢访、案结事了"的效果。也就是说,法官作为裁判者,其刑法解释结论的形成会受到控辩双方的影响,控辩双方通过庭审辩论和书面材料的提交,以及庭下口头的交流,直接或间接影响法官的刑法解释结论。

同时,法官判决的形成必须向控辩双方说理,即前述所论述的法官与检察官和辩护律师之间也存在相互说服的博弈过程。"法官必须通过充分的说理,在判决理由中论证其作出如此解释的法理依据。同时,其要对控辩双方关于刑法解释的意见给予高度的关注,说明和阐释为何要采纳或拒绝控、辩关于刑法解释的意见,尤其要让意见未被采纳的一方知道被拒的理由。"这一说理的过程,就是一个动态的博弈过程,"经过这样的交流互动、辩驳论证形成的解释结论无疑最大限度地吸收了控辩双方的意见,并且更易于被控辩双方认同和接受"②。如快播案中,公诉人指出被告人王某等人以及深圳市快播科技有限公司构成传播淫秽物品牟利罪。而辩护方在第一次庭审中则提出:(1)快播公司不是传播淫秽视频的主体。(2)快播公司及被告人一方不是淫秽视频文件的发布者和使用者。(3)快播公司及被告人一方是技术服务提供者,不是具体传播者,也没有提供帮助。(4)快播公司履行了网络安全管理义务。(5)快播公司及各被告人没有牟利目的。(6)被告单位及各被告人与视频传播之间没有关联。检察机关对辩护人关于刑法解释的观点进行了驳斥,认为:(1)快播公司及各被告人在明知有淫秽视频的情况下没有落实好监管责任,为了追逐经济利益而放任。(2)虽然技术本身无罪,但快播公司和各被告人对技术的使用危害社会,已构成犯罪。(3)快播公司及各被告人虽然没有直接传播,但这种新型的犯罪应当区别于传统的直接传播淫秽牟利的犯罪主体的刑事责任。经过第一次庭审之后,辩护律师和各被告人均认罪,但做了罪轻辩护。审判机关北京市海淀区人民法院在综合研判控辩双方刑法解释过程和结论的基础上,作出了有罪判决,并进行了充分说理,指出:(1)快播公司及被告人一方,不仅是技术服务提供者,与技术中立不同,而是快播平台及软件的建立者、管理者和经营者,负有网络安全管理义务。(2)刑法上的"明知"包括两点,一是依

---

① 张建军:《互动解释:一种新的刑法适用解释观》,载《法商研究》2016年第6期。
② 张建军:《互动解释:一种新的刑法适用解释观》,载《法商研究》2016年第6期。

据相关证据能够直接证明行为人对行为危害后果的明知;二是基于行为人的特定身份、职业、经验等,推定行为人对行为危害后果应当明知。快播公司及各被告人作为特殊职业的从事者,结合其相关供述,应当认定各被告人明知。(3)快播公司及各被告人,明知快播平台存在淫秽视频,为牟利而放任其大量传播,属于间接故意,且存在牟利目的。(4)快播公司及各被告人具有对快播平台的淫秽视频进行审核、管理的能力。(5)技术本身无罪,但是快播公司和各被告人利用技术实施危害社会的行为,不适用"技术中立"的责任豁免,也不属于"中立的帮助行为"。(6)快播公司构成单位犯罪。[①] 该案判决后,只有被告人吴某一人提出上诉,判决对控辩双方刑法解释观点的充分考量和对控辩双方观点的充分回应,赢得了控辩双方的认可。在2018年北京市法院系统优秀裁判文书评选中,该案判决书因说理充分、论述翔实,被评为一等奖。

可见,在刑事判决也就是刑法解释权威结论形成过程中,充满了控辩双方的相互反对争执和博弈,控辩双方也不断地说服法官以求法官采纳自己的观点。法官在充分听取控辩双方关于刑法解释论证过程和解释结论的基础上,形成最终的判决文书,并与控辩双方进行交流和说理。这一现实的司法过程,充分展现了刑法解释在司法场域中的运作样态,是一个充满博弈的动态过程。

结　语

在整个的司法场域中,司法者作为刑法解释的主体,需要运用换位思考的方式对自己进行的刑法解释予以衡量。侦查机关、调查机关应当充分听取和考量检察机关、审判机关对案件事实认定、刑法规范条文解读等方面的意见建议,检察机关和审判机关也应当考量调查和侦查机关关于刑法解释的意见。侦查、调查和检察、审判之间,应当通过案件会商、座谈交流、同堂培训等方式,对刑法解释理由、依据、过程和结论等进行深入沟通交流,在平等协商的基础上相互尊重他方意见。其他诉讼参与人也应当不断地进行换位思考,不可固执地坚守本已不符合规范逻辑和社会情理的刑法解释结论,甚至是通过歪曲事实和法律的方式对案件进行炒作。对于社会公众来说也是如此,应当从主体间性的角度出发,"充分考量不同的诉讼主体或者利益相关方及其代表对刑法解释的立场、理念、态度和接受程度,甚至要进行'想象性重构',从而与其他主体通过对话协商或者是利益的博弈而不断完善修正自我见解,形成新的刑法解释结论"[②]。司法场域中,各方解释主体之间存在着以互动为基础的对刑法进行动态解释的关系。

[①] 参见北京市海淀区人民法院刑事判决书,(2015)海刑初字第512号。
[②] 王东海:《坚守刑法解释的动态递进品格》,载《检察日报》2018年4月4日,第3版。

刑法解释过程论视域下的主观性与客观性[*]

田杜国[**]

【摘要】关于刑法解释的主观性与客观性的讨论一直以来都是学界所关注的焦点。然而,从马克思的"实践过程论"和怀特海的"机体过程论"来看,刑法解释不仅是刑法解释主体对刑法解释对象所做的一种阐释说明行为,而且是由刑法解释主体、刑法解释立场、刑法解释角度、刑法解释行为、刑法解释客体、刑法解释目的、刑法解释原则以及刑法解释方法八种必备构成要素所组成的一种社会认知实践过程。很显然,在过程逻辑思维视域下,对刑法解释的主观性和客观性所展开的讨论实际上应该是对刑法解释过程的主观性和客观性所展开的讨论。然而,在对刑法解释过程的主观性和客观性展开讨论时,我们势必要在刑法解释过程的认知基础之上从刑法解释过程的主观性和客观性的内涵、表现形式、各自对刑法解释过程所产生的作用以及两者之间的关系等多个方面展开详尽的论述。

【关键词】刑法解释　过程　刑法解释过程　主观性　客观性

引　言

拉宾曾言道:"法学研究之所以杂乱无序多数在于作为统一话语的法律过程的崩溃。"[①]陈金钊教授曾指出:"法律适用的过程就是法律解释的过程,对法律概念的解释就成为法律适用过程的核心工作。"[②]李希慧教授也曾指出:"从动态方面而言,刑法解释是指一定的主体阐明刑法规定的含义的活动或过程;就静态方面而言,刑法解释则是上述活动或过程一定表现形式的结论。"[③]张明楷教授更是明确地指出:"刑法解释就是在心中充满正义的前提下,目光不断地往返于刑法规范与生活事实之间的过

---

[*] 本文系作者所承担的西北民族大学2023年度中央高校基本科研业务费项目阶段性研究成果。项目名称:"文化自信视域下中国传统法律解释理论与方法的研究",项目编号:31920230073。

[**] 田杜国(1980—),男,法学博士,西北民族大学法学院副教授,研究方向:刑法学、法律逻辑学。

① [美]爱德华·L.拉宾:《新法律过程、话语综合和制度微观分析》,王保民、刘言译,载《地方立法研究》2018年第2期。

② 陈金钊、熊明辉主编:《法律逻辑学》(第2版),中国人民大学出版社2015年版,第79页。

③ 李希慧:《刑法解释论》,中国人民公安大学出版社1995年版,第41页。

程。"①显而易见,国内外众多学者普遍认为,刑法解释不仅是一种人类认知实践行为,而且是一种人类认知的实践过程。从马克思的"实践过程论"和怀特海的"机体过程论"来看,"我们所谈论的社会历史是人为了实现自己特定的目的,通过实践活动将客观理想的世界转化为现实的过程。在对自然和社会进行认知的过程中,作为一种认知活动的对象,无论是自然还是社会都只能是在某一特定的认知过程中才能被称为对象"②。"世界是一个表现为过程的'机体'。过程就是实在,实在就是过程。客体是在认识的过程中生成的,是与主体现实地发生关系的客观对象。在认识过程现实地发生之前,根本无所谓主体和客体之分,两者是在实际存在物的相互作用过程中逐渐生成的,主体与客体的关系以及主体对客体的认知也是一个渐进生成的过程。"③不言而喻,作为一种人类认知的实践过程,刑法解释过程的开启和推进必然会体现主观性和客观性两种特征。据此,在过程逻辑思维视域下,对刑法解释的主观性和客观性所展开的讨论实际上就是对刑法解释过程的主观性与客观性所展开的讨论。然而,从刑法解释过程的主观性和客观性之间的关系来看:一方面,主观性与客观性会以一种辩证统一的形式共存于刑法解释过程中;另一方面,刑法解释过程主观性的存在必然会对作为刑法解释过程价值指向的客观性的实现产生一定的阻碍。因此,在对刑法解释过程进行详尽认知的基础上所展开的有关刑法解释过程主观性和客观性的认知以及有关刑法解释过程客观性价值指向实现的困境和途径等相关问题的讨论就显得尤为重要。

一、刑法解释过程的认知

从马克思的"实践过程论"和怀特海的"机体过程论"来看,过程就是指认知实践主体在特定的社会时空范畴内通过人类认知实践行为对物化或非物化的客观存在展开认知时所经历的一种程序。④ 从这一内涵出发,我们不难发现,程序是过程的本质,过程的开启和展开必然离不开认知实践主体、认知实践行为和认知实践客体这三种构成要素。然而,从过程的内在运作机理层面来看,除了前述三种必备的构成要素之外,由人类所开启的过程同时需要具备认知实践立场、认知实践角度、认知实践目的、认知实践原则以及认知实践方法等五种必备的构成要素。换言之,过程必然是由主体、立场、角度、客体、行为、目的、原则以及方法这八种必备构成要素所组成。其中,认知实践主体是指所有开启认知实践过程的人。认知实践立场是指认知实践主体在对认知

---

① 张明楷:《刑法学研究中的十关系论》,载《政法论坛》2006年第2期。
② 《马克思恩格斯全集》(第42卷),人民出版社1979年版,第130~131页。
③ [英]阿尔弗雷德·诺思·怀特海:《过程与实在:宇宙论研究》,杨富斌译,中国城市出版社2003年版,第564~565页。
④ 参见闫顺利:《哲学过程论》,载《北方论丛》1996年第3期。

实践客体展开认知实践行为时所处的利益目标人群。认知实践角度是指认知实践主体在对认知实践客体实施认知实践行为时的出发点或切入点。认知实践客体是指认知实践主体的认知实践行为所针对的对象，其具体可以被划分为物化对象和非物化对象两种类型，前者是看得见摸得着的客观物化实体，后者是一种无形的主观意思或信念所凝结而成的非物化实体的客观存在。认知实践行为则根据认知实践对象的不同被划分为外显性行为与内隐性行为两种，前者是指能够被外界直接观察到的身体实践活动，后者则是指不能被外界直接观察到的隐蔽的心理认知活动。认知实践目的是指认知实践主体通过外显性行为或内隐性行为作用于物化或非物化的认知实践客体后所要实现的目标或结果，其具有从应然性向实然性发生转变的特征。认知实践原则是指对认知实践主体的外显性认知实践行为和内隐性认知实践行为起到指引和制约作用的一种基本指导思想或准则。认知实践方法是指认知实践主体为了实现认知实践目的而采用的具体方式和技术手段。根据作用的不同，认知实践方法可以被划分为认知实践结果产生的方法和认知实践结果的论成方法两种。前者的作用在于直接形成认知实践结果，后者则是对已形成的认知实践结果的合理有效性加以证成。[1]

作为人类认知实践过程中的一种，刑法解释过程是指在特定的社会时空范畴内刑法解释主体为了实现某种特定的刑法解释目的，在遵循特定的解释原则的前提下采用特定的刑法解释方法对刑法解释客体进行阐释和说明时所经历的一种认知实践程序。就刑法解释过程的本质而言，其依旧是一种程序，并且刑法解释过程依旧是由刑法解释的主体、立场、角度、客体、行为、目的、原则以及方法这八种必备构成要素所组成。

其一，在过程逻辑思维下，刑法解释客体是指开启和展开刑法解释过程的主体的解释行为所针对的待解释对象。就这一待解释对象的内容而言，其应包含刑法概念、刑法规范和案件事实三个方面。正如拉伦茨所言："假使认为只有在法律文字特别'模糊''不明确'或相互矛盾时，才需要解释是一种误解，全部的法律文字原则上都需要解释。在解释法律规范时，必须考虑其与此法律规范有关的社会事实，这已是自明之理。"[2] 这样看来，刑法解释过程便不仅是一种对刑法概念和刑法规范展开的解释过程，而且是一种解释主体的解释目光往返于刑法规范与案件事实之间的阐释过程。此外，作为刑法解释客体内容的刑法概念、刑法规范和案件事实一旦被加以解释，它们必然会以非物化的形态呈现在刑法解释过程中。

其二，在过程逻辑思维下，刑法解释行为是指刑法解释主体为了实现特定的解释目的而对刑法概念、刑法规范和案件事实所展开的一种认知活动。从这种认知活动的本质、发生的场域以及所针对的解释客体来看，其应该是刑法解释主体在对带有主观

---

[1] 参见陆云彬：《关于"过程"问题的研究简述》，载《国内哲学动态》1984年第6期。
[2] ［德］卡尔·拉伦茨：《法学方法论》，陈爱娥译，商务印书馆2003年版，第13、85页。

意志性的刑法概念和刑法规范以及带有主观重构性的案件事实进行阐释时所运用的一种逻辑思维的推演进程,其发生于刑法解释主体的主观意识和心理层面。而在行为主义心理学看来,"行为就是人与动物对外界刺激所作出的一切外在的和内在的反应,其包括外显行为和内隐行为两种。外显行为是指能够直接观察到的身体活动。而内隐行为则是指不能被外界直接观察的隐蔽的心理活动"[1]。显而易见,作为刑法解释过程的必备构成要素,刑法解释行为应该是一种内隐性行为,而非外显性行为。

其三,在过程逻辑思维下,刑法解释主体是指开启和展开刑法解释过程的人,具体包括有权解释主体和学理解释主体两种类型。很显然,作为刑法解释过程的必备构成要素,刑法解释主体明显地有别于刑法的有权解释主体这一概念。前者旨在回答刑法解释过程开启和展开的主体是谁这一问题,而后者则旨在回答谁被赋予了解释刑法规范的法律资格以及解释结论是否具有法律效力这两个问题。尽管法律赋予了立法者和司法者解释刑法的资格,但这并不意味着可以剥夺或限制普通民众和专家学者在自己主观意识层面所开启的刑法解释过程。毕竟作为刑法解释过程必备构成要素的刑法解释行为是一种发生在刑法解释主体主观意识层面的内隐性行为,而作为法律所调整的对象而言,其恰恰又指向了人们的外在行为,即法律只约束了人们的外显性行为,而对与人们的内隐性行为则并不具有直接的约束力。

其四,在过程逻辑思维下,刑法解释立场是指刑法解释主体在开启和展开刑法解释过程时所处的利益目标人群,旨在回答刑法解释主体应该站在哪一利益目标人群的立场来对刑法解释客体进行解释这一问题。毫无疑问,在当下法治社会中,刑法解释立场必然指向社会民众这一利益目标群体。毕竟有权解释主体中的立法者和司法者也是社会民众中的一员,他们所作出的有权解释不仅是为了维护法律的尊严和权威,更是为了保护社会民众的切身利益。显而易见,从过程逻辑思维的角度来看,刑法解释立场与刑法解释主体是两个完全不同的概念。

其五,在过程逻辑思维下,刑法解释角度是指刑法解释主体在知识储备、认知能力、职业角色以及社会文化环境的综合影响下开启刑法解释过程时的出发点或切入点。很显然,从过程逻辑思维的视角来看,刑法解释角度不同于刑法解释主体,同时,刑法解释角度不同于刑法解释立场。刑法解释角度是解释主体所采取的出发点或切入点,刑法解释主体是开启和展开刑法解释过程的人,而刑法解释立场则是指利益目标人群。就刑法解释主体、刑法解释立场和刑法解释角度三者之间的关系而言,一言以蔽之,包含了有权解释主体与学理解释主体在内的刑法解释主体站在社会民众这一相同的刑法解释立场之上会从不同的刑法解释角度对刑法解释客体展开认知。

---

[1] John B. Watson, "*Psychology as the Behaviorist Views It*", Psychological Review, Vol. 101:20, p. 248 – 253 (1994).

其六,在过程逻辑思维下,刑法解释目的是指包含了有权解释主体与学理解释主体在内的刑法解释主体通过一种内隐性刑法解释行为作用于刑法概念、刑法规范以及案件事实等刑法解释客体时所要实现的一种主观预设结果,具有从应然性向实然性进行转化的特征。与此同时,作为刑法解释过程的必备构成要素,刑法解释目的的真实旨意应该概括为:"将案件事实一般化,将刑法规范具体化。"①具体而言,刑法解释目的不应该仅体现为对刑法概念和刑法规范真实含义作出阐释和说明,还应体现为对案件事实作出解读和分析,即在刑法解释过程中,包含了有权解释主体与学理解释主体在内的刑法解释主体通过内隐性的刑法解释不仅要阐释出刑法概念和刑法规范的真实含义,还要赋予业已发生的案件事实法律层面的意义。

其七,在过程逻辑思维下,刑法解释原则是指为了实现刑法解释而贯穿于刑法解释过程中对内隐性的刑法解释行为起到指引和制约性作用的基本思想和行为准则,具体表现为合法性和合理性两种解释原则。合法性解释原则是指刑法解释主体在开启和展开刑法解释过程时必须要遵守罪刑法定原则的基本要求。有权解释主体和学理解释主体虽然都可以开启刑法解释过程,但在没有任何限制的前提下,发生在刑法解释过程中的内隐性解释行为在对刑法概念、刑法规范和案件事实进行阐释时必然会造成恣意解释的现象。因此,作为刑法基本原则的罪刑法定原则必然会成为刑法解释原则的主要内容。合理性解释原则是指刑法解释主体在开启和展开刑法解释过程时必须要按照常识、常理和常情的基本要求来做。无论是有权解释主体还是学理解释主体在开启刑法解释过程时必然站在社会民众立场之上,而常识、常理和常情恰恰又是这一解释立场的具体体现。②

其八,在过程逻辑思维下,刑法解释方法是指刑法解释主体在开启和展开刑法解释过程时所采用的解释方式和技术手段。根据前述认知实践方法的划分标准,在不同的作用层面,刑法解释方法也应该被划分为刑法解释结论的产生方法和刑法解释结论的论成方法两种类型。刑法解释结论的产生方法是指直接促使刑法解释结论得以产生的各种刑法解释方式和技术手段的总称,其扮演着解释结论制造者的角色。从现有的刑法解释方法来看,平义解释、扩大解释、缩小解释、反对解释、补正解释、类推解释应该属于此类。而刑法解释结论的论成方法是指对刑法解释结论的合理性进行论证时所采用的各种刑法解释方式和技术手段的总称,其扮演着解释结论评论者的角色。现有的体系解释、当然解释、历史解释、目的解释应该属于此类。③

---

① 陈金钊:《法律解释(学)的基本问题》,载《政法论丛》2004年第3期。
② 参见张光君:《"常理、常识、常情"的刑法哲学蕴涵》,载《河南科技大学学报(社会科学版)》2007年第4期。
③ 参见张明楷:《刑法学中的当然解释》,载《现代法学》2012年第4期。

二、刑法解释的主观性

从马克思和怀特海对过程的认知来看,过程的开启和展开必然会体现出主观性的特征。所谓过程的主观性是指认知实践主体在对认知实践客体展开认知实践行为时所体现出来的主观意识性、主观能动性、主观目的性和主观动机性的总称,其本质就是一种动态的主观意识思维所体现出来的属性。[①] 基于此,作为人类认知实践过程中的一种特殊类型,刑法解释过程必然也会具有主观性的特征。所谓的刑法解释过程主观性是指有权解释主体与学理解释主体在对刑法概念、刑法规范和案件事实作出内隐性解释行为时所体现出来的主观意识性、主观能动性、主观目的性和主观动机性的总称,其本质上是一种产生并存在于刑法解释过程中的刑法解释主体主观层面的动态法律意识思维的属性。而就刑法解释过程主观性的表现形式而言,其又具体体现在主观意识能动性、目的的导向性和动机的诱发性、刑法解释行为、认识论这四个方面。

首先,从主观意识能动性的角度来看,刑法解释过程的主观性可以表现为主观意识性和自觉能动性。正如德国哲学家赫尔曼·柯亨所言:"主观意识性是指,人的大脑对客观存在作出反映时所体现出来的认知本能属性。或者说,主观意识性是人的意识本能所具有的属性。"[②]在刑法解释过程被启动之前,刑法解释主体在主观层面必然明知其即将作出的解释行为针对何种对象而展开。换句话说,在刑法解释过程启动之前,解释主体在主观层面先行开启了一个解释目标确定的过程。而这一过程则是在解释主体的大脑中形成的,并最终确立了明知的解释对象,之后又将该过程的结果延续到刑法解释过程中。毫无疑问,这便是主观意识性的具体体现。此外,不可否认,无论是在刑法解释过程之前的解释对象确定过程中,还是在刑法解释过程的启动和展开中,解释主体的主观能动性都必然发挥着积极功效。正如马克思所言:"所谓的主观能动性,其中重要的一层含义就是自觉能动性。"[③]可见,主观意识性和自觉能动性必然是刑法解释过程主观性的表现形式,并且其也是最为基础和重要的表现形式。

其次,从目的的导向性和动机的诱发性角度来看,基于主观意识性和自觉能动性而产生的主观目的性和主观动机性在刑法解释过程中则具体表现为主观价值观念的趋向性。正如列宁所言:"我们的认识首先要适应有机生活的需要。"[④]这也就意味着,任何一种认知过程的启动和展开都必然是在特定目的指引下通过动机的催化作用最终得以形成,刑法解释过程当然也不例外。而从马克思主义的认识论来看,目的通常是指行为主体根据自身的需要,借助意识、观念的中介作用预先设想行为的目标和结

[①] 参见王玉樑:《实践性、客观性、主观性与主体性》,载《人文杂志》1993年第1期。
[②] [德]赫尔曼·柯亨:《康德的法律哲学》,林作舟译,载《朝阳法律评论》1977年第8期。
[③] 《马克思恩格斯选集》(第3卷),人民出版社1972年版,第518页。
[④] 列宁:《哲学笔记》,人民出版社1998年版,第511页。

果。动机则是指推动人从事某种活动并朝一个方向前进的内部动力,其是实现一定目的而行动的原因。可见,动机指向了目的,目的又指向了认知主体的需要。在刑法解释过程中,解释主体之所以会对解释对象进行解释,其也必然是基于一种需要,而这种需要则体现为刑法解释主体通过对刑法解释对象进行解释从而促使刑法规范得以适用于具体的案件事实,最终实现刑法规范所追求和实现的社会公平和正义这一价值要求。据此,我们可以推知,在刑法解释过程中,解释主体的主观目的和主观动机都指向了公平与正义等这些主观价值观念的实现。因此,主观价值观念的趋向性必然是刑法解释过程主观性的表现形式之一。

再次,从刑法解释行为的角度来看,刑法解释过程的主观性还可以具体表现为解释思维的严谨逻辑性。一方面,刑法解释行为是一种发生在解释主体主观层面的内隐行为,而当这种带有内隐特性的解释行为作出时,往往又会出现恣意妄为的现象。这些恣意妄为的现象之所以会出现,一是由于解释主体自身的解释能力偏低,二是由于客观因素的影响,解释主体的需求发生了不切合实际的改变。为了防止恣意妄为的现象出现,我们就有必要对解释主体的解释行为加以限制,而最有效的限制方法便是对解释主体的解释行为作出符合一定逻辑思维解释规律的严格限制。比如,对刑法解释行为作出符合罪刑法定原则的合法性解释原则就是最为有力的证明依据。另一方面,对包含了同一律、矛盾律和排中律等内容并对刑法解释行为起到严格限制作用的逻辑思维的本质而言,其必然是在人类认知经验的基础上形成的一种带有严格性和固定性特征的主观意识成果。[1] 很显然,为了防止刑法解释行为出现恣意妄为的现象,在对刑法解释主体的主观意识性、自觉能动性、主观目的性和主观动机性作出严格限制的基础上,符合逻辑思维的解释要求被明确提出。据此,解释思维的严谨逻辑性必然是刑法解释过程主观性的一种表现形式。

最后,从认识论的角度来看,刑法解释过程主观性的表现形式还可以具体表现为解释思维的超前性。一方面,辩证唯物主义认识论认为,人类的主观认识能动性除了具有摹写性,还具有超前性。其中,所谓的主观认识能动性的超前性是指认知主体在对客体信息接受的基础上通过主观分析、选择、整合和虚拟建构的思维方式所形成的超越客体信息原本状态的一种特性。[2] 另一方面,刑法解释主体的解释行为是一种内隐行为,并且是在主观能动性的支配下作出的。所以,刑法解释主体的主观能动性也一样,除了具有摹写性,也必然具有超前性。比如,在立法解释和司法解释过程中,尽管立法者和司法者在对刑法规范作出解释时都必须严格按照立法原意进行解释,但是,从现实的解释结果来看,为了弥补刑法规范的漏洞和空白,立法解释主体与司法解

---

[1] 参见金岳霖主编:《形式逻辑》,人民出版社1979年版,第264页。
[2] 参见欧阳康:《马克思主义认识论研究》,北京师范大学出版社2012年版,第13~19页。

释主体都在各自的解释过程中作出了带有预设性和前瞻性的解释结论。很显然,解释思维的超前性也必然是刑法解释过程主观性的一种表现形式。

三、刑法解释的客观性

在马克思和怀特海看来,客观性同主观性都必然是人类认知实践过程所具有的特征。相比人类认知实践过程的主观性而言,人类认知实践过程的客观性的含义和表现形式则需要从本体论、认识论、方法论和社会效果四个方面来加以把握:首先,从本体论方面来看,所谓的客观性就是指人类的认知实践活动所触及的认知对象本身所体现出来的客观存在性、相对稳定性、价值无涉性和可感知性;其次,从认识论方面来看,所谓的客观性是指人类认知实践逻辑思维所体现出来的科学性和精准性;再次,从方法论方面来看,所谓的客观性是指人类认知实践方法和手段所体现出来的开放性和建构性;最后,从社会效果方面来看,所谓的客观性是指人类认知实践主体在借助科学理论的同时通过特定的认知实践方法和手段作用于认知对象后形成的认知实践结果本身所体现出来的正当性、合理性和普遍可接受性。[①] 基于此,作为过程中的一种特殊类型,刑法解释过程客观性的含义及表现形式则依然需要从本体论、认识论、方法论和社会效果四个方面来加以把握。

首先,从本体论层面来看,刑法解释过程的客观性是指刑法解释过程中有权解释主体和学理解释主体的内隐性解释行为所作用的刑法概念、刑法规范和案件事实本身所具有的属性,该种属性具体可以表现为客观存在性、明确性、相对稳定性和真实性四种形式。基于诠释学的视角,刑法解释过程的客观性必然来源于刑法规范的客观性。刑法规范的客观性是刑法解释过程客观性得以实现的前提和基础,刑法解释过程的客观性又是刑法规范的客观性在刑法解释过程中的具体体现。[②] 而就刑法规范的客观性而言,刑法解释主体在作出解释行为之前,刑法规范必须要客观真实存在,否则刑法解释主体所启动的刑法解释过程便失去了其存在的意义。再者,刑法规范毕竟是一种规范,而作为规范其必然要具有明确性和一定程度上的稳定性。无论是刑法规范先于解释主体的真实存在性,还是作为规范的一种所必须具有的明确性和稳定性,这些都足以说明刑法规范存在着不以人的意志为转移的特性。而这种不以人的意志为转移的特性并不同于物质实在性,它们是一种非物化的客观存在。此外,对于作为刑法解释过程中的解释对象要素之一的案件事实而言,其必然是业已真实发生在现实社会中并不以解释主体主观意志为转移的事实。据此,刑法解释过程的客观性在本体论层面除了可以表现为客观存在性、明确性和相对稳定性等形式,真实性也必然是其应有的

[①] 参见李醒民:《客观性涵义的历史演变》,载《哲学动态》2007 年第 7 期。
[②] 参见谢晖:《诠释法律的客观性及其原因》,载《法学》2003 年第 3 期。

外化形式。

其次,从认识论层面来看,刑法解释过程的客观性是指刑法解释过程中有权解释主体和学理解释主体通过内隐性解释行为对刑法概念、刑法规范和案件事实进行解释时从其认知逻辑思维要求层面上所体现出来的"求真"符合性,即解释者所阐释的意思要与立法者的原意相符合,业已产生的案件事实的解释结论要与刑法规范所统摄的范畴相符合。而这种"求真"符合性,具体可以表现为价值中立性、精准性和合法性三种形式。刑法规范作为法律规范的一种,必然具有明确性和稳定性的特征,进而刑法解释主体在对刑法规范进行解释的过程中必然要摒弃个人的价值偏见,禁止将个人的喜好和价值判断标准任意地用来阐释刑法概念和刑法规范的含义。换言之,在对刑法概念和刑法规范进行解释时,解释主体必须要秉持着价值无涉的态度。同时,在对案件事实进行认定和解释时,解释主体也不得凭借自己的主观臆断对客观发生的案件事实随意地进行揣测,其必须客观真实地认知和解释案件事实的真相。这样看来,刑法解释主体在对刑法概念、刑法规范和案件事实进行解释时都要在价值无涉的态度下如实地阐述或描述。这无疑是价值中立性和精准性的具体体现。此外,刑法解释主体尽管对案件事实的真相予以揭示,但整个认知解释过程并没有结束,在这之后,还需要将案件事实和刑法规范进行比对,在这一过程中,刑法解释主体必须保持所认知和解释的案件同所解释的刑法规范之间的一致性。只有这样,才能真正地赋予案件事实法律层面的意义,进而作出正确无误的裁判或结论,这无疑又是合法性的具体体现。

再次,从方法论层面来看,刑法解释过程的客观性是指刑法解释过程中有权解释主体和学理解释主体通过内隐性解释行为对刑法概念、刑法规范和案件事实进行解释时所采用的解释方法本身所应具有的属性。而就这一属性而言,其具体可以体现为严格性和有效性两种形式。刑法解释主体在对刑法概念、刑法规范和案件事实进行解释和认知的过程中必然会运用到一定的解释方法和手段,而在对解释方法和手段进行选择时,刑法解释主体必然要受到通过刑法条文明确加以规定的罪刑法定原则的限制,对于那些违背罪刑法定原则的解释方法和手段而言,刑法解释主体在展开解释的过程中是禁止被使用的。这无疑是严格性这一表现形式的具体体现。此外,刑法解释主体在展开刑法规范具体化和案件事实法律化的过程中,必然会运用到三段论这一逻辑推理方法,对于这一逻辑推理方法而言,其本身就是一种逻辑思维的具体体现。换言之,就刑法解释主体所采用的解释方法和手段自身而言,其必须符合一定的逻辑思维规则。虽然某种解释方法和手段并没有违反罪刑法定原则,但其自身却与一定的逻辑思维规则相冲突的,该种解释方法和手段依旧不能被使用。显而易见,方法论层面上的刑法解释过程的客观性除了严格性这一表现形式,还可以具体表现为刑法解释方法自身的逻辑有效性。

最后,从社会效果层面来看,刑法解释过程的客观性是指刑法解释过程中有权解释主体和学理解释主体通过内隐性解释行为作出的刑法解释结论在社会实践层面所体现出来的应有属性,其本质上是刑法解释结论的法律效果与社会效果进行有机融合时所彰显出来的必然要求。而就这一必然要求而言,其具体可以体现为实践性、合理性和普遍可接受性三种表现形式。法律规范都基于社会发展的需要而产生,同时基于社会问题的解决而被适用。换言之,作为社会规范中的一种特殊类型,法律规范来源于社会又服务于社会,刑法规范也不例外。刑法规范在面对业已发生的案件事实时必然通过解释主体的解释行为来加以阐释和说明后方可被适用。在这一过程中所形成的解释结论最终体现为一种裁判结果。而对于这一裁判结果而言,其必然要接受社会普遍认同的价值观念的评断,一旦该裁判结果同社会普遍价值观念相吻合,那么其所带来的结果便会体现为一种社会大众眼中的合理性,继而也会被社会大众所接受。反之则不合理、不被普遍接受。此外,为了能够充分实现法治理念所追求的公平正义,通过刑法解释过程所产生的裁判结果必然要接受社会普遍价值观念的检验,从而促使合理性和普遍可接受性的实现。而这一检验过程恰恰又是实践性得以实现的真实写照。据此,社会效果层面上刑法解释过程的客观性必然也就会体现为实践性、合理性和普遍可接受性三种形式。[1]

四、刑法解释主观性与客观性的关系

马克思的"实践过程论"和怀特海的"机体过程论"均为我们指出,作为人类认知实践过程的必然属性,主观性和客观性以辩证统一的逻辑关系共存于同一人类认知实践过程中。过程的主观性源于客观性并在客观性中得以实现,过程的客观性是主观性在实践中的最终体现。被人们所开启的认知实践过程必然以追求和实现客观性为己任。带有主观性特征的人类认知实践过程之所以被开启,其最终的价值指向便是对客观性的充分实现。[2] 基于此,作为人类认知实践过程中的一种,刑法解释过程的主观性与客观性亦是以辩证统一的逻辑关系共存于同一刑法解释过程中,并且,同时具有主观性和客观性特征的刑法解释过程之所以被人们所开启,是因为其终极价值指向便是在追求和实现刑法解释过程的客观性。这也正如杨仁寿先生所言:"学问一再累积,始能其健全发展或有所成就,设彼此所营同一学问,不能维持某程度之客观性,即不能发生累积作用,此一门学问之研究必然停滞不前,甚至萎缩。法学亦复如是,法学者一向以追求客观性为首务,并将法律阐释之客观性,悬为研究的基本课题,实此

---

[1] 参见俞小海:《刑法解释的公众认同》,载《现代法学》2010 年第 3 期。
[2] 参见《马克思恩格斯全集》(第 42 卷),人民出版社 1979 年版,第 141~146 页;[英]阿尔弗雷德·诺思·怀特海:《过程与实在:宇宙论研究》,杨富斌译,中国城市出版社 2003 年版,第 575~586 页。

之故。"①

然而,由于受到刑法解释过程主观性和组成该刑法解释过程的多种必备构成要素的综合影响,刑法解释过程客观性在其实现的道路上并非一帆风顺,其中存在诸多困境和阻碍。就这些困境和阻碍而言,其主要体现在以下三个方面:

首先,从刑法解释过程的解释客体要素角度来看,作为刑法解释过程的解释客体要素之一,刑法规范本身以人类的语言为其外化载体,而人类的语言在表述外在存在时却又常常会出现语义歧义或表意边缘模糊性的特征。据此,刑法解释过程客观性在实现的过程中必然会涉及对刑法规范用语含义的射程范围以及边缘模糊性等问题的界定。很显然,作为刑法解释过程的必备构成要素,刑法规范自身的客观性如何加以界定以及如何得以实现等相关问题必然会成为刑法解释过程客观性实现道路上的一种困境和阻碍。②

其次,从刑法解释过程的解释立场要素角度来看,在过程逻辑思维下,刑法解释过程的解释立场指向的是社会大众这一利益目标人群。刑法解释主体通过内隐性解释行为对刑法解释客体展开阐释和说明时必然以充分实现社会大众这一利益目标人群的合法权益为己任。换句话说,刑法解释主体通过刑法解释过程最终所得出的解释结论理应得到社会大众的普遍认可。然而,从实际情况来看,刑法解释主体通过刑法解释过程最终所得出的解释结论与社会大众的普遍认可度之间却往往会出现偏差,甚至两者之间呈现针锋相对的矛盾关系。很显然,刑法解释主体通过刑法解释过程得出的解释结论同公众认同之间如何有效融合这一问题必然也会对刑法解释过程客观性的实现造成一定的影响和阻碍。③

最后,从刑法解释过程的解释行为要素角度来看,在过程逻辑思维下,内隐性的刑法解释行为在对刑法解释客体进行认知时除了要明确案件事实本身的状况,还要从犯罪构成层面赋予案件事实法律意义,而赋予案件事实法律意义的过程无疑又是一种价值评判的过程。然而,由于不同的解释主体具有不同的文化背景、解释目的和解释经验与技能,所以他们所作出的价值评判往往会有所不同,进而影响了刑法解释过程客观性的充分实现。不难看出,在刑法解释过程客观性实现的道路上,如何对刑法解释主体的价值评判进行合理的规制便成为我们需要正视的问题。④

面对刑法解释过程客观性在实现道路上所遇到的以上三个方面的困境和阻碍,我

---

① 杨仁寿:《法学方法论》,中国政法大学出版社2013年版,第47页。
② 参见李宏勃:《成文法解释的客观性:标准及其途径》,载陈金钊、谢晖主持:《法律方法》(第3卷),山东人民出版社2004年版。
③ 参见袁林:《公众认同与刑法解释范式的择向》,载《法学》2011年第5期。
④ 参见[德]马丁·卡里尔:《科学中的价值与客观性:价值负载性、多元主义和认知态度》,钱立卿译,载《哲学分析》2014年第3期。

们势必要分别从以下三个方面形成正确的认知并给出合理的解释措施。

首先,针对刑法规范自身的客观性如何加以界定以及如何得以实现这一困境而言,英国法学家哈特提出来的"意思中心说"和"开放结构说"为我们提供了非常有价值的参考依据。在哈特看来,法律概念和法律规范都由语言构成,而任何一种概念的内涵和外延都具有明确的、无可争议的中心区域。这也就意味着法律解释主体完全可以通过阅读理解的方式来把握法律概念和由法律概念形成的法律规范的中心意思,进而也就能对法律概念和法律规范的确定性加以把握。此外,以语言为物质载体的法律概念本身必然会存在边缘模糊性的特性,进而由法律概念组成的法律规范也随即产生了含义模糊不清的情形。但这并不意味着法律概念和法律规范的确定性就从此消失。开启法律解释过程的法律解释主体在以法律概念和法律规范的中心意思为基础的情况下会采用一种开放式的解释方法不断对法律概念进行一定程度上的扩张,从而保证了法律概念和法律规范确定性的实现。或者说,在语义射程范围内对法律概念和法律规范进行扩张的解释完全可以确保确定性的实现。而对于那些超出语义射程范围的法律解释活动而言,其并没有存在的意义。因为超出语义范围的含义并不是法律解释活动的任务,而应该是立法者应有的责任。[①] 据此,我们便可以推知,在刑法解释过程中,作为刑法解释过程必备构成要素的刑法概念和刑法规范在由语言这种物化载体加以呈现时也必然会体现出"意思中心"和"开放结构"这两个方面的特殊性和特殊要求。为此,开启刑法解释过程的刑法解释主体必然会通过阅读和理解的方式去把握刑法概念以及由刑法概念组成的刑法规范的中心意思,并且在遇到刑法概念含义模糊的情况时也必然会借助不超过刑法用语语义射程范围的扩张解释方法来极大地促使刑法概念和刑法规范确定性的实现。这无疑就是刑法规范客观性得以实现的具体体现,也是刑法解释过程价值指向的客观性得以实现的具体体现。

其次,针对刑法解释主体通过刑法解释过程得出的解释结论同公众认同之间如何有效融合这一问题而言,以陈忠林教授为代表的一些学者提出来的"三常"法治观理念则为我们提供了一种可以借鉴的问题解决依据。在陈忠林教授等学者看来,"现代法治,归根结底应该是人性之治、良心之治,绝不应归结为机械的规则之治;作为现代法治灵魂的'常识、常理、常情',是指为一个社会的普通民众长期认同,并且至今没有被证明是错误的基本的经验、基本的道理以及为该社会民众普遍认同与遵守的是非标准、行为准则;我们实行法治,绝不能显失公平、决不能违背常理、绝不能不顾人情;我们的法律是人民的法律,绝不应该对其作出根本背离老百姓所共同认可的常识、常理、常情的解释;我们人民法院定罪量刑的过程,应该是一个和人民群众,包括刑事被告人,将心比心、以心换心的过程;我们的司法人员只能为了维护法律所保护的价值而维

---

① 参见[英]哈特:《法律的概念》,张文显译,中国大百科全书出版社1996年版,第146~159页。

护法律的权威,而绝不能仅为了维护法律的权威而维护法律的权威"[①]。从"三常"法治观理念来看,刑法解释主体通过刑法解释过程最终形成的具有法律权威性的解释结论同社会公众认同之间所产生的冲突不应体现为必然性,其应该只是一种或然性向现实性转化的具体体现。即使在客观现实的状况下,带有法律权威性的刑法解释结论与社会公众认同之间产生了看似无法调和的局面,我们也依旧可以依据"常识""常理""常情"来作出决断。哪怕最后的决断选择了社会公众的认同,其依旧没有违背法治精神。毕竟这种选择符合了法律的公序良俗原则,并且其与作为刑法解释过程的社会利益目标人群这一解释立场也极为吻合。可见,在刑法解释过程客观性实现的道路上,"三常"法治观理念的运用对于消除刑法解释结论与公众认同之间所产生的冲突这一阻碍而言必然发挥着积极的功效。

最后,对于如何合理地规制刑法解释主体的价值评判这一问题而言,阿列克西提出来的"法律论证理论"对此给出了明确且合理的解答。在阿列克西看来,凡法学范畴内所关涉的价值判断都应该是一种带有实践性和有效法律约束性的价值论证过程。当这一价值论证过程基于某种特定的程序而被开启时,其本身所具有的正确性和合理性便会得到充分的证明。而就这一特定的程序而言,其又具体可以被区分为内部证成和外部证成两种过程形式。其中,内部证成是指正确且合理的价值判断必须是从其产生的前提条件中被推导出来,也就是说内部证成就是一种符合逻辑推导规律的证明过程。而外部证成则是指促使正确且合理的价值判断得以形成的前提条件,其自身必须要具有正确的证明方式。此外,为了确保内部证成和外部证成有效性的实现,在两种价值评判的过程中,评判的主体必须要遵守经验论证规则、规范学论证规则、判例适用普遍论证规则、一般实践话语论证规则等具体的论证规则。只有法律价值判断主体在运用这些具体的论证规则来对自身所作出的价值判断的正确性和合理性加以证明时,该种价值判断的客观性才会得以实现。[②] 据此,从阿列克西的"法律论证理论"来看,刑法解释过程中的价值评判应该就是一种带有实践性和有效法律约束性的价值论证过程。开启刑法解释过程的解释主体只有在遵守了经验论证规则、规范学论证规则、判例适用普遍论证规则、一般实践话语论证规则等具体的论证规则的前提下,从内部证成和外部证成两个层面对刑法解释过程中价值评判的正确性和合理性加以证明时,刑法解释过程中的价值评判才具有客观性,进而刑法解释过程的客观性也才会得到真正的实现。

---

① 陈忠林:《"常识、常理、常情":一种法治观与法学教育观》,载《太平洋学报》2007年第6期。
② 参见[德]罗伯特·阿列克西:《法律论证理论——作为法律证立理论的理性论辩理论》,舒国滢译,中国法制出版社2002年版,第93~198页。

结 语

从马克思的"实践过程论"和怀特海的"机体过程论"来看,刑法解释不仅是一种人类认知实践行为,更是由解释主体、解释立场、解释角度、解释行为、解释客体、解释目的、解释原则以及解释方法多种必备构成要素组成的一种社会认知实践过程。从刑法解释这一认知实践过程的构成要素以及其运作机理等多个方面来看,主观性与客观性必然会以辩证统一的逻辑关系共存于其中。而从刑法解释过程被开启的意义层面来看,作为刑法解释过程应有的属性,具有不同层面含义的客观性必然会在主观性的作用下成为刑法解释过程的价值指向。然而,在刑法解释过程客观性这一价值指向实现的道路上,我们却又不得不对刑法规范客观性如何加以界定与实现、公众认同与刑法解释过程的解释结论如何进行有效融合以及价值评判如何确保刑法解释过程客观性得以实现这三个方面所存在的困境和阻碍给予足够的重视。据此,在消除这三个方面的困境和阻碍时,哈特的"意思中心说"和"开放结构说"、"三常"法治观理念以及阿列克西的"法律论证理论"分别为我们提供了合理、有效的解决机制和路径。

刑法解释融贯性的概念界定

谢雯昕[*]

【摘要】法律领域的融贯性主要指涉法律领域真理融贯论,其将融贯性解释为法律规范各要素之间、规范本身与外部环境之间具有排列有序、相互协调的关系属性。在法律解释中,法律解释既需要满足合法性条件,又需要以实现社会正义为终极目的,需要权衡所有相关的法律解释因素,从而形成一个具有正确性的有关法律解释的命题。法律解释的正确性不仅表现为法律上的一致性,更表现为内容与道德上的融贯性论证。刑法解释的融贯性,是指对刑法的解释必须具有法秩序上的一致性和协调性,在刑法内部各要素之间以及刑法与其他各部门法之间必须具有逻辑一致性、相互证立性,而不至于出现刑法解释过程和结论上无法解决的矛盾。与文义解释、体系解释、历史解释和目的解释等解释方法相比,刑法解释的融贯性是一种本体论层面的属性描述,它可以具体体现为刑法内部各条文之间、刑法与其他各部门法之间的法秩序统一性。

【关键词】刑法解释　融贯性　逻辑一致性　相互证立性

法律解释如何整全自洽,是成文法国家法律解释所必须涉及的命题。成文法国家离不开对法典逻辑证成的追求,这一点对于法律体系初步建成、社会正处于转型期的我国来说,显得尤为重要。我国《刑法》是一部大一统的《刑法》,单行刑法、附属刑法在我国作用比较有限。基于此,如何对《刑法》具体条文进行解释、《刑法》与各个部门法的条文之间如何解释衔接等,都有赖于刑法解释融贯性的贯彻实践。

刑法解释方法作为法律解释方法的一部分,其常见的解释方法包括文义解释、体系解释、历史解释、目的解释等。具体到各刑法解释方法的适用,有学者提出,刑法解释方法在适用的先后顺序上具有一定的位阶性,也即在对成文的刑法条文进行解释时,应当按照一定的先后顺序来依次适用各解释方法。如果位阶在先的解释方法能够有效解释该条文,则不运用位阶在后的解释方法。笔者认为,刑法解释是一个综合判断的过程。对某一条文的解释,都要结合其文义、历史来源、立法目的及其与其他条

---

[*] 谢雯昕,女,法学博士,四川警察学院侦查系讲师,四川大学刑事政策研究中心特聘助理研究员。

文、其他部门法的关系予以整体性判断。基于此,刑法解释位阶论的观点难以成立,在从诠释学的视角对法律条文进行考察的基础之上,将融贯性理论引入刑法解释,才能更好地在司法实践中体现刑法解释的应有之义。

一、法律领域融贯性的内涵分析

法律的可辩驳性直接影响我们对司法判决的正确性问题和法律中的真理问题的探讨,而司法判决的正确性问题和法律中的真理问题总是和法律中是否存在"唯一正解"的命题紧密相连。在传统的法律推理理论当中,人们强调的是作为推理大前提的法律规则的确定性和逻辑推论过程的必然得出,而在规则不确定的情形中则必然存在法官的自由裁量权,法律中是不存在司法判决的正确性问题的。例如,哈特的法律实证主义认为,如果一条规则可以通过承认规则得到确定,那么就可以通过语义分析和逻辑推论规则来确定规则在特定案件中的确定性规范意义和判决结论的必然得出,此时,法律中是存在"唯一正解"的。只是在极少数的疑难案件中,语义的开放结构导致规则在适用过程中存在法官的自由裁量权,此时法律中则不存在"唯一正解"。

随着近代哲学实现从本体论到认识论的转向,在认识论上,人们对世界的认识总是容易陷入一种纯粹的主观主义或客观主义以及主—客观相对主义的认识困境之中。同样地,在法律真理问题上,客观主义的法律真理观将法律命题真值性的依据建立在一种纯粹的经验论的立法性事实或者超验论的终极法律价值基础之上,但这种绝对的经验论和价值论的法律真理观不可避免地呈现某种独断性的色彩,是一种外在实在论立场的法律真理观。主观主义的法律真理观将法律命题真值性的依据看作主体纯粹的一种内心确认或信仰,但又不可避免地滑向法律真理的怀疑主义和相对主义的另一极端上。因此,在对法律真理问题的研究中纯粹主观主义或客观主义的路径都不可取。

在对司法裁判中法律的事实性与规范性这一对永恒性矛盾的思考当中,人们往往容易陷入一种非此即彼的二元论对立的思维困境当中。如果说法律的真理符合论为追求法律的事实性而将自己更多地局限于对法律中的事实性命题、分析性命题、约定性命题和逻辑命题等的分析的同时,却放弃了对价值性命题、规范性命题和评价性命题的真值性的思考,那么法律的真理相对主义则又走向了另一个极端,即为追求对价值性命题、规范性命题和评价性命题的正确性分析而放弃了对法律中的其他命题的分析。因此,最后它们都将自己对法律价值性命题、规范性命题或评价性命题的真值性探讨或置于一种绝对主义当中或置于一种怀疑主义和虚无主义当中,这种思维明显是受到关于法律的真理和理性的主—客二分法的思维模式所支配的结果。

在法律解释中,人们同样广泛地受到这种非此即彼的二分法思维的影响。例如,马默认为主—客二分法乃是哲学上一个非常有益的发明,由此观之,法律解释中解释性的陈述存在客观和主观的二分。① 相对主义的真理观在论证逻辑上也是自相矛盾的,它放弃了对真理问题的探讨和真理检验的标准,其结果就是不能肯定任何事情,也无法投身于任何前后一致的实践,这无异于一种"精神自杀"。②

由此可见,在符合论、融贯论和实用论三种基本真理理论当中,符合论的真理观是一种解释力非常有限的真理观,符合论是认识与所指(包括经验性的事实和哲学系统中与命题对应的经验性陈述)的符合。这种"符合"与"事实"本身极大的不确定性往往导致人们对它进行一种随心所欲的解释,甚至客观唯心主义哲学家以符合论作为自己哲学真理范畴的基础性规定的情况也不鲜见,"在历史上,符合论者克服这一窘境的办法之一,就是承认逻辑命题和数学命题的自明性,从而在经验真理和逻辑数学真理之间保持某种必要的平衡。然则,自明性归根结底是一种主观性,如果把主观性视为判断真理自明性的根据,则世界上必无所谓自明真理。因为,经验论的必然结局只能是不可知论或怀疑论,它使任何声称真理自明的企图都成为不可能"③。而真理相对主义者则混淆了"对的"和"认为他是对的"这两者之间的区别,否认任何可理解的"客观"概念的存在。因此,相对主义者便无法理解以客观的证明为正当条件来进行的有关真理的讨论。④

一般而言,人们关于法律命题的真假性判断的争议又涉及法律的经验争议(empirical disagreement)和法律的理论争议(theoretical disagreement)两个方面,但人们对法律的理论争议最终会演变为一种法律实践性的争议。正因为如此,法律实践具有论证性的面向。法律的论证性面向存在两种不同的立场——"外在观点"和"内在观点"。社会学家或历史学家总是从某个时期或环境出发来发展某些形态的法律论证,这种法律论证就是"外在观点"的论证,如法律现实主义和社会学法理学。真正的法律论证则是"内在观点"的论证,是从法律实践的立场而非法律历史的立场而展开的论证。因此,人们对法律命题真值性的论证虽然存在"外在观点"和"内在观点"两种不同的立场,但"内在观点"的法律论证才是一种真正具有法律实践意义的法律论证,尤其是法官的司法论证,"我们将从法官的视角研究正式的法律论证,这不是因为只有法官才重要,也不是因为我们通过观察法官说了什么来了解关于法官的一切,而是因为针对法律主张的司法论证,是探索法律实践之核心的、命题性的(propositional)这

---

① [美]安德雷·马默:《客观性的三种概念》,载[美]安德雷·马默主编:《法律与解释:法哲学论文集》,张卓明、徐宗立等译,法律出版社2006年版,第226页以下。
② [美]希拉里·普特南:《理性、真理与历史》,童世骏、李光程译,上海译文出版社2005年版,"译者序"第3页。
③ 曾志:《西方知识论哲学中的真理范畴》,载《北京大学学报(哲学社会科学版)》1997年第4期。
④ 参见[美]希拉里·普特南:《理性、真理与历史》,童世骏、李光程译,上海译文出版社2005年版,第137~139页。

一面的有用典范"①。

　　除此之外,人们对"唯一正解"命题的讨论往往还与"简单案件"与"疑难案件"的二分思维紧密相连。其中,疑难案件往往涉及对法律中价值性与评价性命题的客观性的讨论,而法律真理观的怀疑主义往往否定疑难案件中道德论证的客观性和法律解释的客观性。德沃金承续了法律实证主义者哈特对疑难案件的界定,即疑难案件就是指法律文本中没有明确的法律规则规定以何种方式予以判决的案件。哈特认为,疑难案件中由于法律的空缺结构必然存在法官的自由裁量,这就意味着疑难案件中不存在法律的"唯一正解"。德沃金的"唯一正解"的命题与哈特针锋相对,其主张在司法裁判中尤其是在疑难案件的司法裁判中,法官为了找到那个正确答案必须进行道德思考和道德论证。法律当事人的权利是从某项法律原则中推演出来的,而该法律原则应该被解释为法律制度变迁中某个有意义的部分,同时,从政治道德的角度来看,对这项原则还必须提供最具正当性的解读,"法官必须作出政治道德的判断,以便认定有关当事人的法律权利何在"②。因此,德沃金认为,即使在疑难案件中,如果法律包含了法律原则,那么法律问题上也永远存在"唯一正解",人们对法律原则的论辩最终可以通过道德论辩来实现"唯一正解"。

　　但是,对于道德问题,人们总是认为道德思考是主观的,不具有客观性,因此通过主观性的道德论辩无法得出法律中存在"唯一正解"的结论。例如,约翰·马基认为:"何谓法律,在德沃金看来,可能关键取决于什么才是道德上最佳的——这个'最佳'不是该社会传统所认为的最佳。但是我认为……这种道德判断包含着某种无法克服的主观因素。倘真如此,德沃金教授的理论就不自觉地往'什么是法律'这个陈述中注入了主观性判断。"③这种否认法律和道德客观性的立场就是一种法律真理"怀疑论"的立场,包括"外在怀疑论"和"内在怀疑论"两种。

　　对于"内在怀疑论",笔者认为,道德的内在怀疑论混淆了某个特定行为的道德价值和某类行为的道德价值之间的区别,解释的内在怀疑论则将法律原则看作相互独立和相互矛盾的存在,忽视了法律解释的过程是一个整全性建构解释的过程,整全性建构解释需要我们在全盘考量的前提下以一种最佳的整体证立的方式进行,任何有效的解释都必须与本身讲得通的规范审美理论或规范政治理论相联系。④ 而对于"外在怀疑论",一方面,道德的外在怀疑论如果持一种道德中立的立场那么就不可能对实质

---

① [美]罗纳德·德沃金:《法律帝国》,许杨勇译,上海三联书店2016年版,第11~12页。
② [美]罗纳德·德沃金:《认真对待权利》,信春鹰、吴玉章译,中国大百科全书出版社1998年版,第126页。
③ John Mackie, *The Third Theory of Law*, in M. Cohen ed., Ronald Dworkin and Contemporary Jurisprudence, London: Duckworth, 1983, p.165. 转引自[美]布赖恩·莱特:《客观性、道德和司法判决》,载[美]布赖恩·莱特编:《法律和道德领域的客观性》,高中、杜红波等译,中国政法大学出版社2007年版,第68~69页。
④ 参见[美]罗纳德·德沃金:《法律帝国》,许杨勇译,上海三联书店2016年版,第217页。

性道德内容的真值性进行判断,如果其反对实质性道德内容的真值性实际上就是持有了一种实质性的道德立场。因此,道德的外在怀疑论的立场必然是自相矛盾的。相反,任何人都不能否认某些道德内容的正确性。另一方面,解释的外在怀疑论在主张将解释的正确性归结于解释共同体时虽然限制了任意解释的可能性,但是对解释效果的正确性并不能提供任何真正的论证和检验标准,其结果必然是将解释的正确性最终归结于解释者个人的善良信仰。①

二、刑法解释融贯性的概念含义

"解释法律,系法律学的开端,并为其基础,系一项科学性的工作,但又为一种艺术。"②王泽鉴教授无疑精当地指出了法律解释的两个重要特性。然而,当下我国刑法学界受制于理论研究基础较为薄弱、社会危害性本质思维以及实用主义导向等因素,对规范刑法学或刑法教义学应有的体系构造、解释立场、思维范式、解释方法及技巧等投入的关注严重不足,刑法解释的科学性和艺术性尚未得到正确的认识,更无从在解释实践中予以彰显,这也在一定程度上造成了很多疑难案件的解释结论难以服众、存在问题。

(一)刑法解释相关传统概念的分析

在我国,"传统的刑法解释方法中,并无形式解释与实质解释之分"③。回顾中华人民共和国成立以来我国刑法学的发展史,可以看到中华人民共和国成立后至 1997 年现行《刑法》颁布的这段时间内,包括刑法学在内的整个法学事业尚处在起步阶段。这段时期,刑法学深受政治意识形态的影响,罪刑法定原则尚未得到确立,类推制度仍然存在并得以适用,人权保障的理念更是没有在法律工作者乃至社会公众之中很好地确立。在这一背景下,真正意义上的刑法解释学根本无从建立,遑论进一步深入探讨刑法解释学中形式解释与实质解释的问题。一个现实的反映就是这一时期的刑法学著作中很少谈及刑法解释的问题,即使略有涉及,大多也都集中在对刑法解释的概念、原则以及文理解释、论理解释等传统解释方法较为浅显的介绍上,从未出现过对形式解释或实质解释的阐释及争论。

形式解释论与实质解释论之争的产生应当追溯到 1997 年我国现行《刑法》颁布后。在此期间,随着改革开放的深入及经济社会的发展,人权保障的理念在法律工作者及社会公众中逐步确立。1997 年现行《刑法》颁布后,类推制度被废止,罪刑法定原则被正式引入刑法中,成为我国刑法的一项基本原则,我国刑法学的发展也进入了一

---

① 参见[美]罗纳德·德沃金:《原则问题》,张国清译,江苏人民出版社 2005 年版,第 230 页。
② 王泽鉴:《法律思维与民法实例——请求权基础理论体系》,中国政法大学出版社 2001 年版,第 212 页。
③ 陈兴良:《形式与实质的关系:刑法学的反思性检讨》,载《法学研究》2008 年第 6 期。

个新的阶段。同时,自20世纪90年代中后期以来,德日刑法学知识逐渐被引入我国,不仅对传统的苏俄刑法学体系构成了挑战,也为我国刑法学学派之争的萌发提供了必要的知识基础。也正是从这一时期开始,围绕罪刑法定原则确立后应如何理解罪刑法定原则的形式侧面与实质侧面,围绕如何在遵守罪刑法定原则的前提下正确解释和适用刑法的问题,我国刑法解释学步入了快速发展的进程,刑法的形式解释与实质解释之争得以提出并被热烈讨论。

我国最早论述形式解释与实质解释的是阮齐林教授,其指出,"罪刑法定原则的确立,还将导致刑法解释方法论的转变,即由重视实质的解释转向重视形式的解释。在罪刑法定原则之下,刑法形式上的东西将居于首要的、主导的地位"[1]。在阮齐林教授之后,对形式解释与实质解释问题展开深入研究的是张明楷教授。在1999年出版的《刑法格言的展开》一书中,张明楷教授在阐释"法律不理会琐细之事"的格言时谈道:"从解释角度而言,对刑法规定的犯罪构成,不能仅从形式上理解,而应从实质上把握……只有从实质上解释犯罪构成,才使符合犯罪构成的行为成为值得科处刑罚的行为。"[2]这反映了其赞成实质解释的立场。随后,在2000年出版的《法益初论》一书中,张明楷教授首次将实质犯罪论与实质解释论联系起来,并将后者作为前者的应然结论加以论述。在书中,张明楷教授指出,"由于我主张实质的犯罪论(在刑法有明文规定前提下的实质的犯罪论),故主张对犯罪……要件进行实质意义的解释"[3]。2002年,在《刑法的基本立场》一书中,张明楷教授专辟一章,从构成要件论的层面对形式解释论与实质解释论进行了系统剖析并旗帜鲜明地倡导实质解释论,指出"我主张实质的犯罪论,并且认为,即使在罪刑法定原则之下,也应当采取实质的犯罪论,即必须以犯罪本质为指导来解释刑法规定的构成要件"[4]。然而,考虑到我国当时的法治发展状况,张明楷教授在论述实质与形式的关系时还是有所保留,他指出"在刚刚推行法治、罪刑法定的我国,不能过分强调实质侧面克服形式侧面的局限……还是应当以形式的合理性优先"[5]。从2000年开始,陈兴良教授对包括形式解释与实质解释在内的刑法学中形式与实质的关系进行了深入系统的研究,他坚定地支持形式解释论的观点并对实质解释论提出了疑问和批评。在《社会危害性理论———一个反思性检讨》一文中,陈兴良教授认为"在注释刑法学中应当坚守形式理性,否定社会危害性理论"[6]。在《形式与实质的关系:刑法学的反思性检讨》一文中,陈兴良教授指出,"在罪刑法定

---

[1] 陈兴良等:《刑法学研讨会发言摘要》,载《法学研究》1997年第5期。
[2] 张明楷:《刑法格言的展开》,法律出版社1999年版,第132页。
[3] 张明楷:《法益初论》,中国政法大学出版社2000年版,第261页。
[4] 张明楷:《刑法的基本立场》,中国法制出版社2002年版,第110页。
[5] 张明楷:《刑法的基本立场》,中国法制出版社2002年版,第124页。
[6] 陈兴良:《社会危害性理论———一个反思性检讨》,载《法学研究》2000年第1期。

原则下,应当倡导形式理性……犯罪构成的形式判断应当先于实质判断,对于刑法的实质解释应当保持足够的警惕"[①]。

在经过了10余年的论争后,陈兴良教授与张明楷教授于2010年发表在《中国法学》上的两篇阐述各自解释论立场的针锋相对的论文[②]的问世,将形式解释论与实质解释论之争推向了高潮。在此之后,形式解释论与实质解释论的对峙热度仍在"逐年升温且势头不减"[③]。目前,就形式解释论与实质解释论两大阵营的力量对比而言,实质解释论占据明显优势,该阵营中的代表人物包括张明楷教授、齐文远教授、刘艳红教授、魏东教授、苏彩霞教授等。例如,魏东教授主张:在入罪解释场合下,为侧重贯彻刑法的人权保障价值,应以刑法主观解释和刑法形式解释为原则,同时为适当照顾刑法秩序维护价值,仅应谨慎地准许例外的、个别的且可以限定数量的刑法客观解释与刑法实质解释对被告人入罪;在出罪解释场合下,为侧重贯彻刑法人权保障价值,应主张准许有利于被告人出罪的刑法客观解释与刑法实质解释这样一种常态化刑法解释立场,不得以刑法主观解释与刑法形式解释反对有利于被告人出罪的刑法客观解释与刑法实质解释;在刑法(立法)漏洞客观存在的场合,应在坚持刑法漏洞由立法填补的原则下,准许有利于被告人出罪的刑法解释填补,反对入罪的刑法解释填补(司法填补)。[④] 此外,我国传统的犯罪成立四要件体系以社会危害性为基础,具有明显的实质主义特征,因此,司法实践中也表现出了对实质解释论的天然认同及对形式解释论的本能排斥,就此而言,司法实务部门中的多数也可以看作实质解释论的支持者。相比实质解释论阵营兵多将广的强势局面,形式解释论阵营处于较为弱势的地位,自始至终明确坚守形式解释论阵营的只有陈兴良教授、邓子滨教授两人。此外,劳东燕教授曾明确表示其"认同形式论者的判断",并表达了"如果说实质解释论的出现有一定的必然性,那么,形式解释论的倡导更有其必要性"的观点;[⑤]周详教授也指出"从社会理论的现实批判功能以及学派意识的角度出发,主观上则不宜提倡'实质解释论',相反应当提倡'形式解释论'"[⑥]。据此,也可以将这两人归入形式解释论阵营中。

马克思说过,"真理是由争论确立的,历史的事实是由矛盾的陈述中清理出来的"[⑦]。刑法形式解释与实质解释之间这一源自刑法解释立场的论争不仅直接推动了

[①] 陈兴良:《形式与实质的关系:刑法学的反思性检讨》,载《法学研究》2008年第6期。
[②] 参见陈兴良:《形式解释论的再宣示》,载《中国法学》2010年第4期;张明楷:《实质解释论的再提倡》,载《中国法学》2010年第4期。
[③] 苏彩霞、肖晶:《晚近我国刑法解释立场之争的实证分析——以2004年至2014年期刊论文为样本》,载《政治与法律》2015年第12期。
[④] 参见魏东:《刑法解释保守性命题的学术价值检讨——以当下中国刑法解释论之争为切入点》,载《法律方法》2015年第2期。
[⑤] 参见劳东燕:《刑法解释中的形式论与实质论之争》,载《法学研究》2013年第3期。
[⑥] 周详:《刑法形式解释论与实质解释论之争》,载《法学研究》2010年第3期。
[⑦] 《马克思恩格斯通信集》(第1卷),生活·读书·新知三联书店1957年版,第567页。

我国刑法学界形式刑法观与实质刑法观学派之争的形成,还极大地促进了我国刑法解释学向纵深发展。在此过程中,学者们以形式解释论与实质解释论的论争为契机,对形式解释与实质解释、形式判断与实质判断、形式理性与实质理性等问题进行了系统性的研究,使刑法学界对刑法解释学的研究更加深入。此外,参与这场论争的学者们还就刑法解释论与罪刑法定原则的关系、刑法解释的基本原则、解释方法的位阶与运用、解释的限度和边界、刑事政策与刑法解释的关系、具体解释方法的分析与反思等问题展开了卓有成效的探讨。刑法形式解释论与实质解释论之争在影响我国刑法解释学发展水平的同时,还在一定程度上直接影响我国犯罪论体系的走向。因为在形式解释论与实质解释论两大阵营中,学者们,尤其是两大阵营中的领军人物,无一例外都是德日阶层犯罪论体系的倡导者,都是以构成要件论为先导阐述论证各自的观点立场,在此基础上形成了持行为构成要件说的学者倡导形式解释论并主张三阶层体系,持违法(有责)类型说的学者倡导实质解释论并主张二阶层体系的泾渭分明的对峙立场。因此,随着理论对峙的持续及论争的深入,自德日引进后在我国生根发芽的阶层犯罪论体系也必将在激烈的观点交锋中不断完善、不断成熟。可以认为,形式解释论与实质解释论之争显著提升了我国刑法学研究的整体水平,具有重大理论意义和实践价值。在可预见的将来,这一关于刑法解释立场的论争仍将持续深入下去。

在此,需要进一步回答的问题是,如果形式解释论与实质解释论之争仅被限定在阶层犯罪论体系下,那么对于坚守传统四要件理论的学者及广大司法实务人员而言,倡导形式解释论或实质解释论还有无意义？对此问题的回答关系形式解释论与实质解释论之争的展开范围与意义,必须予以澄清。笔者认为,形式解释论与实质解释论之争与持何种犯罪论体系无关,在传统四要件理论下,仍有形式解释论与实质解释论的展开空间。

一方面,形式解释论与实质解释论之争与阶层犯罪论体系下的构成要件论并无关联。尽管形式解释论与实质解释论阵营中的大部分学者系以阶层犯罪论体系下的构成要件论为先导来阐述论证各自的观点立场并认为两者在否定苏联刑法学的整体理论框架上具有共同的学术立场,[①]形式与实质解释论的对立,与平面四要件体系无关,而且意味着对后者的放弃,[②]但是笔者认为,上述论者的命题不能成立。简而言之,形式解释论与实质解释论之争与持何种犯罪论体系无关,传统四要件理论虽然被认为是一种平面耦合式结构,是形式要件与实质要件的统一,但在认定犯罪成立的过程中及对刑法条文进行解释时,仍存在形式判断与实质判断何者在前,形式理性与实质理性谁当优先、权利保障与社会保护孰轻孰重的问题。以此言之,认为形式解释论与实质

[①] 参见陈兴良：《走向学派之争的刑法学》,载《法学研究》2010年第1期。
[②] 参见刘艳红：《形式与实质刑法解释论的来源、功能与意义》,载《法律科学》2015年第5期。

解释论之争仅限定在阶层犯罪论体系下并因此而否认这场论争的重要意义的看法有失妥当。

另一方面,即使两大阵营中的学者始终坚持这场理论对峙只能被限定在阶层犯罪论体系下,也并不会减少这一论争的意义。因为随着德日刑法学知识的引进,传统四要件理论正不断遭受挑战和冲击,尽管许多重量级学者仍坚守四要件理论并且该理论在司法实务中也仍然占据主导地位,然而,不可否认的是,不少学界的中坚力量也都因为深受德日刑法学理论的影响而转向了阶层犯罪论体系。目前,尽管没有权威的统计研究,但就笔者的观察和感受来看,阶层犯罪论体系支持者在学术力量上起码已经与四要件理论的坚守者旗鼓相当、不落下风,而且随着阶层犯罪论体系持续深入地研究和传播,其影响力也在不断增强。因此,即使两大阵营中的学者仍坚持这场理论对峙只能被限定在阶层犯罪论体系下,这场论争的覆盖范围仍然足够庞大,此一对峙仍然会深刻影响我国刑法解释学乃至整个犯罪论体系的发展走向,所以也仍然具有重要意义。

关于刑法的解释方法,大陆法系国家学者一般将其概括为语义解释(根据语言意义的解释)、体系解释(从思想的关联中进行解释)、历史解释(从历史的关联,特别是从"产生史"中进行的解释)、目的解释(基于规定的理性、目的、理由的解释)四种。[①]在这四种解释方法中,形式解释论者更为看重语义解释,倾向于先通过语义解释的形式判断确定刑法用语的基本含义,随后再进行是否值得刑罚处罚的实质判断,期望以一般国民通常的语义理解来限制法官解释上的专断和恣意。[②] 对于形式解释论者而言,"在确定处罚范围的时候,不应当加入处罚的必要性考虑"[③],也即刑法保护法益的目的等价值判断与法律条文本身的含义并不存在内在的关联,法律条文的含义不应随具体行为处罚必要性的变化而变化。

与形式解释论者相比,实质解释论者更为重视目的解释。因为实质解释论者主张,对构成要件必须进行实质解释以实现刑法处罚的实质妥当性,而对于实质妥当性的判断有赖于刑法的目的。以此为指导,目的解释理所当然地获得了超越其他解释方法的优先地位,成为"解释方法之魁"。张明楷教授就明确主张,"对刑法的解释,总是从刑法用语的含义出发,得出符合刑法目的的结论。如果进行语义解释还不能得出符合刑法目的的结论,就要采取其他解释方法,直到得出符合刑法目的的解释结论为止"[④]。由此可见,在实质解释论者那里,合目的性或实质合理性是刑法解释的最终归宿,为达成此一目标,语义解释或其他解释方法都要受目的解释的统领。

---

① 参见[德]卡尔·恩吉施:《法律思维导论》,郑永流译,法律出版社2004年版,第87页。
② 参见陈兴良:《形式解释论的再宣示》,载《中国法学》2010年第4期。
③ [日]曾根威彦:《刑法学基础》,黎宏译,法律出版社2005年版,第15页。
④ 张明楷:《罪刑法定与刑法解释》,北京大学出版社2009年版,第154页。

(二)刑法解释融贯性的内涵

融贯性意味着法律规范各要素之间、规范本身与外部环境之间具有排列有序、相互作用的协调关系。而刑法的解释活动,必然包含着这一意义:其一,解释刑法意味着刑法与社会系统进行沟通并予以回应,这将实现刑法价值与社会普遍价值的一致性。而刑法价值与社会价值的一致性,既是刑法规范自身的要求,也是刑法解释结论的一种表现形式。其二,解释刑法必然受到其他法律规范相关规定的影响与制约,刑法必须与其他法律系统保持一定的一致性,同时需要保持自身的独立性。这其中包含的刑法对宪法的绝对服从性及刑法对前置法的相对独立性,同样是刑法解释活动的要求与外在表现。其三,解释刑法离不开内部要素的相互作用,这必然催生出刑法总则与分则之间、不同罪名之间、条款内部用语之间的彼此制约与互动。而总则对分则的指导意义、罪名之间、条款用语之间的协调关系,同样是无法回避的命题。

因此,刑法解释融贯性的命题与整全法规范视角下的刑法解释活动具有天然的关系。一定程度上,以融贯理论为基础的刑法解释活动是刑法解释学的应有之义,因为那种并不融贯的刑法必然成为僵死的刑法。而刑法解释的融贯性命题与刑法规范的特质又具有高度的一致性,易言之,刑法规范的顺利实践与逻辑自洽,恰恰是刑法解释融贯性命题能够成立并赖以存在的依据。

结合前述,本文认为,刑法解释的融贯性,是指刑法解释必须具有法秩序上的一致性和协调性,各部门法之间、部门法内部各要素之间必须逻辑一致、相互证立,而不至于出现解释过程和裁判结论上无法解决的矛盾。

具体而言,笔者认为,从实效性的角度出发,体系层次的划分系为理论研究与实践适用提供依据。也就是说,划分体系的层次应当以研究与实践的需要为出发点。按照这一原则,将刑法体系划分为刑法与宪法的关系、刑法与其他部门法的关系、刑法内部各罪名(条文)的关系及刑法条文内部的关系,具有一定合理性。

首先,我国的立法体系决定了刑法研究与实践的体系划分必须包含宪法、其他部门法,无法局限于刑法内部。就我国的法律体系来看,根据立法主体和法律效力的不同,我国的规范性法律主要包括宪法、法律、法规和规章。其中,刑法的制定主体是全国人民代表大会及其常务委员会,刑法的内容主要涉及犯罪与刑罚,因其法律规制手段的残酷性——以直接剥夺越轨行为人的财产、自由乃至生命为手段,其修改必须经过特定的程序。正是因为刑法处罚手段的严厉性和修改程序的严格性,刑法的具体行文用语也具有相当的专业性和特定性。从立法用语的角度来看,刑法条文的语体结构分为复杂结构和简单结构两种。具体到我国刑法,其整体上采用的是复杂结构的立法语体,即由标题、题注、目录、总则、分则、附则以及篇、章、节、条、款、项构成。在表现形式上,其既包括相对稳定的刑法典,又包括为适应新形势新变化而作出的具体的刑法修正案、单行刑法以及附属刑法。在相对稳定的刑法典中,其总则与分则之间是刑法的概括性规定、基本原则与具体法律规定的关系,附则部分则主要是对总则和分则的补充说明;具体到刑法典的具体安排,则以章、节、条、款、项来反映具体条文之间的逻辑关系;刑法典与刑法修正案、单行刑法以及附属刑法形成前法与后法、普通法与特别法的关系。①

但同时要看到,刑法只是最高国家权力机关所构建的法律体系中的一员。刑法与宪法之间是绝对制约与被制约关系,与民法、行政法之间是相对制约与互动关系等,它们共同构成规制社会行为的法律规范体系。而此规范性体系亦需要相互之间的协调。刑法既是单独的一个系统,亦是整体规范性体系中的一部分,刑法的体系性命题必然面临其自身与外部两方面协调性的考量。从自身体系协调性的角度而言,刑法本身必须能够一致融贯,因为只有确保其自身系统内部的协调、统一,才能够形成自成一体的刑法融贯理论,否则的话,对其的运用也就只能停留在较为粗浅的水平上,且会被偶然因素和专断所左右。② 但同时,刑法必须在外部与其他部门法在体系上构成和谐的整体,否则,法律秩序必然会因为混乱无序而导致对所应保护利益的侵害。

其次,正如前文所言,大量理论与实践所面临的问题均需要处理好刑法与其他部门法的关系。例如,在刑法规定的法益保护与宪法规定的公民基本权利发生冲突时,如何以宪法的规定制约罪刑的适用,不可能在刑法内部进行讨论;又如,法定犯中,前置法对刑法究竟有哪些影响,如何界定前置法与刑法的关系,必须在前置法与刑法两个层面进行探讨。这些问题都决定着刑法的研究与实践不能局限于刑法自身而必须对刑法之外的他法予以关注并呼应。

最后,价值角度的思考应贯穿刑法规范的各个层面,而这些层面并非割裂的。在价值层面,对社会秩序的维护、对人权的保障和对公正、平等、正义等价值的追求也应当在刑法解释的融贯性命题中占有相当大的分量。因为,就具体的司法解释路径选择而言,不同的解释方法和不同解释结论的得出,很大程度上都可归根于自身所持的价值理念的不同。比如,文义解释强调法的安定性,注重对国民预测可能性的维护,其在秩序与人权保障之间自然倾向于后者。类似的情况多见于其他的法律解释与法条适用之中。维持价值理念的倾向性程度与社会的发展水平相适应、相平衡,在实现法的效果方面往往会具有事半功倍的效果。相反,如果法律体系所倡导或践行的价值理念有悖于社会大多数,那么必然会对法治建设与法治国家的发展造成相当的危害。

---

① 参见龚培华:《刑法法条关系的理论基础》,载《东方法学》2009 年第 1 期。
② 参见[德]李斯特著、[德]施密特修订:《德国刑法教科书》(修订译本),徐久生译,法律出版社 2006 年版,第 4 页。

法律秩序统一体系的观点源于这样的思想,即法律秩序应该是由协调的并且规范的价值标准所组成的有序的规范结构。因而,刑法解释的融贯性,必须具备逻辑与价值的双重包容性。在逻辑上,在适用刑法时,既需要刑法规范内部自身是一个协调的整体,也需要与其他部门法一同构筑一个更大的协调的法律体系;而在价值上,其需要在基本原则与理念的指导下,通过践行法律制度来平衡地使各种价值理念能够适应社会发展的实际,共同构建规范、良好的社会秩序,保障人权。法律秩序的一致性本身属于立法的范畴,其决定了在司法过程中特别是在法律解释与适用的过程中符合法律体系的一致性。① 刑法在各个层面上的融贯协调,既是刑法适用的前提和保证,也是刑法正当性来源的重要基础。

综上,刑法解释的融贯性包含多个层次与多重视角。在内部层面,刑法规范体系包括刑法典、单行刑法、附属刑法及刑法原则、一般规范、具体规范之间的关系;在外部层面,则包含刑法与宪法、前置法之间的关系;而贯穿其中的是刑法体系所包含的刑法所确定的规则、所彰显的价值与社会观念所一致认同并广为遵守的共同规则、普遍价值的关系,即与整体法秩序的关系。

三、刑法解释融贯性与相关概念的关系

(一)刑法解释融贯性与文义解释的关系

在概念法学派和实证法学派看来,只需通过单纯的概念解析与形式逻辑推演,即可探究出法律规范的含义,其相信"可以用一得径直涵摄的一概念来掌握全部的法律现象,想象有一种多少具封闭性,并且能以逻辑思考方式来答复新的法律问题之概念体系"②。单纯的文义解释便最符合该法学流派的立场。尤其是在刑法领域,由于罪刑法定原则的强力制约,加之罪刑法定原则的最初蕴含与实证主义的"形式本位"有着极大的暗合之处,③在刑法的解释论发展初期,文义解释备受关注。"文义解释是在绝对形式主义的罪刑法定原则下,依照严格规则主义的要求所被允许采用的唯一解释方法。"④所谓的"文义"便是从法律文本的概念出发来适用法规范,这种概念指的是日常用语中的通常含义。因此,有人主张在进行文义解释时,应当将"查词典"的方式作为出发点。⑤ 在个别罪名的具体适用中,不排除存在仅通过文义解释便可完成构罪判断的情形。例如,按照《刑法》第50条第1款规定,死刑缓期两年执行期间,罪犯故意

---

① 参见陈凌剑:《以条文为中心构建刑法解释的基本立场》,载《甘肃理论学刊》2016年第6期。
② [德]卡尔·拉伦茨:《法学方法论》,陈爱娥译,商务印书馆2003年版,第103页。
③ 参见崔志伟:《自然法视阈下罪刑法定原则的诠解与重申——兼及现实中的"用刑机械化"》,载《湖北经济学院学报》2018年第2期。
④ 魏东、田馨睿:《刑法解释方法:争议与检讨》,载《刑法论丛》2018年第3卷。
⑤ 参见纪演娟:《刑法解释方法的适用位阶》,载《四川警察学院学报》2013年第5期。

犯罪,情节恶劣的,报请最高人民法院核准后执行死刑,但是,从其文义上丝毫看不出执行死刑是否必须在两年期满后。此时,便需要借助融贯理论来确定文义的指向。《刑法》第48条第1款规定,"……对于应当判处死刑的犯罪分子,如果不是必须立即执行的,可以判处死刑同时宣告缓期二年执行"。这里的"二年"显然是针对死刑缓期执行的硬性的一般规定,既然已经作出了死缓判决,那么这种"二年"考验期限就是确定的,不应因特殊情形的出现而缩短。又如,《刑法》第273条并未限定挪用特定款物罪的犯罪主体,那么国家工作人员是否也可成立此罪?这便需要结合第384条第2款进行理解,即此罪的犯罪主体是不包括国家工作人员的。可见,文义解释需要通过其他解释方法进行印证。对文义的探究,必须置身于整部法典乃至整个法律体系之中,脱离了整体,对文义的探究便无从谈起。这也体现在刑法用语内涵的相对性上,即对于相同用语,多数情况下应当作出不同的解读。例如,同样是"暴力"概念,抢劫罪中的暴力概念不能等同于妨害公务罪中的暴力概念;同样是"其他方法(手段)",在强奸罪与抢劫罪中便有着不同内涵;同样是作为表达结果加重犯的"致人",强奸罪中的"致人"概念不能等同于暴力干涉婚姻自由罪中的"致人"概念。这主要是从是否存在对应的其他罪名、法定刑设置的高低等体系解释角度作出的判断。这就说明,对于刑法中某些概念的理解恰恰需要一种融贯整全的指引,此时,究竟是绝对的文义优先还是经由融贯理解的文义优先便不言自明。

此外,从体系解释的角度来看,严格的文义解释往往会忽略法律解释体系性的要求,"最极端地贯彻了法律文义的确定性要求,但是也最极端地忽视了法律裁判的具体妥适性要求"①。以交通肇事罪中的"逃逸"为例,《道路交通安全法实施条例》第92条第1款规定:"发生交通事故后当事人逃逸的,逃逸的当事人承担全部责任……"但是,这种行政法规上的逃逸概念认定能否直接作为刑事裁判的结论性依据呢?

在刘某某交通肇事案中,某日被告人刘某某驾车与未依法取得机动车驾驶证且酒后驾驶无号牌的两轮摩托车的被害人吴某某相向而行,刘某某在与对面来车(吴某某车辆)有会车可能时超车,吴某某会车时未减速靠右行驶,致使两车发生碰撞,事故发生后,刘某某弃车逃逸,吴某某经抢救无效于次日死亡。交警认定,刘某某承担该起事故的主要责任,吴某某承担该起事故的次要责任。法院根据最高人民法院《关于审理交通肇事刑事案件具体应用法律若干问题的解释》第2条第1款第1项,认定刘某某违反交通运输管理法规,因而发生重大事故,致一人死亡,负事故主要责任,构成了交

---

① 陈金钊、吴冬兴:《体系解释的逻辑展开及其方法论意义》,载《扬州大学学报(人文社会科学版)》2020年第1期。

通肇事罪。[1]

　　这种认定犯罪的结果明显不合理。主要原因在于没有考虑到行政法与刑法在整个法体系中的定位差异,从而将行政机关作出的判断直接照搬到刑法中来。如果行政机关的责任认定可以被不加判断地作为结论性意见在刑事审判中引用,那么刑事司法的独立性便荡然无存。类似问题在其他案件中亦有体现,诸如对赵春华案中的"枪支"以及陆勇案中"假药"的概念判断,均是从纯粹的文义解释出发适用法律而没有经过体系解释的审视。

　　也正是由于意识到严格的文义解释难以为法规范的适用奠定基调,位阶论的主张者开始试图将其他解释方式(主要是体系解释)杂糅到文义解释当中,进而继续坚持绝对的文义优先的主张。但此时处于最优先地位的已然不再是纯粹的文义解释,而是经由其他解释方法所确定的"文义"。例如,有学者主张进行词义解释时,需要结合上下文和语境确定多义词不同的规范意义,[2]这显然是将体系解释纳入了文义解释的范畴。这虽然照顾到了"文义优先"的原始设定,但显然已经脱离了文义解释的本来意义。并且,这也恰恰说明文义解释绝对优先于体系解释并非处处可行。又如,有学者将文义解释划分为一般平义解释法及特殊平义解释法,前者是按照日常用语的通常字面含义所进行的解释,而后者是以法律职业专业术语作出的不同于前者的解释。[3] 显然,后者已不再属于严格的文义解释的范畴,而掺杂了其他解释方法。换言之,司法人员之所以能够对法规范概念作出不同于日常用语的特殊理解,正是在各种不同的解释方法支撑或限定下实现的。还有学者将刑法中兜底条款的同类解释规则也视为文义解释的语言规则,[4]但是,这种同类解释规则正是对同一法条内部各款项或者并列存在的罪名作出的协调性解释,明显属于体系解释的范畴。可见,所谓的文义优先其实并非奉行一种纯粹的文义解释规则,而是在发现"文义"的过程中融入了其他理解方法。

　　(二)刑法解释融贯性与体系解释的关系

　　体系解释作为一种解释方法,在整个刑法解释方法的阵营中一直是存在的,然而不同的学者基于不同的立场和价值倾向,为其确定的范畴有所不同,具体就表现在对体系解释中"体系"范围的界定有所不同。比如,有的学者是就刑法而论刑法,将体系解释中"体系"的范围仅界定在刑法典这个系统之中,其定义的体系解释是将刑法条文或者刑法用语作为刑法的一部分,置于更大的体系内进行考量,并使刑法条文或者

---

[1] 参见广西壮族自治区玉林市中级人民法院刑事裁定书,(2014)玉中刑一终字第 193 号。
[2] 参见王政勋:《论刑法解释中的词义分析法》,载《法律科学》2006 年第 1 期。
[3] 参见梁根林:《罪刑法定视域中的刑法适用解释》,载《中国法学》2004 年第 3 期。
[4] 参见倪业群:《刑法文义解释方法的位阶及其运用》,载《广西师范大学学报(哲学社会科学版)》2006 年第 2 期。

刑法用语的含义、意义相协调的解释；①刑法解释中的体系解释方法，是指依据刑法条文体系上的关联性对刑法进行解释的方法，体系解释可以避免望文生义、断章取义，保持刑法条文的整体协调性，从刑法条文之间的关系上看，体系解释可以甄别刑法条文的真正内在关系；②体系解释预设的前提为，刑法作为一个系统，其内部是一个和谐的整体，其内在的法律条文与其他法律条文之间也存在某种关联性，而非封闭的个体。在具体对法律条文进行解释时，体系解释认为，"法律条文只有当它处于与它有关的所有条文的整体之中才显出其真正的含义，或它所出现的项目会明确该条文的真正的含义。有时，把它与其他的条文——同一法令或同一法典的其他条款——加以比较，其含义也就明确了"③。刑法中出现相同的用语是不可避免的现象，若在任何场合中均对该用语进行同一解释，便极易导致不合常理的情况出现。为避免此现象，必须考察相同用语在不同条文语境中的意义，以及在相关条文中其意义能否得到印证。④ 与上述只关注刑法典本身的体系解释观点相对，另一部分学者将"体系"的界定扩大到了刑法典之外，将刑法与其他部门法之间的关系也纳入了体系解释所应考量的"体系"范围之内，主张在整个法律体系的视野内对体系解释各关联主体之间的关系进行确定，并在此基础上通过不同法律条文、不同法律部门之间调整范围与力度的不同，来实现对刑法规定具体含义和适用效果的确定。⑤

这样看来，刑法解释的融贯性与体系解释似乎是很难区分的。但两者最主要的区别在于体系解释与文义解释、历史解释、目的解释相同，属于一种解释方法。而刑法解释的融贯性则是一种本体论层面的属性描述，它可以具体体现在刑法条文内部、条文之间以及整个刑法典之间，法秩序统一性、法的规范逻辑与情理价值之间等不同层面。笔者认为可用"微观""中观""宏观""全局"来对其进行划分。对刑法条文的解释要放在这四个层次中依次检验。唯此，才符合逻辑上的周延性，才能确保其相互证立，更好地实现刑法追求公平正义的价值目标。换言之，在刑法适用过程中，理解的可能性奠基于融贯思维，而融贯的可能性则需要通过论证的方法实现。各种刑法解释方法的使用为寻求到能够最大限度地被多方接受的答案奠定了方法论基础，体系解释方法正是其中之一。而在此基础上，在刑法适用过程中再次认真处理好刑法与社会、刑法规范与其他法律规范之间的融贯性问题。

在具体实施时，首先，在微观层面，解释刑法条文中某一刑法用语时，必须将其放在同一法律条文中来加以理解和阐释，也即对刑法某一用语的解释，最基本的要求是

---

① 参见肖中华：《刑法目的解释和体系解释的具体运用》，载《法学评论》2006年第5期。
② 参见龚培华：《刑法法条关系的理论基础》，载《东方法学》2009年第1期。
③ [法]亨利·莱维·布律尔：《法律社会学》，许钧译，上海人民出版社1987年版，第70页。
④ 参见陈凌剑：《以条文为中心构建刑法解释的基本立场》，载《甘肃理论学刊》2016年第6期。
⑤ 参见王东海：《刑法体系解释分为四个层次》，载《检察日报》2017年9月25日，第3版。

和其所在语句、条文的内容相协调,不能违背最基本的协调性。在实现刑法用语在条文内部的体系性协调方面,其需要遵循的基本要求如"同类解释规则"。比如,在对《刑法》分则条文中的"等""其他"进行解释时,与条文内部所规范的行为具有等同性是其需遵守的首要条件,即对某行为是否属于"等""其他"所规定的范畴进行解释时,必须符合行为类型的同类性、社会危害的相当性、侵犯法益的相同性等条件。

其次,在中观层面,刑法用语之外,对刑法条文的理解,要将该条文放在其所在的节、章、编中乃至整个刑法典中来进行解读,实现刑法条文内部的协调统一。也就是说,在对刑法条文进行解释时,必须以整体的眼光来对其进行审视,不能割裂其与刑法典内部其他条文乃至章节之间的关联关系,避免断章取义,避免对刑法条文的解释脱离刑法语境的统一性。为实现上述要求,中观层面融贯的解释需要考虑三种情形:其一,单纯的条文与条文之间的联系。此时,抛开条文所在编、章、节,通过条文与条文之间的比对,研究其关联性和区别,以此准确认定条文的具体含义。比如,职务侵占罪与贪污罪、盗窃罪之间,盗窃罪与抢夺罪、侵占罪之间,虚假诉讼罪与诈骗罪之间,均存在一定程度的关联性,特别是对不同条文中的相同用语进行解释时,只有保持一定的协调,才能使解释结论乃至法律适用的结果更具合理性,符合常理、法理。其二,条文与其所在的章、节之间的联系。在刑法典中,任何条文都不是孤立存在的,其根据规范的内容和行为对象的不同,被分置于不同的编、章、节之中,其所在编、章、节的不同,也反映出该条文所规范内容的指向性不同,也即在对某条文进行解释时,必须要将其置于其所在的编、章、节之中来进行综合考量,以此准确界定其含义和规制范围。否则,容易导致同一编、章、节内部规范指向不一致的情况出现,进而对刑法适用的权威性、可接受性造成不良影响。其三,总则与分则之间的关联关系。刑法总则是对刑法典的基础内容进行规定,包括原则性规定和通用规定,其对刑法分则的适用具有指导作用。刑法分则在适用过程中,也必须遵守刑法总则的有关规定。

再次,在宏观层面,对刑法条文的理解与适用,不能仅将眼光放在刑法规范本身,应当将其置于整个法律体系的框架下进行衡量。这在当下的社会背景中越发重要。作为部门法之一,刑法有其独特的个性,其是其他部门法的最后保障,具有补充性和最后保障性等特有属性。作为法秩序统一体中的重要一员,刑法的适用必然要在整个法秩序框架内进行,并与其他法律部门形成融贯关系。例如,关于盗窃罪所保护的法益是对物的占有权还是所有权,其讨论的基础离不开民事法律规范中对财产保护的有关规定;关于法定犯的入罪问题,首先要坚持该类犯罪具有一定的二次违法性,即其被认定为构成犯罪的前提是违反了相应的行政法规范;认定竞技体育行为、执法行为、战争中的伤害行为是否构成故意伤害罪、故意杀人罪,则需要依据有关规范体育竞技行为、执行公务行为、战争行为等方面的法律进行综合考量。

最后,在全局层面,对刑法的解释,除了法规范体系,还必须要在价值层面考量对刑法条文或用语解释的结论或刑法适用的结果等是否符合公平正义。对刑法规范进行理论上的解释和实践中的运用,不能仅是形式性地理解、运用"刑法规范",更要考量解释和运用的结果是否符合社会的公平正义理念。这也是刑法解释融贯性的应有之义,因为只有既合乎规范逻辑又契合情理价值的解释,才是对刑法规范科学合理的解释,才是真正"合法的裁判"。

(三)刑法解释融贯性与历史解释的关系

历史解释是否可以作为一种单独的解释方法具有较大争议,[1]在笔者看来,答案是否定的。"解释的过程就是一个基于法律文本规范进而寻找法的基本精神的过程。对于历史的理解则贯穿于规范和精神的探究。从这个意义上说,历史解释根本不是一个独立的解释方法,更不应该是解释的一个位阶。"[2]这既是由历史解释本身内在的固有缺陷决定的,也是因为历史解释仅是确定文义内涵、确立适用边界的一个步骤,并且当其与其他解释方法发生冲突时,这种解释方法也难以取得优先性。

其一,所谓的立法者意图是难以确定的,历史解释的合理化根基也就变得不那么牢固。德沃金曾指出,欲探析立法意图必须首先回答一系列问题:"历史上哪些人可被视为立法者?如何发现这些人的意图?当这些意图彼此有些不同时,如何把它们合并成为全面合成的制度方面的意图呢?"[3]这些问题回答不清,显然会影响历史解释的实际功用。因此,为了妥当地理解适用法律,与其说要探究历史上可能存在过的"立法者意图",不如说应当正确理解该立法在当时当下的立法目的与价值追求,即应当探究立法的现实价值而非历史价值。

其二,为了避免使历史解释成为纯主观化的一种个人意志,历史解释转而求诸立法背景资料来探求法律文本设立时的本意。但是,这种立场也具有难以克服的弊端。与不断变化的社会生活相比,立法本就具有一定的滞后性,如果还将文本内涵固化为一种静态的、彼时的含义,这种滞后性便十分凸显。"法律规定的生活事实可能有一个不能预见和充分估计的发展过程"[4],即便能够通过立法资料厘清立法本意,这种"本意"与已经变化的社会生活相比也很可能相差甚远。举例来说,1997年《刑法》颁布之际,全国人大常委会法工委刑法室关于非法吸收公众存款罪的官方立法说明论到,之所以设立该罪,是因为改革开放后经济的高速发展与大量的项目建设需求使得资金短缺这一矛盾日渐突出。在此特定背景下,一些企业或自然人开始实施变相吸收公众资金的行为。这些行为表现为发行内部股票、提高利率揽存等,类似行为直接危害到银行的资金吸收能力,造成社会闲散资金未控制在银行手中,不利于国家将有限

---

[1] 参见何萍、李腾:《形式解释与实质解释之争及其出路》,载《法学》2017年第11期。
[2] 孙万怀:《刑法解释位阶的新表述》,载《学术月刊》2020年第9期。
[3] [美]德沃金:《法律帝国》,李常青译,中国大百科全书出版社1996年版,第281页。
[4] [德]魏德士:《法理学》,丁晓春、吴越译,法律出版社2005年版,第398页。

的资金用在关乎重大国计民生的急需项目上,影响资金发挥最佳效益。① 这种立法本意明显在一定程度上反映着已经改变的经济模式对社会造成的影响,之前的规定已不符合金融经济快速发展的需要。与前置性的行政性管理秩序相比,刑法规范应系保护秩序背后的其他实体利益,这便是基于"两法"的独立性所作出的刑事违法独立性判断。

当历史解释与其他解释方法所得出的结论产生冲突时又该如何呢?例如,针对遗弃罪的对象是否限于家庭成员存在较大争议。陈兴良教授认为,"从立法沿革上来说,我国刑法中的遗弃罪从来都是家庭成员间的遗弃,而并不包括非家庭成员间的遗弃","由纯技术性原因导致的罪名归类变动,不能成为对遗弃罪进行重新解释的理由"。② 张明楷教授则认为,"既然现行刑法没有明文将其规定为对家庭成员的犯罪,就有可能适应社会生活的发展变化而作出客观解释","如果对任何法条都以沿革解释优先,必然导致刑法的修改丧失意义"。③ 这便又回归到主观解释与客观解释的立场之争。虽不排除通过求诸立法背景的主观解释论能够解决个别罪名的合理适用问题,但整体来看,当主观解释与客观解释发生冲突时,便意味着旧的理解与新的变化发生了冲突,固守旧的理解自然缺乏实践合理性。1997年《刑法》将遗弃罪置于侵犯公民人身权利、民主权利罪当中而不单设婚姻家庭犯罪,说明旧的体系布局已不再具有拘束力,应从新的体系布局上理解罪名的法益性质及文本内涵。就此,当历史解释与新的罪名体系产生矛盾时,其便不具有先决力,而应当作出顺应立法变化及新情况的理解和适用。"历史解释包含了解释方法诸多要素,包括了对文义本身以及对刑法的体系性、目的性如何理解的过程。"④换言之,历史解释仅是更好理解文本文义、内在体系关联及规范目的的一种手段,其本身并不能够独立于其他解释方法。并且,当历史解释与其他解释方法产生冲突时,更应当慎重衡量其拘束力。

(四)刑法解释融贯性与目的解释的关系

在法的价值追求中,安定与正义一直处于紧张关系中。概念法学侧重于概念的精确及形式逻辑的严谨,却忽略了法的实质价值追求。"抽象体系的弱点是,它不仅抑制了刑事政策,而且更为普遍的是,它还忽视了个案的特殊性,因此,在许多案件中,为

---

① "随着我国经济建设的飞速发展,使项目建设与资金短缺的矛盾突出,一些单位或个人为了筹集资金,违反国家的有关规定,或发行内部股票、投资入股,或擅自提高利率,不择手段地把公众手中的钱集中到自己手中,与银行争资金,从而造成大量社会闲散资金失控,不利于国家集中有限的资金用于国家急需的项目,发挥资金的最佳效益。"出自李淳、王尚新主编:《中国刑法修订的背景与适用》,法律出版社1998年版,第209页。
② 参见陈兴良:《非家庭成员间遗弃行为之定性研究——王益民等遗弃案之分析》,载《法学评论》2005年第4期。
③ 参见张明楷:《刑法学》(第5版)(下),法律出版社2016年版,第865~866页。
④ 孙万怀:《刑法解释位阶的新表述》,载《学术月刊》2020年第9期。

了维持法的安定性,却牺牲了正义。"①利益法学派与注释法学派的观点则完全不同,其主张法本身的正义性与法律适用的妥当性应优先于法的安定性予以考量。而法律解释是实现法的正义性与妥当性的有效手段。② 这种法学流派在解释法律时志在将目的、利益和价值因素纳入考量范畴,以避免概念与生活实践的割裂。③ 如果说严格的文义解释对应的是概念法学派的立场,目的解释则属于对该学派的反对与超越。固然,严谨的概念诠释与逻辑推演最有利于实现法的安定价值,但容易导致规范内涵的僵化机械,极端情况下可能导致个案正义的缺失。尤其在法律解释中,目的导向的缺失使法律解释沦为纯粹的"查词典",导致立法的愿景无法有效构建。

作为目的法学的代表人物,耶林主张"目的是全部法律的创造者。每条法律规则的产生都源于一种目的,即一种实际的动机"④。并且,在耶林看来,"法律的发展是由社会的目的与利益因素所导控的,法律只是实现目的的手段,最终的目的是社会存在本身"⑤。由此,利益法学的主张呼之欲出。从法学流派的发展史来看,利益法学派也确实深受耶林的目的法学论的启发。当下学者往往将目的解释视为一种决定性力量,显然已不是基于概念法学的立场。如德国刑法学者耶赛克和魏根特便认为,目的解释是诸多解释方法中的"桂冠",只有目的解释才追求法律之本来目的,他甚至认为,其他解释方法只不过是在接近法律的意思,只有目的解释才能最终寻得法律的真实含义。⑥ 这与耶林的目的法学乃至利益法学立场便遥相呼应。之所以需要实现由概念法学向目的法学、利益法学的跨越,需要突破传统的严格文义解释而注重法规范的应然目的,是为了避免单一、机械地理解某一法概念,"以实现该法律文本意义与整体法律规范目的的融贯"⑦。

这种目的解释有助于将法的实质价值融入法规范的理解与适用当中,避免法适用上的僵化。尤其在刑法领域,存在罪刑法定原则的严格约束,我国《刑法》第 3 条规定:"法律明文规定为犯罪行为的,依照法律定罪处刑……"而司法者在将刑法条文适用到具体案件当中时,往往只关注形式上的"明文规定",简单地从文义上判断是否符

---

① [德]克劳斯·罗克辛:《刑事政策与刑法体系》,蔡桂生译,中国人民大学出版社 2011 年版,第 51 页。
② 参见苏彩霞:《刑法解释方法的位阶与运用》,载《中国法学》2008 年第 5 期。
③ 参见车浩:《理解当代中国刑法教义学》,载《中外法学》2017 年第 6 期。
④ [美]E.博登海默:《法理学:法律哲学与法律方法》,邓正来译,中国政法大学出版社 2004 年版,第 115~116 页。
⑤ 张文龙:《目的与利益:法范式的"哥白尼革命"——以耶林和海克为中心的利益法学思想史之考察》,载《清华法律评论》第 8 卷第 1 辑。
⑥ "解释方法之桂冠当属目的论之解释方法,因为只有目的论的解释方法直接追求所有解释之本来目的。寻找出目的观点和价值观点,从中最终得出有约束力的重要的法律意思,从根本上讲,其他解释方法只不过是人们接近法律意思的特殊途径。"出自[德]汉斯·海因里希·耶赛克、托马斯·魏根特:《德国刑法教科书》,徐久生译,中国法制出版社 2001 年版,第 193 页。
⑦ 杨铜铜:《体系解释的思维依据》,载《法律方法》第 22 卷。

合罪状描述。例如,在赵某华非法持枪案中,天津市河北区人民法院副院长便认为,该案的审判在法律依据和法律适用上不存在问题,只是判决结论不大符合情理,在裁判时,对如何做到法律效果与社会效果相统一缺乏考虑。① 在卢氏兰草案中,审判者对媒体做出了类似上述观点的回应,甚至坦言"有些不近人情,但也没办法"②。之所以坚持认为依据没有问题或者觉得没办法,显然是缺乏犯罪认定的实质价值性判断导致的。在刑事司法界也确实形成了一种根深蒂固的观念:成文法律的文本含义是司法人员必须固守的底线。任何没有直接的、显性的成文法依据的观点,都是一种司法冒进或冒险。长此以往,目的解释的功用虽受理论界推崇,但在司法上的实际作用却十分有限。

"目的因素与逻辑因素不同,目的本身是作为可以接纳不同价值的容器而存在,有不断重新加以解读的可能。因而,借助目的这一与评价主体的价值偏好紧密相关的因素,外部环境的需求得以通过目的的调整而完成沟通的过程。在目的的内容完成调适之后,外部的刑事政策诉求便被传递到体系之内。"③由此,便有利于缓解法律适用的机械与僵化,也能基于后果主义的需要而对法规范作出相对灵活的解读。当然,这种解读并非随意的,即规范目的的理解并非没有根据、见仁见智的,而是有其产生的正当化依据。

一方面,在刑法内部,学者们一致认为刑法分则的章节分类是以行为侵犯的客体或法益性质为依据的,而刑法的目的便是保护法益,由此,章节体系便是辨识罪刑规范目的的重要依据。这种时候无疑需要以融贯论为基础来为目的解释提供参考因素。另一方面,所谓融贯并不仅仅存在于刑法内部,在整个法秩序中仍需在不同部门法之间实现体系性协调。有论者认为,刑法解释仅发生在部门法内部,超出一部门法的范畴就不再是体系解释。④ 这种观点显然是仅注意到解释的内部面向。但事实上,刑法解释不仅意在实现刑法内部的协调,也意在实现刑法与其他部门法间的协调。道理在于,作为整体性行为规范的一部分,刑法仅是其他部门法的保障法,既然如此,就需要厘定刑法与前置法的规制边界,防止刑法对社会生活的过度介入。这种界限的厘定与整体功用的划分正是体系解释的范畴。因此,所谓的体系解释中"体系"的范畴应包括外在与内在两个维度。⑤ 尤其在同为公法的行政法与刑法之间,极易混淆两者的规制领域。"规范的文义十分明确并不意味着公正的自然实现。刑法作为一种实在法,

---

① 参见《法院谈射击摊大妈获刑:判决时从情理上考虑得不多》,载中国日报中文网,http://cnews.chinadaily.com.cn/2017-01/18/content_27993029_2.htm。
② 《河南采"野草"获刑农民:不服判决 无钱请律师上诉》,载网易新闻网2017年4月21日,http://news.163.com/17/0421/16/CIIDSI2S0001875P.html。
③ 劳东燕:《刑事政策与功能主义的刑法体系》,载《中国法学》2020年第1期。
④ 参见杨仁寿:《法学方法论》,中国政法大学出版社1999年版,第107页。
⑤ 参见贾银生:《刑法体系解释之"体系范围"的审视与厘定》,载《社会科学》2020年第4期。

条文的明确性与合目的性并存的情形并非没有例外。"[1]尤其是在刑法罪状与行政规范的构成要件重叠时,对于相同的文义描述却不宜作出完全相同的解读。此时,刑法不同于前置法的法益性质或规范目的便在解释构成要件时起着关键的作用。而这种规范目的的差异是无法通过刑法文本直接发现的,只能通过"两法"之间的整全性比较进而实现合目的解释。

结　语

刑法解释的融贯性一方面涉及不同法律之间的内容关系,另一方面涉及同一法律内部不同章节、不同条文间的内容关系。在这两种内容关系中实际上又存在两个层面的关系,即形式上的逻辑关联和实质上的价值关联。相关法律规范之间的逻辑关联,是从各法律规范之间、法律文本内部之间的逻辑安排、结构设计等角度探求法律规范的含义;相关法律规范之间的价值关联,则是从价值判断的角度,力争消除不同法律规范之间的矛盾,并在此基础上得出更加妥当、合理的规范含义。归根结底,两者均是在融贯性思维的基础上,通过对不同逻辑层面的法律形式规范体系和法律价值取向进行分析,进而准确探究法律规范的含义,实现对法律规范解释结论合理性的追求。刑法解释的融贯性是建立在逻辑和价值两个层面上的,因而对其标准的考察也应当从逻辑和价值两方面予以确定。申言之,本文仅从理论基础上对其内涵进行了分析,而对刑法解释融贯性的特性仍需要进一步研究。

---

[1] 孙万怀:《刑法解释位阶的新表述》,载《学术月刊》2020年第9期。

【刑法教义学】

日本刑法对权利行使与财产犯罪问题的解决路径研究

王昭武[*]

【摘要】 司法实务中,"权利行使与财产犯罪"问题屡见不鲜,我国多认定此类行为不构成财产犯罪。日本的判例与学说自20世纪初便开始关注此问题,现在主要是财产犯罪否定说与财产犯罪成立说之间的对立,具体存在"保护法益延长线"解决路径、"不存在财产损失"解决路径、"不具有非法占有目的"解决路径、"违法性阻却"解决路径四种问题解决路径。"违法性阻却"解决路径由日本最高裁判所的判例确立,多由财产犯罪成立说主张。该路径将此类问题分为构成要件该当性判断、违法性阻却判断两个阶段,能够更为统一、合理地解决权利行使与财产犯罪的问题。研究日本刑法对此类问题的解决路径,对于我国具有以下重要参考意义:第一,重视禁止私力救济的理念;第二,区分构成要件的该当性判断与权利行使行为的正当化判断,避免研究路径上的混乱;第三,不能仅以手段行为为评价对象,而应对手段行为与目的行为进行整体评价;第四,确定问题的关键在于是否给债务人造成了财产损失,而非债权人有无"非法占有的目的"。

【关键词】 权利行使　敲诈勒索罪　财产损失　非法占有的目的　社会相当性　私力救济

一、问题的提出

司法实务中,"权利行使与财产犯罪"问题屡见不鲜。此类问题是指在民事法律上有权要求对方交付财物或者财产性利益之权利人(或者受权利人之托的第三人),以胁迫等非法手段为行使权利的方式,取得对方财物或者财产性利益的,是成立敲诈勒索罪等财产犯罪,还是不成立财产犯罪,仅以手段行为是否构成其他犯罪(如非法

---

[*] 王昭武,云南大学法学院教授、法学博士。

拘禁罪、故意伤害罪甚至寻衅滋事罪等)来处理?

广义的权利行使与财产犯罪问题包括"所有权实现型"与"债权实现型"。"所有权实现型"是指权利人通过非法手段取回自己的所有物以实现自己的所有权的情形，还可进一步分为占有人原本就属于非法占有的情形，以及占有人原本属于合法占有，但其后转化为非法占有的情形。首先，"所有权实现型"实质上体现的是有关财产罪保护法益的本权说与占有说之间的对立：立足于本权说，所有权人虽然客观上实施了敲诈勒索等行为，但不能认定其侵犯了本权，不成立财产犯罪，仅可以就作为手段的胁迫行为等认定是否构成犯罪；反之，若持占有说，虽是自己之物，但只要处于他人事实上的支配之下，即便该占有是违法的，仍然存在对占有的侵害，只要不是因自救行为而阻却违法性，就应成立敲诈勒索罪[1]等财产犯罪。其次，"债权实现型"是指债权人通过非法手段实现其债权的情形。对于"债权实现型"，尽管也有观点主张"该问题也处于本权说与占有说之对立的延长线上"[2]，但一般认为，在此情形下，债务人对财产的占有仍然是合法的，"债权实现型"与有关财产犯罪保护法益的问题属于不同理论层面的问题。[3] 因此，"所有权实现型"更多属于有关财产犯罪保护法益的问题，而不属于敲诈勒索罪等具体财产犯罪本身的问题，"债权实现型"才是权利行使与财产犯罪问题所要探讨的核心内容。也就是说，狭义的权利行使与财产犯罪问题仅包括"债权实现型"。不仅是日本，我国现在一般也仅将"债权实现型"作为权利行使与财产犯罪问题的基本研究内容。[4] 尽管此类问题也涉及盗窃、诈骗、抢夺甚至抢劫等财产犯罪，但司法实务中更多地体现为是否构成敲诈勒索罪。

按照我国通说与相关判例的观点，[5]此类行为似乎理所当然地不应成立财产犯

---

[1] 《日本刑法》第249条[恐吓]（敲诈勒索）规定，"恐吓他人使之交付财物的，处10年以下惩役"；"以前款方法，取得非法的财产性利益或者使他人取得的，与前款同"。

[2] 西田典之「権利の行使と恐喝」藤木英雄・板倉宏編『刑法の争点』（新版）（有斐閣，1987年）285頁；岡野光雄『刑法要説各論』（第5版）（成文堂，2009年）179頁以下。

[3] 町野朔「権利の実行と恐喝罪」松尾浩也等編『刑法判例百選Ⅱ各論』（第4版）（有斐閣，1997年）103頁；曽根威彦『刑法の重要問題〔各論〕』（第2版）（成文堂，2006年）206頁参照。

[4] 参见张明楷：《刑法学》（下）（第6版），法律出版社2021年版，第1333～1334页；马寅翔：《权利的非法行使与财产犯罪》，载车浩主编：《刑法之声：全国青年刑法学者在线讲座（二）》，北京大学出版社2022年版，第125～160页；周光权：《权利行使与财产犯罪：实践分析和逻辑展开》，载《现代法学》2023年第2期；陈文涛：《权利行使行为与敲诈勒索罪的类型分析》，载《中国刑警学院学报》2019年第1期；改之：《自力实现债权行为的刑法教义学分析——以我国《刑法》第238条第3款的性质为基础》，载《政治与法律》2017年第11期；武良军：《暴力、胁迫行使债权行为的刑法评价——以司法案例为中心展开分析》，载《政治与法律》2011年第10期；杨绪峰：《权利行使在财产犯罪中的类型化解读——以取回所有物和实现债权二分为视角》，载《政治与法律》2014年第11期；董玉庭：《行使权利的疆界：敲诈勒索罪与非罪的理论解析》，载《法律适用》2004年第9期；等等。

[5] 参见上海市闵行区人民法院刑事判决书，(2019)沪0112刑初261号；山西省忻州市中级人民法院刑事判决书，(2015)忻中刑终字第119号；最高人民法院刑事审判第一庭、第二庭编：《刑事审判参考》（第14辑），法律出版社2001年版，第17～22页；张明楷：《论诈骗罪中的财产损失》，载《中国法学》2005年第5期；陈兴良：《论财产犯罪的司法认定——在北京德恒律师事务所的演讲》，载《东方法学》2008年第3期。

罪:尽管"形式上"符合财产犯罪的构成要件,但由于债务人负有履行债务的义务,债权人实现了债权,债务人也随之消灭了债务,因而完全可以被评价为债务人实质上并未遭受财产损失,债权人没有非法占有的目的。不仅如此,我国刑法没有规定暴行罪、胁迫罪,很多时候无法处罚手段行为,最终只能归于无罪。但是,"债务的履行,本应基于债务人的自由意思,这也是民事法律上的基本原则"[1],这种以非法手段行使债权的行为不仅违背了债务人等相对人的意志,更有违禁止私力救济这种法治国家的基本理念,尤其是如果放纵此类行为,会直接危及既存的财产秩序,因此需要进一步从理论上明确此类行为的性质。日本的判例与学说自 20 世纪初便已经开始关注此问题,但与我国相反,日本尽管规定了针对手段行为的胁迫罪,但"财产犯罪成立说"仍然是判例与学说的主流。尽管中日刑法理论存在差异,但仅就财产犯罪而言,中日刑法学界与刑事判例之间,结论如此迥异的情形实属罕见。尤其是,近年来,作为权利行使与财产犯罪问题的延展,我国还涉及"天价索赔"以及"职业打假"等现象的定性问题。[2] 为此,分析日本的判例与学说的基本态度,研究其问题解决路径,思考对我国的启示意义,对于我国解决此类问题无疑具有重要参考价值。

二、日本的判例态度

对于拥有 300 日元存款的债权人欺骗银行经办人员提取了 3000 日元的案件,大审院于 1913 年作出了有关权利行使与财产犯罪问题的在"二战"之前最为重要的判决,判定仅就超额部分即 2700 日元成立诈骗罪。不仅由此统一了判例态度,而且提出了适用于诈骗罪、敲诈勒索罪的三点原则:第一,在权利范围之内取得财物的,即便使用了欺骗、恐吓手段,也不成立诈骗罪(敲诈勒索罪);第二,超出权利范围取得财物的,如果目的物可分,仅就超出部分成立诈骗罪(敲诈勒索罪),如果目的物不可分,则就财物全额成立诈骗罪(敲诈勒索罪);第三,若仅是以行使权利为借口,或者基于不同于权利的其他原因取得财物,就财物全额成立诈骗罪(敲诈勒索罪)。[3] 随后,就敲诈勒索案件,大审院又于 1922 年提出了第四点原则:行使权利的手段超出了法律所允许的程度的,即便属于不成立敲诈勒索罪的情形,也应成立胁迫罪,从而明确地否定无

---

[1] 川端博・曽根威彦「権利行使と財産犯」植松正等『現代刑法論争Ⅱ』(第 2 版)(勁草書房,1997 年)156 頁[川端博]。

[2] 参见黎宏:《刑法学各论》(第 2 版),法律出版社 2016 年版,第 309~310 页;简爱:《过度维权的罪与罚——兼评李海峰天价索赔今麦郎获刑案》,载《法学》2017 年第 2 期;蔡桂生:《合理行使权利与敲诈勒索罪的区分》,载《国家检察官学院学报》2018 年第 2 期。严格意义上讲,"天价索赔"与"职业打假"的问题不属于权利行使与财产犯罪问题。因为,讨论权利行使与财产犯罪问题的前提是行为人存在正当合法的债权,但其行使债权的手段行为不合法,因而需要探讨行为人是否存在非法占有的目的;反之,"天价索赔"与"职业打假"的问题则是手段行为合法(如果手段行为不合法,则当然成立财产犯罪),但权利本身的合法性基础存疑,因而首先需要探讨行为人的权利来源问题,如职业打假人是否具有"消费者"的身份等。

[3] 大連判大正二年十二月二十三日刑録 19 輯 1502 頁参照。

罪说,转而采取胁迫罪说。① 也就是说,此段时期的判例立场是,如果取得的是债权范围之内的利益,该权利行使行为原则上不构成财产犯罪,但如果其手段行为超出了法律所允许的程度,则可以就其手段行为另外认定成立针对人身自由的胁迫罪。② 此后,该判例态度基本确定下来。

进入20世纪20年代后期之后,随着日本社会之政治、经济状况的变化,判例开始出现对"权利行使"进行实质性判断的倾向。例如,1934年的大审院判例提出,"手段属于法律所认可的正当的权利行使范围之内的,当然应受法律的保护,采取恐吓手段的,无疑也不成立敲诈勒索罪",但是,"尽管是以行使自己的权利为目的对他人采取了恐吓手段,如果以该方法行使权利超出了被害人所应容忍的程度,即超出了社会一般观念所认可的程度,该行为就已经丧失了行使权利的性质,没有阻却成立敲诈勒索罪的理由"。③ 该判例通过认定滥用权利不属于行使权利,试图与认定权利行使不构成财产犯罪的既往判例态度保持统一,但也可以说,该判例是"二战"后判定成立敲诈勒索罪的先驱,为此后的最高裁判所判例所承继。④

真正引起判例态度发生实质性改变的是1955年的最高裁判所判例。被告人A与X合办建筑公司,后因两人不和,A决定退出公司,双方商定由X返还A的出资款18万日元。X支付了15万日元之后,再无支付余款的打算,A遂请B帮忙讨债。A与B等人经过共谋,威胁X说,如果不答应要求就要伤害其身体。X心生恐惧,最终支付了6万日元。对此,一审、二审均判定A等人就6万日元全额成立敲诈勒索罪。A等人向最高裁判所提出上告,主张催讨债务是正当行使权利,而且按照既往已经确立的判例态度,对于债权范围之内的金额,能否成立胁迫罪另当别论,至少不应成立敲诈勒索罪,从而主张不应就债务余额3万日元也成立敲诈勒索罪。对此,最高裁判所认为,"对他人拥有权利者行使权利的,只要在该权利的范围之内,并且,其方法没有超出社会一般观念所一般能容忍的程度,就不会出现任何违法的问题,但超出上述范围、程度的,则属于违法(行为),认定成立敲诈勒索罪是妥当的。在本案中,按照原判决认定的事实,被告人等为催讨(实现)本案债权所采取的手段……毋庸置疑,作为行使权利的手段,超出了社会一般观念上所一般能容忍的程度,因此,对于被告人等通过上述手段让X交付6万日元的行为,原判决判定无论被告人A针对X的债权金额如何,都应该就上述6万日元全额成立敲诈勒索罪,这是正当的"。⑤ 由此可见,该判决

---

① 大判大正十一年十一月七日刑集1卷642页参照。
② 《日本刑法》第222条胁迫罪规定,"以加害生命、身体、自由、名誉或者财产相通告胁迫他人的,处2年以下惩役或者30万日元以下罚金","以加害亲属的生命、身体、自由、名誉或者财产相通告胁迫他人的,与前款同"。
③ 大判昭和九年八月二日刑集13卷1011页参照。
④ 団藤重光『刑法綱要各論』(第3版)(創文社,1990年)558页参照。
⑤ 最判昭和三十年十月十四日刑集9卷11号2173页。

否定此类案件存在"虽不成立敲诈勒索罪,但成立胁迫罪"的领域,采取的是要么成立财产犯罪要么无罪的"排斥性"模式。其特点是:第一,改变一直以来仅以"有无权利"为判断标准的做法,确立了"存在权利"与"手段的相当性"这两个阻却违法性的标准;第二,在判断是否阻却违法性之时,基本不考虑有无权利或者所取得的金额是否在"权利范围之内",实质上仅依手段行为是否"超出了社会一般观念所一般能容忍的程度"(社会相当性)来决定是否成立敲诈勒索罪。[1] 换言之,判断标准已由"权利范围"转变为"行为程度"。尤其是该判决率先确立了"违法性阻却"解决路径:即便存在权利,若手段行为不具有社会相当性,就具有敲诈勒索罪的违法性,由此将权利行使与财产犯罪的问题置于违法论的范畴。

继1955年的最高裁判所判例确定"违法性阻却"的解决路径之后,日本最高裁判所就盗窃案件,又于1989年作出了一个"具有划时代意义的判决",该判决是最高裁判所第一次在有关占有根据的本权说、占有说这种构成要件判断的基础上,又明确提出了违法性阻却的判断问题,对于权利行使行为,从正面承认存在阻却违法的余地。[2] 该案大致案情为:被告人与客户之间订立了高息融资购车合同,合同规定借款方即债务人购得汽车后,再以相当于实际融资额的价格,将购置的汽车转卖给被告人即债权人,同时将汽车的所有权与占有权转移给被告人。在约定期限之内,债务人可以使用该汽车,并且在偿还融资款并支付约定的高额利息之后,还可以回购汽车,但是在约定期限之内不行使回购权的,被告人可以任意处分汽车。于是,一旦债务人丧失回购权,债权人便马上用私配的钥匙擅自从债务人处开走汽车,并转卖谋利。对此,最高裁判所认为,"显然,在被告人收回汽车的时点,汽车仍处于借方的事实上的支配之下,即便被告人拥有该汽车的所有权,被告人擅自开走汽车的行为仍然属于窃取《刑法》第242条的他人占有之物,应构成盗窃罪;并且,从社会一般观念来看,该行为也属于超出了借方所能忍受的程度的违法行为",从而判定成立盗窃罪。[3] 显然,该案明确采取了占有说的理论,"判例的立足点在于,从维持社会财产秩序的角度出发,禁止私力救济"[4]。

三、日本学界的四种问题解决路径

与判例的立场相对应,日本学界通说也经历了从无罪说到胁迫罪说(财产犯罪否定说)再到敲诈勒索罪说(财产犯罪成立说)的过程。在上述1955年的最高裁判所判

---

[1] 橋爪隆「詐欺罪・恐喝罪」今井猛嘉等『刑法各論』(有斐閣,2007年)182頁参照。
[2] 木村光江「権利行使と詐欺・恐喝罪」阿部純二等編『刑法基本講座』(第5巻)(法学書院,1993年)218頁参照。
[3] 最决平成元年七月七日刑集43卷7号607页参照。
[4] [日]山口厚:《刑法各论》(第2版),王昭武译,中国人民大学出版社2011年版,第219页。

例中,就被告人 A 等人取得的债权范围之外的 3 万日元成立敲诈勒索罪,学界不存在异议,但对取得债务余额 3 万日元的行为的定性则仍然存在争议。

(一)财产犯罪否定说与财产犯罪成立说的对立

尽管早年曾有人主张无罪说,但现在该说仅具有学说史上的意义。随着判例态度的改变,现在是胁迫罪说(财产犯罪否定说)与敲诈勒索罪说(财产犯罪成立说)之间的对立。① 以 1955 年的最高裁判所判例为契机,敲诈勒索罪说(财产犯罪成立说)也成为日本学界的通说。②③ 两说之间的对立可以归纳为两个层面的问题:第一,在构成要件阶段判断有无值得处罚的法益侵害(财产损失),即有无构成要件该当性;第二,在违法性阶段判断权利行使行为是否具有正当性。④

财产犯罪否定说认为,要成立敲诈勒索罪,因恐吓而获得的财物必须是自己无权取得的他人的财物,或者能被视为他人财物的自己的财物。因此,原本有权接受财物之交付者行使权利的,即便为了取得财物而采取了胁迫手段,也不成立敲诈勒索罪,但当该手段超出了权利行使所能允许的程度之时,就成立胁迫罪。⑤ 也就是说,不能将手段违法作为认定成立财产犯罪的根据,如果行使权利,对方就不存在财产损失,不具有财产犯罪的构成要件该当性。相反,财产犯罪成立说则认为,即便是正当地行使权利,法律也不允许以违反公序良俗的方式行权,"即便是正当的权利行使,如果其手段、方法达到了违反公序良俗的程度,就已经不能被谓为正当地行使权利,而属于权利的滥用,丧失权利性"⑥,应成立财产犯罪。

财产犯罪否定说将手段与目的分而论之,在将取得目的的财物或者利益的行为视为合法行为的同时,仅就手段行为追究罪责;财产犯罪成立说则将行为整体视为不法(手段的违法使得整体行为归于违法),从而认定成立财产犯罪。在财产犯罪成立说看来,之所以必须对手段行为与目的行为进行整体评价,是因为我们不但要承认保护个人法益具有重要意义,也要尊重他人的财产,即便行使权利,倘若以违反公序良俗的

---

① 我国通说虽然主张权利行使行为不构成犯罪,但那是指不构成财产犯罪,而非对其手段行为本身也予以认可,因而与这里的无罪说存在根本差别,事实上属于胁迫罪说。为此,本文分别将上述两种学说称为"财产犯罪否定说"与"财产犯罪成立说"。

② 宫澤浩一「権利行使と恐喝罪」平野龍一等編『判例演習講座』(増補版)(有斐閣,1969 年)302 – 303 頁;藤木英雄『新版刑法演習講座』(立花書房,1970 年)292 – 293 頁;平野龍一『刑法概説』(東京大学出版会,1977 年)221 頁;岡野光雄『刑法要説各論』(第 5 版)(成文堂,2009 年)179 頁;大谷實『刑法講義各論』(新版第 5 版)(成文堂,2019 年)306 頁参照。

③ 我国有观点认为,德日的通说均主张不成立财产犯罪。参见杨绪峰:《权利行使在财产犯罪中的类型化解读——以取回所有物和实现债权二分为视角》,载《政治与法律》2014 年第 11 期。至少就日本刑法而言,这种结论是存在疑问的。

④ 前田雅英『刑法演習講座』(東京大学出版会,1991 年)302 頁参照。

⑤ 小野清一郎『新訂刑法講義各論』(第 3 版)(有斐閣,1950 年)261 頁;江家義男『刑法各論』(増補版)(青林書院,1963 年)280 – 281 頁;中森喜彦『刑法各論』(第 4 版)(有斐閣,2015 年)136 頁参照。

⑥ 木村裕三・小林敬和『現代の刑法各論』(改訂第 3 版)(成文堂,2008 年)179 頁。

方式来实施,则不仅手段行为应被评价为非法,其目的行为本身也会导致对法律所要保护的财产性秩序的破坏。① 该说认定成立财产犯罪的主要理由在于:首先,以违法手段进行的财产转移本身就是非法得利,因而对方由此也产生了相应的损失;②其次,即便所勒索的金额仅相当于债权金额,仍应肯定存在个别的财产损失,因而即便持"本权说",也应该肯定具有敲诈勒索罪的构成要件该当性。③ 在具体处理时,该说赞同判例的一般做法,采取下述"违法性阻却"解决路径。

(二)四种问题解决路径

就如何解决狭义的权利行使与财产犯罪(债权实现型)问题,日本刑法学界迄今仍存争议。既有观点认为其与"所有权实现型"的论点完全一致,试图从保护法益的角度统一解决;也有观点认为两者的论点虽然存在重要的重合部分但并不完全一致,主张分别解决。自前述1955年的最高裁判所判例之后,后一观点逐渐成为学界主流。作为具体的问题解决方式,学界主要存在下面四种路径。

1. "保护法益延长线"解决路径

对于"债权实现型"问题,部分学者认为,"金钱债权,并非指对具体的日本银行券的占有,而不过是对金额具有意义,因此,除了能认定债务人具有期限利益、同时履行的抗辩权等正当持有金钱的利益的情形之外,在未履行债务的状态下,债务人对作为金额的金钱的占有,在债务的限度之内,就可认为是不合法的",从而主张"这与盗窃罪中的本权说与占有说之间的对立,属于同根同源的问题,有必要从同一视角来解决"。④

的确,一般可以说,采取本权说更容易以存在民事上的权利为根据,倾向于否定财产犯罪。然而,第一,并不能说因为债务人负有债务,其占有本身也是不合法的,因而"尽管已过履行期限,债务人对财物的占有,即便就保护法益采取本权说,也应该受到保护"⑤;第二,保护法益论完全是为了解决是否保护被害人的占有的问题,无论行为人是谁(所有权人等权利人抑或第三者等无权利人),原本都应该是妥当的,因而对于财物的取得者是否权利人这一问题,与在保护法益论的领域内的研究相比,直接将其作为权利行使的问题予以正面研究要更为合理;⑥第三,事实上,未必存在本权说—财

---

① 下村康正「権利行使と詐欺・恐喝罪」日本刑法学会編『刑法講座6』(有斐閣,1964年)123-124頁参照。
② 植松正『再訂刑法概論Ⅱ各論』(勁草書房,1975年)427頁参照。
③ 北川佳世子「権利の実行と恐喝罪」西田典之等編『刑法判例百選Ⅱ各論』(第6版)(有斐閣,2008年)119頁参照。
④ 参见[日]山口厚:《刑法各论》(第2版),王昭武译,中国人民大学出版社2011年版,第334页。林干人教授直接提出,在针对债权人的关系上,债务人在民事法律上属于非法持有金钱。林幹人「権利行使と恐喝罪」『法学セミナー』408号(1988年)90頁参照。
⑤ 中森喜彦「詐欺および恐喝の罪」小暮得雄等編『刑法講義各論』(有斐閣,1988年)222頁。
⑥ 酒井安行「恐喝罪」阿部純二・川端博編『刑法2各論』(一粒社,1992年)140頁参照。

产犯罪否定说、占有说—财产犯罪成立说这种对应关系,即便采取本权说,也可以根据财产损失的有无来判定是否具有财产犯罪的构成要件该当性。① 因此,如果认为"债权实现型"的核心在于处理正当的权利行使是否存在构成违法的情形、具体是指何种情形这种违法性层面的问题,那么,其与"所有权实现型"处理的就是不同问题,不能从本权说与占有说对立的视角来统一解决。②

2."不存在财产损失"解决路径

与财产犯罪成立说与否定说均可能采取"保护法益延长线"的解决路径不同,财产犯罪否定说主要采取"不存在财产损失"与"不具有非法占有目的"的解决路径。采取这两种路径的论者多认为,权利行使行为由于没有造成对方的财产损失或者行为人不具有非法占有目的,因而属于不具有构成要件该当性的行为。

财产犯罪成立说与否定说的分水岭在于被害人有无财产损失。"不存在财产损失"的解决路径认为,债务人不过是履行了原本就应履行的债务,债务的消灭弥补了债务人金钱的丧失,因而"在实现了权利之时,并未发生财产损失,将此问题作为违法性的问题来把握并不妥当,毋宁说,应该作为敲诈勒索罪的构成要件该当性的问题来把握"③。这种观点否定财产损失,自然也不承认此类行为具有构成要件该当性,主张"确实不应无视手段的违法,但这种违法只要通过处以胁迫罪来处理即可"。④

然而,第一,"被害人负有债务,并不意味着被害人的财产占有状态是非法的,不值得刑法保护,在债权人的权利行使行为侵犯了这种合法的财产状态之时,仍有可能认为,债务人发生了实质性的财产损失,因而也完全有可能将财物、利益的转移视为财产损失,肯定成立财产犯罪"⑤;第二,财产犯罪中的损失,并不要求整体财产的减少,个别财物的丧失本身就属于损失;⑥第三,按照其逻辑,只要拥有权利,无论采取什么方法行使权利,似乎都不会发生财产损失,那么即便是权利滥用,也理应未发生财产损失、不成立财产犯罪,但否定说的论者也未必接受这种结论;第四,在这种解决路径中,唯有有无权利才是决定性标准,至少在诸如公害损害赔偿等行为当时"权利性"尚不明确的场合,反而更难否定成立财产犯罪,而且,在这种权利范围并不明确的情形下(毋宁说,要求损害赔偿的情形中权利范围大多是不明确的),多少金额在权利的范围

---

① 芝原邦爾「権利の実行と恐喝罪」平野龍一・松尾浩也編『刑法判例百選Ⅱ各論』(第 2 版)(有斐閣,1984 年)106 頁参照。
② 京藤哲久「権利行使と恐喝」西田典之・山口厚編『刑法の争点』(第 3 版)(有斐閣,2000 年)188 頁参照。
③ 堀内捷三『刑法各論』(有斐閣,2003 年)163 頁。
④ 西田典之「権利の行使と恐喝」藤木英雄・板倉宏編『刑法の争点』(新版)(有斐閣,1987 年)286 頁;香川達夫『刑法講義(各論)』(第 2 版)(成文堂,1989 年)438 頁;吉田敏雄「財産に対する罪」斉藤誠二編著『刑法各論』(八千代出版,1986 年)217 頁参照。
⑤ 京藤哲久「権利行使と恐喝」西田典之・山口厚編『刑法の争点』(第 3 版)(有斐閣,2000 年)189 頁。
⑥ 酒井安行「恐喝罪」阿部純二・川端博編『刑法 2 各論』(一粒社,1992 年)136 頁参照。

之内因而并无"损失"、应该从"损失"之中"扣除"多少金额,这些都未必明确,因而"权利行使的问题,还是应该与'被害人的损失'分开考察"①;第五,债权人一方所做出的相当程度的努力(如反复催讨、交涉等事实),在违法性阶段对可罚性进行判断之际,可以成为重要的考量因素,"但不得不说,要在诈骗罪等的构成要件的'损失'概念中进行这种比较衡量,是很难做到的"②。

3."不具有非法占有目的"的解决路径

部分判例与学说试图从"不具有非法占有目的"(不存在"非法取得的意思")这一路径来解决问题。③ 在该路径看来,无论采取何种手段,具有合法债权者行使权利的目的都在于实现自己的债权,因而不存在非法占有他人财物的目的。

然而,第一,这种场合究竟是缺少"排除意思"还是"利用意思"未必明确;④第二,为何存在权利就可以直接否定非法占有的目的,其间的逻辑并不清晰,主观只是客观的表现,最终仍然必须从客观行为及其法益侵害角度来考察,一旦能认定存在财产损失,就很难排除非法占有的目的;第三,在超额获取财物的场合,何以能既部分肯定又部分否定非法占有的目的,尤其是在目的财物不可分的情形下。

4."违法性阻却"的解决路径

近年来,接受判例的理念,将权利行使与财产犯罪问题的研究重心转移至违法论,积极地寻求阻却违法的可能性的观点("违法性阻却"解决路径)开始成为学界主流。⑤ 其做法是,首先,虽然是行使权利,但既然作为胁迫的结果,债务人不得不交付了若没有感到畏惧就不会交付的财物、利益,那么就可以认定其发生了财产损失,肯定具有敲诈勒索罪之构成要件该当性;其次,由于是作为权利行使之一环而实施了胁迫行为,有必要再具体考察该行为能否阻却违法性。

具体而言,权利行使与财产犯罪包括"所有权实现型"与"债权实现型"两种类型,有必要分为构成要件阶段、违法性阶段来考察。首先,在构成要件阶段,在"所有权实现型"中,仅凭所有权人的权利行使行为这一点,便完全不考虑占有人的实际情况(是否是基于某种权利的占有、该占有是否"平稳"等),直接否定财产犯罪的构成要件该当性,并非理想的做法。至少在占有人平稳占有财物的场合,在认定具有构成要件该

---

① 木村光江「権利行使と詐欺・恐喝罪」阿部純二等編『刑法基本講座』(第5巻)(法学書院,1993年)217頁。
② 木村光江「権利行使と詐欺・恐喝罪」阿部純二等編『刑法基本講座』(第5巻)(法学書院,1993年)217頁。
③ 名古屋高金沢支判昭和二十八年[1953年]七月十一日裁特33号137頁;安里全勝「権利行使と詐欺・恐喝罪」『山梨学院大学法学論集』(創刊号,1978年)79頁参照。
④ 酒井安行「恐喝罪」阿部純二・川端博編『刑法2各論』(一粒社,1992年)137頁参照。
⑤ 木村光江「権利行使と詐欺・恐喝罪」阿部純二等編『刑法基本講座』(第5巻)(法学書院,1993年)217頁以下;大谷實『刑法講義各論』(新版第5版)(成文堂,2019年)306頁参照。

当性的基础之上,再在违法性层面具体研究占有人的平稳占有与权利人的权利行使之间的紧张关系,要更为合理。① 也就是说,"所有权实现型"也可以在认定具有构成要件该当性的基础之上,再实质性地考察权利行使行为能否得到允许。② 在"债权实现型"的场合,系以具有权利性为前提,考察实现权利所采取的手段的必要性、相当性、对方的反应等因素,进行具体比较衡量,亦即即便存在权利,仍然有成立财产犯罪的余地。这样一来,对于有无权利尚存争议的情形,也可以在理论上统一解决:不限于行为当时确定存在权利的情形,对于那些权利的存在与否及其范围尚未确定的情形,也可以在认定具有权利性的基础之上,通过研究手段的必要性、相当性,判断是否存在违法阻却的余地(不过,权利性尚不明确的,会影响到对相当性即被允许的行为程度的评价)。③

四、需要事先明确的几点问题

在确定权利行使与财产犯罪问题的解决路径之前,需要先在理论上或者事实认定上明确以下几点:

第一,明确行为人存在合法债权等权利。例如,共同犯罪的共犯之间分赃不均引发的纠纷、讨还贩毒等犯罪所得等引发的纠纷就不属于合法债权引发的纠纷。一点例外是,虽事后通过民事诉讼程序等证实行为人并无合法权利,但行为人在行为当时对此存在误解的,属于错误论的问题,不应一律排斥在权利行使与财产犯罪的问题之外。

第二,明确债务人不具有期限利益(未到偿还期限则可不予偿还等)或者具有同时履行抗辩权,否则,债权人在民事法律上就没有实现债权的权利。

第三,明确行为人具有行使权利的意图。债权人假借行使权利之名或者基于与正当权利毫无关系的其他原因实施恐吓等行为的,实质上徒有行使权利之表而无行使权利之实,属于滥用权利,当然可以成立相应的财产犯罪。

第四,明确与行为无价值论、结果无价值论的关系。一般认为,财产犯罪成立说与否定说分别立足于行为无价值论、结果无价值论。不过,无论持结果无价值论还是行为无价值论,最终都依有无"财产上的损失"来认定是否成立财产犯罪,因而,问题的焦点在于如何理解这里的"损失"的含义及其内容。④

第五,明确与财产犯罪之保护法益的关系。本权说与占有说是围绕财产犯罪之保护法益的对立。"二战"后的日本最高裁判所判例出于维持"社会法律秩序"的需要,

---

① 木村光江『財産犯論の研究』(日本評論社,1988年)511頁参照。
② 大谷實・前田雅英『エキサイティング刑法各論』(有斐閣,2000年)163頁[前田雅英]参照。
③ 酒井安行「恐喝罪」阿部純二・川端博編『刑法2各論』(一粒社,1992年)141頁参照。
④ 川端博・曽根威彦「権利行使と財産犯」植松正等『現代刑法論争Ⅱ』(第2版)(勁草書房,1997年)162頁以下[川端博]参照。

明确采取占有说,禁止私力救济。① 具体就"债权实现型"而言,不同于以所有权对抗占有权的"所有权实现型","债权实现型"是以债权对抗占有权,不符合提出本权说与占有说的本来宗旨,而且债务人的占有本身仍然是合法的,因而与本权说与占有说之间的对立属于不同层面的问题。② 事实上,只要能认定造成了财产损失,即便立足于本权说,也有可能成立财产犯罪。③

第六,明确对财产损失的认定应采取"实质的个别财产说"。例如,在诈骗犯罪中,如果行为人提供的对价与骗得的财物价值相当,对方是否存在财产损失呢?对此,整体财产说认为,只有在被害人的整体财产已经减少时才存在财产损失,那么,基于经济性价值评价,不能认定恶化了被害人的财产状态的就不存在财产上的损害,不能成立诈骗罪。④ 该说的最大特征在于,认为所有财产罪(除赃物罪、损坏器物罪之外)都与背信罪一样,属于针对整体财产的犯罪,不仅着眼于被害人所交付的财物或者利益,还着眼于被害人所收受的反向给付,对此进行经济上的减法计算,由此来决定是否存在损失。但是,该说的问题在于只要提供了相当对价就一律不能成立财产犯罪,这显然不合适。⑤ 因而应坚持以个别财产的丧失本身作为损失(形式的个别财产说)。⑥ 这样就能很容易地解决相当对价的提供与财产犯成立与否的问题。不过,如果完全形式性地理解财产损失,只要能认定财物或者利益的转移就直接认定成立财产犯罪,这难免会"使'财产上的损失'这一概念过于有形无实(形骸化)"⑦。因此,主流观点主张,为了赋予划定财产罪之成立界限的意义,要求更加实质性地理解损失概念,采取"实质的个别财产说"。⑧ 例如,"有无实质性的财产上的损失,应该取决于,对被害人意欲获得而最终未能获得的东西进行经济性评价,看能否被谓为损失"⑨。

---

① 最判昭和二十四年二月十五日刑集 3 卷 2 号 175 页;最判昭和三十四年八月二十八日刑集 13 卷 10 号 2906 页参照。

② 町野朔「権利の実行と恐喝罪」松尾浩也等編『刑法判例百選Ⅱ各論』(第 4 版)(有斐閣,1997 年)103 頁参照。

③ 田山聡美「詐欺罪・恐喝罪(その 2)——財産上の損害をめぐって——」曽根威彦・松原芳博『重点課題 刑法各論』(成文堂,2008 年)149 頁以下参照。

④ 林幹人『財産罪の保護法益』(東京大学出版会,1984 年)100 頁以下参照。

⑤ 佐伯仁志「詐欺罪の理論的構造」山口厚・井田良・佐伯仁志『理論刑法学の最前線Ⅱ』(岩波書店,2006 年)104 頁参照。

⑥ 団藤重光『刑法綱要各論』(第 3 版)(創文社,1990 年)619 頁;福田平:《全訂刑法各論》(第 3 版増補)(有斐閣,2002 年)250 頁;大塚仁『刑法概説(各論)』(第 3 版増補版)(有斐閣,2005 年)256 頁参照。

⑦ 西田典之「権利の行使と恐喝」藤木英雄・板倉宏編『刑法の争点』(新版)(有斐閣,1987 年)286 頁。

⑧ 中森喜彦『刑法各論』(第 4 版)(有斐閣,2015 年)100 頁;前田雅英『刑法各論講義』(第 7 版)(東京大学出版会,2020 年)252 頁;[日]山口厚:《刑法各论》(第 2 版),王昭武译,中国人民大学出版社 2011 年版,第 311 页;山中敬一『刑法各論』(第 3 版)(成文堂,2015 年)379 頁参照。

⑨ 西田典之:《日本刑法各论》(第 7 版),王昭武、刘明祥译,法律出版社 2020 年版,第 241 页。

五、"违法性阻却"解决路径的妥当性

"违法性阻却"解决路径是在肯定以非法手段行使合法权利的情形具有构成要件该当性的基础上(存在财产损失与非法占有的目的),再在违法性阶段具体考察双方当事人之间的债权债务关系,根据行为是否具有社会相当性来判断能否阻却实质的违法性。本路径遵循前述日本最高裁判所1955年判例的态度,将此类问题分为构成要件该当性判断、违法性阻却判断两个阶段,能够更为清晰、合理地解决权利行使与财产犯罪的问题。

(一)针对"违法性阻却"解决路径的质疑

行使债权的行为能否成立财产犯罪的最大争议在于是否给债务人造成了财产损失,因而针对"违法性阻却"解决路径(以及财产犯罪成立说)的最大质疑是,只要债权人取得的财物没有超出债权范围,债务人就没有发生财产损失,而只有发生了财产损失才可能成立财产犯罪,因而这种做法将手段是否相当作为判断是否成立财产犯罪的标准。

质疑的主要理由在于:第一,对财产损失的判断,不应拘泥于财物、利益的转移这种外在事实,而应着眼于该财物、利益"对谁而言可受到何种程度的保护"这一实质内容,[1]因而有无损失的评价不限于债务人一方所发生的情况,最终应该在与债权人一方的情况进行比较衡量的基础之上而做出,如果是在偿还期届满之后由债权人来行使债权,相对于债权人的债权而言,就不能说债务人发生了财产损失。[2] 第二,债务人对与债务相当的金钱的持有属于非法财产状态,按照法律的、经济的财产说,应该否定发生了财产损失。[3] 第三,就金钱而言,原则上没有讨论个性问题的必要性与合理性,即便强行让债务人以其手头所持有的金钱偿还债务,甚至侵犯了债务人对货币种类的选择权,只要是在法律所要求支付的债权范围之内,就可认为实质上实现了法所追求的状态,至少不存在刑法意义上的财产损失。[4] 第四,该路径根据手段行为是否具有社会相当性来认定是否阻却违法,这无疑是根据行为是否具有社会相当性来决定债务人

---

[1] 中山研一『刑法各論』(成文堂,1984年)296-297页参照。
[2] 川端博·曾根威彦「権利行使と財産犯」植松正等『現代刑法論争Ⅱ』(第2版)(劲草書房,1997年)167页[曾根威彦]参照。不过,该论者认为,"即便在形式的构成要件该当性阶段可以认定具有敲诈勒索罪(财产犯罪)的构成要件该当性,但作为实质违法性的问题,仍应该止于胁迫罪的限度",也就是说,尽管不存在财产损失,但仍然具有构成要件该当性。
[3] 否定论者提出,租赁人对超过归还期限的租赁物的持有,就所有权人本人而言是非法持有,而就第三者而言则值得保护。林幹人「本権説と占有説」『判例時報』1387号(1991年)4页;中森喜彦「窃盗罪の保護法益」平野龍一等编『刑法判例百選Ⅱ各論』(第3版)(有斐閣,1992年)53页参照。但是,同样一种持有,因对方不同而时而非法时而合法,可能不合逻辑。
[4] 斎藤信治『刑法各論』(第3版)(有斐閣,2009年)170页参照。

有无财产损失,①但债务人之财物、利益的交付时而属于"财产上的损害"时而又不属于,不得不说这是不可思议的,原本来说,手段行为本身的不法程度不会影响债务人财产损失的有无。②

(二)"违法性阻却"解决路径的回应:债务人存在财产损失

的确,若未造成该当于财产犯罪之构成要件的财产损失,无论采取何种手段,均不可能成立财产犯罪。但是,现实中为了实现债权用刀砍伤甚至砍死债务人之后抢走财物的,这种已经不能被称为行使权利的行为是否也不成立抢劫罪呢? 行为人拥有民法上的合法债权,并不意味着可以通过非法手段实现债权,一概不考虑权利行使的具体行为方式,"简单地"以债务人的"整体财产"没有减少为理由就认定不具有财产犯罪之可罚性的这种可罚性判断,显然不能被接受。③ 因为行为人拥有正当债权所以不可能存在财产损失,只能考虑手段行为是否具有可罚性,这种做法存在片面地偏重结果无价值之嫌。④

基于下述理由,应当认定债务人存在财产损失:第一,这种场合要在理论上否定财产损失,就只能进行减法计算,以债务人之整体财产没有减少为理由,⑤那么,只要认为敲诈勒索罪等属于针对个别财产的犯罪,就理应能认定存在财产损失。第二,不能说因为负有债务,被害人的财产占有状态就是非法的,债务人的财物就直接归属于债权人。那么,债务人因受到胁迫而交付了若不是因为恐惧等便不会交付的财物的,债务人对该财物的占有、使用、收益、处分等财产权的事实性机能就受到了侵犯,对债务人而言,这正是其所遭受的财产损失。⑥ 第三,正如第三人夺走盗窃犯所持有的赃物那样,即便这种持有无论是在私法上还是在公法上都是非法的,也只能将其作为刑法的保护对象,"对于偿还期限届满的债务人的财产,至少也应该予以与盗窃犯的持有程度相等的保护",因而"要设定适当的处罚范围,就只能像最高裁判所判例所判示的那样,在暂时肯定具有构成要件该当性的基础上,再仔细、具体地判断是否存在将权利

---

① 香城敏麿「自動車金融により所有権を取得した貸主による自動車の引揚行為と窃盗罪の成否」『法曹時報』42 卷 9 号(1990 年)308 頁参照。
② 曽根威彦『刑法の重要問題〔各論〕』(第 2 版)(成文堂,2006 年)210 頁参照。
③ 事实上,否定财产损失的论者也认为,在采取压制被害人的反抗措施,违背其意志而强取财物、利益这种抢劫性手段的场合,不同于尽管存在瑕疵但仍属于基于对方的意思的恐吓的场合,基本上已经没有理由将其称为实现权利,不管行为人的动机、目的如何,都没有必要考虑该人具有债权这一事实。曽根威彦『刑法の重要問題〔各論〕』(第 2 版)(成文堂,2006 年)216 頁参照。
④ 川崎一夫『刑法各論』(増訂版)(青林書院,2004 年)214 頁参照。
⑤ 田山聡美「詐欺罪・恐喝罪(その 2)——財産上の損害をめぐって——」曽根威彦・松原芳博『重点課題 刑法各論』(成文堂,2008 年)149 頁参照。
⑥ 京藤哲久「権利行使と恐喝」西田典之・山口厚編『刑法の争点』(第 3 版)(有斐閣,2000 年)189 頁参照。

行使予以正当化的余地,除此之外别无他法"。① 第四,敲诈勒索罪等财产犯罪并非将行为主体限为无权利者的身份犯,在判断是否具有财产犯罪的构成要件之际,不应考虑行为人拥有债权这种特殊身份。行为人的这种情况,不属于法益侵害的有无这种构成要件的判断因素,而只能在违法性层面作为是否具有社会相当性的判断因素来考虑。第五,对于"若不感到畏惧想必就不会交付"的情形一律肯定存在财产损失,有将财产上的损害概念予以"形骸化"之虞,财产损失也可能丧失其作为构成要件要素的限定机能,因而"有必要具备从社会上看可以转化评价为一定经济性价值的内容"②。不过,即便采取实质的个别财产说,"持有现金 100 万元"也与"100 万元的债务归于消灭"在事实上、经济上的价值明显不同。③ 那种由手段行为所构成的针对人身自由或者安全的犯罪显然无法完全评价对债务人财产利益的剥夺:首先,应该偿还债务与自主地决定何时、以何种方式偿还债务之间并不矛盾,尤其是对负有多重债务者而言,其仍然享有决定首先向谁偿还债务的利益,"不能说只要债务归于消灭就没有问题"④;其次,债务人拥有 100 万元的现金,意味着债务人拥有事实上的利用权能,可以自由地支配该 100 万元,尤其是在经济交易过程中,实际拥有 100 万元所具有的经济价值与消灭了 100 万元的债务,意义完全不同。债权人通过非法手段行使债权的行为,不仅剥夺了债务人的自主选择权,也剥夺了债务人的这种利用权能,债务人所丧失的这种利用权能就可以被评价为财产损失。⑤ 因此,即便是在债权的范围之内勒索了金钱,债务人仍然存在财产损失,这一点与通过支付相应对价骗取财物的情形并无不同。当然,与支付对价非法取得财物的情形相比,行使债权的情形的可罚性更低,处罚范围理应存在细微差别,但这种差别只要作为阻却违法的问题来处理即可。⑥

(三)违法性阶段对社会相当性的判断

法必须是正义的后盾。敲诈勒索罪等财产犯罪是将值得刑罚谴责的、侵犯他人财产的违法行为作为处罚对象予以定型化,因而权利人主张自己的权利时,只要其行使权利的手段具有社会相当性(没有超越社会一般观念所应容忍的程度),就不构成财产犯罪,这是一个不容逾越的底线;反之,若手段行为超出了在社会一般观念上被害人所应容忍的程度,该行为就属于权利的滥用,丧失权利行使的性质,即便主观上具有行

---

① 木村光江「権利行使と詐欺・恐喝罪」阿部純二等編『刑法基本講座』(第 5 卷)(法学書院,1993 年)219 頁以下参照。
② 木村光江「権利行使と詐欺・恐喝罪」阿部純二等編『刑法基本講座』(第 5 卷)(法学書院,1993 年)216 頁。
③ 大塚裕史『刑法各論の思考方法』(第 3 版)(早稲田経営出版,2010 年)239 頁;[日]前田雅英『刑法各論講義』(第 7 版)(東京大学出版会,2020 年)268 頁参照。
④ 佐伯仁志・道垣内弘人『刑法と民法の対話』(有斐閣,2001 年)234 頁以下[佐伯仁志]。
⑤ 川端博『刑法講話Ⅱ各論』(成文堂,2004 年)175 頁参照。
⑥ 前田雅英『刑法演習講座』(東京大学出版会,1991 年)303 頁参照。

使权利的意图,也应该对通过威胁行为所取得的财物或者财产性利益全额成立敲诈勒索罪。

有学说曾认为,应以行为是否属于社会伦理秩序之内的行为作为社会相当性的判断标准。[1] 但如果重视伦理,所有威胁行为都不会具有社会相当性,能够阻却违法性的情形就非常有限。因而根本问题在于,对于行使债权的行为,何种程度的胁迫、欺骗行为等可以阻却违法性。

日本最高裁判所判例指出,"如诈骗罪那样,以侵犯他人的财产权作为本质的犯罪来处罚,不单是为了保护被害人的财产权,还因为这种违法手段存在扰乱社会秩序的危险"[2],由此可见,财产犯罪的违法性不仅体现为伴有现实的财产损失的结果无价值,也不能无视侵害行为的样态这种行为无价值的要素。[3] 具体而言,权利行使行为的实质违法性应通过以下路径来具体判断:在行使权利这一正当目的之下实施了行为的场合,进行为了实现该债权社会一般观念允许采取何种程度的行为(比较衡量)的相当性判断,以及为了实现权利需要采取何种程度手段的必要性判断,同时要考虑被害人的反应。[4] 在考虑被害人的反应之时,需要同时考虑被害人本身的过错程度,因为被害人的过错也是债权人的恐吓等违法行为的诱因之一,虽然不会直接影响行为人行为的性质,不影响是否具有构成要件该当性,但有可能影响行为人行为的违法性程度。

值得注意的是,第一,不仅是"债权实现型","所有权实现型"也可以在认定具有构成要件该当性的基础之上,再实质性地考察权利行使行为能否被允许。[5] 第二,由于在判断是否具有财产犯罪的违法性之际已经将手段行为包括在评价对象之内,如果权利行使行为因具有社会相当性而阻却了违法性,结果与行为均得以正当化,而不是像财产犯罪否定说那样,虽不成立财产犯罪,但手段行为可能另外成立胁迫罪等犯罪。在此意义上可以说,与财产犯罪否定说相比,财产犯罪成立说未必扩大了处罚范围。

六、对我国的启示

有关权利行使与财产犯罪的问题,日本以财产犯罪成立说为通说。相反,我国的通说与案例均否定成立财产犯罪,主张根据手段行为来判断是否成立针对人身或者自由的犯罪。在刑法的理论与实践中,中日之间的主流观点如此完全对立的情形极其罕

---

[1] 大塚仁『刑法概説(各論)』(第 3 版増補版)(有斐閣,2005 年)277 頁参照。
[2] 最判昭和二十五年七月四日刑集 4 巻 7 号 1168 頁。
[3] 佐久間修『実践講座・刑法各論』(立花書房,2007 年)50 頁;川崎一夫『刑法各論』(増訂版)(青林書院,2004 年)214 頁参照。
[4] 木村光江『財産犯論の研究』(日本評論社,1988 年)515 頁以下;前田雅英『刑法各論講義』(第 7 版)(東京大学出版会,2020 年)268 頁参照。
[5] 大谷實・前田雅英『エキサイティング刑法各論』(有斐閣,2000 年)163 頁[前田雅英]参照。

见。在我国的刑事案例中，甚至连擅自取回被公务机关等合法扣押的财物的行为、①通过暴力手段向债务人亲属索要债务的行为②等都被认定为不具有非法占有的目的。因而研究日本刑法的问题处理路径及其理念会有助于我们对此类问题的解决，下面的几点启示意义尤其重要。

第一，贯彻禁止私力救济的理念。从日本刑法的理论与实务发展来看，其对权利行使与财产犯罪问题的处理经历了较大的变化。早期的观点倾向于保护行为人的个体权利，而晚期的观点更注重对财产秩序的保护，故而对行使权利的行为施加了严格的限定，③强调了禁止私力救济的理念。1949 年的日本最高裁判所判决立足于维持社会法律秩序的视角，明确提出："刑法规定财物犯罪的旨趣在于，力图保护他人对于财物的事实上的持有，而不问其在法律上是否具有持有该财物的正当权限，即便刑法禁止此种持有，只要存在持有财物之事实，出于维持社会法律秩序之必要，也应该将对物的持有这一事实状态本身作为独立法益加以保护，不允许随意采取非法手段予以侵犯。"④至此，"二战"后的日本最高裁判所判例明确地站在维持财产秩序的立场上，就财产犯罪的保护法益采取"占有说"，禁止私力救济，只是例外地肯定存在阻却违法的余地。因此，简单地强调债权人拥有债权就一概不成立财产犯罪的做法存在与禁止私力救济这种法治国的基本原则背道而驰之嫌。

第二，区分构成要件的该当性判断与权利行使行为的正当化判断。一直以来，由于没有分开研究构成要件的该当性判断与权利行使行为的正当化判断，出现了研究路径上的混乱。⑤ 采取"违法性阻却"解决路径就可以明确地区分两者：首先，就构成要件的该当性判断而言，核心问题在于是否存在财产损失；其次，就权利行使行为的正当化判断而言，问题则在于正当化的标准。由于既存的财产秩序原则上应受到保护，只要侵犯了这种秩序（例如，债务人交付了若不受到威胁等就不会交付的财物）就一般具有构成要件该当性，其后再考虑即便如此却仍然允许实施此行为的理由（行为人拥有何种权利、行使权利的必要性等）。由此，就能够明确此类问题的实质在于社会可以在多大程度上允许这种私力救济，此类问题的关键在于如何在违法性阶段限定处罚范围。

---

① 参见最高人民法院刑事审判第一、二、三、四、五庭主办：《刑事审判参考》（第 108 辑），法律出版社 2017 年版，第 84～88 页；最高人民法院刑事审判第一庭、第二庭编：《刑事审判参考》（第 28 辑），法律出版社 2003 年版，第 53～57 页；最高人民法院刑事审判第一庭、第二庭编：《刑事审判参考》（第 43 辑），法律出版社 2005 年版，第 37～42 页。
② 参见最高人民法院刑事审判第一庭、第二庭编：《刑事审判参考》（第 14 辑），法律出版社 2001 年版，第 17～22 页；甘肃省天水市中级人民法院刑事判决书，（2019）甘 05 刑终 28 号。
③ 参见陈兴良主编：《刑法各论精释》（上），人民法院出版社 2015 年版，第 582 页（劳东燕）。
④ 最判昭和二十四年二月十五日刑集 3 卷 2 号 175 页。
⑤ 前田雅英『刑法各論講義』（第 7 版）（東京大学出版会，2020 年）268 頁参照。

第三，需要对手段行为与目的行为进行整体评价。财产犯罪否定说的做法是明确区分目的行为与手段行为，仅以手段行为作为刑法的评价对象。这种做法虽不失为一种巧妙的问题解决方法，但"试图将属于有机统一体的人的行为，人为地强行分割评价"①，从方法论本身而言，不得不说是错误的。② 因为，为了实现债权而实施的胁迫行为应该与由此取得的财物一起，从行为整体是否构成财产犯罪的视角来进行评价。反之，从"违法性阻却"解决路径来看，评价对象应该是"债权人以胁迫为手段取得了财物（财产性利益）"这种为了实现债权而实施的整体行为，也就是应该将目的行为与手段行为整体作为评价对象。我国的通说即财产犯罪否定说虽然是以手段行为作为处罚对象，但不同于设有胁迫罪的日本，在我国，很多情况下，只要是行使权利，即便采取盗窃、诈骗、胁迫，甚至是抢夺、抢劫等手段，事实上也很难构成犯罪。这无异于变相鼓励私力救济，既不符合法治国家的基本理念，也有放纵犯罪之嫌。整体评价的做法看似保护了个别"老赖"，但实质上维持的是整体财产秩序，最终也能更有效地保护包括债权在内的全体公民的合法财产权。

第四，确定问题的关键在于是否造成了财产损失。与日本刑法关注是否造成了财产损失相比，我国更强调债权人没有"非法占有的目的"。然而，首先，与"非法占有的目的"这种主观要素相比，财产损失属于客观要素，一般来说，只要行为人在主观上认识到自己的行为与财产利益的分配规范相抵触，就可认定其具有不法意图。③ 其次，即便行为人对于债务人具有民事上的请求权，若擅自以私力要求他人履行债务，虽然其在主观上是出于实现债权之意思，但其行为已经侵害财产状态之稳定性而与法秩序相抵触，应认定具有不法意图。④ 再次，如果B盗窃了A的此财物，A采取胁迫手段取得B的等额的彼财物，一般被认定具有非法占有的目的。⑤ 然而，有观点不仅认定此情形不具有非法占有的目的，⑥而且，以胁迫手段超额取偿时也不认为对债务范围之内的部分存在非法占有目的，同样是出于实现所有权（债权）的目的，何以结论迥异呢？尤其是在目的物本身不能分割之时更会出现观点上的直接对立。最后，为了获得合法的薪酬而擅自拿走价值相当的财物的，往往也会被认为，"只要行为人认知到自己具有一个可以行使的民事请求权，且在移转财物时，亦是出于实现债权之目的时，其

---

① 植松正「詐欺罪および恐喝罪」日本刑法学会编『刑事法講座』（第4卷）（有斐閣，1952年）874頁。
② 下村康正「権利行使と詐欺・恐喝罪」日本刑法学会编『刑法講座6』（有斐閣，1964年）123頁参照。
③ 参见黄荣坚：《刑法问题与利益思考》，台北，元照出版公司2003年版，第87页。
④ 参见张丽卿：《强盗罪与诈欺罪的难题——评最高法院八十九年度台上字第八五二号判决》，载《月旦法学杂志》第65期（2000年）。
⑤ 参见张明楷：《刑法学》（下），法律出版社2021年版，第1333页。
⑥ 例如，有学者指出，"若是从主观意思观察，由于本案中之被告确实是出于实现债权之意思取走公司之财物，其取得意图即欠缺不法（'取偿标的与债之标的不一致'之情形）"。参见张天一：《论民事请求权对窃盗罪中"不法所有意图"之影响》，载《月旦法学杂志》2014年第3期（2014年）。

主观目的(原本)就已欠缺可非难性"[①],然而,"若肯认其合法性,将导致债权之效力凌驾于物权之上"[②],存在破坏财产秩序之虞。因此,我们有必要转变观念,从判断主观上是否存在"非法占有的目的"转变至判断客观上是否"造成了财产损失",这样也更符合客观主义的刑法理念。

[①] 张天一:《论民事请求权对窃盗罪中"不法所有意图"之影响》,载《月旦法学杂志》2014 年第 3 期(2014 年)。

[②] 我国台湾地区板桥地方法院 100 年度易字第 3690 号判决。

论"慎刑"思想的经济刑法贯彻

刘天宏[*]

【摘要】"慎刑"思想在刑事立法较为活跃的当下意义十分重大。受我国经济社会转型、金融风险防范等影响,刑法的机能和角色逐渐由保障法向社会管理法转向,经济刑法的"肥大症"即为此种机能和角色转变的表征。为了使刑法在承担社会管理职责时仍然保持谦抑本性,维持经济秩序又不至于过度干预市场经济自由,引入和贯彻"慎刑"思想指导司法实践是有其必要性和正当性的。解决市场经济秩序法益"泛秩序化"难题,将仅由行政法保护的程序性秩序排除出刑法的保护法益范围,遏制兜底条款不适当入罪、限定变相经济行为的犯罪化规则是"慎刑"思想在经济刑法中具体化贯彻的有效路径。

【关键词】慎刑　经济犯罪　秩序法益　兜底条款　变相犯罪

一、慎刑要义与贯彻慎刑的经济刑法命题

（一）慎刑思想的历史回溯

《说文解字》曰:"慎,谨也。"即谨慎、慎重、小心的意思。所谓"慎刑"则是指谨慎用刑。习近平强调:"推进全面依法治国必须走对路。"[①]也就是说,我们要走适合自己的法治道路,要传承中华优秀传统法律文化。中华法系在上千年的历史发展中对历代的立法与司法均有着深远影响。"独树一帜的中华法系积淀了丰富的、深厚的法律文化,德主刑辅、明德慎罚的慎刑思想。"[②]这正是中华法系留给当代中国刑事法治建设的精华与沉淀。

慎刑思想萌芽于虞舜时期,《尚书·虞书·舜典》曰:"……眚灾肆赦,怙终贼刑。钦哉,钦哉,惟刑之恤哉!"[③]也就是因过失犯罪的就赦免,有所依仗终不悔改的就要施

---

[*] 刘天宏,法学博士,四川大学法学院讲师、博士后研究人员。主要研究方向:中国刑法学、经济刑法、毒品犯罪。国家社会科学基金重点项目"犯罪化的理论体系与实践机制研究"(21AFX010)。

[①] 教育部组织编写:《习近平新时代中国特色社会主义思想学生读本(大学)》,人民出版社2021年版,第129页。

[②] 贾宇:《以习近平法治思想为引领　推动新时代中国刑法学研究实现新发展》,载《人民检察》2021年第23期。

[③] 曾运乾撰:《尚书正读》,黄曙辉点校,华东师范大学出版社2011年版,第22页。

加刑罚,告诫动用刑罚一定要慎重。慎刑思想真正发轫于周朝,周公旦提出"明德""慎刑"的思想,意为"彰明德教,慎用刑罚",主张用德化来教育人民而非乱用刑罚,这是对"慎刑"思想的首次阐释。① 到了春秋战国时期,以孔子为代表的儒家学派提出"德主刑辅""省刑罚"等观念。汉、唐同样崇尚慎刑思想,《资治通鉴·汉纪》载:"……罚疑从去,所以慎刑,阙难知也……刑赏大信,不可不慎。"②《贞观政要集校·论诚信第十七》指出:"后王虽未能遵,专尚仁义,当慎刑恤典,哀敬无私。"③明、清也继承和发展了慎刑思想,如明末大思想家丘濬,在其《大学衍义补》一书中,将"慎刑宪"定位于"治国平天下之要",道出了慎刑对于国家治理非同一般的意义。④ 清代康熙皇帝从"敬慎庶狱,刑期无刑"思想出发要求官吏慎刑慎杀,罪疑从无,实现死刑监候缓刑制度,死刑犯监候秋审,大部分得到减刑处理。⑤

由上可见,慎刑思想在中国法制的发展道路上贯穿始终,是主导性、原则性的核心思想。慎刑思想以民本思想为基础,倡导德主刑辅,慎重动用刑罚,在立法、司法和刑罚的执行上均有着重要影响。我国古代的慎刑思想在与西方近代反对封建刑法的古典主义、自由主义刑法的交汇中实现了取精去粕的融合,在以保障人权、限制国家刑罚权为核心的"罪刑法定""罪刑相适应""个人责任原则""刑法最小化"等现代法治国刑法原则的影响下,⑥在坚持依法治国、贯彻习近平法治思想的基础上,慎刑思想呈现出适应当代社会发展和现代刑法理念的新面貌。慎刑思想适应我国刑事犯罪发生结构性变化的新形势,对完善宽严相济的刑事政策、深化落实认罪认罚从宽制度、坚持少捕慎诉慎押、扩大适用非羁押手段、最大限度减少社会对立面等方面均发挥着重大作用。⑦ 本文正是在阐释新时代下慎刑思想对于刑事法治的重要意义基础上,提出将"慎刑"⑧这一理念贯彻至经济犯罪的司法适用这一实践命题。

(二)慎刑思想与经济犯罪

不可否认的是,随着我国社会主义市场经济的蓬勃发展,经济失范行为不断涌现,近年来国家出于防范化解重大金融风险、维护社会秩序和经济秩序的稳定的考量,在对经济犯罪的刑事政策上总体仍然呈现趋严的态势。经济犯罪的刑事立法为了解决

---

① 参见黄擎:《儒家"慎刑"思想及其现代价值意义》,载《文化学刊》2021年第7期。
② (宋)司马光编著:《资治通鉴》,(元)胡三省音注,中华书局1956年版,第984页。
③ (唐)吴兢撰:《贞观政要集校》,中华书局2009年版,第294页。
④ 参见吕丽:《中国古代慎刑观之"用刑之道"解析》,载《南京社会科学》2016年第6期。
⑤ 参见韩春光:《中国传统的"慎刑"思想及其现代价值》,载《当代法学》2002年第4期。
⑥ 西方国家的慎刑思想与我国古代慎刑思想虽均主张慎重发动刑罚,但出发点和内容略有不同,我国慎刑的落脚点重在以德治和教化替代刑罚,教化人民,而西方的有关思想如边沁提出的"无必要之刑"则是从刑罚功利主义的角度出发。参见[英]边沁:《道德与立法原理导论》,时殷弘译,商务印书馆2000年版,第217~218页。
⑦ 参见陈一新:《习近平法治思想是马克思主义中国化最新成果》,载《人民日报》2020年12月30日,第10版。
⑧ "慎刑"即如何在经济刑法的适用中运用刑法理论做到谨慎用刑。

"经济危害行为的规制常常慢一节拍,漏洞百出,需要与供给'不足'的矛盾"①也呈现出活跃化的倾向和犯罪化的趋势。但经济犯罪的犯罪化与过罪化常常是形影不离的一组问题。经济刑法过度的活跃也带来了经济犯罪的"肥大化"。② 因此,为了避免经济刑法的过度犯罪化和对其不当的从严打击,有必要探究慎刑思想对于经济犯罪的正向价值。当前对于经济犯罪的立场,既应当正视对出现的新问题和严重经济犯罪行为的"严"的侧面,也应当更加关注贯彻"慎刑""企业产权保护"以及宽严相济基本刑事政策的"宽"的刑事法治侧面。

本文认为,慎刑思想在当代中国的刑事法治中,尤其是在经济犯罪的处理上主要体现在三方面,即立法定性轻缓化、司法适用去罪化、死刑废除的相对全面化。

第一,立法定性轻缓化。这主要指的是这样一种现象,即刑事立法将具有一定社会危害性的经济失范行为先规定为较为严重的犯罪,规定较重的刑罚,而后由立法者通过修正案的方式对此类行为予以纠偏或设立新罪进行轻缓化评价。例如,逃税行为在刑法中一开始被定性为偷税罪,且偷税入罪的数额要求也较低,偷税罪的负面效应比较大,立法机关在调研过程中发现,按照偷税罪的规定,企业偷税达到一定数额时,不管企业是否积极补缴税款和滞纳金,接受罚款,都可对企业负责人定罪。企业有可能慢慢垮了,国家也少了一个税源,税收会减少;企业破产后工人下岗需要重新安置,给国家和政府也增添了新的负担。③ 因此,在《刑法修正案(七)》中立法者将"偷税罪"改为"逃税罪"并明确构成要件的行为类型,提高了入罪门槛且创造了在一定条件下免予刑事处罚的特别条款。这使逃税行为在刑法评价中得以轻缓化。又如,原来生产、销售未经审批或被禁止使用的药品(以假药论)行为属于较为严重的生产、销售假药行为,法定最高刑为死刑,而《刑法修正案(十一)》将其单独设置为法定最高刑只有7年有期徒刑的妨害药品管理罪(典型的行政犯),该立法举动实际上是将原本不具备对人民生命、健康权利的侵害性的行为(以假药论的行为)从生产、销售假药罪中分离出来,实现了罪名设置的合理化,④从而也实现了该行为在刑法评价中的轻缓化。此外,随着《公司法》对公司注册资本制度的相应修改,刑法规定的虚假出资罪、抽逃出资罪及虚报注册资本罪都由立法者通过立法解释将规制类型限定为实缴登记制的公司,实现了对认缴行为的轻缓的刑法评价或不评价(去罪化)。

第二,司法适用去罪化。其主要是指在刑法条文无变化的前提下,司法机关基于某种原因,将原本属于刑法规定的犯罪行为,不以犯罪行为论处。受"六稳""六保"

---

① 孙国祥:《20年来经济刑法犯罪化趋势回眸及思考》,载《华南师范大学学报(社会科学版)》2018年第1期。
② 参见何荣功:《刑法与现代社会治理》,法律出版社2020年版,第284页。
③ 参见黄太云:《〈刑法修正案(七)〉解读》,载《人民检察》2009年第6期。
④ 参见陈兴良:《妨害药品管理罪:从依附到独立》,载《当代法学》2022年第1期。

"民营企业产权保护"政策的影响,司法适用的去罪问题在经济犯罪中显得尤为明显。例如,2020年最高人民检察院《关于充分发挥检察职能服务保障"六稳""六保"的意见》(本文中简称《"六稳""六保"的意见》)第6条明确指出:"……对于有实际生产经营活动的企业为虚增业绩、融资、贷款等非骗税目的且没有造成税款损失的虚开增值税专用发票行为,不以虚开增值税专用发票罪定性处理……"这意味着司法机关在适用该罪时将刑法中本无"骗税目的"的构成要件要素加入该罪之中,从而将部分不具有骗税目的但违反国家税收管理秩序的行为去罪化。又如,在非法吸收公众存款罪的认定上,2022年最高人民法院《关于审理非法集资刑事案件具体应用法律若干问题的解释》第6条第2款将非法吸收或变相吸收公众存款,主要用于正常的生产经营活动,能够在提起公诉前清退所吸收资金,情节显著轻微危害不大的行为也做了非犯罪化的处理。这显然也是司法机关基于刑事政策考量所做的通过司法手段实现去罪化的努力。

第三,死刑废除的相对全面化。死刑的废除在经济犯罪领域是较为成功和彻底的,2011年《刑法修正案(八)》废除了13个非暴力性的经济犯罪的死刑,2015年《刑法修正案(九)》再次取消了9个犯罪的死刑,其中经济犯罪占到一半以上。至此我国《刑法》分则第三章"破坏社会主义市场经济秩序罪"中除生产、销售、提供假药罪及生产、销售有毒、有害食品罪等少部分罪名存在死刑外,经济犯罪中的其他类型犯罪的死刑已经基本被废除。相较于刑法中的其他暴力性犯罪,经济犯罪由于自身的弱伦理性、非暴力性、贪利性等特质,使其在死刑的废除上较为顺畅和成功。经济犯罪死刑废除的成功也从另一个侧面反映了在经济犯罪的刑事治理过程中贯彻慎刑思想,克制对部分经济行为的刑法(从严)打击是具有较大的法治空间和现实可能性的。

总结以上现行法在经济犯罪上体现慎刑思想的内容不难发现,尽管我国对于经济犯罪的治理在刑事政策、立法及司法适用上总体依然呈现从严立场,但仍然存在慎刑思想,从而使部分被规定为犯罪的经济危害行为非罪化、轻缓化。这些做法对在实践中贯彻慎刑思想、避免经济刑法打击面过宽存在"肥大症"具有一定积极意义,但由于其解决问题不系统,未在法治框架内从根源上解决问题,当前经济犯罪中对慎刑思想的贯彻依然存在表面化、不彻底和过度依赖政策作用等问题。对此,必须先找到经济犯罪在实践中被扩张适用的深层原因,以此运用刑法理论科学地对经济犯罪贯彻慎刑思想的路径进行揭示。

二、经济犯罪中慎刑思想的政策支撑与刑法理据

(一)慎刑思想的政策支撑

1. 宽严相济的基本刑事政策

我国的基本刑事政策大致经历了"镇压与宽大相结合—惩办与宽大相结合—宽

严相济刑事政策"的发展过程。① 作为刑法和刑事政策调整的重要部分,经济犯罪也经历了上述过程,但受到经济犯罪形势和经济政策的影响,长期以来关于经济犯罪的刑事政策的主基调仍然为"严厉打击严重经济犯罪"。从1982年中共中央、国务院公布《关于打击经济领域中严重犯罪活动的决定》到全国人大常委会公布《关于严惩严重破坏经济的罪犯的决定》(已失效),再到1997年《刑法》分则第三章对破坏社会主义市场经济秩序犯罪的罪名作出规定,新增部分罪名并配置了较重的刑罚(部分罪名设置死刑)和1998年全国人大常委会公布《关于惩治骗购外汇、逃汇和非法买卖外汇犯罪的决定》,从严打击经济犯罪的趋势越来越明显。1997年《刑法》公布后,立法机关又先后以刑法修正案的方式增设新罪名、调整构成要件要素使经济犯罪的打击范围不断扩张。② 在"从严"立场下,部分经济犯罪的适用范围过度膨胀,导致刑事手段插手民事经济纠纷的现象出现,尤其是对民营企业的融资行为、经营中的不规范行为一律从严,机械适用法律贴上犯罪的标签,这并不利于我国社会主义市场经济的健康发展。

有鉴于此,对经济犯罪的适用应当注重贯彻宽严相济的基本刑事政策,这是慎刑思想在经济刑法中具体落实的政策支撑。具体来说,要充分注重宽严相济刑事政策中区别对待犯罪的功能。对于严重影响国家金融安全、严重破坏市场秩序的经济犯罪应当坚持从严,而对于仅违反行政法规范、并未造成国家和公私财产损失的不规范的经营行为应当坚持从宽,对于不属于犯罪的行为应当坚决不认定为犯罪。2016年最高人民法院《关于依法妥善处理历史形成的产权案件工作实施意见》第6条指出:"……以发展眼光客观看待和依法妥善处理改革开放以来各类企业特别是民营企业经营过程中存在的不规范问题。"同时,该意见第13条强调,"对于在生产、经营、融资等活动中的经济行为,当时法律、行政法规没有明确禁止而以犯罪论处的,或者虽属违法违规但不构成犯罪而以犯罪论处的,均应依法纠正"。此外"少捕慎诉慎押"③和"认罪认罚从宽"作为宽严相济刑事政策在刑事程序法中的具体刑事司法政策和制度,也为经济犯罪"慎刑"的贯彻提供了程序性的制度保障。例如,在涉市场主体犯罪案件中,企业的管理人员、关键技术人员等主体犯罪的,尽量不采取羁押性强制措施,确保企业能够开展正常的生产经营,对于符合不起诉条件的,应当作出不起诉决定。④

---

① 参见徐文文:《企业家涉产权犯罪刑事司法政策探讨》,载《法律适用(司法案例)》2018年第12期。
② 参见孙国祥:《20年来经济刑法犯罪化趋势回眸及思考》,载《华南师范大学学报(社会科学版)》2018年第1期。
③ 提出"少捕慎诉慎押"的原意是保护民营企业,解决民营企业负责人涉嫌犯罪的问题。最高人民检察院在2019年提出对涉案民营企业负责人依法能不捕的不捕、能不诉的不诉、能不判实刑的就提出适用缓刑建议。
④ 参见庄永廉等:《少捕慎诉慎押刑事司法政策的内涵功能及其落实》,载《人民检察》2021年第15期。

2."六稳""六保"与"民营企业产权保护"的中央精神

"六稳""六保"与中央对民营企业及民营企业家产权保护的精神也是慎刑思想在我国经济犯罪中得以落地的重要政策依据。2021年国务院办公厅在《关于服务"六稳""六保"进一步做好"放管服"改革有关工作的意见》中指出:"围绕稳定和扩大就业、培育市场主体、扩大有效投资、促进消费、稳外贸稳外资、保障基本民生等重点领域,以务实管用的政策和改革举措,增强企业和群众获得感。"而"六稳""六保"最重要的是稳就业、保就业,关键在于保企业,努力实现让企业"活下来""留得住""经营得好"的目标。对此,最高人民检察院出台了《"六稳""六保"的意见》,其中第3条强调:"……二是依法慎重处理贷款类犯罪案件……四是严格把握涉企业生产经营、创新创业的新类型案件的法律政策界限……"第6条要求:"注意把握一般涉税违法行为与以骗取国家税款为目的的涉税犯罪的界限……"可见,"六稳""六保"中的"保基本民生""保市场主体""稳就业""稳金融""稳外贸""稳投资"等均对经济犯罪的司法适用有着直接影响,体现出了在"六稳""六保"政策下国家对部分经济犯罪的"慎刑"立场。

民营企业产权保护也为慎刑在经济刑法中的贯彻提供了政策支撑,其与"六稳""六保"共同为民营经济和我国的社会主义市场经济发展保驾护航。2018年11月习近平总书记在民营企业座谈会上表示:"对一些民营企业历史上曾经有过的一些不规范行为,要以发展的眼光看问题,按照罪刑法定、疑罪从无的原则处理,让企业家卸下思想包袱,轻装前进。"[①]2020年7月,在企业家座谈会中习近平总书记再次谈道:"党中央明确提出要扎实做好'六稳'工作、落实'六保'任务,各地区各部门出台了一系列保护支持市场主体的政策措施。下一步,要加大政策支持力度,激发市场主体活力,使广大市场主体不仅能够正常生存,而且能够实现更大发展。"[②]2017年中共中央、国务院《关于营造企业家健康成长环境弘扬优秀企业家精神更好发挥企业家作用的意见》及2019年中共中央、国务院《关于营造更好发展环境支持民营企业改革发展的意见》也都强调了企业及企业家产权保护的问题。2023年7月,中共中央、国务院又发布了《关于促进民营经济发展壮大的意见》并重申对民营企业在法律层面的产权保护。可见,加强对民营企业的产权保护,激发市场活力,用法治为企业发展保驾护航是中央对于当前民营企业和中国经济发展的基本态度和倾向。这一态度决定了我国当

[①] 习近平:《在民营企业座谈会上的讲话》,载中央人民政府网,https://www.gov.cn/gongbao/content/2018/content_5341047.htm。

[②] 《习近平在企业家座谈会上的讲话》,载求是网,http://www.qstheory.cn/yaowen/2020-07/21/c_1126267637.htm。

前对部分经济犯罪的刑事政策出现了慎重认定犯罪、少捕慎诉慎押的相对的谦抑态度。① 具体反映在刑事司法实践中,最高人民法院先后发布三批保护产权和企业家合法权益典型案例,最高人民检察院也陆续发布了一系列依法保护非公企业合法权益的指导性案例,涉及发票犯罪、逃税罪、串通投标罪、合同诈骗罪等经济犯罪。这意味着,中央对于企业产权保护的精神已经在具体的司法适用中落在实处,无论是"六稳""六保"还是"企业产权保护"背后都折射着对待经济犯罪慎重用刑的刑事司法立场。

(二)慎刑思想的刑法理据

除了国家基本刑事政策和中央精神的支撑,对部分经济犯罪慎重用刑也是经济犯罪自身的犯罪特质和刑法本质所决定的,可以说"慎刑"思想在经济刑法中的贯彻有着充足的刑法理据。

第一,绝大多数经济犯罪具有法定犯或行政犯②的弱伦理性且具有贪利特征。意大利犯罪学家加罗法洛将犯罪分为自然犯与法定犯,并认为法定犯仅与特定国家的特定环境有关,无法说明行为人的异常,即不证明他们缺少社会进化中几乎普遍为人们提供的道德感,法定犯只是侵害了偏见,违反了特定习惯、法律。③ 行政犯概念滥觞于德国行政刑法之父郭特施密特(James Goldschmidt),其认为行政违反(verwaltungswidrigkeit)是指"不支持旨在提升公共或国家幸福的国家行政",它并不违法(rechtswidrig),只具有行政违反(verwaltungswidrig)的属性。④ 可见,法定犯或行政犯的本质是对国家的特定法律规范的违反,具有弱伦理性的特征,法定犯的社会危害性,给国民带来的不安感、恐惧感及值得被谴责的反道德性显然也无法与杀人、抢劫、强奸等传统自然犯中的严重暴力犯罪相提并论。此外,作为法定犯的经济犯罪还具有典型的贪利特征,对于经济利益的追逐往往是该类犯罪的犯罪动机与诱因,而基于对经济利益的追逐的不正当竞争行为则是引发经济犯罪的重要因素之一。所以,对于不涉及剥夺人的生命及健康(最重要的法益)的与道德无涉或关联较弱的经济犯罪,慎重犯罪化和慎重适用刑罚、适用较轻的刑罚是由此类犯罪的本质所决定的。

第二,刑法的谦抑性决定了对市场中的经济失范行为应当慎用刑罚。谦抑原则是近代刑法的根本原则。⑤ 即便是在"积极主义刑法观""风险刑法理论"的背景下,仍然不应放弃刑法的谦抑品格。补充性与片段性是谦抑原则的重要内容,补充性是指只

---

① 当然,本文并不否认对于严重危及市场经济秩序和金融安全的犯罪尤其是涉众经济犯罪坚持从严立场仍然具有必要性和正当性,只是应当摒弃过去不区分情况的一律从严的做法。
② 法定犯与行政犯的发端与学术语境并不相同,本文的目的不是对其进行区分而是用法定犯或行政犯描述经济犯罪与传统自然犯相对的意义上法律(行政法规范)所禁止的"恶"这一内容,因此本文在不区分两者的基础上笼统使用,行文中也不再加以区别。
③ 参见[意]加罗法洛:《犯罪学》,耿伟、王新译,中国大百科全书出版社1996年版,第53页。
④ 参见陈金林:《法定犯与行政犯的源流、体系地位与行刑界分》,载《中国刑事法杂志》2018年第5期。
⑤ 参见马克昌:《危险社会与刑法谦抑原则》,载《人民检察》2010年第3期。

有当其他法律对某种值得保护的利益或权利难以充分保护时才动用刑法保护。片段性是指刑法并非对社会中的一切利益予以保护,只是从中截取最重要的部分以刑罚作为保护措施。面对市场经济中的失范行为刑法应当保持谦抑的态度,原因在于,对于经济失范行为在刑法之前还存在民法、商法、行政法等部门法及行业自治组织的规章、公司制度、商业惯例等进行规制,民商事责任、行政责任、行业内部的制裁措施对于经济失范行为在一定程度上已经形成了较为完善的治理体系,因此应当慎重发动刑罚权,"凡是能够用民事手段、行政手段解决的矛盾纠纷和一般违法问题,绝不能动用刑法手段"①。

第三,经济刑法中常见的抽象危险犯的立法模式要求在司法中对其适用应进行严格限制解释。伴随着立法者对刑法中部分经济犯罪的修正,经济犯罪的构成要件门槛不断降低,出现"缩水"现象,结果犯转为情节(数额)犯,抽象危险犯成为抗制经济刑法的重要手段。② 抽象危险犯作为经济犯罪的主要立法模式有其正当性:经济犯罪往往无具体的侵害对象,无须传统实害犯的因果关系证明且抽象危险犯与经济犯罪的秩序法益(集体法益)具有一定的适配性,两者共同对经济犯罪的周延保护发挥作用。但抽象危险犯的立法模式毕竟相对于传统的结果犯、具体危险犯门槛大幅降低、成立犯罪时间提前,因此在立法已然形成的前提下,对于经济犯罪的司法适用应当慎重克制,避免对经济失范行为的超前刑法打击。

第四,经济犯罪所保护的秩序法益具有不稳定性,因此要慎重以刑罚手段贸然介入。哈耶克将秩序分为两类:一类为自然界自发自生的秩序,也称内部秩序(kosmos);另一类为人为的建构秩序,也称外部秩序(taxis),并指出,这种人造秩序相对具体和简单,只具有该秩序创造者能够审视且把握的那种较低的复杂程度。③ 具体到刑法领域,自发秩序往往由刑法对个人的生命、健康、财产等个人法益予以保护,而建构秩序则由集体法益来完成,在经济犯罪中即由市场经济秩序法益保护。而市场经济秩序与自然的道德伦理秩序和国家政治秩序不同的是,其具有变动不定的特征,尤其是改革开放以来,我国经济体制从计划经济向社会主义市场经济转向后,部分经济制度仍然存在计划经济时期的特征,经济体制改革是我国当下经济发展的"主基调",既有的经济体制在大范围内和一定时期内仍属于改革对象,此时"如果过分强调经济刑法保护的法益是社会主义市场经济体制,将会导致刑法的极其不确定性和保护法益的滞后性"④。例如,经济刑法中的"两虚一逃"即为受到经济体制改革影响的明证,另外对

---

① 高铭暄:《对经济领域的冲突纠纷应慎用刑事手段》,载《法人》2013年第3期。
② 参见马春晓:《经济刑法的法益研究》,中国社会科学出版社2020年版,第154~158页。
③ 参见[英]弗里德利希·冯·哈耶克:《法律、立法与自由》,邓正来等译,中国大百科全书出版社2000年版,第55~58页。
④ 何荣功:《经济自由与经济刑法正当性的体系思考》,载《法学评论》2014年第6期。

于新型的融资手段等金融创新行为也不宜在不加研究的前提下贸然以破坏金融管理秩序为由将其贴上非法集资的犯罪标签。正是因为改革的需要和不确定性,导致对经济秩序的保护会出现"朝令夕改"的现象,因此刑法对此不应过度、过快和积极地回应,以免将对社会有益无害的金融创新行为不当认定为经济犯罪予以制裁。

三、经济犯罪的司法过度扩张与限定之困

"刑法理论要更加正视法定犯时代的到来。"[1]经济犯罪中大部分罪名为法定犯或行政犯,[2]因此对经济犯罪在社会经济生活发展大背景下的扩张趋势一方面应当正视,另一方面则要对掺杂其中的过度扩张现象有所警觉。经济犯罪在司法实践中的不当扩张的根源在于其法益较抽象模糊,呈现泛秩序化的特征,围绕这一根源,实践中扩张适用经济犯罪的手段主要表现为两种,即对兜底条款作泛化理解及以实质解释立场将变相经济行为入罪。

(一)经济犯罪法益的泛秩序化

刑法的任务是保护法益,没有或不允许有不针对特定法益的刑法规定。[3] 法益作为刑法学中的重要概念对立法(刑事政策机能)和司法(解释论机能)均具有重要影响,体现着打击犯罪和保障人权的双重刑法机能。然而,经济犯罪基于其行政犯或法定犯的本质,存在先天性的不足——法益性的缺陷。[4] 通说将经济犯罪法益界定为经济秩序或经济管理秩序(制度)却难以说明其具体内容,也无法发挥法益的诸多机能,使经济秩序法益逐渐沦为了扩大刑法处罚范围的工具,走向了目的论法益概念下法益的精神化、抽象化。当下的经济秩序法益的内涵高度抽象,不明确,外延又过于宽泛,这种"泛秩序化"下的法益已经不具备指导司法实践,合理界分经济合法行为、违法行为(行政法)与经济犯罪界限的功能。

经济犯罪法益存在的"泛秩序"化集中反映在行政违法行为与刑事犯罪行为的区分问题上。行政犯的不法判断虽然必须以行为违反前置的行政法规范为前提,但这并不意味着行政犯的刑事违法性完全依附于行政不法,两者并非仅在违法的量上存在区别。然而在司法实践中,部分司法机关正是忽视了行政犯不法判断的独立性,混淆了行政法保护的法益与刑法保护的法益的区别,使部分行政法所保护的秩序被不当上升为刑法所保护的法益。

---

[1] 储槐植:《要正视法定犯时代的到来》,载《检察日报》2007年6月1日,第3版。
[2] 本文不区分行政犯与法定犯的概念,认为其均是与自然犯相对的概念,学界也有大部分学者认为两者本质大致相同。参见马克昌:《比较刑法原理:外国刑法学总论》,武汉大学出版社2002年版,第89页;黎宏:《刑法学》,法律出版社2012年版,第50页。
[3] 参见[德]冈特·施特拉腾韦特、洛塔尔·库伦:《刑法总论Ⅰ——犯罪论》,杨萌译,法律出版社2006年版,第29页。
[4] 参见刘艳红、周佑勇:《行政刑法的一般理论》(第2版),北京大学出版社2020年版,第282页。

例如,在陆某销售假药案中,公安机关以陆某购买和帮助他人购买未经批准进口的药品,不符合《药品管理法》规定属于假药为由,以销售假药罪对陆某移送审查起诉,后检察机关对该案作不起诉决定。① 将该案的行为作为犯罪追诉引起了广泛的社会舆论关注,也与公民的正义观和法感情相悖。学界通过各种手段对该行为进行去罪化解释,如有观点认为可以从代购不属于销售行为、对假药做限制解释、判断行为的抽象危险等六个维度着手。② 还有观点认为应以该罪的法益作为出罪的实质理由,该罪的秩序必须与个人的生命、身体健康的个人法益相关联,否则行为就不具备法益侵害性(不属于适格的法益)。③ 其实究其本质,导致该案被不当视为犯罪的原因在于部分行政违法行为被不当拔高认定为刑事犯罪,部分纯行政程序性的、仅以行政管理为目的的行政法的法益被不当纳入刑法的法益保护范围,使刑法的法益呈现泛秩序化。又如,在生产、销售伪劣产品罪的认定中,伪劣产品的概念及行为的不法判断往往以前置的行政法——《产品质量法》为标准,这当然是行政犯二次违法性判断的必然要求,但不能认为,只要行为违反行政法且达到了一定的"量"即成立犯罪,④行政犯的违法性判断也具有一定的独立性,而独立性即体现在刑法与行政法两者的任务、规范保护目的、关注的重点不完全相同。⑤ 再如,在串通投标案的办理中,部分司法机关将并不属于刑法中规定的"串通报价"的围标、串通报价以外的其他串通行为(行政违法行为)以串通投标罪定罪。⑥ 这也显然是将行政犯的不法判断完全依附于前置行政法规范,将部分仅由行政法保护的法益上升为刑法法益予以保护。此外,经济犯罪法益的泛秩序化现象在非法吸收公众存款罪中也较为明显。关于该罪的法益存在国家金融管理秩序、国家的金融市场秩序、国家对吸收存款的管理制度、金融信贷秩序等不同表述,而不同秩序的内涵和外延又不尽相同,导致该罪在实践中的认定存在一定混乱和偏差,金融管理秩序这一泛化的法益界定彻底丧失了法益所应具有的立法批判机能与指导构成要件的解释论机能,仅剩下空洞的犯罪分类机能。在解释和适用时,由于金融管理秩序的泛化空洞,增加了司法适用的恣意性,这也导致部分仅具有民事违法性以及并不违法的民间正常融资行为被不当地评价为违反金融管理秩序、侵害刑法保护的

---

① 参见湖南省沅江市人民检察院不起诉决定书,沅检公刑不诉〔2015〕1号。
② 参见劳东燕:《价值判断与刑法解释:对陆勇案的刑法困境与出路的思考》,载《清华法律评论》第9卷第1辑。值得注意的是,检察机关关于对陆勇的行为作出的不起诉决定也是从购买和代购行为不属于销售入手论证的。
③ 参见陈金林:《法定犯与行政犯的源流、体系地位与行刑界分》,载《中国刑事法杂志》2018年第5期。
④ 参见刘远鹏涉嫌生产、销售"伪劣产品"(不起诉)案,最高人民检察院指导案例85号(2020年)。
⑤ 参见孙国祥:《行政犯违法性判断的从属性和独立性研究》,载《法学家》2017年第1期。
⑥ 如胡某武串通投标不诉案中,被告人先施工后通过围标方式中标,被公安机关以串通投标罪移送后被检察院纠正。参见湖北省黄石市西塞山区人民检察院不起诉决定书,鄂黄西检一部刑不诉〔2021〕18号。

法益的犯罪行为。[1]

为了解决经济犯罪法益泛秩序化的上述问题,有大致四种方案被提出:一是放弃对行政犯秩序法益的解释转而从行政犯的形式性要素和实质性要素两个维度出发,为行政犯提供有效的出罪机制(秩序放弃论)。[2] 二是将抽象的秩序法益还原或分解为具体的个人法益或实体性法益(秩序还原论)。[3] 三是用其他法益如金融信用、资本配置利益等替代秩序从而使经济犯罪的法益恢复其应有机能(秩序替代论)。[4] 四是通过限缩金融管理秩序等秩序法益的范围从而限定经济犯罪的处罚范围(秩序限定论)。以上解决方案中,第一种放弃了以法益作为经济犯罪违法性判断与限定的依据,有滑向规范违反的隐患。行政犯作为犯罪的一种类型,其重点在"犯"而非"行政",立法者将某行政违法行为纳入刑事法范围进行规制,主要的原因是其行为符合犯罪的严重社会危害性本质,而并非其单纯的行政不服从。因此,刑法对其的打击仍然是以保护法益为根本任务的。第三种替代论的方法论存在一定问题,以资本配置利益、金融信用利益等作为经济犯罪的法益内容,确实在一定程度上把握了经济犯罪的经济学本质,但毕竟根据通说和刑法规定,社会主义市场经济秩序仍然是《刑法》分则第三章犯罪所侵犯的客体(法益),不应该直接脱离该内容讨论问题。第三种还原论所面对的问题是部分秩序,虽然与个人法益有关联,但却难以彻底还原为个人法益或还原后也过于牵强,如非法经营罪保护的法益。相比之下,限定论在肯定秩序的法益适格性的前提下,通过限定秩序的内容解决泛秩序化问题的做法具有一定合理性。

（二）兜底条款的扩大化适用

在经济犯罪的秩序法益难以有效发挥构成要件解释论机能的情况下,司法机关通常采取两种方式对经济犯罪的适用范围进行扩张,其一便是通过对兜底条款中的"等""其他"的适用进行的。不仅对于刑法,对其他部门法来说兜底条款也是一种比较常见的立法技术。在刑事立法中,兜底条款的确具有一定的必要性和优越性,其可以弥补自然语言的表意不足、严密刑事法网及增强法律的适应性。[5] 但作为罪刑法定原则的实质侧面,明确性原则要求刑法的文义必须清晰明确,不能含糊歧义,使国民对自己的行为无所适从。而兜底条款的优势——弹性和灵活性的反面也正是其与刑法的明确性原则相悖的风险。在经济刑法中,经济领域的制度变化较为频繁且新型经济

---

[1] 部分从事正常生产经营的吸收资金而非存款的行为被认定为违反国家金融管理秩序属于非法吸收公众存款犯罪。可参见吉林省东丰县人民法院刑事判决书,(2018)吉0421刑初60号;顺德区人民法院刑事判决书,(2019)粤0606刑初874号;浙江省绍兴市上虞区人民法院刑事判决书,(2019)浙0604刑初357号。
[2] 参见刘艳红、周佑勇:《行政刑法的一般理论》(第2版),北京大学出版社2020年版,第249~259页。
[3] 参见李文吉:《我国刑法中管理秩序法益还原为实体性法益之提倡》,载《河北法学》2020年第5期。
[4] 参见钱小平:《中国金融刑法立法的应然转向:从"秩序法益观"到"利益法益观"》,载《政治与法律》2017年第5期;魏昌东:《中国经济刑法法益追问与立法选择》,载《政法论坛》2016年第6期。
[5] 参见张建军:《论刑法中兜底条款的明确性》,载《法律科学(西北政法大学学报)》2014年第2期。

失范行为层出不穷,花样翻新,这也直接导致了兜底条款在经济刑法领域被不当扩大适用的现象显得尤为突出。

非法经营罪是经济犯罪中通过兜底条款而被过度扩张适用的典型代表,其也是在刑法理论中被公认的"口袋罪"。《刑法》第 225 条共规定 4 项刑法所禁止的非法经营行为,其中第 4 项便是"其他严重扰乱市场秩序的非法经营行为"。然而,正是"其他严重扰乱市场秩序"这一表述为非法经营罪的扩张埋下了隐患。《刑法》分则第三章第八节即为"扰乱市场秩序罪"。质言之,非法经营罪的兜底条款是将本节所有罪名共同侵犯的同类客体这一大概念作为其他非法经营行为的判断依据,显然这为扩大非法经营罪的适用创造了条件。

司法解释对何为其他扰乱市场秩序的非法经营行为不断地作扩张理解,其中打击未经批准擅自发行销售彩票、非法经营烟草专卖品等行为尚有一定的合理性,但仍有大量与该罪前 3 项所列非法经营行为关联较弱的行为类型被纳入该罪的规制范围。例如,2003 年最高人民法院、最高人民检察院《关于办理妨害预防、控制突发传染病疫情等灾害的刑事案件具体应用法律若干问题的解释》第 6 条将"违反国家在预防、控制突发传染病疫情等灾害期间有关市场经营、价格管理等规定,哄抬物价、牟取暴利,严重扰乱市场秩序,违法所得数额较大"的行为认定为非法经营行为;又如,1998 年最高人民法院《关于审理非法出版物刑事案件具体应用法律若干问题的解释》第 13 条将经营非法出版物的行为列为非法经营行为;再如,2021 年最高人民法院、最高人民检察院《关于办理危害食品安全刑事案件适用法律若干问题的解释》第 16 条将生产、销售国家禁止用于食品生产、销售的非食品原料,情节严重的行为纳入非法经营罪的打击范围。此外,在网络中有偿删帖,在生产、销售的饲料中添加盐酸克仑特罗等禁止在饲料和动物饮用水中使用的药品也被作为非法经营行为予以犯罪化,实践中还有将非法从事保安业务甚至未经许可经营短信群发的行为,都被按照非法经营罪追究刑事责任。[①] 非法经营罪呈现"口袋罪"倾向的原因根本上是未能正确界定该罪的法益。市场秩序这一法益过于宽泛和抽象,导致司法机关在对该罪其他方法和该罪列举项进行同质判断时难以运用法益作为有效的衡量标准。此外,在同质性判断的过程中未能注意到行为类型的同质和忽略前置行政法规范违反的判断也是该罪被过度扩张的成因。

(三)变相经济行为的实质入罪

"变相"入罪是司法实践中扩张经济犯罪打击范围的又一方法。所谓变相是指"内容不变,形式或方式和原来不同"[②]。从变相的定义可见,变相是在未改变事物的

---

① 参见蔡道通:《经济犯罪"兜底条款"的限制解释》,载《国家检察官学院学报》2016 年第 3 期。
② 商务国际辞书编辑部编:《现代汉语词典(双色本)》,商务印书馆国际有限公司 2019 年版,第 46 页。

实质内容(本相)的基础上将形式更换。变相与实质解释论存在天然的契合性，实质解释强调不能仅以法条或构成要件的形式文义对行为是否构成犯罪进行形式判断，应当以目的解释方法探寻法条的规范保护目的，以此实质地把握构成要件。我国原《合同法》第52条第3项"以合法形式掩盖非法目的"而导致合同无效的判断方法正是把握了影响合同效力的"非法目的"这一本质。在刑法中，透过现象把握本质，将形式上不属于"本相"但实质上是"本相"的行为识别出来予以打击是具有一定合理性的方法，但如未能正确把握"本相"的内涵，则会使变相入罪失去正当性，沦为打击犯罪的便利工具。在经济犯罪中，认识"本相"(法的规范保护目的)的媒介即为法益，而受到"泛秩序化"的经济犯罪法益影响，不当的变相入罪使部分经济犯罪的认定在实践中存在一定的偏差，这种偏差在司法解释和裁判说理中均有体现。

在我国最高司法机关的司法解释中，变相入罪方法的运用涵盖了传销犯罪、非法集资犯罪、非法买卖外汇犯罪等犯罪。例如，在对传销犯罪中，在《刑法修正案(七)》将组织、领导传销活动行为单独规定为犯罪前，非法传销活动在刑法中由非法经营罪规制。2000年原国家工商行政管理局、公安部、中国人民银行《关于严厉打击传销和变相传销等非法经营活动的意见》(本文中简称《传销意见》)第2条规定："工商行政管理机关对下列传销或变相传销行为……对情节严重涉嫌犯罪的，要移送公安机关，按照司法程序对组织者依照《刑法》第225条的有关规定处理……"在司法实践中，对于涉嫌传销犯罪的活动也往往是以《传销意见》的规定作为行政前置法规范进行认定和打击，而其中对于变相传销的认定存在较大争议，对于"多层直销型"和"团队计酬型"传销是否属于变相传销犯罪曾在一段时间内难以达成统一意见，也有部分司法机关将以上两种类型作为犯罪予以打击。[①] 又如，在非法吸收公众存款罪的认定中，最高司法机关专门针对网络借贷领域也即P2P领域涉嫌非法吸收公众存款的情形作出规定。2017年最高人民检察院《关于办理涉互联网金融犯罪案件有关问题座谈会纪要》(以下简称《互联网金融纪要》)第8条第1项指出："中介机构以提供信息中介服务为名，实际从事直接或间接归集资金、甚至自融或变相自融等行为，应当依法追究中介机构的刑事责任……"对于变相自融的把握，《互联网金融纪要》第8条第1项强调，"……特别要注意识别变相自融行为，如中介机构通过拆分融资项目期限、实行债权转让等方式为自己吸收资金的，应当认定为非法吸收公众存款"。再如，最高人民法院、最高人民检察院在《关于办理非法从事资金支付结算业务、非法买卖外汇刑事案件适用法律若干问题的解释》(以下简称《非法资金支付结算、非法买卖外汇解释》)第2条中将违反国家规定、变相买卖外汇，扰乱金融市场秩序、情节严重的行为规定为

[①] 可参见河南省许昌市建安区人民法院刑事判决书，(2010)许县刑初33号；四川省邛崃市人民法院刑事判决书，(2012)邛崃刑初字第288号。

构成非法经营罪的行为。

除司法解释外,变相入罪在司法裁判对经济犯罪的认定中也较为常见。其一,变相的高利转贷,即司法机关把向银行贷款后将自有资金借贷他人收取高于银行利息的行为认定为变相高利转贷行为,成立高利转贷罪。如实践中有的司法机关认为,被告人将银行资金与自有资金混同后,表面上将银行资金用于公司经营,实际上将自有资金及部分银行资金用于高利借贷的行为,属于变相高利转贷。[1] 其二,变相的非法倒卖、转让土地使用权。其指的是行为人在以土地使用权入股后,通过转让股权的方式,将土地使用权转让给他人的情况。对此,当前司法实践中大多持有罪说,法院多以此种行为属于变相非法转让、倒卖土地使用权为由入罪。理由是行为人名义上转让的是公司股权,实质上转让的是依股权享有并控制的国有土地使用权。[2]

以上变相入罪现象存在一定的过度犯罪化的问题,其中除未能准确识别本相(法益或规范保护目的)外,还存在未能注意到法秩序统一性的判断、过于注重实质判断而突破刑法文义等问题。可以说,实践中以变相作为经济犯罪的入罪方法的现象并不少于以兜底条款作为入罪方法的现象,两者的共性问题均在于未能正确把握经济犯罪的法益内涵。除此之外,经济犯罪在适用中特殊的双重违法性判断、法秩序统一原理的考察也是将经济犯罪行为与合法经营行为及仅属于行政违法的经济不法行为进行区分的关键性要素。

四、慎刑思想在经济犯罪中的具体贯彻与路径

(一)秩序法益的明确与去行政化

经济秩序并非不能成为适格的刑法法益,其之所以在经济犯罪的司法实践中出现失灵,难以有效遏制经济犯罪打击范围的不当扩大甚至成为帮凶,根源在于秩序的"泛化"而不在于秩序本身,因此控制并解决经济秩序"泛化"的问题才是破解经济犯罪司法适用过度扩张的有效对策。在这一过程中,涉及和必须解决以下两个问题:一是秩序能否成为适格法益;二是如果秩序具备法益的适格性,那么何种或哪些秩序可以作为刑法所保护的法益,从而限定秩序法益的范围。以下分别阐述。

人是群体动物,秩序是作为群体的人类所必需的,没有秩序就没有共同生活。[3] 可以说秩序是根植于人类基因中将人类区别于动物的重要价值,从自然的亲属人伦秩序到社会的分工合作秩序再到市场的贸易、经济秩序,秩序贯穿人类的生存和发展,对于人类和人类社会的重要性不言而喻。然而,褒义的秩序价值进入刑法视野中可能产

---

[1] 参见四川省成都市锦江区人民法院刑事判决书,(2020)川 0104 刑初 266 号。
[2] 参见浙江省武义县人民法院刑事判决书,(2017)金武刑初字第 204 号。
[3] 参见卓泽渊:《法的价值论》,法律出版社 2018 年版,第 335 页。

生贬义色彩,动用刑法维护社会秩序、将秩序作为刑法法益往往为刑法学者所不取。法益一元论者以古典刑法对个人法益的保护为模型,认为刑法的适格法益必须以人为中心,为人服务,而秩序难以与传统的人的生命、身体、财产法益相勾连且秩序存在抽象性、模糊性,是法益精神化的产物,无法发挥法益的刑事政策机能,空洞的秩序沦为了刑法打击犯罪的机械工具。然而,这是法益一元论对于秩序的误读,现代社会充斥风险和复杂性,随着行政国的兴起和法治任务的扩张,现代国家已然从形式法治国"守夜人"的形象转向实质法治国与福利国家,传统的消极的国家观念已经无法应对日益发展的公民权利。[①] 因此,以传统的法治国中的个人法益保护为蓝本难以准确描绘和勾勒出现代国家背景下刑法法益的图景。在现代刑法中,集体法益无疑已经成为刑法所关注和保护的重点内容,而秩序、经济秩序作为集体法益的一种在现代法治国的语境下具有刑法法益的适格性、正当性和宪法基础。

  法益二元论是在承认集体法益与个人法益具备一定关联性的基础上被提出的,集体法益并不属于个人法益,具备独立的刑法保护价值。秩序作为集体法益的一种类型,其从内容上看具有法益内容的利益性,从价值上看,也具备宪法上所保护的宪法性价值。秩序作为集体法益并非否认和割裂与传统个人法益的关联,德国学者罗克辛在肯定集体法益的前提下提出缓和的法益一元论并给出了宪法性法益概念,认为"法益是在以个人及其自由发展为目标进行建设的社会整体制度范围之内,有益于个人及其自由发展的,或者是有益于这个制度本身功能的一种实现或者目标设定"[②]。可见,秩序在作为有利于个人在社会生活中发展的条件这一层面得到了宪法的认可并被刑法吸纳为适格的法益。因此,不能仅以秩序与个人法益无关、抽象模糊(个人的生命、财产法益抽象和提炼为法律中法益的内容时也是抽象的)为由否认秩序作为法益的适格性。

  接下来要解决的问题是何种或哪些秩序属于刑法可以保护的作为经济犯罪法益的经济秩序。有观点认为,将经济管理秩序、制度作为法益实际上是给单纯的行政不服从贴上了法益的"标签",它只是在以行政管理这种权力回答刑事处罚权的正当性,也即以权力正当化权力,这显然只是在转移问题。[③] 同样的表述有将秩序作为法益实质上是通过"违反规定的行为的法益侵害性在于违反规定"这种循环式论证方式。以上批评将侵犯秩序与单纯的行政不服从画等号,实际上是认为侵犯秩序的本质是规范违反,而非法益侵害,并由此得出了秩序只是"伪法益",将行政管理秩序法益化并无正当性可言的结论。

[①] 参见陈小文:《行政法的哲学基础》,北京大学出版社2009年版,第12页。
[②] [德]克劳斯·罗克辛:《德国刑法学总论:犯罪原理的基础构造》(第1卷),王世洲译,法律出版社2005年版,第15页。
[③] 参见陈金林:《法定犯与行政犯的源流、体系地位与行刑界分》,载《中国刑事法杂志》2018年第5期。

首先,行政管理、经济管理的秩序或制度虽然具有一定的建构性并非自发生成,但不能就此认为其完全由行政权力所构建和控制,秩序并非权力的工具和仆人,其自身具有一定的独立价值和地位。"立法者的使命不是建立某种秩序,而仅是为这样一种秩序的形成和不断地自我更新创造条件……我们强行实施的人类社会的法律的目的是,确保一种秩序的形成成为可能的这样一种有限的规律性。"①所以,秩序随着人类社会的演进而演进,法律(刑法)只是为秩序的平稳有序保驾护航,同时赋予特定时期和社会中立法者一定的目的并以权力维护,市场经济秩序也是如此。其次,秩序从形式上看确实具有维护行政权力、行政管理效力的外观,但这也只是秩序的一小部分和其中的一个侧面。法秩序统一性原理要求在宪法的统摄下,民商法、行政法、刑法均对宪法所要求保护的权利、制度、利益进行保护,并保持法秩序内部的协调统一不冲突。由于不同部门法的任务、属性、规范目的和调整手段不同,这种保护的方式也并非简单、无区别的。法益最为经典和简明的定义是"法所保护的利益",而这里的"法"并不局限于刑法,也可以包括民商法、行政法等部门法。因此,民商法可以保护法益,行政法和刑法也可以保护法益,只是保护的内容和方法并不相同,不同部门法并非对整个的法秩序内的利益进行一体化无差别的保护,而是根据不同部门法的属性和目的对法益进行分层、分工的保护。

毫无疑问,行政法和刑法对违反国家行政管理的行为均进行规制,在行政法中属于行政违法行为,在刑法中属于犯罪中的行政犯。两者规制的手段不同是无争议的,行政法通过行政处罚、行政强制等实施规制,而刑法以刑罚对犯罪行为作出否定评价。但实际上,除规制手段不同外,由于行政法与刑法的性质和规范保护目的存在根本的不同,两者在保护法益的内容上存在一定交叉但并不重合。"国家的目的在于满足人民的公益需求,这些公益必须得到主动、方便、快捷的实施。"②行政法的基本目标就是公共利益的最大化,加上其在个体之间相对"合理"的分配,可以归结为"效率优先,兼顾公正"。因此,行政法在政府功利主义观念下(成本和收益的计算)所追寻的公共利益最大化的任务必然导致"效率"价值成为行政法的基本价值,为了降低成本,实现公共利益最大化,提升行政效率的有力手段即为通过行政法设计合理高效的行政程序。这种行政程序下的具体行政行为如行政许可、行政强制、行政处罚所对应保障的行政法秩序自然反映的是行政法中公共利益优先、效率价值优先的理念。因此,行政法所保障的行政管理等秩序并不必然包含刑法中所保护的公民的个人生命、身体、财产等利益。例如,在行政征收、行政征用中,行政机关所维护的是公共利益而不是被征收、

---

① [英]弗里德里希·奥古斯特·哈耶克:《自由宪章》,杨玉生等译,中国社会科学出版社2012年版,第229~230页。

② [德]奥托·迈耶:《德国行政法》,刘飞译,商务印书馆2021年版,第76页。

征用一方——行政相对人的财产权利。又如,在行政许可中,作为一种"公共物品",许可的批准与授予虽然也关注公民的生命安全和财产利益,但其更多的是在市场经济条件下政府管理经济、社会和文化的重要手段,着眼点落在如何公平、公正、公开且高效地为公众和社会服务上。① 所以,尽管行政法和刑法均保护行政秩序、经济秩序且刑法是行政法的"后盾法",但不能误认为刑法所保护的秩序法益就是行政法保护的行政法法益,刑法保护的秩序具有二次性,保护的是"秩序中的秩序",破坏行政法秩序的行为并不必然破坏刑法秩序,这样的行为只有在受到刑法秩序规范的否定评价时才是破坏刑法秩序的,应当予以刑罚处罚。②

所以,在经济犯罪中,纯粹出于行政目的的与刑法中个人的生命、健康、财产等人的实体利益以及国家税收等国家实体利益无关的单纯服务于行政的程序性秩序并不属于刑法应当保护的秩序法益,仅属于行政法保护的法益。秩序法益在经济犯罪中出现泛化问题、导致经济犯罪化简单恣意的原因在于刑法误将行政程序表征的行政管制秩序作为刑法的法益予以保护,对于行政管制中的行政强制性、行政命令性、行政约束性不加甄别、筛选地带入刑法体系之中。③ 因此,将仅为行政服务的程序性秩序排除出经济犯罪的秩序法益是遏制经济犯罪法益"泛秩序化"的有效办法。

具体来看,例如,在销售假药罪的认定中,在《刑法修正案(十一)》颁行前,刑法中"假药"的判定完全依照2015年《药品管理法》第48条对于假药的规定,而"国务院药品监督管理部门规定禁止使用的"、"依照本法必须批准而未经批准生产、进口,或者依照本法必须检验而未经检验即销售的"和"使用依照本法必须取得批准文号而未取得批准文号的原料药生产的"都属于假药。问题在于上述三种情形并非自然意义上的"假药"(不具备药品疗效和功能,对人体生命健康存在威胁或风险),而是为了方便行政监管的法定意义上的"假药"。而刑法不加区分地将此三类假药也纳入处罚范围中,认为其侵犯了刑法上的"药品管理秩序",显然是将行政法保护的行政秩序法益(主要是以具体行政行为——"批准"为核心的前置行政程序)错误地上升为刑法法益以刑法进行保护。又如,在虚开增值税专用发票罪的认定上,尽管税收征管秩序的目的是保障国家税收利益,而违反管理秩序与侵害国家税收利益之间具有一定的内在必然联系,但有时也存在例外。④ 例如,为了虚增、夸大业绩,以其他单位之名签订销售合同,并以该单位之名收取货款开具增值税专用发票等行为虽然破坏了国家税务部门对增值税专用发票的管理,属于行政违法行为,侵害了行政法意义上的税收管理秩序,

---

① 参见姜明安:《行政法》,北京大学出版社2017年版,第328~331页。
② 王志远、董文哲:《论行政犯的犯罪本质——基于行政犯入罪逻辑的思考》,载《河北法学》2021年第2期。
③ 参见熊波:《前置行政程序在经济刑法中的行政依附性及其化解》,载《政治与法律》2022年第3期。
④ 参见李文吉:《我国刑法中管理秩序法益还原为实体性法益之提倡》,载《河北法学》2020年第5期。

但以上行为并未侵害刑法意义上的"税收征管秩序"所体现的国家税收利益,因此并非因为上述行为不具备骗税目的而无罪,而是因为行为在根本上仅侵害了行政法上的"税收管理秩序"而非刑法上的以国家税收利益为内核的"税收征管秩序"。再如,在生产、销售伪劣产品罪的判断上不能将行政法即《产品质量法》的规定照搬到刑法中来,将《产品质量法》对产品质量的行政保护纳入刑法中将会使部分与个人的生命、身体、财产安全无关的仅不符合国家标准的产品被认定为刑法中的伪劣产品,此种做法机械僵化,使刑法完全沦为行政前置法的附庸,也不利于优化营商环境和切实保障民营企业及企业家的产权。正确的做法是将仅由行政法保护的与人的生命、身体健康、财产无关的程序性秩序排除出刑法的秩序法益,如此才能使经济犯罪的秩序法益的触角不再向行政法延展。

(二)兜底条款的限制解释

对于经济犯罪兜底条款的司法适用要作限制解释实际上已经是学界对于限制经济犯罪适用范围达成的共识,关键问题在于如何限制。有学者从兜底条款与前置行政法规范的关系、兜底条款与列举项的行为性质的同质性两个维度展开,并认为经济犯罪"兜底条款"所涉内容,必须与刑法明示的内容具有行为性质上的同质性,仅具有法益侵害结果的同质性不能适用。① 还有学者肯定类推解释对于经济犯罪兜底条款适用的积极意义并从兜底条款涵盖的行为类型是否与先例之间具有同质性及兜底条款涵盖的行为类型是否与先例之间具有类比性对经济犯罪的兜底条款的涵盖范围作出限定。② 尽管对兜底条款的限制在具体路径中不同观点有不同之处,但兜底条款的明确性必须要通过同类解释与列举项作等价性判断是没有争议的。而对于同类解释中的"类",有观点认为具体包括四类,即行为危险的同类、行为强制性程度的同类、行为方式的同类以及行为所具有的法益侵害性的同类。③

本文认为,行为危险的同类和行为强度的同类也属于广义的行为方式同类,狭义的行为方式是行为同质的形式侧面,而行为危险程度和强度则是行为同质的实质侧面。例如,在以危险方法危害公共安全罪的判断上,"其他危险方法"与放火、爆炸、决水行为的同质性判断就在于行为在方式上必须具有造成不特定多数人重伤死亡的危险(行为方式同质)且该种危险具有直接性、迅速蔓延性与高度盖然性(行为危险同质)。④ 因此,对于经济犯罪兜底条款的限制适用可以通过形式+实质的双重判断模式展开,形式判断是基于经济犯罪作为行政犯的特性而作出的,重在判断前置行政法规是否为经济犯罪行为提供第一次的行政违法根据,这也是行政犯"双重违法性"的

---

① 参见蔡道通:《经济犯罪"兜底条款"的限制解释》,载《国家检察官学院学报》2016年第3期。
② 参见姜涛:《经济刑法之"兜底条款"的解释规则》,载《学术界》2018年第6期。
③ 参见张明楷:《刑法分则的解释原理》(上),中国人民大学出版社2011年版,第60~61页。
④ 参见劳东燕:《以危险方法危害公共安全罪的解释学研究》,载《政治与法律》2013年第3期。

必要要求。实质判断又具体包括行为同质性判断和法益侵害同质性判断,是对第一次判断(行政违法性判断)后进行的第二次判断即刑事违法性有无的独立考察。

第一,形式判断:兜底条款的内容必须为前置行政法规范事先明确规制。具体到非法经营罪兜底条款的判断中要注意"其他严重扰乱市场秩序的非法经营行为"必须具备"违反国家规定"这一前提。① 例如,对于境外电信业务的经营,2000年5月最高人民法院在《关于审理扰乱电信市场管理秩序案件具体应用法律若干问题的解释》中将"擅自经营国际电信业务或者涉港澳台电信业务进行营利活动"列为其他严重扰乱市场秩序的非法经营行为。而此项业务在2000年9月才被国务院颁布的《电信条例》所明确禁止,列为行政违法行为。质言之,该行为的刑事违法性的赋予是先于行政违法性的,这与兜底条款的内容必须为前置行政法规范所事先明确规制的规则不符。与此相反,在于某龙非法经营案中,②于某龙经营黄金确实未经行政审批,违反了当时的《金银管理条例》,因而属于非法经营行为。但在案件办理期间,国务院出台相关文件取消了黄金收购许可制度,于某龙违反国家规定的根据不复存在,其行为也就不再具备兜底条款中的违反前置行政法规的形式。

第二,实质判断:兜底条款的内容必须与列举项具有行为同质性和法益侵害同质性。在外汇犯罪的行为同质性的判断中,倒买倒卖外汇和变相买卖外汇行为被《非法资金支付结算、非法买卖外汇解释》第2条列为其他非法经营行为。而实践中,司法机关对于变相买卖外汇的行为往往作扩大理解,将行为人在国家外汇交易管理局规定的交易场所外通过地下钱庄兑换外汇的行为认定为变相买卖外汇,进而认定为非法经营罪。这显然忽视了行为同质性的判断,在此类案件中行为人对于非法兑换外汇行为主观上不具有营利目的,客观上行为也不具备常业的性质,行为显然与具备经营性质的倒买倒卖外汇难以等价。因此,对于个人为了工作生活等需要在地下钱庄偶尔非法兑换外汇的行为不应以变相买卖外汇纳入非法经营罪的打击范围,给予其行政处罚更加合适。③ 还值得注意的是,对于此类非法买卖外汇行为的入罪,司法解释采取了"兜底条款+变相"的双重入罪模式,这显然会更加扩大该罪的适用,因此对其限制解释更加具有正当性和必要性。此外,在王某军非法经营案中,王某军收购玉米的行为虽形式上违反行政法规,但从实质上的行为同质性来看,与严重扰乱市场秩序的非法经营行为不同,其行为促进了粮食的自由流通,不仅无害反而对社会有益,显然也不属于

---

① 参见陈兴良:《刑法的明确性问题:以〈刑法〉第225条第4项为例的分析》,载《中国法学》2011年第4期。

② 参见《刑事审判参考》2013年第3集中第862号案例,即"于润龙非法经营案——未经许可从事非法经营行为,但审理期间相关行政审批项目被取消的,如何定性"。

③ 参见陈兴良:《非法买卖外汇行为的刑法评价——黄光裕案与刘汉案的对比分析》,载《刑事法判解》2015年第1期。

犯罪行为。

在法益侵害同质性的判断中,要注意经济犯罪法益对于兜底条款的限制作用。在将非法经营罪的法益明确限定为通过市场准入制度所保护的平稳的市场秩序后即可发现当前我国司法实践和司法解释罗列的部分以非法经营罪定罪的情形是不太妥当的。例如,在特殊时期,哄抬物价、牟取暴利的行为尽管在一定程度上扰乱了正常的市场秩序、价格秩序,但其行为并不违反市场准入制度;又如,在网络中有偿删帖的行为违反的是网络管理秩序且有偿删帖行为本身的性质即为非法,当然与市场准入制度无关;再如,对于非法经营保安业务的行为,其侵害的是社会管理秩序而非市场经济秩序,[1]因此自然也不属于非法经营罪所应当规制的行为。另外,行为人将依法取得的烟草专卖零售许可证转让、出租、出借后,他人以此证经营烟草生意的行为尽管违反了《烟草专卖许可证管理办法》第41条中"不得买卖、出租、出借或者以其他形式非法转让烟草专卖许可证"的规定,但其侵害的仅为行政法意义上的法益且该经营者也并未扰乱市场秩序,其行为与根本上无证非法经营的行为具有明显差异,也不宜以非法经营罪论处。

(三)"变相"入罪的适用克制

对经济犯罪适用范围进行有效限制的另一手段即为对变相经济行为入罪的司法克制,其中具体包括三个适用规则,分别是"变相"不能脱离所涉罪名的保护法益、变相经济行为入罪应当保持法秩序的统一协调及变相经济行为入罪不应超出"本相"的文义射程。

首先,变相的内容不能脱离所涉罪名的保护法益。"目的是全部法律的创造者。每条法律规则的产生都源于一种目的,即一种事实上的动机。"[2]法律的目的落实在刑法中集中凝结和体现在刑法的法益上,法益即为刑事立法者对某一行为犯罪化的规范保护目的的反映。所以,对某一行为通过变相入罪不能脱离该罪名的保护法益,这是对变相经济行为入罪的实质限定。例如,对于传销犯罪,我国司法机关曾一度以非法经营罪进行规制,并列举了"拉人头"、"收取入门费"和"团队计酬"三种行为类型。在《刑法修正案(七)》颁布后,新增设的组织、领导传销活动罪正式将部分传销行为脱离非法经营罪独立地予以犯罪化。而从立法者对该罪的罪状描述可知,该罪打击的是以传销为名而收取"费用"的具有诈骗性质的行为。所谓"推销商品、提供服务"均是最终骗取财物的手段与幌子,骗取财物才是传销活动的最本质特征。[3] 因此,"团队计

---

[1] 参见孙万怀、邓忠:《非法经营保安业务实践定性的合理性质疑》,载《甘肃政法学院学报》2013年第1期。

[2] [美]E.博登海默:《法理学——法律哲学与法律方法》,邓正来译,中国政法大学出版社2017年版,第121页(耶林语)。

[3] 参见黄太云:《〈刑法修正案(七)〉解读》,载《人民检察》2009年第6期。

酬"型传销行为在刑法修正后不再符合传销犯罪的保护法益,"团队计酬"中的传销人员是以销售商品或服务为目的来获取利益,虽属于行政违法行为但不同于诈骗型传销中存在虚假的商品或服务和传销人员具有骗取他人财物的目的,不具备"拉人头""收取入门费"中通过诈骗方式从事传销活动、扰乱市场经济秩序的法益侵害性。对于将"团队计酬"型传销行为作为非法经营行为定罪的做法本文也难以赞同,原因是非法经营罪保护法益的核心是"市场准入",而传销行为与需要行政许可的直销行为不同,其本身系非法行为与是否需要准入无关,因此也自然与非法经营罪无关。

其次,以"变相"为由入罪时还应当注意法秩序的协调统一。法秩序的协调统一就是在解决法律问题时,民法、刑法和宪法的规范和原则通常必须联合起来适用。[①] 如果将某行为认定为犯罪但该行为却并不违反民商法和行政法,此时法秩序就是矛盾不协调,将该行为入罪也就违背了法秩序的统一性。在经济犯罪中变相转让、倒卖土地使用权是"变相"入罪不符合法秩序统一性原理的典型做法,对此应当严格限制。在变相转让、倒卖土地使用权的认定中,必须要注意刑法与公司法之间的法秩序统一。通过股权转让土地使用权的行为在实践中被大量定罪的原因即为未能注意到商法对该合法商事行为的肯定与调整。《公司法》第 48 条第 1 款规定:"股东可以用货币出资,也可以用实物、知识产权、土地使用权、股权、债权等可以用货币估价并可以依法转让的非货币财产作价出资……"第 157 条规定:"股份有限公司的股东持有的股份可以向其他股东转让,也可以向股东以外的人转让……"通过以上法律规定,可知股东有权将以土地使用权为内容的股权依法转让给他人,该行为在商法中完全合法有效,所以追究此类行为的刑事责任有违法秩序统一原理而被本文所否定。

此外,变相高利转贷行为也存在这一问题,尽管 2019 年《全国法院民商事审判工作会议纪要》(本文中简称《民商事审判纪要》)第 52 条将"出借人套取金融机构信贷资金又高利转贷给借款人的民间借贷行为"认定为无效,但该民事无效却并不必然可以推导出其在刑事上属于犯罪,且《民商事审判纪要》对于如何认定变相高利转贷这一事实采用的是推定的证据规则即借款人能够举证证明在签订借款合同时出借人尚欠银行贷款未还的,一般可以推定为出借人套取信贷资金,但出借人能够举反证予以推翻的除外。而刑事证据的证明标准要求证据要确实充分,比民事证据的优势证据原则更为严格。因此,当变相转贷行为的认定在民事中尚且需要推定存疑时,在刑事中也就自然不能得出变相转贷即为高利转贷犯罪行为的结论。

最后,变相经济行为的范围不应超越"本相"行为的文义射程。文义解释是在各种解释方法中应当被首先考虑的解释方法。文义解释方法的必要性源于法治理想,其理论上的可能性源于法律具有客观性,其目的也在于使解释结果有可预测性从而提高

[①] 参见[德]伯恩·魏德士:《法理学》,丁晓春、吴越译,法律出版社 2013 年版,第 317 页。

法律自身意义的稳定性。① 所以,如果变相行为与"本相"的文义都不符合,其解释结论一定无法被国民所接受。在变相吸收公众存款的认定中就存在这一问题。"存款"有其特定的金融含义,其是银行主要的负债业务,从一定意义上讲,存款是银行资金最主要的来源,是银行从事放贷等其他业务的基础,是银行的生命线。② 可见,存款有其特定的金融学意义,是商业银行的传统业务,在负债业务中占有最为主要的地位。具体到非法吸收公众存款罪来说,法条表述的构成要件要素是"存款",立法语言清晰无歧义。结合该罪的法益与立法沿革,也均可以清晰地将该罪的存款与金融领域联系到一起。因此,该罪中的"存款"无论如何也无法被变相解释为与金融无关的一般意义上的"资金"。资金是存款的上位概念,其范围更加广泛。如将该罪中的"存款"变相理解为资金且不再对资金用途加以考察,则该罪将沦为非法吸收公众资金罪,这既超越了刑法的文义与立法者的初衷,也与国家维护金融领域安全,防控重大、系统性金融风险的目的相背离。

结　语

当前经济犯罪刑事立法中主流的抽象危险犯结构与普遍的集体法益配置,使经济犯罪出现处罚范围扩张、处罚阶段提前及处罚标准模糊的现象。因此,在司法中如何对经济犯罪的适用作出限定、对其"肥大症"对症下药是当前需要解决的课题。在指导精神和原则上,中国古代法制中的慎刑思想给出了经济犯罪司法适用的大方向。对此,我国的宽严相济刑事政策以及"六稳""六保""民营企业产权保护"的精神也都予以重申和肯定,但实践中经济犯罪贯彻"慎刑"的司法出罪多具有政策依赖性和个案局限性。对此,系统地梳理出经济犯罪存在的共性问题——法益的"泛秩序化",并通过限制实践中扩张经济犯罪范围的两个手段——"兜底条款"与"变相入罪",可以有效地缓解经济犯罪的过度膨胀,将"慎刑"观落到刑事司法的实处,切实解决实践中的问题。

---

① 参见陈金钊:《文义解释:法律方法的优位选择》,载《文史哲》2005年第6期。
② 参见王新:《非法吸收公众存款罪的规范适用》,载《法学》2019年第5期。

违法性认识功能论的"三重逻辑"

赵天琦[*]

【摘要】 研究违法性认识理论应遵循逆向构建范式,将功能评估放置于本体之前。违法性认识应当从责任阶层参与到行政犯的缓和规制之中:第一,违法性认识理论以"人"和"规范"为意蕴。基于"国家与个人""报应与预防""心理责任论、规范责任论与功能责任论""责任主义与功利主义"四对命题的不同组合,在体系上会演绎出违法性认识"要或不要"以及"怎么要"的具体分歧。第二,以"最小化痛苦"为目的,居于违法性认识背后的责任主义与功利主义并非"互斥关系",两者的整合路径只能是在坚守责任主义的基础上"求取平衡"。为正确导向违法性认识的理论功能,应当坚持责任主义"底线原则"与"优位原则"。第三,违法性认识的功能定位应注重对时代特征下本土问题的回应,有必要构建行政犯违法性认识的"缓和规制论",积极发挥违法性认识在行政犯中构建"出罪机制"与维持"量刑均衡"的功能。

【关键词】 违法性认识　缓和规制论　责任主义　出罪机制　量刑均衡

一、引言

关心人的主体性和尊严是违法性认识理论的内在品格。违法性认识理论的发展历程表明:一方面,责任主义是法治国的应有之义,违法性认识理论是责任主义的衍生物;[①]另一方面,违法性认识理论的勃兴也昭示着国家与个人、法与道德、责任与预防之间相互关系的变迁。西方工业革命的完成一面猛烈冲击着旧制度,一面促使人们开始重视对个体命运的关怀。违法性认识理论迎来了"必要性转向"的契机。始于古罗马时代的"不知法不赦"受到前所未有的挑战,长久以来被奉为圭臬的"知法推定"日渐式微。违法性认识理论最早在德国刑法中被系统化地提出,成为故意责任的必要要素,并深刻影响其他国家关于违法性认识理论的研究。自20世纪以来,责任理论的规范化思潮以及目的行为论的发展加速了对违法性认识可能性的研讨,违法性认识理论再次经历了从"故意理论"到"罪责理论"的"立场转向"。这一理论对归责的功能,被

---

[*] 赵天琦,女,四川省社会科学院法学研究所助理研究员,法学博士。
[①] 参见[日]佐伯仁志:《刑法总论的思之道·乐之道》,于佳佳译,中国政法大学出版社2017年版,第265页。

认为是刑法学发展史上的一个里程碑。[①] 可以说,经由德日责任理论的发展与犯罪论体系的革新,违法性认识理论逐步确立了它在刑法知识体系中的地位。

在行政犯时代,违法性认识的理论研究迎来了新的课题,首要问题是违法性认识的理论功能究竟是什么?对此,须从以下三个层次进行追问:第一,构建行政犯违法性认识功能论的理论基石是什么?违法性认识理论"要或不要"以及"怎么要"的根据是什么?第二,确立违法性认识功能论的导向理念是什么?居于违法性认识理论背后的责任主义与功利主义是否具有整合的可能性?第三,结合行政犯扩容的时代课题,违法性认识对于规制行政犯的具体功能是什么?是扩大惩处,还是实现缓和规制?这些问题是违法性认识理论得以扎根于实践的前提。

二、违法性认识功能论的理论基石

近代以来,受启蒙时代的思想的影响,费尔巴哈最早提及故意中的违法性认识。在其之后,违法性认识研究受责任理论变迁的影响大致经历了四个历史时期:第一,黑格尔学派的违法性认识不要说。第二,宾丁等古典学派倡导的严格故意说。第三,李斯特等近代社会学派的违法性认识不必要说与自然犯、法定犯区分说。第四,韦尔策尔目的行为论以及规范主义责任论潮流影响下的责任说。[②] 总体上,关于违法性认识理论背后的立场的分歧集中在以下范畴:(1)政治国家中的国家与个人之关系;(2)刑罚理论中的报应与预防之关系;(3)心理责任论、规范责任论以及功能责任论之关系;(4)刑法理念下的责任主义与功利主义之关系。基于这四对命题的不同组合,在体系上会演绎出违法性认识"要或不要"以及"怎么要"的具体分歧。由于责任理论包括责任本质、责任内容、责任基础等子命题,所以在其发展过程中深受国家与个人关系、刑罚理论流变的影响。

(一)以"人"为中心的违法性认识

刑法关于责任本质的争论,在思想基础上围绕行为人的意思是否被决定而展开,在刑罚正当化根据上表现为报应与预防的对立,其演进历程展现出特定历史环境下国家与个人之间抽象关系的曲折变化。在不同责任本质下,违法性认识的必要性关联着各个历史时代中"人"的地位与尊严。

19世纪初期,费尔巴哈阐释了故意与心理强制之间的关联,主张对法规范的认识是故意的要件。[③] 依其见解,心理强制是指从心理上阻止行为人的违法倾向,心理强制效果的产生前提是行为人对刑法可罚性的把握。受功利主义的影响,费尔巴哈区分

[①] 参见李海东:《刑法原理入门:犯罪论基础》,法律出版社1998年版,第115页。
[②] 高山佳奈子『故意と違法性の意識』(有斐閣,1999年)15頁参照。
[③] 高山佳奈子『故意と違法性の意識』(有斐閣,1999年)3頁参照。

了一般预防与特殊预防,并将一般预防与刑罚威慑作为刑罚目的的中心,倡导以人道主义国家学说为基础的刑法威慑。① 基于刑罚抑制犯罪的功能,他认为可罚性的前提在于刑罚的可知,违法性认识是故意的要件之一。然而,心理强制说被批评为并不彻底且自相矛盾。由于难以期待人人都能清楚地把握犯罪概念与刑罚后果,这种夸大理性主体认知能力的做法与真实情况明显存在距离,费尔巴哈最终不得不运用"推定"②来完成其理论的证成。

19世纪中后叶,"知法推定"被发挥到极致,根本性地挤压了违法性认识理论的存在空间,违法性认识不要说成为主流。黑格尔将"国家合理化"看作最终的法律价值,深信先有国家,再有法律。③ 立足于国家是伦理共同体的基本观点,他推导出公民对刑法的忠诚义务,这为后来功能责任论的发展奠定了理论契机。④ 在黑格尔学派的支持者中,科斯特林认为违法性认识错误与责任没有任何关系,对法律的无知不阻却责任。但他没有将这种排除违法性认识的观点贯彻到底,仍然承认虽然任何人都不能通过声称自己不知道该行为的可惩罚性或惩罚的类型和轻重而免除所犯罪行的责任,但存在例外的情况——行为人因其国籍(文化差异)或文化水平低而法律意识极低。他同样承认推定责任,以维持对法律的无知并不阻却责任的结论。⑤ 另一位黑格尔学派的追随者贝尔纳则在责任问题上秉持了违法性认识不要说的观点。他区分了归责问题和可罚性问题,认为行为人对自己行为是否为法所允许的判断是可罚性问题,而不是归责的问题;归责理论中唯一的问题是行为是否存在事实错误,法律错误并不能阻止责任。⑥

可见,抗争与妥协的交织是彼时责任理论的写照。这一时期违法性认识理论的最大困境在于未能突破国家权威主义的藩篱,长久以来"知法推定"的观念依然根深蒂固。首先,在道德与法、刑法与一般法规范的关系上,没有界定违法性之"法"是什么。因而,要么将道德与法混同,导致处罚的范围过宽;要么退回"知法推定"的立场,无法真正地贯彻责任主义。其次,道义责任论以意志自由(决定论)作为其理论的根据,而这样一种夸大行为人主观能力的形而上学理论能否担当得起责任理论的基础缺乏实在的论据。决定论否定了个体之间权利与义务的制约关系,主张人是终极目的,但在

---

① 参见[德]汉斯·海因里希·耶赛克、托马斯·魏根特:《德国刑法教科书(总论)》,徐久生译,中国法制出版社2001年版,第100~101页。
② 后期费尔巴哈否认了对故意的推定,但承认一般法律认识上的推定。福田平认为,这显示了向新方向的转变,即拒绝了中世纪责任推定的残余。福田平『違法性の錯誤』(有斐閣,1999年)2-10页参照。
③ 参见[德]阿图尔·考夫曼:《法律哲学》(第2版),刘幸义等译,法律出版社2011年版,第29~30页。
④ 参见王韬、吕端:《黑格尔对刑法中责任理论的贡献》,载《人民论坛》2014年第2期。
⑤ 福田平『違法性の錯誤』(有斐閣,1999年)17-19页参照。
⑥ 贝尔纳论证了犯罪的存在先于刑罚法规,认为法律规范并不是立法者恣意的产物,而是生发于立法者心中的民族意识,且法也不是从民族意识中突然产生的,而是逐渐发展起来的,因此,即使人们不知法也应知道什么行为是犯罪。福田平『違法性の錯誤』(有斐閣,1999年)21页参照。

部分辩证唯物主义论者看来,根本不存在绝对的意志自由。① 最后,道义责任论在刑罚目的上呈现不同的分野,即以费尔巴哈为代表的相对主义刑罚理论和以黑格尔为代表的绝对主义刑罚理论,但两种理论都未能真正地将违法性认识作为体现人本关怀的责任要素。即使是拒绝任何"目的性"考虑,只着眼于行为人自决能力的纯粹报应刑,也没有向责任主义真正靠近,而是走向了其反面——通过"推定"认定故意。当然,也不可否认道义责任论时期关于违法性认识的探索架设了刑罚与国民"正义观"之间的桥梁,从"道义"的角度沟通了"刑罚正义"与"规范意识"之间的正当性关联。唯有国民被赋予行为的预测可能性而具备规范意识时,发出行为期待的国家才能对行为人施加刑罚的非难。因此,道义责任论中蕴含的刑罚正义观念没有被抛入"故纸堆",而是可以作为继续验证违法性认识命题与引导未来研究的起点。

与提倡道义观念相对,社会责任论基于对人身危险性的考量,认为使犯罪人承担责任旨在社会防卫。这一理论建立在人是由素质和环境所决定的意思决定论之上。19 世纪末,李斯特从实证主义角度将刑事政策引入刑法中,他不仅将刑事政策作为一种特殊的社会政策,更将"目的"作为刑法和刑事政策之间的"关联通道"。② 在违法性认识问题上,基于"合目的"需要,行为人的违法性认识并没有被视为值得重视的要素,只要存在危险性就可能受到刑罚处罚。李斯特指出,行为人主观上重要的不是违反法律,而是反社会;只要行为在实质上属于反社会的范围,国家就可采取保全社会之道。③ 这种极端的观点被批评为逾越了责任主义的底线。④ 可以说,在社会责任论的语境下,违法性认识理论几乎没有存在的必要性与立论空间。⑤

尔后,法律责任论将责任的本质视为法律的非难,认为刑法上的责任是法律责任,责任涉及法规范,非难的原因是缺乏法律信念。⑥ 相比于道义责任论和社会责任论的根本对立,法律责任论采取了折中态度。一方面,在为何能够科以刑罚的立场上,法律责任论与纯粹的国家、伦理道义观相区别,坚持严格区分法与道德,以法规范作为归责的根据,也与实证主义仅把人作为实现防卫目的的工具论相远离。另一方面,在刑罚目的上,法律责任论既融合了道义责任论的长处,注重发挥法引导人们向善的意义,也强调对行为人的处罚具有面向未来的预防意义。在法律责任论下,违法性认识理论对

---

① 参见邱兴隆等:《刑罚学》,中国政法大学出版社 1999 年版,第 118 页。
② 参见劳东燕:《功能主义刑法解释论的方法与立场》,载《政法论坛》2018 年第 2 期。
③ 高山佳奈子『故意と違法性の意識』(有斐閣,1999 年)18 頁参照。
④ 有观点批判道,这种观点事实上成为"社会措施论",妄图以"监狱代替医院"。参见[日]松宫孝明:《构成要件和犯罪体系》,赵新新译,载《交大法学》2021 年第 2 期。
⑤ 在日本,社会责任论者对于违法性认识问题则较为缓和。例如,牧野英一基于社会责任论的思想,着重从教育改善的角度提出了对法定犯与自然犯应当区别考察的"违法性认识区别说",其更加强调行为人的社会心理,而不是纯粹的社会控制目的。牧野英一『法律の錯誤』(有斐閣,1952 年)78 頁参照。
⑥ 参见[德]汉斯·海因里希·耶赛克、托马斯·魏根特:《德国刑法教科书》,徐久生译,中国法制出版社 2017 年版,第 562~563 页。

主体规范意识提出的必要性要求得到了回应。

综上,责任非难是否具有说服力,取决于有关国家和社会在消除和预防犯罪的社会原因方面所做的努力,即在多大程度上保障公民不犯法的自由。违法性认识及可能性的有无是由国家和行为人之间的紧张关系所决定的,当行为人知悉违法性的手段未能得到充分保障时,国家刑罚权就会以阻却或减轻责任的形式受到限制。① 违法性认识的存在意义与责任理论重视人权保障的意蕴相一致。

(二)以"规范"为联结的违法性认识

违法性认识在刑法理论大厦中的确立,始于心理责任论向规范责任论的转向。② 经由功能责任论对责任和预防关系的再造,违法性认识理论面临的问题进一步演变为:如何在责任主义与预防政策(功利主义)之间"求取平衡",进而对行为人公正归责。

前期古典学派基于自然主义哲学观坚持心理责任论,将故意、过失归入有责性之中,责任的内容被视为"行为人的心理关系"③。在心理责任论下,人的能动性和人格尊严重新受到重视,国家对行为人科以刑罚不仅依据客观行为后果,个体的主观方面亦被提升至关系到责任成立与否的重要位置。在克服"人的物化"这一意义上,心理责任论超越了传统结果责任时代的刑罚残酷性。④ 然而,心理责任论的缺陷是使故意的认识内容成为与价值评价无关的事实认识,容易推导出违法性认识不必要成为故意或责任要素的结论。

违法性认识必要性是规范责任论的必然推论。20世纪以后,规范责任论开始占据理论上的支配地位,违法性认识理论的发展进入了全新的语境。新古典犯罪论体系立足"新康德主义"区分现实世界与价值世界的立场,以"价值论"方法重构了犯罪论的知识体系,主张经验的实在之中包含着价值,在罪责阶层提出了"期待可能性"概念。期待可能性理论的核心在于"尽管认识到了,却没有形成反对动机来打消犯罪的念头"⑤。据此,规范意识成为行为人形成反对动机的必要条件,理解规范的禁止性是行为人选择适法行为的基础,在此意义上考量行为人的可谴责性才是合理的。

以规范责任论为理论契机,宾丁在"规范论"立场上构建了违法性认识"故意理论"的体系雏形。他认为,犯罪的本质是"规范违反",违法性认识是故意责任的本质要件,行为人在欠缺违法性认识的情况下,阻却故意。宾丁将犯罪作为极端违反规范

---

① 高山佳奈子『故意と違法性の意識』(有斐閣,1999年)268页参照。
② 在规范责任论中,违法性认识被看作促使行为人形成反对动机,并按照规范实施行为的直接契机。参见[日]大谷实:《刑法讲义总论》,黎宏译,中国人民大学出版社2008年版,第308页。
③ 张明楷:《责任论的基本问题》,载《比较法研究》2018年第3期。
④ 参见冯军:《刑法中的责任原则:兼与张明楷教授商榷》,载《中外法学》2012年第1期。
⑤ [日]前田雅英:《刑法总论讲义》,曾文科译,北京大学出版社2017年版,第133页。

的行为来把握,认为犯罪的本质在于对规范的反抗(违反),因此,行为人如果不知道行为的规范违反性,就不可能形成遵从规范的反对动机。行为人并不是通过感官感知来正确认识其行为的犯罪性质,而是通过认识该行为的法律意义判断出行为被禁止,并由此推断出不得实施该行为。① 对规范的"服从"是立法者实现法益保护的手段,而规范只能约束有能力实现或违反规范要求的人。② 由此,从规范意识、个人能力与可谴责性之间的关联意义之中推导出了违法性认识的必要性。

目的论犯罪体系的开创者汉斯·韦尔策尔重构了故意的体系位置,提出了对《德国刑法》第17条"禁止错误"③影响深远的"罪责理论"。韦尔策尔论述了关于"可谴责性"与"行为人和结果的心理联系"之间是什么关系的问题。他认为,心理要素不应归入责任之中,而应归入不法要素之中。他将故意作为主观构成要件要素,认为这种方式对不法的成立有重要意义。而"责任"是"意志责任",即"意志形成过程的可谴责性"。④ 关于不法意识,他认为对于故意需要"真实、当前和现实的意识";而对于违法性只要有"现实的想象",或者说"违法性认识的可能性"即可。他特别强调人根据自己的"社会理解能力的程度"而行事,这一点被其作为"罪责理论"的基础——"答责原则",而与之相对的是以"认识原则"为基础的"故意理论"。⑤

韦尔策尔之后,在规范责任论内部关于可谴责性的内容是什么,一直存在较大争议。⑥ 雅各布斯受卢曼社会系统论⑦的影响,在规范责任论的基础上发展出功能责任论。⑧ 功能责任论认为,责任是为了维护公民对规范的信赖以及维护社会秩序,刑罚

---

① 福田平『違法性の錯誤』(有斐閣,1999年)29-30页参照。
② 参见梁奉壮:《宾丁规范论研究:本体论考察》,载《清华法学》2017年第1期。
③ "禁止错误"首先是在刑法中加以表述,这种错误仅指对于禁止规范,即对于"行为之一般规则"的认识错误、关于法律禁令的认识错误。德国刑法上使用的"禁止错误"概念,是指"在行为人虽然完全认识了不法的案件事实,但仍然不知道自己行为不允许的时候,就存在禁止错误"。这一概念与日本刑法中的"违法性错误"、中国刑法中的"违法性认识错误"内涵一致。参见[德]克劳斯·罗克辛:《德国刑法学(总论):犯罪原理的基础构造》(第1卷),王世洲译,法律出版社2005年版,第609页。特别需要说明的是,本文中的"违法性认识错误"与"禁止错误"是同一意义上的概念。文中主要使用我国通常采用的"违法性认识错误"这一表述,也使用"禁止错误"这一表述,因为在大量引文中存在"禁止错误"的表述,为保持引文的原貌,不作统一化处理。
④ 参见[德]汉斯·韦尔策尔:《目的行为论导论:刑法理论的新图景》,陈璇译,中国人民大学出版社2015年版,第16、55~57页。
⑤ 根据"答责原则",人对行为决意之合法性所承担的责任,以其社会道德方面的理解能力为限;根据"认识原则",只有当人认识到违法性的时候,才能就其决定的违法内容对他加以谴责。只有在刑罚处罚过失犯罪时才能以过失犯论处。参见[德]汉斯·韦尔策尔:《目的行为论导论:刑法理论的新图景》,陈璇译,中国人民大学出版社2015年版,第81页。
⑥ 关于可谴责性的内容是什么,理论上存在"他行为可能性""法不允许的态度""自我决定的能力""规范的应答可能性"等学说。参见王钰:《功能刑法与责任原则 围绕雅科布斯和罗克辛理论的展开》,载《中外法学》2019年第4期。
⑦ "系统论"是指法律构成是一个从其周围环境中提炼出来的关系构造,法律系统、经济系统、政治系统都是社会子系统。参见[德]埃里克·希尔根多夫:《1965—1985年法理论的复兴》,陈辉译,中国政法大学出版社2021年版,第98~102页。
⑧ 参见王钰:《功能刑法与责任原则 围绕雅科布斯和罗克辛理论的展开》,载《中外法学》2019年第4期。

是由目的决定的积极的一般预防。① 在违法性认识问题上,该说更加注重预防目的的实现,认为如果公民没有努力获得必要的法律知识,没有考虑他对于共同体的义务(对法忠诚的义务),就不能因为存在禁止错误而阻却责任。在主观不法的判断上,行为人真挚遵循法规范的良心义务尤为重要,即将"知法的探询义务"提升到与一般道德中守法义务不同的刑法规范义务之上。雅各布斯的功能责任论进一步回答了规范责任论没有清楚解决的问题,将可谴责性内容确定为"缺乏对法的忠诚",强调行为人的"动机赋予缺陷",即罪责目的不会因过错大小而受限制,合乎目的的罪责可以证立刑罚,行为人如果产生了不可避免的认识错误,则不应当归责。认识错误的避免可能性是个别确定的,归责的重点在于欠缺对法律的忠诚。② 这一论断宣示了其功利主义预防观的倾向。刑法的目的是使被确定的秩序稳定化,责任刑法应当是有益于维持秩序的有目的的刑法。③ 当然,雅各布斯也承认"社会系统的自治能力",即当存在比追究行为人责任更好的替代措施时,无须对行为人归责。④

罗克辛则走向了另一条功能主义路径,⑤即责任是"规范应答可能性",注重刑事政策在认定犯罪中的积极作用。不同于雅各布斯排除了责任主义对刑罚目的的限制观点,罗克辛认为责任是限定制裁的手段。⑥ 在其目的理性犯罪论体系中,罗克辛提出了包括罪责(责任)和预防必要性在内的"答责性",并将处罚必要性引入归责判断中。他将责任与预防视为相互之间具有约束力的综合体。⑦ 因而,纯粹出于预防的必要性还不足以对行为人归责,撇开责任而谈预防是法秩序不可接受的。但在对待报应的态度上,他与雅各布斯一致认为纯粹的报应理论不能成为刑罚的根据,没有添加社会目的的报应不是合适的治理工具。罗克辛立足刑事政策,在违法性认识问题上采取"契机说"。他认为,责任成立的条件应当包括违法性认识的可能性,在刑事政策上不应对"探询义务"设置过严。当行为人抱有"善良目的"而实施行为且具有法忠诚时,便可认定违法性认识错误不可避免。⑧ 所谓的"契机"是指行为人对犯罪事实的认识

---

① 参见张明楷:《刑法学》(第6版),法律出版社2021年版,第321~322页。
② 参见许玉秀:《当代刑法思潮》,中国民主法制出版社2005年版,第9~12页。
③ 参见[德]格吕恩特·雅各布斯:《行为 责任 刑法——机能性描述》,冯军译,中国政法大学出版社1997年版,第1~6页。
④ 参见冯军:《刑法中的责任原则 兼与张明楷教授商榷》,载《中外法学》2012年第1期。
⑤ 这里需要说明的是,也有观点认为罗克辛并不是功能责任论者。此外,关于雅各布斯的刑罚观是否排除了责任主义,存在解读上的分歧。冯军教授认为雅各布斯的功能责任论兼顾了责任与预防,但王钰博士则指出雅各布斯的刑罚理论实际上是将责任主义排除在一般预防之外。
⑥ 参见[德]格吕恩特·雅各布斯:《行为 责任 刑法——机能性描述》,冯军译,中国政法大学出版社1997年版,第4页。
⑦ 参见王钰:《功能责任论中责任和预防的概念 兼与冯军教授商榷》,载《中外法学》2015年第4期。
⑧ 参见[德]克劳斯·罗克辛:《德国最高法院判例:刑法总论》,何庆仁、蔡桂生译,中国人民大学出版社2012年版,第100~101页。

为检讨行为的法律性质提供了契机。① 在这一点上，罗克辛采取了比雅各布斯更为缓和的态度。

值得注意的是，在雅各布斯和罗克辛不同的功能化道路上，关于可谴责性内容隐含着一个启悟未来的问题：究竟是责任理论服务于刑罚理论，还是应当在必要时从责任理论内含的责任主义立场反思刑罚目的的正当性、合理性？

对于这一问题的回答，会在违法性认识"怎么要"的立场上体现出侧重于责任，还是侧重于预防的分歧。② 支持雅各科斯的观点认为，功能责任论视野下的责任与预防有着共同的本质。无论是针对过去还是未来，无论是针对行为人还是一般人，都只有在功能责任论的视野下才能克服责任与预防之间的冲突。③ 但其论述也颇受诟病，有观点指责雅各布斯的规范论带有激进的"工具论"特点，即不在乎人的目的是什么，只关心规范的生存目的。④ 这种功能性的责任论不是把罪责作为客观的现实看待，而是完全为了实现"训练法律忠诚"的一般预防目的。只要是为了实现此种功能主义目的，就能对行为人归咎，而不考虑其个人能力。⑤ 但也有观点试图澄清上述批评中的一个误解，即在责任论中，雅各布斯强调的并不是行为人对规范的态度（区别于性格责任或思想责任），而是提倡"规范对行为人动机欠缺的评价"。⑥

然而，当今学界无论是对雅各布斯功能责任论的褒扬与批评，还是对罗克辛综合责任与预防观点的肯定，都在竭力维护一个重要共识：刑罚的实施以民众对规范的认同为前提，尽量避免脱离责任主义的预防政策。因为在功能化路径下，"目的"贯穿于整个德国的目的理性犯罪论体系，违法性认识理论及其背后的刑罚目的理论也随之旗帜鲜明地倒向"预防目的"（尤其是一般预防）。可人们担忧的是，若这种"目的"只追求国家目的、社会目的，而将责任主义对"人作为目的"的要求尽数稀释，是否会走向一种不受制约的危险地步？⑦ 事实上，当代责任理论试图构建出一种整合报应与预防的理想图景，责任主义不仅关联着刑罚正当化之报应，而且其现代内涵业已覆盖了整个犯罪论体系。

---

① 松原久利『違法性の錯誤と違法性の意識の可能性』（成文堂，2006年）67页参照。
② 参见车浩：《法定犯时代的违法性认识错误》，载《清华法学》2015年第4期；何庆仁：《中国刑法中的违法性认识理论》，载梁根林、高艳东、[德]埃里克·希尔根多夫主编：《责任理论与责任要素》，北京大学出版社2020年版，第91页。
③ 参见冯军：《刑法中的责任原则 兼与张明楷教授商榷》，载《中外法学》2012年第1期。
④ 参见许玉秀：《当代刑法思潮》，中国民主法制出版社2005年版，第24~25页。
⑤ 参见[德]克劳斯·罗克辛：《德国刑法学（总论）：犯罪原理的基础构造》（第1卷），王世洲译，法律出版社2005年版，第125页。
⑥ 参见何庆仁：《中国刑法中的违法性认识理论》，载梁根林、高艳东、[德]埃里克·希尔根多夫主编：《责任理论与责任要素》，北京大学出版社2020年版，第91页。
⑦ 张明楷教授指出，雅各布斯的功能责任论将责任与预防同等看待，丧失了对刑罚的限制。参见张明楷：《责任论的基本问题》，载《比较法研究》2018年第3期。

通过对责任理论、刑罚理论以及违法性认识理论之关系的梳理,可以发现违法认识背后的相关理论之间具有如下关联:

(1)经由责任本质的宛转变化,国家与个人两端之张弛关系决定着德日刑法初期违法性认识理论的存在空间,违法性认识理论的生成机理与以"人"为本质的责任理论的发展密不可分。

(2)在责任内容的发展过程中,经过规范责任论将价值评价引入责任内容的框架之中后,"规范"的联结作用贯穿于违法性认识的源起、发展与高涨。规范责任论扩充了价值评价的内容。① 功能责任论旨在强调规范的绝对有效与个人对规范的忠实义务,在目的论犯罪论体系改变了故意体系地位的基础上,将刑事政策的目的考量积极引入责任判断之中。违法性认识必要说的内部开始分化出故意理论与罪责理论的对立。

(3)通过对比各个时期违法性认识理论的流变可见,所谓违法性认识必要性背后是报应与预防对立的推演,并非绝对。刑罚的正当化根据是报应还是预防,并非违法性认识是否必要的决定因素,而是在一定程度上影响违法性认识"怎么要"的问题,即注重报应目的,还是预防目的,将影响违法性认识参与责任判断的具体功能。应当认为,功能责任论过于强调行为人对法的忠诚义务,侧重于预防目的的追求,在一定程度上忽视了公民的知法困境。如果以此为立场,或许会削弱违法性认识理论参与故意规制的功能。本文认为,应尽量防止刑事政策的过度介入对个体提出过高的知法义务要求,并以限缩责任为核心内容。

三、违法性认识功能论的理念辨正

责任主义②为违法性认识理论的现代展开提供了有力的支撑,此后违法性认识命题的发展均无法脱离责任主义的视野。③ 既有理论认为,违法性认识理论背后是责任主义与功利主义的具体分歧,并将这种对立作为责任(报应)与预防的价值基础。但在本文看来,两者并非完全互斥,而是在"最小化痛苦"的立场上具有一致性,能够为违法性认识功能论提供理念导向。

(一)责任主义与功利主义的理念分歧

在责任主义与功利主义关系论上存在"互斥论"与"综合论"两种意见。"互斥论"将责任主义视为报应逻辑下的必然产物,指出责任主义在预防刑中不可能有立足

---

① 关于心理责任论和规范责任论之关系大致分为两种观点,一种认为两者完全独立的,另一种认为规范责任论是心理责任论的延伸和发展。本文赞同第二种观点。

② 作为保障国民自由主张的责任主义、罪责原则或称责任原则,是指"没有责任就没有刑罚",责任既是犯罪的成立条件,也是量刑的基准。参见张明楷:《刑法学》(第6版),法律出版社2021年版,第88页。

③ 参见陈兴良:《刑法的知识转型(学术史)》,中国人民大学出版社2012年版,第262页。

之地,在不知法风险的分配时无法将责任主义的逻辑贯彻到底。① 因担心产生放纵犯罪、降低规范效力等不能满足社会需要的负面影响,追逐积极主义刑法观的论者②认为在归责时可例外突破主观可谴责性的一般标准。有观点站在"互斥论"的立场上指出,责任主义理念下的刑法观难以应对当代社会治理的需要,进而主张缓和责任主义而求取预防目的的实现。"法定犯时代的到来同时意味着:报应刑主导和责任主义至上的刑法思想已经难以从容应对现代社会的治理任务。"③相反,持"综合论"者则认为,违法性认识理论的当代发展早已超越了报应与预防的对峙,责任主义与功利主义并非二律背反。④ "决定论/目的刑论还是非决定论/报应刑论,不能仅从一种对立的观点来理解全部。刑罚制度本来就具有通过谴责手段使行为人再社会化的复合性质。"⑤

值得追问的是:责任主义与追求一般预防效果的功利主义是否有共存的可能性?如何在违法性认识理论中理解责任与预防的理念层次?违法性认识理论内含的价值立场与责任主义天然亲近,但如何将日益呈现出强劲活力的功利主义内嵌于犯罪论体系中亦是当代刑事立法、刑事司法以及刑事政策中不可回避的话题。本文认为,责任主义对功利主义的"妥协论"不必然是有效缓解社会治理困境的正确理念。当代功利主义的内涵已蕴含着与责任主义调和的契机,这种整合可能性建立在"以什么为目的"的基础之上,两者平衡的关键在于对"目的"要素的合致性调试。

(二)功利主义关于"不知法者"的误区澄清

关于违法性认识的教义学研究热衷于揭示争论背后的法理,总是一再回溯到法哲学角度去阐释"责任主义"与"功利主义"的"世代对垒",将功利主义等同于绝对预防政策的趋势明显。但事实上,功利主义已然经历了从古典论到现代论的新发展。现代功利主义对待"不知法者"的态度与责任主义一致。

在贝卡里亚—费尔巴哈时代,刑罚学经历了"由盲目报复的本能行为"到"有意识的目的行为"的认识发展,预防需求超越纯粹报应占据了理论上风。⑥ 贝卡里亚在《论犯罪与刑罚》一书中提出,法律的唯一目的在于"使大多数人得到最大幸福"。古典意义上的功利主义在英国法学家边沁那里得到发扬,其认为功利主义旨在回答:如何得到普遍化的伦理与法律内容以及实现"最大多数人的最大幸福"。推及刑法领域,功

---

① 参见劳东燕:《责任主义与违法性认识问题》,载《中国法学》2008 年第 3 期。
② 如蔡桂生认为"在当事人缺乏正当理由时,对其'不知法'的欺诈性借口予以排除,在一定程度上也与当前的'积极的刑法观'有契合之处"。参见蔡桂生:《违法性认识不宜作为故意的要素——兼对"故意是责任要素说"反思》,载《政治与法律》2020 年第 6 期。
③ 车浩:《法定犯时代的违法性认识错误》,载《清华法学》2015 年第 4 期。
④ 参见屈学武:《中国刑法上的免责机制反思——从违法性认识错误切入》,载《法治研究》2018 年第 1 期。
⑤ 中山研一『違法性の錯誤の実体』(成文堂,2008 年)260 頁。
⑥ 参见劳东燕:《"不知法不免责"准则的历史考察》,载《政法论坛》2007 年第 4 期。

利主义表现为需要根据社会的要求来认定犯罪,重要的是"应当怎么样"。在边沁看来,功利主义提供了一种可以为社会治理体系服务的决策标准。反对者指出,在功利主义的分配体系内,对一些人的不利相较于对其他较多人的有利而被抵消,但受不利的人可能系被强迫。对遭受不利的人使用强制性社会规范的权力,对于他们仍是不正当的。[1] 倘若功利主义走向极致,它所追求的社会防卫目的必定会塑造出将人作为手段的"工具刑法"。功利主义尽管声称平等对待每个人,但事实上将个人看作"物化的"。[2] 也有观点试图澄清功利主义和刑法的结合并不意味着将刑法正当化的根据全归结于预防,该说不是为了数量上的"最大多数",而是为了寻求最大意义上的"平等性"。边沁其实也看到了作为损害的刑罚,本身亦是一种"恶"。因而,主张在一定程度上应当限制功利主义的泛滥。[3] 在这之后,约翰·斯图亚特·穆勒倡导修正的功利主义,主张根据一般道德规则处理问题,只有在极少数情况下人们才会求助于功利主义的指导。[4] 反对论者担忧的是,古典论中的功利主义重在强调普遍意义上的幸福论是追求社会治理效用的最大化,因而在此视野下个体利益可能有为了实现社会目的而被牺牲的危险。然而,溯源边沁关于刑罚立场的原意可以发现,在《立法理论——刑法典原理》中,他就"不应适用刑罚"案件之一的"无效之刑"明确阐述道:"我把那些对意志毫无效用,因而无法预防相似行为之刑称为'无效的'。对不知法者、非故意行为者、因错误判断或不可抗力而无辜干坏事者所适用之刑,都是无效的。"[5]并且,在"关于刑罚之限定性"的问题上指出,对于非恶意过错导致的犯罪应给予赦免。这种情形下刑罚震慑的作用几乎没有。[6]

20世纪以来,功利主义的新发展为"综合论"带来了契机。1971年,约翰·罗尔斯在其著作《正义论》中指出功利主义是用"善"定义正当,认为正当优先于"善"。[7] 20世纪新分析法学派的代表之一、奥地利法哲学家伊勒玛·塔麦洛从"幸福无法普遍化"与"不在乎少数人的不幸"两个方面批判了古典功利论的不足,并提出了"反面的功利主义",即"应尽可能避免最大多数人的不幸"。波普尔也在其《开放的社会及其

---

[1] 参见[德]阿图尔·考夫曼:《法律哲学》(第2版),刘幸义等译,法律出版社2011年版,第195页。
[2] 参见[英]雷蒙德·瓦克斯:《法哲学:价值与事实》,谭宇生译,译林出版社2019年版,第63~64页。
[3] 参见冀洋:《刑法主观主义:方法论与价值观的双重清理》,载《法制与社会发展》2016年第3期。
[4] 参见[美]撒穆尔·伊诺克·斯通普夫、詹姆斯·菲泽:《西方哲学史》,邓晓芒、匡宏等译,北京联合出版公司2019年版,第372~373页。
[5] [英]吉米·边沁:《立法理论——刑法典原理》,孙力等译,中国人民公安大学出版社1993年版,第66页。
[6] 参见[英]吉米·边沁:《立法理论——刑法典原理》,孙力等译,中国人民公安大学出版社1993年版,第70页。
[7] 罗尔斯"正义论"的核心——平等自由原则、机会平等与差别原则——被认为"既贯彻了自由主义的基本精神,又表现了对于弱势群体的眷顾"。参见林道海:《正义的原则与证明——罗尔斯正义论评析》,载《山东社会科学》2006年第5期。

敌人》一书中从反面的功利主义的政治学运用角度,提出了用"尽可能减少苦难"来取代功利主义"最大快乐"公式。他认为,"减少痛苦是政治的任务,寻找幸福应由个人去做"①。虽然只是改换了陈述的逻辑方向,但反面的功利主义在对待少数人的立场上与责任主义坚持了一样的主张。这种契合恰恰说明了责任主义与功利主义在对待少数人利益上具有微妙的共存空间。对于最大受益于责任主义的少数群体而言,一旦其面临被定罪处罚的危机,能够获取帮助且在罪责自负的底线上减少所遭遇的不幸,是作为具有尊严的主体的人应当受到的最低限度的人道待遇。从这一层面来说,反面的功利主义克服了"效用最大化"的弊端,在保障人权的平等性、维护法律的公正性以及对待个体的怜悯性方面,相较于古典功利论,具有更深刻的造诣。此后,哈特也在其1979 年发表的《在功利与权利之间》一文中指出,古典论中的功利主义最主要的罪过是忽视个人的分立性的道德重要性,功利主义新的信念旨在保护基本人权。② 他进而提出了"边际约束"(side - constraints)的主张,认为追求刑罚预防目的也应受到一定的约束,"我们只能处罚自愿违反法律的人,以及刑罚的严厉性应当与其所针对之犯罪的严重性相适应"③。

可见,从"正义论"到"反面的功利主义"再到"边际约束"的发展,都体现出现代功利主义开始更多地关注居于普遍群体之间的个体权利,预防目的不再是无约束的功利行为。功利主义对待"不知法者"的态度并非完全肯定其刑罚,功利主义也不等同于绝对预防,而是同样遵循着责任的底线。虽然叙事视角有所差异,但责任主义与功利主义所追求的"目的"殊途同归,即以刑罚的正当性为底线。

(三)责任主义与功利主义的整合路径

责任主义与功利主义具有可整合性。早在 20 世纪 90 年代,我国学者邱兴隆就已论证了报应论与功利论的整合可能性,④强调报应对功利的限制应当成为一种共识。一方面,不可忽视功利主义包含的"平等""义务""目的"等社会治理理念;⑤另一方面,不能就此掩盖功利主义视野下"被操纵"的预防可能给个体命运带来厄运的消极后果。有观点认为,彻底坚持责任主义会出现在行为人不具有违法性认识的时候根本不可能对其进行归责的情况。那么,在违法性认识理论中,是否可能在行为人没有认识到行为违法性,或仅是有可能认识到行为违法性的场合,为了实现预防目的而对行

---

① [德]阿图尔·考夫曼:《法律哲学》(第 2 版),刘幸义等译,法律出版社 2011 年版,第 196~197 页。
② 参见[英]哈特:《在功利与权利之间》,王小钢、郭建果译,载《法理学论丛》第 10 卷。
③ [英]安东尼·达夫:《刑ুর·沟通与社群》,王志远、柳冠名、姜盼盼译,中国政法大学出版社 2018 年版,第 25 页。
④ 邱兴隆教授从个人与社会、客观与主观、手段与目的的辩证关系的角度,提出了综合报应论与功利论的"四律":报应与功利兼顾律、报应限制功利律、有利让步律、折中调和律。参见邱兴隆:《刑罚理性导论——刑罚的正当性原理》,中国政法大学出版社 1998 年版,第 66~91 页。
⑤ 参见罗冠杰:《刑罚正当性之功利主义根基》,吉林大学 2016 年博士学位论文,第 34 页。

为人进行归责?

对此,本文持否定态度。应当认为,责任主义不应沦为刑罚目的的附庸,功利主义的本意不是为处罚"不知法者"提供正当化根据,承认责任主义对预防目的的限制,以责任主义反思修正刑罚目应当是现代法治国的常态。唯有以责任主义为指导理念构建违法性认识的理论作用,才能真正激活其对定罪、量刑的作用。在违法性认识功能论上谈论责任主义与功利主义的关系,须遵循以下原则。

1. 责任主义底线原则

责任主义作为一项宪法原则,是法治国家不可突破的底线。在德国,这一原则被认为是从《德国基本法》①中衍生而来的,具有宪法定位。据此,刑罚以责任为条件,行为人无责地实施行为的,法律仅能对其施以矫正与保安处分。② 同样地,我国《宪法》第 33 条第 3 款明确规定"国家尊重和保障人权"。刑法对宪法人权理论的根本遵循表现为责任主义蕴含的个人责任与主观责任。将社会治理过程中遭遇的困难归咎于责任主义的贯彻,忽视了责任主义是一项权利义务复合型原则:一边是最低限度地维护人权,一边要求行为人在罪责范围内承担应有的责任。两种目的虽有不同,但与追求社会治理的目的并不冲突。要求罪责自负兼顾了对犯罪人的报应和对一般人的预防,而维护人权则是划定了入罪的底线,这正是刑法原则对宪法理念的坚持。因而,责任主义不应是社会治理的障碍,而是宪法赋予公民权利的基本保障。

将合宪性精神融入刑法之中会推导出责任主义与功利主义分别对应着"合法性"与"合目的性",前者具有归责的决定性意义,后者仅有调整性意义。积极的责任主义认为责任应与刑罚相适应;消极的责任主义则认为,责任主义是限定犯罪成立的原理,且以限制国家刑罚权为重要内容。③ 违法性认识理论关涉刑罚启动权的正当性,而国家刑罚权的动用首先应接受合法性(责任主义)的检验,其次才可能在合目的性(功利主义)的视野内寻求普遍意义上的预防效果。不可纯粹考虑预防必要性,而反推责任的有无。因此,实现规范内的正义意味着不能脱离宪法意义上责任主义所预设的合法性底线。任何试图以架空责任主义来实现功利目的的做法,均是颠倒了合法性与合目的性的逻辑顺序。

2. 责任主义优位原则

责任主义与功利主义之间具有位阶差异,前者具有定罪上的优位意义,后者预设

---

① 《德国基本法》第 1 条第 1 款规定:"人的尊严不可侵犯。尊重和保护人的尊严是一切国家权力的义务。"第 2 条第 1 款规定:"人人有自由发展其人格之权利,但以不侵害他人之权利或不违犯宪政秩序或道德规范者为限。"

② 参见[德]埃里克·希尔根多夫:《德国刑法中的责任》,黄笑岩译,载梁根林、高艳东、[德]埃里克·希尔根多夫主编:《责任理论与责任要素》,北京大学出版社 2020 年版,第 3 页。

③ 参见[日]高桥则夫:《刑法总论》,李世阳译,中国政法大学出版社 2020 年版,第 304 页。

的预防目的居于其后。首先,如果承认有突破责任主义的例外,即为了实现功利主义的目的,将预防政策放置在归责定罪的第一位,进而舍弃责任主义对客观归责的约束,会造成原本作为后置法的刑法无法恪守谦抑,造成入罪的弥散化。加之,在"妥协论"下,意味着为了满足治理的需要,就不必坚持责任主义。甚至为了达到预防目的,连故意与过失的边界、违法性认识与其可能性的区别都可以模糊化处理。然而,现代法治绝不容许将"人"视作纯粹的手段来对待。虽然在以补偿性、赔偿性、恢复性为主的民法等私法领域,基于公平责任原理不必严格区分行为人对损害后果的主观心态,但是刑法是一种剥夺性痛苦,刑罚权的发动必定是慎之又慎。其次,正如反面的功利主义所主张的"尽可能地减少痛苦",在违法性认识问题上应存在避免例外的空间,毕竟违法性认识理论提出的目的即在于"最小化痛苦"。因此,功利主义效用的前提是能够归责于行为人,在责任的基础上,预防才能被整合到刑罚的目的之中,难以认为存在完全意义上独立形态的功利主义预防观。

总之,违法性认识理论的流变不是在时序上跟随责任理论前行的刻板演变,而是在责任主义的视野下与正义、法治理念的深入人心相生相伴。以社会治理的需求质疑软化责任主义是毫无根据的,在对待责任主义的问题上一旦走向妥协,就意味着在价值立场上为僭越和威权打开了口子。尤其是当代行政犯更具管理性、秩序性特点,在对其进行惩罚时脱离责任主义的视野而谈预防,必定会动摇违法性认识功能论的存在根基。

四、违法性认识缓和规制论之展开

违法性认识理论应以"缓和规制论"为其功能立场。缓和规制论是指面对风险社会背景下积极刑法观勃兴、行政犯立法不断扩张的现状,在法律适用的领域应当注重犯罪成立与刑罚处罚的限缩。唯有如此,方能有效维护刑法保护法益与保障人权两个立法目的的平衡。要言之,行政犯缓和规制是刑法目的使然。目前,我国在刑法立法的层面积极动用犯罪化手段,将越来越多、越来越广的行政违法行为上升为刑事犯罪行为。然而,将传统上作为行政违法行为惩治的行为类型纳入刑法的规制范围之中,必然造成刑罚的严厉化。这种扩张状态固然能够在一定程度上实现法益保护的目的,但对于身处规范体系不断更新、变动状态下的个体而言,暗含着更大的行动风险。因此,需要有一种"缓和规制"的立场,在法律适用层面构成对刑法立法扩张的限缩应对,实现刑法保护法益与保障人权的动态平衡。

刑法回归缓和规制的理性需要违法性认识理论的参与。"如果法律上的制裁手段要对社会成员产生有效的影响,前提必须是社会成员对规范知识(如法条解释、判决)的掌握程度。"① 在缓和规制路径上,客观面向在于对构成要件的限制解释,主观面向则主要在于违法性认识参与行政犯的故意规制,避免将过失的行政违法行为上升为故意的刑事违法行为。毕竟,在行政犯不断扩张的法律风险中,社会生活中的个体首先面对的是一种不安定的法律变动风险。在田园牧歌社会,由于法律与道德的高度重合性,不知法风险的存在空间极小;在当代风险社会,不断增加的行政犯已将不知法的风险显著升格为一种常态。因此,违法性认识参与行政犯的缓和规制是当下中国社会治理的一种应然。

目前,我国行政犯的现代化治理呈现新的特点,部分案件的社会效果降至冰点,但这些现象也正在倒逼行政管理模式由纯粹的危险控制机制向形塑公民行为共识的方向转变。有学者从社会治理的角度指出,"乌卡时代"②的到来使得公共价值由"单数"走向"复数",传统的管理主义和制度依赖的思维难以应对新的治理问题,亟须将视角从管理目标导向的公共价值转换到行动共识导向的公共价值。③ 借由我国行政的模式逐步由构建"管理机制"迈向构建"善治机制",违法性认识应当作为重要的责任理论参与到行政犯的缓和规制过程之中。

(一)违法性认识构建"出罪机制"之功能

违法性认识作为重要的出罪理论,是"宽容原则"的延伸。"没有出罪论的犯罪论体系是不完整的,其人权保障机能当然也是不全面的。"④行政犯时代,国民的规范意识与文本语言的模糊性、法益保护的抽象化之间的矛盾越发激烈。违法性认识理论已成为行政犯出罪的重要渠道。⑤ 为使法律效果与社会效果得到协调满足,违法性认识理论为构建行政犯的"出罪机制"提供了责任层面的刑法教义学支撑。

从理论功能的正当性上看,违法性认识作为构建行政犯"出罪机制"的理论工具符合刑法的基本原则,是罪刑法定原则在责任论上的延伸。⑥ 众所周知,成文法主义是罪刑法定的基本形式内容,公民以明确的规范条文为根据进行适法与否的判断,进而指引自身行为。成文法主义也是公民预测可能性的前提,即行为人的违法性认识依附于规范禁止的行为类型与性质。唯有当主观认识和客观行为相一致时,基于自由意志而选择违反规范的行为才是故意非难的对象。从责任主义和罪刑法定原则中衍生

---

① 古承宗:《刑法的象征化与规制理性》,台北,元照出版有限公司2017年版,第367页。
② "乌卡时代"(VUCA)的特征是:易变不稳定(volatile)、不确定(uncertain)、复杂(complex)、模糊(ambiguous)。"乌卡时代"主要是在科技革命、互联网浪潮、经济危机、地区冲突、全球化带来的社会变化等因素的共同作用下形成的。参见江必新:《乌卡时代的法治应对》,载《人民论坛》2021年第1期。
③ 参见杨黎婧:《从单数公共价值到复数公共价值:"乌卡"时代的治理视角转换》,载《中国行政管理》2021年第2期。
④ 刘艳红:《实质出罪论》,中国人民大学出版社2020年版,第99页。
⑤ 参见陈伟、李晓:《法定犯的出罪机制研究》,载《法治论坛》2021年第4期。
⑥ 参见李涛:《违法性认识的中国语境展开》,法律出版社2016年版,第48~49页。

出来的"禁止推定责任"包括对立法推定的禁止和司法推定的禁止。① 因此,要求行为人在具有违法认识的时候才承担相应的责任,也是禁止推定责任的体现。应当认为,违法性认识关系着主体的自由意志和认识能力,在法治国理念下,国家尊重和保障人权是宪法确立的基本原则,刑罚只能针对有责任的行为人。

从理论功能的实现路径上看,违法性认识通过检验故意责任的有无,构建犯罪的"出罪机制",在参与行政犯罪责分配时,具有阻却故意责任的功能。犯罪的实体是违法与责任,作为犯罪成立的责任表明了行为具备非难可能性。② 行政犯"规范违反"的核心特征决定了在非难可能性上应当考察行为人对规范的认知状况,即行为人是否具有规范违反意识征表责任故意的有无。因此,在行政犯中,违法性认识要素是避免将行政不法不当上升为刑事不法的消极责任要素。

(二)违法性认识维持"量刑均衡"之功能

违法性认识在量刑阶段可以作为"减轻责任"的根据之一。违法性认识维持行政犯的"量刑均衡"的功能是以主观责任中的认识程度作为刑罚量的参考因素。由于责任是量刑的基础,且"责任是可以附程度的概念",因此,故意犯违法性认识的程度具有作为决定责任程度标准的意义。③

"减轻责任的不法认识是法的成文性的并生物。"④由于规范语言的模糊性,人们由于生活环境、认识能力、受教育程度的不同,对于规范的认识程度和可预期性也有高低之分。行为人是出于确定认识而故意违反法律,还是基于模糊认识而放任违反法律,在可谴责性上具有不同的责任程度。换言之,当行为人对规范仅具有未必的违法性认识时,与完全的违法性认识相比,具有责任非难的可减轻性。反过来,如果不考虑行为人违法性认识的程度状况,完全依照行为所造成的客观后果来进行归责,必然会导致量刑上的不均衡。例如,在"大学生闫某某掏鸟案"中,有观点指出:一方面,该案是机械司法的典型,导致出现"人不如鸟"的荒谬结论,严重偏离了公众认知。⑤ 另一方面,虽然这一案件通过闫某某在某论坛发布的售卖信息足以推论其违法性认识的存在,但其违法性认识程度应具有减轻刑罚的可能性,一审判处其10年6个月有期徒刑仍属量刑过重。与之相对,在"叶某某等非法狩猎案"⑥中,有观点指出,在量刑时应当

---

① 立法上的推定,如法律赋予行为人证明自己无故意或无过失的举证责任;司法上的推定是程序法上规定的无罪推定原则(in dubio pro reo)。参见许玉秀:《当代刑法思潮》,中国民主法制出版社2005年版,第197页。
② 参见张明楷:《刑法分则的解释原理》(上),中国人民大学出版社2011年版,第384~385页。
③ 参见[日]大塚仁:《刑法概说总论》,冯军译,中国人民大学出版社2003年版,第470~473页。
④ [德]格吕恩特·雅各布斯:《行为 责任 刑法——机能性描述》,冯军译,中国政法大学出版社1997年版,第60页。
⑤ 参见熊明明、朱建华:《论自媒体时代刑事司法公众认同的实现——以大学生掏鸟窝案为视角》,载《刑法论丛》2016年第2期。
⑥ 参见浙江省杭州市临安区人民法院刑事判决书,(2019)浙0185刑初532号;蒋璐如、甘文婷:《非法猎捕、杀害野生动物相关罪名辨析及量刑规范》,载《人民司法》2020年第11期。

考虑个体知识水平、当地的狩猎传统、法治宣传教育等影响行为人的违法性认识的因素。在"王某某、侯某某非法收购珍贵、濒危野生动物案"[1]中,考虑到行为人的文化水平、生活环境,法院决定对王某某在法定刑以下予以量刑。因此,即使在认定具有违法性认识的情形中,也存在因认识程度较低而减轻责任的情形。

罪刑均衡是指刑罚与责任相均衡。通说"并合主义"认为刑罚的正当化根据是报应与预防的结合。[2] 违法性认识对量刑的影响是从责任刑与预防刑两方面展开的,但基于合法性与合目的性之关系,对预防目的的考虑只能限于责任之内。作为量刑基准的责任,包括行为责任与非难可能性要素征表的罪责程度,并且预防刑只能在作为上限的责任刑的限度内进行微调节。[3] 违法性认识作为量刑的因素主要是从消极的责任减轻角度而言的,当违法性认识程度较低的时候,即使成立故意,也应在故意责任中减轻刑罚。由于责任刑与一般预防具有一体关系,在对行为人施以具体刑罚的同时就能实现对一般人的刑罚威慑。而当特别预防是对行为人"人身危险性"回顾型的评价时,违法性认识的程度越低越能表明行为人主观上对规范背离的反对动机程度越低。因此,行为人违法性认识程度是主观责任中非难可能性应当考虑的因素。

结　语

总之,违法性认识应从责任层面参与到行政犯的定罪、量刑之中,发挥其缓和规制的功能。从定罪角度来看,违法性认识的有无影响行为人能否被归责;从量刑角度来看,违法性认识的程度影响行为人的刑罚轻重。目前,行政法领域贯彻责任主义的理论自觉甚至超过刑法领域。[4] 特别是 2021 年《行政处罚法》修改的一大"亮点"即确立了行政处罚中的"主观归责原则"。该法第 33 条第 2 款明确了"无错不罚"原则。[5] 这表明不考虑行为人主观故意和过失的粗放式归责模式在行政处罚领域已遭冷遇,责任主义开始贯彻到行政处罚之中。然而,反观刑法领域,在应对风险社会的挑战之际,一种积极预防主义刑法观日益占据上风,立法已然走向了急剧扩张的犯罪圈之中,在司法上却缺乏一套顺畅的缓和规制机制来确保责任主义的贯彻。如此一来,又退回模糊行政犯中故意与过失差异的老路上,以违法性认识可能性来推定主观故意的成立,造

---

[1] 该案罪名已变更为"危害珍贵、濒危野生动物罪"。参见云南省文山壮族苗族自治州中级人民法院刑事判决书,(2019)云 26 刑终 205 号。

[2] 参见张明楷:《责任主义与量刑原理——以点的理论为中心》,载《法学研究》2010 年第 5 期。

[3] 参见周光权:《量刑的实践及其未来走向》,载《中外法学》2020 年第 5 期。

[4] 参见杨利敏:《论我国行政处罚中的责任原则——兼论应受行政处罚的过失违法行为》,载《华东政法大学学报》2020 年第 2 期;王贵松:《论行政处罚的责任主义》,载《政治与法律》2020 年第 6 期;熊樟林:《行政处罚责任主义立场证立》,载《比较法研究》2020 年第 3 期。

[5] 2021 年《行政处罚法》第 33 条第 2 款规定:"当事人有证据足以证明没有主观过错的,不予行政处罚。法律、行政法规另有规定的,从其规定。"

成责任层面缓和规制的力有不逮。特别值得警惕的是,"责任说与违法性认识不要说之间区别意义极为有限"[1]。故而,以追求预防为目的的刑事政策过度侵入违法性认识理论,势必削减其在责任阶层的缓和规制功能。

---

[1] 王俊:《违法性认识理论的中国立场——以故意说与责任说之争为中心》,载《清华法学》2022 年第 5 期。

法益视位下行为犯既遂标准的检讨与再造[*]

王德政[**]

【摘要】行为犯可分为实害犯型行为犯和抽象危险犯两种类型,其既遂标准既不能坚持"着手"标准,也不可坚持"完成"标准,可运用法益·行为点标准,将行为人的实行行为划分为若干"行为点"。在实害犯型行为犯中,当实行行为进行至"侵害法益的行为点"时,该行为点为既遂标准;在抽象危险犯中,当实行行为进行至"法益可能有危险的行为点"时,该行为点为既遂标准。针对行为犯的具体个罪,也可根据该标准分别推导出各自的具体既遂标准,以判断个案中行为人的实行行为是否既遂,同时,可防止具体个罪行为犯的既遂标准由于既定各说的错杂混乱或模糊抽象而造成司法实践中认定既遂的无所适从。

【关键词】行为犯　结果犯　既遂标准　法益　实行行为

一、问题的提出

犯罪的经典分类是行为犯(Tätigkeitsdelikte)与结果犯(Erfolgsdelikte),[①]这也是刑法教义学中公认的分类。根据刑法通说,行为犯是指不要求结果而仅以行为作为构成要件的犯罪类型,结果犯是指结果为构成要件的犯罪类型。[②]结果犯的既遂标准自不待言,但行为犯的既遂标准向来为学界所忽略,在司法实践中会引发判断上的难题。比如,行为人大醉后在道路上驾驶机动车回家,其行为当然构成危险驾驶罪。但问题是,行为人的驾驶行为必然体现为一系列"行为点",如以自动挡汽车为例,依次为开车门、系安全带、旋转钥匙点火、开左闪光灯、踩脚刹、挂挡、放手刹、松脚刹,然后车启动。在这一系列行为点中,究竟哪一行为点是危险驾驶罪的既遂标准?例如,当行为人的行为进行至踩脚刹时,其行为是危险驾驶罪的既遂还是未遂?如果将旋转钥匙点

---

[*] 本文标题中的"视位"一词,参见张一兵:《历史唯物主义:从物质生产过程向劳动过程的视位转换》,载《中国社会科学》2022年第8期。尽管"视位"与"视角"在内涵上一致,但由于前者相较后者更为具备形象性和生动性,故为本文所用。

[**] 王德政,法学博士,西南石油大学法学院讲师。

[①] Vgl. Frank Zieschang, Strafrecht Allgemeiner Teil, 5. Auf., Richard Boorberg Verlag, 2012, S. 22.

[②] 参见柯耀程:《刑法概论》,台北,一品文化出版社2017年版,第120~121页。

火作为既遂标准,他的行为自然是既遂。反之,如果将松脚刹作为既遂标准,他的行为仅为未遂。此区别直接影响到对行为人的量刑,但现有刑法教科书均对诸如危险驾驶罪之类的行为犯在既遂标准上缺乏合理、细致的界定,这就引发了司法实践中的判断难题,可能给实务工作者带来困惑。有必要对刑法学中关于行为犯既遂标准的既定理论进行梳理和评析,厘清这些理论是否存在问题,并在吸取其经验教训的基础上提出一种新判断标准,为实务工作者办理行为犯案件提供合理、有效的参考。

二、现有既遂标准的缺陷

刑法教科书中偶见的行为犯既遂标准,大体分两类:一是"着手"标准,二是"完成"标准。

(一)"着手"标准

这是指行为人着手实行行为时,行为犯始告既遂。该标准为我国刑法通说所推崇。我国刑法通说认为:"……后一类的结果一般是非物质性的,往往是犯罪行为一经实施,这种危害结果就同时发生了(虽然人们一般不能凭直观感知它)。因此,对这种犯罪案件,一般只要查明被告人已经实施了行为,就可以认定为犯罪既遂,而不存在未遂问题,也无须去查明行为与结果间的因果关系。刑法理论上称之为'举动犯'的侮辱罪、诽谤罪、传授犯罪方法罪等,就是这样。"[1]

"着手"标准以实行行为的开端作为行为犯的既遂时点,实际上将行为犯等同于着手犯。着手犯是指行为一经着手实行,犯罪就立即成立的特殊犯罪类型,[2]故无未遂犯的存在空间,[3]也就是说,着手犯实际上是将未遂犯规定为该罪的构成要件,[4]未遂犯则变为既遂犯。马尔里希·韦伯认为,立法者创设着手犯的理由之一是行为人的行为虽处于未遂阶段,但已无法控制由此而生的危险。[5] 可见,着手犯本应被认定为未遂犯,但考虑到法益侵害的危险极可能不受控制地转化为实害,立法者便在刑法分则中以个罪设定、明文描述的方式设定着手犯。

将行为犯等同于着手犯的观点并不合理,理由如下:

一方面,限缩了行为犯的范围。行为犯类型不一,有些固然一经着手实行犯罪即

---

[1] 高铭暄、马克昌主编:《刑法学》(第5版),北京大学出版社、高等教育出版社2011年版,第72~73页。
[2] 参见林钰雄:《新刑法总则》,中国人民大学出版社2009年版,第285页。
[3] 参见林山田:《刑法通论》(上册),北京大学出版社2012年版,第300页。
[4] Vgl. Jürgen Baumann, Ulrich Weber, Wolfgang Mitsch, Strafrecht allgemeiner Teil Lehrbuch, 12. Auf., Verlag Ernst und Werner Gieseking, 2016, S. 119.
[5] Vgl. Ulrich Weber, Die Vorverlegung des Strafrechtsschutzes durch Gefahrdungs - und Unternehmensdelikte - Beiheft zur Zeitschrift für die gesamte Strafrechtswissenschaft, De Gruyter, 1987, S. 9.

属既遂,但亦有着手后还未能立即完成行为者。① 行为犯也可能存在未遂。② 换言之,事实上存在非着手犯的行为犯。比如,刑法通说认为绑架罪是行为犯,其既遂标准是"绑架行为是否达到实际控制人质,将其置于自己实际支配之下"。③ 这说明,刑法通说不认为绑架罪是一经着手即告既遂的着手犯,行为人着手绑架行为(拉扯被害人的衣服)后,该行为应继续进行到"实际控制人质,将其置于自己实际支配之下"时才成立既遂。既然行为犯不只包括着手犯,将其等同于着手犯,实际上限缩了行为犯的范围。

另一方面,不符合我国《刑法》的立法实际。前文已述,着手犯是立法者在刑法中以"着手"及类似语词表述的个罪,但详细考察我国《刑法》分则中所有的罪名,发现没有任何带有这种表述的个罪。这说明,我国《刑法》没有规定着手犯。我国刑法通说作为全国通行的刑法理论,在行为犯的定义上必须反映我国《刑法》的立法实际。而"着手"标准将我国《刑法》没有规定的着手犯等同于行为犯,违背了我国《刑法》的立法实际,造成一种逻辑窘境:我国刑法通说所谓的"行为犯"在我国《刑法》中并不存在。

"着手"标准的以上缺陷决定了其无法成为行为犯的既遂标准。

(二)"完成"标准

这是指行为人的实行行为实施完毕时,行为犯始告既遂。例如,早期学者陈文彬认为,举动犯(行为犯)者,"其罪但以举动终了而成,无须发生结果"④。该观点将"举动终了"即"实行行为实施完毕"作为行为犯的既遂标准,也有以下疑问:

第一,在有些个案中,由于难以确定何为"实行行为",从而难以确定何为"实行行为实施完毕"。比如,甲因犯罪被判3年有期徒刑,在某监狱服刑。某日,甲利用放风之际逃离监狱,先是奔跑出监管人员的控制范围,之后乘坐汽车、轮船、火车,最后步行回到家,历时7天。那么,究竟何时甲的脱逃行为才是"实施完毕"?这又取决于对脱

---

① 参见林钰雄:《新刑法总则》,中国人民大学出版社2009年版,第286页。
② Vgl. Hans‑Heinrich Jescheck, Thomas Weigend, Lehrbuch des Strafrechts Allgemeiner Teil, 5. Auf., Duncker & Humblot, 1996, S. 524.
③ 高铭暄、马克昌主编:《刑法学》(第5版),北京大学出版社、高等教育出版社2011年版,第477页。类似认定标准如周光权教授所提出的"控制人质使之逃脱显著困难"。参见周光权:《刑法各论》(第2版),中国人民大学出版社2011年版,第39页。
④ 陈文彬编著:《中国新刑法总论》,中国方正出版社2008年版,第142页。使用此概念的刑法教科书还有柯耀程:《刑法概论》,台北,一品文化出版社2017年版,第120页;张丽卿:《刑法总则理论与运用》,台北,五南图书出版股份有限公司2016年版,第128页。另有动作犯的提法,参见陈瑾昆:《刑法总则讲义》,中国方正出版社2004年版,第79页。

逃行为的界定。对此,张明楷教授提出:"脱逃具体表现为逃离关押场所。"①按此界定,甲逃离关押场所的行为既可以认为是逃离监管人员控制范围的奔跑行为,也可以认为是奔跑行为+乘坐汽车、轮船、火车的行为,还可以认为是奔跑行为+乘坐汽车、轮船、火车的行为+步行行为。这是因为除奔跑行为以外,乘坐汽车、轮船、火车的行为甚至步行行为也是逃离关押场所的行为。由于甲的脱逃行为究竟指的是什么无法界定,致使其脱逃行为何时实施完毕也无法界定,也就无法确定甲的脱逃行为何时既遂。

第二,即使确定了何为"实行行为",也可能难以确定何为"实施完毕",即使确定了何为"实施完毕",也可能会出现不合理的定性结论或无法逻辑自洽。比如,甲私自将乙囚禁于密室,持续三天后,因警察介入,乙重见天日。乙被救时,甲因外出并不知情。甲的非法拘禁行为从着手一直持续到警察介入时,但何为"实施完毕"难以界定。如果以甲主观上认为其非法拘禁行为实施完毕时作为"实施完毕"的时间,那么,乙被救时,甲因并不知情而并未认为其非法拘禁行为"实施完毕",此时如果认定甲的非法拘禁行为没有实施完毕,继而将甲的行为认定为未遂,显然是不合理的。因为甲的行为是否既遂不能取决于其主观上的操控,否则非法拘禁罪所保护的法益就可能得不到充分保护。如果以客观上甲的非法拘禁行为无法继续实行时作为"实施完毕"的时间,那么,乙被救时,甲的非法拘禁行为由于"实施完毕"而既遂。此时,"完成"标准实际上已被架空。因为行为人着手实行行为后,只要外界介入使之无法继续实行,就认定为实施完毕而既遂,"完成"标准则演变为"外界介入"标准,丧失了独立存在的空间。

第三,即使能确定何为"实行行为实施完毕",也可能造成既遂时点过于滞后。比如,甲为向乙的家人索取100万元赎金而劫持乙,将乙关押于地窖三天后向其家人打电话索财,四天后乙的家人给付赎金。如果将甲向乙的家人打电话的时间作为"实行行为实施完毕",则甲打电话以前的行为均不能认定为既遂。这是荒唐的,也违背了我们对于绑架罪的基础认知。

"完成"标准的以上缺陷决定了该学说注定是少数说,只受到早期部分学者支持,

---

① 张明楷教授又认为:"受到监狱(包括劳动农场等监管机构)奖励,节假日受准回家的罪犯,故意不在规定时间返回监狱,采取逃往外地等方式逃避入狱的,也应以脱逃罪论处。"参见张明楷:《刑法学教程》,北京大学出版社2007年版,第353页。问题是,既然脱逃是逃离"关押场所"而不是逃离其他地方,那么节假日受准回家的罪犯故意逃亡外地的行为就不能认定为脱逃,因为其逃离的不是"关押场所"而是"家"。家无论如何都不能视为关押场所。可见,将脱逃理解为"逃离关押场所"实际上是对脱逃作了缩小解释。脱逃既然与关押在概念上呈现对立状态,自然表现为"任何使其不处于监管人员监控之下的非法作为或不作为",这样才能完整地涵括所有的脱逃行为。据此,甲自着手逃离关押场所后至重新被司法机关控制前,一直处于脱逃行为的实行中。卢映洁教授将脱逃定义为"脱离合法逮捕或拘禁的公权拘束或监督或以自力排除公权力拘束而逃逸",采取的是较为合理的实质性界定标准。参见卢映洁:《刑法分则新论》,台北,新学林出版股份有限公司2015年版,第151页。

现在已无市场。①

三、创制必要性

综览行为犯的以上两种既遂标准,可以发现其呈现一种"有趣"的状态:"着手"标准重在实行行为的前端,"完成"标准重在实行行为的后端。既然实行行为的前后两端都不能成为既遂标准,证明该标准只能存在于行为实行中,即必须在实行行为中确定一个点——"行为点"。行为人的实行行为可划分为若干行为点。比如,在一起非法侵入住宅案中,②甲未经乙同意,对乙的住宅所实施的行为至少可以依次表现为破坏门锁、推门、身体部分进入、身体全部进入、寻找财物、离开这六个行为点。但在这些行为点中,究竟哪一个才符合非法侵入住宅罪的既遂标准? 此问题的难度可能导致大多数刑法教科书在描述行为犯时,都无法指出任何既遂标准。③ 这恰好催生出创制一种新行为犯既遂标准的必要性:

第一,弥补理论漏洞。在行为犯中,行为人着手实行行为后,有既遂与未遂之分,则必然会有一个既遂标准,满足该标准则既遂,否则为未遂。"着手"标准和"完成"标准既然有诸多缺陷,则都不能成为既遂标准。大多数刑法教科书也未指出既遂标准,这导致出现了理论漏洞。此外,结果犯存在公认的既遂标准,而行为犯并无公认的既遂标准,一正一反、落差明显,更展示了这种理论漏洞的存在。

第二,可作为所有具体个罪的行为犯既遂标准的上位标准。以我国《刑法》为例,常见的行为犯有危险驾驶罪、伪证罪,以及拐卖妇女、儿童罪等。这些常见行为犯既遂标准虽然在形式上各不一致,比如,盗窃罪的既遂标准是控制说,不同于危险驾驶罪的既遂标准,但都符合且被统领于一个统一的上位标准——行为犯的既遂标准之下,从而使行为犯的既遂标准面对刑法分则所有的行为犯具体个罪都放之四海而皆准。

第三,承上,可为具体个罪的行为犯推导出具体的既遂标准。对于具体个罪的行为犯既遂标准如盗窃罪的既遂标准究竟如何确定,无论是接触说、取得说、转移说、隐

---

① 李希慧教授支持"完成"标准,认为行为犯是指"刑法分则规定的基本的犯罪构成不要求有危害结果的发生,只要实行行为一俟完毕,基本构成要件即为齐备的犯罪类型"。参见李希慧、童伟华:《论行为犯的构造》,载《法律科学》2002 年第 6 期。

② 非法侵入住宅罪为公认的行为犯。参见许泽天:《刑法各论(人格法益篇)》,台北,新学林出版股份有限公司 2017 年版,第 214 页。

③ 王觐教授提出:"有一定之行为,犯罪即因之完成,从行为所发生之结果不以之包含于构成犯罪事实中者,曰形式犯,亦曰举动犯。"参见王觐:《中华刑法论》,中国方正出版社 2005 年版,第 81 页。王觐教授在对行为犯的描述中没有提到任何既遂标准,并且,以形式犯或举动犯来描述行为犯,明显带有日本刑法学的影子,造成概念混乱,增加了理论成本。当前我国较为知名的刑法教科书中在描述行为犯时,也未指出其既遂标准,参见陈兴良:《规范刑法学》(第 3 版)(上册),中国人民大学出版社 2013 年版,第 128 页;张明楷:《刑法学》(第 4 版),法律出版社 2011 年版,第 168 页;周光权:《刑法总论》(第 2 版),中国人民大学出版社 2011 年版,第 94 页;黎宏:《刑法学》,法律出版社 2012 年版,第 92 页。

匿说,①往往纠缠于坐井观天、细枝末节式的探讨。但是,根据行为犯的既遂标准,可以自上而下、直接流畅地推导出盗窃罪的既遂标准是失控说而非他说(理由详见下文)。此外,通过为这些种类多样的标准确定一个统一的标准,可避免因标准繁多给实务造成适用上的混乱。

四、法益·行为点标准的内容

(一)行为犯的类型

要确定行为犯的既遂标准,必须回到一个基本原理:无论是行为犯还是结果犯都侵害了法益。这是因为刑法的任务被归结为法益保护。② 在结果犯的构成要件要素中,结果(包括实害结果和具体危险)的出现标志着该罪保护的法益被侵害,③刑法便以既遂来评价该行为。详言之,就结果犯而言,刑法保护法益的方式有两种:一是当法益受到侵害的表征——实害结果出现时,刑法便无法容忍,以既遂来评价该行为。这是结果犯中的实害犯。④ 二是当法益有被侵害的危险——实害结果的具体危险出现时,刑法便无法容忍,以既遂来评价该行为。这是结果犯中的具体危险犯。⑤

结果犯的成立固然必须有结果,但单纯的行为犯在成立上不要求发生外在结果。⑥ 因此,行为犯的法益被侵害只能通过实行行为本身来实现。实行行为对法益同样有两种影响:实害和危险。当实行行为对法益造成实害时,刑法便无法容忍,以既遂来评价该行为,此即行为犯中的实害犯;当实行行为对法益有侵害的危险时,刑法便无

---

① 关于盗窃罪既遂标准的学说详见刘明祥:《财产罪比较研究》,中国政法大学出版社2001年版,第190~192页。

② Vgl. Claus Roxin, Strafrecht Allgemeiner Teil Band Ⅰ Grundlagen · Der Aufbau der Verbrechenslehre, 4. Auf., Verlag C. H. Beck, 2006, S.16.

③ 参见林书楷:《刑法总则》,台北,五南图书出版股份有限公司2018年版,第68页。

④ Vgl. Helmut Frister, Strafrecht Allgemeiner Teil, 7. Auf., C. H. Beck, 2015, S.102.

⑤ 刑法何时对危险无法"容忍"?这是问题所在。陈洪兵教授认为:"当保护的法益特别重大时,就需要将法益保护的时间提前,只要造成了危险状态就用刑法去规制,反之,当所要保护的法益的重要性相对较低时,就无需提前保护,而要等到造成了实际损害时才动用刑法规制。"参见陈洪兵、安文录:《行为犯·结果犯与危险犯·实害犯两组概念不同混淆——兼析生产销售、伪劣商品罪各罪名所属的犯罪类型》,载《泸州职业技术学院学报》2004年第4期。其实,保护法益是否特别重大不是立法者设置危险犯的唯一理由。比如,故意杀人罪的保护法益是人的生命,这也是最重大的法益,但该罪并非危险犯。除了保护法益特别重大,具体危险犯的设置理由还有两点:其一,危险一旦转化为实害,将极其严重。其二,危险一旦产生就难以消除和控制,只能使其转化为实害。因此,必须将危险扼杀于萌芽中。抽象危险犯的设置理由还有:从经验上判断,个案中的实行行为导致危险的概率较大,立法者便顺水推舟地推定所有个案中的实行行为都会导致危险,从而表达出一种态度——彻底杜绝实行行为的实施。

⑥ Vgl. Johannes Wessels/Werner Beulke/Helmut Satzger, Strafrecht Allgemeiner Teil Die Strftat und ihr Aufbau, 46. Auf., C. F. Müller, 2016, S.12.

法容忍,以既遂来评价该行为,此即行为犯中的抽象危险犯。①

据此,行为犯可划分为两种类型:实害犯型行为犯、抽象危险犯。

(二)两种类型的既遂标准

从上述论述可知,当行为犯的实行行为对法益造成实害或有侵害法益的危险时,该行为犯既遂。实行行为可以划分为若干行为点。应将实行行为具体化为数个行为点,看哪个行为点侵害法益或有侵害法益的危险,才能更有技术性、更有可操作性地以该行为点作为行为犯的既遂标准。因此,实害犯型行为犯的既遂标准是:侵害法益的行为点。

但抽象危险犯的既遂标准不能照抄照搬为"法益有危险的行为点",否则将与具体危险犯混同。在具体危险犯的场合中,法官必须就个案具体事实检验其是否确实造成危险,如果在个案事实中并未造成危险,则具体危险犯不成立。② 但在抽象危险犯中,对于危险的发生是否存在,司法机关无须加以证明、举证,即可认定此罪成立。③ 因为抽象危险犯中的危险由立法者推定,不可在个案中检验其是否存在,否则等同于将危险置于客观构成要件要素——结果的地位,会导致抽象危险犯湮灭于具体危险犯中,从而致使其不能独立存在。

但事情的真相是:虽然在抽象危险犯的任何个案中,立法者推定实行行为一概会造成侵害法益的危险,但这并不意味着实行行为的任何行为点都会导致侵害法益的危险。换言之,在实行行为持续到某个行为点以前,在任何个案中都根本不可能有侵害法益的危险,但持续到该点时,根据不同个案的具体情形,在有些个案中有侵害法益的危险,在有些个案中却没有侵害法益的危险。此时,无论个案中侵害法益的危险是否存在,立法者一概推定有侵害法益的危险,亦即将某些个案中"没有侵害法益的危险"推定为"有侵害法益的危险",由此成立抽象危险犯。具体危险犯与抽象危险犯的区别则表现为:具体危险必须真实存在,抽象危险事实上可能不存在却由立法者推定一概存在。那么,当实行行为进行至"法益可能有危险"的行为点时,亦即将这个"个案中有或者无危险"的行为点抽象、宏观地整合为"法益可能有危险"的行为点,则为抽象危险犯的既遂标准。此"法益可能有危险"的行为点的实质在于,一般人根据其生

---

① 如 Jörg Eisele 所言:"抽象危险犯越来越多地遭受了极大的批评",但刑法既然设置了抽象危险犯,就只能承认它的存在。至于是否应在立法上取消、在适用上限制,是另外需要复杂论证的问题。Vgl. Jörg Eisele, Grund und Grenzen abstrakter Gefährdungsdelikte, in: Wolfgang Heinz (Hrsg.), Risiko und Prognose, Rechtliche Instrumente zur Regelung von Gefärdungen in Korea, Japan und Deutschland aus zivil –, öffentlich – und strafrechtlicher Sicht, Vorträge des 2. trilateralen – deutsch – japanisch – koreanischen – Seminars vom 20. – bis 22.06.2006 in Konstanz, 2008, S. 5.

② 参见黄荣坚:《基础刑法学》(下),中国人民大学出版社 2009 年版,第 383 页;王皇玉:《刑法总则》,台北,新学林出版股份有限公司 2017 年版,第 163 页。

③ 参见陈子平:《刑法总论》,中国人民大学出版社 2009 年版,第 74~75 页。

活经验,围绕抽象的事实(抽象的"道路"等构成要件要素),认为实行行为进行至某个行为点时,法益可能有被侵害的危险。之所以将抽象的事实而非具体的事实作为危险的判断资料,是因为抽象危险犯的立法推定。

以危险驾驶罪中的"在道路上醉酒驾驶机动车"为例。行为人将越野车停于四川大学南门的道路上,再去远近闻名的小吃店吃钵钵鸡和喝酒,大醉后开门上车,其后开始自动挡汽车起步的流程:旋转钥匙点火—开左闪光灯—踩脚刹—挂挡—放手刹—松脚刹,松脚刹的瞬间汽车启动。综观整个流程,在汽车驶动的瞬间,危险驾驶罪的保护法益——道路上不特定多数人的生命、身体和重要财产安全才可能有被侵害的危险。[①] 汽车驶动前,由于汽车未发动成功而没有行驶于道路上,道路上不特定多数人的生命、身体和重要财产安全不可能有被侵害的危险。汽车驶动后,即使四川大学南门道路上因新冠疫情空无一人,事实上没有侵害法益的危险,立法者也推定汽车驶动后一概有此危险。换言之,在汽车驶动瞬间的行为点以前,无论道路上存在何种情形(所有个案中),行为人的驾驶行为都没有侵害危险驾驶罪保护法益的危险,而在汽车驶动瞬间的行为点,根据道路上的不同情形(不同的个案中),行为人的驾驶行为可能有也可能没有侵害危险驾驶罪保护法益的危险。汽车驶动的瞬间,即行为人松脚刹的行为点,则为"法益可能有危险"的行为点,标志着危险驾驶罪的既遂。行为人松脚刹这一行为点是"机动车驶动瞬间的行为点"在该案中的细化。就"在道路上醉酒驾驶机动车"的所有案件而言,其既遂标准为"醉酒的行为人在道路上驶动机动车瞬间或机动车驶入道路的行为点"[②]。

行为犯上述两种类型的既遂标准皆与法益、行为点相关,故可称为法益·行为点标准。

五、具体个罪的既遂标准

在司法实践中,盗窃罪和非法拘禁罪的既遂标准值得重新探讨。

(一)盗窃罪

我国刑法通说认为:"盗窃罪是结果犯,应以给公私财产所有权造成直接损害结果为构成要件齐备的标志。所有权的损害结果表现在所有人或持有人控制之下的财物因被盗窃而脱离了其实际控制。因此,从对客体的损害着眼,以财物的所有人或持

---

① 参见周光权:《刑法各论》(第2版),中国人民大学出版社2011年版,第165页。
② 在此,可略微探究一下抽象行为犯的着手标准。既然抽象危险犯的既遂标准是"法益可能有危险的行为点",那么参考德国司法实践中界定着手的通说——直接开始说(unmittelbares Ansetzen),着手标准应为:在"法益可能有危险的行为点"以前时空紧密关连、若无重要中断行为则将无扰地持续至构成要件实现的行为点。据此,在道路上醉酒驾驶机动车(自动挡)情形下危险驾驶罪的着手标准是"放手刹的行为点或机动车驶入道路前的紧密行为点"。Vgl. Rudolf Rengier, Strafrecht Allgemeiner Teil, 8. Auf., Verlag C. H. Beck, 2016, S.292 f.

有人失去对被盗财物的控制作为既遂的标准,符合盗窃罪既遂的本质特征。至于行为人是否最终达到了非法占有并任意处置该财物的目的,不影响既遂的成立。"[①]可见,我国刑法通说将"失控说"作为盗窃罪的既遂标准。

失控说的上述论证过程分为三步:首先,径行论定盗窃罪是结果犯;其次,将"给公私财产所有权造成直接损害"界定为"结果";最后,将这一"结果"的发生作为该罪既遂标准。如果盗窃罪确实是结果犯,我国刑法通说的论证过程确实站得住脚。但问题是,盗窃罪不是结果犯而是行为犯。这涉及一罪是行为犯还是结果犯的判断标准。对此,可参考法益判断法,其流程如下:首先,判断某罪的实行行为能否产生构成要件结果。如果不能产生结果,该罪的保护法益被侵害被迫只能通过实行行为来体现,则该罪为行为犯。其次,如果某罪的实行行为能产生作为构成要件的结果,则可以界定该罪的保护法益。最后,如果法益侵害只能通过结果体现,则该罪为结果犯;如果能通过实行行为体现,则该罪为行为犯。[②] 上述流程第一步的关键在于界定结果。

一些日本学者将法益侵害及其危险作为结果,如西田典之、[③]野村稔。[④] 我国亦有学者在实质上赞同此观点。[⑤] 另一些日本学者甚至推论:由于所有犯罪都有法益侵害及其危险,所以犯罪都是结果犯,行为犯不存在,[⑥]如山口厚、[⑦]松宫孝明。[⑧] 此外,对于结果也可以作另一层面的理解:在外界产生的一定变动。[⑨]

认为结果是法益侵害及其危险有以下问题:

一方面,从经验上观察,法益侵害及其危险以两种方式得以体现:一是只能通过独立于行为的、人的感官即可察知而非只有通过抽象思维才能界定的、发生在行为客体上的变动来体现。比如,人的死亡。虽然具体危险不满足"并非只有通过抽象思维才能界定"的条件,但毕竟独立于行为本身,可纳入其中一并处理。二是通过实行行为

---

① 高铭暄、马克昌主编:《刑法学》(第5版),北京大学出版社、高等教育出版社2011年版,第507页。
② 参见王德政:《论法益判断法——一罪是行为犯或结果犯的判断标准》,载《重庆文理学院学报(社会科学版)》2015年第4期。
③ 参见[日]西田典之:《日本刑法总论》,王昭武、刘明祥译,法律出版社2013年版,第70页。
④ 参见[日]野村稔:《刑法总论》,全理其、何力译,法律出版社2001年版,第114页。
⑤ 魏东教授认为:"行为犯的犯罪既遂,必须是行为人实施的行为具备了刑法分则规定的某一犯罪的构成要件意义上的'完整行为'并具备相应的精神或制度上的危害结果(即非物质性危害结果)。"参见魏东:《行为犯原理的新诠释》,载《人民检察》2015年第5期。在上述论断中,"精神或制度上的危害结果"在本质上属于法益侵害及其危险,这导致行为犯的构成要件必然包含结果要素。
⑥ 有学者认为完全没必要承认行为犯的概念,所有的犯罪都应理解为结果犯,甚至"应允许抽象危险犯以具体的案件中并未发生相应的危险为由而出罪"。参见付立庆:《行为犯概念否定论》,载《政法论坛》2013年第6期;付立庆:《应否允许抽象危险犯反证问题研究》,载《法商研究》2013年第6期。黎宏教授也赞同不必承认行为犯。参见黎宏:《论抽象危险犯危险判断的经验法则之构建与适用——以抽象危险犯立法模式与传统法益侵害说的平衡和协调为目标》,载《政法与法律》2013年第8期。
⑦ 参见[日]山口厚:《刑法总论》,付立庆译,中国人民大学出版社2011年版,第44页。
⑧ 参见[日]松宫孝明:《刑法总论讲义》,钱叶六译,中国人民大学出版社2013年版,第45页。
⑨ 参见[日]大谷实:《刑法讲义总论》,黎宏译,中国人民大学出版社2008年版,第114页。

本身即可直接体现。比如，人的性自主权被侵害。抽象危险由于在实行行为过程中被立法者推定一概存在而无须单独判断其是否存在，是实行行为的必然产物，不独立于行为而存在，应纳入其中一并处理。如果承认上述区分在经验上的客观性，就必须承认，将"独立于行为的、人的感官即可察知而非只有通过抽象思维才能界定的、发生在行为客体上的变动及具体危险"视为结果，具备以下必要性：通过细致地划分行为犯与结果犯，可以维持刑法学研究的精确性和体系性特质。反过来讲，认为结果是法益侵害及其危险，而不区分其得以体现的不同方式，将使理论过于模糊、混杂。

另一方面，将"独立于行为的、人的感官即可察知而非只有通过抽象思维才能界定的、发生在行为客体上的变动"视为实害犯中结果犯的结果，从而在实害犯范畴内维持行为犯与结果犯的划分，[1]有一个显著效用：迅速认定结果犯的既遂。结果犯以结果的发生为既遂标准，只要某罪的实行行为造成结果，则该罪既遂，无须进一步探讨。如果不区分行为犯与结果犯，对任何个案都不厌其烦地分析行为人的实行行为是否侵害法益，并以此判断该罪是否既遂，将丧失迅速认定结果犯既遂的功能，徒耗精力。

---

[1] 行为犯、实害犯、危险犯这三个概念在我国刑法学中的理论语脉集中体现在全国通行的刑法学教科书和少数代表性学者所著的个性化的刑法学教科书中，考察上述教科书可发现：我国刑法学对上述概念欠缺全面的罗列、统一的定位和一致的内涵，具体而言，在当前全国通行的"马工程"刑法学教科书中，上述概念完全呈现空白状态，但过去通行的高铭暄、马克昌教授所主编刑法学教科书（坊间称为"红皮书"）以及个别学者所著刑法学教科书中，对上述概念虽然有描述，但存在以下问题：一是欠缺全面的罗列。例如，"红皮书"罗列了结果犯、行为犯、危险犯、举动犯，欠缺对实害犯的罗列，未罗列实害犯的还有黎宏教授，其将犯罪划分为具体危险犯和抽象危险犯、行为犯和结果犯；陈兴良教授将法益侵害划分为实害和危险，周光权教授将结果划分为实害和危险，不仅在语词上欠缺实害犯和危险犯的明确概念，还对行为犯欠缺罗列；张明楷教授仅罗列了行为犯，对实害犯和危险犯欠缺罗列。二是对这些概念的体系性定位，并非如德国刑法学教科书一般将之统一定位于"犯罪分类"之下进行论述，而是呈现各行其是的状态。例如，"红皮书"将之定位于"犯罪既遂形态的类型"之下，陈兴良教授将之定位于"犯罪的特征"之下，张明楷教授将之定位于"犯罪未遂的成立范围"之下，周光权教授将之定位于"结果的种类"之下，黎宏教授将之定位于"危害结果"之下。三是上述概念的内涵并非完全与德国刑法通说一致。具体而言，虽然危险犯的内涵与德国刑法通说一致，如黎宏教授将危险犯定义为"不要求造成实际损害结果但以对保护法益造成危险为条件，以危险行为对法益造成的危险是不是要现实具体为标准，可以将危险犯分为具体危险犯和抽象危险犯"，但对行为犯的内涵却有分歧，"红皮书"认为"行为犯的既遂并不要求造成物质性的和有形的犯罪结果"，黎宏教授亦将之定义为"只要实施一定行为就足够，而不要求发生实际损害结果的犯罪类型"，这与德国刑法通说一致，但张明楷教授认为："行为犯，也应以发生了行为人所追求或放任的、实行行为性质所决定的侵害结果为标准，而不能以是否实施了行为为标准。"这使行为犯与结果犯发生混淆。至于实害犯，由于在我国刑法学中欠缺明确列举，其内涵自然欠缺本土化论述。参见高铭暄、马克昌主编：《刑法学》（第7版），北京大学出版社、高等教育出版社2016年版，第149页；陈兴良：《规范刑法学》（第3版）（上册），中国人民大学出版社2013年版，第72页；张明楷：《刑法学》（第5版）（上），法律出版社2016年版，第348~350页；周光权：《刑法总论》（第2版），中国人民大学出版社2011年版，第95页；黎宏：《刑法学》，法律出版社2012年版，第91~93页。笔者于本文中对行为犯、实害犯、危险犯这三个概念内涵的理解和体系性定位，完全沿承德国刑法通说，但在分类上辅以个人见解，将行为犯划分为实害犯型行为犯与抽象危险犯，将结果犯划分为实害犯型结果犯与具体危险犯，将实害犯划分为行为犯型实害犯（等同于实害犯型行为犯）与结果犯型实害犯（等同于实害犯型结果犯），将危险犯划分为抽象危险犯与具体危险犯。行为犯、结果犯、实害犯、危险犯这四个概念在逻辑上的关系据此表现为：行为犯与结果犯是互斥关系，实害犯与危险犯也是互斥关系，但行为犯与实害犯是交叉关系（均含实害犯型行为犯），结果犯与危险犯也是交叉关系（均含具体危险犯）。

此外,认为结果是"在外界产生的一定变动"会错误地区分行为犯与结果犯。"在外界产生的一定变动"是较为模糊的论断,容易将实行行为本身、法益被侵害、行为客体在物理位置上的移动纳入其中,包罗万象、内涵消解,从而无法成为界定结果的标准。比如,在非法侵入住宅罪中,"他人住宅被侵入"是否是"在外界产生的一定变动"?在盗窃罪中,"财物被转移占有"是否是"在外界产生的一定变动"?在非法拘禁罪中,"被害人的人身自由受到侵害"是否是"在外界产生的一定变动"?如果答案皆为是,则所有的罪名都有外界变动。这就变相地将所有的作为犯都视为结果犯,从而取消了行为犯的存在。

因此,结果须满足三个特征:其一,独立于行为,不能是行为的一体两面。其二,通过人的感官即可察知,而非只有通过抽象思维才能界定(具体危险除外)。其三,须为构成要件结果,不能是结果加重犯的加重结果。一般认为,盗窃罪的实行行为是"排除他人的占有,建立自己的占有"①。在实行行为的进行中,刑法的关注点不在于财物在物理位置上的移动,而在于财物占有的变动。这种占有的变动只有通过人的抽象思维进行规范上的考察才能界定,无法通过人的感官而直接察知,不能认为是盗窃罪的结果。盗窃罪由此无结果可言。盗窃罪的保护法益是物的所有权和占有,②该法益被侵害可以直接通过实行行为——占有的转移体现。因此,我国刑法通说认为盗窃罪的结果为"给公私财产所有权造成直接损害"的观点不能成立,盗窃罪不是结果犯而是行为犯。

以有体物为例,盗窃罪的实行行为可按照其自然进程划分为以下行为点:行为人接触财物、行为人转移财物、被害人失去对财物的占有、行为人取得对财物的占有。在这些行为点中,只有"被害人失去对财物的占有"这一行为点才能真正体现盗窃罪的保护法益——财物的所有权和占有被侵害,因而应将"被害人失去对财物的占有"作为盗窃罪的既遂标准。通过运用法益·行为点标准分析盗窃罪的既遂标准,得出的结论虽然是失控说,但论证过程与我国刑法通说截然不同。我国代表性学者对盗窃罪的既遂标准,也观点不一。陈兴良教授、黎宏教授明确支持控制说,张明楷教授、周光权教授或明或暗地支持失控说。

陈兴良教授认为:"盗窃罪的未遂与既遂的区分根据是盗窃罪的构成要件是否齐备。盗窃罪犯罪构成要件齐备的客观标志,就是秘密窃取的犯罪行为造成了行为人非法占有所盗公私财物的实际结果,而盗窃罪犯罪构成要件齐备的主观标志,就是达到了非法占有公私财物的目的。而只有控制说,才能满足主观与客观这两个方面的要

---

① 林东茂:《刑法综览》,中国人民大学出版社2009年版,第291页。
② 参见林山田:《刑法各罪论》(上册),北京大学出版社2012年版,第209页。

求。"①首先,以构成要件齐备作为判断未遂与既遂的区别,在行为犯的场合操作性、技术性不强。判断行为犯"构成要件是否齐备"只能回到行为犯"实行行为是否齐备"的判断上,而实行行为分为多个行为点,何种行为点才算"实行行为齐备"本身就是难以判断的问题。其次,是否具备非法占有公私财物的目的不能成为盗窃罪既遂与未遂的判断标准。如果行为人没有非法占有公私财物的目的,其行为由于不具备盗窃罪的主观构成要件要素,不可能成立盗窃罪未遂。既然如此,是否具备非法占有公私财物的目的与盗窃罪既遂与未遂的判断无关。最后,将"行为人非法占有所盗公私财物"作为盗窃罪构成要件齐备的客观标志,实际上是将"行为人取得对财物的占有"作为盗窃罪的实行行为。但只要被害人失去对财物的占有,无论行为人是否取得对财物的占有,盗窃罪的保护法益均已被侵害,此时,以控制说作为盗窃罪的既遂标准,无助于保护法益,将"行为人取得对财物的占有"作为盗窃罪的实行行为也就成为形式化的、机械的、无意义的界定。

黎宏教授支持控制说,提出:"尽管从法益侵害的角度而言,所有人或占有人失去对财物的控制,就意味着其财产利益受到了侵害,对该行为应该予以处罚,以保护财产所有人或者占有人的合法利益,但这种行为并不一定要采用盗窃罪既遂的方式。同时,对某种行为予以何种刑罚处罚,不能仅看该行为是否侵害了法益,还必须遵循罪刑法定原则的要求。盗窃罪,从其内部构成来看,是由破坏他人占有之后,建立新的占有而成立。仅是让他人对财物失控即破坏他人占有,还不能成立盗窃罪;只有在控制了他人的财物即建立了新的占有之后,才能说构成盗窃罪既遂。因此,认定盗窃罪既遂的标准只能是控制说而不是失控说,这是罪刑法定原则的要求。"②黎宏教授先敏锐地指出,将盗窃罪保护法益被侵害的时点——所有人或占有人失去对财物的占有作为盗窃罪的既遂标准是合理的,其后却将罪刑法定原则作为否定失控说的理由,在逻辑上尚欠周严。因为我国《刑法》第 264 条对普通盗窃罪的构成要件高度简练地描述为"盗窃公私财物",在字面上无法当然地推导出盗窃罪的实行行为是"破坏他人占有,建立新的占有"。"破坏他人占有,建立新的占有"其实是德国刑法通说对于盗窃罪实行行为的描述,在我国刑法学中未成通说、我国《刑法》无相应规定的前提下,无法作为罪刑法定之"法"。进一步思考可知,只要承认实害犯的既遂标准是法益受到侵害,同时盗窃罪是行为犯,就可以将法益受到侵害的时点作为盗窃罪实行行为的"结束点",理论上对于盗窃罪实行行为的描述可变为"破坏他人占有",无须加上"建立新的占有"。

张明楷教授提出:"只要行为人取得(控制)了财物,就是盗窃既遂。一般认为,只

---

① 陈兴良:《规范刑法学》(第3版)(下册),中国人民大学出版社2013年版,第850页。
② 黎宏:《刑法学》,法律出版社2012年版,第749~750页。

要被害人丧失了对财物的控制,就应认定行为人取得了财物。例如,行为人以非法占有为目的,从火车上将他人财物扔到偏僻的轨道旁,打算下车后再捡回该财物。不管行为人事后是否捡回了该财物,均应认定为犯罪既遂。"[1] 上述论断的问题在于:一方面,既然盗窃罪的保护法益是财物的所有权和占有,被害人失去对财物的占有时,法益已被侵害,那么为何不将被害人失去对财物的占有作为既遂标准?另一方面,"只要被害人丧失了对财物的控制,就应认定行为人取得了财物"这一论断欠缺客观性。就该论断所举之例而言,行为人事后如果未捡回该财物,则事实上没有占有该财物,何以能视为"行为人取得了财物"?可见,张明楷教授表面上支持控制说,实际上支持的是失控说。

周光权教授支持失控说。周光权教授认为:"认定盗窃罪既遂时应主要考虑行为人是否实际取得财物的控制权,即排除他人的占有而将财物处于自己的事实支配之下就是盗窃既遂。财产虽然并未被行为人占有,但财物占有人、所有人已对其失去控制的,也应成立盗窃罪既遂。所以,盗窃罪既遂的认定应当以取得说为原则,在取得说不能适用时,考虑采用失控说。"[2] 由于行为人对财物的占有必然排除了被害人对财物的占有,所以不可能出现行为人和被害人同时占有财物的情形。

根据法益·行为点标准或从法益保护的立场出发,可以毫无悬念地以失控说作为盗窃罪的既遂标准,何以控制说迄今屹立德国刑法通说地位不倒?原因在于:其一,德国刑法通说将"排除既定占有,建立新的占有"作为对盗窃罪实行行为的描述,[3] 使不少学者认为盗窃罪的实行行为必然包括"建立新的占有",而忽略了实害犯的法益被侵害则犯罪既遂的原理,更遑论考虑一种新思路:将法益被侵害的行为点作为实行行为的"结束点",从而重新界定盗窃罪的实行行为。其二,从经验上看,被害人失去对财物的占有与行为人取得对财物的占有一般同时出现,这导致"行为人取得对财物的占有才能认定盗窃罪既遂"的观念深入人心。但经验感知无法替代逻辑论证,否则,当经验失准时,不合理的结论便会产生。其三,将控制说作为盗窃罪的既遂标准会将"被害人丧失对财物的占有,但行为人未取得对财物的占有"认定为盗窃罪未遂,行为人受到的刑罚随之更为轻缓,符合刑法的最后手段原则。[4] 这从表面上看似乎合理,但法益既然已被侵害,就不能无故以刑法的最后手段原则否定犯罪既遂的成立,否则法益就得不到充分保护。

---

[1] 张明楷:《刑法学》(第4版),法律出版社2011年版,第887页。
[2] 周光权:《刑法各论》(第2版),中国人民大学出版社2011年版,第100页。
[3] 参见 Schönke, Schröder, Strafgesetzbuch Kommentar, 29. Auf., C. H. Beck, 2014, S.2334 ff.;古承宗:《刑法分则(财产犯罪篇)》,台北,三民书局2018年版,第9页。
[4] Vgl. Friedrich – Christian Schroeder, Heinz Zipf, Festschrift für Reinz Maurach zum 70. Geburtstag, C. F. Müller, 1972, S.22.

(二) 非法拘禁罪

非法拘禁罪是无可争议的行为犯,但我国刑法通说对其既遂标准语焉不详:"只要行为人以剥夺他人人身自由为目的,非法拘禁他人,无论时间长短,都是本罪既遂。"[1]

根据法益·行为点标准,非法拘禁罪属于实害犯型行为犯,当行为人的行为点侵害非法拘禁罪的保护法益时,该行为点则为既遂标准。我国刑法通说认为非法拘禁罪保护的法益是"他人根据自己的意愿自由支配自己身体活动的权利"[2],其在表述上并不严谨,无法解决一些具体问题。比如,行为人将被害人锁于一栋大楼达5个小时,但被害人该时段在大楼内睡觉,行为人的锁门行为是否侵害了"被害人根据自己的意愿自由支配自己身体活动的权利"?如果从客观角度观察,被害人在5个小时内想走也无法走出大楼,身体活动自由被限制,行为人的锁门行为构成非法拘禁罪。如果从主观角度观察,被害人由于没有意识到他无法走出大楼,其自由活动意志未被侵害,行为人的锁门行为则不构成非法拘禁罪。可见,非法拘禁罪的保护法益尚需进一步确定。

林东茂教授认为非法拘禁罪的保护法益是"潜在的身体活动"。那么,拘禁毫无意识或行动能力的人,如将烂醉昏睡者的房门反锁,将醒时开锁,不妨害行动自由。[3]但"潜在的身体活动"需要进一步细化,如果是指"被害人事实上没有身体活动,假设其有身体活动",被害人由于房门被反锁,"潜在的身体活动"当然受到侵害,显然是妨碍了行动自由。林山田教授指出:"被害人并不以意识清醒者为限。行为人拘禁他人,虽他人刚好并无离去被拘禁现场的意思,或他人并不知其自由业已丧失,也不影响非法拘禁罪的成立。"[4]这说明,林山田教授认为非法拘禁罪的保护法益是客观上被害人的身体活动自由,与被害人的自由活动意志无关。换言之,即使被害人的自由活动意志未被侵害,比如,被害人不愿行使自由活动意志(他人刚好并无离去被拘禁现场的意思),或者被害人不知其自由活动意志无法实现(他人并不知其自由业已丧失),由于被害人客观上没有身体活动自由,行为人的行为也构成非法拘禁罪。这意味着,非法拘禁罪的保护法益应涉及主客观两个面向:人的自由活动意志、人的身体活动自由。

回到自由本身,其带有强烈的精神化倾向。举一个生活中的例子:甲为一名朝九晚五、勤勤恳恳的公务员,并不认为坐班生涯有何不自由,但其朋友高校教师乙习惯了讲完课就走的生活,认为坐班简直是限制了人身自由、无法容忍。可见,对自由的定义必须体现人的自由活动意志。换言之,对自由的侵害,不仅在于被害人客观上没有身

---

[1] 高铭暄、马克昌主编:《刑法学》(第5版),北京大学出版社、高等教育出版社2011年版,第474页。
[2] 高铭暄、马克昌主编:《刑法学》(第5版),北京大学出版社、高等教育出版社2011年版,第473页。
[3] 参见林东茂:《刑法综览》,法律出版社2011年版,第245页。
[4] 林山田:《刑法各罪论》(上册),北京大学出版社2012年版,第123~124页。

体活动自由,还必须违背被害人的自由活动意志。如果认为非法拘禁罪的保护法益仅在于客观上人的身体活动自由,则会产生一个荒诞的结论:行驶中的公交车上的乘客,由于不能随意下车活动,皆被侵害了客观上的身体活动自由,公交车司机的行为构成非法拘禁罪。这令人无法理解。因为乘客在公交车行驶过程中的确"丧失"了下车活动的自由,但这种"丧失"并未违背其自由活动的意志,亦即乘客根本不愿在公交车行驶时随意下车,否则就不会上公交车。行为人侵害他人身体活动自由的行为,如果未违背其自由活动的意志,他人就不会感到痛苦,也不会遭受真正的、有意义的、值得动用刑法来保护的损失。此时,处罚行为人的行为,意味着刑法的触角已探入根本不必触及的领域,也无法体现刑法的最后手段原则。

被害人的自由活动意志被违背,具体而言是指被害人有自由活动的意愿,却认为不能自由活动。如果某人没有自由活动的意愿,即便客观上被行为人限制了身体活动自由,也不能认为其自由活动意志被侵害,此时,行为人的行为不构成非法拘禁罪。比如,甲在仓库门口布置守卫,不准仓库内的乙2个小时内出去。但乙正好想在仓库做事,遂在仓库逗留2个小时。虽然乙的身体活动自由被限制,但因没有自由活动的意愿,其自由活动意志未被侵害,甲的行为不构成非法拘禁罪。当然,某人没有自由活动的意愿,如果系基于行为人的欺骗,则视为某人有自由活动的意愿。比如,甲对乙说:"外面正在暴乱,你最好在仓库待2个小时。"乙本想出去,但考虑到外面"暴乱",只好打消念头,留在仓库。此时,从表面上看,乙没有自由活动的意愿,但由于这是被甲欺骗所致,不能视为有效,否则会产生一种冲突:法律认可行为人的欺骗及其衍生的拘禁行为。[①] 如果某人有自由活动的意愿,同时认为其能自由活动,则其自由活动意志没有被侵害,即使在客观上行为人被限制了人身自由,也不能认为行为人的行为构成非法拘禁罪。比如,乙在一个大院的深闺中织蜀绣,甲将大院的大门锁上半天。乙织累了想出大院透透气,但因老眼昏花,错将内门当作大门,在内门外、庭院内闲逛稍许后,心满意足地回到深闺织绣。乙有自由活动的意愿,同时由于错误地认为能自由活动,其自由活动意志未被违背,虽然客观上被甲限制了身体活动自由,甲的行为也不构成非法拘禁罪。反过来说,某人有自由活动的意愿,却认为不能自由活动,其自由活动意志被违背,但因客观上未被限制人身自由,不能认为行为人的行为构成非法拘禁罪。比如,甲对乙说:"你必须留在仓库2个小时,出门的话将被守卫打一顿。"乙想出仓库

[①] 如许泽天教授所言:"除强暴或胁迫外,亦可能透过与法益相关的诈术方式剥夺他人的行动自由,即只要让被害人陷入丧失自我决定移动自由的错误,而误以为欠缺可期待离去场所的方式,就属剥夺行动自由。"出自许泽天:《刑法各论(人格法益篇)》,台北,新学林出版股份有限公司2017年版,第200页。针对欠缺意志的同意是否有效的问题,德国刑法通说也认为,在自由犯罪中,通过欺骗对他人的自主造成的损害是明显可罚的,并无阻却构成要件的作用。Vgl. Rudolf Rengier, Strafrecht Besonderer Teil Ⅰ Delikte gegen die Person und die Allgemeinheit, 17. Auf., C. H. Beck, 2017, S.287.

却认为不能出而被迫留在里面2个小时。事实上甲并未设置守卫。乙的自由活动意志虽被违背,但其身体活动自由未被侵害,甲的行为不构成非法拘禁罪。

综上,非法拘禁罪的保护法益为人的自由活动意志和身体活动自由。非法拘禁罪的保护法益被侵害表现为两个方面:客观上,被害人没有身体活动自由;主观上,被害人想自由活动却认为不能自由活动。根据法益·行为点标准,非法拘禁罪的既遂标准是"被害人想自由活动却认为不能自由活动,客观上被害人的身体活动自由丧失的行为点"。其中,"被害人想自由活动却认为不能自由活动"与"客观上被害人的身体活动自由丧失"可能不重合。比如,甲正在伏案苦读,12时被乙锁门,15时想出门走走,16时才发现出不去。直到16时,乙的行为点才同时满足"甲想自由活动却认为不能自由活动"和"客观上甲的身体活动自由丧失",此时乙的行为才构成非法拘禁罪既遂。

德国通说认为非法拘禁罪的保护法益不仅包括现实性移动意志的实现,还包括欠缺现实移动意志的潜在活动自由。[①] 而日本理论认为非法拘禁罪的保护法益是移动场所的自由,该自由有两种具体含义:一是可能的自由说,即如果想要移动即可移动的自由。二是现实的自由说,即实际上想移动时即可移动的自由。山口厚支持现实的自由说,认为:"必须是移动的不可能性为被害人所认识。"[②]大谷实、[③]西田典之[④]与其观点一致。相反,大塚仁支持日本通说——可能的自由说,认为:"给泥醉者和熟睡中的人所在的房间上了锁时,即使他们不知道,也构成监禁罪。"[⑤]我国代表性学者中,张明楷教授赞成现实的自由说,要求被害人认识到其丧失身体活动自由。[⑥] 周光权教授支持可能的自由说。[⑦] 黎宏教授也支持现实的自由说,但认为被害人是否认识到其丧失身体活动自由无关紧要,非法拘禁罪只能在他人不能离开一定场所、违反了其现实所具有的离开意思的场合中才能成立。[⑧]

陷入可能的自由说与现实的自由说之争并无必要,理由如下:

首先,可能的自由说本质上是将非法拘禁罪的保护法益限定为客观上被害人的身体活动自由。一旦被害人客观上没有身体活动自由,行为人就侵害了非法拘禁罪的保护法益,被害人是否认识到其丧失身体活动自由自然无关紧要。前文已述,该说缺陷

---

① Vgl. Reinhart Maurach, Friedrich – Christian, Manfred Maiwald, Strafrecht Besonderer Teil Teilband 1 straftaten gegen Persönlichkeits und Vermögenswerte, 10. Auf., C. F. Müller, 2009, S. 163.
② [日]山口厚:《刑法各论》,王昭武译,中国人民大学出版社2011年版,第91~92页。
③ 参见[日]大谷实:《刑法讲义各论》,黎宏译,中国人民大学出版社2008年版,第75页。
④ 参见[日]西田典之:《日本刑法各论》,王昭武、刘明祥译,法律出版社2013年版,第75页。
⑤ [日]大塚仁:《刑法概说(各论)》,冯军译,中国人民大学出版社2003年版,第87页。
⑥ 参见张明楷:《刑法学》(第4版),法律出版社2011年版,第789页。
⑦ 参见周光权:《刑法各论》(第2版),中国人民大学出版社2011年版,第35页。
⑧ 参见黎宏:《刑法学》,法律出版社2012年版,第663页。

严重。

其次,现实的自由说本质上是将非法拘禁罪的保护法益认定为"人的自由活动意志"和身体活动自由。但对于"人的自由活动意志"被违背的理解,该说的内部立场也不一致。例如,山口厚认为"人的自由活动意志"被违背体现为被害人认识到其丧失身体活动自由,黎宏教授认为"人的自由活动意志"被违背体现为被害人自由活动的意愿被违背。上述两种立场都无法完整体现笔者所界定的人的自由活动意志,所以前者无法很好地解决一个问题:被害人认识到其丧失身体活动自由,但没有自由活动的意愿,非法拘禁罪的保护法益是否被侵害?后者也无法很好地解决一个问题:被害人有自由活动的意愿,但没有认识到其丧失身体活动自由,非法拘禁罪的保护法益是否被侵害?现实的自由说由于内部认识不一,暴露出一个缺陷:没有细致剖析人的自由活动意志涉及的两个方面——人是否有自由活动的意愿、人是否认为其能自由活动,从而无法精确界定人的自由活动意志被违背究竟何指。

最后,如果根据法益·行为点标准,认为非法拘禁罪的既遂标准是"被害人想自由活动却认为不能自由活动,客观上被害人的身体活动自由丧失的行为点",就意味着:一方面,由于可能的自由说坚持非法拘禁罪的保护法益是客观上被害人的身体活动自由,基于前文所述缺陷,该说可被否定。另一方面,现实的自由说由于未区分被害人自由活动的意愿与其认为能否自由活动,不仅失之粗略,其下两种立场也各有弊端,也应被摒弃。

结 语

维持行为犯与结果犯的划分是必要的。结果犯和行为犯都造成了法益侵害或侵害法益的危险。结果犯的既遂标准是发生结果或发生法益被侵害的具体危险。行为犯可分为实害犯型行为犯和抽象危险犯两种类型,其既遂标准既不能坚持"着手"标准,也不可坚持"完成"标准,可运用法益·行为点标准:将行为人的实行行为划分为若干"行为点",在实害犯型行为犯中,当实行行为进行至"侵害法益的行为点"时,该行为点为既遂标准;在抽象危险犯中,当实行行为进行至"法益可能有危险的行为点"时,该行为点为既遂标准。针对行为犯的具体个罪,诸如危险驾驶罪、盗窃罪、非法拘禁罪,也可根据法益·行为点标准,分别推导出各自的具体既遂标准,以判断个案中行为人的实行行为是否既遂,同时,可防止具体个罪行为犯的既遂标准由于既定各说的错杂混乱或模糊抽象而造成司法实践中认定既遂的无所适从。

轻罪视域下的高空抛物行为的解释适用

刘 浩[*]

【摘要】高空抛物行为独立成罪之后涉及该罪及其相关个罪的解释适用问题,无论是区分罪与非罪、此罪与彼罪还是区分违法行为与犯罪行为以及违法行为与合法行为,均有赖于首先在解释论层面对该罪的法益内容予以具体明确。高空抛物罪属于轻罪规范与具体危险犯的类型,对情节是否严重的判断是对具体危险的司法判断,该判断同样有赖于以该罪的法益内容为指引,并予以解释论层面的规范分析。高空抛物罪的法益内容是公共空间中的他人人身安全的危险禁止与内心安宁。造成人身安全的危险与对内心安宁的侵犯主要是因为从高处袭击所产生的压迫与惊吓,而其他有关财产方面的利益则属于附带内容。在处理高空抛物行为时,定性相对容易的其他个罪应当直接按照相关个罪予以处理。高空抛物行为的独立成罪将排除以寻衅滋事罪规制该类行为的空间,并在原则上排除以危险方法危害公共安全罪的适用。在轻罪视域下,对高空抛物行为应坚持体系规制,遵循预防与惩治相结合的治理方式。

【关键词】高空抛物 轻罪 法益 刑法解释

近年来,我国刑法的修正较为频繁,刑法体系不断趋于严密。"为了回应社会关切,刑法立法的工具化机能与治理机能被大幅度激活,显露出积极预防的立法意图。"[①]2021年3月1日起生效的《刑法修正案(十一)》正式将高空抛物行为独立成罪,在现有刑法体系下,如何准确把握司法实践中的罪与非罪以及此罪与彼罪的界限仍是一个较为棘手的问题。在《刑法修正案(十一)》出台之前,高空抛物行为是否应当独立成罪一直存在争议。在修正案草案征求意见的过程中,有观点认为没有必要将高空抛物行为独立成罪:"单独设立高空抛物罪的必要性不够。增加这类犯罪可能会造成刑法规制范围过于扩大。高空抛物没有造成严重后果的,按照民法、行政法予以

---

[*] 刘浩,法学博士,中南财经政法大学刑事司法学院讲师,中南财经政法大学司法鉴定技术应用与社会治理学科创新基地助理研究员。本研究受教育部、国家外专局高等学校学科创新引智计划(项目编号:B20077)及中南财经政法大学中央高校基本科研业务费专项资金[轻罪时代的刑法出罪解释研究(项目编号:2722024BQ035)]资助。

[①] 高铭暄、孙道萃:《预防性刑法观及其教义学思考》,载《中国法学》2018年第1期。

调整,造成严重后果的,以其它个罪规范予以调整即可。另外,高空抛物罪的轻刑配置会压缩行政处罚的空间。"也有观点认为有必要将高空抛物行为独立成罪,以此增强人们不得高空抛物的规范意识。① 还有观点明确反对高空抛物行为独立成罪。例如,认为"《民法典》对高空抛物的规定体现了私权利与公权力救济相结合的模式。高空抛物行为可以通过民事责任解决的,刑法就不应当介入"②。从刑法的谦抑立场出发主张刑法应当是保障其他部门法的适用,这属于反对将高空抛物行为独立成罪的主要理由。另外,学界主要是对司法实践中经常将高空抛物行为按照以危险方法危害公共安全罪论处的做法予以批评。例如,有观点认为,"不能将高空抛物行为认定为以危险方法危害公共安全罪,应当根据具体情形分别认定为故意杀人、过失致人死亡、故意伤害、过失致人重伤、重大责任事故、故意毁坏财物、寻衅滋事罪等"③。在《刑法修正案(十一)》(草案)出台之后,有观点则认为高空抛物行为独立成罪具有相应意义,"一是存在现实需要,因为高空抛物案件增长迅速。二是避免民刑二元处罚机制导致的司法不一。三是出于定罪量刑的公平公正。四是强化调查取证力度,因为查证犯罪事实是公安机关的法定义务"④。也有观点从行为指引以及规范目的的视角指出高空抛物行为独立成罪的必要性。例如,"如果将高空抛物犯罪依附于其它犯罪中,通过规范指引广大民众来预防高空抛物行为就只能通过单个司法裁判来实现,其实现范围和程度十分有限"⑤。诚然,面对刑法立法已经将高空抛物行为独立作为一个轻罪的现实,如何解释与适用好相关规定具有现实意义。"高空抛物罪的设立经历了从司法犯罪化到立法犯罪化的过程。"⑥已有的司法实践经常会对高空抛物行为适用其他个罪规范,故司法层面已经对该罪予以事实层面的"犯罪化",加之社会层面的关注,立法将该行为独立成罪具有一定的合理性与必然性。在轻罪视域下,应进一步在解释论层面合理界定该罪的法益内容,以充分发挥具体法益对个罪规范解释适用的指引作用。

一、高空抛物罪的法益具有轻罪意义上的秩序导向特征

法益具有不同层面的内容,其可以不断地被抽象化同样可以不断地被具体化,这是一般法益到具体法益的内容体现。作为轻罪的高空抛物罪,其在抽象层面的法益内

---

① 参见许永安主编:《中华人民共和国刑法修正案(十一)解读》,中国法制出版社 2021 年版,第 304 页。
② 徐岱:《刑法修正案(十一)(草案)的修订进路》,载《法治研究》2020 年第 5 期。
③ 张明楷:《高空抛物案的刑法学分析》,载《法学评论》2020 年第 3 期。
④ 彭文华:《〈刑法修正案(十一)〉关于高空抛物规定的理解与适用》,载《苏州大学学报(哲学社会科学版)》2021 年第 1 期。
⑤ 赵香如:《论高空抛物犯罪的罪刑规范构造——以〈刑法修正案(十一)〉(草案)为背景》,载《法治研究》2020 年第 6 期。
⑥ 宣刚、刘晓妍:《高空抛物罪"情节严重"认定的实证研究》,载《行政与法》2023 年第 1 期。

容当然属于社会管理秩序,其法益内容还包括个体的人身权与财产权。如果只是根据个罪规范的一般体系位置以及构成要件行为的特征来定位具体法益的内容则难以有效发挥法益的解释论机能。对于高空抛物罪的具体法益内容,理论界以及实务界存在不同观点。有的观点认为,该罪的法益内容是"公民所期待的保护公共安全的高空抛物行为管理秩序"[1]。有的观点认为,该罪的法益内容是公共秩序,并应当主动发挥公共秩序对入罪的限制作用,"特别重视公共秩序法益的限制作用要求高空抛物行为必须侵害公共秩序,未影响公共秩序的不应定罪"[2]。但这里混淆了一般法益与具体法益之间的内容。该罪作为《刑法》分则第六章中的一个具体个罪,与其他在侵犯公共秩序的同时会对个体权利造成损害的犯罪一样,会围绕公共秩序与个体权利的一般法益内容进行具体展开。因此,在具体界定该罪法益内容时应至少将其置于《刑法》分则第六章中的有关同时涉及公共秩序与个体权利的犯罪中,并在这样一种体系的视角中对其法益内容予以分析,同时考虑到该罪设立的背景及其特殊性,还需要对这样一种体系性的法益内容予以适当修正,从而不断实现该罪法益的具体化。

(一)高空抛物罪在社会管理秩序层面的主要内容

作为扰乱公共秩序类的犯罪,其通常会涉及秩序与权利的一般法益内容,但它们的内容比重不同且权利的具体程度以及类型也不同,这体现了法益内容的价值导向。例如,有的犯罪设立就是为了保护公共秩序,其与个体权利之间的联系并不明显;而有的犯罪设立就是为了保护个体权利,保护公共秩序只是顺带的或者只是一种手段,对于个体权利的损害时常被推定为扰乱社会公共秩序。在司法实践中,对于秩序的妨害通常可以解释为对个体权利存在妨害,但高空抛物罪在对公共秩序产生妨害的同时主要是对人身权产生损害或者危险。在逻辑上,如果人身权绝对不会因为高空抛物行为而受到损害的话,那么先前的司法实践也不会经常对相关行为适用以危险方法危害公共安全罪。"危害公共安全罪最终侵害或指向的是人身权利,因此,公共安全中的财产安全对于人身安全具有依附性,只有与公共安全中的人身安全紧密相关的财产安全才属于公共安全。"[3]高空抛物行为除了妨害社会管理秩序外还会对人身安全造成威胁或者损害。在妨害社会管理秩序的类罪中,高空抛物罪位于扰乱公共秩序这一类罪中,而在该类犯罪中,行为同时妨害公共秩序与个体人身安全的犯罪主要包括:妨害公务罪、袭警罪、煽动暴力抗拒法律实施罪、聚众斗殴罪、寻衅滋事罪和组织、利用会道门、邪教组织、利用迷信致人重伤、死亡罪。其中,与高空抛物罪的法益内容和法益结构最为相似的当属寻衅滋事罪。对于高空抛物罪的法益内容界定在类罪体系的意义

---

[1] 汪宜旺:《高空抛物罪侵害法益与行为方式解读》,载《检察日报》2021年4月7日,第3版。
[2] 林维:《高空抛物罪的立法反思与教义适用》,载《法学》2021年第3期。
[3] 邹兵建:《论刑法公共安全的多元性》,载《中国刑事法杂志》2013年第12期。

上离不开对寻衅滋事罪的法益认识及其规范参照。

（二）高空抛物罪与寻衅滋事罪的法益内容具有秩序同质性

高空抛物罪与寻衅滋事罪的法益均围绕个体权利以及公共秩序而展开，其法益内容具有明显的同质性。除法益内容外，侵犯法益的行为也具有一些相似的特征。例如，高空抛物罪的构成要件是从建筑物或者其他高空抛掷物品，情节严重的，而寻衅滋事罪的第一类实行行为是随意殴打他人，情节恶劣的。通过条文内容的比较可以发现，两者在侵犯人身权利方面都具有随意性特征，而对于受害者来说均具有突然性，一个是从高处突然袭来的伤害，一个是从平地突然袭来的伤害。尽管两者的法益内容以及某些行为的效果具有同质性，但两者的法定刑配置是不同的。寻衅滋事罪的一般法定刑配置是"五年以下有期徒刑、拘役或者管制"，而高空抛物罪的法定刑配置则是"一年以下有期徒刑、拘役或者管制，并处或者单处罚金"。但这样一来会存在立法层面的罪刑失衡问题以及导致司法实践中的同案不同判。因此，尽管高空抛物罪与寻衅滋事罪在扰乱公共秩序这一类罪中具有立法体例以及刑法规范层面的法益同质性，但不能笼统地将高空抛物罪的法益内容继续界定为公共秩序与个体权利，否则法益的区别功能以及在解释论层面的指导意义就会丧失。

寻衅滋事罪的法益内容是社会管理秩序中的公共秩序。其立法意义上保护的法益是社会管理秩序，出于立法的科学性与体系性诉求，该罪的立法目的首先是保护社会秩序，只是在保护社会秩序的同时对其他法益保护予以认可，进而对其他法益进行多层次的刑事立法保护。[①] 该罪保护法益中的公共秩序可以较为容易地转化为个体权利，甚至对个体权利的侵害程度可以推定或者等置为对公共秩序的破坏程度，"换言之，行为人是通过对人身权利、财产权利和公共场所秩序的侵害以达到对社会秩序破坏的目的"[②]。加之权利是目的而秩序是手段的理论观念就更使这样一种公共秩序与个体权利之间的转换相对灵活。但对于一些侵犯社会秩序类的犯罪，公法益并不总是能够转换为私法益，或者即使将这类犯罪解释为具有一些私法益的内容，其对于刑法规范的解释适用意义也十分有限，甚至会起到不当的干扰作用。但无论是高空抛物罪中的从建筑物或者其他高空抛掷物品的行为还是寻衅滋事罪中具体涉及的随意殴打行为，其关联的公共秩序均能够被还原为部分个人法益，但这种还原不同于公共安全类犯罪的法益还原，因为这里的权利与秩序具有独立意义。在高空抛物罪与寻衅滋事罪中，对于个体权利的侵犯通常是用来推定行为是否破坏了社会秩序，于是以社会秩序法益限制个罪成立的范围通常比较困难，其至少不具有普遍的适用性，但高空抛物罪涉及的法益内容与寻衅滋事罪在权利与秩序的法理层面具有根本的法益同质性。

[①] 参见刘浩：《寻衅滋事罪口袋化的司法限缩路径》，载《北京理工大学学报（社会科学版）》2022年第1期。

[②] 陈兴良：《寻衅滋事罪的法教义学形象：以起哄闹事为中心展开》，载《中国法学》2015年第3期。

（三）高空抛物罪的法益内容包括但不限于公共秩序

无论是参照高空抛物罪的立法体例及其体系位置，还是在扰乱公共秩序罪这一类罪的体系空间中具体参照寻衅滋事罪的法益内容，高空抛物罪的法益均会涉及个体权利与公共秩序，但对高空抛物罪在更为狭义的体系中予以观察，可以发现其主要还是倾向于公共秩序的法益内容，这并不只是因为该罪位于《刑法》分则第六章中，也与其具体的体系位置有关，还是罪刑均衡的体现。作为一个轻罪，高空抛物罪位于《刑法》第291条之一的规定之后，而该条涉及的罪名主要是投放虚假危险物质罪，编造、故意传播虚假恐怖信息罪，编造、故意传播虚假信息罪，这些犯罪的成立要求"严重扰乱社会秩序"，而虚假的危险物质、恐怖信息以及其他虚假信息并不会直接对权利个体造成损害，但其会制造社会恐慌进而有可能直接冲击社会秩序，其侧重于保护这一意义上的社会秩序，如果这种社会秩序受到破坏，导致的后果可能是影响行政管理、造成踩踏事件、导致交通事故、破坏经济的正常运行等，也可能没有造成任何显著影响，对此可以认为刑法采取的是一种积极预防的立场。高空抛物行为的独立成罪同样会涉及对社会秩序的保护，而这样一种秩序的保护本身会带来诸多益处，如维护和谐文明的社会环境、确保正常有序的社会管理、维护民众的出行安全等。立足于高空抛物罪的轻罪立法背景，其具有明显的政策导向与回应社会的特征：一方面，作为具体危险犯的轻罪立法具有政策层面的犯罪预防目的，"作为政策的刑事政策的目的在于防止犯罪，刑事政策的终极目的在于维持社会秩序的稳定和安宁"[①]。另一方面，它是由民众的安全感上升到刑事立法层面，即使以秩序内容来解释该罪的法益能够实现逻辑自洽，个体层面的考虑仍不可或缺。对传统领域犯罪实行刑法介入早期化的立法扩张在相当多的场合并没有必要性和正当性，刑法立法扩张容易造成刑法的人权保障危机，使刑法过于偏重秩序维护，并不利于社会发展。[②] 因此，对于高空抛物罪的法益内容予以具体界定应当从社会秩序的视角出发并着眼于个体权利的视角以防止法益内容因为公共秩序的抽象特征而泛化。

高空抛物行为侵犯的法益内容包括社会秩序中的公共秩序，其同时属于有违社会公德的行为。若离开社会秩序的环境，那么高空抛物罪也就不可能成立，而高空抛物行为的独立成罪主要包括三个原因：一是民众安全需求的具体表达；二是罪刑均衡的合理实现；三是轻罪立法的发展趋势。因为之前的高空抛物行为除了按照一些具体的犯罪予以处理外还经常适用以危险方法危害公共安全罪，但这会造成罪刑法定原则的突破、同案的不同判以及罪刑失衡的结果。因此，高空抛物行为当然是被禁止的，但其

---

① ［日］大谷实：《刑事政策学》，黎宏译，中国人民大学出版社2009年版，第16页。
② 参见魏东、周树超：《我国"轻微罪"立法与司法的理性思考》，载《贵州大学学报（社会科学版）》2022年第1期。

独立成罪具有现实意义。"法律惩治体系得到进一步完善,有助于发挥司法审判的惩罚、规范和预防功能,避免造成更严重的犯罪。"①此外,高空抛物行为的独立成罪有利于更好地发挥规范指引作用与刑法的警示作用,之前的司法实践主要是从结果出发来回溯行为,其侧重于刑法的惩罚功能,而高空抛物行为独立成罪之后主要是从行为出发来关注行为,其侧重于刑法的预防功能。通过高空抛物行为的独立成罪全面宣示刑法绝对禁止具有危险的高空抛物行为。

在高空抛物行为独立成罪之后,该罪的法益内容自然不能直接延续之前有关公共安全的内容,也不能简单地将其界定为公共秩序。而对于公共秩序的内涵,有观点认为,"公共秩序即为维护社会公共生活所必需的秩序,既关系到人民的生活质量,也关系到社会的文明程度。高空抛物行为存在隐蔽性、随机性、瞬间性等特点,证据固定难度大"②。高空抛物行为对于公共秩序的破坏集中体现为一种不经意性,而这种不经意会给他人的心理造成非常强的恐惧感,而一旦被害人被砸中,高空产生的重力加速度及其势能会造成大概率的伤亡事件。在此意义上,高空抛物罪作为一种预防性的立法,首要预防的就是这样一种危害结果。如果只是将高空抛物罪的法益界定为公共秩序,则可能会导致该罪的入罪范围扩大,并挤压行政处罚的空间。例如,有观点认为,"由于高空抛物行为侵犯的法益是公共秩序,因而对物的范畴不应有特别限制。毕竟,能否扰乱公共秩序与物的性质无关。连投放虚假危险物质、传播虚假信息等都可以扰乱公共秩序,那么对高空所抛之物更不应有特别要求。从高空抛掷衣服和羽毛的也完全可以扰乱公共秩序,构成高空抛物罪"③。但如果没有任何的人身和财产危险,高空抛物行为通常也就难以导致公共秩序出现混乱。例如,行为人往楼下的人行道上扔了几件衣服,此时至多可以进行治安管理处罚,而无须按照高空抛物罪予以处理。因此,对于高空抛物罪的法益界定有利于准确区分违法与犯罪以及此罪与彼罪的界限,如果只是将高空抛物罪的法益内容界定为公共秩序则显然难以发挥法益在解释论层面的区分功能,也不利于该罪规范的准确适用。

二、高空抛物罪具有的一些权利法益逻辑及其具体法益内容

在对高空抛物罪的法益内容进行一般层面的体系分析后,对于该罪的具体法益内容进行具体界定是解释论上的首要任务。"刑法的实质内容通过解释而被转化为法

---

① 张淳艺:《高空抛物罪首判具有警示意义》,载《人民公安报》2021年3月18日,第3版。
② 石魏、徐莉:《高空抛物罪的司法认定——北京通州法院判决王某高空抛物案》,载《人民法院报》2021年6月10日,第6版。
③ 彭文华:《〈刑法修正案(十一)〉关于高空抛物规定的理解与适用》,载《苏州大学学报(社会科学版)》2021年第1期。

适用之实践"①。高空抛物行为可能构成的犯罪包括故意杀人罪、过失致人死亡罪、故意伤害罪、过失致人重伤罪、重大责任事故罪、故意毁坏财物罪、寻衅滋事罪、以危险方法危害公共安全罪等。但从高空抛物罪的法益基础以及构成要件本身出发,有些犯罪并不是难以区分的个罪,存在理论区分困难以及区分必要的是高空抛物罪、寻衅滋事罪和以危险方法危害公共安全罪,对此,应当发挥高空抛物罪的法益区分功能和立法批判功能。对于高空抛物行为此罪与彼罪的区分应当以其法益内容作为解释基础,注重法益内容之间的解释协同以及个罪法益对犯罪认定的现实功能。

(一)高空抛物罪的法益内容及其有效协同

尽管高空抛物罪的法益内容在立法形式上就是公共秩序,但基于体系思考的方法以及法益的区分功能,该罪的法益并不仅限于公共秩序,如果只是局限于公共秩序,那么该罪的解释界限将难以把握且难以实现该罪的立法目的。故高空抛物罪的法益内容在一般抽象的层面上包括公共秩序和个体权利,在个罪规范的解释适用过程中,高空抛物罪的法益内容并不是僵硬的,而是在法益抽象的基础上体现法益的动态特征。

1. 高空抛物罪的法益内容不能局限于公共秩序范畴

寻衅滋事罪的法益内容以公共秩序为主,以个体权利为辅,并且对于个体权利的侵犯通常会被推定为对公共秩序法益的侵犯。例如,根据《刑法》第 293 条第 1 款的规定,随意殴打他人,情节恶劣,破坏社会秩序的行为成立寻衅滋事罪。对于何为情节恶劣,2013 年 7 月最高人民法院、最高人民检察院公布的《关于办理寻衅滋事刑事案件适用法律若干问题的解释》第 2 条对于随意殴打他人、破坏社会秩序的情形予以了具体明确。② 此时,对社会秩序的破坏是一种结果推定,因为秩序本身是抽象的,秩序既可以扩张个罪的成立范围也可以缩小个罪的成立范围。但在高空抛物罪中,公共秩序与个体权利之间的比例并不是相对稳定的,即难以说秩序与权利何者是主要法益何者是次要法益,该罪的法益内容具有明显的动态特征。"刑事立法必须明确将什么样的行为作为犯罪予以刑罚处罚是正当的,即必须明确判断一种行为应受刑罚处罚的最基本标准是什么,这是刑事立法中最根本的问题。"③如果只是着眼于公共秩序法益,很多高空抛物行为将难以得到刑法层面的规制,而且与高空抛物罪作为危险犯的立法

---

① [德]汉斯·海因里希·耶塞克、托马斯·魏根特:《德国刑法教科书》,徐久生译,中国法制出版社 2017 年版,第 207 页。
② 2013 年最高人民法院、最高人民检察院《关于办理寻衅滋事刑事案件适用法律若干问题的解释》第 2 条规定:"随意殴打他人,破坏社会秩序,具有下列情形之一的,应当认定为刑法第二百九十三条第一款第一项规定的'情节恶劣':(一)致一人以上轻伤或者二人以上轻微伤的;(二)引起他人精神失常、自杀等严重后果的;(三)多次随意殴打他人的;(四)持凶器随意殴打他人的;(五)随意殴打精神病人、残疾人、流浪乞讨人员、老年人、孕妇、未成年人,造成恶劣社会影响的;(六)在公共场所随意殴打他人,造成公共场所秩序严重混乱的;(七)其他情节恶劣的情形。"
③ 张明楷:《论实质的法益概念——对法益概念的立法批判机能的肯定》,载《法学家》2021 年第 1 期。

功能相悖,而一旦对公共秩序作极为抽象甚至是观念层面的理解,高空抛物罪的成立范围又会接近于行为犯进而会使对高空抛物行为的处罚不一致。例如,行为人从高楼上扔下几件衣服,如果楼下是空地则行为不会对公共秩序造成侵犯,但如果此时楼下人群密集,该行为是否会对公共秩序造成侵犯就会存在疑问。一方面,从天而降的衣服同样可能会造成人群的躁动和慌乱;另一方面,这种行为是否会被认定为侵犯公共秩序或者即使侵犯到公共秩序,其是否达到了刑事可罚的程度也是需要慎重考虑的,否则对于高空抛物行为来说在实际上就丧失了违法与犯罪的界限。这里的公共秩序法益内容可以指引入罪解释也可以指引出罪解释,其缺乏法益指导下的构成要件的定型化。因此,高空抛物罪的法益内容不能局限于公共秩序。

2. 高空抛物罪的法益内容体现公共秩序与个体权利的制约

设置高空抛物罪的立法动机首先是高空抛物行为所具有的权利损害性,但是鉴于公共安全的规范内涵是不特定多数人的人身与财产安全并且行为应当具有致使危险扩大化的特征,加之公共安全类犯罪的法定刑起点较高,因此才将高空抛物罪置于妨害社会管理秩序罪中,而"情节严重"的规定自然也能够将"危及公共安全"的情形纳入评价范围。情节通常指的是客观的违法事实,"'情节严重'在阶层犯罪构成体系中,应属于违法性要素,不应包括有责性以及反映特殊预防必要性大小的预防刑要素。应从个罪所保护的法益、所属的犯罪类型以及罪刑是否相适应等方面认定情节是否严重"[1]。是否危及公共安全是情节是否严重的判断依据之一,因此,高空抛物罪的立法在具体类型上仍然属于具体危险犯而不是抽象危险犯,"情节严重"的规定就是对单纯的高空抛物行为的入罪解释进行立法控制,其包括后续对于是否存在现实危险的司法判断。在现实的司法实践中,法院的裁判理由也体现了该罪具有双重法益的特征。例如,在於某某高空抛物案中,於某某从建筑物中抛掷装有尖锐陶瓷碎片的垃圾,致被害人轻微伤。法院的裁判理由就包括"为严肃国法,维护社会管理秩序及保护公民人身和财产权利"[2]。因此,涉及他人的人身权利与财产权利的具体危险犯难以摆脱公法益与私法益的内容,其中的公法益主要对应公共秩序而私法益则主要对应个体权利。在高空抛物罪中,公共秩序与个体权利并不一定同时存在,但作为构成要件层面的解释,公共秩序法益无疑是判断入罪与否必须考虑的因素,但个体权利的审查是必不可少的,而"情节严重"的判断也包括对公共秩序因素的考虑。

虽然司法解释尚未对高空抛物罪的"情节严重"作出规定,但根据之前的相关司法解释规定可以发现其具有的一些解释倾向,其并未区分主观情节与客观情节,所规定的"在人员密集场所实施的"情节是因为此时的行为不仅更容易对公共秩序造成侵

---

[1] 陈洪兵:《"情节严重"司法解释的纰缪及规范性重构》,载《东方法学》2019年第4期。
[2] 上海市杨浦区人民法院刑事判决书,(2021)沪0110刑初235号。

害,而且对个体权利侵害的可能性也大幅度上升。如果行为人从高处往人群密集的场所倾倒一盆水,此时无疑有损公共秩序但并未对个体权利尤其是人身安全造成危险,不宜按照犯罪予以处理,这是个体权利法益对公共秩序法益在高空抛物行为入罪与否上的合理限制,也是划定违法与犯罪界限的重要体现。如果高空抛物行为只是对个体权利造成危险但并未侵犯公共秩序,此时也不宜按照高空抛物罪论处。"国家之所以要求某一行为人承担刑事责任并对之行使刑罚权,就是因为犯罪所造成的消极影响已经超越了公民私人之间的范围,已经对社会整体产生了不可容忍的损害。"[1]高空抛物行为对社会整体的损害集中体现为对公共秩序的破坏,其应当具有置于公共空间的特征。例如,行为人在野外突然从高处扔了一个石子,此刻恰好有个人在下面,虽然石子并未打到人,但那个人却因此受到惊吓。此时,尽管高空抛物行为对个体权利造成危险,但并未侵害公共秩序也未发生实害结果,行为当然是无罪的,这又体现了公共秩序法益对个体权利法益的合理限制,于此,高空抛物罪的整体法益内容呈现彼此制约的协同功能。

(二)高空抛物罪法益内容的具体界定

在最为抽象的一般层面上,高空抛物罪的法益内容涉及的秩序和权利可以进一步明确为公共秩序与个体权利,但如果只是将高空抛物罪的法益内容界定为公共秩序与个体权利则仍无助于该罪的解释与适用,因为从体系角度看,高空抛物罪的法益内容和法益结构与寻衅滋事罪之间存在高度的相似性,即两者的法益内容均包括公共秩序与个体权利。但从这两个罪的法定刑配置来看,两者之间还是存在比较明显的差异。在构成要件行为容易出现重合的情形下极易出现"以刑制罪"的情形,并且其不是罪刑均衡意义上的法定刑制约构成要件的解释,而是当存在从一重罪论处的情形时很容易按照寻衅滋事罪定罪处罚,此罪与彼罪之间的界分会因为法益内容而受到影响。这样一来,在很多涉及侵犯公共秩序的犯罪中,一旦高空抛物行为对于公共秩序造成侵犯,按照相关规定会使该行为落入寻衅滋事罪的"口袋"中而压缩高空抛物罪的适用范围,这不利于高空抛物罪的立法目的实现以及刑法体系的内部协调。另外,公共秩序相对较为抽象并会涉及很多方面,高空抛物罪对于公共秩序的侵犯需要被进一步予以具体化,即明确其究竟是在何种意义上对公共秩序造成侵犯或者说侵犯公共秩序内容的具体范围。例如,投放虚假危险物质罪和编造、故意传播虚假恐怖信息罪都会对公共秩序造成侵犯,但这种意义上的公共秩序与高空抛物罪涉及的公共秩序是存在区别的,前者主要会引起社会公众的恐慌,而后者是一种现实的混乱与危险。公共秩序法益具体到各罪的法益内容时,其所涉及公共秩序的法益内容需要被进一步具体化。

立足于高空抛物罪作为轻罪规范与具体危险犯的类型,高空抛物行为对个体权利

---

[1] 陈璇:《法益概念与刑事立法正当性检验》,载《比较法研究》2020年第3期。

的侵害主要是对个体的人身以及财产权利等造成现实的危险,高空抛物罪仍旧属于传统的刑法个罪范畴。"传统刑法以保障人权作为价值支撑,所要解决的根本问题是公平处置犯罪人并帮助其回归社会。传统刑法坚持结果本位的归责模式。只有当行为造成实际的法益侵害结果或者引发具体的法益侵害危险时,国家刑罚权方有发动的可能。法益概念的功能主要是限制国家刑罚权,防止国家刑罚权的过度扩张对公民自由造成损害。"[1]高空抛物行为独立成罪纵然具有一定的预防导向,但"情节严重"的规定以及该罪法益功能的具体实现使该罪的法益内容不可能偏离权利内涵。权利层面的具体化主要包括个人的人身权利与财产权利,公共秩序法益层面也需要具体化为人们在日常生活中的公共秩序,这样一种秩序主要体现为日常生活中的安宁状态。但该罪的法益内容仍然会与其他个罪的法益重合,未体现出该罪法益的特别之处。因此,有必要设身处地在这样一种环境中予以思考,即高空抛物行为究竟会造成何种现实的影响? 正常的社会生活环境中不会突然出现人为的从高空抛掷物品的行为,作为权利个体,其首先遭遇的是惊吓和危险,这既是直接由高空抛物行为所致也可以说是因为高空抛物行为对社会秩序的损害进而对个体权利造成侵害,而这里的社会秩序是抽象的,其主要是指公共场合,故在自家院墙内的高空抛物行为就不会成立高空抛物罪。人们受到的惊吓是主观层面的而遭遇的危险则主要是客观层面的。假如行为人突然在他人耳边大喊一声,此时必然也会给他人带来惊吓,但其通常不具有物理意义上的危险与实害。行为人在十几米远的地方朝着人群密集之处扔了一个石头,此时既会给他人带来惊吓也会带来危险或者实害,并且符合公共场合的要件,但该行为不成立高空抛物罪,其理由除刑法意义上的构成要件行为的类型规定外,还需要考虑该行为与高空抛物行为除物品是否来自高空以外,两者的区别体现在很多方面。

高空抛物行为发生的概率通常大于在平地上投掷物品的行为,而且高空抛物行为给他人造成的惊吓感更为强烈。从天而降的近似于垂直式的打击给人所造成的恐惧感远大于平地上的抛物线式打击所产生的恐惧感,就如同在战争中,空军部队的轰炸所产生的威慑力会大于陆军炮兵部队的攻击所产生的威慑力,这并不完全是因为打击半径与打击方式的差别,还包括对地面上的攻击者和空中的攻击者所产生的不同主观感受,来自头顶上的攻击给人的恐惧感和压迫感更强。例如,"二战"时期,德军闪击战行动中的空军就有特殊的任务。"当时,德国空军力量的组成是以轻、中型轰炸机为主,由战斗机护航。它的目标是在战术上协助陆军完成地面军事行动,同时通过对城区的轰炸在民众中间制造恐慌。"[2]来自空中的攻击会给人造成莫名的压迫感,何况"二战"中的轰炸机通常具有噪音,虽然民众也时常会听到防空警报,但依旧会对之产

---

[1] 房慧颖:《预防刑法的天然偏差与公共法益还原考察的化解方式》,载《政治与法律》2020年第9期。
[2] [英]阿德里安·吉尔伯特:《闪击战》,孔娅妮等译,中国市场出版社2012年版,第12页。

生恐惧感,这也是军事作战中的制空权之所以重要的体现之一,国家以及军队一旦出现恐慌,就难以实现有序和高效。然而,和平年代的高空抛物行为时常是没有任何征兆的,甚至有时难以寻到原因,只有不确定性。突然的高空抛物对于地面上毫无察觉的人来说,惊吓感非常强烈,而正常的社会生活秩序中,人们并不会受到这种人为的惊吓。因此,高空抛物行为的独立成罪主要是出于遏止这种惊吓与危险行为的考量,并具有行为规范的塑造目的。于此比较高空抛物行为与随意殴打他人型的寻衅滋事行为也会发现两者之间的区别。尽管两者的法益内容在一般层面上都是公共秩序与个体权利,但法益受侵害的形式有所不同。在随意殴打型的寻衅滋事罪中,公共秩序是相对客观的。例如,在人群中对他人进行随意殴打,明显会妨害到公共秩序,个体权利的损害也主要体现为一种实害,如造成轻微伤的后果。然而在高空抛物罪中,公共秩序主要是指一种公共的空间环境,在这样的空间中不允许行为人实施高空抛物行为,而个体权利的损害主要是一种现实危险以及给他人造成的一种突然而急剧的惊吓感。于此,高空抛物罪的法益内容是:在公共空间中,他人人身安全的危险禁止以及内心安宁。"其中,公共空间的环境界定具有相应的秩序与安全因素,他人人身安全的危险禁止具有相应的权利因素,而内心安宁则相应体现了高空抛物行为与结果的具体特征以及对民众安全感的顾及,这属于法益内容在立法论的体系基础上进而在解释论层面作出的具体界定。"[1]至于其他社会公共秩序以及他人的财产权等均属于该法益内容的附属利益,而这样一种以人身安全与内心安宁为核心要素的法益内容也与当下的整体刑法立法特征相一致,"因为安全保障成为《刑法修正案(十一)》中关键词的最大公约数,安全保障成为贯穿始终的关键词"[2]。预防导向的整体立法观落实到具体危险犯的罪刑规范解释中仍需要对因预防导向而呈现的刑罚权扩张进行具体个罪层面的解释限缩。

三、经由个罪法益指引高空抛物行为的定性分析

通常认为,犯罪属于一种严重的违法,但这里采取违法与犯罪的二元立场,即违法主要是指违反民法与行政法的行为,而犯罪主要是指违反刑法的行为。高空抛物罪属于轻罪规范类型,其应当在一般法益内容的基础上切实发挥个罪具体法益的区分功能。在可以区分个罪的基础上应当进一步区分高空抛物行为的违法与犯罪之间的界限。

(一)高空抛物行为涉及其他个罪规范时的解释适用

在司法实践中,存在规范界定困难的主要是高空抛物罪、以危险方法危害公共安

---

[1] 刘浩:《轻罪规范的适用立场及其实现》,载《法学》2024 年第 1 期。
[2] 高铭暄、孙道萃:《〈刑法修正案(十一)(草案)〉的解读》,载《法治研究》2020 年第 5 期。

全罪以及寻衅滋事罪之间的解释协调,但事实上在高空抛物行为独立成罪后,该行为基本不应继续适用这两个具有口袋罪性质的罪名。首先,高空抛物行为应当很少成立以危险方法危害公共安全罪。在《刑法修正案(十一)》出台前,2019年10月,最高人民法院出台了《关于依法妥善审理高空抛物、坠物案件的意见》,其中规定:"故意从高空抛弃物品,尚未造成严重后果,但足以危害公共安全的,依照刑法第一百一十四条规定的以危险方法危害公共安全罪定罪处罚;致人重伤、死亡或者使公私财产遭受重大损失的,依照刑法第一百一十五条第一款的规定处罚……"一方面,是否达到足以危害公共安全程度的判断是考虑是否构成以危险方法危害公共安全罪的关键;另一方面,行为在达到足以危害公共安全并且在符合《刑法》第114条规定的基础上,存在致人重伤或者死亡以及单纯的公私财产重大损失的后果的,属于《刑法》第114条规定的具体危险犯升级为第115条规定的实害犯的情形。根据《刑法》第114条和第115条的规定,构成以危险方法危害公共安全罪的行为应当与放火、决水、爆炸以及投放毒害性、放射性、传染病病原体等物质的行为具有相当性而能够对公共安全造成危害。公共安全具体是指不特定多数人的生命、健康和重大公私财产安全,尽管在行为后果上可以只考察财产权,但先期的公共安全判断本身是不能离开人身安全的。"从刑法实质解释的立场出发,应当将危害公共安全罪中的公私财产限定为与人身安全密切攸关的公私财产。基于罪刑均衡原则也应当认为公共安全法益并不能包容与人身安全无关的纯粹财产安全,否则会造成危害公共安全罪与侵犯财产罪的冲突。"[1]高空抛物行为如果符合以危险方法危害公共安全罪的构成要件,则必须在行为性质和危险结果两个方面达到相应的标准才可以。一方面,高空抛物行为本身必须可以被归类为其他危险方法;另一方面,行为应当能够危及公共安全。但事实上,高空抛物行为通常并不会危害公共安全,尤其是在公共安全以不特定多数人的人身安全为核心、以其他权利为辅助的时候。"高空抛物行为更多地体现为对不特定单一个体的安全性的危害,缺乏结果扩张意义上的不特定性的具体危险。"[2]将高空抛物行为定性为以危险方法危害公共安全罪是值得批判的。

因此,高空抛物行为若成立以危险方法危害公共安全罪则需要紧密围绕以危险方法危害公共安全罪的要件予以分析,如同驾车在人群中横冲直撞的行为成立以危险方法危害公共安全罪一样,行为本身的破坏性以及对不特定多数人的人身与财产安全的重大威胁与损害使该类行为具有如同放火、爆炸等行为一样的危害性。反观高空抛物行为,当其独立成罪之后,更加难以对其按照以危险方法危害公共安全罪处理。如果

---

[1] 王立志:《人身安全是危害公共安全罪的必备要素——以刘襄瘦肉精案切入》,载《政法论坛》2013年第5期。

[2] 林维:《高空抛物罪的立法反思与教义适用》,载《法学》2021年第3期。

行为人抛掷的是炸弹则当然会危害公共安全,但应当直接按照爆炸罪予以论处。总之,住宅楼上的高空抛物行为不应当再与以危险方法危害公共安全罪相联系,除非高空抛物行为会引起其他危害公共安全的事件发生。例如,在天桥上向机动车道抛掷物品有导致车辆发生倾覆的危险,此时才会考虑以危险方法危害公共安全罪或者破坏交通设施罪等。

此外,高空抛物行为独立成罪将排除寻衅滋事罪的适用。高空抛物罪的法益内容与寻衅滋事罪具有同质性,在高空抛物行为独立成罪之前对于该行为以寻衅滋事罪论处也是迫于无奈,这种做法既是由于寻衅滋事罪具有口袋罪的属性,也是出于刑罚需要与罪刑均衡的考量,而高空抛物行为的独立成罪应当排除此类行为成立寻衅滋事罪的可能。首先,寻衅滋事罪很容易将高空抛物行为纳入刑事处罚范围。寻衅滋事罪无疑属于较为有名的口袋罪,在通过刑法规范进行社会治理的过程中,口袋罪时常体现出非常积极的入罪效果。"口袋罪的特征是采取了空白罪状或者兜底式条款的规定方式,使其行为和其它构成要件要素处于一种开放的状态。"[1]将高空抛物行为归为寻衅滋事行为主要是根据《刑法》第 293 条第 1 款第 3 项和第 4 项的规定,即"……任意损毁、占用公私财物,情节严重的"和"在公共场所起哄闹事,造成公共场所秩序严重混乱的"。但将高空抛物行为解释为寻衅滋事行为仍然有些牵强,高空抛物罪与寻衅滋事罪的法益具有同质性主要是指其整个犯罪构成及其一般法益均会涉及公共秩序与个体权利。高空抛物行为既会损毁公私财物也具有在公共场所起哄闹事的可能。但寻衅滋事罪规定的一些行为类型具有直接性而高空抛物行为对于这样的行为对象的规定均是间接的,它与任意损毁公私财物或者起哄闹事具有一定的距离。比如,高空抛物行为通常具有隐蔽性,这与公开的起哄闹事行为是不同的。而寻衅滋事罪中的任意损毁公私财物行为通常具有直接故意,但高空抛物行为对于公私财物的损毁显然不具有直接故意,否则就是比较典型的故意毁坏财物罪与寻衅滋事罪的竞合。以赵某寻衅滋事罪一案为例。2019 年 7 月 8 日凌晨 1 时许,赵某在居民小区 5 楼,将一串玻璃珠饰品扔出窗外,致使两辆车的挡风玻璃、天窗等不同程度损毁。法院认为,赵某无故滋事,通过高空抛物方式任意毁损公私财物,构成寻衅滋事罪,判处其有期徒刑 10 个月。[2] 当时,由于高空抛物行为还未独立成罪,该行为完全可以按照民事侵权予以处理,即对两辆车的车主进行赔偿,而没有必要定为寻衅滋事罪。即使按照现有规定,该行为也不宜认定为高空抛物罪,因为根据案发的时间以及行为和结果,行为人并未对任何人的人身安全造成危险,未侵犯到高空抛物罪保护的主要法益内容。

---

[1] 陈兴良:《回顾与展望:中国刑法立法四十年》,载《法学》2018 年第 6 期。
[2] 参见卢志坚、申诗溢:《江苏昆山:这起"抛物"构成寻衅滋事罪》,载《检察日报》2020 年 8 月 25 日,第 5 版。

其次,当时以寻衅滋事罪定罪是为了实现司法层面的处罚必要与罪刑均衡。在不能完全遵循罪刑法定原则而直接得出较为合适的解释结论时,如果解释者主观上认为该行为确实具有社会危害性与刑法处罚的必要性就会从具有相似性的个罪规定中寻找较为合适的规范依据,此时尽管解释者认为其仍旧是在罪刑法定的框架内但已然属于类推解释的范畴,而类推解释的目的就是填补自以为需要填补的处罚漏洞进而实现类推适用。"类推适用系指:将法律针对某构成要件或多数彼此相类的构成要件而赋予之规则转用于法律所未规定而与前述构成要件相类的构成要件。"①将高空抛物行为纳入寻衅滋事罪的构成要件范围无疑具有很大的类推解释嫌疑。在之前的很多高空抛物案件中,司法者出于对高空抛物行为具有严重社会危害性的主观判断以及具有实质理性的价值判断,对于该类行为多是作入罪解释,而入罪的路径是从口袋罪的方向出发,要么适用以危险方法危害公共安全罪,要么适用寻衅滋事罪。暂且抛开对两罪的构成要件之类推解释可否的问题,由于以危险方法危害公共安全罪具有典型的重罪属性,解释者于是更倾向于按照寻衅滋事罪予以处理,这实际上是在作类推适用选择的两个罪名中予以罪刑均衡的考量之后选择寻衅滋事罪,从而实现处罚目标与罪刑合理的主观目的。但不能为了实现处罚目标而随意解释个罪要件,"解释是必然的,但有其方法与界限,尤其是对于刑法而言,解释的界限何在,通常也会影响罪刑法定原则真正的规范效力,因为过度扩张的刑法解释会掏空罪刑法定原则的真正内涵"②。将一般意义上的高空抛物行为定性为寻衅滋事罪显然是侵蚀罪刑法定原则的体现。

最后,对于高空抛物行为独立成罪排除行为成立寻衅滋事罪的理由主要包括以下几个方面:第一,高空抛物罪本身具有轻罪立法的特征,它的法定刑上限是1年有期徒刑,而寻衅滋事罪的法定刑下限是拘役或者管制,从罪刑均衡的原则考虑,高空抛物罪完全可以因为涵盖寻衅滋事罪的部分刑罚评价范围而选择以高空抛物罪论处。即使不考虑刑罚层面的均衡性,在行为可以为高空抛物罪所规制而将行为定性为寻衅滋事罪却具有类推嫌疑时也不宜将高空抛物行为定性为寻衅滋事罪。第二,寻衅滋事罪的口袋化特征明显,除立法论层面予以废除的主张外,当下司法层面的合理限缩也具有重要意义。将高空抛物行为纳入寻衅滋事罪的评价范围会使原本就在规范适用层面显得乱象丛生的寻衅滋事罪遭遇更多的正当性与合法性方面的困境。第三,高空抛物罪与寻衅滋事罪之间除构成要件方面的解释内容外,在法益内容上也具有总体意义上的同质性。从法益同质性的视角来看,有观点认为,"在《刑法修正案(十一)》出台后,高空抛物罪与寻衅滋事罪同属'妨害社会管理秩序罪'的范畴,二者不存在想象竞合

---

① [德]卡尔·拉伦茨:《法学方法论》,陈爱娥译,商务印书馆2003年版,第258页。
② 林钰雄:《新刑法总则》,中国人民大学出版社2009年版,第35页。

的关系,高空抛物行为在原则上应当排除寻衅滋事罪的适用"①。想象竞合犯的典型特征是一行为侵犯数个法益且因此涉及不同的罪名。尽管说高空抛物罪与寻衅滋事罪属于不同的罪名,但两罪在立法体系中具有非常明显的亲缘性,加之一般法益内容层面的同质性,其很难符合"一行为数法益"的要求,因此,就高空抛物行为而言,在其能被认定为高空抛物罪的时候就不能再以想象竞合从一重为由而认定为寻衅滋事罪。第四,由于高空抛物罪对于某些高空抛物行为实现了刑罚处罚的目的和预防效果以及出于整体法秩序的考量,若继续存在以寻衅滋事罪来规制高空抛物行为的情形则有违该罪设立的立法目的,对此也有观点指出,"寻衅滋事罪的兜底在某种程度上可以说会架空高空抛物罪,致使其立法价值大打折扣"②。此外,以处罚较重的寻衅滋事罪处理单纯的高空抛物行为也不利于遵循刑罚的宽缓原则,也不符合体系协调的规范要求。

(二)高空抛物行为涉及高空抛物罪时的构罪限缩

有些高空抛物行为属于违法而非犯罪的范畴,刑法对此具有自身的规范界限。"刑法不应成为社会管理法、危害防治法、立法者的法、最先保障法和纸面上的法。"③以高空抛物罪为例,根据高空抛物罪的现有规定及其法益内容,若成立该罪需要在构成要件层面满足以下两个条件:一是存在从建筑物或者其他高处抛掷物品的行为,二是行为符合"情节严重"的要求。故构成要件层面的规定本身就会将一部分高空抛物行为非罪化,而该罪的法益内容对构成要件解释的制约作用也会把一些高空抛物行为体系出罪。

1."情节严重"的规定会限制高空抛物罪的成立范围

高空抛物罪是一种具体危险犯,"情节严重"的规定所发挥的控制作用主要是判断其是否切实存在因高空抛物行为而产生的具体危险。在高空抛物行为独立成罪之后,对于何为该罪中的"情节严重"并没有具体细化的司法解释规定,根据2019年10月最高人民法院《关于依法妥善审理高空抛物、坠物案件的意见》可知,应当从重处罚、不得适用缓刑的情形主要有多次实施的、经劝阻仍继续实施的、受过刑事处罚或者行政处罚后又实施的、在人员密集场所实施的以及其他情节严重的情形,这些情节主要体现了主观恶性的程度不同,侧重于从主观层面去判断情节是否严重,进而认定行为是否构成高空抛物方面的犯罪。然而该意见规定的内容存在一些模糊之处,在高空抛物行为独立成罪之后更会面临解释适用层面的疑问。例如,行为人多次从高楼抛掷衣服,此时符合多次实施高空抛物行为的要件,但由于其不具有危害他人人身权利与

---

① 杨志国、方毓敏:《高空抛物犯罪司法判断要点》,载《检察日报》2021年2月1日,第3版。
② 彭文华:《〈刑法修正案(十一)〉关于高空抛物规定的理解与适用》,载《苏州大学学报(哲学社会科学版)》2021年第1期。
③ 刘艳红:《实质出罪论》,中国人民大学出版社2020年版,第93页。

财产权利的可能而不宜认定为犯罪,"情节严重"作为高空抛物行为入罪与否的重要标准应当围绕该罪的具体法益内容进行确定。

2. 高空抛物罪的法益是限制该罪成立的主要依据

"面对法律单纯的文字,法益的确定可以打开更宽广普遍的面向。"[1]法益对于立法上的犯罪化与刑法解释均具有重要的规范意义。"在实施犯罪化之际,应充分认清其保护法益,只有在除了制定新的刑事法规、诉诸刑罚手段之外别无其它方法可以选择的情况下,才可以进行犯罪化。"[2]高空抛物独立成罪除犯罪化的必要性外,还会涉及处罚合理性的问题,于此,对高空抛物罪保护的法益的规范理解就显得更为重要,对此不仅要对该罪的法益进行实质界定,而且应当予以尽可能精确的界定。作为公共秩序的集体法益在高空抛物罪中主要对应一种公共空间的环境,个体法益主要对应以人身安全为主、以财产安全为辅的权利内容,故高空抛物罪的法益才会被界定为在公共空间中他人人身安全的危险禁止以及内心安宁。"在出罪的实质解释过程中,目的导向始终是一个重要的因素"[3]。如果高空抛物行为没有对这样的一种法益内容造成侵害,则不构成高空抛物罪。由于高空抛物罪的轻刑配置以及自身行为的有限性,如果行为不构成该罪且没有造成其他实害结果的就不该属于犯罪的范畴。

第一,该罪属于具体危险犯且法定刑的上限是1年有期徒刑,高空抛物罪如果只是单独成立的话,其规制的就是一种具体危险,因为该罪没有规定造成实害结果之后的法定刑。因此,造成人员受伤的情形主要是轻微伤,而一旦达到轻伤的结果,往往就会涉及高空抛物罪第2款的规定,即按照想象竞合从一重罪论处的规定处理。第二,行为应当是发生在公共空间中,尽管行为人可能不在公共空间但其实施的高空抛物行为及其行为影响发生在公共空间也属于符合公共空间的要求,这也与该罪的法益内容包括公共秩序的论断相一致。第三,由于高空抛物罪的立法属于具体危险犯与轻罪规范,并且存在想象竞合从一重罪论处的明确规定,所以更应当将该罪的法益内容精确到他人的人身安全与内心安宁,这不仅可以防止高空抛物罪适用的扩大化,也可以避免重罪轻判的结果进而做到不枉不纵与罪刑均衡。"公共秩序、安全和社会风险都是难以清晰界定的概念,因为国家更重视社会安全和公众秩序等集体法益,容易导致国家忽视个人利益。"[4]对于他人人身安全与内心安宁的强调也是避免法益抽象化的体现。行为发生在公共空间中,高空抛物罪的法益被精确为他人人身安全的危险禁止与内心安宁后,其对于高空抛物行为的出罪解释体现为不同方面。

---

[1] 许玉秀、陈志辉:《不移不惑献身法与正义:许迺曼教授六秩寿辰》,台北,新学林出版股份有限公司2006年版,第229页。
[2] [日]大谷实:《刑事政策学》,黎宏译,中国人民大学出版社2009年版,第94页。
[3] 刘浩:《认罪认罚从宽适用的罪刑均衡》,载《广西警察学院学报》2021年第4期。
[4] 王强军:《刑法干预前置化的理性反思》,载《中国法学》2021年第3期。

就他人人身安全的危险禁止与内心安宁来说是主客观相一致的,认为高空抛物行为对于人身安全具有危险,是一种客观意义上的具体危险判断,但这种客观意义上的具体危险判断属于一种规范判断,其仍然具有一定的抽象性和主观性,而是否影响到他人的内心安宁则是一种以主观为主兼具客观意义的判断。最终,司法者需要结合个案的情景以及各方面要素综合判断行为人的行为是否会给他人的人身安全带来危险并影响到他人的内心安宁。例如,有的高空抛物行为发生在凌晨两三点钟,因高空抛物行为而造成的影响主要是他人车辆的受损。对于此种情形,如果公私财产的损失较大,可以按照故意毁坏财物罪论处,如果没有造成较大的公私财产损失,则完全可以依照民法与行政法的相关规定进行处理,其中,民法上承担的主要是侵权责任,并因此需要予以民事赔偿,《民法典》第1254条第1款规定:"禁止从建筑物中抛掷物品。从建筑物中抛掷物品或者从建筑物上坠落的物品造成他人损害的,由侵权人依法承担侵权责任……"民法上的实害结果与刑法上的危险结果并不矛盾,这属于不同部门法的规范竞合问题。行政法上承担的主要是破坏行政管理秩序的责任,并因此会面临治安管理方面的行政处罚。例如,因抛掷物品而造成小区人员内心担忧甚至是选择绕道而行,此时行为尽管没有影响现实中他人内心的安宁,但无疑会对公共秩序的正常运行造成影响,因为此时的高空抛物行为并未给他人的人身安全造成现实危险也未给他人的内心安宁造成现实影响,所以并未侵犯到高空抛物罪保护的法益。至于从高空抛掷衣服的行为,或许会给他人的内心安宁造成影响也会干扰到公共秩序,但由于并不存在对他人人身安全造成危险的可能,故同样不成立高空抛物罪。

(三)高空抛物行为只涉及一般违法时的规范处理

"现行刑法颁布至今,我国犯罪治理随着风险社会和立法活性化时代的到来,呈现出较强的刑事化色彩。"[1]对于高空抛物行为应当注重刑法手段与非刑法手段的协同治理。高空抛物行为的非罪化处理应当符合法律的规定,应当避免以其他责任方式挤占刑事责任的情形,如以民事协商赔偿的方式对刑事案件进行处理。但对于一些处于违法与犯罪模糊地带的行为则可以适当倾向于采用其他部门法的责任承担方式。"社会治理是整体面向的,刑法在社会治理中的空间有限,以安全秩序为优先价值的刑法会不断出现参与社会治理的冲动。"[2]当高空抛物行为不构成任何犯罪时,其主要会涉及这样的类型:一是行为违法,二是行为合法。其中,行为合法的情形不言而喻,如行为人从高空扔了一片树叶,此时自然谈不上是否违法的问题。而行为违法但不构成犯罪的情形同样涉及不同的类型。首先,行为构成民事违法与行政违法,此时行为人需要同时承担民事侵权责任与行政法律责任。例如,行为人的高空抛物行为造成他

---

[1] 刘艳红:《民刑共治:中国式现代犯罪治理新模式》,载《中国法学》2022年第6期。
[2] 刘艳红:《中国刑法的发展方向:安全刑法抑或自由刑法》,载《政法论坛》2023年第2期。

人停在楼下的车辆受到一定损害,除需要履行民事赔偿责任外还会面临治安管理处罚。以黄某某以危险方法危害公共安全罪的案件为例,2019年7月5日22时许,黄某某在醉酒状态下与工友发生争吵而被劝离后,为发泄情绪,将四楼的一个消防箱从阳台抛向地面,砸坏了停在楼下的一辆自行车。法院认为,黄某某的行为构成以危险方法危害公共安全罪,判处有期徒刑3年。[①] 事实上,该行为没有侵害任何刑法保护的法益,作为危险也没有达到具体程度,在自行车的价值不符合"数额较大"的情形下,该行为应当是无罪的,但除对自行车车主的民事赔偿外,黄某某还应当受到相应的治安管理处罚。

其次,行为只构成行政违法但不涉及民事赔偿责任。例如,行为人实施了高空抛物行为但没有造成任何人身与财产损失,此时并不是说该行为就是法律不予理睬的行为,高空抛物行为作为法律明确禁止的行为,尽管该行为没有侵犯到刑法保护的法益,也未产生任何的民事纠纷,但由于这个行为会对抽象的行政管理秩序造成损害,并间接影响到现实的社会秩序运行,故应当对此类行为予以行政法层面的治安管理处罚,从而在整体法秩序的层面上实现体系协调,防止高空抛物行为独立成罪后的轻刑立法挤压掉行政处罚的空间,导致要么存在过度轻罪处罚要么出现放纵高空抛物行为的结果。在具体的规范适用中应当在各种法益内容之间予以体系衡量,"法益衡量是法益保护原则的最重要内容之一,司法机关在适用刑法时,立法机关在制定刑法时,都需要进行法益衡量。"[②]此外,高空抛物行为的禁止在刑法意义上也具有规范指引与积极的一般预防目的。归还给行政处罚一定的空间,事实上也是在缩小犯罪成立的范围,将一般预防目的归于整体法秩序。"只有维持犯罪化与非犯罪化的平衡,才能使犯罪圈保持在合理的范围,从而实现刑事法治的良性运行。"[③]诚然,高空抛物行为的出罪解释属于司法层面的非犯罪化,即使对于高空抛物行为不构成犯罪的情形也是以高空抛物罪的法益内容为主要判断依据,法益不仅发挥了甄别犯罪成立与否的功能,而且发挥了区别成立何种犯罪以及界分违法与犯罪的功能,这对于在整体法秩序的意义上对轻罪规范进行出罪解释具有重要作用。因此,单就高空抛物行为的法律评价来说,其始终是以高空抛物罪的保护法益为主要分析工具,涉及行为的合法、违法、犯罪以及成立何种犯罪的内容,这些内容不仅要被置于整个法律规范体系中予以观察,而且体现了解释者在解释法律时的规范理性与道德直觉,其体现了明显的出罪倾向性,对于合理限缩该罪的刑事处罚范围具有重要意义。

---

① 参见广东省深圳市龙岗区人民法院刑事判决书,(2019)粤0307刑初3459号。
② 张明楷:《法益保护与比例原则》,载《中国社会科学》2017年第7期。
③ 齐文远:《修订刑法应避免过度犯罪化倾向》,载《法商研究》2016年第3期。

结　语

作为一个轻罪规范类型,高空抛物行为独立成罪具有现实意义,其在犯罪化层面具有相应的合理性。在社会的城市化建设日益扩展以及个人的心理时常容易浮躁的时代,对于高空抛物行为的合理处罚与体系规制具有必要性,但应当合理把握该罪的适用范围。对此,首先应当在轻罪视域下,对该罪的法益内容在体系分析的基础上进行具体界定,不能只是以公共秩序作为该罪的法益内容,否则将无力区分罪与非罪以及此罪与彼罪的界限。高空抛物罪的具体法益内容是在公共空间中,他人人身安全的危险禁止与内心安宁。高空抛物行为能够给他人造成不同程度的惊吓感和压迫感,如果该行为同时给他人造成一种具体危险,那么该行为就符合高空抛物罪的构成要件。高空抛物罪属于具体危险犯,一旦高空抛物行为造成了实害结果并且对相应的法益造成侵害就应当按照想象竞合从一重罪处理。如果没有侵犯相应法益,则高空抛物行为就是无罪的,其只是承担民事法律责任或行政法律责任或者行为根本就无关是否违法的问题。

微罪治理的立法论课题*

王 濛**

【摘要】 当下中国刑法立法中客观存在微罪和轻罪的犯罪群落,可以将法定最高刑为1年以下有期徒刑或者拘役的微罪作为独立于轻罪的一种特殊犯罪类型,基于特定价值的考量作出特殊的立法安排。罪名论意义上的微罪只包括纯正微罪,位于犯罪整体结构的最底层,是微罪治理立法论研究的重心。纯正微罪的刑事处理措施可以差异化地适用于不纯正微罪。近年来,我国在微罪立法的实践中面临立法膨胀与立法紧缩并存的困境,作为实现刑法现代化治理的方向性指引,关于犯罪化与非犯罪化的争论从未消失,无论犯罪化的理论说理如何充分与自圆其说,都无法避免来自非犯罪化的端量与诘问。微罪治理正是在犯罪化与非犯罪化之间的中和之道。由于缺乏系统化的顶层设计,目前学界对微罪治理的研究停留在立法比较论层面,更多是观察性的描述和相对零散化的论断,存在根本的体系性缺陷。因此,基于立法政策论的宏观视角探讨微罪治理,明确微罪治理的立法目标及政策定位,是实现微罪治理现代化的立法论课题。

【关键词】 微罪治理 纯正微罪 立法事实 立法规范 立法政策

一、微罪治理相关概念的学说争鸣

在探讨微罪治理的立法论课题时,首先需要明确什么是"微罪"。界定微罪首先需要从"形式层面"对轻罪与微罪作出厘定,在此基础上再根据"法定最高刑"确定具体标准。罪名论意义上的微罪,是指纯正微罪(典型微罪),相较于不纯正微罪而言,纯正微罪的刑罚应当轻缓化。本文以纯正微罪为主要研究对象。

(一)微罪的概念之争

微罪是刑法理论和实践发展到一定阶段的产物,微罪概念的引入,为我们在刑事策略中处理轻微违法行为提供了特别的方式。习近平总书记提出,"推进案件繁简分流、轻重分离、快慢分道"[①]。其中,轻重分离是繁简分流、快慢分道的重要依据。由此

---

* 研究受重庆市新型犯罪研究中心规划项目(项目编号:22XXFZ16)资助。
** 王濛,法学博士,四川警察学院法学系讲师,四川大学刑事政策研究中心特聘助理研究员。
① 习近平:《论坚持全面依法治国》,中央文献出版社2020年版,第248页。

可见,微罪立法同样要区分轻重,按照轻重程度对犯罪行为进行分层处理无疑是真正实现立法科学化的最佳方案。实际上,从古至今世界各国的法律都有明确的犯罪分层标准,且在实践中也形成了一套行之有效的做法。

在刑法典中对犯罪进行分层是大部分西方国家在立法中的做法。例如,早在1066年的法国,重罪作为表示诸侯违背对君主之忠诚义务的术语就已经出现。1791年《法国刑法典》采用了区分重罪、轻罪的做法;之后这一分类方法被1810年《法国刑法典》所发扬,确立了重罪、轻罪与违警罪的犯罪分层方法;1994年开始实施的《法国刑法典》继续采用该种方法。① 又如,英美法系国家的犯罪分层方法源于英国,14世纪时,英国普通法依照刑罚的轻重程度,把犯罪分为叛逆罪、重罪和轻罪。此后的犯罪分层方式呈现两种发展趋势:一种是用新的分层方法取代重罪与轻罪的划分,如1967年《英国刑事法令》用应予起诉罪、简易审判罪或可逮捕罪与不可逮捕罪取代重罪和轻罪的划分形式;另一种是继续发展和完善此种犯罪分层方式,如1962年美国法学会编制的《美国模范刑法典》将犯罪分为重罪、轻罪、微罪和违警罪,并将重罪分为一级重罪、二级重罪、三级重罪等。因此,犯罪分层是针对刑法中的犯罪而言的。如果是立足于犯罪学意义上的犯罪概念、将违反秩序的违法行为笼统地作为一个层次的话,就没有所谓二分法模式了,因为几乎没有哪个国家的法律中采取犯罪和违法行为这样简单粗略的二分法。在广义犯罪的前提下,德国、奥地利等国属于三分法模式,法国、瑞士、西班牙属于四分法模式,俄罗斯和越南则属于五分法模式。犯罪的分层对应着刑罚的分层,以犯罪分层为基础,针对不同轻重程度的犯罪,可以相应地设计多元化、层次合理、轻重衔接的刑罚体系,从而构建合理的罪刑阶梯。对犯罪进行分层,在刑罚体系设计、刑罚裁量、诉讼程序与刑罚执行等方面都具有重要意义,有助于实现对罪行轻重程度不同的犯罪和犯罪人的区别对待,实现罪刑相称和整体的罪刑均衡。详言之,在合理的罪刑阶梯框架内进行刑罚裁量,可以减少刑罚裁量中的随意性,缩小同类、相似案件之间的量刑偏差,以确保罪刑均衡的实现。针对轻罪和重罪案件分别适用不同诉讼程序,以及刑罚执行中的分类关押与管理等,也都与犯罪分层具有密切联系。

我国犯罪分层的思想在夏代即已出现,但与英美及法国的做法不同,我国历史上并未提出明确的犯罪分层标准,大多采用列举重罪种类的方式来体现犯罪分层思想。例如,北齐"重罪十条"、隋朝"十恶大罪"等列举式规定重罪种类的做法一直延续至清末。我国1979年《刑法》与现行的1997年《刑法》均未使用轻罪与重罪的概念,但是区分犯罪轻重的精神在我国的刑法与刑事政策中均有体现,从中华人民共和国成立初期提出的惩办与宽大相结合的刑事政策,到20世纪80年代的"严打"政策,再到当前的宽严相济刑事政策,无不蕴含着区分犯罪轻重的理念。我国的违法犯罪制裁体系以

---

① 参见卢建平:《法国违警罪制度对我国劳教制度改革的借鉴意义》,载《清华法学》2013年第3期。

2013年劳动教养制度的废除为分界线,由刑罚、行政处罚与劳动教养的三级制裁体系转变为刑罚与行政处罚的二级制裁体系。因此,对于性质上存在差异的轻罪和微罪,应分别进行处理。在思维方式上,我们需要打破仅区分重罪和轻罪的"偏见"思维,从而避免轻罪立法体系的"臃肿"问题。

严格来讲,我国还没有建立犯罪分层制度。前述各个国家的刑法规定虽各有差异,但无论哪一种犯罪分层模式,都是在立法上对犯罪的轻重程度作出明确区分。因此,犯罪分层应当是明确的、法定的。我国现行法律中对刑事犯罪与行政违法做了明确的区分:刑事犯罪行为由刑法加以规定,行政违法行为则由行政法律法规作出规定,这两类行为在性质评价、法律责任和处罚方式等方面都迥然不同,在这一点上我国与俄罗斯和越南是相似的。但是,我国现行《刑法》中并没有进一步对刑事犯罪进行轻罪和重罪这样的纵向分层,而是以犯罪所侵害的不同法益类型为标准进行了横向的类罪划分(《刑法》分则中的十大类罪)。依据我国刑法对各种犯罪行为所规定的法定刑的特性,学理上一般认为,法定最高刑为3年以下有期徒刑的犯罪是轻罪。

由于犯罪分层制度在我国长期缺位,导致我国刑法中并没有关于微罪的法律规定,微罪概念仅在刑法理论中有所体现。在将危险驾驶行为定性为微罪之前,轻罪和微罪之间的区别并没有得到广泛的社会关注。许多学者并未严格区分轻罪与微罪,常用轻罪来表达微罪的概念。① 微罪和轻罪被混为一谈,如有学者指出:"轻罪"不是一个严格意义上的法律概念,且在不同语境下的确定含义有所不同。在中国,轻罪多指中国曾经的劳动教养制度所规制的诸种行为。② 从《刑法修正案(八)》到《刑法修正案(十二)》,预防主义刑法观在我国得以确立并持续发展,刑事立法活性化趋势呈现大量增设"轻微罪"的新趋向,这些"轻微罪"的法定最高刑仅为3年以下有期徒刑或者拘役。③ 尽管这些类罪在危害程度上存在差别(一般来说,侵犯人身权利的犯罪被认为重于侵犯财产的犯罪),在讨论刑事责任、刑罚裁量和刑罚执行等事项时也往往会涉及罪行轻重的问题,甚至使用"轻罪""重罪"这样的表述,但这与本文所说的犯罪分层并不是同一回事。

在当前司法实践中,由于缺乏对微罪进行客观评价的有效手段和方法,导致一些微罪案件出现"轻判"或"重审"现象,影响司法公正的实现。首先,微罪并不意味着可以免于刑罚。将微罪误解为免受刑罚可能导致其名存实亡,在社会管理中难以达到预期的效果。其次,微罪不应被简单地看作以轻罪定罪量刑。在刑事司法实践中,如果按照轻罪的标准对微罪进行处罚,可能会导致刑罚的加重。为了清晰界定微罪与轻罪

---

① 参见姜瀛:《劳教废止后"微罪"刑事政策前瞻》,载《学术交流》2015年第11期。
② 参见屈学武:《"轻罪"之法价值取向与人身权利保护》,载《河北法学》2005年第11期。
③ 参见魏东、周树超:《我国"轻微罪"立法与司法的理性思考》,载《贵州大学学报(社会科学版)》2022年第1期。

在刑罚上的区别,仅提高轻罪的法定刑可能会触发一系列的连锁反应。易言之,对微罪施以轻罪的刑罚实际上会迫使刑法提高其量刑标准,这也意味着对于更为严重的轻罪,刑罚可能会被提高。由于轻罪的法定刑较高,以至于微罪难以适用重罪或更轻的罪名来惩罚犯罪。最后,"轻微犯罪"与"较轻犯罪"为实践中常见的提法,两者在语词表述和含义上过于相近极易导致混淆。囿于上述微罪在司法适用中出现的困境,一些学者开始明确提出独立微罪的概念,认为轻罪不包含微罪,微罪是从轻罪的概念中分离出来,① 立足于犯罪分层理论之上的处于轻罪以下的独立范畴,近似于设立犯罪分层制度国家中"违警罪"的相关概念。简言之,微罪指的是比轻罪更为轻微的犯罪行为。目前,这一观点已被学术界普遍接受,由此表达出更为准确的理论寄托。其中,储槐植教授曾经明确主张,微罪通常就是可处拘役或以下刑罚的罪。② 微罪命题的提出与法治化的司法改革目标密切相关。我国劳动教养制度废止后的司法化改造实质上将会推动轻微的违法犯罪行为进一步微罪化。考虑到劳动教养制度废除之后原先由其规制的大量违法行为并不会随劳动教养制度一同退出社会舞台,为了有效填补刑罚与治安管理处罚之间的罅隙,应当将其中部分严重违法行为冠以微罪之名予以刑罚处罚,由此形成"重罪、轻罪、微罪各行其道"的犯罪层次。③ 通过对比考察域外犯罪分层制度的界分标准,本文赞同将微罪的概念归纳为"法定最高刑为1年有期徒刑或者拘役的犯罪"。

1. 宏观层面:形式标准

当前所有国家刑法典对犯罪分层采用的标准,主要分成三种:一是"实质标准说",指基于犯罪的严重程度,我们可以对所有的犯罪行为分类。持此观点的学者认为,对处刑之轻重起支配作用的应当是犯罪的严重程度。④ 以《法国刑法典》为例,其选择以实体标准取代传统的分类方式,并根据刑事犯罪的严重程度明确地将其划分为重罪、轻罪和违警罪。在法国,实质标准本质上就是对价值的直观评价,因此不同个体对于犯罪有着不同的评判结论,但是全社会应该有一个"共识"性的平均评价。二是"形式标准说",指依据刑罚的轻重程度,将各种不同类型的犯罪行为根据刑罚的轻重进行层次化处理。以美国和意大利为例,形式标准其实是立法者对犯罪行为严重性的先前判断通过刑罚表现的方式。三是"形式兼实质标准说",该说认为刑法理论中的各种不同观点都无法完全解决上述问题,仅依靠某一种单一的标准来界定轻罪与微罪

---

① 参见陈兴良:《轻罪治理的理论思考》,载《中国刑事法杂志》2023年第3期。
② 参见储槐植:《解构轻刑罪案,推出"微罪"概念》,载《检察日报》2011年10月13日,第3版。
③ 参见阴建峰、袁慧:《后劳教时代微罪入刑问题探析》,载赵秉志主编:《刑事法治发展研究报告(2016—2017年卷)》,法律出版社2018年版,第82~97页。
④ 参见[法]卡斯东·斯特法尼等:《法国刑法总论精义》,罗结珍译,中国政法大学出版社1998年版,第183页。

会使人们陷入两难境地,因此,在制定犯罪分类标准时,应综合考虑"刑罚轻重程度"和"犯罪严重程度"两个方面。

基于形式或实质的标准对轻罪和微罪的分类在大部分场合下应当保持一致性。因为在立法过程中,必须考虑到罪行的严重程度。如果对轻微的罪行施加过重的处罚,可能违背罪刑均衡原则。因此,在确定某一犯罪是否属于轻罪或微罪时,当两种标准的分类结果完全吻合时,对比"形式标准说"与"实质标准说"实际上并没有太大的实际意义。从整体上看,两种不同类型的刑法体系之间存在一种内在的逻辑关系。只有当情况出现不一致时,这种选择的重要性才会更加明显。

与"实质标准说"抑或"形式兼实质标准说"相比,"形式标准说"由于其直观和明确的特点,为刑法中的轻罪和微罪设定了一个相对清晰的界分标准,显得更为合理。一方面,"实质标准说"要求必须结合刑罚的判定方式,或者采用其他的解释手段以实现准确区分,这将导致轻罪与微罪的划分充满不确定性,且轻罪与微罪的划分不仅实现了犯罪分层,还会关联不同的理论处遇,实质标准无法担此重任。虽然达到完全明确的标准超出了人类的认知范围,但过于模糊的准则可能会使其失去实际操作性,进而在实际操作中难以应用。另一方面,"形式兼实质标准说"的问题在于以下两点:一是让司法人员对重罪与轻罪的内部等级进行界分,无形中赋予司法过大的自由裁量权,乃至于从根本上瓦解了犯罪分层的应有之义。二是在具体的划分过程中,法定刑的程度是判断罪行轻重的客观指标,这种做法仍然属于将刑罚作为一个辅助的界分标准,这实质上还是在适用形式标准。

2. 微观层面:法定刑标准

宏观上确定以"形式标准说"划分轻罪与微罪后,还必须确定微观上轻罪与微罪的划分标准是"法定刑"还是"宣告刑"。"宣告刑标准说"主张,宣告刑是指刑法规定中"应当判处的刑罚","因为宣告刑是综合犯罪行为和犯罪人两方面因素作出的科学的量刑结果"。[1] "法定刑标准说"提倡以法定刑作为衡量与区别罪行轻重之唯一标准。[2] 陈兴良教授认为,只能坚持以法定刑的标准来区分罪行轻重,没有必要在法定刑之外再去寻找实质标准。[3] 张明楷教授也提出,宜以法定刑为标准进行犯罪分层,而不应以被告人被实际判处的刑罚为标准,否则就会导致刑法中与轻罪相关的规定不具有明确性与合理性。[4]

因此,就微罪的界定方式而言,法定刑标准较之宣告刑标准显得更为合理。首先,我们需要清晰地认识到,犯罪分层的核心目标是建立一个在实体法和程序法上实现差

---

[1] 参见闫俊瑛、刘丽:《论轻罪的刑事司法政策与诉讼机制》,载《法学杂志》2007 年第 5 期。
[2] 参见赵廷光:《量刑公正实证研究》,武汉大学出版社 2005 年版,第 131 页。
[3] 参见陈兴良:《轻罪治理的理论思考》,载《中国刑事法杂志》2023 年第 3 期。
[4] 参见张明楷:《轻罪立法的推进与附随后果的变更》,载《比较法研究》2023 年第 4 期。

异化处理的刑事制裁机制,差异化处理的核心在于在正式审理案件之前对案件的种类进行明确的划分,而宣告刑显然不能满足这一要求。其次,"社会危害性""主观责任"仅是判断犯罪行为是否严重的标准,并不能被视为真正的界定准则。法定刑不仅直观地展示了犯罪行为的严重性,也揭示了立法者的初衷。最后,在司法实践中,由于不同地区的实际情况差异,实际的刑罚判决受到法官的自由裁量权的制约,同一行为可能导致不同的刑罚判决,难以建立一个统一的判定标准。这也导致刑罚执行中出现量刑不公现象,不利于犯罪人权利的保护和社会秩序的稳定。因此,"法定刑标准说"是确定微罪概念的最优选择。

从宏观上看,目前"法定刑标准说"范畴内关于微罪的概念界定主要有三种观点:一是以法定最高刑为拘役作为轻罪和微罪的区分标准,把微罪定义为可以被判处拘役或拘役以下刑罚的犯罪,[①]包括危险驾驶、数额很小的扒窃犯罪,司法实务应解放思想,不应让刑法上众多"微罪"虚置。[②] 二是将微罪限定为法定最高刑为1年有期徒刑或者拘役的罪名,[③]主张在法定最高刑1年以下有期徒刑或者拘役的意义上使用微罪这一概念。[④] 三是将法定最高刑为2年以下有期徒刑作为轻罪和微罪的分界线。[⑤] 本文赞同第二种观点,主张微罪应当是指法律规定的最高刑罚是不超过1年有期徒刑、拘役或管制、单处罚金等附加刑的犯罪类型。一方面,在我国刑法中,短期自由刑包括两个刑种——有期徒刑和拘役,而拘役的上限是1年(数罪并罚的情况下),以"1年有期徒刑"为标准可以把拘役刑整个纳入微罪之中。管制刑属于限制自由的刑罚,从刑罚执行方式来看,管制刑的惩戒严厉程度显然轻于拘役,既然拘役都属于微罪之罚,按照"举重以明轻"的逻辑,被判处管制(不以1年为限,包括数罪并罚的情况[⑥])的自然也应当属于微罪。另一方面,当下法定最高刑是拘役的微罪罪名有且仅有三个[⑦]。法定微罪即纯正微罪,在《刑法》文本的修改过程中,微罪罪名的相关规定需要经过仔细的审查和多次确认后,才能正式纳入刑法体系。鉴于三种法定最高刑是拘役的微罪罪

---

① 参见卢建平、张力:《微罪立法之提倡》,载《河南警察学院学报》2023年第3期。
② 参见储槐植:《罪刑矛盾与刑法改革》,载《中国法学》1994年第5期。
③ 参见王华伟:《社会恢复视域下微罪治理的检视与重塑》,载《中国法律评论》2023年第4期。
④ 参见梁云宝:《积极刑法观视野下微罪扩张的后果及应对》,载《政治与法律》2021年第7期;曾粤兴、高正旭:《微罪立法视野下的"严重社会危害性"》,载《河南警察学院学报》2021年第5期;李翔:《论微罪体系的构建——以醉酒驾驶型危险驾驶罪研究为切入点》,载《政治与法律》2022年第1期。
⑤ 参见孙道萃:《微罪体系的构建:从依附向独立》,载《政法论坛》2023年第6期。
⑥ 我国《刑法》规定,管制的期限为3个月以上2年以下,数罪并罚时不得超过3年。虽然《刑法》没有规定管制与拘役之间应该如何折算。但从《刑法》关于拘役、管制与判决执行以前先行羁押时间的折抵规律可知,管制与拘役之间大致可以按照2:1来换算,即管制2日折抵拘役1日。按此逻辑,最长期限(数罪并罚情况下)的管制大致可折抵拘役1年。鉴于管制刑执行上的开放性,明显轻于剥夺自由刑,笔者倾向于忽略这几个月的差距,认为即便是3年管制,在刑罚严厉程度上亦不超过1年拘役。
⑦ 危险驾驶罪,使用虚假身份证件、盗用身份证件罪和代替考试罪。

名新增时间都相对较短,[①]加上罪名的稀缺性,因此,目前还不能将这三种犯罪的特性总结为微罪类型的一般特性。

(二)罪名论意义上的微罪

类型化思维与治理多元化的立法背景必然衍生出对微罪进行区分处置的结论。尽管微罪的定义已逐渐被大众接受,但我们应该在明确区分微罪类型的前提下进行更有针对性的类型化区分。罪名论与区分论之间既存在关联,也存在明显的差异,即一种犯罪类型可由若干不同犯罪罪名构成。在实践中,可作为拘役刑判决的案件涉及许多罪名,同理,在单一的犯罪罪名中,也可能定义多种不同的犯罪类型。从历史上看,对纯正的微罪与不纯正的微罪进行区分是领域刑法论发展的结果。我国与域外大部分国家的刑法在"微罪"的理解上大相径庭,这主要归因于立法模式的差异。当前在我国的刑法学说中,关于微罪类型的讨论实际上涵盖了纯正的微罪与不纯正的微罪两个方面,但由于我国现行《刑法》并未明确规定微罪的种类及构成要件,在论述过程中多数学者都是形式性地提及,并没有对这两种性质截然不同的微罪予以实质性、突破性的论证。

1. 罪名论意义上的微罪类型:纯正微罪

"纯正微罪"这一命题的提出既是对刑罚宽缓化理念的反思,也是对微罪分类处置的探索。在一定程度上,纯正微罪是刑罚类型化处置由自发到自觉的范式转换。对微罪进行再类型化判断是刑罚类型化处置的逻辑前提,纯正微罪则是对微罪再类型化判断的具体指摘。

在大陆法系的刑法典以及英美法系的普通法中,"微罪"仅被视为"纯正微罪"的"代表"。在《法国刑法典》与《德国刑法典》中,无论是微罪还是重罪,都是基于罪名来定义的,对某一特定行为的犯罪性质进行的全方位评价。例如,如果盗窃罪被视为重罪(名),那么整体的盗窃罪罪名也应被视为重罪(名),而不是一部分被视为重罪(名),一部分被视为微罪(名)。这都归因于大陆法系和英美法系国家的刑法体系中主要采用立法定性模式,仅根据行为判断是否构成犯罪,对犯罪行为并没有罪量上的限制。在这种情况下,如果行为人的刑事责任已经确定,那么他所实施的犯罪活动必然要被定罪。只要刑法将其定义为盗窃罪,哪怕是盗窃少量财物的行为也会被视为盗窃罪。因此,在大陆法系国家的刑事立法中,犯罪既不是数量化的结果,也不采用具体罪量的标准,通常通过审前程序中的微罪不起诉等方式对犯罪行为进行筛选,将不需要处罚的行为从犯罪列表中剔除。

[①] 危险驾驶罪于2011年通过《刑法修正案(八)》被写进《刑法》。使用虚假身份证件、盗用身份证件罪和代替考试罪则是在2015年通过《刑法修正案(九)》被写进《刑法》。

根据我国刑法理论和司法实践的经验,不纯正微罪系我国罪量立法模式①的一种特殊表征。在我国的刑法体系中,刑事立法采取定性与定量相结合的模式,立法直接规定罪量要素。所谓定量分析就是通过计算犯罪人实施某一犯罪行为所造成的社会危害性大小来判断其罪行轻重。在我国的刑法体系中,犯罪定义的数量因素可以被划分为两个主要部分:一是犯罪概念所涵盖的具体犯罪行为是否符合法律的要求。二是当构成犯罪时,可以根据犯罪的金额和情节的严重性将其划分为不同的级别。对于相同的犯罪行为根据金额等情节的严重性程度配置不同的刑罚,这种数量化的结果必然导致不同程度的定罪处罚。由于纯正微罪与不纯正微罪因都具有轻微的不法性特征,在刑法适用上也呈现出一致性。

但是,在刑法立法层面,两者却截然不同。纯正微罪以 1 年有期徒刑或者拘役作为法定最高刑。这种类型的微罪通常表现为违法行为的犯罪化,因此主要关注犯罪化的合法性和制定相应的配套措施的问题。关键在于,刑罚配置是否能够兼顾刑法体系内部的协调性以及不同罪名之间的关联性。根据刑法学界普遍接受的微罪标准,所谓微罪即法定最高刑为 1 年有期徒刑或者拘役的罪名,危险驾驶罪、妨害安全驾驶罪、危险作业罪、使用虚假身份证件罪、盗用身份证件罪、代替考试罪和高空抛物罪等都被视为纯正微罪。不纯正微罪,指的是尽管法定最高刑超过了 1 年有期徒刑,但是在罪行轻微时其宣告刑不超过 1 年有期徒刑。因此,重罪名在其"罪行轻微"时就成立不纯正微罪。一方面,就不纯正微罪而言,其所依附的罪刑条款本身无法体现轻微的不法性,只有在具体个案中才可能显现具体行为的轻微不法性。因此,对于不纯正微罪则需要根据不同类型进行区别对待,其中最重要的就是针对"具有严重社会危害性的犯罪"而设置轻重衔接的刑罚制度。这种类型的微罪与《刑法》分则中的"情节轻微"或者"情节严重"有不同程度的关联,其适用条件也存在一定差异。以盗窃为例,②这类行为既包括盗窃他人公私财物又包括其他犯罪行为,如盗窃公私财物刚好达到数额较大情形的盗窃罪才被视为一种不纯正的轻微罪行。另一方面,对于纯正微罪,应当重点考量的问题是其是否存在犯罪化问题以及是否应该被规定为微罪。不纯正的微罪所依附的罪名本身通常不涉及是否应该犯罪化的争论,而是更多地涉及如何在同一罪名内合理划分微罪、轻罪和重罪。尽管上面提到的两种情况都被归类为微罪,但在详细描述时,必须对这两种微罪进行严格的区分。

---

① 《刑法》第 13 条犯罪概念的"但书"条款中明确指出,那些虽然涉及犯罪构成要件但并不满足犯罪数量要件的行为,不视为犯罪。尽管这些未达到犯罪标准的行为并未被纳入刑事诉讼,也未受到刑事处罚,但这并不代表它们不会受到任何形式的处罚,根据我国的二元制裁制度,这些行为可能面临行政处罚。

② 根据对应的犯罪情节和犯罪数额,包含了无期徒刑、有期徒刑、拘役 3 种剥夺自由刑。如果盗窃的公私财产金额较大,则应判处 3 年以下有期徒刑、拘役或管制;如果盗窃的公私财产金额巨大,则应判处 3 年以上 10 年以下有期徒刑;如果盗窃的公私财产金额特别巨大,则应判处 10 年以上有期徒刑或无期徒刑。

"纯正微罪与不纯正微罪区分论"实际上是为了弥补"形式标准说"的生硬,对形式上属于重罪、轻罪等其他范畴,但实质上罪行轻微的犯罪差异化适用微罪处理措施,以践行实质正义原则。例如,能否对诈骗罪中诈骗金额较少的行为适用微罪处遇措施,关键在于明确犯罪分层的依据是"罪名"还是"罪行"。一方面,罪行指刑法规定的具有特定构成要件并且配置有相应法定刑幅度的行为,当以罪行作为犯罪分层的依据时,一罪中就对应着不同的犯罪层次,按照不同的犯罪行为可以划分为重罪、轻罪、微罪。例如,具有法定从宽情节以及符合刑事诉讼法上特定从宽处理情节的重罪,在宣告刑为3年以下有期徒刑时属于轻罪,而在宣告刑为1年以下有期徒刑或拘役时属于微罪。显然,按照罪行论标准无法准确划分重罪、轻罪和微罪。另一方面,纯正微罪是对微罪以"罪名"为根据进行分类的产物,故犯罪的不法构造、责任形式等不影响纯正微罪的判断。例如,虽然犯罪可以分为实害犯与危险犯,但不能据此认为实害犯是轻罪、危险犯是微罪。

综上,本文认为,按照"罪名论标准"能够明确划分重罪、次重罪、轻罪和微罪。不同罪名具有不同的法定刑幅度,通过对不同层级的犯罪设立确定的法定刑标准,即可根据各罪名的法定最高刑标准确定其所属的犯罪层级。例如,将微罪和轻罪的区分标准设置为1年有期徒刑或拘役,那么法定最高刑为二年以下有期徒刑的重婚罪就属于轻罪,法定最高刑为拘役的危险驾驶罪就属于微罪。因此,区分微罪和轻罪的逻辑顺序如下:首先确定犯罪分层的标准,进而通过罪名的法定最高刑进行犯罪层级认定,而不是通过事后的宣告刑认定某一犯罪处于何种犯罪层次。不纯正微罪混淆了犯罪分层的逻辑顺序,为本文所不取。

2. 罪名论意义上的微罪限度

根据犯罪分层理念,纯正微罪位于犯罪整体结构的最底层,因而处在罪与非罪的灰色地带,犯罪化或行刑衔接刑事政策以纯正微罪为主。[1] 因此,反思罪名论意义上的微罪治理限度是微罪立法犯罪化纵深发展的前置性命题,亦是行刑衔接刑事政策的内在要求。

宽严相济的刑事政策和严而不厉的政策导向,除了弥补劳动教养制度被废止后的处罚漏洞,也被视为微罪罪名数量增加的主要驱动因素。我国现行《刑法》将"从严"作为刑罚配置的基本价值取向。更确切地说,严而不厉的政策导向并不是随意增加罪名或减少法定刑,而是基于具体罪名的实际状况进行相应的调整。在《刑法》中增加某些特定犯罪类型的罪名,也可以实现对刑法的有效规制,这一点同样适用于犯罪构成要件和刑事责任两方面。以增设"妨害安全驾驶罪"为例,既是对舆论的回应,又可以避免司法系统肆意扩张"以危险方法危害公共安全罪"的适用范围,导致罪刑法定

---

[1] 参见陈兴良:《轻罪治理的理论思考》,载《中国刑事法杂志》2023年第3期。

原则陷入危机。因此,在探讨罪名论意义上的微罪限度时,应当参考社会发展的真实环境以及法益理论、刑罚目的理论等刑法的核心理念。在设置纯正微罪(罪名)的过程中,既要对应受刑法约束的行为积极立法,又要坚持刑法谦抑主义,避免刑法对社会治理进行过多干预。一方面,罪名论意义上的微罪应恪守罪责刑相适应原则。不同犯罪的目的分类决定着不同犯罪的罪刑关系,纯正微罪的罪刑关系应区别于传统刑事犯罪,立足于对既有罪刑关系的反思,强调在区分犯罪类型的前提下,实现罪责刑相适应。另一方面,罪名论意义上的微罪具有类型化的理性限度。轻刑化的对象是类型化限度下的产物,并非对所有微罪无差别适用微罪处遇措施,而是着眼于不同类型微罪的差异性与特殊性,明确刑法对于不同类型微罪所采取的具体规制措施及其效果评价标准,从而更好地发挥刑法在维护社会秩序方面的作用。

二、微罪治理的立法事实论实践镜鉴

考察近年来关于微罪的立法可以发现,受长期刑事立法惯性的影响,我国在微罪立法的实践中面临立法膨胀与立法紧缩并存的困境:一方面,在积极推动微罪的非犯罪化、非刑罚化;另一方面,则在积极地扩张微罪的犯罪圈,对一些原来不属于刑法规制的行为予以犯罪化,纳入刑法的调整范围。作为实现刑法现代化治理的方向性指引,关于犯罪化与非犯罪化的争论从未消失。无论犯罪化的理论说理如何充分抑或其在逻辑层面如何自圆其说,都无法避免来自非犯罪化的端量与诘问。微罪立法正是犯罪化与非犯罪化之间的中和之道。

(一)微罪治理的非犯罪化实践

非犯罪化运动发端于第二次世界大战以后在西方国家掀起的关于法律和道德界限的争论,随着时代变迁和社会发展,非犯罪化运动的内容也发生了很大的变化,从最初道德犯罪的非犯罪化到后来转向关注微罪的非犯罪化。20世纪70年代以后,西方国家的刑事政策呈现两极化发展趋势,我国学者储槐植先生将其概括为"轻轻重重",即对严重犯罪的处罚向更严厉的方向发展,对轻微犯罪的处罚则越发轻缓。回顾人类社会的刑罚史,刑罚总体上是随着社会的发展和文明的进步而逐渐趋轻的。在刑罚总体趋轻的大趋势下,立法上重罪所对应的刑罚的严厉程度总体上也在逐渐降低(死刑的废除、酷刑的禁止等),所谓"重重"是相对而言的。相比之下,"轻轻"倒似乎具有绝对化的特点,各国在贯彻微罪轻处方面不遗余力地尝试和出台了多种多样的制度和措施。

在我国,1997年之前非犯罪化的议题已经吸引了刑法领域的广泛关注,一些在学术界被广泛接受的研究成果逐步得到了立法者的认同,并在后续的《刑法》修订中得到了体现。在1997年,我国对《刑法》进行了小规模的非犯罪化修订,主要涵盖了两个场景:一个是典型的非犯罪化,即某些罪名被彻底非犯罪化;另一个则是非典型的非犯罪化，即某些罪名被部分非犯罪化。由于种种原因，这两方面都没有取得实质性进展，甚至有学者提出取消非犯罪化或将其改为微刑化的观点。1997年《刑法》修订后，非犯罪化问题讨论暂告一段落。近年来受西方国家非犯罪化、轻刑化理念及本土的宽严相济刑事政策影响，非犯罪化在我国再次成为一个备受关注的议题。

刑法与刑事诉讼法的上述规定共同构成了微罪非犯罪化的法律依据。首先，我国自1997年《刑法》修订以来，到目前虽然已经出台了12部刑法修正案，但除了3次形式上的非犯罪化修改，[1]仅危险驾驶罪这一个纯正微罪罪名被予以实质上的非罪化处理：醉驾情节轻微的，可以不起诉或者定罪免刑；情节显著轻微、危害不大的，可以不作为犯罪处理，按照《道路交通安全法》的规定给予行政处罚。[2] 其次，我国《刑法》第13条的"但书"规定只是构筑了一个大的出罪框架，具体何种情形属于"情节显著轻微危害不大"，其实很难给出一个能够适用于变化万千的案件的统一的、固定的标准。这需要司法人员在办理具体个案的过程中根据法律原则和刑事政策，并且凭借其丰富的办案经验和常识阅历来具体把握和审度。除了"但书"以外，《刑法》总则的有关条款还规定了可以免除处罚的一些情形（又聋又哑的人、盲人犯罪，防卫过当，避险过当，预备犯，中止犯，从犯，胁从犯等），这些总则性规定也是司法上非犯罪化的实体法律依据。最后，微罪非犯罪化的程序法依据，即刑事诉讼法中关于相对不起诉和附条件不起诉的规定。虽然微罪的非犯罪化在刑事法学界得到广泛支持，不过从司法实践来看，检察机关对酌定不起诉的适用保持着比较谨慎的态度。[3] 例如，《中国法律年鉴》的统计数据显示，2003年至2010年，全国刑事案件不起诉率平均值在2.3%左右。2019年，在全国检察机关审查起诉的案件中，提起公诉的有181.88万人，不起诉的有41409人，不起诉率为2.2%。

与西方国家不同的是，我国的非犯罪化主要不是基于对刑法道德化或者道德刑法化的反思，而更多的是基于实用主义的考虑。我国采取的"小刑法"模式在明确地区分犯罪行为与普通违法行为的同时，对没有直接受害人的行为，如卖淫嫖娼、吸毒、通奸等无被害人犯罪都没有规定为刑事犯罪。对道德犯罪涉及甚少，刑法亦仅规定赌博罪和重婚罪等少数几个罪名。观察我国在1997年对《刑法》进行的非犯罪化修订可

---

[1] 属于形式上的非犯罪化的3次修改：1999年《刑法修正案》将《刑法》分则第三章"破坏社会主义市场经济秩序罪"中的徇私舞弊造成破产、亏损罪分解为失职罪和滥用职权罪；2002年最高人民法院、最高人民检察院《关于执行〈中华人民共和国刑法〉确定罪名的补充规定》取消了奸淫幼女罪，将其作为强奸罪的从重处罚情节予以规定；2006年《刑法修正案（六）》取消"违法向关系人发放贷款罪"这一独立罪名，代之以"违法发放贷款罪"。

[2] 参见最高人民法院、最高人民检察院、公安部、司法部《关于办理醉酒危险驾驶刑事案件的意见》（高检发办字〔2023〕187号）第12条。

[3] 2007年最高人民检察院发布的《人民检察院办理不起诉案件质量标准（试行）》对不起诉情形进行了严格的限制：首先，要符合相对不起诉的质量标准（犯罪情节轻微，依照刑法规定不需要判处刑罚或者免除刑罚的），其次，要有进一步的限定，如"社会危害不大""主观恶性较小""人身危险性不大"等。

以发现,其背后的压力和驱动力并不是来自刑法谦抑主义等方面的需求,而是来自经济和社会环境的实际变化,立法必须随着时代的进步作出相应的调整。例如,由"反革命罪"更名为"危害国家安全罪",以及对"投机倒把"的再认识、再评价,是适应社会发展客观需要的一种立法,体现了价值观念中的实用主义思维。正如法国学者戴尔玛斯·马蒂教授曾经指出,"非犯罪化总是基于两种不同的战略。如果非犯罪化是社会真正企盼的,就是容忍的政策","容忍的政策并不总是某种道德选择的表现,而且常常是出于实用主义的考虑,以使刑事政策符合社会实际的需要"。[①] 犯罪学与刑法学的相关研究已经揭示,在处理轻微犯罪案件的过程中,由定罪和处罚所产生的不良影响(如犯罪"标签"效应泛滥和占用司法资源等)实际上更加明显,因此这种做法有悖经济性原则。在当前的刑事治理中,不如集中有限的司法资源,采取"抓大放小"的策略,以便更有效地追查和惩处严重犯罪行为。这样做既能有效地控制刑事成本,又能够在一定程度上弥补由于量刑不当而造成的社会危害性损失。因此,以刑法效益与社会效益为视角,微罪的非犯罪化是贯彻实施宽严相济刑事政策的具体体现之一,宽严相济的"宽"是指宽大、宽缓和宽容,主要就表现在微罪政策上。在我国的刑法中,犯罪的定义涵盖了性质(定性)和程度(定量)两个方面。其中,社会危害性定义了犯罪的"质",而达到应当受惩罚的程度则是对其"量"的界定。从另一个角度来看,要实现非犯罪化,我们也需要从这两个方面入手。在立法层面上,非犯罪化主要是从行为的本质出发,完全否认某一行为类型的犯罪性,既然行为的犯罪性已被否定,那么"量"的方面就不再需要考虑了。

(二)微罪治理的犯罪化实践

我国刑法在微罪立法犯罪化的立场上,已经从之前的消极和谦逊,逐渐转变为较为积极和扩张,并成为未来一段时间内的刑法立法方向。

1. 立法扩容已成客观现实

鉴于当前微罪立法领域的持续扩张,设定微罪必须经过立法事实的验证。众所周知,马克思主义哲学指导着我国的立法,而马克思主义哲学认为法律其实是对事实的公认,因此法律既是规范的集合,又是事实的集合。这点强调了立法的现实性立场,即刑法立法的立场是以事实为中心。同时,在历史唯物主义的观点下,经济基础决定上层建筑,而法律是上层建筑的重要组成部分。因此,广义上法律也由经济基础(事实)决定。立法事实不仅有助于确保立法者承担其"客观责任",还有助于避免脱离事实的假想立法。[②]

[①] 参见[法]米海依尔·戴尔玛斯·马蒂:《刑事政策的主要体系》,卢建平译,法律出版社2000年版,第255~259页。

[②] 参见姜涛:《立法事实论:为刑事立法科学化探索未来》,载《法制与社会发展》2018年第1期。

1997年《刑法》修订时曾经有过一次较大规模的犯罪化,增设了大量新的罪名,其后,自1999年(第一个刑法修正案通过)以来至今陆续通过十二部刑法修正案仍然保持了犯罪化趋势,突出表现之一就是微罪范围的明显扩张。具体包括如下三种情形:其一,将原本由行政法规制的行为予以犯罪化,也就是将行政违法行为"入刑"。具体方式包括两种:一是通过修改刑法中原有的某些犯罪的罪状表述,对犯罪构成要件的适用范围进行拓展,包括但不限于增加行为方式、扩大主体范围、降低起刑标准等。二是罪名虽然没有根本变化(有的罪名没有任何变化,有的罪名是稍有变化,在原有罪名基础上略有改动),但是其外延扩大了,将原先不属于刑事犯罪的情形涵括进来。① 其二,出于严惩某一类犯罪的考虑,刑法还将一些原本可以依法按照预备犯、共同犯罪的帮助犯处理的行为予以正犯化,或者是对原本可以由其他罪名规制的犯罪行为设立为单独的罪名。② 这两种情形都是将原本属于其他法律或者其他行为规范所调整和规制的违法违规行为予以犯罪化,纳入了刑法调整的范围。而且从近年来刑法修改所涉及或者新增加的罪名数量来看,第一种情形(原行政违法行为"入刑")的新罪名数量最多。其三,微罪犯罪化不代表必须不断增设轻刑化的新罪,也可以通过降低既有罪名的法定最高刑,将其划归微罪体系。

随着我国刑法参与社会治理力度的持续加大,在传统的违法犯罪二元体系基础上,一些原本由行政法或其他规范调整的行为升格为犯罪,并配置了1年以下有期徒刑等刑罚。③ 诸如高空抛物、醉酒驾驶、危险作业等社会危害性不是很严重的行为也上升为犯罪,这些新型微罪以前基本上都由行政法规制。例如,高空抛物以前属于违反治安管理处罚法的行为,醉酒驾驶以前由交通管理法规规制,危险作业由矿山、港口等生产作业领域的行政法规规制。为了顺应防范风险或者强化社会治理的需求,这些行为才被纳入刑法调整的范围。质言之,这类新型微罪与重罪、轻罪有质的差异,不能将实施微罪的人与实施重罪、轻罪的人等同视之。结合已有的侵犯通信自由罪和偷越国(边)境罪这两项微罪,目前我国刑法一共规定了8个纯正微罪罪名(见表1)。以上述纯正微罪罪名为基础,我国刑事立法正在逐渐形成一个有别于传统轻罪体系的"微罪体系"。一方面,尽管纯正微罪的罪名数量在刑法体系中占比不大,但其司法适用率持续增加,占用司法资源的比例也持续增长。例如,2021年,危险驾驶罪起诉人数占到所有刑事犯罪起诉人数的20%,且从近10年变化情况看,危险驾驶罪案件数量

---

① 使用虚假身份证件、盗用身份证件罪(《刑法》第280条之一)、组织考试作弊罪(《刑法》第284条之一第1款)、危险作业罪(《刑法》第134条之一)。

② 《刑法修正案(十一)》增设的妨害安全驾驶罪(《刑法》第133条之二)、袭警罪(《刑法》第277条第5款)、高空抛物罪(《刑法》第291条之二)。

③ 例如,1997年《刑法》第252条延续了1979年《刑法》第149条的规定,对侵犯通信自由罪配置了"一年以下有期徒刑或者拘役"的刑罚;《刑法修正案(十一)》最终将与醉酒型危险驾驶罪具有同质性的高空抛物罪的法定最高刑规定为1年有期徒刑。

持续上升的趋势也十分明显(见表2)。另一方面,微罪立法逐渐展现出其独立性和专属性,不应再完全依赖于轻罪制度。微罪立法逐步扩张的趋势,不仅可以改变轻罪制度"一家独大"的局面,也为微罪制度的建构提供了契机。

表1 纯正微罪罪名

既有的纯正微罪	《刑法修正案(八)》规定的纯正微罪	《刑法修正案(九)》规定的纯正微罪	《刑法修正案(十一)》规定的纯正微罪
侵犯通信自由罪"处一年以下有期徒刑或者拘役"	危险驾驶罪,"处拘役,并处罚金"	使用虚假身份证件、盗用身份证件罪,"处拘役或者管制,并处或者单处罚金"	妨害安全驾驶罪,"处一年以下有期徒刑、拘役或者管制,并处或者单处罚金"
偷越国(边)境罪"处一年以上三年以下有期徒刑,并处罚金"		代替考试罪,"处拘役或者管制,并处或者单处罚金"	危险作业罪,"处一年以下有期徒刑、拘役或者管制"
			高空抛物罪,"处一年以下有期徒刑、拘役或者管制,并处或者单处罚金"

表2 2017年至2022年全国生效刑事判决中纯正微罪占比情况

年份	1年以下有期徒刑	1年以上3年以下有期徒刑	3年以上有期徒刑
2017	60.17%	17.44%	23.17%
2018	63.73%	20.61%	15.62%
2019	60.30%	23.61%	16.07%
2020	58.65%	24.39%	16.94%
2021	62.22%	22.88%	14.89%
2022	62.01%	23.73%	14.04%

资料来源:《2021年1至6月全国检察机关主要办案数据》,载中华人民共和国最高人民检察院网,https://www.spp.gov.cn/xwfbh/wsfbt/202107/t20210725_524723.shtml#2。

随着《刑法修正案(八)》《刑法修正案(九)》《刑法修正案(十一)》的颁布,显而易见的是,立法机关频繁且积极地增设微罪,微罪入刑已成为我国现代化治理进程中不可逆转的事实。在此背景下,如果仍一味坚守传统理性主义刑法观反对微罪立法,不仅不能对我国当下微罪立法提供有益指导,还会得出既往微罪立法皆不符合法律规定的结论。因此,肯定论逐渐在学术界占据主导地位,且基本采取折中立场,即在承认微罪立法的存在必要性的同时,注意到微罪立法可能带来的法治风险,从而强调适度发展微罪立法。需要明确的是,折中立场在刑法上有不同表达,包括但不限于积极刑法观、预防刑法观、功能主义刑法观、稳健型刑法观等。上述刑法观尽管在概念阐释上略有差异,但在价值目标上不谋而合,即都承认微罪立法的合法性和必要性。

2. 重刑主义制约立法实效

随着行政违法行为入刑的现象不断涌现,微罪立法理论在中国刑法中的规制边界、社会治理效果等问题成为焦点。面对以轻微犯罪为主的犯罪态势,我国的刑法体系表现出整体罪刑不均衡、实体和程序不匹配、过程与结果不相符等缺陷,如刑法体系单调、严苛,集中体现在危险驾驶罪的执行上。总体上看,我国刑法体系在立法上刑罚偏重,不适应犯罪整体趋轻的态势,而在宽严相济的刑事政策下,司法不断降低刑罚严厉程度,导致立法偏重和司法趋轻的不协调。① 自《刑法修正案(八)》通过至今,危险驾驶罪的设立在刑事实体法和刑事程序法上带来诸多难以解决的问题(罪名增加与整个刑法条文的不协调以及取证难),现实中司法效果和社会效果也难以实现,导致司法资源的极大浪费。

综上,我国现行《刑法》在整体结构上仍然是一种法网稀疏而刑罚配置却过于严苛的"厉而不严"的刑法结构。这样的刑法结构充分暴露出了我国的立法机关在动用刑法干预社会生活时所产生的一种自相矛盾的心理:立法者一边盲崇近代西方的古典主义刑法思想,一味强调刑罚之恶和刑罚的副作用,把不法行为犯罪化的标准定得很高,纵容了许多应受刑罚处罚的危害社会行为;一边又执念古代中国的重刑主义思想,认为采用严厉的法律手段可以有效地控制犯罪率的增长。经验表明,厉而不严的刑法体系是一种在刑罚资源上投入巨大、但在刑罚效果上却表现不佳的资源分配方式,既无法很好地预防犯罪,也无助于有效地震慑犯罪。因而,需要在犯罪圈的大小与刑罚量的配置两个方面对我国刑法机制的运行现状展开反向变革,进行刑法结构从恶性的"厉而不严"到良性的"严而不厉"的优化与升级。实际上,当前的微罪立法更像是一场以风险预防和治理为基础的外部变革,而非只为了迎合"严而不厉"的内部改革理念。简言之,在犯罪定义保持不变、二元体系依然稳固的前提下,新增大量的轻微犯罪只会使刑法体系变得"又严又厉",而无法真正达到"严而不厉"的制度目标。

三、微罪治理的立法比较论理论检讨

立法事实论的微罪治理路径固然是思想客观发展的产物,但这一立法方法论也具有一定的缺陷——它是思想极端客观化发展的产物,单纯以社会现实需要作为刑事立法标准,欠缺对规范目的实现的考量。为了促成刑法体系的整全性调整,微罪立法应当遵循法教义学的进路与逻辑展开,方可实现与刑法体系的有效沟通与融合。尽管法教义学在元方法论层面是一种规范法学,但也需要在对法律现实展开事实性分析后,利用法教义学再进行规范性的体系建构。因此,微罪治理不能单纯以事实为中心,也

---

① 参见卢建平:《轻罪时代的犯罪治理方略》,载《政治与法律》2022 年第 1 期。

不能一味追问规范之目的,只有平衡两者的关系才可以提高微罪治理水平。

(一)微罪治理实践缺乏规范考量

立法事实论的微罪治理方法容易导致新增的刑法规范与现有刑法体系失调,这一问题表现在微罪立法对规制对象选择标准的失察上。[1] 对此,有学者认为,对以危险驾驶罪为首的新增微罪罪名的立法建议值得推敲:此类新增罪名的行为模式在本质上已经被其他罪名所囊括了,危险驾驶罪的危险驾驶行为在本质上等同于以危险方法危害公共安全罪的危险行为,都属于造成了一定的抽象危险的危险行为。因而其认为危险驾驶罪"在形式上完全可以被现有的'以危险方法危害公共安全罪'所容纳"[2]。根据该观点,微罪立法在刑法规范的协调性层面的考虑不够周全。以事实为中心的立法事实论强调法规范的事实要素,往往会受人民的安全需求以及新时代社会治理需求的阶段性特征的影响,将某个时期内的突出问题之事实要素加入新增刑法规范,以强调该规范在该时期的突出贡献。此种"回应型立法"在短时间内确实有利于在特定时期治理特定犯罪,但若长久地不对此加以控制则容易导致刑法体系的庞杂无序,无益于刑法规范体系的构建。

就立法比较论中的"事实与规范"而言,"事实"是针对刑法立法中犯罪对象选择、定罪量刑要素提取之事实,其主要解决的是哪些事应当入罪的问题;"规范"是包括道德在内的规范性追求之规范,而非"法律规范"中的规范,其主要解决的不仅是哪些新的行为应当入罪的问题,还解决定罪量刑时"量"的把握尺度问题。规范因没有一个固定的内涵而显得较为抽象,笔者认为它是相对于事实性需求的抽象性保护预设性需求,它是正义的尺度,也是秩序的安排。虽然事物的本质赋予了正义以评价尺度,以正义为内容的个体秩序共同构成了社会秩序,但由于个体的差异性,每个人对事物本质的认知内容以及程度的差异导致了个体对正义的理解偏差,评价标准与尺度的差异必然导致不同的人对相同事物评价的不同一,为了追求评价结果的趋同,人们通过立法的形式将正义评价尺度固定下来,从而形成了规范。规范目的则是规范本身或者说规范制定者通过规范所追求的特定目标,宏观层面上的规范目的当然在于维护秩序(既包括个体秩序也包含社会集体秩序),而具体的规范目的则取决于该规范属于哪个部门法,不同规范的目的由于调整的社会关系不同而有所差异。就刑事规范而言,其规范目的在于惩罚犯罪,保护人民,但这仍然是较为宏观层面的目的,更具体的规范目的需要结合特定的刑事规范条文来确定。

法的规范目的在刑事规范中的重要性体现在刑法立法上。首先,在刑法立法过程中,法的规范目的有助于引导立法者的意志与人民的意志趋于同一。法律是人民意志

---

[1] 参见王志远:《事实与规范之间:当代中国刑法立法方法论批判》,载《法制与社会发展》2011年第1期。
[2] 王志远:《事实与规范之间:当代中国刑法立法方法论批判》,载《法制与社会发展》2011年第1期。

的反映,但不能否认的是法律也是客观事实在立法者意志上的体现,是主观意志和客观规律的统一。一般而言,刑法中的定罪规范以及量刑规范都是对一般事实的法律归纳,而归纳行为又归属于立法者,因此立法者主观视角下的"事实"决定了法律条文中的事实来源。能否把握法律的规律性很大程度上决定了法律规制的社会行为能否顺利进行。这代表了规律和意志之间的冲突,如果法律只反映了立法者的意图,那么这种法律势必会损害法律的稳固性和持久性,因而也就难以被称为真正的法律。立法过程其实是一个消除社会关系参加者的个人意志、将各类伦理道德与政治意志转化为共同社会价值的过程,而要消除法的个体主观性和个人意志性,就需要"法的规范目的"的引导。就刑法规范而言,其将一般行为通过入罪转化为犯罪行为来加以制裁,进而保护刑法规范所要保护的社会关系。入罪过程本身是模糊的,倘若没有规范目的引导,入罪标准的不精确会导致裁判者的自由裁量权过大,而在刑法规范目的指导下,"规范中假定部分所指向的事实范围受到了限制"[1],立法原意的理解也在事实受限的同时受到了限缩,也即立法者所制定的法律更容易得到法律运用者的理解。除此之外,"刑法规范目的"在新的社会关系需要得到保护时也能够与"事实性立法"比肩。倘若既有的刑事法律规范能够保护所有的社会关系(既包括原有的社会关系,也包括随时代变化而新出现的社会关系),一般而言,立法者就不会制定新的刑法规范。其次,特定的刑事规范目的被确定后,将在特定规范的效用范围内起到限定性作用。以醉酒驾驶型危险驾驶罪为例,单从事实层面来看,刑法规制的是会造成抽象危险的驾驶行为,那么无论饮入多少酒精都将对后续的驾驶行为产生或多或少的不利影响。然而,刑法不可能对所有的酒后驾驶行为都进行犯罪化处理,因此,需要对醉酒驾驶这一模糊事实进行限定。在规范目的的引导下,醉酒驾驶的标准在司法解释中得到了明确:血液中酒精含量达到80毫克/100毫升。[2] 据此,血液中酒精含量尚未达到危险驾驶罪的入罪标准而不构成犯罪的情形,其实是对危险驾驶行为中"危险"这一事实特征的取舍与评价,规范目的的司法限定作用在特定犯罪中得以发挥。至于尚未达到"醉酒"驾驶程度而达到了"酒后"驾驶标准的行为,那是行政法规制的范围,也是行政法规范目的的效用范围,与刑法规范抑或刑法规范目的无关。

笔者并非完全赞同以上观点。一般而言,具有包含关系的法条竞合是为了对犯罪行为作出更全面、更恰当的评价,"只有一个法条才是对行为最全面、最准确的法律评价"[3]。危险驾驶罪与以危险方法危害公共安全罪两者是具有特殊性和普遍性之逻辑

---

[1] 时延安:《法条评价范围的重合与竞合法律规范的选择——以规范目的为视角对法条竞合问题的重新审视》,载《刑法论丛》2012年第2期。
[2] 参见最高人民法院、最高人民检察院、公安部、司法部《关于办理醉酒危险驾驶刑事案件的意见》(高检发办字〔2023〕187号)第4条第3款。
[3] 陈刚:《论存在包容关系的法条竞合》,载《中国检察官》2012年第15期。

关系而形成的法条竞合。从结果论的立场出发，立法事实论确实容易造成"立法规范体系庞杂"的问题，从这个角度来看，以上观点不无道理。虽然从结果角度来看增设罪名不是最佳结果，推倒重来制定新规范才是，但不可能指望每一个立法漏洞都通过推倒现有体系来填补。因此，从效益论的角度出发，基于立法事实论新增微罪与现有立法体系不协调的问题是伪命题，且该方案是综合考量后的最佳方案。但该问题更多的是由于在不同立场考察从而引发的问题，而非犯罪规制对象正确与否这一选择层面的问题。

（二）事实与规范二元论的循环流转

立法规范论抑或立法事实论的片面中心主义始终有所欠缺，但"立法事实"以及"规范目的"在立法方法论中都起到了至关重要的作用，不能偏废。因此，立法比较论中的事实与规范二元论是一个"从事实到规范"，尔后"从事实到规范再进行"的不断循环流转的过程。

1. 事实与规范二元论之"从事实到规范"

在整个"从事实到规范"的过程中，规范需要从事实出发，在制定规范时，首先要基于事实进行行为的事实性整理和评估，然后才能赋予其法律上的价值，同时要避免规范主义影响下脱离现实的危险。刑法立法的起点在于事实，而犯罪事实的逻辑起点在于社会危害性。社会危害性是一种事实性概念而非规范性概念，不具有基本的规范质量，更不具有规范性。[①] 从其出发，到行为的刑罚当罚性，再到法定性，这一思维路径上事实的占比逐渐降低，而规范目的不变，符合从事实到规范的基本要求。首先，刑法立法的背景以及根基是社会事实或者社会现状，而行为的社会危害性则是刑法立法中的合理性要求和事实性根据。社会危害性由于其具备的事实性与基底性，在规范目的的实现过程中处于规范性评价材料的地位，它是刑法立法方法的必要条件，亦是事实与规范目的循环的逻辑起点。其次，由于刑法立法的本质是定罪量刑规则的构架，在归纳有社会危害性的事实后，需要对具有社会危害性的事实性行为作出规范性评价。社会危害性是犯罪成立的充分非必要条件，具有社会危害性的行为并不一定构成犯罪，这也是在立法方法论中强调规范目的以限制事实的原因所在。同时，规范目的的限定性并非起着完全性的决定作用，倘若如此，社会危害性将沦为"违反刑法规范目的的社会危害性"，这个概念将变得毫无意义。人们可以随意发挥主观能动性，对此概念任意进行扩张或者限缩解释。最后，可罚性评价与当罚性评价通常在对社会危害性的规范性评价结束后进行。值得注意的是，刑罚当罚性在"从事实到规范"的评价过程中，应当避免成为犯罪的理由，而应成为犯罪的结果，"应当"是实然性的论证，而非应然性的评价，否则刑罚当罚性的论证将陷入循环论证的泥淖。换句话说，应当

[①] 参见吴永辉：《从事实到规范：犯罪化立法原则层次论》，载《西南政法大学学报》2017年第3期。

受到刑罚本就是犯罪的结果,用犯罪的结果来论证犯罪的成立将陷入逻辑错误。此外,从效益论出发,任何规范的制定都应当考虑成本与收益的关系,"可罚性"与"当罚性"之间的区别正如"可以"与"应当"之间的差异,许多可罚的行为在综合考量事实与规范目的后并不能成为当罚的行为,法的规范目的使刑法立法对犯罪圈的划定进行了限制。

虽然我国理论中一般以刑事违法性作为犯罪的三大特征之一,但在立法过程中,我们尚不能称之为刑事违法性,这是因为立法过程中刑法规范尚未确定,只存在法定性的判断而不存在刑事规范性的判断。从刑法立法的视角来看,社会危害性和刑罚当罚性分别是刑事法定性的事实内涵和价值内涵,[1] 刑事法定性既与刑法的立法价值紧密相连,也与刑法在司法实践中的应用息息相关。犯罪通过刑事法定性在刑法上得到了明确的形式定义,而犯罪构成正是这种形式定义的具体呈现。[2] 以上观点表明了刑事法定性的确认其实是立法方法中的最后一环。如果说社会危害性是刑罚当罚性和刑事法定性的事实载体,那么刑事法定性就是前两者的规范载体,也是犯罪构成的规范形式。[3] 虽说是形式载体,但在我国的四要件犯罪构成中,其亦具有实质性。例如,在正当化事由的问题上,四要件理论未将犯罪正当化事由纳入犯罪构成体系中,具有正当化事由的行为之刑事法定性仍需进行"事实与规范结合"的实质判断。

2. 事实与规范二元论之"从事实到规范的再进行"

"从事实到规范的再进行"并不是将"从事实到规范"的评价过程重复的行为,而是在首次立法完成后进行的刑法规范的修订过程,可以理解为立法过程的规范性递归。

对此,要把握好"立法规范论之规范性"与"立法事实论之明确性"之间的矛盾。众所周知,在大陆法系的影响与罪刑法定原则的限定下,成文法内容的最理想状态是任何犯罪行为都被法条明确规定,司法实践中无须进行立法解释与司法解释,法官的自由裁量权所指向的对象也仅为事实性判断。一言以蔽之,法是完美的法,法官是事实判断的法官。这要求法律条文做到极致的确定,条文中所列举的事实特征也尽可能具体化,这意味着列举式立法形式将成为主流。倘若没有"兜底条款",则"事实性"追求意味着法律的频繁革新。为了实现"法的规范目的","兜底条款"以及其他概然性规定等"相对不确定"的内容也成为法律条文的重要组成部分。实际上,"兜底条款"等"规范目的"的实现手段是具有中国特色的应对之道,但为了避免矫枉过正,实现事实与规范的二元平衡,规范目的的事实性回归必不可少。我国当前刑法中的"兜底条

---

[1] 参见吴永辉:《从事实到规范:犯罪化立法原则层次论》,载《西南政法大学学报》2017年第3期。
[2] 参见贾宇主编:《刑事违法性理论研究》,北京大学出版社2008年版,第100页。
[3] 参见吴永辉:《从事实到规范:犯罪化立法原则层次论》,载《西南政法大学学报》2017年第3期。

款"存在过于"规范性"之嫌。明确性作为规范性与事实性的共同追求目标,已为我国诸多学者所探讨。确定性是事实主义的代表,确定性的事物可以是明确的,但不确定的事物也可以是明确的,明确性并不等同于确定性。有学者对绝对明确性提出了批判,认为法律永远无法实现绝对的明确,绝对明确的法律是不切实际的幻想,但同时对不明确提出批判。[1] 还有一些学者强调,在刑事立法过程中,既要确保刑法规范的明确性,也要充分利用刑法规范的模糊性,以实现两者之间的协调和平衡,这是刑事立法的理想目标,任何一方的偏废都将导致立法效果的降低和法律功能的减弱。[2] 以上学者观点的基本立场都在于承认明确性的重要以及规范模糊性的不可避免,然而,核心问题是,如果仅依赖于明确性与模糊性之间的对立统一和相互转化这一辩证法来解释明确性原则,那么这样的解释就会变得不切实际和毫无根据。[3] 刑法作为最严厉的法律,其"自身性质要求刑法学应当是最精确的法律科学","最精确"的标准是与其他法律实然性比较的结果,更是极致精确的应然性追求,而最精确的刑法来自最精确的刑法立法。不能回避的一点是实然的现实状态和应然的理想状态之间的鸿沟,新型风险层出不穷,当下微罪立法顺应了时代发展要求,但也因其突破了传统理性主义刑法观倡导的法益原则而常常受到"想要使所有不法行为均受到刑法制裁"的质疑。另外,立法本身的滞后性对其明确性起着反作用,因此,在处于社会转型时期的当下,会不可避免地产生立法确定性甚至明确性不足的问题。那么,如何对"逾越"的规范目的与日渐式微的事实进行再平衡?从诸多学者对法律明确性和规范性的态度即可得知,在立法中追求事实性和合法的规范目的性的平衡几乎是不可能完成的任务,否则也不会有学者提出"明确性和规范模糊性两者皆不可偏废"这样于现实无益的理论。

四、微罪治理的立法政策论进路选择

"法律若实质良,而形体不完美,则会产生法律疑义百出,争讼不息,酷吏常常歪曲法律,奸民屡屡逃避法网之弊端。"[4] 近年来关于微罪立法论的研究,学界往往只停留在立法事实与立法规范的立法比较论层面,更多的是观察性的描述和相对零散化的论断,存在根本的体系性缺陷。由于缺乏系统化的顶层设计,难以对微罪立法进行深入思考,在关键问题上难以取得重大突破。因此,基于立法政策论的宏观视角探讨微罪治理,明确微罪的立法目标及政策定位,是实现微罪治理现代化的立法论课题。

---

[1] 参见杨剑波:《刑法明确性原则研究》,中国人民公安大学出版社2010年版,第31页。
[2] 参见陈兴良:《刑法的明确性问题:以〈刑法〉第225条第4项为例的分析》,载《中国法学》2011年第4期。
[3] 参见陈兴良:《刑法的明确性问题:以〈刑法〉第225条第4项为例的分析》,载《中国法学》2011年第4期。
[4] [日]穗积陈重:《法典论》,李求轶译,商务印书馆2014年版,第5页。

"刑事政策"属于刑事立法政策的上位概念,指的是执政党基于一定的社会目的制定出来的与犯罪及其后果相关的策略。学界对于何为刑事政策基本已有定论,在这点上并无分歧。首先提出"刑事政策"一词的是19世纪德国著名刑法学家费尔巴哈。他强调,"国家用以对抗犯罪的各种惩罚手段"实际上是"立法国家智慧的体现"。在那之后的很长一段时间里,"刑事政策"一词一直被认为是刑法理论和实践的代名词,指为了预防犯罪,中国共产党以马克思列宁主义、毛泽东思想为指导,结合我国的国情和情势而制定的关于如何与犯罪进行有力对抗的指导原则和策略。[①] 当前在立法事实和立法规范之间充当价值评判和实质转化角色的主要是刑事政策,因为社会变迁与刑法转型之间有内在的逻辑协同关系,主要经由刑事政策的价值输送来实现两者的同步转换。[②] 所谓"刑事立法政策",是指我国基本刑事政策和具体刑事政策在特定表现领域的展现,而非单独的"刑事政策"。[③] 过去学者对刑事立法政策概念的归纳,[④]没有明确指出国家总体刑事政策在刑事立法领域中的具体体现即刑事立法政策本身。刑事立法是整个犯罪治理对策体系的核心内容之一,而非全部。而刑事立法政策是从更为宏观的角度来考虑对违法犯罪行为的防控或者治理的方针、策略和措施体系,在这个体系之中,无论是刑事犯罪与其他违法行为之间,抑或是与两者分别相对应的刑事立法与其他法律制度之间,都不是截然分界或者相互孤立没有关联的。且不说国与国之间的法律差异,仅就一国之内的范围而言,刑法所划定的犯罪圈必然会随着社会的发展和犯罪形势的变化而扩大或者收缩,这就决定了刑事犯罪与其他违法行为的分界不可能一成不变,而是动态变化着的,此时为刑事犯罪的行为,彼时也许会变为一般违法行为甚至合法行为;反之,亦然。现阶段,微罪治理正致力于消除刑事立法政策与刑法立法以及教义学之间存在的"李斯特鸿沟",在吸纳刑事立法政策思想的基础上,解释和识别法律条文之间的相互联系和逻辑结构,并与之相互呼应和验证,从而构建一个协调一致的刑法教义学体系。这也代表了目前刑事立法政策论的发展趋势,而刑事立法政策论的发展方向也进一步凸显了宽严相济的微罪治理路径。

　　然而,目前学界大多只是笼统讨论立法政策论,从应然层面划定构建微罪立法体系的大体范围,导致实践中关于立法政策论的研究呈现外延上的模糊性和边界不确定的弊端。在我国,刑事立法政策是指国家基于预防犯罪、保障自由的目的,而制定、实施的立法原则、立法规模、立法领域、立法技术的总和。因此,针对上述问题提出系统

---

① 参见马克昌主编:《中国刑事政策学》,武汉大学出版社1992年版,第40页。
② 参见高铭暄、孙道萃:《预防性刑法观及其教义学思考》,载《中国法学》2018年第1期。
③ 参见魏东主编:《刑事政策学》,四川大学出版社2011年版,第40页。
④ 例如,"刑事立法政策是指在刑法中如何制定犯罪、刑罚和刑罚的指导政策,这是制定、修改、补充和完善我国刑法的重要依据""刑事立法政策是指在进行刑事立法时所遵循的政策,它不仅包括刑法立法政策,还包括刑事诉讼立法政策等"。

的理论解决方案具有重要的现实意义。在微罪立法政策论的研究过程中,应当系统讨论微罪的立法原则、立法规模、立法领域、立法技术等领域。总体上看,应承认微罪治理在回应社会风险方面做出了努力。对刑法中可能存在的侵犯人权与自由的附随风险应尽可能加以限制与纠正,不能以偏概全直接否定其安全价值。微罪治理应当以提出并解决"中国问题"作为问题导向,逐步推进刑事立法的具体框架完善。为此,微罪治理的正确进路应当是对风险刑法体系及基础理论进行适度校正,发挥其理论优势与实践功效,在对其附随风险进行合理管控或者有效消解时,适当尝试安全和自由协同、均衡发展;联动立法事实论和立法规范论,通过刑事立法政策论理性促进刑事立法的正当性、合理性。具体地说,我们应以预防必要性原则、缓和谦抑性原则以及体系协调性原则作为微罪治理的基本原则,用原则、制度或者规则对极端工具化现象的产生进行合理管控;对违法行为进行有效而必要的制裁,对过分偏执的刑法保障功能予以松绑。

从微罪治理的立法原则、立法规模、立法领域以及立法技术等方面构建并证立中国微罪治理的立法论进路的体系性研究方法,确保了立法政策论的各个方面不再堆砌在一起,而是呈现一种结构化的特点。这不仅是对立法理论研究的深化,也是对立法实践中问题解决方法探索方式的推进。此外,它成功地将哲学的思考方法与具体的技术内容结合在一起。围绕轻微的危害行为,可以具体、动态地启动微罪立法,不断"封闭"微罪体系的边界,做更全面的风险评估和规范控制,以真正遵从社会危害性理论所供给的"立法定量"逻辑。

【案例刑法学】

作为量刑规则的"被害人过错"实证研究
——以"亲密伴侣"故意杀人案件为视角

韩　骁　庄　瑶[*]

【摘要】 国内刑法学界近年来愈发关注被害人教义学,但碍于法理基础的指摘,将"被害人过错"视作量刑规则似乎更为妥帖。遗憾的是,围绕这一酌定量刑情节的研究有脱离司法实践开展教义学研究之嫌,幸而最高人民法院、最高人民检察院、公安部、司法部《关于依法办理家庭暴力犯罪的意见》为该命题回归经验土壤提供了契机。研究引入域外"亲密伴侣"概念,以 2016 年至 2021 年"中国裁判文书网"中的 829 个案例为样本,考察"被害人过错"的裁判机制。研究发现,"被害人过错"是"亲密伴侣"故意杀人案件量刑轻缓于非"亲密伴侣"案件,以及女性被告人"亲密伴侣"故意杀人案件量刑轻缓于男性被告人案件的关键要素。"亲密伴侣"故意杀人案件中"被害人过错"的适用存在两点缺陷:一是"被害人过错"的独立性存疑,"被害人过错"的有无、大小一定程度上受到其他非责任刑因素的影响,背后的原因可能是司法功能的异化。二是"被害人过错"的规范构造有待完善。具体修正路径是:(1)明确"被害人过错"的规范概念,适度扩张其外延;(2)确立"被害人过错"的主客观条件,以"加害行为"为核心;(3)实现"被害人过错"的类型化,统一认定标准;(4)目的限缩拒斥"情节较轻"适用的解释条款。

【关键词】 被害人过错　亲密伴侣　故意杀人罪　实证研究

一、问题的提出

根据传统刑法理论,"被害人"作为犯罪对象的载体隐匿于"犯罪人—国家"的二元结构之中。自 20 世纪 70 年代开始,犯罪被害人学通过刑事诉讼领域逐渐进入实体

---

[*] 韩骁,男,西南石油大学法学院讲师。庄瑶,女,西南石油大学法学院硕士研究生。

刑法并最终形成被害人教义学，[1]二元结构亦开始转向"犯罪人—国家—被害人"的模式，但随着"无过错"的被害人假设受到指摘，[2]被害人教义学需要回应被害人的介入对定罪和量刑产生何种影响。我国刑法学界对被害人教义学的体系性研究起步较晚，[3]被害人对直接引起的损害结果具有因果上的支配性，行为人只是对该行为发挥了促进、辅助作用的，被害人属于自陷风险；被害人实施了一些促使、引诱、暗示或激怒犯罪人的行为，对犯罪的发生负有共同责任的，"被害人过错"应当被视作量刑规则。然而，国内有学者根据被害人教义学的法理基础，提出从被害人视角认定犯罪并不妥适，反倒是量刑领域可以妥帖贯彻被害人教义学思想，[4]本文正是以量刑规则意义上的"被害人过错"为研究对象。需要说明的是，当前国内学界围绕"被害人过错"的规范概念、[5]成立条件、[6]行为类型[7]以及正当化依据[8]已经形成理论聚讼，但近年来相关命题却受到一定冷落。笔者认为这大抵是受制于刑法教义学视角，忽视了我国"被害人过错"的研究实际受到司法实践的显著驱动。[9]针对此，笔者认为有必要改变研究思路，回归经验的土壤，结合相关司法解释，通过观察"被害人过错"的认定现状以及积累的有益经验，反补论理争讼。

为此，笔者拟引入域外法规范概念"亲密伴侣"，将实证研究的样本限缩于"亲密伴侣"故意杀人案件，理由主要有以下三点：首先，坚持本土化的中国刑法学，就意味着要基于中国问题展开。"亲密伴侣"故意杀人案件与我国"被害人过错"的实在法依

---

[1] 参见郭研：《德国被害人教义学理论阐释及其在我国的应用》，载《中德法学论坛》2017年第2期。

[2] See Aya Gruber, *Victim Wrongs: The Case for a General Criminal Defense Base on Wrongful Victim Behavior in an Era of Victim's Rights*, 73 Temple Law Review 635(2003).

[3] 参见车浩：《刑法教义的本土形塑》，法律出版社2017年版，第449页。

[4] 参见邓卓行：《被害人教义学的法理基础与功能定位》，载《法学》2023年第5期。

[5] 大体分为主观说、客观说，客观说内部又分为不法侵害说与道德过错说。具体参见杨丹：《被害人过错的刑法含义》，中国人民大学出版社2007年版，第171页；刘军：《刑法学中的被害人研究》，山东人民出版社2010年版，第154页；蒋鹏飞：《作为辩护理由的被害人过错：概念界定、理论基础与认定标准》，载《中国刑事法杂志》2009年第8期。

[6] 具有代表性的学说有"关联事实的否定性评价""他人责任领域的相互加害"以及其他综合学说。具体参见崔建华：《论犯罪被害人过错制度的构建》，载《法律适用》2007年第9期；罗南石：《被害人过错的成立要件与我国〈刑法〉的完善》，载《江西社会科学》2007年第12期；杨丹：《论被害人过错的刑法含义》，中国人民大学出版社2007年版，第172~173页。

[7] 参见郭建安主编：《犯罪被害人学》，北京大学出版社1997年版，第157~166页；宋浩波：《犯罪学原理》，中国人民公安大学出版社2001年版，第222页；庄绪龙：《刑事被害人过错责任细化研究——兼评〈人民法院量刑指导意见（试行）〉之有关内容》，载《贵州警官职业学院学报》2010年第1期。

[8] 参见初红漫：《被害人过错与罪刑关系研究》，西南政法大学2012年博士学位论文；许辉：《量刑中的被害人因素研究》，中南财经政法大学2018年博士学位论文；田相夏：《刑法评价中的被害人因素研究》，西南政法大学2021年博士学位论文。

[9] 1999年最高人民法院印发的《全国法院维护农村稳定刑事审判工作座谈会纪要》（以下简称《农村维稳座谈会纪要》）提及："对于因婚姻家庭、邻里纠纷等民间矛盾激化引发的故意杀人犯罪，适用死刑一定要十分慎重，应当与发生在社会上的严重危害社会治安的其他故意杀人犯罪案件有所区别。对于被害人一方有明显过错或对矛盾激化负有直接责任，或者被告人有法定从轻处罚情节的，一般不应判处死刑立即执行。"

据相契合。众所周知,"被害人过错"在我国是酌定量刑情节,而关于"被害人过错"的司法解释①的适用主体基本符合"亲密伴侣"的外延,最高人民法院2023年工作报告指出,我国已确立了婚前同居施暴须以家庭成员身份承担刑事责任的司法规则。其次,本土化并不意味着排斥域外有益经验。在全球范围内,亲密伴侣凶杀案(Intimate Partner Homicide, IPH)的数量约占总凶杀案的1/7,②自20世纪下半叶,越发受到域外理论界与司法实务界的关注。③"亲密伴侣"的表述并没有出现在中国的规范性文件当中,但值得一提的是,研究者们实际上早已根据当事人双方的亲密关系,在故意杀人罪中探讨过相关的刑罚适用问题,④引入"亲密伴侣"概念的意义便在于整合我国已有的碎片化研究。最后,国内绝大多数实证研究的样本来自"中国裁判文书网",而这当前受到"总体数量不清,代表性存疑"的责难。⑤ 除增加定性研究和改良统计学方法外,还有一个方案就是尽量限缩样本范围,"亲密伴侣"正是聚焦较大样本的故意杀人罪的较小样本阈值。

二、研究设计与实证结果

(一)数据与变量

1. 样本

在检索样本之前,有必要先厘清本研究的语境。首先,就定义而言,随着刑事立法与理论的发展,"亲密伴侣"已经由狭义的"配偶及其同居伴侣"扩张为几乎涵盖所有

---

① 除《农村维稳座谈会纪要》外,"被害人过错"还出现在2021年最高人民法院、最高人民检察院发布的《关于常见犯罪的量刑指导意见(试行)》(以下简称《量刑指导意见》)以及2015年最高人民法院、最高人民检察院、公安部、司法部印发的《家暴意见》等规范性文件中。

② See H. Stöckl & K. Devries et al., *The Global Prevalence of Intimate Partner Homicide: A Systematic Review*, 382 The Lancet 859(2013).

③ 域外关于IPH的研究大体沿着两条路径展开:一是识别潜在的IPH风险因素并制定公共政策以降低流行率,二是考察IPH的量刑模式,评估已有量刑机制,推进量刑改革,预防和干预IPH。后者又具体延伸出两条路径,即比较研究IPH与非IPH之间的量刑差异,比较研究IPH中男女被告人之间的量刑差异。See Shilan Caman et al., *Differentiating Male and Female Intimate Partner Homicide Perpetrators: A Study of Social, Criminological and Clinical Factors*, 15 International Journal of Forensic Mental Health 26(2016); Myrna Dawson, *Intimacy, Homicide, and Punishment: Examining Court Outcomes over Three Decades*, 45 Australian & New Zealand Journal of Criminology 400(2012); Linnea Carlsson, *Socio-Demographic and Psychosocial Characteristics of Male and Female Perpetrators in Intimate Partner Homicide: A Case-Control Study from Region Vastra Gotaland, Sweden*, 16 Plos One 237(2021).

④ 参见周芸野:《裁判规则下婚恋纠纷死刑限制适用问题研究》,载《云南师范大学学报(哲学社会科学版)》2018年第4期;李光宇:《故意杀人罪刑事处罚实证研究——以五省二市近五年的故意杀人犯罪判决书为样本》,载《安徽师范大学学报(人文社会科学版)》2019年第2期;马贺、刘静玮:《杀妻型故意杀人犯罪研究——以44起既遂案例为考察对象》,载《犯罪研究》2021年第6期。

⑤ 参见何挺:《法学研究中裁判文书运用的方法论检讨——以刑事法文献为例的内容分析》,载《法学研究》2022年第3期。

有密切交往关系的异（同）性。① 例如,美国实体法中的"亲密伴侣",通常包含(前)配偶或同居伴侣、有共同孩子的人、16 周岁以上且至少有过约会关系的人。② 第二,中国实在法中缺少与亲密伴侣凶杀案外延完全一致的罪名,亲密伴侣凶杀案实际涵盖了中国《刑法》中的故意杀人、过失杀人及故意伤害致人死亡的情形。为了确保样本的可比较性,研究对象聚焦中国《刑法》第 232 条"故意杀人罪"。③

其次,需要总结已有研究样本检索的缺陷。第一,域外大多数亲密伴侣凶杀案研究基于小样本量(两位数),④中国相关实证研究同样存在这一问题,⑤过小的样本量可能导致统计学分析的稳定性存疑。第二,域外部分研究者意识到上述问题后,选择混同样本以扩大数量,如将男性被告人与女性被告人、既遂犯与未遂犯样本混同,⑥这实际上增加了结论的不稳定性。

最后,研究的数据均来自"中国裁判文书网"。第一,样本的基础检索条件如下:案件类型 = 刑事案件;文书类型 = 判决书;案由 = 故意杀人罪;裁判日期为 2016 年 1 月 1 日至 2021 年 12 月 31 日。第二,研究采用广义的"亲密伴侣"概念,这一类型的故意杀人案件往往分布于"婚姻家庭""家庭暴力""婚恋纠纷"等事由的案件中,因而笔者以"全文 = 婚姻、家庭、夫妻、婚恋、恋爱、情侣、同居、同性、感情、情感"进行精准查找后,共得到 1527 个样本。第三,为了使量刑研究更具有规范性、可比较性,对样本进行人工筛选和手动去重。具言之,剔除双方当事人非亲密伴侣关系以及亲密伴侣凶杀案中的重复案例;根据《刑法》中的法定量刑情节,剔除占比小且罪责明显过轻或过重

---

① See Solveig Karin Bø Vatnar, Christine Friestad & Stål Bjørkly, *Differences in Intimate Partner Homicides Perpetrated by Men and Women：Evidence from a Norwegian National 22 - Year Cohort*, Psychology, Crime & Law, First Published on 15th February, https：//www. tandfonline. com/loi/gpcl20, accessed on 4th March 2022.

② See U. S. Code：Title 18 § 921（a）（32）.

③ 中国《刑法》第 232 条"故意杀人罪"的犯罪构成,大抵相当于美国刑法中的谋杀罪（Murder）与自愿非预谋杀人罪（Voluntary Manslaughter）。以上参见 U. S. Code：Title 18 § 1111 - 1112（a）。

④ See Marion Whittle & Guy Hall, *Intimate Partner Homicide：Themes in Judges' Sentencing Remarks*, Psychiatry, 25 Psychology and Law 922（2019）; Wiseman Daly & Wilson Daly, *Women with Children Sired by Previous Partners Incur Excess Risk of Uxoricide*, 1 Homicide Studies 61（1997）; Kathleen Auerhahn, *Adjudication Outcomes in Intimate and Non - Intimate Homicides*, 11 Homicide Studies 213（2007）.

⑤ 已有成果大抵基于 30 个样本进行研究。参见周芸野：《裁判规则下婚恋纠纷死刑限制适用问题研究》,载《云南师范大学学报（哲学社会科学版）》2018 年第 4 期;参见马贺、刘静玮：《杀妻型故意杀人犯罪研究——以 44 起既遂案例为考察对象》,载《犯罪研究》2021 年第 6 期。

⑥ See Myrna Dawson, *Intimacy, Homicide, and Punishment：Examining Court Outcomes over Three Decades*, 45 Australian & New Zealand Journal of Criminology 400（2012）.

的案例,包括未遂犯(363个)、①共同犯罪中的从犯(10个)、②多个结果犯(17个);剔除罕见且因"特别预防性小而轻缓化"的案例,包括年事已高(10个)、③怀孕(2个)、④残疾人(4个)、⑤限制行为能力(41个)。⑥ 第四,当同时存在一审和二审判决书时,以二审终审结果为准。至此,确定"亲密伴侣故意杀人案件"样本共573个,其中男性被告人419名,女性被告人154名。此外,为实现本文研究目的,需要筛选非亲密伴侣凶杀案女性被告人样本,基础检索条件是:案件类型=刑事案件;文书类型=判决书;案由=故意杀人罪;裁判日期为2016年1月1日至2021年12月31日。共得到14115个样本,人工筛选出被告人为女性,被害人为其非亲密伴侣的故意杀人罪既遂案件共256个。

为实现本文的研究目的,即准确观测并分析"亲密伴侣"故意杀人案件中"被害人过错"的规范构造及与之相关的影响因素,笔者选用了社会科学统计软件"SPSS (Statistical Product and Service Solutions)。具体而言,基于理论与司法实践的契合点完成变量设计与赋值,以亲密关系、性别作为区分,运用SPSS(26.0)检验存在显著差异的影响因素,完成描述统计后,再通过建立多元有序逻辑回归模型,探究其中的司法裁判逻辑,并讨论"被害人过错"在实现罚当其罪(量刑均衡)中的效果。值得一提的是,尽管研究探究的是"被害人过错"的规范构造,但还是需要纳入"亲密伴侣"故意杀人案件的其他重要量刑情节:一是考察"被害人过错"的有无、大小是否与其他量刑情节相关,二是将所有重要的量刑情节一并予以考量,方能运用倾向得分匹配证立"被害人过错"是否具有独立的量刑作用。

2. 变量说明

研究拟根据从中国刑事立法(含司法解释)、判决书中提取到的司法裁判规则以及相关理论学说,对变量进行设计。基于研究目的,因变量即被解释变量为被告人刑

---

① 《刑法》第23条第2款规定:"对于未遂犯,可以比照既遂犯从轻或者减轻处罚。"《量刑指导意见》第三部分第4条规定:"对于未遂犯,综合考虑犯罪行为的实行程度、造成损害的大小、犯罪未得逞的原因等情况,可以比照既遂犯减少基准刑的50%以下。"

② 《刑法》第27条第2款规定:"对于从犯,应当从轻、减轻处罚或者免除处罚。"《量刑指导意见》第三部分第5条规定:"对于从犯,综合考虑其在共同犯罪中的地位、作用等情况,应当予以从宽处罚,减少基准刑的20% - 50%;犯罪较轻的,减少基准刑的50%以上或者依法免除处罚。"

③ 《刑法》第17条之一规定:"已满七十五周岁的人故意犯罪的,可以从轻或者减轻处罚……"《量刑指导意见》第三部分第2条规定:"对于已满七十五周岁的老年人故意犯罪,综合考虑犯罪的性质、情节、后果等情况,可以减少基准刑的40%以下;过失犯罪的,减少基准刑的20% - 50%。"

④ 《刑法》第49条第1款规定:"犯罪的时候不满十八周岁的人和审判的时候怀孕的妇女,不适用死刑。"

⑤ 《刑法》第19条规定:"又聋又哑的人或者盲人犯罪,可以从轻、减轻或者免除处罚。"《量刑指导意见》第三部分第3条规定:"对于又聋又哑的人或者盲人犯罪,综合考虑犯罪性质、情节、后果以及聋哑人或者盲人犯罪时的控制能力等情况,可以减少基准刑的50%以下;犯罪较轻的,可以减少基准刑的50%以上或者依法免除处罚。"

⑥ 《刑法》第18条第3款规定:"尚未完全丧失辨认或者控制自己行为能力的精神病人犯罪的,应当负刑事责任,但是可以从轻或者减轻处罚。"

期。由于涉及无期徒刑、死刑以及缓刑,不宜设计为连续数值型变量,[1]更适合以分类变量的形式展现。需要说明的是,目前与"被害人过错"有关的重要司法解释有三部,其中《农村维稳座谈会纪要》旨在限制死刑的适用,而2021年印发的《量刑指导意见》已删除关于"被害人过错"的内容。因此,笔者主要根据《家暴意见》来设计因变量。《家暴意见》第20条关涉故意杀人罪"情节较轻"的认定,[2]据此可以将刑期设计为四分变量,即死刑(含死缓)、10年以上有期徒刑(含无期徒刑)、3年以上10年以下有期徒刑、缓刑。

自变量即解释变量的赋值较为复杂,为深入考察"被害人过错",需要较为全面地纳入相关量刑影响因素。理由有以下两点:一是部分量刑情节可能与"被害人过错"的认定具有内在关联性,二是仅考察"被害人过错"与刑期之间的双变量关系,或多或少会忽略其他量刑影响因素对刑期的作用,在统计学方法上存在缺陷。为此,本文主要根据《刑法》和《家暴意见》进行设计,在整体上可以分为(广义)法定量刑情节与法外量刑情节。其中,(广义)法定量刑情节又可以分为(狭义)法定量刑情节和酌定量刑情节。结合本文研究的样本特征,(狭义)法定量刑情节具体包括前科、自首、坦白、认罪、悔罪、正当防卫、原因自由行为。但鉴于超过九成的被告人具有认罪情节,故有必要排除该情节。此外,尽管我国故意杀人罪客观上缺乏类型性,但论理上认为不法行为类型仍是决定定罪与量刑的基本犯罪事实。对于酌定量刑情节的设置需要考察相关刑事政策及其规范性文件,根据2010年最高人民法院颁布的《关于贯彻宽严相济刑事政策的若干意见》,设置有"被害人过错"、"义愤杀人"以及"防卫因素"。根据《家暴意见》,设置有"防卫因素""激愤杀人""过错责任""被害人家属谅解",同时要求"情节不是特别恶劣""手段不是特别残忍"。同时,根据《量刑指导意见》,对变量予以补充,增添赔偿。[3] 在避免重复评价后,本文研究中(广义)法定量刑情节有不法行为类型、前科、自首、坦白、悔罪、防卫因素、原因自由行为、被害人过错、激情杀人、被害人家属谅解、赔偿、情节特别恶劣、手段特别残忍。需要特别说明的是,这里的"激情杀人"仅指可谴责性较小的非预谋,而非部分学者所主张的故意杀人罪的一种"情节较轻"的类型。[4] 此外,域外关于亲密伴侣凶杀案的研究显示,某些法外量刑情节也

---

[1] 国内有学者将无期徒刑、死缓分别折算为360个月、480个月,缓刑折半计算,但笔者认为这种换算并没有合理的实在法依据,且折算后的刑期亦无法通过正态性检验。具体参见赵军:《正当防卫法律规则司法重构的经验研究》,载《法学研究》2019年第4期。

[2] 《刑法》第232条规定:"故意杀人的,处死刑、无期徒刑或者十年以上有期徒刑;情节较轻的,处三年以上十年以下有期徒刑。"

[3] 《量刑指导意见》第三部分第11条规定:"对于积极赔偿被害人经济损失并取得谅解的,综合考虑犯罪性质、赔偿数额、赔偿能力以及认罪悔罪表现等情况,可以减少基准刑的40%以下;积极赔偿但没有取得谅解的,可以减少基准刑的30%以下;尽管没有赔偿,但取得谅解的,可以减少基准刑的20%以下……"

[4] 参见蔡刘红:《"激愤杀人"的刑事立法初探》,载《东南大学学报(哲学社会科学版)》2017年第S1期。

可能间接地影响量刑,[1]本文纳入的法外因素有亲密伴侣关系、性别、民族、审判员性别、律师等。需要说明的是,"被害人过错"因超过二分变量需要设置哑变量,判决书反映出我国"被害人过错"的表述欠缺规范性,[2]笔者为更好厘清"被害人过错"的规范概念,检验当前司法实务中对某些道德过错的态度,拟将"被害人过错"进行三分,即"无过错""有过错""重大过错"。综上,研究全部的变量设计与赋值结果如表1所示。

表1 变量赋值设计

自变量			因变量
法外量刑情节	法定量刑情节		刑期
亲密伴侣关系 是1;否2	不法行为类型	单一1;综合;危险	死刑(含死缓)
	前科	有1;无2	
	自首	是1;否0	
性别 男1;女2	坦白	是1;否0	10年以上有期徒刑(含无期徒刑)
	悔罪	是1;否0	
	防卫因素	有1;无2	
民族 汉1;少数2;不详3	原因自由行为	是1;否0	
	被害人过错	重大过错1;有过错2;无过错3	3年以上10年以下有期徒刑
审判员性别 男1;女2;不详3	激情杀人	是1;否0	
	被害人家属谅解	有1;无2	
律师类型 委托1;指派2;不详3	赔偿	有1;无2	缓刑
	情节特别恶劣	有1;无2;不详3	
	手段特别残忍	有1;无2;不详3	

(二)量刑影响因素与裁判机制

1. 量刑影响因素

为全面考察我国"亲密伴侣"故意杀人案件中"被害人过错"的规范构造,下文将就故意杀人案件中双方当事人是否属于"亲密伴侣",以及"亲密伴侣"故意杀人案件内部男女性被告人各自的量刑影响因素进行对比分析。笔者先验地认为"被害人过

---

[1] See Stout Karen & Patricia Brown, *Legal and Social Differences between Men and Women Who Kill Intimate Partners*, 10 Affilia 194(1995); Strange C., Payne C. & Fraser F. Gender, *Intimate Partner Homicide, and Rurality in Early-Twentieth-Century New South Wales*, 46 Social Science History 777(2022); Kathleen Auerhahn, *Adjudication Outcomes in Intimate and Non-Intimate Homicides*, 11 Homicide Studies 213(2007).

[2] 除无过错外,还有"一定过错""有过错""有责任""一定责任""明显过错""重大过错"等。

错"是"亲密伴侣"故意杀人案件与非"亲密伴侣"故意杀人案件的关键差异,检验结果如表2所示。

表2 量刑影响因素对比 I

影响因素	女性被告人"亲密伴侣"故意杀人 ($n=154$) %(n)	女性被告人非"亲密伴侣"故意杀人 ($n=256$) %(n)	p	统计值 t Z or χ^2	效应量 d φ or Cramer's V
民族			0.733	0.62	0.04
汉族	70.8($n=109$)	74.2($n=190$)			
少数民族	16.2($n=25$)	14.9($n=38$)			
不详	13.0($n=20$)	10.9($n=28$)			
物质滥用			0.218	1.52	0.06
是	4.5($n=7$)	2.3($n=6$)			
否	95.5($n=147$)	97.7($n=250$)			
审判员性别			0.021	7.700	0.14
男	80.5($n=124$)	71.9($n=184$)			
女	17.5($n=27$)	24.2($n=62$)			
不详	2.0($n=3$)	3.9($n=10$)			
律师类型			0.188	3.34	0.09
委托	60.4($n=93$)	63.3($n=162$)			
指派	35.7($n=55$)	29.3($n=75$)			
不详	3.9($n=6$)	7.4($n=19$)			
不法行为类型			0.014	8.55	0.14
单一型	76.6($n=118$)	87.1($n=223$)			
综合型	22.1($n=34$)	11.3($n=29$)			
危险型	1.3($n=2$)	1.6($n=4$)			
手段特别残忍			≤0.001	33.37	0.29
是	7.8($n=12$)	7.4($n=19$)			
否	79.9($n=123$)	92.6($n=237$)			
不详	12.3($n=19$)	0.0($n=0$)			
情节特别恶劣			≤0.001	33.94	0.29

续表

影响因素	女性被告人"亲密伴侣"故意杀人 ($n=154$) %(n)	女性被告人非"亲密伴侣"故意杀人 ($n=256$) %(n)	p	统计值 t Z or χ^2	效应量 d φ or Cramer's V
是	3.2($n=5$)	5.9($n=15$)			
否	84.5($n=130$)	94.1($n=241$)			
不详	12.3($n=19$)	0.0($n=0$)			
前科			0.197	1.67	0.06
有	0.6($n=1$)	0.0($n=0$)			
无	99.4($n=153$)	100.0($n=256$)			
自首			0.004	8.30	0.14
是	60.4($n=93$)	45.7($n=117$)			
否	39.6($n=61$)	54.3($n=139$)			
坦白			0.002	9.28	0.15
是	95.5($n=147$)	85.9($n=220$)			
否	4.5($n=7$)	14.1($n=36$)			
悔罪			≤0.001	23.70	0.24
是	15.6($n=24$)	38.3($n=98$)			
否	84.4($n=130$)	61.7($n=158$)			
赔偿			0.020	5.44	0.12
有	12.3($n=19$)	21.5($n=55$)			
无	87.7($n=135$)	78.5($n=201$)			
被害人家属谅解			≤0.001	15.89	0.20
有	59.7($n=92$)	39.5($n=101$)			
无	40.3($n=62$)	60.5($n=155$)			
被害人过错			≤0.001	-10.53	-0.53
无过错	31.2($n=48$)	83.2($n=213$)			
有过错	42.8($n=66$)	11.7($n=30$)			
重大过错	26.0($n=40$)	5.1($n=13$)			
防卫因素			0.008	7.04	0.13
有	12.3($n=19$)	5.1($n=13$)			

续表

影响因素	女性被告人"亲密伴侣"故意杀人 ($n=154$) %(n)	女性被告人非"亲密伴侣"故意杀人 ($n=256$) %(n)	p	统计值 t Z or χ^2	效应量 d φ or Cramer's V
无	87.7($n=135$)	94.9($n=243$)			
激情杀人			≤0.001	13.80	0.18
是	42.9($n=66$)	38.3($n=98$)			
否	57.1($n=88$)	61.7($n=158$)			
刑期			≤0.000	-4.445	0.22
死刑(含死缓)	1.3($n=2$)	0.4($n=1$)			
10年以上有期徒刑(含无期徒刑)	77.3($n=119$)	57.4($n=147$)			
3年以上10年以下有期徒刑	17.5($n=27$)	30.5($n=78$)			
缓刑	3.9($n=6$)	11.7($n=30$)			

注:Mann – Whitney U 检验适用于非参数(正态)分布变量的差异性检验,其中,效应大小系从秩双列相关性得出。名义变量按照惯例采用卡方检验,效应大小由 Cohen d 得出。n = 样本数。p 值是一个概率,表示在假设"两个样本之间没有差异"成立的情况下,数据中观察到的差异(或更大的差异)随机出现的可能性。如果 p 值较小(通常小于预设的显著性水平 α,例如 0.05),可以认为观察到的差异不太可能是随机产生的,从而拒绝原假设,认为两个样本之间存在显著差异。如果 p 值较大(大于等于 α),则不能拒绝原假设,认为样本之间的差异可能是随机导致的。常见的 α 值有 0.05、0.01、0.001 等。统计值用于比较不同组之间是否存在显著差异,需要视不同情形采用相应的统计值。当总体标准差已知、样本量 > 30、样本均值近似正态分布时,选用 t 值(t - statistic),t 值是衡量效应与随机误差之比的统计量,它能够反映样本数据中的效应强度(如组间差异或变量关系)是否足够强大,以致于可以排除随机误差的可能性。当总体标准差是否未知、样本量 ≤ 30 时选用 Z 值(Z - score 或标准分数),Z 值表示某个观测值与总体均值之间的距离,用单位标准差衡量,用于反映统计效应或判断显著性。相较于连续变量,卡方统计量 x^2(Chi – Square Statistic)应用于大样本和期望频数较高的分类变量场景,其是统计学中一种用来衡量实际频数与理论频数之间偏差的指标,反映了数据中实际发生的情况与理论模型或假设的差异程度,广泛用于分类数据和频数数据的分析。效应量(Effect Size)是一种统计指标,用于衡量变量之间关系的强度或组间差异的实际大小,它在统计分析中起到补充 p 值的作用,用于评估研究结果的实际意义,而不仅是统计显著性,需要视不同情形采用相应的效应量。其中,当数据类型为连续变量时,选用 d(Cohen's d)作为一种标准化的效应量指标,用于衡量两个组之间均值差异的大小,并提供一个独立于样本量的效果强度评估。小效应 $d \approx 0.2$、中效应 $d \approx 0.5$、大效应 $d \approx 0.8$。当数据类型为分类变量时,选用 ϕ 和 Cramer's V 评估分类变量间的关联强度,ϕ 只适用于 2×2 列联表,小效应 $\phi \approx 0.10$、中等效应 $\phi \approx 0.30$、大效应 $\phi \approx 0.50$。d 和 Cramer's V 更具通用性,适合更复杂的场景。表 2 的注存在书写错误,应更正为:当 20% 的单元格预期频数小于 5 时,采用 Fisher 精确检验。对于具有非参数分布的变量,使用 Mann – Whitney U 检验来分析可能的独立组间差异。此处的效应量来源于秩二分相关。对于名义数据,采用卡方检验,效应量通过 Cohen's d 计算得出。表 3 和表 4 采用相同方法,不再赘述。

不难看出,上述两类故意杀人案件在审判员性别、不法行为类型、手段特别残忍、情节特别恶劣、自首、坦白、悔罪、赔偿、被害人家属谅解、被害人过错、防卫因素、激情杀人及其刑期上均有显著差异。具体而言：第一，域外已有研究显示裁判者的性别对男性被告人（残害女性）案件的量刑有显著影响，且男性裁判者更倾向于重刑。[1] 我国审判员的性别是否会因对"被害人"的刻板印象而显著影响"亲密伴侣"故意杀人案件的量刑值得检验。第二，不法行为类型通常会影响主、客观违法性，"亲密伴侣"故意杀人案件中的被告人更倾向于使用多种凶器，且更易被认定为"手段特别残忍"，这和域外研究基本一致。例如，加拿大有学者提出，部分亲密伴侣凶杀案的性质较非亲密伴侣凶杀案明显更恶劣，刑罚却较非亲密伴侣凶杀案轻缓。[2] 第三，除"手段特别残忍"外，"情节特别恶劣"也是限制适用《家暴意见》的重要事由。相较于前者，"情节特别恶劣"更关注行为人的罪责，[3] "亲密伴侣"故意杀人案件更少被认定为"情节特别恶劣"，一定程度上说明裁判者更易宽恕该类型犯罪的罪责。第四，预防刑方面，"亲密伴侣"故意杀人案件中被告人更多自首及坦白，这也反映了该类型犯罪人人身危险性较小的特征。但与此同时，"亲密伴侣"故意杀人案件中被告人的赔偿占比却很低，诡谲的是，反而更容易获得被害人家属的谅解，下文将结合被害人过错予以解释。第五，域外研究发现，以"被害人过错"作为辩护事由一旦成功，至少可以从谋杀降到过失杀人，就算不成功亦可作为量刑轻缓因素。[4] "亲密伴侣"故意杀人案件的鲜明特征是存在大量"被害人过错"，我国司法实践当前并未就"被害人过错"的外延形成一致意见。例如，有将亲密伴侣"不忠"认定为"被害人过错"的个案。[5] 第六，各国学界

---

[1] See Cutroni L. & Anderson J., *Lady Injustice*: *The Moderating Effect of Ambivalent Sexism in a Mock Case of Intimate Partner Homicide*, 48 Criminal Justice and Behavior 373(2021).

[2] See Myrna Dawson & Danielle Sutton, *Similar Sentences*, *Similar Crimes*? *Using Deep Sample Analysis to Examine the Comparability of Homicides and Punishments by Victim-Offender Relationship*, 49 Intentional Journal of Law, Crime and Justice 58(2017).

[3] 参见陈兴良：《故意杀人罪的手段残忍及其死刑裁量——以刑事指导案例为对象的研究》，载《法学研究》2013年第4期。

[4] See Wells E. C., "*But Most of All*, *They Fought Together*" *Judicial Attributions for Sentences in Convicting Battered Women Who Kill*, 36 Psychology of Women Quarterly 350(2012); Myrna Dawson, *Intimacy*, *Homicide*, *and Punishment*: *Examining Court Outcomes over Three Decades*, 45 Australian & New Zealand Journal of Criminology 400(2012).

[5] 参见陕西省渭南市中级人民法院刑事判决书，(2019)陕05刑初44号；陕西省西安市中级人民法院刑事判决书，(2021)陕01刑初17号；浙江省温州市中级人民法院刑事附带民事判决书，(2020)浙03刑初96号；广西壮族自治区桂林市中级人民法院刑事附带民事判决书，(2020)桂03刑初18号；江苏省徐州市中级人民法院刑事判决书，(2018)苏03刑初148号。

达成的共识是,绝大多数亲密伴侣凶杀案无法满足正当防卫的法教义学要求。① 我国"亲密伴侣"故意杀人案件中防卫因素的认定明显多于非"亲密伴侣"案件,这可能是因为《家暴意见》适当放宽了"防卫"条件。第七,众所周知,激情杀人较预谋的违法性、有责性较小,尽管对于亲密伴侣凶杀案是否属于激情犯罪不无疑问,但"亲密伴侣"故意杀人案件中属于激情杀人的占比仍然较高。第八,刑期方面出现了假设证伪的结果,"亲密伴侣"故意杀人案件较非"亲密伴侣"案件刑罚反而更重,造成这一点的原因恐怕是后者包含大量杀害非婚生子女等应当轻缓化的案件,②在手动剔除后仅剩45例"生人"案件(非家事故意杀人案件,见表3)。

表3 量刑影响因素对比 Ⅱ

影响因素	女性被告人"亲密伴侣"故意杀人 (n=154) %(n)	女性被告人非家事故意杀人 (n=45) %(n)	p	统计值 t Z or χ²	效应量 d φ or Cramer's V
民族			0.679	0.77	0.06
汉族	70.8(n=109)	68.9(n=31)			
少数民族	16.2(n=25)	13.3(n=6)			
不详	13.0(n=20)	17.8(n=8)			
物质滥用			0.576	0.33	0.04
是	4.5(n=7)	6.7(n=3)			
否	95.5(n=147)	93.3(n=42)			
审判员性别			0.580	1.09	0.07
男	80.5(n=124)	75.6(n=34)			
女	17.5(n=27)	20.0(n=9)			
不详	2.0(n=3)	4.4(n=2)			

---

① 国内学界已经鲜有人主张"受虐妇女杀夫"可以沿着正当防卫的路径予以出罪。参见陕佳:《责任阻却性紧急避险的厘清与适用——以受虐妇女杀夫案为视角》,载《法学家》2020年第1期;张明楷:《受虐妇女反杀案的出罪事由》,载《法学评论》2022年第2期;彭文华:《受虐妇女综合症与杀夫案中正当防卫的认定》,载《法学评论》2022年第5期。域外则有学者主张"被指控谋杀的受虐待妇女面临着巨大的压力,必须承认过失杀人罪,而不是冒着被定谋杀的风险辩称自卫"。See E. Sheehy, J. Stubbs & J. Tolmie, *Securing Fair Outcomes for Battered Women Charged with Homicide: Analysing Defence Lawyering in R v Falls*, 38 Melbourne University Law Review 666 (2014); Tyson D., Kirkwood D. & McKenzie M., *Family Violence in Domestic Homicides: A Case Study of Women Who Killed Intimate Partners Post-Legislative Reform in Victoria, Australia*, 23 Violence Against Women 559 (2017).

② 其中还包括被害人和被告人属于母子、母女、妯娌、婆媳、姻亲等关系的家庭纠纷案件。

续表

影响因素	女性被告人"亲密伴侣"故意杀人 ($n=154$) %(n)	女性被告人非家事故意杀人 ($n=45$) %(n)	p	统计值 t Z or χ^2	效应量 d φ or Cramer's V
律师类型			0.188	3.34	0.09
委托	60.4($n=93$)	77.8($n=35$)			
指派	35.7($n=55$)	22.2($n=10$)			
不详	3.9($n=6$)	0.0($n=0$)			
不法行为类型			0.133	4.03	0.14
单一型	76.6($n=118$)	88.9($n=40$)			
综合型	22.1($n=34$)	8.9($n=4$)			
危险型	1.3($n=2$)	2.2($n=1$)			
手段特别残忍			0.042	6.35	0.18
是	7.8($n=12$)	11.1($n=5$)			
否	79.9($n=123$)	88.9($n=40$)			
不详	12.3($n=19$)	0.0($n=0$)			
情节特别恶劣			0.045	6.19	0.18
是	3.2($n=5$)	4.4($n=2$)			
否	79.9($n=123$)	95.6($n=43$)			
不详	12.3($n=19$)	0.0($n=0$)			
前科			0.588	0.29	0.04
有	0.6($n=1$)	0.0($n=0$)			
无	99.4($n=153$)	100.0($n=256$)			
自首			0.623	0.24	0.04
是	60.4($n=93$)	64.4($n=29$)			
否	39.6($n=61$)	35.6($n=16$)			
坦白			0.011	6.46	0.18
是	95.5($n=147$)	84.4($n=38$)			
否	4.5($n=7$)	15.6($n=7$)			
悔罪			0.020	5.43	0.17
是	15.6($n=24$)	31.1($n=14$)			

续表

影响因素	女性被告人"亲密伴侣"故意杀人 ($n=154$) %(n)	女性被告人非家事故意杀人 ($n=45$) %(n)	p	统计值 t Z or χ^2	效应量 d φ or Cramer's V
否	84.4($n=130$)	68.9($n=31$)			
赔偿			≤0.001	88.59	0.67
有	12.3($n=19$)	84.4($n=38$)			
无	87.7($n=135$)	15.6($n=7$)			
被害人家属谅解			≤0.001	11.47	0.24
有	59.7($n=92$)	31.1($n=14$)			
无	40.3($n=62$)	68.9($n=31$)			
被害人过错			0.011	−2.54	−0.23
无过错	31.2($n=48$)	46.7($n=21$)			
有过错	42.8($n=66$)	44.4($n=20$)			
重大过错	26.0($n=40$)	8.9($n=4$)			
防卫因素			0.859	0.03	0.01
有	12.3($n=19$)	13.3($n=6$)			
无	87.7($n=135$)	86.7($n=39$)			
激情杀人			0.327	0.96	0.07
是	42.9($n=66$)	51.1($n=23$)			
否	57.1($n=88$)	48.9($n=22$)			
刑期			0.039	−2.06	−0.14
死刑(含死缓)	1.3($n=2$)	0.0($n=0$)			
10年以上有期徒刑(含无期徒刑)	77.3($n=119$)	93.3($n=42$)			
3年以上10年以下有期徒刑	17.5($n=27$)	6.7($n=3$)			
缓刑	3.9($n=6$)	0.0($n=0$)			

非家事故意杀人案件与"亲密伴侣"故意杀人案件的样本结果有几点差异。首先,限缩后的样本与"亲密伴侣"故意杀人案件的样本相比具有显著差异的量刑影响因素减少了,仅剩手段特别残忍、情节特别恶劣、坦白、悔罪、赔偿、被害人家属谅解、被

害人过错以及刑期。其次,具体的差异也出现了微妙变化。非家事故意杀人案件更多被认定为手段特别残忍、情节特别恶劣,这和域外的研究结论并不一致。值得一提的是,非家事故意杀人案件中被害人有过错的认定比例显著上涨,但重大过错的占比仍然很低。与预期不同,非家事故意杀人案件中防卫因素和激情杀人的占比都要高于"亲密伴侣"故意杀人案件,这有待进一步解读。最后,"亲密伴侣"故意杀人案件的刑期显著轻缓于非家事故意杀人案件。

外部比较后,需要对"亲密伴侣"故意杀人案件的内部进行比较分析,结果显示男女性被告人的差异十分明显(见表4)。

表4 量刑影响因素对比Ⅲ

影响因素	男性被告人 ($n=419$) %(n)	女性被告人 ($n=154$) %(n)	p	统计值 t Z or χ^2	效应量 d φ or Cramer's V
民族			0.532	1.26	0.05
汉族	69.5($n=291$)	70.8($n=109$)			
少数民族	14.1($n=59$)	16.2($n=25$)			
不详	16.5($n=69$)	13.0($n=20$)			
物质滥用			0.002	10.05	0.13
是	14.1($n=59$)	4.5($n=7$)			
否	85.9($n=360$)	95.5($n=147$)			
审判员性别			0.580	2.82	0.07
男	73.7($n=309$)	80.6($n=124$)			
女	23.4($n=98$)	17.5($n=27$)			
不详	2.9($n=12$)	1.9($n=3$)			
律师类型			0.039	6.47	0.11
委托	49.9($n=208$)	60.4($n=93$)			
指派	47.3($n=198$)	35.7($n=55$)			
不详	2.6($n=11$)	3.9($n=6$)			
不法行为类型			0.133	0.74	0.04
单一型	79.7($n=334$)	76.6($n=118$)			
综合型	18.9($n=79$)	22.1($n=34$)			
危险型	1.4($n=6$)	1.3($n=2$)			
手段特别残忍			≤0.001	13.15	0.15
是	17.4($n=73$)	7.8($n=12$)			
否	76.6($n=321$)	79.9($n=123$)			

续表

影响因素	男性被告人 ($n=419$) %(n)	女性被告人 ($n=154$) %(n)	p	统计值 t Z or χ^2	效应量 d φ or Cramer's V
不详	6.0($n=25$)	12.3($n=19$)			
情节特别恶劣			0.026	7.33	0.11
是	5.5($n=23$)	3.2($n=5$)			
否	88.5($n=371$)	84.5($n=130$)			
不详	6.0($n=25$)	12.3($n=19$)			
前科			0.047	3.93	0.08
有	3.8($n=16$)	0.6($n=1$)			
无	96.2($n=403$)	99.4($n=153$)			
自首			0.292	1.11	0.04
是	65.2($n=273$)	60.4($n=93$)			
否	34.8($n=146$)	39.6($n=61$)			
坦白			0.395	1.86	0.06
是	94.3($n=394$)	95.5($n=147$)			
否	4.5($n=19$)	4.5($n=7$)			
不详	1.2($n=5$)	0($n=0$)			
悔罪			0.033	4.56	0.09
是	23.9($n=100$)	15.6($n=24$)			
否	76.1($n=319$)	84.4($n=130$)			
赔偿			≤0.001	20.44	0.19
有	31.0($n=130$)	12.3($n=19$)			
无	69.0($n=289$)	87.7($n=135$)			
被害人家属谅解			≤0.001	20.75	0.19
有	38.4($n=161$)	59.7($n=92$)			
无	61.6($n=258$)	40.3($n=62$)			
被害人过错			≤0.001	113.4	−0.47
无过错	72.8($n=305$)	31.2($n=48$)			
有过错	24.6($n=103$)	42.8($n=66$)			
重大过错	2.6($n=11$)	26.0($n=40$)			
防卫因素			≤0.001	21.41	0.19
有	2.6($n=11$)	12.3($n=19$)			
无	97.4($n=408$)	87.7($n=135$)			

续表

影响因素	男性被告人 ($n=419$) %(n)	女性被告人 ($n=154$) %(n)	p	统计值 t Z or χ^2	效应量 d φ or Cramer's V
激情杀人			≤0.001	29.43	0.23
是	67.8($n=284$)	42.9($n=66$)			
否	32.2($n=135$)	57.1($n=88$)			
刑期			≤0.000	−7.84	−0.20
死刑（含死缓）	1.7($n=7$)	1.3($n=2$)			
10年以上有期徒刑（含无期徒刑）	97.1($n=407$)	77.3($n=119$)			
3年以上10年以下有期徒刑	1.2($n=5$)	17.5($n=27$)			
缓刑	0.0($n=0$)	3.9($n=6$)			

具言之：第一，域外有学者发现，亲密伴侣凶杀案犯罪人的酒精滥用问题较为突出，且饮酒有时会成为女性被告人量刑轻缓的事由。[1] 我国《刑法》第18条规定原因自由行为不影响定罪，但对于其对量刑的影响的理解却莫衷一是，通过部分生效判决可以看出"醉酒"的确限制了死刑的适用。我国"亲密伴侣"故意杀人案件中男女被告人醉酒的比例都较低，但相比之下男性醉酒更为常见。第二，律师是各国刑事诉讼的重要参与主体，尽管有研究表明受虐妇女杀夫案件中委托律师更有可能被重判，[2]但多数研究并未发现律师类型能够显著影响亲密伴侣凶杀案的量刑。[3] 研究显示，"亲密伴侣"故意杀人案件中女性被告人更倾向于委托律师，而男性被告人更倾向于接受指派律师。第三，各国对如何认定手段（特别）残忍存在不小的争议，有的根据社会一般人的道德伦理标准，[4]有的持行为人故意说，[5]域外还有一种学说简单根据手段的过

---

[1] See Weizmann–Henelius G. et al., *Gender–specific Risk Factors for Intimate Partner Homicide: A Nationwide Register–Based Study*, 27 Journal of Interpersonal Violence 1519(2012).

[2] See Bannister & Shelley Ashley, *Battered Women Who Kill: Status and Situational Determinants of Courtroom Outcomes*, University of Illinois at Chicago, 1996.

[3] See Kathleen Auerhahn, *Adjudication Outcomes in Intimate and Non–Intimate Homicides*, 11 Homicide Studies 213(2007).

[4] 参见车浩：《从李昌奎案看"邻里纠纷"与"手段残忍"的涵义》，载《法学》2011年第8期；E. Stefanska, S. Bloomfield & A. Carter, *Our Love was A Two–person Game, At Least until One of Us Died, and the Other Became A Murderer: Sexual Homicide Perpetrated by Intimate Partners*, 11 Journal of Criminal Psychology 301(2021).

[5] 参见陈兴良：《故意杀人罪的手段残忍及其死刑裁量——以刑事指导案例为对象的研究》，载《法学研究》2013年第4期。

度与滥用(overkill)标准认定。① 抛开争议不谈,结果显示男性被告人被认定为手段特别残忍、情节特别恶劣的比例明显高于女性被告人。第四,人身危险性方面,域外亲密伴侣凶杀案被告人有犯罪记录的比例较高。例如,瑞典亲密伴侣凶杀案女性被告人有犯罪记录的比例高达41%,②而美国早年的一项研究中亲密伴侣凶杀案男女性被告人有犯罪记录的比例也有13%。③ 相比之下,尽管我国男女被告人的前科占比都不高,但男性被告人仍显著高于女性被告人。另外,男性被告人悔罪和赔偿占比均显著高于女性被告人,然而女性被告人却明显更易获得被害人家属谅解。以上结论与部分研究结论相左,如澳大利亚有研究就发现亲密伴侣凶杀案女性被告人更有悔罪倾向。第五,男女性被告人在"被害人过错"的认定上存在显著差异,男性被告人案件中仅有极少数被害人具有"重大过错",而这一因素在女性被告人案件中有近三成,这种差异的形成很大程度上是由于《家暴意见》的适用,具体将在下文展开。第六,受益于《家暴意见》,女性被告人案件中具有防卫因素的占比明显高于男性被告人案件,男性被告人具有防卫因素的占比与中国司法适用更为严苛的正当防卫条件的比例(1.3%)基本相符。④ 值得一提的是,女性被告人案件反而更少被认定为激情杀人。第七,刑期结果与基于性别区分下的亲密伴侣凶杀案量刑主流结论相符,女性被告人的刑期整体上轻缓于男性被告人,即有更多女性被告人按照故意杀人罪"情节较轻"来处断。同时女性被告人被判处10年以上有期徒刑(含无期徒刑)、死刑(含死缓)的均少于男性被告人。

2. 裁判机制

以上是双变量比较研究,保险起见,为考察"被害人过错"的有无、大小究竟对量刑是否产生显著影响,有必要排除其他干扰因素,利用倾向得分匹配进行分析。笔者将匹配容差设置为0.02,将"亲密伴侣"故意杀人案件按照"被害人过错"有无进行倾向得分匹配,共匹配有效样本292对,以此为基础进行Mann–Whitney U检验,结果显示渐进显著性小于等于0.001,统计值为-4.269,说明"被害人过错"的有无对量刑具有显著影响。以上是对个案中各量刑情节的差异性的比较,接下来需要从整体上对我国司法裁判的机制进行探究。

鉴于结果变量是有序分类变量,研究拟采用多元有序逻辑回归,共分为三个模型,分别为女性被告人非"亲密伴侣"故意杀人案件(模型1)、"亲密伴侣"故意杀人案件

---

① See Toprak Sadik & Gokhan Ersoy, *Femicide in Turkey between 2000 and 2010*, 12 Plos One e0182409 (2017).

② See E. Moen, L. Nygren & K. Edin *Volatile and Violent Relationships Among Women Sentenced for Homicide in Sweden between 1986 and 2005*, 11 Victims & Offenders 373(2016).

③ See K. D. Stout & P. Brown, *Legal and Social Differences between Men and Women Who Kill Intimate Partners*, 10 Affilia 194(1995).

④ 参见赵军:《正当防卫法律规则司法重构的经验研究》,载《法学研究》2019年第4期。

(模型2)以及女性被告人"亲密伴侣"故意杀人案件(模型3),具体结果见表5。

表5 影响因素裁判机制

自变量	OR	95% CI	p
模型1($n=256$)			
无赔偿	16.724	3.59~78.01	≤0.001
激情杀人	0.197	0.10~0.38	≤0.001
民族			
汉族	0.950	0.10~0.87	0.027
物质滥用	12.938	1.52~110.27	0.019
模型2($n=573$)			
自首	0.526	0.06~0.80	0.003
无赔偿	1.697	1.00~2.81	0.040
谅解	0.479	0.78~1.00	0.003
被害人过错			
重大过错	0.093	0.20~1.00	≤0.001
防卫因素	0.390	0.94~1.00	0.035
民族			
少数民族	2.598	0.92~1.00	0.031
模型3($n=154$)			
自首	0.031	0.00~0.12	≤0.001
不坦白	94.870	2.86~3151.02	0.011
谅解	0.063	0.01~0.41	0.004
被害人过错			
重大过错	0.037	0.01~0.17	≤0.001
防卫因素	0.014	0.00~0.14	≤0.001
民族			
汉族	84.890	1.10~6567.45	0.045

注:在多元有序逻辑回归(Multivariate Ordered Logistic Regression)中,OR是优势比(Odds Ratio)的缩写,它表示因变量的一种可能结果发生的概率与其他结果发生概率的比值,并通过回归系数(β)来定量地反映自变量对因变量的影响。如果OR=1:自变量对因变量的可能性没有影响;如果OR>1:自变量的增加与因变量的更高级别可能性正相关;如果OR<1:自变量的增加与因变量的更高级别可能性负相关。95%置信区间(Confidence Interval, CI)是效应量(例如优势比OR)的一个区间估计,用于表示在95%的置信水平下,效应量的真实值可能出现的范围。它提供了效应量估计值的不确定性,是多元有序逻辑回归中解释结果的重要部分。在多元有序逻辑回归中,p值是用于检验模型中各个自变量对因变量影响显著性的统计指标。它通过假设检验判断自变量的回归系数是否显著偏离0,进而评估自变量是否对因变量的某一特定分类产生显著影响。各个模型Link函数均选用Negative log-log,平行线检验p值均大于0.05。

上述结果有几个重点值得关注:第一,"亲密伴侣"故意杀人案件的裁判机制与女性被告人非"亲密伴侣"故意杀人案件的裁判机制,区别之一就在于后者整体上并未考量"被害人过错",而"重大过错"的 OR 值远小于1,说明其是刑期的强保护因素,一旦认定被害人具有重大过错,将显著减轻刑罚。第二,"赔偿"和"被害人家属谅解"虽未直接作用于违法性、有责性,但却成为三个模型中的关键量刑因素。根据 OR 值,"无赔偿"成为量刑的强危险因素,而获得"被害人家属谅解"则是量刑的强保护因素,这可能与我国部分学者提出的司法功能异化有关。第三,可能是受到《家暴意见》的影响,"防卫因素"成为区别"亲密伴侣"与女性被告人非"亲密伴侣"故意杀人案件的重要保护因素。第四,自首、坦白等保护因素在"亲密伴侣"故意杀人案件中被裁判者重点考量,预防刑因素得以发挥作用可能是两类犯罪量刑差异的又一原因。

三、分析与讨论

(一)实证结果与理论争讼的契合点分析

当前国内关于"被害人过错"规范构造的理论聚讼,主要围绕四个方向展开,即规范概念、成立条件、行为类型以及正当化依据。其中,本文的实证结果能够为前三个方面提供有益参考,尽管经验层面的事实材料无法为正当性原理的辨正提供先验帮助,但笔者拟稍作展开。关于"被害人过错"影响定罪量刑的正当性依据,域外形成了"有条件的权利说""成本效率理论""自我创设危险理论""值得保护理论"等。[①] 就国内而言,被害人陷入"自我答责"辅以"值得保护性减弱"是当前的主流观点,但这种路径的缺陷在于,若将被害人的过错推至一种极端(全责),达到阻却违法性或责任的程度,实际与正当防卫别无二致,那么"自我答责"要求被害人违法且有责就显得过于严苛,与我国实在法和理论界通说相悖。据此,"被害人过错"影响定罪量刑的正当性依据需要立足于行为人,根据黑格尔的法权原理,既然只有意志过错支配下的定在才能归责于行为人,那么"被害人过错"就与行为人意志包含的目的共同指向了刑法欲评价的定在,这是其能够减轻甚至阻却责任的依据。因此,"被害人过错"的正当性在于因被害人"过错"产生的恢复"自由"所需的刑罚量较无过错被害人更少,且这种影响既作用于违法性层面,亦影响有责性的期待可能。

关于"被害人过错"的规范概念,争讼集中在是否纳入道德伦理事由。实证结果显示,司法实务基本采纳的是刑法意义上的过错,即重大过错。受《家暴意见》影响,这也是女性被告人"亲密伴侣"故意杀人案件中"重大过错"占比(26%)远高于男性被告人"亲密伴侣"故意杀人案件(2.6%)和非"亲密伴侣"故意杀人案件(8.9%)的原因。除手段特别残忍、情节特别恶劣外,重大过错基本可以适用故意杀人"情节较

---

① 参见初红漫:《被害人过错与罪刑关系研究》,西南政法大学2012年博士学位论文,第64~85页。

轻"。与此同时,"被害人过错"的认定也存在不一致的情形,在重大过错尤其是有无被害人过错的认定上,部分道德伦理性事由在个案中被采纳。例如,在男性被告人"亲密伴侣"故意杀人案件中,女性伴侣"不忠"的事实偶有被认定为"被害人过错",而在女性被告人"亲密伴侣"故意杀人案件中,偶发性的、非长期的家暴能否被认定为"被害人过错"也存在不一致。在非家事故意杀人案件中,因道德伦理尤其是生活琐事认定"被害人过错"的占比较高,尽管逻辑回归显示"被害人过错"并不是非家事故意杀人案件的重要考量因素,但只要是出现在判决书中的表述不一致,便有损害刑法安定性之虞。

关于"被害人过错"的成立条件。所谓综合说的思路是列出相关的主客观条件,但笔者认为这样做的前提应当是厘清"被害人过错"的规范概念,照此划出成立条件的界限。对此,"关联事实的否定性评价"和"他人责任领域的相互加害"提供了有益借鉴,两种学说形成的共识是成立条件需经过"事实认定+价值判断"两个步骤,即存在值得进行否定评价的加害行为,且加害行为与不法之间具有因果关系。问题在于,加害行为的界限是什么?实证结果显示,我国司法实务基本认可女性被告人遭受家暴与"被害人过错"之间的关联性(53.8%遭受伴侣暴力),仅有极个别案件虽承认家暴但并未认定被害人过错。相反,尽管数量有限,但没有一例案件在男性被告人辩称遭受家暴后认定存在被害人过错,说明《家暴意见》的适用性别极为不平衡。此外,男性被告人"亲密伴侣"故意杀人案件中的关联事实较为多样,但尤以伴侣不忠(66.3%)为首,女性被告人非家事故意杀人案件中的关联事实主要表现为琐事(22.6%)。据此,模糊的规范概念导致了成立条件的外延缺乏一贯性。

关于"被害人过错"的类型,现有二分说、三分说以及四分说。二分说过于粗陋,只有极端的"被害人过错"才能产生完全阻却违法性、有责性的规范效果,而其他程度的"被害人过错"仅能影响量刑的轻重,这就需要在内部区分影响量刑的程度。与此同时,四分说又过于复杂,实证结果显示,若将"被害人过错"细分为"有过错""明显过错""重大过错"三类,那么"亲密伴侣"故意杀人案件中"有过错"(19.6%)和"明显过错"(50%)在量刑结果上并无显著差异,客观上裁判者也很难在"重大过错"与"无过错"外觅得将"有过错"二分的事实材料。相较而言,三分说有其合理性,"重大过错"可以适用故意杀人罪"情节较轻",而"有过错"可以在10年以上有期徒刑、无期徒刑中从轻处断,尤其是能产生拒斥死刑的效果。

除"被害人过错"本身,实证结果还有一些关于关联因素的有价值的发现。中国司法实务界因为"根源于中国社会独特的生死观和实用理性",具有典型的结果导向思维，①即因为被害人已经死亡，出于"死者为大"的观念，从而减少对被害人的负面评价，这意味着对被告人可谴责性的提升。这种逻辑同样赋予了"亲密伴侣"故意杀人案件量刑影响因素一种鲜明的特征，即死亡结果对"被害人过错"的消弭。在样本中具体表现为，在承认存在家暴的同时，转而主张被告人不能"正确处理家庭矛盾""以合法手段解决家庭暴力"。究其原因，中国的刑事司法功能出现了异化，越发倾向于纠纷解决而非通过刑法教义学实现预设的刑事正义。有学者认为，中国在借鉴西方法律制度的过程中，未能建立一套具有自主性的法律系统或者说法治机制作为支撑。②具体到本文，"死者为大"的观念体现在裁判者主要关注的是如何解决好纠纷，这也是在非家事故意杀人案件、男性被告人"亲密伴侣"故意杀人案件中"赔偿"牢牢占据裁判机制重要位置的原因。例外的是，"赔偿"没有出现在女性被告人"亲密伴侣"故意杀人案件的裁判机制中，但这并非司法功能异化得到纠正，"被害人家属谅解"的出现，说明裁判者本质上仍有考虑怎样的案件处理方式能够最大限度地达成尽量使被害人家属满意的实效，而非运用法律系统规范地、前后一致地认定被害人过错，这必然导致裁判者使用高度个案化的法律技巧，在缺乏形式化、类型化的司法裁判的前提下，优先考虑实质的、法外的"人情世故"。《家暴意见》对于社会基本单元"家庭"的保护，正是借助于将自身定位为纠纷解决的这样一套司法裁判机制而实现。在很大程度上，它甚至进一步强化了司法将个案的纠纷解决当作首要任务的倾向，由此而与合法性评价的功能表达更加地疏离。一方面，为了让被告人对结果负责，在非家事、男性被告人"亲密伴侣"故意杀人案件中过度限缩"被害人过错"的认定范围，以安抚具有过错的被害人的家属；另一方面，在女性被告人"亲密伴侣"故意杀人案件中又放松"重大过错"的认定标准，以量刑上的适当从轻或减轻来安抚被告人和社会舆情。

遵循上述裁判逻辑，笔者伊始预设有无"未成年子女"可能是影响量刑的因素之一，但鉴于我国绝大多数的判决书在信息提供上相对粗陋，欲从经验层面证立该假设，尚需通过调查问卷等形式收集相关事实材料。值得一提的是，通过个案分析，有无未成年子女有时会被作为量刑影响因素，部分辩护方会将未成年子女作为减轻刑罚的理由提出，也确有部分法庭从审判的社会效果角度出发，适当考虑这一因素，对被告人酌情从宽处罚。③当然，更多案件中，在被告人确有未成年子女的前提下，要么辩护人、

---

① 参见陈璇：《正当防卫、维稳优先与结果导向——以"于欢故意伤害案"为契机展开的法理思考》，载《法律科学》2018 年第 3 期。
② 参见劳东燕：《正当防卫的异化与刑法系统的功能》，载《法学家》2018 年第 5 期。
③ 以上参见贵州省黔南布依族苗族自治州中级人民法院刑事判决书，(2020)黔 27 刑初 3 号；宁夏回族自治区吴忠市中级人民法院刑事附带民事判决书，(2018)宁 03 刑初 10 号；贵州省安顺市中级人民法院刑事判决书，(2019)黔 04 刑初 5 号；湖北省恩施土家族苗族自治州中级人民法院刑事判决书，(2021)鄂 28 刑初 17 号；贵州省遵义市中级人民法院刑事附带民事判决书，(2020)黔 03 刑初 32 号；吉林省长春市中级人民法院刑事判决书，(2019)吉 01 刑初 121 号；安徽省六安市中级人民法院刑事判决书，(2018)皖 15 刑初 9 号。

法庭均未提及未成年子女对量刑的影响,①要么辩护意见虽有提及,但法庭未作回应。② 从法治精神与人本主义出发,确有必要考量"亲密伴侣"故意杀人案件中被告人有无未成年子女,但不应作为(广义)法定量刑因素,这会从体系上破坏刑罚的正当性根据,而应作为法外因素,对刑罚的执行而非裁量产生影响,即在服刑期间接受教育改造、确有悔改表现的情况下,作为适当减轻原判刑罚的依据,相关细则同样需要司法解释予以明确。

(二)"被害人过错"的认定规则

基于以上量刑影响因素的描述统计和回归结果,毫无疑问"被害人过错"是"亲密伴侣"故意杀人案件中的关键影响因素,这也是其与其他类型故意杀人罪的关键不同。实证结果显示,"被害人过错"作为酌定量刑情节,在《家暴意见》中得到了很好的贯彻,这为我国长久以来形成的是否应当将"被害人过错"提升为法定量刑情节的争讼提供了新的思路。只要能够确保相关司法解释关于"被害人过错"适用的规范性和一致性,将其定位为酌定量刑情节也许更加适宜,也与前文提及的"被害人过错"影响量刑的正当性依据更为契合。

本文拟结合《家暴意见》,对"亲密伴侣"故意杀人案件当中的"被害人过错"进行规范性重构,以期为其他关涉"被害人过错"的司法解释提供有益参考。首先也是最重要的,"被害人过错"的规范概念究竟是什么?笔者认为刑法中"被害人过错"的外延不应限缩在刑事不法,只不过对道德过错影响违法性、有责性的程度应当严格把握,原则上禁止认定"重大过错"并适用"情节较轻"。降低了门槛的"被害人过错"随着性别差异展现出两种不同的案件起因:家暴和不忠。就前者而言,《家暴意见》肯定了长期家暴与"被害人过错"之间的关联性,这类有形的、严重的家暴实际上也达到了刑事不法的程度,只不过因欠缺时间条件无法适用《刑法》第 20 条。具有争议的是,将"被害人过错"限缩在有形的严重家暴是否正当?我国 2015 年《反家庭暴力法》采取了广义的暴力概念,③但研究样本反映出司法裁判实际上只承认作用于身体上的有形暴力。应当说,不同部门法基于不同的规范保护目的对"暴力"作出了不同解释,是符合法秩序统一原则的、值得刑法评价的"被害人过错"需要足以阻却或减轻违法性、有责性,但这并非仅评价有形家暴的理由。"被害人过错"的正当性依据不同于刑罚的根据,这里不是评价被害人的刑事违法性,无须创设刑法意义上的"家暴"概念。广义

---

① 以上参见湖北省恩施市土家族苗族自治州中级人民法院刑事判决书,(2021)鄂 28 刑初 17 号;贵州省遵义市中级人民法院刑事判决书,(2020)黔 03 刑初 32 号;吉林省长春市中级人民法院刑事判决书,(2019)吉 01 刑初 121 号。
② 参见安徽省六安市中级人民法院刑事判决书,(2018)皖 15 刑初 9 号。
③ 《反家庭暴力法》第 2 条规定:"本法所称家庭暴力,是指家庭成员之间以殴打、捆绑、残害、限制人身自由以及经常性谩骂、恐吓等方式实施的身体、精神等侵害行为。"

的家暴在事实与规范保护目的层面均能影响到不法程度和期待可能,有必要纳入《家暴意见》的规制范围,一些针对精神的具有长期性、非偶发性等特征的暴力若已达到诸如"受虐妇女综合症"的病理程度,应允许适用"情节较轻"。

同时,在《家暴意见》的适用主体是所有家庭成员的前提下,实证结果却显示我国男性被告人"亲密伴侣"故意杀人案件无一适用《家暴意见》的规定。尽管现阶段中国夫妻暴力仍以男性施暴为主,①但中国农村地区男女两种性别遭受精神暴力伤害的都表现突出。② 关于此,本文研究的样本亦能予以证明,③这种"男性施暴女性受虐"的性别范式,导致中国关于家庭暴力的研究以及救济相对漠视男性受虐者。④ 若采用广义家暴的规范概念,则中国夫妻间的暴力可能存在某种程度的对称性,并且男性受虐和女性受虐遵循相似的模式:"强制性控制"方面男性和女性受虐的比例没有差异,"情感虐待"方面男性受虐的比例超过女性,只有"肢体暴力"方面女性受虐的比例明显高于男性。所以,拓宽家暴的规范概念,可以明显提高男性被告人"亲密伴侣"故意杀人案件中被害人过错的认定比例,有助于轻刑化效果的实现。对于将第二种案件起因"不忠"作为辩护事由,域外大多经历了从承认到废止的过程。例如,加拿大、澳大利亚、英国等国家已经开始反思,或者从立法上收紧了男性被告人可能因亲密伴侣"不忠"而以"挑衅"作为辩护事由的合法性。⑤ 实证结果表明,在男性被告人"亲密伴侣"故意杀人案件中,"不忠"亦是主要的辩护理由,我国司法实务对此的回应稍显混乱。⑥ 整体而言,应当保持该事由不被考量的现状,但不宜径直否定道德伦理错误作为"被害人过错"的依据,只是需要严格认定。例如,当受到《民法典》婚姻家庭编约束的主体存在重大道德过错时,对其行为的不法程度和法期待可能的影响就需要具体判断。

---

① 参见陈月等:《湖南省工业地区夫妻暴力发生状况十年追踪调查》,载《中国公共卫生》2019 年第 9 期。

② 参见陈璇、夏一巍:《农村婚姻暴力受害因素的有效对称研究》,载《西北农林科技大学学报(社会科学版)》2016 年第 1 期。

③ 具体表现为强迫劳动、恐吓赶走、不让吃饭、经济控制、侮辱和谩骂等虐待行为。参见广西壮族自治区河池市中级人民法院刑事判决书,(2019)桂 12 刑初 50 号;湖南省长沙市中级人民法院刑事判决书,(2020)湘 01 刑初 90 号;山东省济宁市中级人民法院刑事判决书,(2021)鲁 08 刑初 8 号。

④ 参见马春华:《中国夫妻间暴力的"性别对称性"》,载《河北学刊》2013 年第 5 期。

⑤ See Myrna Dawson & Danielle Sutton, *Similar Sentences, Similar Crimes? Using Deep Sample Analysis to Examine the Comparability of Homicides and Punishments by Victim – Offender Relationship*, 49 Intentional Journal of Law, Crime and Justice 58(2017); Marion Whittle & Guy Hall, *Intimate Partner Homicide: Themes in Judges' Sentencing Remarks*, 25 Psychiatry, Psychology and Law 922(2019); S. S. Edwards & J. Koshan, *Women Who Kill Abusive Men: The Limitations of Loss of Control, Provocation and Self – Defence in England and Wales and Canada*, 87 The Journal of Criminal Law 75(2012).

⑥ 参见陕西省渭南市中级人民法院刑事判决书,(2019)陕 05 刑初 44 号;陕西省西安市中级人民法院刑事判决书,(2021)陕 01 刑初 17 号;浙江省温州市中级人民法院刑事附带民事判决书,(2020)浙 03 刑初 96 号;广西壮族自治区桂林市中级人民法院刑事附带民事判决书,(2020)桂 03 刑初 18 号;江苏省徐州市中级人民法院刑事判决书,(2018)苏 03 刑初 148 号。

不具有一贯性的"被害人过错"的正当化根据，以及模糊的规范概念，导致"被害人过错"的认定标准不一。在厘清上述争讼后，"被害人过错"的成立条件便逐渐清晰。"被害人过错"的成立条件可以分为主观条件和客观条件，就主观条件而言，国内部分学者移植了犯罪论的主观构造，但这种观点存疑。"被害人过错"的正当化根据有别于刑事责任的根据，且"被害人过错"的判断应当基于行为人视角，只要达到足以影响行为的不法程度或者具有对行为人的法期待可能，就具有"被害人过错"，所以要求被害人对过错行为有认识即可，不需要相应的"罪过"。"被害人过错"的客观条件不必严格限制为刑事不法，甚至不要求具有《刑法》第20条第1款中的不法侵害，因为不法侵害是能够完全阻却刑事责任的正当化事由，具有减轻违法性或责任效果的"被害人过错"仅要求是社会一般人能够认识的"过错"即可。客观方面，要求存在加害行为，且加害行为与减轻违法性或责任之间具有因果关系。当然，这里仅承认道德过错对认定"被害人过错"有无的作用，至于"被害人过错"的大小，如前文所述，应当从严把握。

关于"被害人过错"的类型划分，前文已提及，我国司法实务中存在大量同义表述，如重大过错、严重过错、较大过错、明显过错、存在过错、具有过错、有过错、有一定过错等，还有部分判决书并不直接认定被害人过错，只是以存在长期家暴、曾实施家暴、构成家庭暴力、源于家暴、多次殴打、酒后殴打、存在打骂等做客观描述而非规范性评价。经过《家暴意见》的有益探索，笔者认为应当采取三分说，即无过错、有过错和重大过错，整体思路是降低被害人过错的认定门槛，但要严格把握"重大过错"的认定标准。具体而言，判决书当中的"被害人过错"并非对刑事不法或民事违法的评价，所以无论按照主流学说即缓和的违法一元论，还是按照当前的有力学说即违法相对论，"过错"的有无都不能成为其他部门法的效力依据。据此，"无过错"仅指不存在被害人的行为影响不法程度或法期待可能的事实材料。反之，则"有过错"。进言之，结合《家暴意见》，若存在长期的不法侵害，或虽偶发、但达到值得刑罚评价的不法时，均应认定为"重大过错"，从而适用故意杀人"情节较轻"，除具有人身危险性值得特别预防外，可以考虑适用缓刑。按照上述逻辑规范，以及《家暴意见》关于被害人过错大小的表述，建议将《家暴意见》第20条中的"明显过错"改为"重大过错"，将"重大过错"与"严重家庭暴力"联系起来，"存在家暴"则对应"有过错"。按照上述认定规则，避免结果导向思维对"被害人过错"的消弭，在重视男女性被告人"亲密伴侣"故意杀人案件起因差异的同时，平等考量客观事实材料，最终准确认定被害人过错的大小。

此外，需要说明的是，《家暴意见》中规定了适用"情节较轻"的补充性条款，即"犯罪情节不是特别恶劣，手段不是特别残忍"。实证结果表明，两者均不是裁判者重点考量的量刑情节，除在男性被告人"亲密伴侣"故意杀人案件（17.4%）中较为常见外，亦极为罕见。即便如此，为了防止以手段特别残忍、情节特别恶劣抵消"重大过错"的轻刑化效果,也有必要对其进行限缩。首先,为避免重复评价,"手段特别残忍"和"情节特别恶劣"应当分别评价客观和主观方面,不应混同事实材料。其次,只有"手段特别残忍"和"情节特别恶劣"两者兼具才能拒斥"情节较轻"的适用,仅符合其中之一不应消弭对"重大过错"的评价。最后,故意杀人罪中一般认定的是"手段残忍"而非"手段特别残忍",后者往往是故意伤害罪中的规范表述。根据文义解释,"手段特别残忍"的认定标准显然要高于"手段残忍",裁判者对此应当继续保持克制适用,只有极端违反伦理性且侵害(威胁)多种法益时才宜予以认定。

结　语

　　本文运用多种统计学方法,结合《家暴意见》的颁布,检验我国"亲密伴侣"故意杀人案件中"被害人过错"的适用现状。研究样本囊括了我国 2016 年至 2021 年公开上网的"亲密伴侣"故意杀人案件,以及相同时间段女性被告人非"亲密伴侣"故意杀人案件。比较分析发现,"被害人过错"不仅是"亲密伴侣"故意杀人案件量刑轻缓于非"亲密伴侣"故意杀人案件的关键因素,也是女性被告人"亲密伴侣"故意杀人案件的量刑轻缓于男性被告人的重要因素。研究进一步证实,当前"被害人过错"的适用存在两点缺陷需要修正:一是"被害人过错"的独立性存疑。"被害人过错"的有无、大小一定程度上受到其他非责任刑因素的影响,诸如是否得到赔偿,是否取得被害人家属谅解,背后的原因可能是国内部分学者提及的司法功能的异化,即倾向于纠纷解决而非通过刑法教义学实现预设的刑事正义。二是"被害人过错"的规范构造有待完善。实证结果表明"家暴"和"不忠"是"被害人过错"的主要事实依据。修正的建议是:(1)适度扩张"被害人过错"的外延,采纳《反家庭暴力法》中广义的"家暴"概念,不宜径直否定道德过错对违法性程度和期待可能性的影响。(2)"被害人过错"的客观条件是存在加害行为,且加害行为与减轻违法性或责任之间具有因果关系,主观条件是被害人对过错行为有认识即可。(3)"被害人过错"的行为类型分为"无过错"、"有过错"以及"重大过错"三种,根据法秩序统一原理,"无过错"并不妨碍其他部门法责任的认定,同时降低"有过错"的认定门槛,即存在影响不法程度或法期待可能的被害人行为;严格把握"重大过错"的认定标准,若存在长期的不法侵害,或存在虽偶发但达到值得刑罚评价的不法,均应认定为"重大过错",从而适用故意杀人"情节较轻"。(4)作为限制"重大过错"时"情节较轻"的适用条件,应当严格限缩"手段特别残忍"和"情节特别恶劣"的认定。

　　未来一段时间构建本土化的中国刑法学具有重要意义,而欲实现该目标,前提是以中国的立法和司法实践为经验土壤。近年来国内关于"被害人过错"的研究虽相对沉寂,但却通过相关司法解释积累了大量有益经验,具备了运用实证研究回馈刑法教义学的契机。本文即结合《家暴意见》从经验上观察我国"被害人过错"的裁判机制,并就相关认定规则予以修正。与此同时,本土化中中国刑法学绝不意味着排斥域外有益经验,"亲密伴侣"概念是域外凶杀犯罪近50年的显著成果之一,虽尚未出现在我国法律文件中,但理论界事实上已经围绕此舶来概念,对由婚姻家庭、恋爱纠纷等引起的故意杀人罪形成了碎片化研究。笔者认为,《家暴意见》应当将"家庭成员"的范围正式扩大至共同生活的"亲密伴侣",同时就"亲密伴侣"故意伤害致人死亡案件中涉及被害人过错的情形出台相关司法解释。

网络犯罪的功能主义解释

曾 聪[*]

【摘要】 功能主义体系作为一种开放的体系,对外可以整合社会结构的变化发展,通过刑法修正案、司法解释及法院判例等素材,将刑事政策细化为微观判断原则融入教义学体系;对内可以依托答责性阶层,在内部发展出"罪责之下的预防"之传统犯罪规制与"罪责融入预防"之特殊犯罪规制相结合的二元犯罪检验程序。网络犯罪覆盖面较广,因而不存在一以贯之的单一规制体系,通过法律条文、刑法修正案、司法解释及法院判例可以识别网络犯罪落入的规制场域,进而采取不同的规制机理与解释准则,从而实现网络犯罪治理的精细化与体系化。在答责性层面采取双轨制的前提下,根据权威素材提炼出灵活且具体的解释原则,形成条文规则与原则的融贯体系,也可以在不法层面充分发挥教义学的解释机能。

【关键词】 网络犯罪 功能主义体系 刑事政策 二元分治

中共中央政法委原书记孟建柱 2017 年在全国社会治安综合治理表彰大会上明确指出,网络犯罪已成为第一大犯罪类型,要打破以传统办法对付网络犯罪的思维定式。[①] 对于网络犯罪的新样态,刑法学应当有所作为,以回应这种社会现实。在规范供给不断加强的背景下,网络犯罪刑事政策的理性化、网络犯罪的法教义学的精细化以及两者之间的有机联动,正是网络刑法的未来发展方向。[②]

一、网络犯罪理论发展:路径与选择

网络犯罪虽为新型犯罪,但其在我国的出现与发展已有二十余载,而且已经成为我国高发的犯罪类型之一。理论若想引领实务,其前提是理论界对整体研究的框架能够达成共识,并且在基本发展方向上没有大的分歧,因而对网络犯罪学术史的梳理极

---

[*] 曾聪,中国政法大学刑事司法学院 2022 级刑法学专业博士研究生。
[①] 参见孟建柱:《弘扬优良传统 坚持改革创新 努力建设更高水平的平安中国》,载《人民法院报》2017 年 9 月 21 日,第 2 版。
[②] 刑事政策与刑法体系的关系,可参见[德]克劳斯·罗克辛:《刑事政策与刑法体系》(第 2 版),蔡桂生译,中国人民大学出版社 2011 年版,第 3~52 页。

为必要。如陈兴良教授所言:"学术史的梳理与学派的竞争,恰恰是我国刑法学走向成熟的标志。"① 就网络犯罪而言,"双层社会"的理念以及"三个代际"的渐进发展,得到越来越多学者的认可与支持,就网络犯罪所处环境与概念内涵而言,有取得基本框架性共识的趋势。然而,由于人们往往对新事物、新趋势有一个渐进的吸收过程,因而就此类新型犯罪往往会出现意见相左的两个阵营。针对网络犯罪,学界争论激烈的问题至少就包括:应对方式是以解释为主还是立法为主?采取解释路径是否认可"双层社会"?采取立法路径是否需要创设单行刑法典?创设单行刑法典是采取积极的还是消极的立法姿态?立法过程中是以增补条款为主还是以扩充条款为主?总的来说,上述问题可以被归纳到解释路径与立法路径两种大方向,也就是说,可以将这些看似繁杂的问题归纳到一个有条理的问题域之内。这里必须明确的是,立法路径与解释路径的区分不是绝对的,而只能是一种倾向或者侧重,古今中外,刑法学都是立法与解释并行。立法路径与解释路径之争的核心在于:侧重哪一方能更好地解决问题,能更好地适应社会的发展变迁,能更好地契合国家治理体系和治理能力现代化的大政方针。就此而言,解释路径若能单独应对网络犯罪的发展与变迁,就无须求诸立法者的入场。

(一)解释路径

从"能解释就无须立法"的基本方法论出发,解释路径的保守派认为:"在互联网时代,面对新类型的网络犯罪,只有在不可能通过解释路径予以应对时,才需要采取立法路径予以应对。"② 激进派则认为:"在信息时代尤其是在传统刑法延伸适用于网络空间的过程中,如何界定'关键词'的内涵和外延就成了一个非常重要的问题。"③

可以认为,两种派别的首要区别在于刑法解释之边界划定的不同,即是否认同当前处于"现实社会"和"网络社会"并存的"双层社会",进而对于诸如"公共领域"等传统的关键词赋予其"网络社会"这一新层次的内涵,并采用有别于传统的解释方法。④ 如果认为保守派仅涉足"现实社会",那么其与激进派的分歧即在于解释者对于扩大解释与类推解释之界限的不同观点,因为保守派认为将传统关键词赋予"网络社会"的新内涵就是一种类推解释,也就是说,不存在界限不明的问题,而是已经作出"激进派实为类推解释进而违背了罪刑法定原则"的评价;如果认为保守派也涉足"网络社会",那么两者对于关键词也都可以采取实质化的解释方式,此时两者便不存在区别,因为实质解释论者对于刑法解释本就采取客观说而非主观说,认为"法律本身的含义

---

① 陈兴良:《走向学派之争的刑法学》,载《法学研究》2010年第1期。
② 张明楷:《网络时代的刑事立法》,载《法律科学》2017年第3期。相同立场的文献有欧阳本祺:《论网络时代刑法解释的限度》,载《中国法学》2017年第3期。
③ 刘艳红:《网络时代刑法客观解释新塑造:"主观的客观解释论"》,载《法律科学》2017年第3期。
④ 应当说明的是,使用"激进"这一词语是为了与"保守"相对应,而非对前者的观点施以贬义。

是在具体应用中发现和发展的,二者不可分离"①。

有学者认为,是否支持"界限不明"时解释权归属于立法者,是前述两种派别的判断方式。② 这种区分方式有其合理性,但其在一定程度上回避了争议的核心焦点。确定存在"界限不明"的前提是,解释者对关键词划定了一个基本的解释范畴,即是否接纳"双层社会"的问题。只有在前提条件确定的情况下,才能进一步推进到解释范畴之边界的问题。举例言之,就不认可"双重社会"的保守派而言,其解释范畴应限于"单层社会"视域下扩大解释的边界,就认可"双重社会"的激进派而言,其解释范畴不仅包括前者,还可抵达"网络社会"视域下扩大解释的边界。

总的来说,解释路径中保守派与激进派的观点对立可以归纳为表1。

表1 解释路径的派别

内容	基本路径	
	保守派	激进派
关键词的范畴	由现实社会构成的"单层社会"	由现实社会与网络社会构成的"双层社会"
是否违背罪刑法定原则	延伸到网络空间属类推解释,违反罪刑法定原则	延伸到网络空间属扩大解释,并未违反罪刑法定原则
与立法的衔接	超出"单层社会"扩大解释界限,即需立法介入	超出"双层社会"扩大解释界限,才需立法介入

(二)立法路径

相对于解释路径,立法路径内部的争论更为激烈,主要存在三对观点:(1)法典编纂方面,是否需要一部刑法典之外的网络单行刑法,支持者被划为二元论者,反对者则被划为一元论者;③(2)立法姿态方面,主要是以预测风险为基础的积极立法与为弥补解释不足的消极立法之争;(3)立法技术方面,主要是以增加条、款为模式的增减模式与补充条文内的对象、行为类型的补充模式之争。

本文认为,这三组问题是一体化的而非碎片化的。就二元论的立场来说,④之所

---

① 张明楷:《刑法分则的解释原理》(第2版),中国人民大学出版社2011年版,第33页。
② 参见徐翕明:《网络时代刑事立法:理念转型与规范调整》,载《新疆大学学报(哲学·人文社会科学版)》2020年第1期。
③ 本文支持二元论的观点。参见储槐植、薛美琴:《对网络时代刑事立法的思考》,载《人民检察》2018年第9期;卢建平、姜瀛:《犯罪"网络异化"与刑法应对模式》,载《人民检察》2014年第3期;孙道萃:《网络刑法知识转型与立法回应》,载《现代法学》2017年第1期。反对二元论的观点,参见张明楷:《网络时代的刑事立法》,载《法律科学》2017年第3期;周光权:《转型时期刑法立法的思路与方法》,载《中国社会科学》2016年第3期。
④ 有学者认为"一元论"内部还可以区分出"一元论"与"二元论",其实就是第三组对立的问题,本文为避免术语混淆,在"一元论"内部将增改条、款模式称为增改模式,将补充行为对象、类型的模式称为补充模式。本文的"一元论"与"二元论"专指对于是否需要另外创设网络刑法典的争议理论。

以认为有必要在刑法典之外创设单行的网络刑法典,其原因可以归结为如下几点:第一,网络犯罪保护的法益不同于传统犯罪,传统刑法无法予以规制;[①]第二,网络犯罪呈现出较大的覆盖范围,足以创设一部新的法典;[②]第三,网络犯罪涉及大量的技术性问题,传统理论应对不足。也就是说,刑法典不能够或者说不能够很好地规制网络犯罪,是二元论学者支持独立创设网络刑法典的主要原因。因此,二元论者所持的立法姿态以及在立法姿态之下的立法技术都是一体化的。

具体而言,二元论者必须采取以预测风险为基础的积极立法姿态,否则制定一部单行网络刑法典毫无必要。换言之,若二元论者认为已有必要在刑法典之外单独创设一部网络刑法典,则不可能再认为该单行刑法与传统刑法仍然保持一致的、古典式的犯罪规制理念,传统刑法秉持刑法的最后性与谦抑性,虽然也有预防的刑罚目的观,但必须首先以罪责为基础,而二元论为了更好地应对与传统犯罪不同的网络犯罪,主要侧重于以预测风险为基础的预防,同时把"安全"理念提升到较高的理念位阶。

在二元论者采取了积极立法姿态的前提下,立法技术方面也必须以增改模式为主,以补充模式为辅,也就是说,以增加单行刑法中法律条文的条款为主要模式,以条款为基础的、对行为对象与方式的补充为辅。二元论之所以应当采取这种模式,存在以下三个主要原因:第一,这是新法律从诞生到成熟的必经过程;第二,单行刑法不可能大量写入抽象化的法律条文,这与其初衷背道而驰;第三,网络犯罪之行为对象与行为样态的多样性。此外,随着网络刑法典越发成熟,其立法模式也趋于回归传统刑法的轨道,即在立法姿态上逐渐转向消极立法,在立法技术上逐渐转向补充模式。仔细梳理不难发现,立法路径中二元论者只有对立法姿态与立法技术采取一体化的思路,才能在理念与逻辑上达至融贯。

一元论完全不同,针对网络犯罪采取积极立法或者消极填补的姿态都是可以的,并且在两种姿态之下,选择增减模式或者补充模式的立法技术也都是可以的。因此,对于立法论中三对观点的关系可以总结为图1。

---

① 学界曾经对虚拟财产的讨论,认为虚拟财产不同于传统财产可参见侯国云:《论网络虚拟财产刑事保护的不当性——让虚拟财产永远待在虚拟世界》,载《中国人民公安大学学报(社会科学版)》2008年第3期;刘明祥:《窃取网络虚拟财产行为定性探究》,载《法学》2016年第1期。

② 参见[德]埃里克·希尔根多夫:《德国刑法学:从传统到现代》,江溯、黄笑岩等译,北京大学出版社2015年版,第390页。

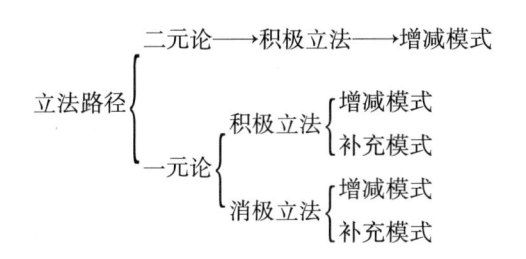

```
              ┌ 二元论 ──→ 积极立法 ──→ 增减模式
              │
              │        ┌ 积极立法 ┌ 增减模式
立法路径 ┤        │            └ 补充模式
              │ 一元论 ┤
              │        │ 消极立法 ┌ 增减模式
              └        └            └ 补充模式
```

图 1　不同的立法路径

(三)解释路径与立法路径的评价与取舍

首先,过于偏向立法路径的模式并不可取,因为"法律总是有漏洞的"。[1] 以 1997 年《刑法》的颁布时间为节点,我国刑事司法至今仍处于立法活跃化的时代。[2] 希望司法者只是"宣告及说出法律的嘴巴",[3]并力图创制一部趋于完美的刑法典,已然被证明是不切实际的幻想。[4] 这里有三个主要的现实原因:第一,立法与法律生效往往存在时间间隔,在此期间社会仍在发展变迁;第二,若旧法无相关规定,或者旧法有规定但新法严于旧法,依"法不溯及既往"的刑法基本原则,此时立法只具备未来面向,然而立法时"未来"的范围与法律生效时并不相同;第三,人之理性必然有其局限性,绝对的理性往往导致对理性本身的背叛。[5] 因此,若欲使当下的法律适应社会变迁并且发挥其最大的潜在能量,只有解释路径才能做到,因此才可以说"成文刑法比立法者更聪明"。[6]

无论侧重或者采取哪一种立法路径,都离不开对解释路径的运用,解释路径的深度挖掘是不容回避的议题。针对网络犯罪,如果认为传统保守派的解释路径无法有力应对,那么重点就在于激进派的观点能否有效应对新的变化发展,以及该观点能否维系在法治国刑法的基本框架内。

法律应当跟进与回应时代发展提出的新问题,在网络犯罪已成为重要犯罪类型的今天,顽固地保守传统刑法学的立法与释法观念并不明智。费尔巴哈提出罪刑法定原则有其时代背景,内含的人权保障思想延续至今,以谦抑性或者最后性为主要标签的刑事法律几乎成为定式,进而推导出解释上必须坚守文义界限与形式优先的观点。[7]

---

[1] 参见[德]伯恩·魏德士:《法理学》,丁晓春、吴越译,法律出版社 2013 年版,第 95 页。
[2] 参见刘艳红:《我国应该停止犯罪化的刑事立法》,载《法学》2011 年第 11 期。
[3] 参见[法]孟德斯鸠:《论法的精神》(上),许明龙译,商务印书馆 2014 年版,第 193 页。
[4] 参见[德]阿图尔·考夫曼:《法律哲学》(第 2 版),刘幸义译,法律出版社 2011 年版,第 60 页。
[5] 参见[英]弗里德利希·冯·哈耶克:《法律、立法与自由》(第 1 卷),邓正来译,中国大百科全书出版社 2000 年版,第 36 页。
[6] 参见张明楷:《刑法分则的解释原理》,中国人民大学出版社 2011 年版,第 33 页。
[7] 参见尚巍:《重构罪刑法定原则》,载《中国社会科学》2020 年第 3 期;梁根林:《罪刑法定原则:挑战、重申与重述——刑事影响力案件引发的思考与检讨》,载《清华法学》2019 年第 6 期。

就刑法本身而言,不能说存在绝对的倾向性,人权保障与惩罚犯罪之间的张力始终存在,由于社会背景或者历史时期的不同,刑法的重心在两极之间反复滑动。刑法教义学并非旨在创造"概念金字塔",①其并非"无血肉之骨架",目的或者价值的注入才可能真正形成规范评价。

在社会快速发展并且网络犯罪已然呈现不同于传统犯罪之特点的形势下,采取保守的解释路径实难应对,因为孕育该路径的社会已经发生了变化。激进的解释路径确实扩大了核心概念语词的适用范围,但是这种语义扩张完全可以得到合理的限定。相比于以往的犯罪论体系,功能主义体系最大的特点就是开放性,架起了刑事政策与刑法教义学之间的桥梁。如果说"双层社会"可以结合刑事政策确定,那么保守解释论者实际上担忧的是刑事政策之抽象性可能赋予司法者过大的自由裁量空间,从而在个案中侵犯犯罪嫌疑人、被告人的合法权益。然而本文认为,如果担忧的是刑事政策的抽象性与不确定性,首位的选择不应是放弃这种路径,而是刑事政策本身能否得到合法与合理的限定。如下文所述,通过权威的文本——刑法修正案、司法解释及法院判例,以及通过前述文本发展出来的具体原则,完全可以做到对刑事政策的限定。因此,就前文梳理的实际上可供选择的路径而言,以激进解释路径为主、以一元论消极立法模式为辅是当下可以发挥实际作用的最优选。因为保守的解释路径实际上把规制不断发展涌现之新型网络犯罪的任务推给了立法者,而立法模式始终无法突破纯粹未来面向的缺陷以及人之理性的局限。

二、网络犯罪之功能主义体系化

"法教义学若想要克服自身的固有缺点,避免形式化、抽象化的体系与生活实践所提出的规范需求相脱离,便有必要在内部视角之外,辅之以'社会理论之法'的外部视角。"②因为"法学研究对象的变动性使得法学背上了一个严重的包袱"③。相对于其他阶层体系而言,功能主义体系最为重要的特点是具备开放性,架起了刑法教义学

---

① 教义(dogma)这个词系从德国引进,由于与"教条主义"具有相似性,可能会使人产生两者含义相似的误解。教义学(dogmatik)指的就是法律人用理论阐释现行有效法的活动,"教义"本身是为了强调刑法学者对于法律条文的尊重,虽然是"对自身能力未先予批判的纯粹理性的独断过程",但是并非概念法学意义上的"通过纯粹的形式逻辑方法,仅从法律概念,也就是从概念的'逻辑'关系推导出法条的意旨",而是本身就内含了立法评价与目的,其是一种对法律规定与学术观点的解释、体系化与进一步发展。参见:[德]阿图尔·考夫曼、温弗里德·哈斯默尔主编:《当代法哲学和法律理论导论》,郑永流译,法律出版社 2002 年版,第 4 页;[奥]恩斯特·A.克莱默:《法律方法论》,周万里译,法律出版社 2019 年版,第 137 页;[德]克劳斯·罗克辛:《德国刑法学总论》(第 1 卷),王世洲译,法律出版社 2005 年版,第 117 页;舒国滢:《格奥尔格·弗里德里希·普赫塔的法学建构:理论与方法》,载《比较法研究》2016 年第 2 期。

② 劳东燕:《刑事政策与功能主义的刑法体系》,载《中国法学》2020 年第 1 期。

③ [德]尤利乌斯·冯·基尔希曼:《作为科学的法学的无价值性——在柏林法学会的演讲》,赵阳译,商务印书馆 2016 年版,第 21 页。

与刑事政策之间的桥梁(见图2)。

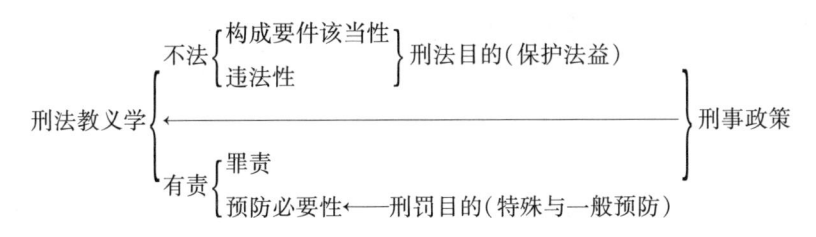

```
             ┌     ┌构成要件该当性 ┐
             │ 不法 ┤              ├ 刑法目的(保护法益)
             │     └违法性         ┘
刑法教义学 ──┤ ←──────────────────────────→ 刑事政策
             │     ┌罪责
             │ 有责┤
             └     └预防必要性 ←── 刑罚目的(特殊与一般预防)
```

图 2　功能主义体系

　　应当注意的是,这里的刑事政策,是指方法论上合目的性之考量,以指导犯罪论的构建与刑法解释论的发展。[①] 按照罗克辛教授的构想,刑法上的不法要从刑法的目的中引导出来,罪责则从具体的处罚目标中推导出来。[②] 换言之,就刑事政策与刑法教义学的整体互动关系而言,其功能主要在于将社会变迁整合入刑法体系以及使前述体系具有一定的自主性与应变性;[③]就刑法教义学的解释与建构而言,则是发展出不同的局部原则并与原有规则形成一个融贯的体系。[④]

　　"刑事政策"的用法很多,费尔巴哈认为其是"国家据以与犯罪作斗争的惩罚措施的总和",[⑤]李斯特则认为其内涵主要是特殊预防,陈兴良教授早期则认为其是一个公共政策问题。[⑥] 可见,若试图将罗克辛教授的"目的论"刑事政策构想付诸实践,首要难题是刑事政策的语义多变性,即使进行诸如"合目的性之考量"的界定,在实质内容上也很难与费尔巴哈或者李斯特的用法作出较为明确的区分。归根结底,真正重要的是如何尽量避免政治、社会与文化对法律的直接"指挥",因为这种做法将会导致法律适用的波动与不稳定性,我们所追求的是政治、社会与文化对法律的间接指引,也就是已经法律转化过的文本,诸如刑法典、司法解释、法院判例等,因为只有这样才能实现法之治而非人之治的目标。[⑦]

　　本文认为,语词的含义是由其内涵与功能所赋予的,因此作出"合目的性之考量"的基本界定虽然重要,但是更重要的是如何明确"合目的"的意涵。换言之,打通刑事政策学与刑法教义学的优点是明显的,其赋予了刑法教义学体系不断吸收整合社会现实的自主应变性,但其隐患也是令人担忧的,即"刑事政策"的疆域如何划定。既然引

---

① 参见劳东燕:《能动司法与功能主义的刑法解释论》,载《法学家》2016 年第 6 期。
② 参见[德]克劳斯·罗克辛:《构建刑法体系的思考》,蔡桂生译,载《中外法学》2010 年第 1 期。
③ 参见劳东燕:《刑事政策与功能主义的刑法体系》,载《中国法学》2020 年第 1 期。
④ 有关融贯的体系思想,可参见[美]罗纳德·德沃金:《法律帝国》,许杨勇译,上海三联书店 2016 年版,第 74~79 页。
⑤ 陈兴良:《刑法教义学与刑事政策的关系:从李斯特鸿沟到罗克辛贯通中国语境下的展开》,载《中外法学》2013 年第 5 期。
⑥ 参见陈兴良:《宽严相济刑事政策研究》,载《法学杂志》2006 年第 1 期。
⑦ 参见刘艳红:《网络犯罪的法教义学研究》,中国人民大学出版社 2021 年版,"前言"第 2 页。

入刑事政策是为了充实刑法教义学的时代内涵,那么就不能过分限制刑事政策的材料与适用范围,此外,在发挥其功用的同时不可赋予司法者过于宽泛的法适用空间。

本文的进路是,首先将刑事政策的根据限定在权威文本的范围之内,这可以避免刑事政策的泛化导致教义学体系被破坏,紧接着再根据这些权威文本本身发展出具体的原则,利用原则相较于规则的更强的"柔性",形成规则与具体原则的融贯体系,确保权威文本之下的刑事政策不会过于僵化,甚至违背打通刑事政策学与刑法教义学的初衷。

(一)权威素材限定之下的刑事政策

对于打通刑事政策学与刑法教义学的"目的",其作为一种价值评价,应当避免宽泛性与恣意性,"给目的披上'客观'的外衣,也只是一种对于立法者原本的意向与法律'经演进之后'的标准内涵之间的紧张关系的掩饰"的批评值得警醒。[①] 有论者认为,刑法解释的目标就是寻求刑事政策与罪刑法定原则的最大公约数。[②] 从功能主义体系或者机能主义体系的立场来说,这种观点无疑是正确的,但是真正棘手的问题在于如何根据现有的法律素材圈定刑事政策的边界。

按照本文的观点,作为犯罪成立与否的检验工具,[③]功能主义体系作为一套程式化的检验流程是可以完全吸收的,但是作为判断刑事政策的根据,尽量限定于权威材料则是更为稳妥的做法。采取限制性圈定刑事政策的进路,在法理上是有其根据的:以逻辑演绎推理为例,其最重要的步骤并不是根据大前提与小前提得出一个结论,而是如何获取稳定的大前提与准确的小前提。换言之,刑事政策的考量依据必须是在我们的法律中具有较强权威性的实践。[④]

英国法哲学家约瑟夫·拉兹(Joseph Raz)从实践理性的角度对"权威"概念进行了深入的剖析。拉兹的观点是:"认为一个人拥有权威,就是认为至少他的一些命令或者其他的应当做什么的看法(例如他的建议)的表达是权威性的指示,因而是排他性理由。"[⑤]"排他性理由"是拉兹理论的重要概念,理由的作用是说明、评价和指导人们的行动,然而对于同一个行为可能同时存在不同的理由,并且这些理由会导向不同的结论。

不难发现,行动理由与法律适用其实极为相似,实际的司法实务中,就隐藏着对不同法律渊源的发掘、适用与取舍。就法律适用的"三段论推理"来说,大前提与小前提

[①] 参见[德]卡尔·拉伦茨:《法学方法论》,陈爱娥译,商务印书馆2004年版,第200页及以下。
[②] 参见劳东燕:《功能主义刑法解释论的方法与立场》,载《政法论坛》2018年第3期。
[③] 关于刑法体系的检验功能,参见[德]乌尔斯·金德霍伊泽尔:《德国刑事违法性的基础》,陈璇译,载《人民检察》2015年第19期。
[④] 对于逻辑演绎推理的内在问题,参见[德]阿图尔·考夫曼:《法律哲学》,刘幸义等译,法律出版社2011年版,第74~115页。
[⑤] [英]约瑟夫·拉兹:《实践理性与规范》,朱学平译,中国法制出版社2011年版,第62页。

的发现才是真正的难题,而非最后的逻辑演绎推理。① 就刑法学而言,司法者的惯常思维是适用刑法文本明确规定的规则,而且适用此类规则便无须进行再论证,这正是因为刑法文本就是一种"排他性理由",按照约瑟夫·拉兹的话来说就是:"排他性理由的存在意味着一个人不应当基于理由的权衡而行动。排他性理由可以排除一个已被胜过的理由,同样也可以排除一个打破了理由平衡的理由。"②也就是说,一旦我们具备了一个权威刑法文本的条款,这个条款就是排他性的,我们无须再考虑其他文本与该条款在实质合理性或者正义性层面的权衡,而可以径直地、无须论证地适用该条款。

回到刑事政策的限定,作为弥补刑法文本不周延的外源性理由,我们越是采取权威的文本,就越是能在论证上具备说服力,因为权威文本自身就具有限制过度自由裁量的功能,权威就意味着不需要再通过司法者个人的或者个人以"客观评价"为名义的反思平衡,这就是对法之治的一种维护。追根溯源,依据刑法典发展出一套教义学体系,就是为了发挥法律文本的最大适用潜能,而引入刑事政策的原因就是纯凭法条的教义学建构不能完成前述目标,条文的滞后性与社会的发展变迁始终处于紧张关系之中,因此必须通过法律文本以外的素材使整个体系更加完整。这里的论证主要说明了,有权威来源的刑事政策并不会动摇法治国的根基——法安定性、正义与合目的性的平衡,③对"刑事政策"概念的质疑往往是针对其内容的来源。因此,接下来需要说明的问题就是哪些资料可以作为权威的刑事政策来源。

(二)修正案、司法解释与法院判例作为权威材料

拥有权威即拥有一种排他性理由,刑法典规定的条文(刑法规范)在法律适用中都是排他的,无须考虑与其他行动理由之间的分量权衡。所有的法律都有滞后性,刑法在这一点上表现得最为突出,既然经由刑法条文确定的规范都具有权威性,即都可以作为排他性理由,那么外源性的刑事政策具有权威性会不会是一个自我否定的命题? 也就是说,既然总在强调刑法条文是权威性的,作为刑事政策来源的外源性材料当然不是刑法文本,又如何能具备刑法文本的权威呢? 其实这并不矛盾,因为排他性理由相对于其他需要衡量分量的一阶理由而言是二阶的,而"二阶理由之间同样也由强弱关系所决定"④。换言之,权威文本之间进行的分量权衡,与这些权威文本相对于非权威文本的排他性并不冲突。举例而言,学说观点作为非权威性的理由,在其之间必须进行"交锋"与"竞争"才能确定哪种学说应当予以采纳,但是相对于学说观点,刑

---

① 参见[德]阿图尔·考夫曼:《法律获取的程序:一种理性分析》,雷磊译,中国政法大学出版社2015年版,第27~28页。
② [英]约瑟夫·拉兹:《实践理性与规范》,朱学平译,中国法制出版社2011年版,第35页。
③ 参见[德]拉德布鲁赫:《法哲学导引》,雷磊译,商务印书馆2021年版,第28页及以下。
④ [英]约瑟夫·拉兹:《实践理性与规范》,朱学平译,中国法制出版社2011年版,第38页。

法典以及司法解释、法院判例等都具有权威性,只要在某个问题上具备了权威性材料,学说观点的实质正确性就不是需要考虑的问题,因为权威材料具有排他性。与此同时,刑法文本与司法解释、法院判例之间有分量的区别,在权威材料之中,刑法文本在衡量上具备优先性。因此,刑法修正案、司法解释与法院判例完全可以具备权威性。

刑法修正案公布后本身即属于刑法典的组成部分,然而重要的是注意到修正案之变化所内含的立法意旨。如果将解释目标简单地划分为主观解释(原意说)与客观解释(文本说)两种,当下的刑法学者基本采取后者,即认为"刑法一经制定与颁布,就是一种客观存在,与立法原意产生距离",[1]因此应当理解、解释客观文本,而非询问立法者当初是何种本意。[2] 但是刑法修正案中,"修正"的最大特点就是立法原意与法律文本距离不大,而且明显是可以探寻的,也就是说,"解释不仅与历史上立法者的意图一致,而且也适合发挥法律适用的功能"[3]。从修改或者增补的条文中,法律人不难发现立法者对当下及之后一段时间的重点关注领域以及在这些领域中采取积极抑或消极的规制方式,而这些不正是刑事政策之"合目的性"的考量内容吗?因此,刑法修正案完全可以作为刑事政策的权威来源。

司法解释与法院判例在严格意义上都不是刑法的正式渊源,但是在实际的法律运作中所发挥的作用并不弱于刑法文本。"权威"要么是人们应当认为某个主体拥有的,要么是别人认为某个主体拥有的,[4]前者如刑法典,是代表人民意志的最高立法机关赋予其权威,后者就是这里的司法解释与法院判例。赋予司法解释与法院判例(特别是指导案例)权威性的是其作出主体的权威性。约瑟夫·拉兹提出了证成权威性之正当性的两种进路:基于知识与经验的实践权威与基于社会合作要求的实践权威。[5] 也就是说,我们不仅尊重与相信最高司法机关的经验与智识,而且在司法实践中即使出现无法评估其合理性的情况,仍会将其作为司法裁判的根据。当然,司法解释与法院判例出现无法评估合理性的情况实属少数,这里重要的是回顾我们的司法实践,个案中若出现可以适用司法解释与极为相似的法院指导判例,法院会作出与其相左的裁判吗?没有绝对的泾渭分明,大陆法系的基本框架并不意味着判例只有次要的重要性,何况我国已然出现了案例指导制度。[6] 司法解释的作用更无须多言,司法实务中其实际发挥了很大的作用,然而究其本源,司法解释是最高司法机关对刑法条文

---

[1] 参见张明楷:《刑法分则的解释原理》(第2版),中国人民大学出版社2011年版,第30页。
[2] 参见张明楷:《刑法学》(第6版),法律出版社2021年版,第33~35页。
[3] [奥]恩斯特·A.克莱默:《法律方法论》,周万里译,法律出版社2019年版,第108页。
[4] "一个人拥有权威,要么是因为别人认为他拥有权威,要么是因为人们应当这么看待他。"出自[英]约瑟夫·拉兹:《实践理性与规范》,朱学平译,中国法制出版社2011年版,第62页。
[5] 参见[英]约瑟夫·拉兹:《实践理性与规范》,朱学平译,中国法制出版社2011年版,第62~63页。
[6] 参见《人民法院组织法》第37条第2款:"最高人民法院对属于审判工作中具体应用法律的问题进行解释,应当由审判委员会全体会议讨论通过;发布指导性案例,可以由审判委员会专业委员会会议讨论通过。"

的解释。

因此,司法解释与法院判例的权威性,既有其可以依赖的知识和经验的实践基础,也有其满足社会合作要求的一面。此时的问题是,两者的权威性若得到认可,如何根据其推导出刑事政策的内容。这里需要重申的是,刑事政策作为一种方法论上合目的性的考量,必然有其材料来源,本文强调前述材料的权威性,就是为了避免刑事政策直接以未经转化的政治、社会与文化为依据,从而导致对"刑事政策"概念之使用的不断波动,因为越是抽象、越是不规范化的价值与事实,就越是可能成为恣意地刑法裁量的托词。法律、司法解释与判例作为权威文本,它们最大的特点就是本身具有很强的规范性与可接受性,这就为避免刑事政策导致的司法裁量恣意性进行了规范化的限制。但是此时,为了确定刑事政策中"合目的性"之内涵,必须对前述材料进行提炼,因为修正案与司法解释的表现形式较为具体,需要进行抽象才能上升到价值与目的的层面,而判例出于"相同情况相同处理"的平等原则,需要对案例之间的异同进行比较,从而提炼出某类型案件的共同处理方针。经过这种权威限定的刑事政策原材料的处理,可能在一定程度上牺牲了刑事政策的丰富内涵与覆盖范围,但这种牺牲暂时绝不会错,因为这个"窄"范围的刑事政策的缺陷可能只是存在不周延,而不是其对"合目的性"之确定的背离。此时,若想进一步扩大其适用面,就需要进行更进一步的提炼,即从规则、案例中提炼出原则,形成规则与原则的融贯整体。

(三)权威化的刑事政策再调试:规则与原则的融贯

本文的基本思路是,因为单纯以刑法典为文本的刑法教义学的建构具有不周延的缺陷,非严格意义上之正式渊源的司法解释与法院判例必须同时作为法律素材。引入刑事政策的优点在于将社会发展与变迁整合进刑法教义学体系,缺点在于根据材料的广泛性或者不确定性导致这个概念本身及其适用的不稳定性,并可能形成直接根据未经规范转化的政治、社会与文化从而过度扩张司法者的裁量空间。因此,以权威性材料限定的刑事政策可以首先解决刑事政策中"合目的性考量"的不稳定性以及过度政治化、道德化的隐患,但此时刑事政策可能被严格限缩了,因此需要进一步提炼权威材料的内涵,扩大其可适用范围。由于司法解释存在庞杂与僵化的缺陷,法院判例存在转化为知识点的过渡难题,结合刑法典中的罪刑法定主义,最好的方式就是通过司法解释与法院判例归纳总结出局部的原则,原则的弹性可以应对规则本身的僵硬,来源的权威性则可以避免刑法教义学不稳定的刑事政策化乃至政治化。

这里需要强调规则与原则在适用上的区别,规则一般以"全有或者全无"的方式适用,而原则是在相关情形下,法官断案时所做的一种方向性考量。[①] 也就是说,相对

[①] 参见[英]罗纳德·德沃金:《认真对待权利》,信春鹰、吴玉章译,中国大百科全书出版社1998年版,第43~48页。

于规则,原则更具柔性,两个矛盾的规则不可能同时适用,但是两个矛盾的原则却可以经过权衡同时适用。英美法系中极具影响力的哈特式法律实证主义,认为规则具有模糊性边缘的倾向,这使规则适用于边缘案件时变得不确定,即规则的"开放结构",并认为应当把法律规则的"开放结构"当作优点而非缺点。① 处在边缘地带的规则,以及由判决里的理论所开放出来的领域中,法院发挥着创造规则的功能。② 这在判例法传统的国家无可厚非,但是很难被以成文法为主的我国所接受,如前文所述,规则是一种排他性的理由,并且是一种权威,因此有可用的规则当然无须原则介入。所以若规则存在不周延的情形,相对于"法官造法",通过权威文本梳理出具体原则更能被接受。由于刑法典的普适性,其具有不可避免的抽象性,诸如德日等典型的大陆法系国家,一般根据法院或者裁判所的判例,以及学者在学理上的解释建构使刑法学整体趋于周延化。如前所述,由于立法与司法的现状不同,我国不能照搬德日的模式,司法解释虽然已经呈现出了一些庞杂化、内部矛盾化以及僵硬化的迹象,但是作为司法实践的主要理据,我们不能一概地忽视与否定。法律是论证性的,解释也是建构性的,要使被解释物成为最好的事物。③ 本文在法律方法上的基本思路,就是以司法解释与法院判例为主要根据,对其本身存在的问题进行宽容性的解释,进而协调整个刑事政策根据的内容,发展出在局部具有指导性的原则,进而形成一个融贯的解释体系(见图3)。④

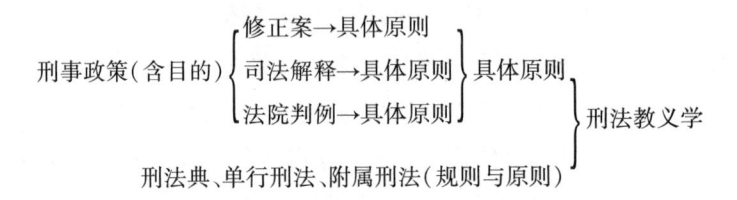

$$刑事政策(含目的)\begin{cases}修正案\to 具体原则\\ 司法解释\to 具体原则\\ 法院判例\to 具体原则\end{cases}具体原则\Bigg\}刑法教义学$$

刑法典、单行刑法、附属刑法(规则与原则)

图3 权威限定下的刑事政策

三、"二元分治"的犯罪检验程序

在法律适用上,犯罪论的主要功能就是作为一种检验程序,"借助这一检验程序,能够回答,某人是否实施了可罚行为"⑤。进而诚如陈兴良教授所言:"作为一种方法论的刑法教义学是超越具有国别性的刑法的,可以为我所用。"⑥功能主义体系就是一种犯罪检验程序,但其"开放性"的特点使其不同于古典体系、新古典体系与目的主义

---

① 参见[英]布赖恩·比克斯:《法律、语言与法律的确定性》,邱昭继译,法律出版社2006年版,第8页。
② 参见[英]H. L. A.哈特:《法律的概念》,许家馨、李冠宜译,法律出版社2017年版,第200页。
③ 参见[美]罗纳德·德沃金:《法律帝国》,许杨勇译,上海三联书店2016年版,第49页。
④ 一般认为,规则采取全有或全无的适用模式,原则则采取衡量的模式,有关规则、原则与政策的融贯性讨论,可参见高鸿钧:《德沃金法律理论评析》,载《清华法学》2015年第2期。
⑤ [德]乌尔斯·金德霍伊泽尔:《德国刑事违法性的基础》,陈璇译,载《人民检察》2015年第19期。
⑥ 陈兴良:《刑法的知识转型:学术史》(第2版),中国人民大学出版社2017年版,第36页。

体系,因为针对不同类罪完全可以采取不同的刑事政策。"二元分治"是在大框架——功能主义体系——统一之下的分治,"二元"则是指诸如网络犯罪等新型犯罪与传统犯罪存在不同的规制机理。

(一)"二元分治"的现实基础

不同法系或者国家,在犯罪论中实质的区别在于法律素材,诸如案例、立法中体现的政治、社会与文化特点,在这种意义上,犯罪检验程序或者说犯罪论体系如同"无色的滤纸",真正决定其本色的是过滤中的要素。简要回溯我国的刑事司法,就刑法教义学本身而言,诸如恐怖活动犯罪、毒品犯罪以及黑社会性质组织犯罪等特殊犯罪类型,本来就形成了一个立法与司法的独特教义学体系,在立法上明确出现了帮助犯正犯化和预备犯实行化的条文,在司法上也采取了以预防为主的解释倾向。换言之,虽然始终怀揣着"公理化体系"的梦想,①但是刑法教义学实际上无法也不会一以贯之地对待各种类型的犯罪,毋宁说呈现了不同的规制机理。

类似地,网络犯罪作为新型犯罪也具有一定的特别性,因此在教义学体系化上也可以呈现不同于传统的规制方式。在教义学上的体系化本来就是刑法学者必须进行的工作。在法律的许多问题上,我们需要的是共识而不是争议。② 犯罪论,是人们对所有刑事政策立场进行提取和归纳,并以描述性、实证化的方式进行形式上的归类才设计出来的。功能主义体系作为一个大的框架,就应当遵循检验步骤而言,其与古典体系、新古典体系或者目的主义体系没有太大区别,因为后述三种体系也恪守着"阶层"的理念,但其最大的特点"开放性"就体现在:不同类型的犯罪虽然都遵循着"行为—构成要件该当性—违法性—答责性(罪责与预防必要性)—客观处罚条件"这一基本顺序,但是不同的刑事政策输入的不同法律素材决定了刑法目的与刑罚目的之内涵的变化,进而影响到不法与责任的具体解释与适用。本文"二元分治"的提法,指的就是在整体的大框架下,针对不同类型犯罪的不同刑事政策,从而在具体各阶层的解释与适用上存在差异。"二元"是一种简单的划分,主要是为了表明传统犯罪与危害国家安全犯罪、恐怖活动犯罪、黑社会性质组织犯罪与网络犯罪等新型犯罪的不同规制机理,但不否认后四者之间当然也有一定的区别。

(二)"二元分治"的学理支撑:雅各布斯"敌人刑法"的启示

在刑法教义学内部区分不同的检验程序不是新鲜事物,当下作为德国通说的新古典与目的主义相结合的体系,就区分了故意作为犯、过失作为犯与不作为犯三个部分。③ 另外,在德国刑法实践与理论中,根据行为人的不同情形进行保安处分与刑罚

---

① 参见舒国滢:《寻访法学的问题立场——兼谈"论题学法学"的思考方式》,载《法学研究》2005年第3期。
② 参见[英]登特列夫:《自然法》,李日章、梁捷、王利译,新星出版社2008年版,第74页。
③ 参见[德]汉斯·海因里希·耶塞克、托马斯·魏根特:《德国刑法教科书》,徐久生译,中国法制出版社2017年版,第318页及以下。

的二元划分也基本成为共识。保安处分实际上就是一种根据预防必要性的刑法前置化介入,而往前再推一步,就是在理论上争议极大的敌人刑法理论。

自从雅各布斯教授提出"敌人刑法"理论伊始,该理论及其本人就不断承受着外界的严厉批评。限于篇幅,本文旨在提出雅各布斯教授理论最大的可取之处:作为调节性的"敌人刑法"。雅各布斯明确指出:"现今在一般的刑法之中,掺杂了许许多多或大或小敌人刑法的成分在里头,从法治国的角度言之,就是一种罪恶。"①也就是说,"敌人"并不是雅各布斯划分出来的,而是自始存在于当下刑事司法实践之中的,我们应当对这种现状作出一种明确的区分,进而可以更契合法治国理念地规制不同类型的犯罪,而不是放纵那种实际上被当作"敌人"打击但却披着"法治国"袈裟的混杂情形。就如雅各布斯所言的:"诚实一点的做法是,将建立秩序的强制与维护秩序的法律区分开来。"②

德国学者希克在其论文中分析了针对"敌人刑法"的多种批评,并提出:"作为调节性的观念,敌人刑法概念至少要确保给必要性规定划出清晰界限,且具有据该界限再次进行批判讨论的可能性。"③此外,西班牙学者也主要从功能而非概念的角度对"敌人刑法"作出了深入的分析。作为调节性观念,"敌人刑法"的核心理论价值就是诚实地指出现有刑法规制方式的一种隐而不宣的特征:刑法的确圈出了一些较为特殊的犯罪人,并且与古典刑事法基本原则不同,采取了更为前置化和程序更为简易的处理措施,主要包括恐怖活动犯罪、毒品犯罪与黑社会性质组织犯罪等。在前述特殊领域,首先,表现为刑法介入更为前置化,表现为预备犯的实行化与帮助犯的正犯化;其次,入罪门槛降低,表现为构成要件要素的抽象化,以及不以结果或者危险为要素的立法。④换言之,在这些特殊领域,刑事规制事实上并未完全恪守古典刑法基本原则的立场,而是采取了较为"激进"的规制进路。这种思路其实和雅各布斯提出"敌人刑法"的原因非常接近了,因为其认为:"就市民刑法而言,刑罚众所周知的功能是在进行否定;然而敌人刑法的作用,则是危险的排除。"⑤这也与双轨制,即刑罚与保安处分的处罚模式相契合。

本文的观点是,虽然在性质上,网络犯罪整体上可能不如恐怖活动犯罪、毒品犯罪

---

① [德]Günther Jakobs:《市民刑法与敌人刑法》,徐育安译,载许玉秀主编:《刑事法之基础与界限——洪福增教授纪念专辑》,台北,学林文化事业有限公司2003年版,第33页。
② [德]Günther Jakobs:《市民刑法与敌人刑法》,徐育安译,载许玉秀主编:《刑事法之基础与界限——洪福增教授纪念专辑》,台北,学林文化事业有限公司2003年版,第38页。
③ [德]斯特凡·希克:《作为调节性观念的敌人刑法》,潭淦译,载《刑事法评论》2014年第2期。
④ 我国的立法,参见《刑法》第120条之一(帮助恐怖活动罪)、第120条之二(准备实施恐怖活动罪)、第294条(组织、领导、参加黑社会性质组织罪);比较有特点的,第354条(容留他人吸毒罪)。
⑤ [德]Günther Jakobs:《市民刑法与敌人刑法》,徐育安译,载许玉秀主编:《刑事法之基础与界限——洪福增教授纪念专辑》,台北,学林文化事业有限公司2003年版,第33页。

以及黑社会性质组织犯罪严重,但是根据立法的倾向、①司法解释的观点、②以及相关判例的阐释,③网络犯罪实际上也采取了不同于古典犯罪体系的规制取向,也就是积极预防与积极规制的姿态。应当认为,这并不是对古典原则的"背叛",毋宁说是基于社会变迁的一种调整。因此,有必要在维持刑法教义学大框架的前提之下,建构两套不同的犯罪检验程序,对于恐怖活动犯罪、黑社会性质组织犯罪和毒品犯罪,以及新兴的网络犯罪,在检验程序上进行一定的局部调整,以适应立法与司法的变迁,实现理论与实务的适配。因此极为重要的是:根据我国的刑法修正案、司法解释与法院判例,哪些网络犯罪应当被划归到特殊规制的范畴。④

(三)"二元分治"的基本构造:答责性阶层的不同安排

所谓"二元分治",就是在规制传统犯罪与规制特殊犯罪之间采取了两套有所不同的检验程序,两者法律后果的上限有所不同。众所周知,刑罚目的中的"并合主义"虽然整合了预防刑与报应刑,但仍坚持在报应刑的限度内考量一般预防与特殊预防,⑤因而报应刑实际上决定了刑罚的上限。基于刑法的谦抑主义,这种安排对于传统犯罪有其合理性。然而,针对诸如毒品犯罪、恐怖活动犯罪与部分链条化的网络犯罪,预防必要性高但是法益侵害或者法益侵害危险的程度相对较低的犯罪,是否还能坚持囿于前述"罪责之下的预防"的原则,是值得商榷的。毋宁说,"罪责之下的预防"更多的是一种妥协,以图规避预防必要性考量不精确的风险,笔者认为这是刑罚理论中的"保守主义"。如前述"敌人刑法"理论的启示,结合本文的整体构想,只要能够识别出需予以特殊规制的犯罪,并且基于"罪责刑相适应"而非"罪责之下的预防"的原则,就有充足的理据对该部分犯罪采取"预防之下的罪责"的规制。

1. 基本观点:罗克辛与雅各布斯不同观点

目的理性或者功能主义的刑法体系,在传统的有责性阶层进行一个较大的调整,

---

① 《刑法修正案(九)》的较大变动:第246条新增第3款,第286条后新增第286条之一,在第287条后新增第287条之一、第287条之二。

② 司法解释中刑事政策倾向的重要表现,参见2019年最高人民法院、最高人民检察院《关于办理非法利用信息网络、帮助信息网络犯罪活动等刑事案件适用法律若干问题的解释》中,关于"情节严重""情节特别严重"的认定规则;《最高人民法院、最高人民检察院、公安部有关负责人就〈关于办理电信网络诈骗等刑事案件适用法律若干问题的意见〉答记者问》中,明确提出的规制取向;2016年最高人民法院、最高人民检察院、公安部《关于办理电信网络诈骗等刑事案件适用法律若干问题的意见》中细化的认定规则等。

③ 重点关注《最高人民法院发布4起非法利用信息网络罪、帮助信息网络犯罪活动罪典型案例》《公安部公布一批网络侵犯公民个人信息犯罪典型案例》;关于非法搭设"VPN"的两个典型案例:"朱某非法获取计算机信息系统数据、非法控制计算机信息系统案""胡某拒不履行信息网络安全管理义务案";以及《检例》第34、36、37、38号等。

④ 这里需要强调的是,本文采取法律适用的视角,不对立法、司法解释与法院判例进行根本上的批评,对于部分需要微调的部分,从融贯性出发采取宽容的解释态度。

⑤ 参见张明楷:《刑法学》(第6版),法律出版社2021年版,第671页。

即把传统的"罪责"扩展至"答责性"的范畴。① 传统意义上的罪责仍被保留,并以特殊预防或者一般预防的必要性作为补充,从而答责性(有责)分为罪责与预防必要性两个部分。这个调整是功能主义体系中"目的"之作用的充分展现,由此,刑罚目的真正在犯罪论中发挥了功效,进而使刑事政策与刑法教义学实现了联通。

但由此产生了一个问题,罪责与预防必要性之间的关系应当如何安排。在这个问题上,目的理性或者功能主义刑法体系的两大主要创建者罗克辛教授与雅各布斯教授产生了分歧,前者认为应当在罪责之内考虑预防必要性,②后者则是将罪责完全融入了一般预防必要性。本文认为,两者皆有可取之处。将预防必要性置于罪责之下,是古典刑法的题中之义,在坚守罪刑法定原则与责任原则的前提下,体现了刑法的灵活性;将罪责融入预防必要性,可以适应风险刑法的需要,前置化打击一些虽未造成危险、但是极有必要预防的情形。③ 两者也都有不足之处,罪责之下的预防必要性可能出现处罚犯罪不周延的情况,如预防必要性特别大但是罪责极小甚至没有罪责的情况;将罪责融入预防必要性则可能违背罪刑法定原则,过于干涉公众生活甚至侵犯人权。

2. 传统领域:坚守罪责之下的预防

就当前的理论现状而言,罪责之下的预防似乎会得到更多支持,因为与法治国必须坚持的罪刑法定原则与责任原则更加适配。④ 这里其实隐藏了一个前提,即"罪责之下的预防"更有利于限制公权力,其最终目的是实务上可以获得一个更为合理的结果。然而,我们现在回应的问题是:如果实务上已经出现了必须予以解决的新问题,并且与传统法治国的观念存在一定的冲突,我们如何进行取舍与应对?本文认为,难题其实在于我们如何确保这些问题的确是"新的",而不是"新瓶装旧酒"。前文不断强调的通过现有的司法素材识别特定类罪中真正特殊的犯罪规制,就是为了解决这个难题。因此,在完成本文第四部分的"外部链接"工作的基础上,亦即识别出应当予以特别规制的犯罪后,在有责性阶层,当然可以根据前述立法、司法解释与法院判例指示的刑法政策,在特殊犯罪领域采取雅各布斯教授的观点,即将罪责融入预防必要性,可以根据预防必要性处以高于其罪责的刑罚。而在诸如恐怖活动犯罪、黑社会性质组织犯罪、毒品犯罪以及部分网络犯罪之外,仍然坚持罪责之下的预防。

3. 特殊领域:罪责融入预防必要性

入罪层面,对于刑法规范、司法解释与法院判例,在定性要素上可以适当软化罪刑

---

① 参见[德]克劳斯·罗克辛:《德国刑法学总论》(第1卷),王世洲译,法律出版社2005年版,第125页。
② 在我国持相同观点的,有张明楷教授。参见张明楷:《责任刑与预防刑》,北京大学出版社2017年版,第9页。
③ 这里值得讨论的是德国《航空安全法》是否合宪的争论,相关讨论可参见[德]米夏埃尔·帕夫利克:《目的与体系:古典哲学基础上的德国刑法学新思考》,赵书鸿等译,法律出版社2018年版,第240~265页。
④ 张明楷教授的教科书采取的观点也是罪责之下的预防,参见张明楷:《刑法学》(第6版),法律出版社2021年版,第671页。

法定原则的要求,特别是一些构成要件较为抽象的犯罪,在定量要素上应尊重司法解释的观点,但是要通过类型化的概念模型,软化具体数字可能具有的僵硬性,同时考量司法解释与法条的实质内涵。也许在理论上,这样的结合不符合一些理想主义者的"公理化体系之梦"①,但是更为重要的是,理论可以随着时间发展,但是现实的案件是不能忍受"迟到正义"的。这里值得注意的是,并不能笼统地将所有的网络犯罪全部划入前述范围,应当主要将互联网3.0时期链条化、技术化以及平台化的网络空间犯罪作为重点,并且重视司法解释对于网络共同犯罪的重点打击取向。

(四)"二元分治"的微观构造:不法层面的微观解释原则

犯罪论体系的支柱是不法与责任,②不法即指"被评价违法的行为本身"③。在答责性层面有所区分的前提下,不法层面的微观解释也会有所不同。由于诸多网络犯罪的刑法条文具有抽象性的特点,在不法层面的争议焦点往往集中于构成要件是否该当,而构成要件的重要机能之一就是确保罪刑法定原则机能的实现,该原则在平衡惩罚犯罪与保障人权之间发挥着首要的作用。但是对于本文第四部分提出的特殊领域,如拒不履行信息网络安全管理义务罪中管理义务的确定问题,由于刑法条文是抽象的,因而解释者采取保守路径或者激进路径均不会违背罪刑法定原则,此时如若继续遵循古典式思维,在个案中过分强调刑法谦抑性,反而无法对整个特殊领域进行妥当的规制。

本文依然认为罪刑法定原则必须得到坚持,但是对于一些特殊领域,罪刑法定原则有必要软化自身的棱角。前文提及了"敌人刑法"理论,该理论的一个重大积极贡献,就是提醒人们注意现有的法律体系之中,哪些立法或司法实质上已经不完全契合古典刑法的基本理念,而是有其崭新的规制思维。④ 本文认为,可以暂时搁置司法解释与法院判例对部分网络犯罪案件的处理,是否真的违背了古典刑法理论的理念,需要从解决问题的角度,对前述司法解释与法院判例形成的观念和取向进行一定程度的系统化与协调,在这个过程中逐步实现与传统观念的和解或者分治。

例如,在构成要素的定量上,司法解释明显呈现出"量化取代程度判断"的现象,其优点是明显的,简化了侦查人员侦查案件的要求、降低了司法人员审理案件的难度;但其缺点就是存在一定程度的僵化,可能不能随着时代的发展而变化,即以应变性为代价换取了确定性。此时,再次通过司法解释、法院判例等素材软化前述"量化判断"

---

① 舒国滢:《走近论题学法学》,载《现代法学》2011年第4期。
② 参见[日]井田良:《刑法总论的理论构造》,秦一禾译,中国政法大学出版社2021年版,第1页。
③ [德]汉斯·海因里希·耶塞克、托马斯·魏根特:《德国刑法教科书》,徐久生译,中国法制出版社2017年版,第320页。
④ 参见[德]斯特凡·希克:《作为调节性观念的敌人刑法》,谭淦译,载《刑事法评论》2014年第2期。应当认为,前述作者将焦点集中在敌人刑法的理论功能而非概念争执的思路值得肯定。

就是可取的。换言之,司法解释中有关行为模式的解释,基本在刑法条文的解释射程之内,其适用本来就没有问题,也具有随时代应变的能力,但是对于具体的数额,应当降低司法解释的硬度,将其发展为一个小原则,从而形成原则与刑法规则的融贯体系。举例而言,就网络诈骗犯罪而言,司法解释弱化了不同区域可能存在的数额标准不同,这可以作为网络犯罪的解释原则之一。再如,根据相关司法解释[①],"诈骗数额难以查证,但具有下列情形之一的,应当认定为刑法第二百六十六条规定的'其他严重情节',以诈骗罪(未遂)定罪处罚:1.发送诈骗信息五千条以上的,或者拨打诈骗电话五百人次以上的;2.在互联网上发布诈骗信息,页面浏览量累计五千次以上的",该司法解释中提出的具体的认定数字的标准,应当作为重要的掌握标准,但不能绝对化,还要考虑一些其他因素,如行为人对于信息发布位置的选择是否经过认真的"踩点",不能一概而论,这就是本文前述所称的司法解释的具体数字规定的柔化。

四、判例应用示例:权威刑事政策如何注入网络犯罪体系

上文在整体上论证了为何采取功能主义体系、为何注入权威的刑事政策以及为何"二元分治"的犯罪检验程序较为可取。下面将专注于网络犯罪这一类罪展开论述,本文将刑事政策注入刑法教义学的步骤称为"外部连接",以体现功能主义体系的开放性以及"二元"是统一框架之下的分治;将运用"二元分治"检验程序检验犯罪称为"内部融贯",主要是为了在刑事政策材料确定后,形成融贯的教义学体系。外部连接的作用,就是通过权威的刑事政策根据,识别出现有体系中哪些网络犯罪仍处于传统刑法的规制范畴,哪些网络犯罪进入了特殊规制的领域。

计算机与网络信息技术发展至今,计算机犯罪与网络犯罪之间泾渭分明的分界线已不存在,前者已成为后者的下位概念,我们如今讨论的网络犯罪当然包括传统意义上的计算机犯罪。网络犯罪的发展经历了三个代际:互联网1.0时期,以网络作为犯罪对象;互联网2.0时期,传统犯罪发生网络异化,网络成为犯罪工具;互联网3.0时期,传统犯罪网络异化与犯罪的网络空间化产生关系,网络成为犯罪空间。应当认为,前述划分具有一定的理据,但是也存在一定的界限模糊性。[②] 就法学的实践导向性而言,采取功能取向的分类方式更有利于解决问题。上述划分的前两个代际,在犯罪检验与刑事政策取向上是极为相似的,作出该划分的论者也明确指出网络犯罪的重点应当是在3.0时期,1.0与2.0时期不过是"新瓶装旧酒"而已。而与3.0时期有关的主要就是"双层社会"的观点,虽未确立理论通说的地位,但是作为一种研究网络犯罪的

---

① 参见最高人民法院、最高人民检察院、公安部《关于办理电信网络诈骗等刑事案件适用法律若干问题的意见》。

② 值得注意的是,前述划分之间存在一定程度的交叉,由于刑法在1.0与2.0时期的规制较为类似,存在一定的交叉问题不大,主要是要区分出3.0时期的犯罪类型。

整体框架有其重要的价值,并且从现实的角度审视,其基本观点"犯罪不仅存在于传统的现实空间,而是处于网络空间与现实空间两个平台,犯罪行为既可以发生在其中一个空间,也可以同时发生在两个空间之中"作为一种客观事实是较为准确的,有争议的只是刑法解释是否应该延伸到网络空间。本文认为,可以尝试在前述划分的基础上主要根据网络犯罪和传统犯罪的等价性与差异性进行一个"二元"的区分,即根据刑法条文、刑法修正案、司法解释与法院判例,将实际上已经超出传统刑法解释框架情形进行特殊化的处理,剩余部分仍然归属于传统犯罪的规制领域。

(一)网络犯罪代际 1.0、2.0 与 3.0 的示例分析

1. 以网络(系统)作为犯罪对象——以《刑法》第 286 条为例①

此类犯罪适用频率较高的法条是《刑法》第 286 条,该条规定了破坏计算机信息系统罪,即违反国家规定,对计算机信息系统功能进行删除、修改、增加、干扰,造成计算机信息系统不能正常运行,后果严重的或者特别严重的行为。第 2 款规定将该罪的行为对象进行了扩张化,延及算机信息系统中存储、处理或者传输的数据和应用程序。第 3 款重点规制计算机病毒等破坏性程序的情形。

首先,可通过相关司法解释与法院判例确定权威的刑事政策导向。就司法解释而言,主要是最高人民法院、最高人民检察院《关于办理危害计算机信息系统安全刑事案件应用法律若干问题的解释》。该解释第 1 条、第 3 条、第 4 条、第 6 条关涉"情节"与"后果",采取的是用频率征表不法行为严重程度的策略,因而降低了司法证明的难度,第 9 条关涉共同犯罪,是较为明显的共犯正犯化解释,总的来说这些条文都从反面揭示了严厉打击此类犯罪的刑事政策倾向。② 就法院判例而言,可以重点关注最高人民法院指导案例第 102 号、第 103 号、第 104 号与检例第 33 号、第 34 号、第 35 号、第

---

① 本部分文献参见《刑法》第 285 条第 1 款(非法侵入计算机信息系统罪)、第 286 条(破坏计算机信息系统罪)、第 286 条之一(拒不履行信息网络安全管理义务罪);《网络安全法》;最高人民法院、最高人民检察院《关于办理危害计算机信息系统安全刑事案件应用法律若干问题的解释》;《计算机信息网络国际联网安全保护管理办法》;主要判例参见:"指导案例第 104 号:李某、何某民、张某勃等人破坏计算机信息系统案""指导案例第 103 号:徐某破坏计算机信息系统案""指导案例第 102 号:付某豪、黄某超破坏计算机信息系统案""检例第 33 号:李某龙破坏计算机信息系统案""检例第 34 号:李某杰等破坏计算机信息系统案""检例第 35 号:曾某亮、王某生破坏计算机信息系统案""检例第 36 号:卫某龙、龚某、薛某东非法获取计算机信息系统数据案"。

② 最高人民法院、最高人民检察院《关于办理危害计算机信息系统安全刑事案件应用法律若干问题的解释》第 9 条规定,明知他人实施《刑法》第 285 条、第 286 条规定的行为,具有下列情形之一的,应当认定为共同犯罪,依照《刑法》第 285 条、第 286 条的规定处罚……为其提供互联网接入、服务器托管、网络存储空间、通信传输通道、费用结算、交易服务、广告服务、技术培训、技术支持等帮助,违法所得 5000 元以上的……该款实际上规定了《刑法》第 285 条与第 286 条的帮助犯,前述帮助行为并未在《刑法》中予以正犯化,但仍被赋予了正犯的刑罚,因此是一种"未法典化"的共犯正犯化,在严格意义上可能违反罪刑法定原则,但是该司法解释仍是被承认的权威文本。

36号。① 就《刑法》第285条而言,判例主要在量刑上出现了一定的不均衡,这与网络犯罪弱化区域差别(特别是数额)的倾向有所不一致。本文认为,以这种方式适用司法解释会导致刑法、司法解释与判例整体的不融贯。②

基于司法解释与法院判例,我们可以得到以下结论。就该类犯罪而言,除了有关共同犯罪的解释,其他解释以及判例均未体现出较大的不同,可以认为在《刑法》第285条、第286条两个条文的规制下,传统刑法理论可以周延地解决大部分此类犯罪。就"共犯正犯化"的司法解释倾向而言,本文的观点是应当予以支持,网络犯罪中,帮助行为的危害性往往远超正犯的实行行为。这里可能引发的争议并不新鲜,即司法解释是否取代了立法?或者说是否违背了罪刑法定原则?首先应当明确的一点是,并不是说缩小处罚范围就是对罪刑法定原则的坚持,法律作为一门实践科学,永远不能背离其生长的土壤。诚如论者所言,网络时代的多元价值观造成非正式的社会统制力减弱,难免产生通过扩大刑罚处罚范围以保护法益的倾向;刑法应当由"限定的处罚"转向"妥当的处罚"。③ 另外,每个科学争论首先是解决问题主动权的斗争。④ 网络犯罪的激增与传统犯罪的异化,是摆在立法者与司法者面前的生活事实,更为适宜的做法应当是问题导向,而不是过分恪守体系的精美。对互联网1.0代际的权威文本进行检视,得出的结论是其刑事政策基本遵循了古典刑法的犯罪规制机理,但是在共同犯罪中采取了较为激进的解释进路。

2. 以网络作为犯罪工具——以《刑法》第286条之一为例⑤

如上所述,对于互联网1.0与2.0时期,若按照刑法分则的条文设置,其界限是存在一定交叉的,如《刑法修正案(九)》新增的第286条之一规定的拒不履行信息网络

---

① 就内容来说,最高人民法院指导案例第102号的主要内容是"DNS劫持属于破坏计算机信息系统",即行为该当性的认定问题;最高人民法院指导案例第103号、第104号主要关注什么属于计算机信息系统的问题;检例第33号(劫持域名、劫持流量)、检例第34号(删改用户评价)、检例第36号(超出授权范围使用账号、侵入计算机信息系统)主要是关于什么样的行为该当《刑法》第286条的问题,检例第35号(智能手机终端的保护)对什么属于计算机信息系统进行了一个合理的扩张解释。就量刑而言,三个指导案例最终量刑都在3年以下(徒刑),检例则较为不一致,检例第33号与第34号作出了5年有期徒刑的最终判决,检例第36号对主要行为人作出了4年与3年9个月的判决,检例第35号较为轻缓。
② 参见欧阳本祺:《论网络时代刑法解释的限度》,载《中国法学》2017年第3期。
③ 参见张明楷:《网络时代的刑法理念——以刑法的谦抑性为中心》,载《人民检察》2014年第9期。
④ 参见[德]米夏埃尔·帕夫利克:《目的与体系:古典哲学基础上的德国刑法学新思考》,赵书鸿等译,法律出版社2018年版,第34页。
⑤ 本部分文献可参见:《刑法》第287条(利用计算机实施犯罪的提示性规定)、第287条之一(非法利用信息网络罪)、第287条之二(帮助信息网络犯罪活动罪)、第253条之一(侵犯公民个人信息罪)以及其他财产犯罪的相关法条;相关司法解释:最高人民法院、最高人民检察院《关于办理非法利用信息网络、帮助信息网络犯罪活动等刑事案件适用法律若干问题的解释》,最高人民法院、最高人民检察院、公安部《关于办理电信网络诈骗等刑事案件适用法律若干问题的意见》,最高人民法院、最高人民检察院、公安部、司法部《关于办理利用信息网络实施黑恶势力犯罪刑事案件若干问题的意见的通知》,最高人民法院、最高人民检察院、公安部有关负责人就《关于办理电信网络诈骗等刑事案件适用法律若干问题的意见》答记者问,最高人民法院、最高人民检察院《关于办理利用信息网络实施诽谤等刑事案件适用法律若干问题的解释》。

安全管理义务罪,很难说只属于以网络作为犯罪对象的犯罪或者以网络作为犯罪工具的犯罪,这也进一步佐证了在代际发展的基础上根据规制方式的不同进行划分的合理性。另外,《刑法》第287条也是一个极有特色的规定,明文确定了利用计算机实施犯罪的提示性规定,这说明网络犯罪教义学体系的建构有其传统刑法的一面,不能由于"新兴"就完全"特事特办",最高人民法院、最高人民检察院也出台了关于网络诈骗、利用网络侵犯个人信息以及利用网络实施黑恶势力犯罪的解释或者意见。《刑法修正案(九)》还新增了第287条之二,即帮助信息网络犯罪活动罪,这是一个帮助犯正犯化的重要立法,明确提示了立法者对于网络犯罪新特点的权威看法,同时,该条文在理论上产生了极大的争议。[①] 限于篇幅,本文不可能对前述内容全面展开,重点是通过《刑法修正案(九)》、相关司法解释与法院判例,对该类型中的犯罪在入罪规制上作出合理的区分。因此,下文将从修正案、司法解释与法院判例的角度,根据《刑法修正案(九)》新增的第286条之一,[②]分析互联网2.0时期的刑事政策及刑法适用。

(1)修正案的透析

如前所述,对于修正案,我们的关注重点是"修正"所蕴含的刑事政策意涵,即重点关注立法者的意旨。《刑法》第286条之一是规制网络服务提供者的罪名,不难发现在当下及以后的一段时间,立法者针对网络犯罪之"源头"的重视。这一总结并无多大意义,因为任何新增法条都可以得出前述推论,即立法者对于某个领域的重视。真正重要的是,立法者对于这一新增条款之规制机理的态度,即是否出现本文反复强调的"二元"性。换言之,我们要确认的是,立法者对于不履行信息网络安全管理义务的犯罪是否仍然秉持了古典刑法的谦抑性,抑或采取了更为积极的预防姿态。虽然法律条文本身没有回应前述重点问题的分析,但是刑事政策的分析必须结合条文本身。我们在这里可以先进行一个设证,即积极修法表明了立法者的积极规制意旨,以及与之配套的入罪适用的较低门槛,再通过司法解释与法院判例等验证这个设证。

(2)司法解释与法院判例的透析

与规制对象配套的是,法律条文对于该罪的构成要件行为作出了较为抽象的规定,即拒不履行网络安全管理义务的行为,对于构成要件结果的规定虽然较为翔实,但是采取的是常见犯罪类型与同类解释条款的开放性设置,也就是说,即使未出现致使

---

① 参见刘艳红:《网络犯罪帮助行为正犯化之批判》,载《法商研究》2016年第3期;刘艳红:《网络中立帮助行为可罚性的流变及批判——以德日的理论和实务为比较基准》,载《法学评论》2016年第5期;将该条文解释为量刑规则的观点,可参见张明楷:《论帮助信息网络犯罪活动罪》,载《政治与法律》2016年第2期;张明楷:《网络诽谤的争议问题探究》,载《中国法学》2015年第3期。

② 根据《刑法》第286条之一的规定,拒不履行信息网络安全管理义务罪,是指网络服务提供者不履行法律、行政法规规定的信息网络安全管理义务,经监管部门责令采取改正措施而拒不改正,致使违法信息大量传播的,或者致使用户信息泄露,造成严重后果的,或者致使刑事案件证据灭失,情节严重的,或者有其他严重情节的行为。

违法信息大量传播、用户信息泄露或者刑事案件证据灭失的情节,只要有与前述三者严重程度相近的结果,仍然可以入罪。因此,该罪的构成要件相对而言较为抽象,因为何谓拒不履行信息网络安全管理义务的行为难以界定。此时无非存在两种进路:第一,把信息网络安全管理义务视为空白条款,进而引证《网络安全法》确定具体的内容;第二,寻找相关的司法解释以及法院判例。应当注意的是,两种进路的适用前提是《刑法》第286条之一已经可以适用,但是由于该条款本身的抽象性,无法得出一个确定的结论。以架设"VPN"服务器的行为为例,当我们检索《网络安全法》,不难发现该部法律本身的抽象性或者说宏观性,较为具体的第三章第二节主要规定的是网络信息基础设施的安全保障,第四章主要针对的是网络信息安全的保护,第五章的预警制度与第六章的法律责任更是与"行为"无关,附则第76条能沾边的"网络安全"的解释也很难与架设"VPN"平台契合。① 虽然国家切断了国外一些网站的访问渠道,但是并不能说用户利用"VPN"服务器"翻墙"的行为就是犯罪行为,甚至不能说其是一种行政违法行为。② 因此,通过引证《网络安全法》的方式,并不能给出何谓"拒不履行信息网络安全管理义务"一个明确的答案。本文认为,第二种进路才是可取之道。规制"VPN"平台的争点在于,虽然该行为契合了刑法条文,但是刑法条文本身具有抽象性,作为后果最严厉的法律,刑法应当审视有关行为是否具备刑事可罚性。虽然《刑法》第286条之一并无相关司法解释,但是有两个判例可供参考,并且判决书定罪的根据都只援引了《刑法》第286条之一,其他条款则是与量刑有关。这种情况就如同平衡的天平,一边的砝码是抽象条款已经涵摄了架设"VPN"服务器的行为,认为虽无另外的具体规定,但是该行为仍属于拒不履行信息网络安全管理义务的行为,另一边的砝码是虽然抽象条款涵摄了相关行为,但由于刑罚的严厉性,过于宽泛的义务范围可能违反谦抑性的刑法原理。此时的判例就如像是加码,进而决定了天平倾斜的方向。既然两个判例都肯定了对架设"VPN"服务器的刑法规制,并且两个判例都未被后来的司法实践所否定,与其举棋不定不如承认应当对该抽象条款采取宽松入罪的解释模式,也就是刑事政策的考量在此时倾向于惩罚犯罪。

(3)整体评价

个案分析的作用不止于此,我们完全可以从上述阐释中发现,对于像《刑法》第286条之一这种较为抽象的条款,需要结合修正案传达的立法意旨、司法解释与判例

---

① 根据《网络安全法》第76条的规定,网络安全,是指通过采取必要措施,防范对网络的攻击、侵入、干扰、破坏和非法使用以及意外事故,使网络处于稳定可靠运行的状态,以及保障网络数据的完整性、保密性、可用性的能力。

② 参见朱某非法获取计算机信息系统数据、非法控制计算机信息系统案,湖北省荆州市荆州区人民法院(2018)鄂1003刑初150号刑事判决书;胡某拒不履行信息网络安全管理义务案,上海市浦东新区人民法院(2018)沪0115刑初2974号刑事判决书。两个判例的判决依据只有刑法条文,并无相关的行政法规等。

内含的刑事政策意涵,综合判断其具体的适用。就架设"VPN"服务器的行为而言,首先根据权威的刑事政策材料,在条文已涵盖相关事实但是条文本身具有抽象性时,得出了惩罚犯罪的倾向,进而影响到解释层面。也就是说,从刑事政策到刑法教义学的注入,实际上影响了案件的具体裁量,也影响到前文所说的解释路径内部的选择。与此同时应当注意的是,三个代际之划分的主要作用,是为进一步的研究提供一个框架与顺序,三个代际之间其实存在着交叉,也就是说,互联网 1.0、2.0 与 3.0 时期其实本身都是"二元"的,既存在根据古典刑法理念予以规制的成分,也存在更重视积极应对与预防的成分。本文反复强调通过外源性的权威刑事政策识别不同的情形,就是为了不断清晰地发掘出普通规制与特殊规制的部分,进而采取更加适宜的解释与立法路径。仔细梳理《刑法》第 286 条,可以发现司法解释对于该罪的帮助犯采取了正犯化的适用路径,并且更甚于张明楷教授提出的"帮助犯的量刑规则",即帮助犯并未被提升为正犯,而只是分则条文规定了特殊的法定刑,①因为《刑法》第 286 条并未规定相对独立的法定刑,而只是司法解释的规定。因此,我们可以得出该罪在司法上前置化、严厉化打击帮助行为的倾向。对于《刑法》第 287 条之一,我们从修正案的变化提出立法者加大打击网络犯罪的意旨,并通过抽象条文下判例的实践印证了前述论证,从而得出抽象条款设置与判例提示倾向相结合的司法实践。

3. 以网络作为犯罪空间

根据学者的观点,以网络作为犯罪空间至少需具备两个条件:第一,"网络可以视为一种空间";第二,该空间可以成为某些犯罪的"独有温床和土壤"。本文认为,"一种空间"的判断应当出于刑法规制的视角,即网络空间与现实空间对于犯罪行为具有规范上的同等重要性,这种理解与"双层社会"的构想是一致的。例如,就"公共秩序"的内容来说,若承认网络空间与现实空间具有同一性,那么一般发生在现实生活中的犯罪的适用范围就被扩大了,如相关司法解释提到的寻衅滋事行为。②

根据本文梳理的网络犯罪规制的两种路径,这种"网络空间"是否仍处于语词的界限范围之内就是保守派与激进派的重要争点。另外,根据"独有温床与土壤"的要求,似乎前述寻衅滋事的例子并不十分契合,因为寻衅滋事行为明显不仅发生于网络空间。按照论者观点,"独有温床"意味着网络空间是某些犯罪的必要条件,或者说一

---

① 张明楷教授将帮助犯正犯化分为三种:绝对正犯化,即帮助犯已被刑法分则条文上升为正犯,与其他正犯没有区别;相对正犯化,即帮助犯是否被提升为正犯不可一概而论,需要独立判断帮助行为是否值得科处刑罚;帮助犯的量刑规则,即帮助犯未被提升为正犯,只是分则条文对其规定了独立的法定刑。参见张明楷:《刑法学》(第 6 版),法律出版社 2021 年版,第 573～575 页。

② 根据最高人民法院、最高人民检察院《关于办理利用信息网络实施诽谤等刑事案件适用法律若干问题的解释》第 5 条的规定,"利用信息网络辱骂、恐吓他人,情节恶劣,破坏社会秩序的""编造虚假信息,或者明知是编造的虚假信息,在信息网络上散布,或者组织、指使人员在信息网络上散布、起哄闹事,造成公共秩序严重混乱的",按照寻衅滋事罪定罪处罚。

些行为只有发生于网络空间才能产生科处刑罚的必要性。但是按照这种思考路径,我们总是会想起以网络作为犯罪对象的代际1.0,如对虚拟财产实施的犯罪,或者以网络作为犯罪工具的代际2.0,还有以网络为媒介传播淫秽信息、以网络为手段实施诈骗等,这就是代际划分的局限性,也是"分类"本身的局限性,即分类后不可避免地存在界限的交叉与模糊。再如,《网络安全法》单章规定的网络信息安全,其中的"网络信息"也只是现实生活中个人信息储存载体发生了变化,严格来说,并非纯粹针对网络的犯罪,因为网络信息不同于虚拟财产,而是更接近于以网络作为犯罪工具的犯罪,只不过利用了个人信息网络管理这一客观情况。

互联网3.0时期不同于以往的特点主要有以下两点:第一,承认网络空间的存在,部分现实社会的传统犯罪可以发生在网络之中;第二,随着信息技术的发展,一些互联网1.0与2.0时期的犯罪在侵害对象范围上不断扩大、在行为手段上不断更新,犯罪的成本降低,便利性显著提升,因此法益侵害性与预防必要性大幅提升。

对于第一种情形,最高人民法院、最高人民检察院《关于办理利用信息网络实施诽谤等刑事案件适用法律若干问题的解释》专门针对诽谤、寻衅滋事、敲诈勒索、非法经营等犯罪进行了解释,特别是第5条明确提到的"公共秩序严重混乱",已经较为明确地承认了网络空间具有等同于现实空间的地位。另外,第3条,即"严重危害社会秩序和国家利益",如网络谣言、诽谤或者辱骂的行为,借由网络这一传播媒介,侵害性相较于以往的传统模式的确有爆炸式的增长。对于第二种情形,相关司法解释明确指出,人民法院、人民检察院、公安机关要针对电信网络诈骗等犯罪的特点,坚持全链条全方位打击,坚持依法从严从快惩处,坚持最大力度最大限度追赃挽损。[①] 此时基于预防的考量,必要的前置化打击不可或缺,因为该行为一旦发生,发展速度明显快于传统模式犯罪,若还是采取传统的思维模式,只会比传统犯罪规制更加滞后。

因此,代际3.0与代际2.0之间只是程度有别,而非质的区别。也就是说,信息技术革命发展建构了网络空间,在此基础之上,以网络为犯罪对象与以网络为犯罪工具的犯罪在前述网络空间中具备了新的时代相态,迫使传统社会治理体系自我调整。[②] 重点其实就在于对新的时代相态的把握与相应的规制手段的升级。本文的观点是,互联网3.0时期主要应对的是基于1.0与2.0时期的新发展、新样态,就个人犯罪而言,主要是侵害对象的范围扩张、手段方法的技术性改进与行为的隐蔽性增强、速度加快,也就是实施犯罪的难度降低并且犯罪所造成的危害提升,诸如网络诈骗、网络诽谤等;就共同犯罪、组织犯罪以及依托于其的平台犯罪而言,主要是形成了链条化、技术化与

[①] 参见最高人民法院、最高人民检察院、公安部《关于办理电信网络诈骗等刑事案件适用法律若干问题的意见》总体要求部分。

[②] 参见皮勇:《论中国网络空间犯罪立法的本土化与国际化》,载《比较法研究》2020年第1期。

规模化的犯罪模式,对象、手段与行为的"升级"自不必言,更重要的是司法层面诸如调查取证与追回赃物的难度进一步提升。

(二)可能落入特殊规制场域的情形

通过对互联网三个代际的简要梳理,不难发现这种划分模式的局限性。首先,三个代际的边界存在较强的模糊性,除了"双层社会"的逐步承认,代际3.0与代际2.0的区别主要在于犯罪的样态升级因而只是量的区别;其次,分类的意义是进一步配套不同的规制原理和机理,然而该部分的具体阐述却有待深入挖掘。因此,代际划分更多的是一种对发展史的梳理而非对功能取向的梳理。

本文的观点是,坚持并发展基于理性建构的阶层犯罪论体系是有益的,对法律、司法解释与司法判例进行条理化、体系化,使犯罪论更易于把握与适用,因此,能坚持运用传统的犯罪规制机理——以罪刑法定原则、平等适用原则与罪责相适应原则确立的法治国基本框架——就应当继续坚持,这是一种传承与延续。同时,社会发展提出了新的时代要求,我们必须识别新型犯罪的特点,前文从刑事政策与刑法教义学的关系以及刑事政策的根据圈定简要探讨了这个问题,识别的目的是找出不同于传统规制机理的犯罪,进而采取不同的适应新社会形势的规制方式,即以更加积极而非谦抑的姿态去应对犯罪,并且采取与之更为配套的解释路径或者立法路径。

"二元分治"不是提高理论的复杂性,而是在坚持传统犯罪规制机理的前提下,对于新型犯罪的规制予以精细化,"一刀切"的二分模式并不可取,仅因为某类犯罪中某些个罪的特点就将此类犯罪整体特殊化,完全是理论与实务的懈怠。功能主义体系的选取不是理论立场,而是对社会现实的回应;解释路径与立法路径的选择也不能只是出于个人喜恶,而是与前述刑事政策与"二元分治"的配套选择。本文开头梳理了网络犯罪规制的两种路径及其内部的多种模式,紧接着阐释功能主义体系的"开放性"特点以及如何合理地发挥其作用,进而说明在功能主义体系的检验程序之下为何能采取"二元"而非一以贯之的适用方式。前文提及网络犯罪1.0与2.0的两个示例,就是为了识别已经予以"特别规制"的情形,识别完成并非终点,而是采取激进的解释进路的条件。囿于篇幅,本文不可能囊括所有司法解释与法院判例,主要论述根据前述步骤已经识别出的落入特殊规制场域的情形。虽然互联网的代际划分具有一定的模糊性与局限性,但是作为一个研究的整体框架仍有其价值,至少从前述对于三个代际的简要示例分析,可以尝试归纳出下述应予以特殊规制的情形。

1. 代际1.0中司法解释予以正犯化的帮助行为

破坏计算机信息系统罪属于网络代际1.0的犯罪,前文仔细梳理了相关的判例与司法解释，找出了相关材料中较为"异常"的部分。① 该司法解释的独特之处在于并未通过刑法文本直接赋予"提供互联网接入、服务器托管、网络存储空间、通讯传输通道、费用结算、交易服务、广告服务、技术培训、技术支持"等帮助行为以正犯的刑罚。刑法理论有关犯罪论的探讨不计其数，犯罪论也的确有其魅力与发掘空间，相较而言，刑罚论探讨的热度完全可以用"相形见绌"形容，但是事实却是"围绕着（刑罚等）这些制裁方式，人们便得到了刑法的定义"②。我们定义犯罪并非从"犯罪本体"出发，"犯罪"相对于"刑罚"并不是一个在先的概念，而是通过刑罚才确认了犯罪，形式上的犯罪是指"法律明确规定要科以刑罚的行为"，实质上的犯罪是指"应当动用刑罚予以禁止的行为"③。相同的是，共犯理论研究的最终落脚点也是共同犯罪人刑罚适用问题。因此，若科处行为人以正犯的刑罚，就绝不能同时宣称该行为人是帮助犯，理论上区分正犯与狭义共犯就是为了适恰赋予其刑罚。按照理论界的共识，帮助犯只能起到次要或者辅助作用，因而其刑罚的考量就不同于正犯，即应当根据《刑法》第27条对分则具体条文的法定刑予以修正。此时可以进行一个思维实验，假设某行为人实施了前述帮助行为，法官应当如何裁判？如果忽略最高人民法院、最高人民检察院《关于办理危害计算机信息系统安全刑事案件应用法律若干问题的解释》第9条，那么在分则条文标准法定刑的基础之上，法官应当从轻、减轻或者免除处罚；如果遵照最高人民法院、最高人民检察院《关于办理危害计算机信息系统安全刑事案件应用法律若干问题的解释》第9条，那么应当赋予行为人分则条文规定的标准法定刑。法官不可拒绝裁判，此时必须作出一个决断。此时的情况也是刑法条文过于抽象，必须根据司法解释具体适用的问题，争议焦点在于是否仅凭司法解释便可以科处行为人更重的刑罚，因为《刑法》第61条明确规定量刑应当"依照本法的有关规定判处"，而"本法"即指《刑法》。然而在我国的司法实践中，法官几乎会不假思索地根据最高人民法院、最高人民检察院《关于办理危害计算机信息系统安全刑事案件应用法律若干问题的解释》第9条定罪量刑，即使遵照前述司法解释，法官也必须论证行为人是否在实体上，即不法与责任方面达到了值得科处正犯刑罚的程度。也就是说，若想证成适用最高人民法院、最高人民检察院《关于办理危害计算机信息系统安全刑事案件应用法律若干问题的解释》第9条的正当性，首先应当探讨该条规定的帮助行为在不法的贡献上是否能等价于破坏计算机信息系统的实行行为，若无法证明该等价性，又由于罪责是对不法

---

① 参见最高人民法院、最高人民检察院《关于办理危害计算机信息系统安全刑事案件应用法律若干问题的解释》第9条。

② [德]乌尔斯·金德霍伊泽尔：《刑法总论教科书》（第6版），蔡桂生译，北京大学出版社2015年版，第13页。

③ [日]前田雅英：《刑法总论讲义》（第6版），曾文科译，北京大学出版社2017年版，第2页。

的谴责,那么此时就只能从责任角度证明帮助者相对于正犯是否具有更高的预防必要性。① 不难发现,此时面临的问题就是本文反复强调的是否存在"特殊规制"的情形,紧接着的问题是最高司法机关是否明示出对于帮助网络犯罪的重打击倾向？最高司法机关处理方式体现的刑事政策是不是立法机关的本意？关于网络犯罪中的帮助行为,后续部分将一起讨论。此时我们必须接受的现实是,司法实务中,只要某个司法解释未被明确废止,或者未招致理论界强烈的批判,一般会得到法官的尊重。

2. 代际2.0中抽象条款的设置与适用

拒不履行信息网络安全管理义务罪属于网络代际2.0的犯罪,不同于破坏计算机信息系统罪,该罪面临的问题是如何具体适用抽象的刑法条文。虽然法律人的"法治国"理想拒斥抽象条文,但人之理性的局限注定了条文必须具有弹性从而给未来新发生的情景留下空间。一旦制定法具备了抽象性,就意味着"制定法不是现实性,只是法的可能性——因此,法虽然是源自制定法,但是它需要其他的附加成分"②。考夫曼教授所称的"附加成分",在德国主要表现为法院判例与理论学说。类似地,在日本实务中影响力极大的"前田说",也是以尊重裁判所的裁判并且将体系性思考置于次要位置著称。③ 因此,这里需要解决的问题有如下两点:第一,不同类型的犯罪是否需要抽象程度不同的条文以应对该类型犯罪未来的发展趋势;第二,抽象性条文通过什么资料予以填充进而适用。前者可归于立法层面,后者可归于司法层面。根据本文的观点,每个抽象条文背后都有规制该类犯罪的刑事政策,以及可以获知这些刑事政策的素材。以前文梳理的拒不履行信息网络安全管理义务罪的两个判例为例,④关于架设"VPN"平台可否涵摄于拒不履行信息网络安全管理义务罪的刑法条文,前述判例均给予了肯定的回答,也就是说,"架设VPN平台的行为该当于《刑法》第286条之一的构成要件"(当然之后还要进行违法性与有责性的考量)在形式考量上不违背刑法规范,在实质考量上也具备了判例的支持,因而至少在很长一段时间内不会存在争议。对于前述第一个问题,即不同类型犯罪的抽象程度问题,《刑法修正案(九)》新增的第286条之一的抽象程度无疑高于许多传统犯罪,该条文的构成要件对于何谓"信息网络安全管理义务"及何谓"拒不履行"是阙如的,本文认为这并不存在任何问题。前文反复强调的观点是,作为一套犯罪成立与否的检验程序,我们可以遵循"(行为)—构

---

① 这里是本文采取的功能主义体系的观点,即责任阶层包括罪责(对不法的谴责)与预防必要性。参见[德]克劳斯·罗克辛:《德国刑法学总论》(第1卷),王世洲译,法律出版社2005年版,第556~559页。

② [德]亚图·考夫曼:《类推与事物本质——兼论类型理论》,吴从周译,台北,学林文化事业有限公司1999年版,第25页。

③ 参见[日]前田雅英:《刑法总论讲义》(第6版),曾文科译,北京大学出版社2017年版。

④ 参见朱某非法获取计算机信息系统数据、非法控制计算机信息系统案,湖北省荆州市荆州区人民法院(2018)鄂1003刑初150号刑事判决书;胡某拒不履行信息网络安全管理义务,上海市浦东新区人民法院(2018)沪0115刑初2974号刑事判决书。

成要件该当性—违法性有责性—(客观处罚条件)"的形式框架,但是在具体考量每个部分特别是构成要件该当性时,至少不同的类罪存在不同的刑事政策指示,而刑事政策的素材来源,就是现存于我国司法实践中的修正案、司法解释与法院判例。以刑事政策作为目的指引,必须权衡刑罚目的上惩罚该类罪的预防必要性以及刑法目的上保护法益需要达到的前置化的程度。网络犯罪不同于传统犯罪,随着技术的发展,其在方式上的变异性更为多样,如果把制定法比作渔网,第一步要做的是把网的面积尽可能拉大,把网眼尽可能缩小,司法解释、判例等其他素材则作为收缩渔网的工具,我们可以通过这些素材进一步调整渔网的面积与网眼的大小,经过不断的调试,最终确定收网的对象。

结　语

功能主义体系作为一种开放的体系,可以整合社会结构的变化发展,具有灵活的自身应变性,可以作为检验网络犯罪的程序体系。刑事政策与刑法教义学应予以贯通,但是应将融入体系的刑事政策根据限定于刑法修正案、司法解释与法院判例,并细化为原则融入刑法教义学体系,形成规则与原则的融贯整体。部分网络犯罪诸如恐怖活动犯罪、毒品犯罪、黑社会性质组织犯罪,在一定程度上需要前置化的刑法规制,刑法教义学可以在构成要件该当性阶层根据抽象的条文扩大行为样态的解释边界,对定性要素作更为灵活的解释,对司法解释的数额规定则应进行软化;在答责性(责任)阶层将预防必要性置于首位,可适当突破罪责。根据相关司法判例,法院应当注意在坚持前置化、严厉化打击的前提下,注意相似案件之间量刑的均衡性。

帮助信息网络犯罪活动罪的争议问题与法理辨析

贡保华旦[*]　才让拉毛[**]

【摘要】帮助信息网络犯罪活动罪的立法根据、规范属性与适用范围等问题在学术界一直备受争议。帮助行为正犯化这一命题既符合立法初衷，又有利于有效惩治和预防信息网络犯罪，还能解决传统共犯理论在网络犯罪中对帮助行为评价不足的问题。本文基于中立帮助行为可罚性理论，结合网络中立帮助行为的特性，深入探讨了帮助信息网络犯罪活动罪的可罚界限，旨在于法益保护与自由保障之间找到恰当的平衡点。在司法实践中，应以客观的"情节严重"标准为基础，结合主观的"明知"因素进行综合考量，遵循"先客观后主观、先不法后责任"的逻辑顺序，以合理限制该罪的可罚性范围。

【关键词】帮助信息网络犯罪活动罪　中立帮助行为　"情节严重"　"明知"

一、问题的提出

在信息网络时代，网络技术日新月异，犯罪形式也呈现多样化的特点。为应对风险社会背景下人们对法益保护提出的更高要求，以及现代社会严峻的犯罪治理形势，现代刑法不再固守传统的"消极刑事立法观"，而是追求通过积极发挥刑法的社会治理效能，实现刑法最后手段性向刑法手段优先性的转变。[①] 现代刑事立法已明确宣告古典自由主义刑法一去不复返的事实。[②] 面对这一新形势，我国刑法修正案一改以往刑事立法中呈现的消极、内敛、保守的形象，通过刑法介入的早期化、积极化与灵活化，推动了我国刑事立法前置化的历史进程。与我国刑事立法前置化的社会背景相契合，我国《刑法》第287条之二设立了帮助信息网络犯罪活动罪。鉴于该罪名的帮助对象

---

[*] 贡保华旦，西北民族大学法学院讲师，四川大学刑事政策研究中心特聘研究员，四川大学法学院刑法学专业博士研究生。研究方向为刑法学、藏族古代法律文化、敦煌法学。

[**] 才让拉毛，西北民族大学法学院硕士研究生，研究方向为汉藏双语法学。

① 参见熊亚文：《刑法前置化及其制约》，中国社会科学出版社2022年版，第887页。

② 参见[德]埃里克·希尔根多夫：《德国刑法学：从传统到现代》，江溯、黄笑岩等译，北京大学出版社2015年版，第25页。

涵盖所有网络犯罪,近年来我国帮助信息网络犯罪活动罪立案追诉、定罪量刑数量大幅度增加,帮助信息网络犯罪活动罪案件呈现井喷式增长,[1]引起实务界和学术界激烈的争论。随着网络技术的广泛传播和应用范围的持续拓展,对帮助信息网络犯罪活动罪的规制问题亦成为当前亟待关注和解决的重要课题。

首先,学界对于本罪性质的界定,提出了多样化的学术见解,主要集中在两大主流观点之上,即帮助行为的正犯化与帮助犯的量刑规则。除此之外,亦有学者提出诸如正犯行为共犯化、[2]混合规则说、[3]从犯主犯化[4]等理论构想。然而,理论界的众说纷纭导致未能给司法实践提供统一的理论指导,反而加剧了司法适用乱象,[5]这种理论分歧在一定程度上导致了帮助信息网络犯罪活动罪治理的困难以及防范措施脱节等问题。

其次,鉴于司法实践中频繁出现如"快播案"[6]与"魏则西案"[7]等网络中立帮助行为涉罪案件,该种行为是否应该入罪、如何处罚等问题亟待解决。帮助信息网络犯罪活动罪的罪状明确了提供互联网接入、服务器托管、网络存储、通信传输等技术支持的行为等中立性网络服务支持活动达到"情节严重"时即可入罪。而该罪的"帮助"行为是本罪定罪的关键,法条所列举的诸项属于中立性的网络服务支持活动的行为,属于中立帮助行为。[8]在理论界,关于中立帮助行为的可罚性问题存在诸多争议。大体上,可以归纳为全面处罚说和限制处罚说两种主要立场。一则全面处罚说,该说因主张国家不可能处罚所有侵害法益和与法益侵害结果存在因果性的行为而显得不合理;二则限制处罚说,即通过某种理论来限制中立帮助行为的入罪范围,从而将日常行为排除在刑罚之外。[9]关于如何限制中立帮助行为的处罚范围,理论界还存在主观说、

---

[1] 参见班艺源:《少捕慎诉慎押下"两卡"类帮信罪的司法治理》,载《政法学刊》2022年第6期。

[2] 参见王肃之:《网络犯罪原理》,人民法院出版社2019年版,第398页。

[3] 参见王昭武:《共犯最小从属性说之再提倡——兼论帮助信息网络犯罪活动罪的性质》,载《政法论坛》2021年第2期。

[4] 参见张勇、王杰:《网络帮助行为的犯罪化与非犯罪化》,载《苏州大学学报(哲学社会科学版)》2017年第3期。

[5] 参见周明:《"冷"与"热":帮助信息网络犯罪活动罪的司法适用图景》,载《法律适用》2019年第15期。

[6] "深圳快播案":快播公司开发了一款可以打开各种视频的软件,该软件被多个淫秽网站指定为默认观看的工具且被多人用来打开淫秽网站的淫秽视频,该公司对其未进行有效阻止,被诉成立传播淫秽物品牟利罪。被告人辩称"技术无罪",法院判决认为,明知该软件系统内存在淫秽视频并介入了淫秽视频传播活动,其放任其传播淫秽视频属于间接故意,认为不适用"技术中立"。

[7] "魏则西案":因身患滑膜肉瘤,魏则西通过百度搜索找到武警北京总队第二医院(后证实其涉事科室被外包给"莆田系"医院),接受某种在美国已被淘汰生物免疫疗法,耗资20多万元却治疗未果。这期间,肿瘤已经扩散至肺部,魏则西终告不治。此事件矛头指向百度公司,认为其审核推广信息不严,才最终导致夸大治疗效果的医疗广告信息扩散。

[8] 参见刘艳红:《网络犯罪的法教义学研究》,中国人民大学出版社2021年版,第457页。

[9] 豊田兼彦「中立的行為による幇助と共犯の処罰根拠—共犯論と客観的帰属論の交錯領域に関する一考察」『神山敏雄先生古稀祝賀論文集』第1卷(成文堂,2006年)552頁参照。

客观说与折中说等内部学说。

最后,我国立法对中立帮助行为有扩大处罚的趋势,出现这一趋势的主要原因是互联网技术的迅猛发展所引发的网络违法犯罪活动的持续增长。相较于传统犯罪的帮助行为,网络犯罪帮助行为的社会危害性甚至超出其实行行为,这使传统共犯理论在评价网络犯罪辅助行为时面临惩罚力度不足的挑战。针对这一现状,我国立法者积极回应,通过《刑法修正案(九)》将帮助信息网络犯罪活动罪纳入刑事犯罪的规制范畴,这在一定程度上契合了当前的刑事政策导向。然而,任何业务行为、日常行为在特定情境下都有可能成为他人犯罪的助推器。若对此类中立帮助行为一概予以刑事处罚,无疑会限制公民的自由、阻碍社会的发展。故而,有必要在讨论中立帮助行为的可罚性范围的基础上,借助中立帮助行为的可罚性理论,对帮助信息网络犯罪活动罪进行理论上的限缩解释,确保该罪的处罚范围符合中立帮助行为的基本理论,从而实现刑法处罚范围的合理性。

二、帮助信息网络犯罪活动罪的正犯化辨析

(一)学界的争议梳理

随着我国帮助信息网络犯罪活动罪的设立,我国刑法学界对于该罪的性质问题形成了两种主流的观点。一方面,以刘艳红教授等学者为代表,他们认为本罪的性质是帮助行为的正犯化,即通过设置独立的罪名和法定刑,将信息网络犯罪的帮助行为上升为正犯行为进行处罚。[①] 另一方面,张明楷教授则持有不同见解。他认为,帮助信息网络犯罪活动罪的性质并不是帮助行为的正犯化,而是作为一种量刑规则存在,对帮助行为设立独立的附加刑,认为应将该罪视为对网络犯罪帮助犯的特别量刑规定。故而提倡坚守共犯从属性原则,并认为,对帮助信息网络犯罪活动罪中的帮助行为提供帮助的,不构成犯罪。[②] 除上述两种观点外,刑法学界还存在正犯行为共犯化、混合规则说、从犯主犯化等其他观点,鉴于本文的主旨和篇幅限制,此处不再对这些观点进行详细阐述和讨论。

1."帮助行为的正犯化"说

"帮助行为正犯化"说是在区分帮助行为和正犯行为的基础上,将共同犯罪的帮助行为规定为正犯的立法现象。[③] 换言之,帮助行为正犯化是"刑法分则条文直接将某种帮助行为规定为正犯行为,并且设置独立的法定刑"[④]。支持该说的学者明确,帮

---

① 参见刘艳红:《网络犯罪帮助行为正犯化之批判》,载《法商研究》2016年第3期。
② 参见张明楷:《论帮助信息网络犯罪活动罪》,载《政治与法律》2016年第2期。
③ 参见陈兴良:《共犯行为的正犯化:以帮助信息网络犯罪活动罪为视角》,载《比较法研究》2022年第2期。
④ 张明楷:《论〈刑法修正案(九)〉关于恐怖犯罪的规定》,载《现代法学》2016年第1期。

助犯与帮助行为的正犯化之间的主要界限在于某一行为是规定在刑法总则还是在刑法分则。若某帮助行为由刑法分则加以规定,则其行为不再称为帮助犯,而是独立的正犯。在我国刑法分则中,存在着诸多具有帮助行为性质的罪名,诸如帮助恐怖活动罪,协助组织卖淫罪,以及非法收购、运输盗伐、滥伐的林木罪等,均属此类立法实践的体现。与传统共同犯罪中的帮助犯不同,为网络犯罪提供帮助的行为所带来的社会危害性甚至远远超出正犯的行为,在整个犯罪利益链条中起着举足轻重的作用。因此,立法者设立帮助信息网络犯罪活动罪试图通过遏制"帮助"行为,达到对网络犯罪源头治理的目的,从而有力打击日益猖獗的网络犯罪活动。在司法实践中,"一对多""多对多"等形式复杂的侵害行为,若按照共犯处理,往往难以充分揭示其社会危害性,故而制定网络帮助行为正犯化的处理规则。[①] 此外,对于针对本罪行为实施帮助或教唆的行为,虽可视为本罪的帮助犯或教唆犯,但是否应予以刑事处罚,则需根据具体情况进行审慎判断。

2."帮助犯量刑规则"说

张明楷教授等学者提出了量刑规则学说,该学说认为刑法分则规定的由帮助行为构成的独立犯罪分为帮助犯的绝对正犯化、相对正犯化(两者合称为帮助犯的正犯化)和量刑规则。一是帮助犯的绝对正犯化,认为应当按照正犯的法定刑进行处罚,不再适用刑法总则关于帮助犯的规定。此外,对教唆、帮助其提供帮助行为的可以认定为教唆犯、帮助犯。二是帮助行为的相对正犯化,该种情况下帮助犯是否提升为正犯不仅取决于正犯行为是否实施,还需考虑当无正犯行为时是否造成法益侵害以及侵害的程度。三是帮助犯的量刑规则,虽不再适用刑法总则中关于从犯的规定,但帮助行为的认定仍然不能脱离犯罪的正犯的认定,具有从属性。

支持该观点的学者认为我国《刑法》第287条之二是帮助犯的量刑规则,"帮助犯依旧是帮助犯,并未提升为正犯,只是刑法分则对帮助犯规定了独立的法定刑,因此,在定罪量刑时,不再适用刑法总则关于帮助犯的处罚规定的情形",而不属于所谓的帮助行为的正犯化。黎宏教授进一步指出,在主观上,本罪的主体需"明知"他人利用信息网络实施犯罪,客观上本罪的行为需为他人的犯罪行为提供帮助。[②] 换言之,本罪的行为在性质上仍然从属于正犯的行为,并未脱离其辅助性的本质。

(二)观点评析

本文倾向于第一种观点,即"帮助行为的正犯化"更为合理。关于"帮助犯量刑规则"的论述:首先,将帮助信息网络犯罪活动罪的设立认为是"帮助犯的量刑规则",只

[①] 参见赵运锋:《帮助信息网络犯罪活动罪的立法依据与法理分析》,载《上海政法学院学报》2017年第1期。
[②] 参见黎宏:《论"帮助信息网络犯罪活动罪"的性质及其适用》,载《法律适用》2017年第21期。

突出了刑法分则的刑罚设置功能,淡化了罪名设置的功能。① 其次,这种观点可能会直接导致刑法总则关于从犯、帮助犯等相关规定的适用受到阻碍。因此,将帮助信息网络犯罪活动罪中的帮助行为视为帮助行为的正犯化更为妥当。一方面,从客观罪状"帮助行为"的字面含义来看,该罪在事实层面具有为相关犯罪行为提供帮助的性质。此外,立法者出于打击日益增多的新型信息网络犯罪的需求,通过在刑法分则中对该类犯罪的帮助行为配置独立的法定刑,赋予了其正犯的内涵,属于典型的法律拟制。因此,事实层面的帮助性并不能改变立法层面被评价为正犯的立法选择。另一方面,基于立法宗旨与法之效用的考量,每一刑法条文均承载特定立法意图,旨在应对现实中存在的各类问题,帮助信息网络犯罪活动罪亦是如此。鉴于信息网络犯罪常呈现"一对多"的特征,帮助行为的危害性甚至超过正犯行为,成为犯罪利益链条中受益最大的一环,为填补司法实践中因缺乏明确的主犯而不能处罚帮助犯的状况,所以将此罪单独规定为一罪。帮助行为正犯化的解释正符合该罪的立法初衷,将原本的帮助行为规定为正犯,有利于有效惩治和预防越发猖獗的信息网络犯罪。此外,根据传统的共犯理论,如果无法查明正犯是否构成犯罪,则难以判定正犯与帮助犯之间的意思联络,进而难以按共犯处罚。然而,帮助行为正犯化的解释,赋予帮助行为与正犯行为同等的法律处置,不再以正犯行为构成犯罪为前置条件。此举在很大程度上缓解了传统共犯理论在网络犯罪中对帮助行为评价不足的困境,从而帮助我们更加全面、准确地打击信息网络犯罪活动。

(三)实证分析

在司法实务中,经过多位学者的深入分析与统计,发现多数法院在审理相关案件时,倾向于认定帮助信息网络犯罪活动罪系帮助行为的正犯化。在法院出具的判决书中,已表明本罪属于帮助行为正犯化。举例来说,在(2021)新4022刑初50号刑事判决书中,被告人邱某某、林某某、李某、翁某某出租个人银行卡,该银行卡随后被用于电信网络诈骗等违法犯罪活动。针对辩护人提出的"本案是共同犯罪,应该区分主从犯"的辩护意见,法院经过审理,认定被告人邱某某、林某某、李某、翁某某在明知所开办的银行卡将被他人用于电信网络诈骗等犯罪活动的情况下,为追求经济利益,主动办理银行卡并提供全套手续给他人,为犯罪活动提供了支付结算方面的帮助,其行为情节严重,已构成帮助信息网络犯罪活动罪。本案中,法院明确表示"本罪(帮助信息网络犯罪活动罪——编者注)是帮助行为的正犯化,作为犯罪独立入罪,不再考虑上游犯罪正犯行为轻重,不应按照共同犯罪进行处罚"。此外,在(2021)黑0606刑初86号刑事判决书中,被告人赵某有偿出借自己名下的银行卡、与银行卡绑定的手机以及对应的密码给他人使用,并提供刷脸服务,导致被骗资金通过赵某提供的银行账户进

---

① 参见刘艳红:《网络犯罪帮助行为正犯化之批判》,载《法商研究》2016年第3期。

行结算达98万余元。法院对此案进行审理后认为,"辩护人提出被告人赵某应当认定为从犯的辩护意见,因本罪(帮助信息网络犯罪活动罪——编者注)规制的犯罪行为就是信息网络犯罪的帮助行为,系刑法对此类帮助行为通过立法将其正犯化,故在评价本案的犯罪时不应考虑被告人对其实际上所帮助的有关信息网络犯罪所起的作用,辩护人的相关意见本院不予支持"。最终,法院认定赵某的行为构成帮助信息网络犯罪活动罪。[1] 另外,根据学者的研究分析,以1081份判决书为样本,发现与正犯行为人不存在意思联络的帮助行为人占比为69.3%,且有近18%的判决书并未将正犯行为构成犯罪作为本罪的成立条件。[2] 由此可见,将帮助信息网络犯罪活动罪定性为"帮助行为的正犯化"在实践中具有更为充分的依据。

三、中立帮助行为的可罚条件问题探究

帮助行为正犯化在一定程度上拓宽了刑法的打击面,提高了刑法的打击力度。然而,关于是否应将一些显而易见的中立帮助行为纳入犯罪化处理的范围,国内外学界对此一直存在争议。中立帮助行为作为一种特殊的帮助行为类型,其与帮助行为正犯化背后所涉及的刑法教义学原理迥乎不同。具体而言,帮助行为正犯化涉及共犯的处罚与从属性理论,而中立帮助行为正犯化则侧重于探讨中立帮助行为的可罚性问题。在帮助信息网络犯罪活动罪的罪状中,所列举的诸项行为均属于中立性的网络服务支持活动,具有法益侵害的间接性、参与性特征。[3] 刑法追求法益保护与自由保障之间的平衡,从经济发展角度看,将日常行为大范围认定为犯罪,无疑会使公民陷入恐慌以至于无法正常进行经营活动,阻碍社会的发展。因此,在处罚中立帮助行为时,应避免因保护法益而不恰当地侵害公民的自由。帮助行为正犯化只能对特定范围的帮助行为予以正犯化,对于中立帮助行为需进一步规范和梳理其可罚与不可罚的边界。

(一)国外中立帮助行为的可罚性理论及其评析

对中立帮助行为问题关注较多的国家有日本和德国,同时,这两个国家对中立帮助行为的可罚性问题争论颇多。

在日本的刑法学界,有关中立帮助行为主要有三种学说,即"具有业务通常性的行为规范后退说""假定的代理原因考虑说"以及"以印象说为基础的主观说"。[4] 具体而言,"具有业务通常性的行为规范后退说"主张,只有当一个具体的中立帮助行为具有对正犯行为的促进作用时,方可将其作为帮助犯予以处罚。该说是从客观归属的

---

[1] 判决书信息来源于中国裁判文书网。
[2] 参见周振杰、赵春阳:《帮助信息网络犯罪活动罪实证研究——以1081份判决书为样本》,载《法律适用》2022年第6期。
[3] 参见王霖:《中立帮助行为的刑事责任模式建构》,中国社会科学出版社2022年版,第102页。
[4] 参见陈洪兵:《中立的帮助行为论》,载《中外法学》2008年第6期。

角度展开的见解。① 而"假定的代理原因考虑说"则认为,中立帮助行为是否可罚,应基于一种假定情境进行判断,若不存在这一中立帮助行为的介入,正犯实现犯罪的危险程度明显降低,则认为该中立帮助行为具有可罚性。② 至于"以印象说为基础的主观说",它认为如果行为人主观上明知他人存在犯罪意图仍提供中立的帮助行为,该中立帮助行为就具有可罚性。③ 综上,日本刑法学界对中立帮助行为的理论定性尚存争议。

德国关于中立帮助行为的可罚性问题,大体上存在全面处罚说和限制处罚说两种立场。④ 全面处罚说的代表人物包括耶赛克(Jescheck)、魏根特(Weigend)等学者。该学说主张,只要中立帮助行为在客观上与犯罪结果存在因果或促进关系,且行为人主观上具有故意,即可将其认定为传统共犯理论中的帮助犯。⑤ 然而,全面处罚说忽视了中立帮助行为的特殊性,未考虑到在社会交往中日常及业务行为均可能对犯罪产生促进作用,但国家无法对所有侵害法益或与法益侵害结果存在因果关系的行为进行处罚。因此,全面处罚说的合理性备受质疑。

限制处罚说主张限制中立帮助行为的处罚范围,其内部学说大致可以分为主观说、客观说与折中说。

主观说聚焦于中立帮助行为人的主观方面,通过观察行为人对他人犯罪是否存在确切认识,以及是否具有积极促进他人犯罪的意思等,对部分中立帮助行为进行出罪化处理。然而,主观说存在两大缺陷:一是主观意图在司法实践中难以查明证实,行为人常以正常业务行为作为抗辩理由,司法机关难以反驳;二是主观说仅通过主观要素限制入罪,违背了主客观相一致原则。

客观说则从帮助犯的客观构成要件出发,对不可罚的中立帮助行为进行出罪处理,重点关注中立帮助行为是否造成社会危害性。客观说内部存在多种学说,如社会相当性说、职业相当性说、利益衡量说、义务违反说及客观归责论等。⑥ 社会相当性说认为,中立帮助行为是否可罚,主要取决于该行为是否符合社会预期,即是否在社会正常秩序可接受的范围内。职业相当性说则通过类型化具有典型职业化特征的社会行为,进一步明确社会相当说的判断标准。利益衡量说从法益比较衡量的角度出发,限

---

① 松生光正「中立の行為による帮助(1)(2完)」姬路法学27·28合并号(1999年)第293页参照。
② 岛田聪一郎「広义の共犯の一般的成立要件——いわゆる中立の行為による帮助'に关する近时の议论を手ガかりとして——」立教法学第57号(2001年)87页参照。
③ 曲田统「日常の行為と从犯」法学新报第12卷2—3号195页参照。
④ 参见邹兵建:《网络中立帮助行为的可罚性证成——一个法律经济学视角的尝试》,载《中国法律评论》2020年第1期。
⑤ Vgl. Katharina Beckmper, Strafbare Beihilfe durch alltägliche Geschäftsvorgänge, JURA 2001, S.163 ff., 169.
⑥ 参见陈兴良:《论中立的帮助行为》,载《东方法学》2022年第4期。

制中立帮助行为的处罚范围。义务违反说认为,中立帮助行为的可罚情形仅存在于"不为法所允许的行为促进"的场合。① 阻却事由说则认为,中立帮助行为的可罚性应在违法性阶段界定,以衡量行为与法益保护为基础,其可罚性程度取决于正犯自身行为的严重程度。客观归责论则旨在客观地判断"能否将结果作为行为人的作品而归属于行为人"。②

折中说则主张,中立帮助行为的可罚性必须同时满足主客观两方面的因素,即行为人主观上明知他人的犯罪计划,客观上其中立帮助行为对他人的犯罪实行行为起到实质性的促进作用。然而,折中说同样存在问题:一方面,它更多地考虑行为人的主观因素,颠覆了刑法客观主义对一个行为进行刑法可罚性评价时应遵循的先确定客观不法层面的违法性、后判断主观责任层面的评价顺序,可能导致刑法成为思想刑法或心情刑法;另一方面,在司法实践中,司法工作人员很难证实实施行为时行为人所持的目的,缺乏可操作性。此外,折中说虽兼顾了主观和客观两方面,但强调从行为人的主观方面入手,不仅与我国犯罪构成要件应遵循的先客观后主观的评价顺序相违背,带有浓厚的主观主义色彩,而且存在犯罪关联性判断不明等问题。

(二)国内中立帮助行为限制处罚理论及其评析

在国内学术界,关于中立帮助行为的可罚性,存在客观说与综合说两大理论流派。客观说的代表陈洪兵教授认为,判断中立帮助行为的可罚性要从否定帮助犯的客观构成要件入手。③ 此论断强调了从行为的客观属性出发,排除那些不符合帮助犯构成要件的中立行为,进而划定其可罚性的边界。相对而言,综合说的代表张明楷教授和刘红艳教授则主张应全面审视中立帮助行为,将主客观因素纳入考量范畴,以确保对其可罚性的判断更为精准与全面。该理论强调,在评估中立帮助行为的可罚性时,必须兼顾行为人的主观意图与行为的客观效果,从而实现定罪量刑的科学与公正。在综合说内部,刘艳红教授进一步提出,成立帮助犯必须认定帮助行为存在"犯罪意思联系",即看行为人"是否存在特别地设置自己的行为,并且想让该行为与正犯的犯罪计划或者正犯的行为进行具体的吻合"。④ 刘艳红教授对于采取何种学说来限制中立帮助行为的可罚性问题,认为可以采取犯罪意思联络说,即只有中立帮助行为具有"犯罪意思联系"才能认定帮助犯的成立,才具有可罚性。而帮助信息网络犯罪活动罪根据其构成要件分为明知且促进和明知非促进,前者是行为人明知正犯的犯罪意图有促进犯罪行为更易于实施的意思;后者是虽明知正犯的犯罪意图无促进的意思,属于中

---

① 参见陈洪兵:《中立行为的帮助》,法律出版社2010年版,第184页。
② 参见陈洪兵:《中立行为的帮助》,法律出版社2010年版,第208页。
③ 参见陈洪兵:《论中立帮助行为的处罚边界》,载《中国法学》2017年第1期。
④ 豊田兼彦『共犯の処罰根拠と客観的帰属』(成文堂,2009年)174頁参照。

立帮助行为。根据犯罪意思联络说,只有明知且促进的情形才具有可罚性。[1] 综上所述,综合说在坚持传统定罪主客观相结合原则的基础上,通过对中立帮助行为的主客观因素进行全面考量,弥补了单一主观说或单一客观说在理论上的不足。

（三）以客观说为基础的综合限制路径

综合说虽弥补了主观说与客观说的单一理论不足,促进了主客观因素的统一考量,但也存在不足。具体而言,综合说从主观方面判定行为是否具有危险性有悖于客观优先的有责认定犯罪的规律,属于"客观不够主观补"的整体思维模式。[2] 在司法实践中,司法工作人员常面临难以准确洞悉行为人主观意图的难题,这无疑增加了案件处理的复杂性与不确定性。针对此,有学者提出,坚持主客观相结合的中立帮助行为的限制理论,但应遵循"先客观后主观、先不法后责任"的犯罪认定规律。[3] 在认定中立帮助行为的可罚性时,应首先从客观行为入手,进而探究主观方面。笔者对此深表赞同,认为这一路径能够有效避免主观归罪的倾向,从而合理限定中立帮助行为的可罚范围。

在客观判断层面,需严格审视中立帮助行为是否制造了法律所不允许的危险,以及该危险是否在构成要件的结果中得以体现。具体而言,应综合考量中立帮助行为的合法性、接受帮助者的行为侵害法益的危险性,以及帮助行为在法益侵害中所起的作用大小等客观因素。只有当这些因素均指向中立帮助行为具有客观不法性时,方可进一步探究其主观要素。在主观要素的判断上,对于中立帮助行为中帮助者的认识程度,笔者认同"明知"的宽泛解释,即其不仅涵盖明确知道的情况,亦包括可能知道的情况。这意味着,帮助者无须明确认识到他人犯罪的详细计划与目的,只要其对帮助行为可能促进犯罪有一定的认识,即可视为具备主观上的明知。这一解释有助于在司法实践中更为准确地把握中立帮助行为的主观要素,进而作出合理的法律评判。

四、帮助信息网络犯罪活动罪之理论限缩

网络服务提供者服务的日常性、中立性以及业务性的特征,决定了我国《刑法》关于帮助信息网络犯罪活动罪的规定必然涵盖中立的帮助行为。中立帮助行为与一般帮助行为在可罚性上存在显著差异。一般帮助行为可根据因果共犯论进行直观判断,而中立帮助行为则因其复杂性及可罚性的争议而备受争议。与我国对中立帮助行为扩大处罚的趋势不同,德国与日本在网络中立帮助行为成立犯罪的案件上呈现少数化

---

[1] 参见刘艳红:《网络犯罪的法教义学研究》,中国人民大学出版社 2021 年版,第 509~512 页。
[2] 参见陈洪兵:《论中立帮助行为的处罚边界》,载《中国法学》2017 年第 1 期。
[3] 参见熊亚文:《刑法前置化及其制约》,中国社会科学出版社 2022 年版,第 796 页。

特征。① 这主要归因于中立帮助行为性质的多样性,进而催生了多种不同的处罚范围限定理论。② 尽管不同学者对中立帮助行为可罚性的限定理论尚未形成通说,但总体而言,德日两国对于中立帮助行为入罪持积极的限制态度。

不可否认,在网络犯罪日益猖獗的现实背景下,当帮助行为制造了法难以容忍的风险时,对帮助行为予以刑事处罚确有必要,但过分地扩大帮助犯的范围,又不利于维护法的安定性。因此,我国《刑法》第287条之二对帮助信息网络犯罪活动罪的帮助行为范围进行了严格限定,仅包括技术支持、广告推广以及支付结算三种帮助行为。然而,在司法实践中,帮助信息网络犯罪活动罪的可罚行为与不可罚行为之间的界限较为模糊。为此,需进一步明晰司法机关对于网络中立帮助行为的态度,并探索和构建该罪的治理范围与路径。具体而言,应如何利用中立帮助行为的可罚性理论对帮助信息网络犯罪活动罪进行理论上的限缩,以使该罪的处罚范围符合中立帮助行为的基本理论,值得深入探究。换言之,对于我国《刑法》第287条之二的规定,可朝限制中立帮助行为的方向进行解释。

案例1: 谢某某在"telegram"聊天软件(俗称"电报""飞机")与昵称为"Kevin"的人联系,对方要求谢某某制作一款名为"中汇金"的手机App。谢某某联系人员制作并负责该软件的后期维护。同年11月中旬,谢某某通过"telegram"聊天软件向"Kevin"交付并支付16000元。后彭某、韦某等多名被害人使用"中汇金"手机App后被他人实施电信网络诈骗,涉案金额共计5296880元。最终,被告人谢某某被指控应当以帮助信息网络犯罪活动罪追究其刑事责任。③

辩方认为,首先"帮信罪"以明知他人利用信息网络犯罪为要件,谢某某销售"中汇金"软件的行为属于日常生活中常见、中立的无害行为,是典型的中立帮助行为。并且,"上家"没有到案,无充分的证据证明谢某某明知"上家"从事电信网络诈骗犯罪,犯意联络无法查清,其行为是正常的业务行为,无法证实谢某某主观上明知他人实施犯罪。其次,谢某某销售软件属于辉戈科技的主营业务,销售款项属于合法收入,并非违法所得,故本案并未达到"情节严重"。

法院认为,谢某某明知他人实施犯罪,为其犯罪提供通信传输等技术帮助,情节严重,其行为已构成帮助信息网络犯罪活动罪。首先,在主观"明知"层面:(1)谢某某是辉戈科技的法定代表人,是较长时间从事电子信息软件技术工作的人员,理应能够认识到该行业中逃避境内正常监管的手机App有可能被用于违法犯罪;(2)涉案的手机App被命名为"中汇金",名称中含"金"字,又是谢某某经由国外"飞机"聊天软件与

---

① 西贝吉晃「中立的行為による幇助における現代的課」東京大学法科大学院ローレビュー5巻(2010年)参照。
② 濱田新「幇助犯の処罰範囲限定理論について」法学政治学論究93巻6号(2010年)参照。
③ 案件1参见内蒙古自治区乌海市海南区人民法院刑事判决书,(2022)内0303刑初100号。

不知真实身份的人员联系以支付虚拟币的方式交易的,制作完成后的手机App被挂在香港服务器上。其次,在客观"情节严重"层面,认为谢某某违法所得16000元,应依法认定为"情节严重"。最终,认定被告人谢某某犯帮助信息网络犯罪活动罪。

评析:

本案的争议焦点主要集中于几个核心议题。首先,辩方主张中立帮助行为可作为谢某某的出罪理由,认为其行为属于正当业务范畴,进而否定了中立帮助行为的全面可罚性,提出部分中立帮助行为应被排除在刑事责任之外。此论点触及中立帮助行为可罚性的边界问题,要求在法律适用上严格区分合法业务行为与具有刑事可罚性的帮助行为。

其次,本案在"情节严重"的认定上存在显著不足。裁判理由未能充分阐述为何将"Kevin"支付的"中汇金"手机App制作费16000元视为违法所得,并据此认定行为达到"情节严重"的标准。尤为关键的是,对于谢某某所在公司辉戈科技的主营业务——软件销售,其销售款项是否属于违法所得,裁判文书缺乏深入分析与充分论证,显示出对"情节严重"构成要件理解的不全面与适用上的随意性。再者,本案对于"情节严重"这一要素在裁判理由部分未进行充分说理,仅以"Kevin"向谢某某支付的"中汇金"手机App制作费16000元作为违法所得认定行为达到"情节严重",对于谢某某销售软件属于辉戈科技主营业务,销售款项是否属于违法所得并未充分说理。

在该帮助信息网络犯罪活动罪案件中,无论是控方的指控、辩方的辩护意见,还是法院最后的说理环节,主要的争议问题聚焦在主观"明知"这一要素上,虽然对"情节严重"有所提及,但该案几乎仅因行为人具有主观"故意"便可确认其罪。本案的处理过程中,针对谢某某的主观"明知"的认定,有不同的理解方式:第一种观点,要求谢某某对他人犯罪具有确切的认识,即认识到刑事违法性,若只是认识到行政违法性,缺乏对刑事违法性的认识则不能以帮助信息网络犯罪活动罪对其定罪。换言之,即要求行为人对帮助对象所涉及的罪名、犯罪经过等有一定的认识;第二种观点,要求谢某某无须对他人触犯的罪名、犯罪经过等具有确切的认知,只要有理由认为其所制作的"中汇金"手机App很有可能被用于违法犯罪,就可以认定谢某某主观上具有构成帮助信息网络犯罪活动罪所要具备的"明知"要件,认识程度达到"概括性认识"即可。如若行为人明确认识到帮助对象实施的犯罪,应当以帮助犯根据共犯从属性对其进行规制。此争议反映出主观"明知"认定标准的模糊与多样性,影响了法律的准确适用。

在司法实践中,帮助信息网络犯罪活动罪的成立需同时满足"情节严重"与主观"明知"两大要素。若忽视"情节严重"的认定,或降低主观"明知"的认定标准,可能导致该罪名适用范围的不当扩大。因此,应以客观说为基础的综合说理论,遵循"先客观后主观""先不法后责任"的逻辑顺序,对帮助信息网络犯罪活动罪的客观不法要素与主观责任要素进行严谨的理论限缩解释,以确保法律适用的准确性与公正性。

（一）在客观不法层面，立法者为了避免过分扩大本罪的处罚范围，特别规定了"情节严重"的整体限制要素

中立帮助行为，既非针对危害结果的直接故意的帮助行为，亦非一般间接故意的帮助行为，即便将其纳入刑法的规制范围，其社会危害性相较于一般帮助犯亦显轻微。据此，我国《刑法》第287条之二明确规定，只有"情节严重"者，方可认定为帮助信息网络犯罪活动罪。此举非但没有扩大帮助犯的处罚范围，反以"情节严重"为要，体现了限缩处罚范围与从轻处罚的意旨。[1] 然而，在司法实践中存在一种倾向，即一旦犯罪行为人被刑事追诉或者犯罪行为人的行为符合构成要件，便轻易将为其提供信息网络技术支持的人员以帮助信息网络犯罪活动罪论处，忽略了对"情节严重"这一关键要素的考量，从而导致该罪名适用范围之不当扩张。此外，在案例1中，法院将谢某某制作软件所获报酬16000元视为违法所得，并以此作为"情节严重"的认定依据。此类现象之出现，根源在于理论上对于帮助行为的客观方面是否构成"情节严重"尚未形成统一认识。

在我国立法体系中，"情节严重"作为限定相关行为的普遍模式，旨在缩减打击范围。关于"情节严重"的认定，存在两种处理意见：其一，将其视为特定罪名的犯罪构成要素，即仅当实行行为之性质、情节或后果达到"情节严重"时，方构成犯罪，此为定罪标准；其二，将"情节严重"视为特定罪名之法定升格刑情节，即作为加重情节，施以更重的刑罚，性质上属于量刑标准。[2] 根据《刑法》第287条之二的规定，帮助信息网络犯罪活动罪以"情节严重"为入罪门槛，显然，该罪名之设立旨在一定程度上限制处罚范围。最高人民法院、最高人民检察院《关于办理非法利用信息网络、帮助信息网络犯罪活动案件适用法律若干问题的解释》第12条第1款，采用"定罪+定量"的方式，对可判定为"情节严重"的帮助信息网络犯罪活动行为进行了分类，明确了帮助行为的范围、支付结算金额、提供资金数额、最终违法所得、行为人主观恶性等要素，合理设定了"情节严重"的条件。唯有当帮助行为与司法解释相契合时，方可认定为构成本罪要具备的"情节严重"。

与共同犯罪只要求行为人提供帮助且该帮助行为与正犯结果之间存在因果关系不同，帮助信息网络犯罪活动罪的构成要件要求行为人实施的帮助行为必须达到"情节严重"的程度。然而，在司法实践中，"情节严重"的认定与限制处罚之间出现了偏离。如前述案例中，法院将谢某某制作软件所获报酬视为违法所得，并以此作为"情节严重"的认定依据。以中立帮助行为为轴心，对于网络平台提供者与网络连接服务提供者以业务行为表现出来的中立帮助行为一般认定为构成帮助信息网络犯罪活动

---

[1] 参见张明楷：《论帮助信息网络犯罪活动罪》，载《政治与法律》2016年第2期。
[2] 参见张明楷：《刑法分则的解释原理》，中国人民大学出版社2011年版，第588~589页。

罪的"情节严重",不具有可罚性。因此,若要厘清帮助信息网络犯罪活动罪"情节严重"的具体标准,需遵循以客观说为基础的综合说,全面考察帮助行为时存在的所有客观情况,进行综合认定。

(二)在主观责任层面,核心在于认定行为人是否"明知他人利用信息网络实施犯罪"

关于帮助信息网络犯罪活动罪中"明知他人利用信息网络实施犯罪"的"明知"要素,在理论与实务界,针对其主观"明知"的范围与程度,尚存诸多分歧。张明楷教授主张,"明知"的认定仅需达到合理怀疑的程度即可;而花岳亮则强调,应综合考量行为人的主客观因素,以排除合理怀疑为认定标准。

在理论层面,对于"明知"的判断,存在以下不同观点。第一种观点认为,应将"明知"限定为明确的知识。[①] 此观点是从"明知"的文义解释得出的结论,表示一种客观的、现实存在的认识。第二种观点则受我国司法解释的影响,认为"明知"涵盖明确知道与应当知道。[②] 其中,"应当知道"需通过司法实践中的推定来判断,然而,其以行为人主观的"不知道"为逻辑前提,易与主观过失相混淆,进而增加犯罪证明的复杂性。因此,在后续的司法解释中,如最高人民法院、最高人民检察院《关于非法利用信息网络、帮助信息网络犯罪活动等刑事案件适用法律若干问题的解释》,未采用"应当知道"的表述,而是采用"概括+列举"的方式,规定了一系列可认定行为人明知他人利用信息网络实施犯罪的情形。第三种观点将"明知"扩展至明确知道与可能知道。其中,"可能知道"表示行为人一种或然性的认识状态,即只要对他人实施犯罪行为具有认识的可能性即可。然而,此观点可能导致司法实践中仅凭行为人供述即可认定其主观认识状态,进而不利于犯罪嫌疑人权益的保护,并存在拓宽犯罪圈之虞。[③]

就"明知"的内容标准而言,无须帮助者存在"犯罪促进的意思",亦无须认识到接受帮助者行为具体构成何种犯罪。从上述案例中可以看出,在司法实践中,审理帮助信息网络犯罪活动罪案件时,司法工作人员对"明知"的认定不仅涵盖"应当知道",甚至将"可能知道"也纳入其中。然而,对"可能知道"的滥用可能导致主观明知认定的随意性,进而扩大本罪的入罪范围。鉴于帮助信息网络犯罪活动罪的构成要件行为属于典型的网络中立帮助行为,应对其采取限制处罚的立场。[④] 因此,本罪的"明知"范围应严格限定在明确知道以及推定明知的范围之内。基于以客观说为基础的综合限

---

① 参见蔡桂生:《国际刑法中"明知"要素之研究——以〈国际刑事法院罗马规约〉第 30 条为例》,载《法治论丛》2007 年第 5 期。
② 参见陈兴良:《教义刑法学》(第 3 版),中国人民大学出版社 2017 年版,第 476 页。
③ 参见赵秉志、刘宪权、梅传强主编:《现代刑事法治视野下的国家与社会安全》,中国人民公安大学出版社 2020 年版,第 839~854 页。
④ 参见熊亚文:《中立帮助行为正犯化教义学审视》,载《刑法论丛》2021 年第 2 卷。

制中立帮助行为处罚范围的路径,要求在确定接受帮助者客观上制造了法不允许的危险时,该中立帮助行为才具备可罚性基础。

结　语

帮助信息网络犯罪活动罪的构成要件行为,典型地体现了中立帮助行为的特征。故而,探究此罪之可罚与不可罚界限,必须立足于中立帮助行为的可罚性理论,并结合网络中立帮助行为的独特性进行深入剖析,以期在法益保护与自由保障之间寻得恰当的平衡点。以客观说为基础的综合说,主张遵循"先主观后客观""从不法到责任"的逻辑顺序,以合理限制可罚性范围。在帮助信息网络犯罪活动罪的司法实践中,这一理论框架要求我们首先从客观的"情节严重"标准出发,进而考察主观的"明知"因素,从而对帮助信息网络犯罪活动罪进行理论上的限缩。这样既能够在理论上坚持刑法的谦抑性,又可以有效遏制帮助信息网络犯罪活动罪"井喷"式增长的现状。

职务犯罪调查的解释与适用[*]

——以补充调查为视角

赵何佚玺[**]

【内容摘要】 职务犯罪调查解释不清可能导致补充调查[①]的制度设计面临应然与实然相差的问题,其制度语境内含了权力制约、对诉讼价值的追求、保持法律体系的完整性的基本目标。而实践中可能存在"对人"之监督难以制衡"对事"之监督的权力掣肘现象、检察人员转属难以胜任自行补充侦查的功能需求、两种监督权的"共益性"可能导致制度难以落实的问题。有必要从新的角度对监察机关的"政治机关"理论定性予以重新解释,纠正对监察权属性的错误解读。从目的解释出发理解"必要时",增强制度在司法实践中的可操作性。对"共益性"重新解释,廓清权力运行的边界。

【关键词】 职务犯罪　补充调查　监察机关　调查权

国家监察体制改革从试点之初的备受热议已逐步过渡到如今的平稳运行。作为改革标志性成果的《监察法》的颁布实施,使监察机关的机构职能、运行模式、权力行使等方面的内容逐渐明晰。[②] 同时,随着2018年《刑事诉讼法》的修正实施,此前理论及实践中备受关注的问题都从制度上作出了对应的安排,实现了程序与实体的衔接。例如,2018年修正后的《刑事诉讼法》第170条中规定了强制措施衔接的内容,明确了"监委调查完毕移送检察机关进行审查起诉的案件,若被调查的嫌疑人已采取了留置措施则检察机关应对其先行拘留"[③]。同时,明确了关于审查和起诉如何衔接的内容:"监委调查完毕移送检察机关进行审查起诉的案件,检察机关应当依照本法和《监察

---

[*] 本文系四川省哲学社会科学重点研究基地纪检监察研究中心2023年度课题"渎职罪的因果关系认定研究"(SCJ230402)"的研究成果。

[**] 赵何佚玺,四川大学法学院博士研究生。

[①] 《监察法》第四章"监察权限"中明确了监察机关办理职务犯罪案件行使的是调查权,司法实践中和理论上对调查权与侦查权进行过多方面的比较。两种权利具有形式上的差别与内容上的重合。《刑事诉讼法》第170条规定了"补充调查"相关内容,第175条明确了"补充侦查"的具体法则。

[②] 参见莫纪宏:《国家监察体制改革要注重对监察权性质的研究》,载《中州学刊》2017年第10期。

[③] 樊崇义:《刑诉法修正案的解读》,载搜狐网,https://m.sohu.com/a/272470607_711028/?pvid=000115_3w_a,2020年8月20日访问。

法》之规定进行审查,若案件事实认定以及证据存在问题需要补充的则应该将其退回监委进行补充,同时可以由检察机关对案件进行补充的侦查。"除此之外,在《监察法》第36条之中明确了"以审判为标准"的证据衔接方面所要遵循的操作指南。通过上述制度,监察调查与刑事程序的衔接构成了司法实务的操作指南,让司法实务工作者在办案过程中有了作为与不作为的权力与范本,同时制度上对权力运行方式的明确打消了理论上对改革的众说纷纭,可谓一场"及时雨"。但制度理论在应用于司法实践的过程中可能出现新问题。例如,《刑事诉讼法》在其第170条中就对职务犯罪如何补充以及调查作出了"指明性"的规定,但实践中缺少检察机关将案件退回监察机关进行补充调查或者检察机关自身对案件进行补充侦查的案例。比如,笔者在中国裁判文书网中以"补充调查"为关键词进行全文检索,以2023年的7个案例为对象,仅有两个案例与职务犯罪的补充调查相关,[①]且缺乏补充调查的细节。笔者认为,制度与实践之间之所以有出入归根结底还是因为司法实践多样化的变量难以容纳进简短的文本中。本文拟以职务犯罪补充调查制度为对象,以解释学的理论研究方法对职务犯罪调查重新解释,从而对补充调查制度应然层面的预期以及实然层面可能存在的偏差进行梳理、发现并廓清,以期激发制度的理论价值以及实现助推实践的操作价值。

一、补充调查的制度设计具有多重价值内涵

效用和价值是制度构建中最基本、最重要的范畴,补充调查的制度设计也不例外。2018年《刑事诉讼法》在第170条中对职务犯罪案件补充调查以及自行补充侦查作出了明确细致的规定,其可视为我国《监察法》第47条之规定内容的复制品,也可视为既往普通侦查模式中补充侦查制度的衍生品。[②]虽然职务犯罪补充调查作为一项新的制度安排有别于普通案件的补充侦查模式,但存在即合理,作为一项基本制度其同样有应然层面的价值内涵。

(一)补充调查是实现检察监督权的基本手段

职务犯罪补充调查制度的落实是保障检察机关监督主体身份的基本手段。宏观地看,检察机关的职能性质定位可见于我国《宪法》第134条,其中规定了我国履行法律监督职能的机关是检察机关,除此之外任何机关均不具有此项权力,因此我国司法实践中所有运用法律、适用法律的机关均需要受到检察监督。检察机关的监督职能来源于《宪法》这个根本大法的授权,《宪法》作为"母法"的法律定位意味着任何制度创设活动均应以贯彻《宪法》的根本原则为基础,也就是说,检察机关的监督属性必须在

[①] 笔者以"刑事案件"及"补充调查"为关键词在中国裁判文书网进行检索,以2023年的7个案例为对象,其中只有两个案例与职务犯罪的补充调查相关,分别是:(2023)青02刑终10号,(2023)陕0603刑初36号。

[②] 参见童之伟:《对监察委员会自身的监督制约何以强化》,载《法学评论》2017年第1期。

法律体系中保持完整。具体地看,检察机关履行法律监督职能可以通过对立案情况的监督、对侦查行为的监督、对审判公正的监督、对执行合法的监督等多种途径来实现。申言之,立案阶段可以就立案与否相关情况要求侦查机关作出解释,若检察机关认为其理由不合理还可以直接不予立案;在刑事侦查阶段体现为对强制措施适用情况的监督,以及对侦查行为、方法、程序等方面的监督。例如,检察机关对提交的逮捕申请文书进行审查,当发现在必要性上不具备逮捕所要求的紧迫性要件时可以拒绝其申请;审查起诉时,对于侦查机关移送的案件,若发现证据之间难以印证,真实性、合法性、关联性等方面存在难以解释之处,不能对所指控之事实形成有力的证据锁链和逻辑指向,此时便有两种处理方案:一是撤销案件,二是将案件退回进行补充侦查或检察机关自行补充侦查。这是对侦查阶段的检察监督。在审判阶段,若检察机关认为法院在审判程序、审判结果方面有不公正之处可以提出检察意见,也可通过抗诉行使法律监督权。在执行阶段,监狱的职务活动均是检察机关的监督范围,其可要求纠正所存在的违法以及不规范行为。职务犯罪补充调查的目的之一就是将监察调查纳入检察监督的范畴,实现检察监督权的全方位覆盖。①

或许有学者会产生疑问:"调查的语意定位不同于侦查,这两者是不同种类的权力,那么将其纳入检察监督的范畴是否会使检察监督权显得太过随意或者不够周延?"笔者认为,从制度层面看调查权和侦查权的确是不同种类的权力,但调查权不能影响检查监督权的法理定位。具体而言:首先,从职务犯罪中衍生出来的调查权与侦查权是"互为表里"的关系。申言之,这两种权力仅在制度规定上有形式差异,两种权力从实现手段以及其他实质方面来看是异曲同工的。其次,职务犯罪调查权和侦查权的目的行为相同,尽管在起诉之前的侦查调查阶段被学者们认为具有"差异",但他们最终都是为了能够引发诉讼并进入程序阶段形成犯罪追诉。当检察机关对于监察机关移送的职务犯罪案件审查起诉时发现在证据以及事实认定上存在难以印证之处或其他矛盾,此时就通过补充调查制度来行使其所具有的检察监督职能。按照《刑事诉讼法》的规定,此时检察机关在操作上可以作出选择,作为将案件退回监察机关补充之首选以及检察机关对案件进行自行侦查之第二选择。这两种选择所表现出的检察监督的程度是不同的。退回补充调查过程中检察监督实际上是作为一道审批程序按照标准对案件进行审核,通过则起诉,未通过则退回。因此,在检察机关将案件退回监察机关作出补充这种情况中监督职能体现得较为简便。而自行补充侦查时不仅要进行第一道程序的筛选,同时要进行第二道程序的补充侦查,因此自行补充侦查所体现出的检察监督权更强。但无论强弱,此项制度设计实实在在地体现出了监督制约的功能预期。职务犯罪调查权既然是一个特殊的"侦查权",那么其权力的行使以及法律

---

① 参见华小鹏:《监察权运行中的若干重大问题探讨》,载《法学杂志》2019年第1期。

适用就一定要受到检察监督,这也是职务犯罪补充调查制度为何要在制度上予以安排的目的所在。

(二)补充调查是实现公正效率价值的重要砝码

公正作为经久不衰的话题是法律的应有之义,它是各项制度设置首要考虑的因素,也是立法司法所追求的价值目标。监察机关在补充调查的制度安排上概莫能外,同样不能脱离程序公正与实体公正的价值约束。《刑事诉讼法》在第170条第1款作出了"人民检察院经审查,认为需要补充核实的,应当退回监察机关补充调查……"的规定。监察机关移送的职务犯罪相关案件在检察机关依法审查之后,什么情况下才可能导致案件被退回监察机关进行重新补充调查?这可以结合第162条第1款规定的移送审查起诉的案件事实已经清楚并且证据充分且属实之标准为参照,不难概括出退回补充调查的原因实际上就是证据问题以及事实问题。事实认定的主要过程就是通过案件证据判断是否印证并且形成指向一致的证据链,通过呈现出的证据还原案件情状,从这个意义上来说退回补充调查的条件实质上就是证据质量存在问题。证据在可采性、相关性等性状方面存在问题便是补充调查的实质条件。例如,关联性上证据与待证事实难以形成牵连,通过讯问笔录发现侦查人员在相同的时间讯问了不同的嫌疑人,总而言之,就是综合案件证据的质量难以证明待证对象从而导致指向不清。当检察机关对案件审查后认定证据以及事实存在疑问退回补充调查,这既是程序公正的体现也是实体公正的体现。首先,无论是通过哪种补充方案进行证据补充,其都是《刑事诉讼法》相关制度的实践落地和司法贯彻。遵守程序法的规定是最重要的程序价值。其次,退回补充调查体现了"谁的案件谁负责"的案件回转机制,检察机关作为中立的法律监督机关面对证据事实有疑问的案件行使退回补充的权力体现了程序正义。最后,若检察监督权在此时不将案件退回补充调查,则有违起诉法定主义,嫌疑人则被轻易追诉,不利于嫌疑人程序性权利的保障,从此角度来看同样是程序正义的价值体现。那么在退回补充调查中如何体现实体正义?简而言之,案件倘若在事实的认定上不清不楚,证据数量缺乏,此时监察机关所进行的补充调查或者检察机关自行对案件进行的补充侦查,其目的就是要在证据上达到相互印证的标准,形成完整的闭口锁链,从而顺利实现对犯罪行为的追诉打击,实现实体正义。[①] 补充调查制度的设计同样具有效率价值,或许有一种疑问,"补充调查要对案件进行重复的调查,这样造成了诉讼资源的浪费,同时让案件循环往复,耗时耗力,这是对效率的排斥而非追求"。笔者认为,案件出现证据以及事实疑问时,检察机关难以进行追诉,即便是将案件起诉到法院,最终也会面临着案件被退回或无罪判决等追诉不能的风险,因此事实证据问题是

---

① 参见戴长林、刘静坤、朱晶晶:《〈关于办理刑事案件严格排除非法证据若干问题的规定〉的理解与适用》,载《人民司法(应用)》2017年第22期。

不能敷衍的问题,迟早要补充,迟补充不如早补充,在检察机关审查的前阶段对案件进行补充较之于在法院审判的后阶段去补充实则是效率之体现。同样地,倘若案件马马虎虎被法院成功判决有罪,冲击的将是司法的权威与公信力。对案件进行补充以维护司法权威比起通过循环往复的司法实践去维护司法权威效率上孰高孰低高下立判。

（三）补充调查是契合法律体系完整的重要基础

契合法律体系完整同样是补充调查制度的应然目的。法律体系的完整是国家开展依法治国方略并使其得到贯彻落实的有力抓手,也是国家机关以及公民行使权利之重要参照依据。监察机关虽然不是侦查机关,但《刑事诉讼法》和《监察法》从制度上作的安排使其具有和侦查机关相似的功能,这些相似体现在目的、手段、程序、功能等诸多方面。例如,监察机关的目的是实现对全体公职人员的监督,公安侦查机关的职能目的又何尝不是一种监督？仅是监督的对象不同,监察机关的监督对象是公职人员,具有特殊性,在我国公职人员往往是具有一定身份代表国家履行公共职务的工作人员,[①]而公安侦查机关的监督对象为所有公民。监察机关履行职权具有多种方式,如常规的"询问"和"讯问",以及独有的"留置"措施,还有"查封""扣押""调取""搜查""勘验检查"等调查取证的重要手段,这何尝不是在公安侦查机关的侦查手段上的延伸变化。从程序上看,无论是调查还是侦查最终都是引起刑事诉讼。从功能上看,都是为了实现对犯罪的打击。故而监察机关和侦查机关是一对"异表同里"的国家职能机构。既如此,那么制度上理应对其进行相同或相似的安排:首先,监察机关作为新生的国家机构,若不从制度上进行安排则权力的行使显得"名不正,言不顺"。其次,职务犯罪调查权作为一种特殊的"侦查权",在制度上进行完善时应当与侦查机关的设计相匹配。职务犯罪补充调查就是在这样一种目的论的语境下应运而生的。职务犯罪补充调查制度以"应当—可以"模式取代了既往补充侦查中的"可以—可以"模式。其既有与补充侦查相同的部分,也有不同的部分,既不是照抄照搬也不是另生炉灶,体现出了调查行为的侦查本质,兼顾了职务犯罪调查与侦查的差异性。《刑事诉讼法》从制度上给予了安排,完成了新机构在旧制度上的融合,保持了法律的完整性。

二、职务犯罪调查缺乏解释易导致补充调查制度难以适用

制度与实践的融合是制度设计的重要期许,这也意味着这两者都有出现偏差的可能。补充调查制度的设计者寄希望于通过这一顶层设计实现检察监督的全方位覆盖,实现公正以及效率的价值追求并保持制度的完整性。但结合过往经验不难推断,司法实践中可能存在与立法本意相违背的误差。比如,鉴于职务犯罪的特殊性,公开平台上鲜有关于职务犯罪退回补充调查的案例,当然并不排除司法实践中实际上存在补充

---

① 参见李学军、刘静:《监察调查中的一体化研究》,载《法律适用》2019年第5期。

调查的情况,但从这个角度来说就是一种司法实践与立法预期的误差。同时,司法实践中补充调查制度基于权力差异、硬件条件缺失、诉讼目的同一等因素还可能面临着不敢补、不能补、不愿补的现实问题,这是职务犯罪调查缺乏解释所导致的。

(一)权力种属差异易导致补充调查制度难以适用

《刑事诉讼法》第170条中对"补充调查"的制度规定和第175条中对"补充侦查"的规定大体相似,但仍然存在区别之处。如前文所述,补充调查制度的设计中用"应当—可以"模式取代了补充侦查中的"可以—可以"模式。从两对词语的意涵上看,"应当"的强制属性显然超过了"可以"。对于事实证据存在疑点的案件在被检察机关审查后原则上应该退回监察机关进行补充调查,检察机关的侦查只是"必要时"的选择。而第175条关于补充侦查制度的规定中检察机关具有选择权,既可以退回补充调查亦可自行补充侦查。上述两种模式可以概括为"应为"与"可为"的区别,补充调查的"应为"模式具有"一向性",即法律规定了具体的操作程序,同时这种操作程序并没有可供选择的分叉。而补充侦查的"可为"模式存在着可供选择的分流。综上分析,理论上司法实践中对补充调查的适用应该更加得心应手。制度设计者的这种"应为"模式设计或许是基于对职务犯罪案件特殊性方面的考量,当职务犯罪案件面临指控不力的疏漏时,让熟悉案情的原调查机关进行补充更为妥当,同时有利于案件的调查继续保持隐蔽性和有利于顺利补充。司法实践公开的文书平台中少有涉及补充调查的案例,尽管通过调研了解到司法实践中有退回补充调查的情况,但这种情况比较少,这是否意味着制度的可行力与同列其他制度比起来有所降低,没有达到制度应有的预期?"补充调查"之制度设计虽然同"补充侦查"具有较高的相似度以至于前者可以看成是后者的复刻,但其内含的法理逻辑存在较大差异。立法者寄希望于通过检察机关对移送案件的实质审查从而能起到对监察机关职务行为合法性的监督,实现检察监督的全方位的覆盖,但检察监督权却面临着被反监督的困境。

国家监察体制改革之初不少理论及实务中的观点一再强调监察机关是"政治机关"。[①] 众所周知,党的领导具体体现在各级政府及各机关团体的制度结构上,然而改革的新语境之下监察机关的"政治机关"定位意味着其在执法过程中需要体现更高的政治性与大局性,同其他机关比起来权力更加集中。同时,从《监察法》第3条之中对"监察职能"的表述中可以看出监察机关的监督对象是全体公职人员,是一种"对人"的监督,而作为法律监督机关的检察机关其职责是监督法律执行的情况,是一种"对事"的监督,至此,检察机关行权所可能面临的问题愈渐明晰了。尽管检察机关行权的依据是作为根本大法的《宪法》,但"对事"之监督可能难以同"对人"的监督相制

---

① 参见钟纪言:《赋予监察委员会宪法地位健全党和国家监督体系》,载《中国人大》2018年第5期。

衡。① 这或许也是司法实践中为什么难以看到补充调查的缘由,即便检察机关对于职务犯罪案件审查后若认为事实证据存在问题,基于趋利避害的本能也许也不会将案件退回补充调查。或许有观点会质疑这种推论:"难道证据不足、事实不清的案件就不能退回补充调查,眼看着造成冤假错案,径直追诉?"首先,检察权运行受到监察权的掣肘只是现状困境的一方面,并非绝对。其次,事实与证据的问题实际上就是印证的问题,印证有"形式印证"与"实质印证"的区别,监察机关调查完毕的案件若认为需要追诉,虽然会存在"实质印证"不足的状况,但"形式印证"是基本的规程。同时,检察机关对于审查起诉具有决定权,有证据以及事实缺陷的地方也可以进行强行印证。这在司法实践中是有迹可循的,"聂树斌案"以及"张玉环案"均证明这种操作模式是司法实践中实实在在的存在。

(二)职务犯罪侦查部门的转属易导致补充调查难以适用

此番国家监察体制改革也是一次分散职能机构的重新整合,将原来的纪检、政府下属的行政监察以及检察机关反贪污、反渎职犯罪两个重要部门重新整合起来形成一个新机构。这样的整合解决了过去对公职人员犯罪打击分散、监管不全面的问题,构建了一种全方位、深层次的廉政监督体制。如此的改革,方向是明确的,成果是显著的,但毕竟作为新的国家机构,新的制度随着司法实践的推进可能会与其他制度产生龃龉。以补充调查制度为例,从《刑事诉讼法》第170条规定的内容中可看出,对于事实认定上不清不楚存在困难、证据质量和数量都存在问题的案件,检察机关的首选是退回监察机关,侦查只是作为一种次选项。在《监察法》第54条之内容中同样对上述制度安排予以重申,同时明确了调查限期为一个月,并且在这一个月之内只能进行两次调查,基于此笔者产生了两个困惑:第一,"必要时"如何理解,什么情况下检察机关才能作出第二选择。第二,调查应以两次为限,按照学界的通常理解,调查和侦查属两种不同种类不同性质的查证手段,那么此处的补充调查到底是监察机关的补充调查可以执行两次还是补充调查和补充侦查总共只能执行两次?关于第一个问题,笔者认为,"必要时"的理解应限于证据以及事实程序上的缺陷,此时依靠检察机关的补充侦查部门自行处理就可以完善这些手续,继续退回监察机关不利于诉讼效率。关于第二个问题,笔者认为应当参考《刑事诉讼法》第175条关于补充侦查的规定,侦查机关补充侦查的普通刑事犯罪案件次数总数应控制于两次以内,由此可推,《监察法》中关于补充调查的规定中两次的限定实际上包含侦查。上述制度的问题通过解释可以捋顺,但司法实践中面临的最大的问题是检察机关的自行补充侦查规定可能形同虚设,组建监察委员会的机构时抽调了检察机关反贪污犯罪、反渎职犯罪的侦查部门,这让检察机关面临着侦查无力的困境。检察机关原来负责反贪污犯罪、反渎职犯罪的侦查部门

---

① 参见程龙:《监督抑或共责:监察调查与刑事诉讼衔接中的补充侦查》,载《河北法学》2020年第2期。

在改革之前大多是承担职务类犯罪案件侦查的重要机构,此番国家监察体制改革所带来的人员转属可能使检察机关对于职务类犯罪案件的侦查力量不复存在。[①] 结合职务犯罪的特点不难推断出,此类案件中检察机关即便发现事实有问题,证据难印证,但由于补充侦查的实质条件缺乏而显得爱莫能助,想要对存在问题的案件进行实质上的补充侦查困难重重。

(三)公权力机关利益的共同性易导致补充调查难以适用

理论上,监察机关和检察机关所行使的监察权力和监督权力有产生碰撞的可能。但从实践角度来看,他们都是国家的监督机关,都是作为"守夜人"为国家和人民站岗,作为"家长"为国家和人民创造良好的制度环境,从这个角度来看,监察机关和检察机关有着共同的利益。但是,从这种利益的共同化驱使结合司法程序的具体安排来看可能会导致与诉讼原理的背离。就补充调查制度而言,检察监督权的作用就是对案件进行法律适用上的审查,并作出决定,如果发现证据性质以及事实认定上存在无法自圆其说、无法印证之处则案件将被退回监察机关补充调查,这是制度设计的应有之义。然而利益的共同性容易招致制度困境,监察机关的目的是追诉,检察机关的功能也是追诉,同时对于检察机关来讲,追诉成功是业绩考核的重要指标。基于诉讼利益的共同性,两者容易产生本能性的结合,案件事实认定不清以及证据质量存在不足的案件不需要退回监察机关重新调查或自行侦查,可能通过两机关简单的"通力合作"便最终达到了追诉的目的。同样地,效率是最重要的利益,退回补充调查或者自行补充侦查毫无疑问会让案件处于久拖不决的艰难境地,因而对案件进行"简单处理"进而起诉毫无疑问是最具有效率的途径。或许有学者会认为,这恰好是《刑事诉讼法》"相互配合"原则的体现。笔者认为这是对制度的错误解读,相互配合有必要的限度,对于办案提供帮助可以称为相互配合,但绝不能以违反程序的方式进行配合。监察机关虽然不是侦查机关,其囊括的违纪、违法、犯罪三种等级的监督调查并非一定都能引起刑事诉讼程序,但只要引起了诉讼程序的则可以将其视为刑事诉讼程序中的侦查权。[②] 我国现存的"司法三权"不仅要体现出相互配合的一面,同样要体现出相互制约的一面,如果权力没有制约那么牺牲的将是程序的正义。

(四)补充调查适用难的原因在于缺乏对职务犯罪调查的解释

职务犯罪调查解释上的缺乏是造成补充调查制度适用难的根本原因。第一,权力种属差异导致补充调查制度适用难,监察法视野下的监察权、调查权具有政治属性,不同于普通侦查权,是比侦查权更具优先性的权力种类。这实际上就是对职务犯罪调查的定位不同于普通侦查,缺乏对调查的解释。第二,检察机关职务犯罪侦查部门的转

---

① 参见夏金莱:《论监察体制改革背景下的监察权与检察权》,载《政治与法律》2017年第8期。
② 参见李健:《权能定性与文化塑造:深化监察体制改革的双重维度》,载《法学》2019年第12期。

属导致检察机关补充侦查硬件缺失同样是由于职务犯罪调查缺乏解释。原本承担职务犯罪侦查的人员不存在了,转移到了监察机关就会导致补充调查制度难以适用,实际上是将调查与侦查过度区分。即便是职务犯罪侦查人员转移到监察机关,其所从事的工作还是职务犯罪的查清,若对职务犯罪调查的解释趋向于侦查,那么补充调查也就等同于补充侦查。第三,公权力机关的共益性易导致补充调查难以适用,其原因同样是缺乏对职务犯罪调查的解释。该问题的立论基点在于监察机关和检察机关具有追诉职务犯罪的共同目标,这种共同目标忽略了调查权与侦查权的区别,实际上就是职务犯罪调查缺乏解释。综上不难得出结论,补充调查制度的适用所存在的问题归结起来还是职务犯罪调查概念解释不清,任何对调查与侦查的混同或是过度区分都将导致与之相关的制度适用难。

三、补充调查制度的适用需完善对职务犯罪调查的解释

补充调查的制度设计和安排蕴含了决策者的多重价值诉求,不仅意图通过调查的制度设计来实现检察监督的本质功能,也意图通过证据事实之补充完成对实体程序双公正的目标追求,还意图实现诉讼效率的提升、保持法律体系完整多重目的。而司法实践中的补充调查制度可能并未如立法者所期待的那样达到预期效果,其理论实践上存在一些问题,使其可能呈现出不敢、不能、不愿补充的局面。作为解决适用难的应对方案,笔者认为应该对职务犯罪调查作出解释,廓清其理论边界,明确其内涵。具体表现为以下三方面:一是明晰监察权的政治属性,对调查权与侦查权作同类解释。二是对法条中的"必要性"作出解释。三是对公权力机关诉讼价值的同一性作出解释。通过上述三方面的阐释实现对职务犯罪调查的解释与补充调查的适用。

(一)补充调查的适用应对职务犯罪调查权与侦查权作同类解释

补充调查制度适用面临的问题之一就是检察权可能会受到监察权的掣肘,检察机关"对事"的监督可能难以强过监察机关"对人"的监督,究其原因,还是由于监察机关的"政治机关"的定性。对于其职能性质和定位的认识,也引发了学界如火如荼的讨论。例如,陈光中教授认为监察机关属于"政治机关"的说法没错,但它只是展现了其一方面的特性,我国体制中,政法委员会等职能部门均是党领导下的职能部门,其同样可以称为"政治机关"[①]。马怀德教授持相近的观点,"政治机关"的说法只是从政治角度出发理解监察机关,从法律角度出发监察机关则是司法机关。[②] 笔者赞同这样的观点,"政治机关"的提法仅是从不同的角度进行研究所得出的结果,国家监察体制改革的目的就是重新整合反贪污腐败的分散力量,构建集中有力的反腐队伍。此番改革

---

① 参见陈光中:《监察制度改革的重大成就与完善期待》,载《行政法学研究》2018年第4期。
② 参见马怀德:《再论国家监察立法的主要问题》,载《行政法学研究》2018年第1期。

的目的具有针对性,即通过对公职人员违法犯罪的打击肃清贪腐风气,为国家改革发展营造良好环境。此次改革之意图并非要形成一种监察权"一家独大"的统揽局面,从国家的发展来看,对于贪污腐败现象的确需要加大整治力度,但这并不意味着反贪污反腐败就是唯一的重要任务,社会经济发展的其他方方面面都需要同步进行,若认为监察机关是"政治机关",那么牺牲的将是更大的国家及社会多方面的价值,这也并非改革者的本意。从此角度来看,监察机关可以视为"政治机关",但那种将监察机关定义为"政治机关"的绝对权力机关的论点是对制度的误读。权力的属性取决于制度的定位,厘清了监察机关的属性则其权力属性不释自明。例如,左卫民教授认为监察权和侦查权比起来具有强制性、综合性、国家性。[①] 陈瑞华教授认为监察权和侦查权不仅在履行权力的方式上具有相似性,在法律后果上都如出一辙。[②] 监察机关的调查职能覆盖全体公职人员的普通违法和职务犯罪行为,和侦查职能相比多了对普通违法行为的监督。这也意味着除了在监督对象上监察权与侦查权不能重叠的普通违法行为,职务犯罪调查权实际就是侦查权。

在厘清了职务犯罪调查权的性质以及对监察机关的属性重新厘清后,对于补充调查制度可能存在的权力制约困境也就有了重新的认识,所谓监察权对检察监督权的压制属于一种对制度的误读,这种论断不符合立法目的。应该将职务犯罪调查权与侦查权作同类解释,是一种"特殊的侦查权",[③]特殊之处在于法律并未将其明确规定为侦查权,然而无论是从强制措施的配套及适用还是从法律后果方面进行比较,两者均具有本质性相同,因此将这种"特殊的侦查权"纳入检察监督的范围属于题中应有之义。

(二)补充调查的适用需要对"必要性"作目的解释

《刑事诉讼法》第170条内容之中对补充调查制度的安排不同于第175条之中关于补充侦查的规定,差别之处在于补充调查制度中作为补充之首选应该是将其退回监察机关进行补充,只有在"必要"的情况下才可自行补充侦查。而第170条关于补充侦查的规定之中的补充是一个选择性的条文设计,其既可选择退回也可选择自行补充侦查。这样的制度差异具有多重目的:首先,回应了改革所造成的检察机关侦查人员不足的现实困境,此番改革将原本为检察机关下设的反贪污犯罪及反渎职犯罪部门进行重新整合及整体转属,这种操作导致了检察机关专门侦查人员缺失的困境进而导致侦查不能的现实问题。对于移送的案件在经过检察机关的审查之后若认为事实证据存在问题需要重新进行补充之际,首选是将其退回到监察机关并将其交给熟悉案情的

---

① 参见左卫民、安琪:《监察委员会调查权:性质、行使与规制的审思》,载《武汉大学学报(哲学社会科学版)》2018年第1期。
② 参见陈瑞华:《论国家监察权的性质》,载《比较法研究》2019年第1期。
③ 参见郭慧、牛克乾:《职务犯罪审判与国家监察工作有机衔接的若干建议》,载《法律适用》2018年第19期。

专业调查人员进行重新调查,对于这种事实认定上不清不楚、证据质量不足的案件若由检察机关进行补充侦查恐会引发专门人员匮乏进而导致侦查不能的两难困境。其次,通过确立以补充调查为主、以自行补充侦查为辅的补充调查模式可以改变既往补充侦查模式中存在的那种检察机关既当裁判又当运动员的尴尬局面,能够精准贴合宪法关于检察机关的监督职能定位。[1] 从上述可以看出,《刑事诉讼法》第170条中对补充调查所采取的"应当—可以"模式是合理的。但制度的合理改变不了实践中存在的选择困难,作为检察机关补充侦查之前提要件"必要时"应该如何解释?"必要时"这个先决条件具有抽象性,司法实践中难以操作,笔者以为应该遵循本质化、目的化的解释路径,给司法实务提供一个可资操作和借鉴的指南。

笔者认为,此处的"必要时"可以根据法律条文的规范目的对其作目的解释。所谓"必要时"由检察机关补充侦查,可以理解为此时检察机关补充侦查更加方便,而退回补充调查更加复杂。案件之中的事实问题归根结底都是证据问题,然而实践中问题证据的种类较多,其处理方式也有多种,如从排除非法证据的相关规定来看对问题证据的处理有绝对、相对、可补正排除之差别,这对解释"必要时"具有参考价值。司法实践中,如果因为证据的真实性以及相关性存在问题的情况导致难以对案件事实进行认定,那么案件必须退回补充调查,因为针对此种证据形态检察机关所呈现出的是补充不能的状态。对于轻微的程序问题,如在同一时间讯问了不同的被调查对象则可以自行补充侦查,同时这种补充侦查并不需要过强的专业性,其余情况可以此类推。从"必要时"的立法原意出发对其作目的解释可以解决补充调查制度在司法实践中存在的适用难问题,对司法实务操作具有积极意义。

(三)补充调查的适用需要对补全作"共益性"的解释

补充调查制度在司法实践中的又一可能的问题是检察机关和监察机关的"共益性"。两机关职能中所共同具有的监督属性表现在刑事诉讼实践中便是代表国家对犯罪行为进行追诉,利益的共同趋向导致在司法实践中补充调查制度的适用可能会遇到瓶颈。理论上两种监督权的"共益性"在司法实践中也是存在的。两种权力均为追诉权,但制度的预期难以掌控实践的走向,两种追诉权的强强联合导致了被追诉人的程序性权利更为微弱,因此错案、冤案在过去的刑事司法实践中屡屡发生。尽管上述困境从理论和实践上来看都是存在的,但笔者认为两部门所存在的"共益性"可能是由检察权与职务犯罪调查权都是追诉权而过度等同所导致的,可以通过历史解释以及体系解释的方法完善对其的理解。

虽然同为监督机关,并且从职能上看两者具有"共益性",但在司法公正语境之下

---

[1] 参见秦前红、刘怡达:《国家监察体制改革的法学关照:回顾与展望》,载《比较法研究》2019年第3期。

追求非法利益注定是一场铤而走险的边缘活动,这种风险对困境具有天然的抑制功效。[1] 首先,办案人员面临司法责任的风险负担。近年来,错案、冤案浮出水面,如"张玉环案""聂树斌案",这些案件无一不是罔顾司法公正所导致的恶果,这些案件也无一不能实现证据的相互印证,这就是侦查机关和检察院"共益性"的体现,结果就是办案的相关人员将面临着严肃的司法责任追究。补充调查制度同样是这样一个例子,检察机关和监察机关具有共同的利益,都意图成功追诉实现自己多方的利益。但随着不少冤假错案的重新翻盘,加之司法责任制的推行,[2]笔者相信"共益性"的动力会被责任制的推行所打破。此外,检察机关并非唯一的法律监督机关。审查起诉只是一个中转阶段,案件通过这个中转站最终要进入审判阶段呈现在法庭之上,审判阶段若发现案件事实证据有问题同样会产生案件追诉不能的结果,如无罪判决、证据排除或是退回检察机关。[3] 因此,法院同样会对监察机关和检察机关的"共益性"形成制约,使其难以敷衍了事。同样地,在人民当家作主的中国,群众监督在社会生活中扮演着重要的角色,司法机关在行权时也面临着人民群众的监督。综上所述,应当区别监察机关和检察机关的职能定位,理性看待追诉方面的"共益性"。

结　语

《刑事诉讼法》对监察与刑事诉讼的程序衔接做了全方位的制度安排,但这些制度的安排带有许多复刻侦查制度的味道,这种体例及内容上的复刻可能会造成新的制度难以适应旧的制度的问题。职务犯罪中在补充调查的制度设计上同样遵循了既往补充侦查制度的设计思路,补充调查在制度上进行安排其目的是多样的:首先,实现检察监督权的本质功能,通过检察监督权对适用法律的操作进行全方位监督;其次,通过补充调查能实现对程序实体公正以及效率等诉讼价值的追求;最后,保持法律文本与实践的协调一致。随着制度的推进,不同制度的磨合可能会擦出火花,补充调查的实践由于职务犯罪调查的解释不清也可能进入不敢、不能、不愿的困境,制度的期待可能存在落空的危险。笔者通过对三方面的重新解释梳理,廓清职务犯罪调查的内涵与外延:面对"不能"的困境,应从目的解释的角度出发理解"必要时",虽然补充调查较之补充侦查缺少了选择性,但契合人员转属的需要。面对"不敢"的权力压制困境,这是由对监察机关属于"政治机关"的定位错误解读所致,职务类犯罪中所行使的调查权力可以解释为一种"特殊的侦查权",因此也应该受到检察监督。面对二机关的"共益

---

[1] 参见程衍:《论监察权监督属性与行权逻辑》,载《南京大学学报(哲学·人文科学·社会科学)》2020年第3期。

[2] 参见曾哲、丁俊文:《从"条款解释"到"体系强制":国家监察体制改革的法学路向》,载《学习论坛》2020年第4期。

[3] 参见陈伟:《国家监察全覆盖的内涵、原则及重点》,载《学术论坛》2020年第2期。

性"所导致的"不愿"局面,应当体系地、历史地理解,区分两机关的职能定位,理性区别其追诉职能。上述三方面的解释直接关乎对职务犯罪调查的解释,职务犯罪调查的明确解释是保证补充调查平稳适用的基础。"存在即合理"的推论同样适用于补充调查制度,其在体系体制上存在的多重价值应该在"该补则补,该退则退"的原则上得到体现。

【比较刑法学】

敌人刑法及其批判*

[德]托马斯·冯鲍姆** 著　黄礼登*** 译

【摘要】 雅各布斯声称:为了重塑自由秩序而不得不暂时搁置自由的时代已经到来,敌人刑法作为例外性的紧急状态刑法有被合法化的空间,敌人刑法遵循与"法治国内部刑法"不一样的规则。多位意大利、西班牙和德国学者对于敌人刑法理论进行了批判。有人认为敌人刑法是对西方国家新近刑事立法的正确描写,有人认为它只是旧绝对刑罚理论的翻版,还有人认为它是一种单方面强调安全的模式。学者们批判雅各布斯误解了基本法关于"人"作出的有约束力的评价,认为敌人刑法的错误在于它极端地否定了平等和权利的关系,是风险刑法错误发展的结果。敌人的定义模糊性也增加了定义权落入政治权力的危险。冯鲍姆指出,拒绝敌人刑法有时只是出于情绪原因,好战式法律语言在德国法律文本中广泛存在。他揭示雅各布斯使用了系统论、黑格尔哲学以及安全基本权利理论来证成他的敌人刑法理论,其与宪法精神之间的对立是没有消弭的缺陷。冯鲍姆警示,将敌人刑法作为普通刑法的亚系统来发展也是有危险的,青少年刑法的独立发展就具有这方面的教训。如果要从历史角度观察,要注意人们可能会错误地认为他站在历史发展的正确道路上。

【关键词】 敌人刑法　公民刑法　雅各布斯　人格体

一、①

……

---

* 本文德语标题为:Das Feindstrafrecht und seine Kritik,载托马斯·冯鲍姆的论文集《刑法与刑事政策文集》(Beiträge zum Strafrecht und zur Strafrechtspolitik)2018 年第 2 版,第 173~209 页。

** 托马斯·冯鲍姆,德国哈根远程大学刑法、刑事诉讼法与法制当代史教席的教授。

*** 黄礼登,西南财经大学法学院副教授、法学博士。

① 本文是作者为一本关于敌人刑法的文集所撰序言的核心内容,第一部分是介绍该文集的诞生史,但在收入他本人的《刑法与刑事政策文集》时删除了本文第一部分,但保留了章节序号。——译者注

二、批判的对象

自从雅各布斯1985年在法兰克福刑法学者大会的理论争鸣中提出"公民刑法"和"敌人刑法"的概念以来,①他对敌人刑法问题表达了大量观点,也经历了——不仅是针对边缘领域的——多次变化。特别是自从1999年他在所谓的刑法学者千年大会上做了报告以来,他对敌人刑法的立场被广泛理解为不(再)是描述性的,甚至可能不再是批判性的,而是肯定性的。

借助这两次最重要的阐释,也就是他1985年和1999年的文章,我们可以对他的观点做一个综述,并且通过脚注援引其他文章来进行补充。

在1985年的报告②中,他首先亮出了结论,"人们在刑法典中能发现的前置性入罪处理的做法有很大一部分在一个自由的国家中并不具有合法根据"(第751页)。在报告快要结束时,他把自己这种听起来带有威廉·冯·洪堡味道的古典自由主义理念称作一种确定国家活动边界的尝试(第783页)。事实上他的阐释读起来就像一篇自由刑法宣言:他谴责刑法学存在"不负责任的实证"状态,在面对规定前置性入罪的基础材料时采取无动于衷的态度。在刑法学上,人们承认限定未遂的可罚性符合法治国精神,但是针对《德国刑法典》第30条将所有重罪的未遂都降低到第二等刑罚档次的做法,学者们虽为其添加了一些条件,但该条的合法性却无人质疑(第752页)。③对这种立场,雅各布斯归因为一种主观化的倾向,并认为预防性和警察法上的论点,特别是"法益保护原则本身"对此是有责任的,是这种原则"导致了无边无际的状态,人们并没有将行为人的权利边界纳入考虑"。

> 持续采取法益保护立场时,人们甚至会使用刑法手段来打击潜在行为人危险的思想以及危险思想的源头(第753页)。

雅各布斯把行为人作为法益之敌的定义和把行为人作为公民的定义相提并论。他从"一开始就拥有不受监控的自由领域的权利"的角度来定义公民。属于该自由领域的不仅有认知活动,也不仅局限于"以人体皮肤为外部边界的一个精神物质复合系统"——雅各布斯如是说。根据该原则,在一个自由的秩序中,人们更需要对私人领域进行一个超越自然意义的规范性界定(内部性公民领域):

> 只要私人范围没有和其他人的私人范围形成竞争关系,纯粹的思想只能

---

① 根据许内曼(Schünemann)的解释,雅各布斯再次引入了敌人的概念。
② Vgl. Günter Jakobs, Kriminalisierung im Vorfeld einer Rechtsgutverletzung, ZStW 97 (1985), S. 751 ff.
③ Vgl. Ähnlich wieder in: HRRS 2004, 94, Fußn. 42.

给共同生活带来微不足道的侵扰,其他那些没有超越私人范围的举止也是如此。形成竞争关系情况下就不再属于私人范围(第756页)。

雅各布斯认为,一旦《德国刑法典》第30条把私人范围内实施的"犯罪约定"置于刑罚处罚之下,它就把约定者作为敌人来对待,他们就不再具有公民的地位。所有对预备行为的惩罚也具有这样的意义(《德国刑法典》第129条、第129条a和第267条第1种情形)。谁认为对违法目标的追求不仅是私人事件,谁就把刑法从整体上当作敌人刑法。

雅各布斯从这里推导出对主观未遂理论的批判意见,该理论从帝国法院时期开始盛行至今。[1] 支持主观未遂理论的依据主要是外部举止的多义性,这导致人们不得不依靠行为的主观方面来解决问题。雅各布斯对此持反对意见,他认为只有当人们对其外部举止负有澄清义务的时候,这种对主观方面的援引才是有道理的。只有当一个具有侵扰性质的外部举止存在时,人们才应当追问其内部内容。如果一个举止只有当其内部内容被人认识到时才会引人注目,那么这种举止绝不能被当作犯罪处理,否则惩罚的根据就仅在于其内部内容(第761页等)。要么人们承认行为原则,这意味着不是所有的犯罪要素都可以被主观内容所替代,对于未遂也是如此;要么人们放弃行为原则,这意味着人们会着眼于行为人的外衣之内,猜测里面是不是有一面挂在"胸前的镜子"[2]。人们作出选择应当不难(第764页)。

惩罚实质性的预备行为仅在少数情形中可以被合法化,亦即行为人在预备阶段的行为就已经显著地超出了自身的范围。《德国刑法典》第30条并不属于这种情形(第765页)。[3] 当事件超越了行为人和参与人的组织能力或者脱离了他们的组织范围时,特别是存在客观危险性时,可以认为达到了处罚的界限(第766页)。当有人完整实施了具有一般性的危险行为,我们并不能说这就需要进行(或者"最小可能地")前置性入罪。除此以外,只有当人们基于损害发生的不可预见性从而将抽象危险行为定义为是一种外部侵扰时,抽象危险犯才具有可罚的合法性(第772页)。

---

[1] Vgl. Hans Joachim Hirsch, Die subjektive Versuchstheorie, ein Wegbereiter der NS – Strafrechtsdoktrin – Zur Abgrenzung von Tat – und Gesinnungsstrafrecht, Ders./Sergio Seminara, Zur strafrechtlichen Versuchslehre im 19. und 20. Jahrhundert. Münster 2008, S. 61 ff.

[2] 这个典故可能来源于德国的一篇童话《珍珠女王》,其中一个情节是谁能通过珍珠女王的三个考验,她就会嫁给谁。其中第三个考验是猜出珍珠女王外衣里面胸前挂的是什么。人们都无法猜中。珍珠女王喜欢一个英俊小伙,故意悄悄让他看到自己胸前挂着一面镜子,使这个小伙子最终通过了考验。此处喻指前面提到的"内部内容"。——译者注

[3] 在2005年的文章(《整体刑法学杂志》2005年,第839页)中,雅各布斯针对《德国刑法典》第129条a和一些刑事诉讼法上的规定,说这是"警察法对刑法的污染",并且进一步谈道:"人们可以研究,在对待恐怖分子时是否要考虑造成这些污染的特殊情况"(a.a.O., S.841)。不清楚的是,雅各布斯的这个观点是否也针对前面刚刚提到的《德国刑法典》第30条。

在对具体罪名的阐释部分,雅各布斯详细讨论了所谓的"气候犯"(Klima – Delikte)。他认为虽对该类犯罪应该施以刑罚,但这属于一种不得不付出的牺牲,因为人们可以在面临巨大损害危险的"大气候"下要求行为人放弃行使自己的权利。当然,他补充道,这种证成理由同时就包含了对自由秩序的"破产重整公告",正因为如此,它只能在合法化遭遇危机的时期才能得到考虑。他认为"人们为了强力地重塑自由秩序而不得不暂时地搁置自由"的时代已经到来(第783页)。

虽然通过一个中间标题对上面最后引用的半句话与最后半页结束语进行了清晰的界分,人们仍然可以将其结合起来阅读。我认为,在经过了35页对公民刑法的阐述后,这个结束语可以被称为"最后一招"(Schlussvolte)。就像雅各布斯所说的那样,"在文章的结尾对公民刑法的对立面,即敌人刑法做了评论"。雅各布斯虽然不想对建构自由国家所需条件表达相对化的意见,但是他认为:

> 可能存在或者当下已经出现了规范丧失了效力的情况(因为行为人的私人空间受到了压缩),而规范对于一个自由国家来说是不可或缺的。即便如此,敌人刑法也只有作为例外性的紧急状态刑法才有被合法化的空间。它的条款应当与公民刑法的条款严格区分,最好从外表上就进行区分,以便避免存在危险,因为敌人刑法可能通过体系解释、类推或者其他方式向公民刑法渗透(第784页)。

为了净化公民刑法,这种带有遏制性质的、试图从形式上建立敌人刑法的尝试是雅各布斯受到批判的诸观点之一。[1] 而这之前他的那些论述,只是为批判提供零星的靶子。[2] 那些论述更多地被理解为对既有状态或危险所进行的(批判性的)正确描述。[3]

14年后,即在2001年9·11事件发生以前的1999年,雅各布斯做了一个报告,[4] 报告的出发点是雅各布斯为刑法学提出的新任务。[5] 经济体系在当下(不断增强的)的统治地位对刑法学提出了挑战,其不容置疑地要求一套短期可投入使用的(利益保护意义上的)刑法学。但是雅各布斯认为,人在法律上不是利益的承担者,而是"义务

---

[1] Vgl. Cavaliere, Slg. S. 323 ff.
[2] Gössel, u. S. 45.
[3] Vgl. Friedrich Dencker, Gefährlichkeitsvermutung statt Tatbestand? Tendenz der neueren Strafrechtsentwicklung, StV 1988, S. 262 – 266.
[4] Vgl. Günter Jakobs, Das Selbstverständnis der Strafrechtswissenschaft;雅各布斯在2004年的文章中重点针对2001年的9·11事件进行了探讨(HRRS 2004, 92)。
[5] 大会主题预先确定了雅各布斯的报告主旨。他的文章承担了对温弗里德·哈赛默(Winfried Hassemer)所作报告(刑法学面对时代挑战的自我理解,a. a. O., S. 21)进行评论的功能。

和权利的承担者,这一点得到普遍承认,因而为'人'凸显了一个相应的身份"(第49页)。与此相适应,犯罪行为①不再被视为对利益的侵害,而是作为对合法性的背离。刑罚也就成为"对社会真实性的确证,亦即对规范存在的确证"(第49页)。这种确证后果是"针对人的,也就是针对交往参与者,他们被视为是有权利的人(第50页)。只有那些从一开始就不被视为有权利的人,才应当通过习惯和威吓进行引导"。

> 谁想要作为人来被对待,他自己就应当具有一定认知上的保障,保障他作为有人格的人来实施行为。如果没有这样的保障或者他明确对此表示拒绝,那么刑法作为社会对其成员犯罪进行的反应,就将转变为针对敌人的反应(第51页)。

虽然人们实施行为不可以超越必要的限度,但总是比正当防卫拥有更宽广的行动空间。敌人刑法遵循与"法治国内部刑法"不一样的规则。具体而言,人们对敌人刑法是否属于法还完全没有形成一致意见。②

直到此处,雅各布斯才借助于现行法律上的例子说出了敌人刑法"典型的标志"——这至少是他的理论得到立法实践证明的证据。他的理论自身不仅是描述性的,还是在自身非本体性的前提下演绎出的结果。直接支持这一点的还有如下句子:雅各布斯确认,他所列举的规范语言并不是国家对他公民所说的语言,而是国家对其敌人说出的威吓性语言(第52页)。这些语言突然将敌人这个概念纳入一个空间,而这个空间是雅各布斯从所涉规范的特征中总结出来的:③

> 敌人是一个或许持续性丧失权利的个体,他不能为人格举止提供认知上的最低安全保障,并且他通过其举止彰显了这种缺陷(第52页)。

社会如果失去了宗教、家庭和民族的支持,其今后将具有敌人,"他们会——公开地或者披着羊皮——在社会中游荡"。

一个具有风险意识的社会,对于缺乏认知安全这个问题不可能视而不见。社会也不能仅通过警察手段来解决这个问题。因此,就敌人刑法而言,今天并不存在一个清晰的替代性选项。它不仅与这种情况有关,即根据社会

---

① 此处雅各布斯采用了他的一般刑罚理论的立场。s. noch u. b. Fußn. 42 ff.
② 在《最高法院刑事判决》(HRRS 2004,88)的文章中,雅各布斯写道:"敌人刑法毕竟为遵循规则的行为,而非冲动的、情绪化的行为提供了保障。"
③ 即便这里雅各布斯也实质上遵循了他的一般刑罚理论。此外参见 s. noch u. b. Fuß. 44 ff. 等。

内部的愤怒来维护人们之间的秩序,而且要创造一种大众可接受的环境条件,创造的方式是使那些人——请原谅我这么说,即那些不能为社会提供必不可少的认知上最低安全保障的人——失去影响力。当然,法律上对处理敌对性个人也有程序上的规定,但那是法律上的排除性规定。实际上,敌人就是非人格性的人(Unperson)。准确讲,敌人刑法就是战争,对它的限缩或压制取决于敌人害怕什么。这听起来令人反感,事实上也令人反感,因为它使广泛的权利成为不可能,它反对将理性与人格相等同(第53页)。

雅各布斯一再重复他早在1985年就对刑法学提出过的要求,即要研究通过"打击敌人法"来对刑法进行补充,并且不再——

> 对"刑法"名义下的事项作同等处理。① 只有当对法定刑罚(Rechtsstrafe)和——并非必然不合法的——权力刑罚(Machtstrafe)作出区分时,法学才获得了其有意识自主发展的条件(第56页)。②

以上的介绍以及补充性的脚注展现了雅各布斯在讨论中所发见解的核心——尤其是争议性——要点。

三、批判

这又是一个在欧洲徘徊的幽灵吗?两位作者在1848年这个充满危机和希望的一年发表了其著名的战斗檄文,其中就提到了这样的幽灵,但他们指的是共产主义,③既是一种思想上的建构,也是一种现实的或者期待的政治进程。今天,随着纸质以及电子化的刑法文献的扩散,再次徘徊的是"敌人或者敌人刑法的幻影"。④ "幻影"这个词也可以使用"幽灵"来翻译,根据维基百科,它的意思是"幻象、不真实的现象、幻觉",但也如过去一样,这个词表示一种真实的恐惧感。对"不真实现象"的刻画在多

---

① 雅各布斯插入了对国际刑法扩展趋势的阐释,他批评这是以假定的法律效力来代替实际的法律效力。
② 2004年的文章中出现了一个变化:现在不说"对立的两个孤立的刑法领域,而是描述一个世界的两极,或者揭示一个刑法关系中两个对立的趋势,此处这两个趋势完全可能是相互叠加的"(HRRS 2004,88)。在1985年的观点中,雅各布斯说的是"不管是恐怖分子还是其他重大且一意孤行的异议分子,国家应当对此类人员所适用的规则和对公民所适用的规制进行清楚的区分,否则敌人刑法就会对公民刑法产生污染"(ZStW 2005,850)。
③ 联系本文集的主题来思考,1848年《共产党宣言》的这个开篇句听起来像是要给出某种暗示。我本人本想把这个句子用来作为导言,但是我发现约尔格·阿诺尔德(Jörg Arnold)作为另外一本关于敌人刑法的文集的序言作者已经走到了我的前面:Jörg Arnold, Zum Geleit: Ende der Gespensterjagd und Beginn der wissenschaftlichen Debatte, in: Thomas Uwer(Hrsg.), Bitte bewahren Sie Ruhe. Leben im Feindstrafrechtsstaat. (Schriftenreihe der Strafverteidigervereinigungen). Berlin 2006, S. 13 ff.
④ 格赛尔在该文集(第43页)中的文章这样开头:"一个幻影在刑法世界里徘徊:敌人的幻影。"

大程度上应当运用于思想成果之上,这个问题或许是对权力和思想物化进行深入研究的对象。敌人刑法是否以及在何种程度上已经存在或者可以期待,这本文集的作者们同样对这个问题争论很大。无论现在人们是否把它看作一个幽灵,它在现象上的影响范围已经超出欧洲了——这本文集表明了这一点。特别是在拉丁美洲,这个题目具有高度的现实意义——听说还很棘手,[1]反映到学术上就是2006年出版的一部篇幅长达2300页的西班牙语的文集。[2] 在德语世界里,也有一部由刑事辩护人联合会出版的文集。[3] 此外,还有弗兰科·布里科拉协会(Associazione Franco Bricola)于2006年3月在特伦托以"敌人刑法"为主题举办的年会所形成的(主要是意大利语)文集。[4] 这次会议的大部分报告,特别是那些对该主题进行一般视角研究的文章大部分都翻译成德语了。出版者希望借此促进意大利刑法学得到更大程度的认可,因为意大利刑法学——就像他所说的那样——在德国并没有得到适当的关注。[5] 这本文集的一大特征是意大利学者的密集亮相,还有三篇西班牙学者的文章。该文集的所有作者都是刑法学者——这显示了雅各布斯的影响力形成了难以否认的贡献:他"让人们再次想起刑法学在法哲学和国家哲学上的深刻维度,这种维度人们在学术研究中早已遗忘"[6]。为了让人们了解这些文章的概要,我在此处做一简单介绍。[7]

曼努埃尔·坎乔·梅利亚(Manuel Cancio Meliá)看到由于刑法价值越发受到重视,刑法的讨论框架已经进入了西方国家日常政治。他认为原因在于刑法被限缩于关注被害人,通过民众向政治施加压力——媒体强化了这种效果——以及讨论的全球化,刑法的讨论逐渐转变为刑事政策上预防问题的讨论。坎乔·梅利亚认为雅各布斯所描述的"敌人刑法"是对西方国家新近刑事立法的正确描写,但是他质疑此种立法的适当性:准备自杀的行为人是不会受到敌人刑法预防机制恐吓的。发展敌人刑法具

---

[1] Vgl. S. nur Ambos, u. S. 345 ff.

[2] Vgl. Manuel Cancio Meliá (Hrsg.), Derecho Penal del Enemigo. El discurso penal de la exclusión (2. Bände). Madrid (Edisofer) 2006.

[3] Vgl. Wie Fußn. 18.

[4] Vgl. Alessandro Gamberini / Renzo Orlandi (Hrsg.), Delitto politico e delitto penale del nemico. Bologna (Monduzzi Editore) 2007. Drüber hinaus ist in Italien folgende weitere Textsammlung erschienen: Massimo Donini / Michele Papa (Hrsg.), Diritto penale del nemico. Un dibattito internazionale. Mailand (Giuffrè) 2007, worin auch – in mitunter leicht abgeänderter Fassung – die im vorliegenden Bd. Enthaltenen Beiträge von Ambos, Hörnle und Prittwitz sowie Beiträge von Cancio Meliá und Muñoz Conde mit anderen Schwerpunkten abgedruckt sind.

[5] Vgl. Manfred Maiwald, Einführung in das italienische Strafrecht und Strafprozessrecht. Frankfurt a. M., Berlin, Bern usw. (Peter Lang) 2009.

[6] Jochen Bung, Feindstrafrecht als Theorie der Normgeltung und der Person, in: HRRS Februar 2006 (2/2006), S. 63 ff., 64; auch in: Uwer (Hrsg.) (wie Fußn. 18), S. 249 ff.; ähnlich die Einschätzung von Sack (u. S. 263 ff.)

[7] 作者的排序并没有遵循一定的规则。最开始设想的是按照字母顺序,这样可以排除任何有关人为操控的质疑。但是我没有采纳这种排序,而是将有类似观点的作者尽可能地放在了一起,这样就使"参见后面"这样的指引不再有必要。

有更为深刻的理由:妖魔化和构建行为人类型,前者是对行为人烙上"魔鬼"而不是"犯罪人"的印记,后者由于其具有主体排除的妄念并不适合于行为刑法并因此是非法的。关于最后抛出的敌人刑法有什么用处的问题,坎乔·梅利亚反对禁忌化处理的立场,该立场认为对敌人刑法的讨论已经是很危险的。[①] 他也反对敌人刑法的概念在刑事政策上无用的观点,他认为这个概念至少在宏观上可以作为判断灾难方向的地动仪。同样被反对的还有在刑事政策上应赋予这个概念秩序功能的观点。坎乔·梅利亚自己赋予了敌人刑法概念在诠释学上的功能:可以涵摄到在敌人刑法概念之下的刑法现象,应当被修改并且在必要情况下被清除。

贝恩德·许内曼(Bernd Schünemann)将雅各布斯1999年以来的观点归为一种刑法思想的复兴,该思想可追溯到前启蒙时代,并从那个时期开始就被旨在预防侵害法益的犯罪行为的刑法思想所排挤(他认为该刑法思想贯彻了罪责原则和李斯特的犯罪人大宪章理论)。许内曼和雅各布斯的辩论涉及敌人刑法的哲学基础以及其功能上和经验上的前提。许内曼批评道:雅各布斯新近指名道姓选择经典哲学界的权威人士是远远不够的,因为这些人并没有区分公民刑法和敌人刑法,使用这些人的学说并不能很好地解决雅各布斯所面临的该领域内的现实问题。敌人刑法的功能性前提(维护规范效力抑或防止危险)只是旧绝对刑罚理论的翻版。如果认为刑法整体上都是服务于防止危险的话,那么区分公民刑法和敌人刑法的前提就不存在了。在经验层面,认可个体可被持续剥夺权利的立场是难以令人信服的,甚至可能被视为非法的,因为这样就相当于由恐怖分子掌握了他们所反抗的权力。如果从关塔那摩的存在推导出敌人刑法的合法性,这种尝试最终是一个"极大的自然主义式的错误"。

爱德华多·德梅特里奥·克雷斯波(Eduardo Demetrio Crespo)把围绕敌人刑法的争论放置在自由和安全的紧张关系中来观察,他将敌人刑法视为一种单方面强调安全的模式。从方法上看,这里涉及围绕法的功能和目标而讨论的法的(多样的)实然和(理应相同的)应然的问题。两者之间的连接杆只能是人权。"敌人刑法"在一个民主的刑法体系中是难以成立的,因为当人们按照雅各布斯的观点将权利人格从一开始就放进一套规范的话语中时,这种刑法就是一种否定人的尊严的"刑法"。雅各布斯强调他的阐释是描述性的,但这掩盖了他的研究为现实提供了理论支撑这个事实,虽然他宣称他仅是描述一种现实。德梅特里奥·克雷斯波也认为像使用超个体法益、抽象危险犯以及新的行为人范畴这些刑法的"现代化"变化是必要的和不可或缺的。他还认为刑法"现代化"能够应对有权势人员的犯罪,同时满足对法治国的要求,特别是

---

① 这种处理背后还有不同的政治动机:阻止的动机(其背后还隐藏着一个立场,即想获得"敌人刑法"的包裹,而非标签)和一切照常的动机,后者将敌人刑法看作历史上早已存在的并且是民主的法治国家中内有的和合法的刑法元素(第8页及以下)。

对比例原则的严格遵循——这一点不同于敌人刑法。

　　针对以刑法分类化、概念化方法来理解敌人刑法以及敌人刑法所反对的做法,乔瓦尼·菲安达卡(Giovanni Fiandaca)的文章充满了怀疑。他首先援引了尼采和卡内蒂(Canetti)提出的战争和刑法具有共同根源的观点,但也援引了可追溯至霍布斯那里的努力,即对两者进行区分。他批评了雅各布斯对"敌人"进行定位时的矛盾之处,然后尝试对种种现象从不同的角度去分析。从刑法外的视角,他确认了刑法、政策、道德三者的混合与敌人刑法之间存在关联;从刑法内的视角,他研究了八个方面的问题,借此澄清它们和敌人刑法的距离远近。借助意大利犯罪学史与刑法史上的例子(政治刑法、①强盗、黑手党、恐怖主义),他揭示了敌人刑法在历史上的形态。他明确指出敌人刑法思想在今天的根源来自中产阶级面对底层危险人员而固化了的安全观以及刑法再惩罚和对坏人再发现(对恶人之战)的观念。此外,他从国际刑法的角度观察了敌人刑法的元素,他发现的这些元素和雅各布斯发现的完全一致。但是菲安达卡批判了雅各布斯,因为后者在国际刑法上所批判的恰好是他自己在国内刑法上所赞成的。最终,菲安达卡承认自己作为一个自由主义的刑法学者,在面对犯罪的现代表现形式时也充满了不确定感。

　　卡尔·海因茨·格赛尔(Karl Heinz Gössel)在他的《反驳敌人刑法》一文中批评雅各布斯所创造的概念不具有清晰性,导致他的学说缺乏坚实的基础。雅各布斯以侵犯公民私人领域和将刑罚威吓前置化为基础,并因此将《德国刑法典》第30条、第66条、第129条、第129a条归为敌人刑法条款的观点,格赛尔认为是站不住脚的,因为雅各布斯提及的条款是符合宪法法院判决的,是以实施了具有社会关联的违法行为为前提的。当外部和内部人员(公民)违法时,雅各布斯让其变成敌人,他的这种新学说在本质上是建立在将个人和(权利)人格体进行区分的基础上,并且将犯罪纯粹评价为对规范的违反。这种对人的区分就是将人类社会中的人作为一种构想出来的社会存在,因此它误解了基本法关于"人"作出的有约束力的评价。这种评价把人类社会中的人视为法前的存在,它不是为人赋予人格,而是承认人的人格。把人当成"野兽"来处理以及剥夺人的发展与基本法对人的评价并不一致。雅各布斯将犯罪视为对规范的违反,这比他所批评的法益保护说所更容易将纯粹内心事件或者单纯的抽象危险置于刑罚威吓之下,因此存在更多的危险。它也不能解释为何要对影响力不同的案件进行不同的处理。此外,将所有危险犯和保安措施均视为"敌人刑法"的内容也确属过分。这些刑法设计均以犯罪行为或者违法行为为前提,保安措施还受到比例性原则的

---

① 即便像马里奥·帕加诺(Mario Pagano)这样的启蒙时代的刑法学家也主张在例外情况下对法治国保障进行限制(第28页),对这个例子还可以补充下面这个事实:切萨雷·贝卡里亚在废除死刑这个问题上持同样的观点(Vgl. Vormbaum, Einführung in die moderne Strafrechtsgeschichte. Heidelberg 2008, S. 33 f.)。

约束,这些都是反对敌人刑法的理由。当然,现行法律中过分的规定也应当被纠正。

乌尔斯·金德霍伊泽尔(Urs Kindhäuser)深入分析了刑法中罪责这一要素的合法性。像雅各布斯一样,他以被行为所侵害的(事实上的)规范效力为基础,将规范效力受到侵害视为独立于法益受损之外的一种损害。但是他将这个立场嵌入民主、多元的社会框架之中。规范之所以可以赋予人们遵守它的义务,仅因为它是在满足程序要求后而被制定出来的。个人作为国家公民,他有机会对规范及其出台进行批评乃至表示拒绝,因此要求人们遵守规范是可以期待的。与金德霍伊泽尔相反,雅各布斯关于罪责的观点不取决于某种具体的体制,而是认为罪责的基础在于外表上对规则的违反。他的罪责观也适合于"一种家父主义的体制,在该体制下规范的接受方并非同时是规范的制定方,因此规范只是作为一种外部的命令"。当人们不再把保障安全的规定限制在责任刑法框架之内时——因为只有后者才具有合法性——人们就算是越过了刑法与警察法之间的界限。雅各布斯想在现行的刑法框架之内建立一套作为"并非必然不合法的"敌人刑法,并且他认为这种特别刑法已经存在。在雅各布斯所创术语的冲击下,"刑法可以在多大程度上将安全需要纳入其中"这个问题已经显得不重要了。金德霍伊泽尔认为,创设危险犯并不会在整体上动摇归责的规则体系,即便人们在一些案件中可能过度地强调了国家的安全需求,也很难从既有的前置化入罪的罪名中推导出行为人被视作了危险的敌人。此外,认为扩大侦查机关的程序性权力是敌人刑法征表的说法也是错误的,《德国刑事诉讼法》第136条a的存在可以否定这种说法。在金德霍伊泽尔看来,因为"敌人刑法"这种表述显得比"罪犯"这种表述更为中立,因此它具有误导性。他认为即便站在将来法律的立场看,敌人刑法也应当被拒绝,因为它违背了尊重人的尊严这项原则。

塔季扬娜·赫恩勒(Tatjana Hörnle)研究了敌人刑法的描述性以及规范性的维度。她认为实际上德国刑法和欧洲刑法都没有处于"公民刑法"到"敌人刑法"这个刻度表上两极中的一极。但是她在如下领域看到了过去数年中刑事政策上的巨大变化,这可以被描述为离开一极而向另一极靠拢,即法定化的刑法规范[前置化规范(比如第129条b、性刑法、政治刑法)、刑罚威吓的加重(特别是第六个刑法修正案的规定)],制裁领域(放弃将醉酒作为从轻刑事处罚的事由)以及预防性限制自由的领域[扩大保安监禁的适用,最新其还可适用于小龄青年(Heranwachsende)和青少年]。在刑事程序领域,赫恩勒还没有观察到有这种清晰的发展趋势。在对敌人刑法进行评价时,赫恩勒提示到,虽然雅各布斯对敌人刑法现象表示遗憾,但他认为要消除这些现象却纯属幻想。在赫恩勒看来,雅各布斯的这种观点事实上已经跃进到规范的立场了。基于此种理由,赫恩勒批判雅各布斯的敌人概念是不清晰的,这种不清晰性在面对可能的最高刑罚时,远比那些根据公民刑法判决有罪的案件的问题要多得多。她还批判雅各布斯与卡尔·施密特(Carl Schmitt)的言词和思想很接近,后者与基本法的规范性前提是不一致的。就像金德霍伊泽尔所批评的那样,赫恩勒最后说,在具体分析中,军事化的语言使目光看错了地方。就此而言,赫恩勒明显将批评的标杆放得比格赛尔和金德霍伊泽尔更低(相关争议条款的合法性由此增高了)。她还认为前置化入罪只有为了防止危及生命、健康或者其他重要法益的真正风险才是可以接受的,这种风险应当是有证据证明的。赫恩勒要求限制保安监禁的适用,她认为雅各布斯的理论无助于为安全刑法探寻到合法的界限。

弗朗西斯科·穆尼奥斯·孔德(Francisco Muñoz Conde)已经在各种场合评论过雅各布斯的观点了。[①] 他对雅各布斯表示理解,认为雅各布斯对现象的描述符合许多国家的现实情况,但是他强调说如果这些现象有问题,它们中大多数已经被宪法法院宣布违宪。穆尼奥斯·孔德批评雅各布斯从这些现实中推导出诸如认可酷刑或者将其作为虽感不适但不得不容忍的规范。穆尼奥斯·孔德最后呼吁刑法学积极反对那些将好不容易获得成功的法治国原则置于危险境地的规范。他观点的背景是佛朗哥专制留下的教训以及消除专制的艰难,他在文章开头对此做了描述。

加埃塔诺·因索莱拉(Gaetano Insolera)指出了政治恐怖主义新的性质(组织联合化代替组织等级化、缺乏正确的政治目标、消灭对手代替说服对手、不考虑政治反对派而行动、反对而非维护人权、可普遍化的理念),还提出了这样一个问题:应当在一套不同于有法治国保障并且尊重基本权利的刑法中去解决上面的问题吗?雅各布斯虽然希望保留部分法治国保障,但他主张只有确保了一定法律忠诚度的人员才能够被作为权利主体对待,这样的观点显示了他更偏向于另一套刑法体系。因索莱拉指出,那一套刑法既要保护公民免受国家侵害,又要打击犯罪和保护受害人,两者之间存在结构性矛盾。后者还隐含了一个危险:会屈服于因"纯粹现实"而施加的强制。前者的优势在于认识到刑事司法具有"非政治性的"任务,它要与负责安全的政治机构进行"充满持续冲突的辩论"。

朱塞佩·洛萨皮奥(Giuseppe Losappio)对这套极不自然的学说表达了震惊,因为它赋予了法律规定和实际行为方式相应的理论基础,以打击恐怖主义的名义侵害了人权或正在侵害人权。洛萨皮奥和这本文集的其他作者一样,批评雅各布斯对"人"的概念进行非自然化处理和规范化(并由此进行相对化)处理,对人类/人格进行分级,颠倒了权利和权力的关系,因为权利的基础是存在于权力前面的人权。洛萨皮奥基于意大利的经验将敌人刑法与朋友刑法(Freundstrafrecht)或者特权刑法(Privilegienstrafrecht)的互补性现象进行了对比,认为两者都是权力的工具,都是反对平等的。洛萨皮奥强调,对敌人刑法的驳斥并不意味着主张所有可归溯到它这里的现象都不具有

---

① 翻译成德语的文献是:Francisco Muñoz Conde, Über das Feindstrafrecht (Rechtsgeschichte und Rechtsgeschehen. Kleine Schriften. 10). Münster, Berlin 2007.

合法性。敌人刑法之所以是错误的,是因为它极端地否定了平等和权利的关系,而这种关系是人权和民主的基础。刑法上对自由进行限制本身并不是非法的,人们必须接受对自由基本权利和其他宪法性原则的权衡性评价。①

费兰多·曼托瓦尼(Ferrando Mantovani)把敌人刑法和朋友刑法理解为偏离文化刑法的两种形式,他还对"刑法的敌人"提出批评。他观察到敌人刑法首先在历史上的专制主义统治以及20世纪极权主义专政的框架下得到践行,在法国大革命阶段也存在过。他认为将这种经历与民主国家中出现的现象等同起来是不合适的,因为将敌人刑法与民主国家进行关联,这种情况下所讨论的现象是异质的,前者是对日益增长和越发严重的犯罪的一种广泛回应,相比民主性的国家权力,它对人权来说更为危险。而与后者相联系的对自由的剥夺大多数情况下都不是非法的。曼托瓦尼承认敌人刑法理论成功地吸引人们普遍关注危险行为人的问题以及特殊刑法类型的合法性问题。他认为"非人格体"(Un-Personen)的观念从一开始就是不能接受的。朋友刑法与敌人刑法一样,是符合非法治国性质的一种法,但是人们可以在其中看到对社会上处于不平等地位的人进行平等处理的做法。曼托瓦尼所批判的"刑法的敌人"是在(政策)理论层面、实践操作层面(通过法律上的宽缓规定和法官的宽容)以及刑法学层面[通过超批判主义(Hyperkritizismus)]将刑法置于危险境地的人。他认为刑法在当前之所以具有持续的生命力,原因在于:当解决当前问题的其他社会推动力都失灵退后时,还剩下刑法作为唯一向前的反向动力起着作用。

科尔内留斯·普利特维茨(Cornelius Prittwitz)探讨了敌人刑法是否属于"风险刑法"发展的结果。从一开始,他认为在一个充满风险思想、被技术进步所威胁的社会中,风险刑法是必不可少的。此外,他对把风险刑法作为统治工具表示理解,认可风险刑法可能转变为一种打击手段来对付有权势者危害社会的行为。但是他提醒,尽管具有优点,风险刑法所面临的挑战和危险却占据了上风。希望刑法用于打击有权势者的犯罪,这种想法给人们造成一种印象,即只是置换了敌人的形象而已。随着大众媒体风险思维的增强,风险刑法的问题面也在扩大,并将导致效果的翻转。敌人刑法因此可以被理解为风险刑法错误发展的结果。随着雅各布斯对敌人刑法从批判研究转为规范研究,刑法中不属于敌人刑法的那部分残余绝不会被当作公民刑法得到拯救,因为现在敌人刑法已经充盈了刑法整体。学术界对雅各布斯敌人刑法概念的一致批判只在概念批判上有意义。就像普利特维茨所说的那样,雅各布斯使用了另外的词语获得了许多刑法学者的掌声。

弗朗茨·施特伦(Franz Streng)在内容上和时间上对问题进行了拓展,对目的刑法和敌人刑法有何关联进行了追问。目的追求可回溯到弗朗茨·冯·李斯特,这种追

---

① 洛萨皮奥关于强化立法机构的综合思考参见脚注第56。

求对刑法灾难性的新发展起到了决定性的推动作用。他的学说中寄托了无限制利用刑法来预防犯罪的思想。施特伦认为,显然存在某些形态的犯罪,立法者的目标并不是给予它们适当的刑罚,而是要打击它们。[1] 雅各布斯希望通过对相关行为人进行精准界定(这种人不能让他人产生这样的认知保障,即无法让人相信他会以具有法律意义上的人格来行事)的方式对打击现象进行教义学化处理。施伦特认为应当阻止雅各布斯的这种决心,方法是:使打击的做法处于需要正当化理由的压力之下。对此,民主的刑法模式可以作为其正当化的标准,在该模式下对价值秩序的确证和再社会化目标是最重要的,而将其从社会中隔离只是最后的措施,并且必须满足比例性标准。在这个意义上,对施特伦而言,作为融合性预防的积极一般预防方式才是正确的方向。[2] 在雅各布斯所建构的责任和一般预防的关系中,积极的一般预防有利于满足政治层面对刑法提出的功能性要求。在有关刑事问题的现实政治中,媒体渲染性报道与政界广告式的反应相互激荡凸显了其灾难性的一面,而且掩饰了刑罚学上的确切认知(对累犯加重处理是没有效果的),这种认知也挑战着雅各布斯所主张的累犯丧失人格地位的理论。与其他学者一样,施特伦批评雅各布斯意图消除刑法保障的原因正是在于刑法保障至关重要。对公民而言,敌人定义的模糊性也加大了定义权落入政治权力中的危险,即由它来定义什么是犯罪。

弗兰克·扎林格(Frank Salinger)认为区分(被欢迎的)描述性的和(被拒绝的)规范性的敌人刑法的做法是错误的,因为作为黑格尔主义学派成员的雅各布斯自己都没有坚持对描述和评价的区分。重要的是,雅各布斯的理论提供的是可批判的和专制性的刑法方案。他在1985年的立场中主要还是展现敌人刑法的批判性功能,1999年以来,他认为将敌人作为现实的非人格体予以排除的刑法是没有替代选项的。根据扎林格的观点,讨论敌人刑法在批判分析方面的价值[3]最多对诸如扩大适用保安监禁、惩罚建立外国恐怖主义团体这类新现象有较大意义,对于其他与危险性标准有关的条款没有多大意义。扎林格看到敌人刑法为公民设定了解决安全问题的义务,并且在一个单一性——整体性的——法律世界中对公民刑法和敌人刑法进行结合思考,这让他看到了敌人刑法理论的专制性特征。此外,与功用相挂钩的人格概念也违背了基本法保障人权的原则。

阿恩特·辛恩(Arndt Sinn)首先检查了敌人刑法是雅各布斯所描述的现实的刑法状态,还是一套对特别刑法进行建构和合法化处理的学术方案。他看到雅各布斯敌

---

[1] 联邦宪法法院也持这样的观点。施特伦认为法院的这个决定对当前的形势而言很具有代表性,即法院以前将移送安置措施宣布为违宪,现在又出于安全原因同意其继续施行,这就等于将被移送安置者宣布为敌人。

[2] 施特伦正确地提示到,现在人们寻找替代性的、负累更少的制裁与同时追求新的惩罚的趋势并不矛盾,因为它只是一种补充性现象,只是想避免刑事执行体系超出负荷。

[3] 扎林格提到了参与讨论的代表人物有扎克(Sack)、普利特维茨(Prittwitz)和赫恩勒(Hörnle)。

人刑法的特征是：前置化的可罚性、尽管前置化处罚却依然保留处罚强度、向打击性立法转变、减少程序保障。在国内、国际和欧洲层面上，他都看到了立法上向敌人刑法趋近的端倪。辛恩就雅各布斯所说的刑罚对敌人毫无意义的观点进行了讨论，追问了刑法的意义。他承认，雅各布斯对理性人和危险人的区分是现行刑法双轨体系的基础，并且——虽然不是从特殊预防的角度谈——得出了和李斯特相同的结论。[1] 对于雅各布斯结构中的明显错误，辛恩把"不理性的"这个类型与一定的犯罪领域相联系，而不是与诸如《刑法典》第20条所确定的实质标准相联系。不清楚的是，持续性对法律持否定态度的人，是什么使其丧失了交往能力？这个"持续性"要素无论如何都可以作为确定罪责范围的一项标准，这样人们最终并没有要打击的敌人，只有要追诉的犯罪和犯罪行为人。就现行刑法的状况而言，辛恩要求避免使用打击的词汇，并且要坚持罪责原则。经过广泛的研究，他认为《德国刑法典》第129条a尽管采用了前置化惩罚的方式，但仍然与行为刑法是一致的。

弗里茨·扎克（Fritz Sack）从犯罪社会学的角度将问题嵌入对新近刑事政策的观察。他看到了压制性刑法的回归，而这就像他所说的那样，是属于20世纪60年代、70年代刑法改革所带来的现象。具体而言，他发现向监狱回归是"刑事控制和安全政策的王道"（从1992年到2002年，尽管犯罪数量没有变化，但入监率增加了38%），这是安全机构在立法上和机构上的装备扩展，也是青少年刑法领域严苛化以及性虐儿童行为触及不能抑制的刑罚怒火临界点的体现。在敌人刑法方面，扎克转而要求对雅各布斯的命题进行有所区别的讨论，特别要讨论他所发现的、自称为"打击性立法"的问题。扎克发现这种立法模式与超越法学维度的、属于"前见"的这一诠释学问题存在关联。此外，他建议加大关注雅各布斯关于刑法学角色的评价以及后者提出的经济与法律之间冲突的问题。

多梅尼科·普利塔诺（Domenico Pulitanò）提出澄清描述和规范之间的关系是法律人最基本的任务。他认为雅各布斯关于敌人刑法理念为纯描述性的观点是不能成立的：把人作为有人格的人来对待，这种无条件的权利受到了公民和敌人的二分法的质疑，这种二分法也宣告中断了与人权的联系。它属于一种规范的立场。一段时间以来，这种区分可能已经贯穿到法秩序中了，并且近期还有所增强。关塔那摩这样的实践意味着与法律文化发生了急剧的断裂，人们总是喜欢似是而非地将其称为"敌人刑法"。这种称呼意味着这类实践隐藏着是否能正当化的风险。此外，敌人刑法成为禁忌又隐藏着另一个风险，即一个概念在本体论的构建上需要政治正确，同时在修辞上需要令人满意。但语言的任务在于揭示实证规则的真正性质和意义。普利塔诺在这

---

[1] 辛恩的文章以李斯特说过的一句话开头，人们引用这句话比引用他的"大宪章"名言稀少多了，这种引用导致在当下有关敌人刑法的讨论中援引李斯特的话显得并不是随随便便的。

里——按照曼佐尼(Manzoni)在小说《耻辱柱的历史》[1]中关于理性也会蒙尘的警告——也看出了一个关键点,即法律人在面对自己时也应保持警醒。普利塔诺看到了意大利刑法向不平等转变的趋势——既有敌人刑法、也有朋友刑法的形式。

马西莫·多尼尼(Massimo Donini)认为主流观点拒绝敌人刑法是正确的,但他批评主流观点通过表达拒绝态度实际上忘记了敌人刑法只是一种极端的现象,是日常的、被容忍的(甚至可能还有等待被容忍的)国家刑法的极端化发展。被施行的刑法具有"打击刑法"(diritto penale di lotta)这一个"阴面"。多尼尼希望在概念上将其构建为公民刑法和敌人刑法之间的中间表现形式。敌人刑法与"打击刑法"的区别在于它是先验的"非"法(Nicht-Recht)或者不合法之法(illegitimes Recht)。当然,两者之间的界限是流动的。多尼尼提示到,"打击"在国内和国际层面当下已经变成了一个规范的概念。"打击刑法"是过去工具性法律观的极端化发展,经历了从例外法到常规法的转变。程序法和实体法轮番被工具化应用(为刑事追诉机构输送实体刑法;通过前置性犯罪构成创设出"有利于程序的规范")。雅各布斯宽泛的敌人刑法概念是错误的,因为它无视宪法性界限,有意把刑罚和保安处分"去合法化"。多尼尼认为,敌人刑法的概念应当局限于这种不合法的表现形式内,在其中以消灭为目标的思想高于责任思想和再社会化思想。对于真正的敌人刑法,多尼尼列举了一系列历史和现实的例子。他认为"打击刑法"的方案能够抓住不属于敌人刑法但仍属于非法的法律要素。和普利塔诺一样,多尼尼认为,当法官秉持打击立场时,就已经越过了界限迈向了非法之法。但是,拒绝敌人刑法却并不禁止刑法中那种关注行为人的做法。

安东尼奥·卡瓦列雷(Antonio Cavaliere)既反对雅各布斯的学说,也反对多尼尼的"打击刑法"方案。如果将雅各布斯说的法理解为"实现了的"规范,并且由此看到刑法的目的在于实现"真正的法律效力",这种效力以得到遵循的形式被体现或者以人们对其进行反事实地提倡而被彰显,那么顺理成章的就是,在法律方面,只有当相关人员在一定程度上具有可靠的法律忠诚度时才可以赋予其人格地位,否则对待他就应当"像对待野兽一样",而不是像对待人一样。借助这个标准可以区分公民刑法和敌人刑法,卡瓦列雷认为这种观点是"幼稚的"。国家在面对任何人时是否都是正确的?这个提问连同"实用优化的法治国"观念,都与雅各布斯学说的描述性性质相冲突。后者在诠释学上的前见就是:关键不在于对利益的保护,而在于对威信的确证。雅各布斯的规范性人格概念使人权有所保留,有保留的人权既与德国宪法也与意大利宪法相矛盾。卡瓦列雷认为多尼尼和雅各布斯一样,几乎没有回答"打击刑法"的合法性

---

[1] 现在人们可以阅读到新的德语译本。Vgl. Thomas Vormbaum (Hrsg.), Pest, Folter und Schandsäule. Der Mailänder Prozess wegen Pestschmiereien in Rechtskritik und Literatur (Darin: *Pietro Verri*, Betrachtung über die Folter, 1777, und *Alessandro Manzoni*, Geschichte der Schandsäule, 1840). Mit Kommentaren von Ezequiel Malarino und Helmut C. Jacobs. Berlin 2008.

问题。对于一般犯罪学说而言,构建其子系统一直以来并不鲜见。但是,像雅各布斯一样,多尼尼希望在描述层面就建立一套不同的犯罪学说。他拒绝了对所有特殊行为人类型都适用宪法原则的一般犯罪学说。两位学者在区分描述性和规范性时,都将不遵守宪法原则、概念的模糊性和不明确性联系在一起。多尼尼认为安全性思想在扩张,对其有利的是,人们既可以从打击刑法学说也可以从敌人刑法学说推导出放弃辅助性刑法思想的结论。但是,实际上不可能存在一套与宪法保持广泛一致的安全法。刑法学的任务是阻止这种事实上不可否认地向广泛安全法方向演进的趋势,反对通过构建敌人刑法或者打击刑法将这种趋势合法化,抵制媒体对其的放大。

凯·安博斯(Kai Ambos)从回顾敌人概念的历史出发,将敌人区分为外部的和内部的。如果说前者相对确定,那么后者的特征就是界限不清,最终依赖于夸张的感觉。雅各布斯从1999年开始,将敌人概念作为他刑法观的基础。[①] 但"敌人"这个概念本身就是"极具规范性的"。这个概念具有升级的危险,会导致感知到危险就算是在敌人刑法上对危险完成了认定。安博斯批评道,当人们将敌人概念与具体的犯罪构成相分离时("瘾癖犯""组织化犯罪""恐怖分子"),将进一步失去它本来就不怎么清晰的轮廓。从雅各布斯学说推导出的行为人刑法加大了对本来就被边缘化的群体的压力。有意无意地,人们可以发现当下也存在与纳粹时代《共同体陌生人法草案》以及与拉丁美洲值得人们质疑的立法产品的类似现象。[②] 关于国际刑法中有没有敌人刑法元素,安博斯的回答是肯定的,不过他坚决否认国际刑法是敌人刑法的样板。

埃马努艾拉·弗龙扎(Emanuela Fronza)将国际刑事审判作为解析敌人刑法元素和观察其运行的"实验室"。她区分了"危险的敌人"和"战败的敌人"。相同的是,两种表现形式都与打击"坏人"的理念有关。但是,宣判战败的敌人有罪的时候,更多的是呈现一种象征性敌意形式,[③]主要是为了回应公共舆论,由此有意识地影响到政治或者立法领域。弗龙扎在多个国际法庭那里检验了她的猜想,得到了大量的证实,但也存在相反的趋势,如国际刑事追诉合法性不断增强的趋势。

四、何谓"对敌人刑法的批判"

那些还不甚清楚的人,会通过阅读前面综述的内容,最晚通过阅读这本文集的内容而知道:对敌人刑法的批判不是聚焦于一点,而是多种多样的,有细微差别的,部分

---

① 雅各布斯基于积极预防的刑罚理论与它有关敌人刑法说法之间的关系,学界探讨得还不多。s. u. b. Fußn. 44 ff.
② 安博斯据此认为德国刑法学应当打开其国际眼界。
③ 赫恩勒(Hörnle)[S. 91 ff.]也将象征性刑法称为雅各布斯所忽视的(描述性的)敌人刑法的一种表现形式。

观点甚至是完全不同的。① 对于今天而言,对一个理论立场不从同一视角出发,而是出于多个方面进行批判,这种现象本身是很正常的。但是,对敌人刑法批判的多样性还是有别于其他形式的多种声音。

——被批判的术语是军事术语,它掩盖了作为基础的现实问题,并且使分析变得困难。

——被批判的还有敌人概念的不精确性,这导致了同样的问题。

——人们区分了雅各布斯学说中的描述性和规范性——去本体性层面,由此可以对批判进行区分;对现行刑法中被称为"敌人刑法的"要素进行描述,人们普遍表示同意;而在规范性层面,大量观点对此类要素表示强烈反对,人们批评其走得太远了。

——雅各布斯自己声称,他的阐释仅是——或者几乎仅是描述性的。但在赞同敌人刑法这个意义上,一小部分内容却是规范性的。在某些要点上,他面对敌人刑法比他的批判者甚至更加具有批判性。

——雅各布斯的理论在内容上与其在历史上声名狼藉的榜样——亦即卡尔·施密特(Carl Schmitt)的学说,还有黑格尔国家和法律学说中的负面内容——有相近性并因此受到批判。② 一套特别的敌人刑法,尤其是规范的人格概念,被认为与基本法是相冲突的。③

下面就几个要点进行讨论。

第一,人们梳理基于别的原因而为人所知的刑事政策上的大量观点后可以发现,拒绝雅各布斯学说的态度如此一致——至少在德国和意大利的刑法学界是如此,这让人十分吃惊。当雅各布斯的学说触及现实刑事政策的核心观点时,这种一致批判的态度就更让人吃惊了。这种始料未及的一致性可能有两方面的原因:一方面,对敌人刑法的拒绝在一些情况下并非出于(或者并非首先出于)概念—认知原因,而是出于情绪原因,特别因为人们对"敌人刑法"一词或者对雅各布斯其他一些有敌意的表达存在反感。"敌人刑法"的表达并不能排除他们与雅各布斯在理论上的接近性,甚至他们的理论还要通过"敌人刑法"来证成,由于批判者自己的立场也靠近"敌人刑法",他们就认为自己的立场因"敌人刑法"被污染了,被否定了和被揭穿了。另一方面,拒绝敌人刑法也出于概念—认知上的原因,也就是说,敌人刑法的批判者对批判的对象进行了不同的特别是不同广度的定义。认为酷刑和笼囚就是敌人刑法表现的观点,会得到很多人的支持;相反如果认为像保安监禁这样的保安措施,或者抽象危险犯就已经迈进了敌人刑法的门槛,如果确实有人持这样的观点,那么他会感到孤独。如果讨论

---

① 雅各布斯自己也说过,"对于概念(敌人刑法)"的立场,虽然全都是拒绝性的,但其论证理由,如果有的话,是差别很大的(ZStW 2005, 845 Fußn. 14)。

② Vgl. Gössel, u. S. 51; *Kindhäuser*, u. S. 81.

③ Vgl. Gössel, u. S. 55; *Kindhäuser*, u. S. 84 f.; Hörnle, u. S. 102, und vor allem *Cavaliere*, u. S. 328.

一直在抽象地进行,那么两个立场都可以被称作"敌人刑法"的反对者。这本文集的文章证明了,在敌人刑法概念的广度和拒绝敌人刑法一致性的广度之间存在一种相互补充的关系。

　　第二,人们还可以将术语问题移至描述层面。雅各布斯回应了这些批评,其理由充满论战性冲击力。人们可以对雅各布斯表示理解,因为对法律语言进行语义上的升级并不是他的发明,他只是更多地在新的法律语言上启用了这个术语,这一点他提示过。很长时间以来,"打击"这个词就已经出现在了各个刑法修正案的标题中。如果谁将这个术语仅理解为一种——或许让人恼怒,但无害的——说话方式,那么就浪费了将法律语言作为政治文化发展测震仪和指示剂的可能性。这种人不会去思考这样一个问题,即为什么这种好战式的法律语言在 1933 年以前仅是偶尔出现,1933 年以后有所增加,之后经历了短暂的减少,但在 20 世纪 50 年代又开始增加,20 世纪 70 年代以来就变成了一种普遍现象。当我们仔细观察雅各布斯一再列举的系列罪名,不得不承认在内容和语言的演进之间存在着关联性。这一点将得到详述。在语言层面,首先要讨论两个问题:

　　首先,人们要追问是否应当加入这场语言上的女巫群舞?同意者的理由是,这样才算使用了正确的名称并可借此表达反对意见,这个理由能否站住脚,取决于人们怎样真正去追求这种批判性的目的。可以认可的方式是:人们不再批评法律语言,而是将其教义学化并由此合法化。我认为雅各布斯就是这样做的。他批判性地将《德国刑法典》第 30 条称为"多余的敌人刑法"就是敌人刑法教义学化的结果,这恰好表明他实质上认为敌人刑法是有必要的。

　　其次,人们还要追问,雅各布斯对于好战式法律语言的解释是否过于简单?审视一下过去几十年来立法者的作品,我们可以发现,这种语言并不是只用于雅各布斯所说的——多余的或者必要的——敌人刑法领域,而是广泛分布于一般犯罪之中。1998 年第六个刑法修正案被赋予一个改革标题,其理由并不充分,同样不正确的还有它被赋予了"打击法"这个名称。财产刑法上的例示情形以及加重情节很清楚地表明了这一点。

　　第三,雅各布斯声称他的阐述(至少主要)是描述性的,是对现实的描述。这种说法在不同的方面都会遭遇反驳:就像前面介绍雅各布斯文章时所提及的那样,仔细阅读雅各布斯 1999 年的文章,可以清楚地发现,他在那里不仅是描述,而是在为敌人刑法证成。雅各布斯谈及法治条件,亦即法治状态的条件,他将其等同于"法律效力的状态"的条件时,虽然使用了直陈语气,但进一步审视却可以发现,他使用的是"道义直陈式"(deontischer Indikativ[①])。在哲学著作中,这种时态和历史著作中的历史现在

---

① 在《刑事法评论》第 44 卷发表的冯鲍姆的《历史与教义学上的片段性刑法》一文中,译者使用了"非本体的直陈式"来翻译该德语术语。——译者注

时一样常见,是一种专业的表达方式。在那里,描述只是陈述道义的一种形式。①

雅各布斯承认《德国刑法典》第30条的前置化入罪规定大部分都是"多余的敌人刑法"②时,正如前面所提到的那样,他恰好是以并不多余的,亦即必要的敌人刑法为前提。现实中对"必要的"事物所做的判断,确实是对于必要性进行的一种描述性的判断。但仔细思考下可以发现,"对必要性进行的是描述性判断"这一点只有在自然科学和技术领域才能成立。人们在法庭上或者大学的学习经历都告诉我们,可以在多大程度上对法律上的"必要性"——比如防卫行为的必要性——持肯定的意见。

这本文集中的文章还在多处论及了雅各布斯学说中的规范性特征。比如:

——雅各布斯认为废除敌人刑法是一种幻想,这实际上采取了规范性立场(赫恩勒)。

——作为黑格尔的信徒,雅各布斯完全没有区分描述和评价(萨利格尔)。

——关于国家能否持续地做合法的事情以及在面对任何人时都做合法事情的提问,以及关于"实用性优化的法治国"的提示,都驳斥了雅各布斯关于他的立场主要是描述性的定性(卡瓦列雷)。

第四,相对而言,对敌人刑法的批判较少触及其与雅各布斯刑罚理论的关系。③雅各布斯在1985年报告中针对法益理论的批判也见于他刑法教科书的总则部分。在论述法益那个地方,人们可以看到雅各布斯提出的替代概念,后者在关于敌人刑法的讨论中导致了激烈的争论。雅各布斯说,刑法具有一种"益"(Gut)。对于他而言,这种"益"就是规范的效力。④

1. 如果人们认为,雅各布斯仅为了适应刑法上的"法益保护"这个流行术语而在敌人刑法和刑罚理论的关系上使用"益"这个词——或许以开玩笑的意图使用它,那么人们不应当责怪雅各布斯。人们可以批判他使用这个词语并不合适,但人们必须承认,雅各布斯对待这个概念的态度,和自比尔鲍姆以及宾丁那个时代以来主流观点对待"法益"这个概念的态度并无二致。"益"这个概念是比尔鲍姆首先提出的,目的是使刑法脱离严格的权利侵害说,转入(灵活的)具体的"益"(并从而涉入政治领域)。法益侵害学说从那时起发生了精神化转变,以至于人们不得不发明一个新的概念——行为客体(Handlungsobjekt)——来指称法益概念的曾经所指。当然,法益侵害学说的

---

① 归根到底,在实然与应然之间进行转变是采用系统论进行论证的一大特征。人们使用维护系统的基本条件建立了一套道义上的参照系,并将规范性从该参照系中抽出。

② HRRS 2004,94.

③ 特别参见格赛尔的文章,Gössel, Kindhäuser und Sinn.

④ 在总论教科书的第一版的前言就持这种观点,再次提出该观点见:G. J., Allgemeiner Teil. Die Grundlage und die Zurechnungslehre. Studienausgabe. 2. Auflage. Berlin, New York 1993, S. Ⅶ. 为了恢复被行为人所否定的规范效力,作为对犯罪行为的反应,刑罚是必要的。与法益保护说的详细论战以及规范效力就是刑法上的法益这个观点论证参见 a. a. O., S. 35 ff.

"再抽象化"并不会回到权利侵害说最初的严格体系化上,而是要走向(具有)任意性的非体系化。

同"法益保护"相比,"规范效力"并不像第一眼看上去那样具有更为具体的魅力。① 人们要追问的是,雅各布斯1985年对法益学说发表的看似符合法治国理念(据我看他在历史维度上和教义学上是正确的)②的批判是否能得到他自己学说的支持?而这是令人生疑的。比如,即便雅各布斯阐述法益侵害说具有扩张刑法的可怕潜能,而且他的说法是对的,③但面对不断蔓延的前置化打击的趋势时,法益侵害说毕竟可能会激发一种批判性的潜能(虽然人们并不总会利用这种潜能),因为它不再认为前置化打击的趋势是服务于法益保护的,并且认为这种趋势是成问题的。但规范效力说(以及原则上积极性一般预防的所有学说)简直就是助力这种趋势的服务生和增强器。出于自身的缘故,规范效力说在必要时可以基于对所追求的目标存在功能障碍这样一个视角对自身进行批判。规范效力原则上涉及所有规范,规范保护原则上也涉及所有规范。就我看来,雅各布斯对法益侵害说的批判是不能得到他自己学说支持的。

2. 与法益保护说相比,雅各布斯的规范效力说在限制刑罚方面发挥的作用更小或者一样小。但这还没有说明规范效力说和敌人刑法学说之间存在何种可能的关联。敌人刑法理论是雅各布斯从他所主张的一种变体后的积极一般预防理论推导出来的吗?④ 我认为是这样的。雅各布斯没有满足于将他的积极一般预防性质的规范效力说归为对既有刑罚规范的理论解释或者合法化证成(其他预防理论事实上就是持这种立场),而是着眼于真实的或者说事实上的规范效力(金德霍伊泽尔的术语:规范的效力而非规范的单纯有效性)。这种经验认知可以作为一种行为指南,当它以雅各布斯的方式上升为一种理论时,它就包含了这样一种可能,即当"一种经验上的效果没有出现"时,人们会对其采取一定的反应措施。对于雅各布斯而言,如果人们使用刑罚对规范进行"反事实断言的方式"⑤都不能巩固规范效力的话,那么"结果没有出现"⑥这个大前提就出现了。由此必然出现范畴的转化,即站在新的立足点去观察,雅各布斯的新立足点就是敌人刑法。

---

① Vgl. So auch *Gössel*, u. S.59 ff.
② Vgl. Vorbaum, Aktuelles zur Lage des Strafrechts, in: Fschr. F. Dimitris Th. Tsatso. Baden – Baden 2003, S.703 ff., hier 704. ("法益保护说从入罪化的精神中诞生");Ders., Einführung in die moderne Strafrechtsgeschichte, a.a.O., S.55 ff.
③ 人们可以思考在"儿童色情"这个问题上不断地前置化,其理由总是为了保护法益,人们应当提前介入。
④ 雅各布斯明确称这是自己的观点。
⑤ 参见有关"反事实思维"的解释。反事实思维是基于当下事实或结果进行的一种心理模拟,指向与事实相反的其他可能性结果。在反事实思维的命题中,通常包含着前提("如果当时……")和结论("那么现在……")两个部分。参见孙芬芬、黄映雯、王静茹:《反事实思维的特征及认知过程》,载《绍兴文理学院学报》2023年第4期。——译者注
⑥ 意思是"规范效力没有得到巩固"。——译者注

3. 通过相互关系—交往性的观察方式,笔者看到雅各布斯的一般刑法理论和敌人刑法学说之间存在着一条铰链。这种观察方式源自积极的一般预防理论,我们可以从中得出严谨的结论:有意拒绝交往程序的人会被这种程序排斥,或者他自己因(或不因)拒绝交往而主动脱离这种程序。人们能否由此得出相关人士应被剥夺人格的结论,是值得怀疑的。我的看法是,批评意见已经很正确地指出,(不仅)联邦德国的宪法秩序对人格承认与否并不取决于行为人的前行为,它不是授予其人格,而是承认其人格。① 雅各布斯学说与宪法要求之间的对立是他还没有消弭的一个缺陷。

4. 可以同雅各布斯敌人刑法学说联系起来,作为其法哲学的定理或者论证理由的还有如下几点:

——他与系统论走得很近。系统论的基本要素就是对系统和系统环境的区分,并由此区分包容还是排斥。②

——他与黑格尔走得很近。他使用大量深刻透彻的黑格尔式阐释证明了这一点(结果上不可否认地与卡尔·施密特也走得很近)。

——他与约瑟夫·伊森泽(Josef Isensee)创立的安全基本权利理论走得很近。这个理论与将基本权利作为客观价值秩序的观点紧密相关,而该观点得到了联邦宪法法院的认可,并最终导致了在宪法上确立相关的刑事处罚义务。③

第五,雅各布斯要求将敌人刑法建成自己的亚体系,并将其与公民刑法相抵触的特征予以切除,这种主张也受到了批判。但乍一看,人们不能一开始就拒绝这种要求。如果说有一个法律领域,人们认为其有问题,但又觉得其必不可少,且难以排除,显然应当将其分割,而不是将这些成问题的、在特殊领域内导致刑法扩张的因素在整个体系中尽可能予以正常化对待。比如,国际刑法被分割出来,人们制定了独立的《国际刑法典》。这种做法也许会遏制这些因素,它们在某个特殊领域也许可以被接受的,但对于刑法整体而言却是成问题的。④ 这种希望是得到了满足还是落空,我们姑且不论。从历史角度看,青少年刑法就是一个例子,为贯彻教育思想而产生的灵活性做法经过几十年的发展,渗透进了刑法的"主系统",附属刑法的空白罪状也是这样,这种情况看起来并不太乐观。

即便不谈这样的历史经验,相关建议带来的问题也不能被忽视(批判就是从这里

---

① 比如 von Losappio, u. S. 132 ff.; Cacaliere, u. S. 326 ff. Thomas Sören Hoffmann, Über Freiheit als Ursprung des Rechts. Achtzehn These zur Rechtsbegründung mit Blick auf die GrundrechteCharte der Europäischen Union, in: Zeitschrift für Rechtsphilosophie 1 (2003), S. 16 – 26, macht den Gegensatz an den unterschiedlichen Formulierungen des deutschen Grundgesetzes (Die Menschenwürde ist […]; Jeder Deutsche hat das Recht […] usw.) und dem Entwurf der Grundrechte – Charta (Die Gemeinschaft gewährleistet […]) deutlich.

② Vgl. S. dazu bereits o. Fußn. 42.

③ Vgl. Paradimatisch die Entscheidung BVfGE 39, 1 ff. (Verfassungswidrigkeit der Fristenregelung).

④ 关于有问题的、国际刑法上兴许存在的敌人刑法特征参见弗龙扎的文章。Vgl. Fronza, u. S. 413 ff.

开始的):包容和排斥的辩证法带来的后果是,不仅要能防止新的亚体系给原始体系带来(去法治国式)危险,而且反过来,亚体系中(残存的)对原始体系的保全机制,还在成趋势地不断消解——如果两套体系的界限只是依靠模糊的标准来确定,情况将更为严重。① 雅各布斯将现行刑法的大量条款批判为"多余的敌人刑法",并尝试限缩敌人刑法的范围。这在刑法上和刑事政策上是值得称道的,但是并没有解决"必要的"和"多余的"刑法的界限难以精确划分的问题。这里还要追问敌人刑法的构想与宪法能否兼容的问题,也就是是否符合平等原则的问题。如果不同的刑罚威吓和刑罚宣告以有罪责的违法行为的严重程度为标准,那么将行为人作为"敌人"予以排除就意味着从对行为人的通常处置(雅各布斯说:对于这样的行为人,反事实的维护规范即可)发生了一次本质上的跳跃,这种做法也难以援引宪法上允许的不同情况不同处理的原则来证成。

第六,一些意大利学者在文章中把对敌人刑法的批判与对"朋友刑法"的批判结合起来,这样首先就将近年来意大利的特殊经验带入了讨论。当然也有意大利学者不限于论及意大利经验,如洛萨皮奥就思考为了行政权而主张剥夺立法权中的刑权力。很早的时候,政治学就已经注意到这一点,② 在政府体制中,政府是被议会选举出来的,在立法机关和政府对立的地方,一边是政府和议会的多数,另一边是反对派。这样,行政权和立法权的摩擦损耗就更大了。由于议会多数和政府具有同样的目标,对刑法进行政治操弄的危险就更大了。③ 洛萨皮奥建议刑法规范的出台需要议会的绝对多数成员同意,这样刑法规范的通过也取决于反对派的配合。他的建议已经零星地见于别的学者的论述,④ 越来越得到学界关注。不考虑对其内容上的不同评价,洛萨皮奥开启了限制刑法规范洪流的一种可能性。这不会影响人们在政治讨论中对其进

---

① 这样促进了一种趋势:亚体系通过损害主体系而扩张。雅各布斯自己所抱怨的"多余的"敌人刑法在这种趋势下或许有好的前景。

② Vgl. Naßmacher, Politikwissenschaft I. Poitische Systeme und politische Soziologie. Düsseldorf 1970, S. 39; Fusion von Legislative und Exekutive.

③ Vgl. Vormbaum,Politisches Strafrecht (Referat auf der Strafrechtslehrertagung 1995); ZStW 1995, S. 734 – 760.

④ Vgl. Knut Amelung, Der Begriff des Rechtsgut in der Lehre vom strafrechtlichen Rechtsgüterschutz, in: Hefendel/von Hirsch/Wohlers (Hrsg.), Die Rechtsguttheorie. Baden – Baden 2003 S. 155 ff., 164 (uter Verweis auf eine Überlegung des russischen Strafrechtsgelehrten Jalinski); zustimmend Vormbaum, Vergangenheitsbewältigung im Rechtsstaat, in: Rechtsstaat, in: Festschrift für Amelung (2009), S. 783 ff., 783; Urs Kindhäuser in seinem Referat auf der hamburger Strafrechtslehrertagung 2009; s. auch Francesco Palazzo, Strafgesetzlichkeit. Betrachtung über Transformation und Vielschichtigkeit eines Fundamentalprinzips, in: Quaderni Fiorentini 36 (2007), S. 1279 – 1329, dt. Übersetzung durch den Verf. Dieser Einleitung erscheint demnächst.

行实质性评价,但至少对部分反对派必须以多数胜出,而且必须使其信服。①

第七,援引法制史和现代史上的可怕例子的做法也属于对敌人刑法及其理论的批判方式:人们援引纳粹集中营、1944/45 年纳粹《共同体陌生人法》(Gemeinschaftsfremdengesetz)②、古拉格群岛、关塔那摩、阿布格莱布监狱、拉丁美洲系列事件③等处置"敌人"的范例,人们列举罗兰德·弗莱斯勒(Roland Freisler)、卡尔·施密特以及历史上其他可怕的敌人思想的代表人物。"敌人"思想和"敌人"论点不仅见于前述那些历史范例,也见于那些将通行刑法学说作为其参照基准的机构。瑙克(Naucke)回忆说,敌人的概念在弗朗茨·冯·李斯特那里就已经以非常确定的形式出现过。④ 人们如果仔细通读李斯特的马堡纲领,就会发现一堆相应的表达。⑤ 这些表达本身就会让后辈学人——他们已经拥有了超过百年的历史经验——产生不好的联想,而且会让他们想到一条始于兹的持续发展路线,前面提到的诸多历史事件,包括联邦德国和其他民主国家现行刑法的元素都能在这条发展路线上找到印记。由此出现了一个具有多个层次的问题。历史学家断然拒绝这种尝试:从历史中去学习。文学研究人员也是这样,⑥后者反对在对文学作品的阐释中去学习传记主义(Biographismus)。两者⑦都反复被引诱到被禁止的轨道上。事实上是显而易见的,历史经验可以为现实问题的评价提供理由——如果不是来自过去,人们又从哪里去获取经验呢?

---

① 说服反对派不仅有实质的理由,还有可能被说成不是安全利益的合格保护者的原因,这种危险当然存在。这会导致人们支持一种内容上对刑法持怀疑态度的自由主义立场,这种立场不仅是一种个人姿态或者表面姿态,而且还是结构化("消极")教义学的后果。对此参见冯鲍姆的建议,*Vormbaum*, Politisches Strafrecht, a. a. O., a. E.; *Ders.*, Festschr. F. Tsatsos (wie Fußn. 47)。

② Vgl. Gerhard Werle, Justiz – Strafrecht und politische Verbrechensbekämpfung im Dritten Reich. Berlin 1989, S. 619 ff.; Francisco Muñoz Conde. Edmund Mezger und der nationalsozialistische Entwurf über die Behandlung „Gemeinschaftsfremder", in: Ders., Edmund Mezger. Beiträge zu einem Juristenleben. Berlin 2007, S. 15 ff.

③ Vgl. Ambos, u. S. 370 ff.

④ Vgl. Wolfgang Naucke, Bespr. Von Gonzales – Cusac, Feindstrafrecht – Die Wiergeburt des autoritären Denkens im Schoß des Rechtsstates, in: Journal der juristischen Zeitgeschichte (JoJZG) 2 (2008), 32 f.; 帕夫利克也提示了李斯特具有的斗争思想,他对此评论道,这是绝不仅是一个带有时代精神印记的修辞性术语,已经变成了一种严肃的意志。对李斯特而言,犯罪人就是"社会性法益世界里"的敌人。M. Pawlik, Der Terrorist und sein Recht (wie Fußn. 2), S.25.

⑤ 选出几个这些成问题的表达, Vgl. Wolfgang Naucke, Die Kriminalpolitik des Marburger Programms 1882 (zuerst in: ZStW 1982, 525 ff.), in: Ders., Über die Zerbrechlichkeit des rechtsstaatlichen Strafrechts. Materialien zur neueren Strafrechtsgeschichte. Baden – Baden 2000, S. 223 ff.; kritisch auch Michael Köhler, Einführung, in: Franz v. Liszt, der Zweckgedanke im Strafrecht. Baden – Baden 2002, S. VIII; Michael Kubink, Strafe und ihre Alternativen im zeitlichen Wandel. Berlin 2002, S. 94。

⑥ 很多文学家持有同样的观点。这一点在菲利普·罗斯(Philip Roth)的小说里贯穿始终,特别是在《退场的幽灵》中有精彩的展现。

⑦ 对于历史学家, Vgl. Hans Ulrich Wehler, Aus der Geschichte lernen? In: Ders., Aus der Geschichte lernen? Essays. München 1988, S. 9 ff.; 对于文学研究中的传记部分,关于托马斯·曼(Thomas Mann)有数不清的二级文献。比如 Hermann Kurzke, Thomas Mann. Das Leben als Kunstwerk. Eine Biographie. München 1999 (32. – 36. Ts. 2006)。

如果人们这样做,有几个问题必须要讨论并澄清:

1. 对历史人物的评价应当区分对其行为的个人评价以及对其影响的历史评价。对后世的影响经过一定的时期呈现在观察者的眼前,或多或少地可以对其进行客观的确定和解释(下面第4点要论及这个问题)。与此相反,对人物及其行为的评价只能从该行为的地点和时间,该行为产生的一般条件以及个人条件来入手。对切萨雷·贝卡里亚①的评价是如此,对弗朗茨·冯·李斯特以及其他人的评价也是如此。即便有人认为李斯特处于一个灾难性的连续路线的起点或者他在推进这样一条既有的路线,他们也应当明白,关于他个人行为的评价,必须依照另外的标准进行。②

2. 在哲学和史学的基本问题中有这样一个问题:构思历史的(发展)"路线"是否可能? 如果可能,它又当如何构思? 此处我们对自古以来就不断讨论的认识论上的基础性问题,即将个体感知综合为概念和(其他)结构(关键词:唯名论、概念现实主义)的问题不作深入探究。③ 史学上这个问题持续加剧是因为史学与人的行为相关。如果假定人的行为是自由的,未来也就是"未定的",那么"发展线路"的构想好像就会否定这个前提:发展路线不是世界大舞台的要素吗? 人类虽然可以参与撰写它的剧本,但是它的进程却最终由外来的导演们甚至由一个总导演来掌控。④

这个怀疑首先针对的是这种投射到未来的历史发展路线。历史形态学和——积极的或世界末日的——末世论,不管相应思想运动的目标是世界精神的自我觉醒还是消除阶级矛盾,它们都应当被拒绝,不仅因为它们具有抽象的或者理论上的疑问,还因为与统治者有过的具体历史经验,这些统治者总是相信自己拥有解释世界进程及其目标的总钥匙。

对于为过去确立或者构建历史发展路线,上述异议并不成立或者只能在有限的范围内成立。这些异议完整地呈现在我们眼前,也是可以对其进行分析的。我们应当或

---

① Vgl. Vormbaum, Beccaria und das Strafrecht der Aufklärung in der gegenwärtigen strafrechtswissenschaftlichen Diskussion; in: Helmut C. Jacobs (Hrsg.), Gegen Folter und Todesstrafe. Aufklärerischer Diskurs und europäische Literatur vom 18. Jahrhundert bis zur Gegenwart. Frankfurt a. M., Berlin, Bern u. a. 2007. S. 305 – 319; Ders., Einführung in die moderne Strafrechtsgeschichte. Heidelberg 2008, S. 32 ff.

② 此外,这个原则也适用于那些对人物的道德评价最终无争议的情况。当人们在那里考虑后来多瑙君主国(奥匈帝国——译者注)的生活和思想状况,在这里考虑在莱茵地区的天主教信仰,或者在这里考虑残疾的耶稣会门徒的思想,在那里考虑一个艺术学院入学考试失败者的心态,那么即便是阿道夫·希特勒和约瑟夫·戈培尔也能得到"理解"。理解一切并不意味着原谅一切。换一个说法:"理解"不等于"谅解"。

③ Klaus Lüderssen 在"法律作为文学运动(Law – As – Literature – Movement)"的背景下深入研究了建构、解构、语言、文学之间的关系。Vgl. Lüderssen, Law as Literature oder wenn die Wissenschaft zur Kunst wird: Dekonstruktion in der Jurisprudenz, in: Ders., Produktive Spiegelungen. Recht in Literatur, Theater und Film. Baden – Baden 2002, S. 47 ff.

④ Vgl. Vormbaum, Einleitung: Die Produktivität der Spiegelungen von Recht und Literatur, in: Klaus Lüderssen, Produktive Spiegelung (s. vorige Fußn.), S. XI ff., 17; 关于构建历史发展路线参见 Joseph Vogt, Wege zum historischen Universum. Von Ranke bis Toynbee. Stuttgart 1961; vg. auch die Beiträge in: Hans Michael Baumgarten/Jörn Rüsen (Hrsg.), Seminar: Geschichte und Theorie. Umrisse einer Historik. Frankfurt a. M. 1976.

者可以从分析中得出对现在行为的何种结论,目前还没有人回答这个问题。如果有人从中得出这样的(有问题的)结论,即发展路线似乎自己就延展到未来,假设他对此给以积极评价,那么他可能会错误地认为他站在历史发展的正确道路上,这样别人就会从中看到自己的任务:积极去中断这条被自己评价为灾难的发展路线。

3. 这个问题除了认识论和"伦理"层面的难题,还有方法论上的疑问。它走向了相反的方向。不仅在人们基于自己的个人感知进行建构时,而且还在人们希望标注历史路线时,在多大程度上可以和应当探究细节?人们向历史现象走得越近,人们看得就越仔细,其个人特质参与得就越多,而其可以普遍化的内容就越少。① 历史学家的能力在于,在具体和抽象之间找到一个中间层,在这个层次上,从个别现象中可以识别出对历史记述和发展分析具有代表性的内容,而不是让其消失。这种能力除了历史方法和具体知识,还需要一种第六感,亦即一点"艺术"。只有把艺术和科学作为相互封闭的两个领域而——错误地——截然分为两个世界的人才会反驳上面的说法。

4. 还存在一个不确定因素:历史事件并不能马上放置在同样的抽象高度。李斯特的马堡纲领、古拉格群岛、关塔那摩集中营、《共同体陌生人法草案》以及敌人刑法学说都是具有不同质和量的现象。如果有人想在它们之间构建一条发展线路,就必须对这些现象进行剖析,从中找到支撑连续性说法的证据。历史现象经常是模棱两可的,这就导致我们具有一定的解释空间来阐释它是怎样在人和人之间发生的,以及个人的前见是怎样发挥显著作用的。历史就意味着解释,②这不是什么新观点,感到吃惊的只是那些人,即那些将兰克(Ranke)的说法——历史应当展示"它本来是怎么样的"——错误地归类并忽视"诠释学循环"问题的人。当然,(法制)史学家不应当凭空想象出虚假的事实,不应当根据他的愿望任意歪曲过去的事件。历史上的什么事实才是重要的?对于这个问题的回答,(不仅)在边缘区域具有偶然性,就是对争议事实的解释和建构,往往也具有一定的权衡空间。建构这个权衡空间的要素之一是量化,亦即看其分量。它得有多重要,才让李斯特使用"敌人"这个词。如果由此认为李斯特才是敌人刑法之父,那么他站在前述提到的发展路线之上吗?在这个关联背景下,现在无处不在的以"打击法"来命名刑法的做法具有何种重要意义呢?"敌人刑法"现象和雅各布斯的理论又如何适应这种背景呢?像探究历史现象重要性的问题一样,人们在回答历史事件分量问题时,同样存在自由空间。③ 人们可以把近年来肉眼可见的法

---

① 人们怀疑,直到1968年才由阿波罗8号向我们展示地球是一个蓝色的星球。相反,为了保留天文场面,人们会回忆起一幅漫画,上面有一艘飞近地球的宇宙飞船,旁边有一句话:"我们马上又回到鸭舍了。"

② Vgl. Edward Hallett Carr, Was ist Geschichte? (What is History? 1961) Stuttgart 1961, S. 23: Geschichte heißt Interpretation.

③ 这并不意味着这里或者那里存在着能取得一致的确认或者评价。没有人想把弗朗茨·冯·李斯特或者京特·雅各布斯放在罗兰·弗赖斯勒一边,也没有人会接受把联邦德国的"打击法"和纳粹的《共同体陌生人法》放在一个层次上。

定的保安监禁的逐步扩张视为刑事政策的过度发展,它在刑事政策上虽大受欢迎,但是却令人不安。人们可以把这种扩张归为一种走向敌人刑法的趋势,或者——走得更远的——将保安监禁或保安处分本身归为敌人刑法这个范畴。

这本文集中的文章展示了不同的分量和解释。上面已经谈到,学者们在拒绝敌人刑法方面形成的(面上)一致性,虽对这个概念的外延有不同观点,但也能找到各自的理由。同时,面对现行刑法所持的各自批判观点的激烈程度与敌人刑法概念的广度之间存在一种互补的关系。

多尼尼谈到在责任刑法和敌人刑法之间存在一种调和的现象形态,他将其称为"打击刑法"。这样他就遇到了——刑法学界多数学者所持的——立场在概念上的困境,[1]不管是出于对责任刑法的死心,还是出于自信,这种立场认为,即便是民主国家的现行刑法也仅将责任刑法视为刑法体系中的一个部分。[2]

对现行刑法中令人不快的部分进行教义学上的研究,是面对既有研究对象的一项行为义务,这种观点是可以理解的,这样做在某些时候还有助于限制国家的刑罚。但是,刑法学至少应当有一部分持批判的刑法理念,在某种程度上可以说是为了纠偏。[3]这就是说,应当将刑罚规范视为一般意义上无罪的例外,即可罚性漏洞的例外。[4] 对刑法规范和法院判决,人们应当持续检查它是否符合正义的要求,法律稳定性是否得到遵守,是否符合目的[5](目前理论和实践的趋势是仅认真对待最后一点)。在前述提到的自由解释空间中,立场之一[6]是着眼于揭露它眼中刑法发展的灾难时期。如果人

---

[1] 相反,我怀疑这样一个范畴是否能实现阻击敌人刑法的预想效果。所有反对(也包括可能支持)雅各布斯将刑法划分为公民刑法与敌人刑法做法的意见,同样可用于对多尼尼的质疑。我认为卡瓦列雷(Cavaliere)提出的反对观点是令人信服的。

[2] 支持不考虑罪责的保安处分的最有力的理由——第一眼看上去——是要将刑法的法治国保障功能延伸到这种制裁措施上去。但是第二眼看上去,这个理由说服力减小了。第一,所谓的保障功能并没有得到坚持——对此可以联想一下《德国刑法典》第 2 条第 6 款所废除的回溯禁令。第二,20 世纪刑法史告诉我们,安全思想通过保安处分在刑法中正式获得了一席之地,它同样对责任刑法产生了影响:危险犯和前置性入罪的犯罪构成以及刑法教义学上日益增强的主观化趋势都是从与保安处分相同的思想处汲取能量。与雅各布斯建议将敌人刑法进行分离(并对其进行阻止)的理由不同,建议将保安处分从刑法中排除的理由可以回归到它本质上应当在的地方,即回到——法治国意义上能得到最好保障的——移送法(Unterbringungsrecht)上。

[3] 关于合目的刑法思想与批判性刑法思想的区别,以保罗·约翰·安塞尔姆·费尔巴哈为例,Vgl. Wolfgang Naucke, Die Zweckmäßige und die kritische Strafgesetzlichkeit, dargestellt an den Lehren J. P. A. Feuerbachs (1775 -1832), in: Quaderni Fiorentini, 36 (2007), S. 321 -345. 瑙克(Naucke)很久以前就思考过,是否应当建议在刑法中进行分工:"从必要性来发展刑法,从人道思想来批判刑法,这两项工作应当由不同的机制和人员来实现。"Die Modernisierung des Strafrechts durch Beccaria, in: Gerhard Deimling (Hrsg.), Cesare Beccaria. Die Anfänge moderner Strafrechtspflege in Europa. Heidelberg 1989, S. 37 ff., 52.

[4] 对此参见冯鲍姆的评论: Vormbaum, Strafbarkeitslücken, in: JZ 1999, 613; wieder abgedruckt in disem Band unter Nr. 24。

[5] Vormbaum, Aktuelles zur Lage des Strafrechts, in: Fschr. Tsatsos (wie Fußn. 47), S. 708 ff.; wieder abgedruckt in diesem Band unter Nr. 5.

[6] 从这个立场出发,因"现代"刑法包含了涉及大多数犯罪的罪名而对其高度评价(s. *Schünemann*, u. S. 19 sowie tendenziell auch *Prittwitz*, u. S.179)是难以苟同的。

们得出这样的结论——有很好的理由证明这个结论,①即刑法发展有问题,并且问题(至少)贯穿了 20 世纪,呈现出膨胀化、实质化、伦理化、主观化、社会功能化的特征,②那么我们在敌人刑法的理论和实践中找到这些元素(也许分量各不相同)也并非难事。

说发展路线贯穿了 20 世纪,就等于同时说连续性路线贯穿了不同的政治体制——提前说出一个预料中的问题。反过来看——政治史上的断裂也并不能成为识别和提取连续路线的反对理由。在不同的政治条件下,连续性因素发挥的作用或大或小,这是毋庸置疑的。在纳粹统治下被视为"共同体陌生人"的人员,与联邦德国司法机关判定为"恐怖分子"的人员,是完全不可同日而语的(与"关塔那摩"的差异当然明显要小)。但是这并不能排除,两个事件中被识别出的某种刑法思想的核心处于同一条连续性的路线上。

……③

后 记

这篇文章展现了我为敌人刑法文集所撰引论的核心部分。我删除了原第一部分,它介绍了这本文集较为复杂的诞生史。我也删除了最后一部分,那是对同仁表示感谢的文字。此外删除了一些段落,它们要么和第一部分有关,要么涉及的是文集的技术细节。文章删减以后,一部分变动的内容放在引文之中了。页码标注所添加的"Slg."表示文集的页码。

通过脚注 3(本文前面的第一个脚注③——译者注)可以找到的雅各布斯的话语——现在已经可以成为"名言"了,即持法益保护思想时甚至会对潜在行为人的危险思想以及这种危险思想的源头利用刑法加以打击,该话语在 2018 年的修订版中通过"危险者"和"提前控制"这类表达得以再现。

脚注 55(本文第四章第六部分中的第三个脚注——译者注)所提到了建议,即对刑法的修改要求像修改宪法那样的多数票,参见我的文章《作为宪法规范的刑法》④,载 2018 年《法学家报》第 14 页及其下;亦收录在本文集中作为第四篇。

对脚注 63(本文第四章第七部分序号 1 下的第一个脚注——译者注)所引文献中谈到的要求,即要对人及其行为后果的判断进行区分,我除了在谈到贝卡里亚和李斯

---

① 对此再此不加详述, Vgl. Vormbaum, Einführung in die moderne Strafrechtsgeschichte. Heidelberg 2008, S. 269 ff.; vorher bereits Ders., Aktuelle Bezüge nationalsozialistischer Strafgesetzgebung, in: Strafverfolgung und Strafverzicht. Festschrift zum 12jährigen Bestehen der Staatsanwaltschaft von Schleswig-Holstein. (1992). S. 71 ff.
② 对此, Vgl. Vogel, Einflüsse des Naitonalsozialismus auf das Strafrecht. Berlin 2004, passim.
③ 作者在将该文收入其文集时,删除了此处的文字。——译者注
④ 该篇文章被黄礼登翻译成中文发表于《刑法解释》2022 年第 7 卷。——译者注

特时,在讨论爱德华·科尔劳施(EduardKohlrausch)这个人时也尝试举例进行了说明。参见 T. V. 爱德华·科尔劳施(1874—1947),《机会主义还是连续性?》,载《柏林洪堡大学法学院 200 年庆祝文集》,柏林 2010 年,第 523 页及其以下。

论疏忽大意的过失[*]

[美]克雷格·K.阿古莱[**] 著 徐 卓 姜吴熙来[***] 译

【摘要】 行为人在过失犯罪活动中的反事实心理状态,引发了心理状态是否为承担刑事责任的重要因素的讨论。对此笔者提出,对过失犯罪中行为人心理状态理解的新思路,即过失犯罪中行为人的心理状态应当是现实的,而非反事实的。这种对过失犯罪中行为人心理状态的新理解,不仅消解了怀疑论者对过失犯罪行为人归责的担忧,并有助于解释行为人在过失犯罪中过失相对较轻时的罪责承担问题。

【关键词】 责任承担 疏忽大意的过失 行为控制力

日常生活的高速驾驶中,驾驶者往往对高速公路上的突发事件没有预见。2008年初春,杰里·道恩·蒙哥马利(Jeri Dawn Montgomery)在得克萨斯州休斯敦附近驶向 I-45 州际公路。[①] 由于当时她正在打电话,蒙哥马利没有意识到自己正经过高速公路入口。蒙哥马利在试图驶上高速公路时,截停了一辆0.75吨的皮卡车,[②] 导致她的越野车与第三辆车相撞,第三辆车打滑翻转,将一名乘客弹出,该乘客当场死亡。蒙哥马利被判犯刑事过失杀人罪。

即便蒙哥马利不应该在开车时打电话,但她被判处刑事过失杀人罪,这一结论可能会让我们有所顾虑。刑事罪责要求行为人具备犯罪意图或有罪的心理状态。因此,需要讨论的是,被告的心理状态和犯罪意图、明知、主观心态之间的关系。然而,对蒙哥马利的定罪反映了法院的结论,即虽然蒙哥马利本应该意识到她实施的行为的危险性,但她却没有避免危险的发生。由于没有意识到危险就没有心理状态,这在过失犯

---

[*] 本文为2022年度安徽法治与社会安全研究中心第五批招标课题"风险社会背景下过失不作为犯罪治理研究"(项目编号:FZSH2022CX-26)阶段性研究成果。

[**] 克雷格·K.阿古莱,罗格斯大学卡姆登分校哲学与宗教系,副教授。

[***] 徐卓,四川大学法学院博士研究生,姜吴熙来,四川大学法学院硕士研究生。

[①] For further details as well as consideration of the relevant mens rea element of the negligence offence involved, see Montgomery v. Texas, 369 S. W. 3d 188 (Tex. Crim. App. 2012). Many cases of criminal negligence in the public record are driving cases, reflecting the combination of high stakes and easy familiarity that marks driving.

[②] A three-quarter ton pickup truck is a pickup truck rated to carry three quarters of a ton; such trucks often themselves weigh nearly five tons without their payload.

罪中似乎不符合犯罪意图的要求，这导致一些学者对过失的罪责持怀疑态度。

我们可以通过行为人的主观犯罪意图来分析这个问题，通过将道德和法律责任的指导—控制（guidance-control）理论与足够丰富的执行能动性（executive agency）理论相搭配来做到这一点。因此，作者运用威廉·赫斯特因（William Hirstein）、卡特琳娜·L.西弗德（Katrina L. Sifferd）和泰勒·K.费根（Tyler K. Fagan）的《负责任的大脑》（2018）中阐述的道德责任执行理论来为刑事过失的罪责承担辩护。他们呼吁用一套复杂的执行功能来解释刑事责任，这使我们能够确定行为人刑事过失犯罪的实际犯罪意图，而不仅是反事实的犯罪意图，这种犯罪意图契合了能动控制的指导—控制概念。在过失不法行为的典型案例中，我们之所以要对过失的不法行为负责，是因为我们的行为导致了危险的发生，即使我们没有意识到或注意到这种风险性，即充分的犯罪意图以行为人对行为的控制力和执行力为前提条件。

一、对过失犯罪归责的反对意见

对过失犯罪归责的反对意见是，过失行为人因缺乏必要的犯罪意图而不应承担罪责，而这一反对意见的基础往往是犯罪意图与控制之间的联系。[1]无论是关于人际责任的道德哲学，还是关于刑事责任的法律哲学，我们都可以看到行为人对其能动性的控制力是承担罪责的必要条件。[2]控制所要求的不仅是对身体上控制的可能性；承担罪责所需的控制是能动性的控制。这种能动性的控制要求可以解释胁迫、精神错乱和不成熟可以作为免除责任的原因[3]。意识和能动控制之间有着密切的联系。似乎只有当我们意识到或以其他方式在精神上接触到相关事实时，我们的能动性才与我们的特定行为表现有牵连，才足以承担责任。因此，刑事罪责所需控制的一个基本要素是犯罪意图要素，即不法行为所涉及的心理活动。

这就给刑事过失犯罪带来了问题。让我们来考虑一下《模范刑法典》对过失的定义：

---

[1] Although this is the standard objection to criminal negligence, it is certainly not the only important question relating to negligence. The family of objections that includes the standard objection denies that negligent wrongdoers are responsible for their negligence. Another family of objections is skeptical that we can satisfyingly distinguish negligent wrongdoing from risky non-wrongdoing. My suspicion is that my answer to the standard objection might also help us to answer those further questions, but I set them aside as separate from the heart of the standard control objection.

[2] Although this is the standard objection to criminal negligence, it is certainly not the only important question relating to negligence. The family of objections that includes the standard objection denies that negligent wrongdoers are responsible for their negligence. Another family of objections is skeptical that we can satisfyingly distinguish negligent wrongdoing from risky non-wrongdoing. My suspicion is that my answer to the standard objection might also help us to answer those further questions, but I set them aside as separate from the heart of the standard control objection.

[3] See, for instance, Brink (2021) for a powerful survey of the explanatory power of compromised and absent control. The mental element of control is especially apparent in the criminal law's insanity defense, illustrated by Model Penal Code § 4.01.

当一个人应该意识到其行为存在或将导致实质要件的重大且不合理的风险时,他在犯罪的实质要件方面的行为就是过失。考虑到其行为的性质和目的,以及他所了解的情况,其性质和程度必须是行为人未能觉察到该风险,这严重偏离了一个理性人在行为时所考虑的内容[模范法典第202(2)(d)条]。

根据《模范刑法典》的定义,你本应意识到相关的风险。但是,在默示的情况下,你没有意识到风险;如果你意识到了风险,你就是放任行为。① 因此,过失是行为人尚未意识到的心理状态。

但是,如果行为人没有相关的心理状态,行为人的能动性又怎么会构成罪责呢?一些学者提出了这种怀疑。例如,我们从马特·金(Matt King)的学说中看到了此种怀疑:"过失的问题始于一个简单观察,即过失的特点是缺乏有意识的心理因素,而与责任有关的典型案例似乎至少需要一些有意识的心理因素,将行为人与相关结果联系起来(2009,579)。"我们从霍利·史密斯(Holly Smith)的学说中也看到了此点:"如果行为人不知道在当前的要求之下应该做什么,却因未能满足某些要求而负责,这似乎是不公平的(2012,3565)。"拉里·亚历山大(Larry Alexander)和金伯利·凯斯勒·费尔赞(Kimberly Kessler Ferzan)也这么认为:"'本可以注意到风险'的立场与自愿行为原则直接相悖,因为自愿行为原则反映了将惩罚限制在行为人可公平选择范围内的价值(2009,83)。"正如奥拉·J. 赫斯坦(Ori J. Herstein)在描述上述问题时所作的解释:"在这种情况下,至少从表面上看,一个人的实际能动性和他的具体行为之间似乎没有责任上的联系……过失时,我们的能动性似乎脱离了我们(意外的)具体行为,而不是参与了该行为的实施(2019,113)。"那么,难道我们不应该对过失犯罪持怀疑态度吗?

二、过失不法行为归责的三种常见辩护理由

尽管对刑事过失犯罪理论的怀疑似乎很有说服力,但推定过失行为人直觉罪责同样使人信服。对于蒙哥马利的行为,怨恨、愤怒、内疚都是正常的反应,我们可以将她与伯纳德·威廉姆斯(Bernard Williams)(1981)笔下的货车司机区分开来,后者在驾驶过程中意外杀人,但是无罪。有人声称,缺乏相关意识不利于追究蒙哥马利这样的行为人的责任,针对这种说法,有三种常见的回应,它们指出了应负罪责的其他实际理

---

① As Marcia Baron (2020) points out, recklessness as defined by the Model Penal Code requires more than mere awareness of the risk; it requires conscious disregard of the risk. Supposing (plausibly) that one might be aware of some downside without consciously disregarding it (and, given the fact of wrongdoing, without heeding it), Baron identifies another path to the mens rea of negligence: cases of awareness without conscious disregard. Given the exploration of the mens rea of negligence I offer here, where the agents are not aware of the risk involved, I set aside without rejecting Baron's further possibility.

由,而不是行为人的反事实状态。

首先,学者们指出,很多看似由行为人过失导致的案件,实际上可能是由于行为人的放任导致的。根据《模范刑法典》,"当一个人有意识地无视其行为存在或将导致实质要件的重大且不合理的风险时,他在犯罪的实质方面行为就是放任行为"[《模范刑法典》第202(2)(c)条],放任需要一种实际的心理状态,即有意识地无视重大且不合理的风险。① 这一理论可能有助于减少我们对运用伦理原则解决道德问题的担忧。然而,正如道格拉斯·胡萨克(Douglas Husak)(2011)等过失辩护者以及亚历山大和费尔赞(2009)等批评者所指出的那样,这种回应无法捕捉到真正的过失案例。如果蒙哥马利从未考虑过自己行为的风险性,那么她就不是有意识地无视这种风险,因此她并不是放任其行为。

其次,采取取代控制力理论要求的策略。② 如果对犯罪意图的要求源于行为人对行为的控制力,我们可以根据影响行为控制力的因素来讨论。例如,我们可以尝试以预见性的理由来证明过失犯罪的正当性。只要刑事过失是危险行为,我们就可以证明将其认定为刑事犯罪是一种旨在减少这种现象的手段。这一理论面临着自身的挑战,其中最主要的是,如果行为人没有意识到自己的行为是危险的,那么如何阻止行为人以危险的方式行事。即便前瞻性观点的倡导者能够解决这种挑战,那么放弃控制而采用预见性的方案也是一种修正性理论,这与将刑事处罚视为对应受谴责的不法行为的正常手段,有着深刻的矛盾。

再次,我们可以用不法行为所表现出的归咎于不法行为者的某些缺陷来取代控制要求。例如,过失也许就是没有充分关注他人利益的表现。③ 如果缺乏足够的关注可以解释蒙哥马利为什么没有意识到她的行为是危险的,如果缺乏足够的关注有罪,那么我们就可以解释蒙哥马利在缺乏意识的情况下有罪。主张这种过失罪责解释的人必须解释其表现形式。应受谴责的过失行为是否证明了其潜在的缺陷?仅有因果关系是否足够?主张这种过失责任解释的人还必须对相关本质上的缺陷做出令人满意的解释。考虑一下对充分注意原则的诉求。充分注意原则绝对不是完全意义上的关

---

① Proving their awareness might be difficult in the absence of a confession. Douglas Husak (2011, 201–02) presents a nice account of the heightened practical challenges of proof in cases of negligence, practical challenges that are faced by both the skeptic's explanations and my own. I set aside those challenges throughout this paper.

② This replacement need not be a wholesale revision of the control requirement for all legal wrongs. For an example of a partial revision, see A. P. Simester (2013), and for an example of skepticism about partial revision, see King (2009).

③ For two examples of manifestation arguments along these lines, see Kenneth Simons (1994) and Findlay Stark (2016). See also Samuel Murray's (2020) account of failing to allocate sufficient psychological resources as well as the dog's–breakfast agential failures identified by Michael Moore and Heidi Hurd (2011). For criticism of manifestation arguments, see Alexander and Ferzan (2009, 71–77), King (2009, 583–587), and Smith (2012).

注,因此,一个充分注意的行为人有时仍可能制造不合理的风险。① 这些危险行为将区分注意理论。更重要的是,以表现形式代替控制是一个重大的理论修正。对过失刑事罪责的正确解释或许是表现说。但是,作者很想知道,以控制为基础的刑事罪责论能否对过失怀疑论者做出令人满意的回应。

最后,我们可以尝试通过追溯理论②来解释真正过失的情况,同时保留对控制的承诺和相应犯罪意图要求。追溯理论指出了可以在早期控制我们之后的不法行为。我们寻找之前行为人本可以采取行动防止后来危险行为的时间,如果我们在那里找到了足够的心理状态,我们就可以通过指出之前的心理状态来解释行为人最终施加风险的控制权和责任。③

从广义上讲,有两种不同的方法可以实现预先控制。第一,你可以改变自己所处的环境。我们可以通过在睡觉前设置闹钟来控制自己何时醒来。假设蒙哥马利已经意识到边打电话边开车是一种危险的行为,而且打电话很容易使她分心。她可能已经意识到这一点,在开车之初就把手机放在了视线不及的地方,也许是放在了手套箱里。第二,你可以改变自己的能动性。这并不需要完全改变自己本身。我们经常会改变自己能动性的某些方面,如当我们养成新的习惯时。例如,蒙哥马利在意识到自己开车时打电话的危险后,可能会一次又一次在开车时有意识地提醒自己不要看手机,直到

---

① See Santiago Amaya and John Doris (2014, 255) for a particularly nice discussion of moral performance mistakes as wrongs whose "occurrence cannot be traced to a lack of moral concern on the part of their agents". I have argued elsewhere (2020) that the defense of duress should apply in at least some cases where agents do wrong precisely because of some good feature of their moral psychology, complicating my response here.

② Hirstein, Sifferd, and Fagan appeal to this tracing strategy to account for at least some cases of culpable negligence. See (2018, 51, 133 – 37). For other examples of tracing – style explanations, see Hart (2008, ch. 6) and Baron (2020, 77 – 79) (among many others).

③ We should be careful to distinguish tracing explanations of negligence from culpable – ignorance substitution. Both are responses to putatively culpable agents who lack some relevant mental state. Some jurisdictions treat ignorant agents as if they were knowing when they satisfy certain conditions, e. g., certain causal histories. See Alex Sarch's (2019) exploration of this sort of substitution. On the tracing strategy, however, negligent agents are not treated like non – negligent agents, i. e., like reckless (or knowing or purposeful) agents. They are held responsible for a negligent wrong.

她养成了不看手机的习惯。① 鉴于这些间接控制手段,我们可以将蒙哥马利危险驾驶的罪责归咎于她在意识到潜在危险的情况下没有采取任何手段。

这些理论既普通又令人钦佩。我们把诱人的零食放在柜子后面,我们在睡觉前把跑步的衣服放好,我们冥想以更好地控制自己的注意力和焦虑。我们有充分的理由让自己的行为变得更好,让自己处于更有利的环境中。曼努埃尔·瓦尔加斯(Manuel Vargas)(2013)和德克·佩雷布姆(Derk Pereboom)(2014)认为这些可能性为我们的责备(或准责备)实践提供了丰富的目标,而赫斯特因、西弗德和费根对执行功能的讨论可以帮助我们确定如何以瓦尔加斯和佩雷布姆等追溯论的学者们所设想的方式更好地干预我们自己的行为。

然而,追溯论不可能为过失犯罪归责的反对意见提供令人满意的答案。② 就追溯论的目的是提供答案给反对意见而言,我们可以询问行为人在行使控制权之前是否有相关的意识。例如,我们可以问,在事故发生之前,蒙哥马利是否意识到她即将造成的风险。如果在选择之前就存在意识,也就是说,如果行为人当时可以采取行动来防止风险,并且意识到当时采取行动来防止风险的可能性和重要性,但是行为人没有采取行动来防止该风险,这一行为就是放任。③ 此外,如果行为人没有在任何特定时间意识到采取行动避免后来风险的可能性,那么我们就可以问,行为人是否应该意识到采取行动就能够避免后来的风险。因此,我们要解决另一个明显的过失,这一理论有可能使已有进度出现倒退。无论如何,反对意见的力量依然存在:罪责似乎总是要求对

---

① Hirstein, Sifferd, and Fagan describe the case of Bert, who forgets that he is to watch his children over the weekend and flies to Las Vegas instead, leaving them unsupervised. By hypothesis, Bert was wholly unaware of his abandoned children when he flew off. We might nonetheless hold him responsible for their abandonment given his failure to take prior precautions. What could he have done?

[Bert] might have trained himself to pay close attention to actions that might affect his children by imagining their faces when a decision that affected them arose. He might have utilized a hard rule of writing down every aspect of the schedule with his children to avoid lapses. Knowing that he tended to tune his ex‑girlfriend out to avoid conflict over the children, Bert could have practiced focusing on her communications about their children nonetheless. Bert also could have engineered his environment such that he was less likely to forget his parenting schedule (he could have set a reminder or kept a calendar) and practiced the process of deliberative self‑control by slowing down and mentally reviewing his schedule before making decisions that might involve his parenting schedule, such as deciding to leave town. (Hirstein, Sifferd, and Fagan 2018, 138).

② For general skepticism about tracing, see Vargas (2005), Andrew Khoury (2012), King (2014), and my work (2016), and for specific skepticism about tracing as applied to negligence, see King (2009), Moore and Hurd (2011), and Santiago Amaya (forthcoming).

③ I am skeptical that many of the cases usually classified as negligent wrongdoing involve prior awareness of the particular risk that looms and the possibility of avoiding it, and so I am skeptical that the first horn of the dilemma captures very many cases. The dilemma argument I present here, however, is independent of that empirical skepticism.

所涉及的风险有一定程度的认识。①

三、指导控制归责理论与执行归责理论

（一）一般能力与指导控制

这三种策略试图迎合怀疑论者的主张，即对过失行为人缺乏直接适当的控制。然而，对过失不法行为人归责的最常见和最直观的辩护也许正是对这一主张的挑战。哈特否认过失的罪责需要任何特定的积极心理因素，他认为，如果过失不法行为人"在行为时具有正常的身体和心理能力，能够做法律要求的事和不做法律禁止的事，并且有公平的机会行使这些能力"（2008，152），则对该行为人的惩罚是适当的。因此，只要我们拥有这些实际的能动性以及实践这些能动性的公平机会，我们就拥有对责任归责所需的控制权。

以下为哈特的能力理论对于蒙哥马利罪责的解释。我们可以合理地假定，普通成年人拥有正常的能力；事实上，这种假定是正常的必然结果。成年人通常具备的能力包括安全、负责任地驾驶。在蒙哥马利的事故中，没有任何迹象表明她的行为偏离了成年人的正常能动性。因此，我们可以假定她具有谨慎驾驶所需的身体和心理能力。我们同样可以假定，她行使这些能力没有受到外界干扰。因此，从行为能力角度看，蒙哥马利本可以按照法律的要求行事，但她没有这样做，因此我们可以让她承担责任。

怀疑论者对过失罪责的这一解释始终心存忧虑。根据哈特的观点，行为人心理状态对危害结果的控制力，比行为人的主观意识更重要。你也本可以意识到这些选择的存在和重要性，但你却没有意识到。这似乎只是转移了怀疑论者的争论焦点。怎么会存在重要的能力来提高相关意识呢？② 要么我们已经对相关选项有了某种意识，在这种情况下，我们无法再意识到这一点；要么我们还没有意识到，所以我们缺乏选择意识到的能力。蒙哥马利要么意识到了自己的驾驶行为有风险，在这种情况下，她就不能使别人相信她已经意识到自己的驾驶行为有风险；要么她根本没有意识到自己的驾驶行为有风险，因此也就不能让人相信她意识到了自己的驾驶行为有风险。这就是怀疑论者的论点。

这种怀疑论应该被质疑。正如加拉斯·威廉姆斯（Garrath Williams）所解释的，"如果我们不能依赖于许多其他技巧性的运作——包括我们在没有明确注意到的情况下考虑到的大量知识，那么任何知识活动都不可能开始"（2020，118）。值得注意的是，类似的论点也适用于犯罪动机。要么我们已经有了相关的犯罪动机，在这种情况

---

① Even if the tracing advocate has an answer for this dilemma, we have little reason to think that the culpability for the earlier decisions should closely track the culpability for the later negligent wrongs. For an argument skeptical of tracing along these lines, see my work (2016).

② For the best sustained defense of an argument along these lines, see Alexander and Ferzan (2009).

下,我们现在就不能体现出我们不存在犯罪动机;要么我们缺乏犯罪动机,在这种情况下,任何实现犯罪动机的行为都是体现不出犯罪动机的。看起来,这样的论证把我们推向了现实主义的边缘。①

根据赫定·哈特(Heeding Hart)和威廉姆斯的观点,对反对意见的全面回答(以及对过失的实际犯罪意图的确定)涉及一种相关能力概念的定义,这种能力概念允许依赖于非反思性的功能。我们首先要澄清法律和道德责任所需的相关控制类型。约翰·马丁·费舍尔(John Martin Fischer)和马克·拉维扎(Mark Ravizza)(1998年)区分了指导性控制和调节性控制。只有在满足了另一种可能性原则的情况下,你才能对自己的行为进行调控。从形而上学的角度看,在当时的特殊情况下,你有可能不这样做吗?在决定论的前提下,我们似乎永远不会有调控权。过失怀疑者的论点似乎是基于对调控的关注,因为其指出了以其他方式行事的某些必要条件(意识到行为所涉及的风险),而显然无法真正实现这些条件。

相比之下,当行为作为理性能动性的产物时,主体就拥有了对行为的指导控制权。指导—控制条件是结合性的,包含能力和生产两个部分。与哈特的责任论一样,一般能力是费舍尔和拉维扎责任论的核心。根据哈特对法律责任的解释,只有当行为人具有两种一般能力(一种是理解法律规则的能力,另一种是使其行为符合其对规则理解的能力)时,行为人才负有法律责任。同样,在费舍尔和拉维扎的论述中,责任所需的理由反应能力是由两种一般能力构成的:一种是接受理由的能力,另一种是行为人根据其对理性的评估从而行为的能力。

然而,"指导—控制"理论要求的不仅是拥有一般能力。② 你的行为也必须是你的能动性运作的结果。在费舍尔和拉维扎的分析中,这意味着你的行动必须是由一个特定的理由反应机制产生的,而这个机制是你的能动性的一部分。费舍尔和拉维扎没有对机制进行任何特定的分析,而是让我们凭直觉来选择机制。例如,我们可以把上瘾视为一种机制,也可以把深思熟虑的权衡视为一种机制。布林克和内尔金拒绝接受机制的规定,他们认为我们应该问行为人本身是否对理由有反应。尽管如此,行为人还是必须在某种充分的能动意义上执行行动。我们可以从赫斯特因、西弗德和费根的责任执行理论中找出证明指导—控制说的通用机制。

(二)作为指导控制机制的执行系统

根据赫斯特因、西弗德和费根的责任执行理论,我们的能动性是由我们的执行功

---

① In addition to Williams, Doug Husak (2011, 204) and Alexander Greenberg (2020) raise objections along these lines. See also Amy Berg (2018) more generally on how ought – implies – can applies to the compositional elements of the ultimate power.

② My concerns here are not exegetical, and I am not claiming that Hart's account is exhausted by the discussion of general capacities and the opportunity to exercise them.

能的运作构成的。赫斯特因、西弗德和费根利用执行功能障碍的案例作为诊断工具,①确定了一系列关键的执行功能:注意力;对知觉、记忆和情绪的监控;对行为的监控;工作记忆;计划和目标设定;抑制;以及任务转换(2018,23-27)。举个例子,想象一下做一个三明治当午餐。这需要制定一个制作三明治的计划(这不一定是一个有意识的反思过程),在收集食材的过程中抑制其他的午餐想法,注意周围的环境,监控这些环境以确定三明治所需的食材,并监控自己的记忆和感知,以便在计划的各个步骤之间进行适当的切换。当这些事情发生时,你就做出了三明治。因此,当足够多的这些执行功能同时运作时,我们就会成为行动者。

赫斯特因、西弗德和费根利用这种对执行功能的解释来解释对犯罪行为和不作为的道德和法律责任。② 根据他们的观点(2018,87),行为人在以下情况下对其犯罪作为或不作为负有责任:

(1)行为人具有一套最低限度的执行功能。

(2)行为人作为或不作为。

(3)行为人的执行过程在其作为或不作为中发挥作用,或者这些过程本应在防止行为人作为或不作为中发挥作用。

当这些条件得到满足时,行为人的行为就在其能动性的控制之下;当行为人的行为在其能动性的控制之下时,让行为人为其行为负责就是恰当的。

第一个条件抓住了指导—控制方案中的能力要素。根据执行理论的解释,行为主体要想承担责任,就必须拥有一套最基本的执行功能。执行功能是有程度之分的,这既是因为单个功能的效率有高有低,也是因为执行功能可能涉及或多或少的单个执行功能。然而,为了负责任,所有这些功能都必须在某种最低程度上发挥作用,这样一个人就拥有了"一套基本的工作功能"(赫斯特因等人,2018,57)。同样,根据费舍尔和拉维扎的观点,只有行为人至少具有适度的理性反应能力,他们才是负责任的,这就要求行为人的理性感受性和理性反应性都达到阈值水平。

然而,从目前的表述来看,这种责任论并不要求指导控制。第三个条件是积极能动性与消极能动性之间的分离,前者的责任建立在执行功能的实际参与上,后者的责任建立在行为人的执行功能本应参与但没有参与上。将消极行为案例包括在内,是为了解释大多数过失案例,补充赫斯特因、西弗德和费根提出的追踪解释(理论)。对反事实参与的诉求与责任的指导—控制说的核心观点相矛盾,而对过失的反对意见正是

---

① Once again, we see that excuses are "the 'royal road' to theories of responsibility" (Moore 2010, 548, quoting Sigmund Freud).

② Hirstein, Sifferd, and Fagan use their account to explain responsibility for consequences in addition to explaining responsibility for actions and omissions. I set aside responsibility for consequences, insofar as responsibility for consequences is grounded in responsibility for explanatory acts or omissions.

因为过失是以反事实方式解释而产生的。因此,我提供了一个剔除了这一消极因素的执行理论责任论述版本,以说明精简版本能够以一种忠实于指导控制承诺的方式解释过失责任,从而避免标准反对意见。①

根据修订后的执行理论,行为人应对其作为或不作为负责:

(1)行为人具有一套最低限度的执行功能。

(2)行为人作为或不作为。

(3)行为人的执行过程在其作为或不作为中发挥作用。

这一修改后的解释与责任理论中的指导—控制理论十分吻合。执行功能的最低工作集是原因反应型的。工作集所包含的能力是那些使行为人能够感知并通过原因指导其行为的能力。例如,通过注意、欣赏并使其行为符合原因。当行为主体的行为是这些执行功能的产物时,行为主体就是在其理由反应能力的指导下,按照指导—控制理论所预期的方式行为的。当行为主体的执行过程在行为主体的作为或不作为中发挥作用时,我们可以说行为主体的行为是其执行过程的产物。因此,指导—控制理论的两个要素都得到了满足。②

我们可以从责任执行理论关于意识到的不法行为的论述中看到它的解释力。我追随怀疑论者亚历山大和费尔赞,引用摩尔(1993,15)的观点,将"我们所具有的那种意识视为一种经验"(2009,51)。③ 在执行理论中,这种经验意识是一种复杂的心理状态,"在这种状态中,现象状态与注意的执行过程发生因果关系"赫斯特内塔(2018,109)。塞缪尔·默里(Samuel Murray)也提出了类似的主张,"基本注意和记忆资源的分配构成了行为人的意识"(2020,15)。

现在考虑一个错案,在这个错案中,行为人意识到其行为可能造成的伤害。想象

---

① This is not to exclude counterfactual reasoning from the account altogether. On my revision, an agent is culpable when their minimal working set of executive functions did function in some way (this is the responsibility condition) but should have functioned in some other way (this is the wrongdoing condition). What I discard is the claim that an agent can be responsible solely because their minimal working set of executive functions should have functioned in some way it did not. Responsibility requires actual executive involvement; merely counterfactual involvement is not sufficient.

② This establishes responsibility. To determine the full nature of culpability, we also need to make precise the description of the relevant wrongdoing. For that, there might be further questions about the nature of the executive functioning's engagement. For example, if I am innocently unaware of the risk my intentional behavior causes, I am responsible for my behavior (it being intentional and thus the product of executive functioning), but given the innocent unawareness, my behavior might not constitute culpability. I thank Dana Kay Nelkin for pushing me to clarify this.

③ This is a controversial notion of awareness. For example, Moore and Hurd include some dispositional beliefs in awareness (2011, 153–56), Murray defines substandard awareness (presumably a type of awareness) as possessing but failing to exercise the epistemic capacities (2020, 11–12), and Husak (2011, 207–10) and Stark (2016, chs. 4–5) treat awareness as akin to belief. I return to the relevant notion of awareness in § 4, where I defend an account of culpability for negligent wrongdoing consistent with a broad ecumenicism about awareness as well as intuitive distinctions between higher- and lower-level awareness.

一下,一个细心的不法行为人犯了类似蒙哥马利过失驾驶罪的错误。试想,这就是鲁莽的(已经认识到并且自觉漠视可能发生的实质性危险)蒙哥马利。① 想象一下,鲁莽的蒙哥马利看到了皮卡车,并意识到从皮卡车前切入会很危险。鲁莽的蒙哥马利意识到了危险,这意味着我们可以公平地将即将发生的危险归因于她,而且意味着她的注意力已被分散。假设鲁莽的蒙哥马利是合格的,那么责任说明的三个要素都得到了满足:

(1)鲁莽的蒙哥马利的能力要求她拥有一套最基本的执行功能。

(2)鲁莽的蒙哥马利驾车冲到了重型卡车前面,造成了致命的事故。

(3)鲁莽的蒙哥马利的错误驾驶是她执行功能的产物,包括注意她驾驶的危险性,在她驾驶时监控她的感知,注意她后面的车辆以及驾驶的各种工具,以及在她协调驾驶所需的任务时工作记忆的运作。

如果你意识到了自己选择的重要性,并且做出了选择,那么你的意识、选择和行为是大量执行功能的结果,因此我们可以得出结论,你的意识行为是由你的能动性适当引导的。在这种情况下,你理应对自己的意识行为负责,而执行理论很好地解释了这种责任。

四、过失犯罪中应讨论行为人真正的犯罪意图

(一)执行系统的参与以及过失的犯罪意图

赫斯特因、西弗德和费根的执行责任理论为执行功能的多样性提供了丰富的解释,我们可以从这种多样性中找出过失的犯罪意图。回想一下,根据赫斯特因、西弗德和费根的观点,当行为人的注意力被相关内容所吸引时,行为人就意识到了某件事情。但我们应该想到,在某些情况下,注意力以外的执行功能也会参与到内容中,从而使行为人参与到内容中,但却没有意识到内容。许多熟练的或常规的活动就属于这种情况。在这种情况下,我们的执行系统会对感知和行为进行监控,将信息从工作记忆中移入移出,进行任务切换,并抑制干扰性影响,尽管我们并没有注意到所有相关内容。

在一些有风险的行为中,行为主体似乎知道存在风险,但并不关注风险。试想一下,在艺术博物馆抢劫或大胆的太空行走中,行为主体知道活动是有风险的。这种风险性可能存在于行为主体的工作记忆中,它可能驱动着行为主体的抑制作用以及行为主体对感知、记忆、情绪和行为的监控。然而,也许是由于需要解除一个具有挑战性的电子警报或在太空中操作一个精确的工具,特工的注意力被放在了所涉及的风险以外

---

① Hirstein, Sifferd, and Fagan give us an example of an intentional wrongdoer: "A man driving in Manhattan accelerates his car into a crosswalk full of people, injuring several of them. One causal history of that event contains executive processes playing planning roles, setting goals to harm as many as possible, and then forming and executing the final intention to accelerate into the people." (2018, 65)

的事情上。在这种情况下,特工的大部分执行系统都在关注风险,但特工的注意力却不在此。根据赫斯特因、西弗德和费根对意识的解释,这些行为主体知道他们的行为是有风险的,他们也参与了这种风险,但他们并没有意识到这一点。

也许有这样的过失案例。在我所举的两个例子中,我所介绍的情况是,行为人参与了风险的处理,但一些紧要的事情转移了行为人对风险的注意力。设想一个与之在结构上类似的过失案例。试想蒙哥马利正在关注她开车的风险性。也许她的朋友经常提醒她开车时打电话的危险性,包括在这次通话中。我们可以从蒙哥马利的焦虑或她对自己行为的监控中看到这种认识。我们还可以看到,这些知识推动了她的任务切换,使她从打电话迅速切换到开车,又迅速切换回来。这些都反映了她的执行系统对她正在制造的风险的参与。然而,想象一下,这个电话是关于一些极其复杂、详细的金融交易的。她的注意力集中在金融交易上,而不是风险上。她的执行系统参与了风险,但她却没有意识到风险。

根据执行理论,在这种情况下,行为人应对其过失的错误行为负责。假定这些行为人拥有一套最低限度的执行职能,那么第一个条件就得到了满足。只要这些行为人采取行动或不采取行动,第二个条件就得到了满足。最终,我们在这些案例中发现了执行功能,包括有关行为风险性的执行活动和执行注意活动。当这种功能产生了作为或不作为时,就满足了第三个条件。因此,这些作为或不作为是可以通过行为人的执行系统的工作来解释的。这些行为人对其过失的错误行为有指导控制权,因此,他们理应承担责任。我们没有理由将注意力的特殊作用置于其他执行功能之上。

将这些案件认定为过失在分类上有两个重大好处。第一,它解释了过失如何与其他犯罪意图类别相统一。如果我们认为,蓄意、明知和鲁莽都需要实际的心理状态,而过失只需要一种反事实的、规范性的心理状态,那么对过失的标准反对意见就会产生。与此相反,过失的犯罪意图是执行系统的次意识运作,四种犯罪意图都需要心理状态。四个犯罪类型都是以足以满足指导控制要求的实际心理现象为标志,这就是为什么四个犯罪类型都为罪责所需的控制提供了令人满意的理由。[①]

第二,在这些案件中承认过失也有助于我们了解过失与其他犯罪意图类别的区别。在描述性的基础上,可以通过执行功能的类型和程度来区分不同的犯罪类型。因此,我们可以通过对所涉及的特定风险的注意程度来区分鲁莽和过失。同样,我们可

---

① Indeed, as Williams points out, awareness can get in the way of control and can reflect the lack of control (2020, 119). As an experiment, attempt to pay attention to each element of some ordinary thing you do by routine, such as washing your hair in the shower. Attend carefully to each component element, and I expect that you will find that your progress slows. This disruption shows up even more in highly skilled routine activities, such as playing a violin or shooting a basketball. For the highly skilled violinist, working the bow comes quickly, and attention can interfere; for the rest of us, our lack of faculty with the instrument is reflected in our intense concentration: "Keep my upper arm still! Go to the angle for the D string! Keep the bow straight!"

以通过计划和目标的设定来区分有目的的不法行为和仅是明知故犯的不法行为。在所有犯罪意图类别中,我们都可以看到一些执行功能。执行功能越强,能动的参与就越多,因此不法行为的罪责就越重。这就解释了为什么我们应该把过失看作犯罪意图类别中罪责最小的一个。

然而,过失怀疑论者可能持反对意见。首先,怀疑论者可能会坚持认为这种情况很少或根本不存在。也许执行系统的运作方式是任何参与都至少需要一些最低限度的关注。① 我对这种可能性表示同情。如果是这样的话,那就不可能存在涉及执行能动性但不引起关注的案例。其次,怀疑论者可能坚持认为,这些案例促使我们修改我们的意识概念,而不是促使我们接受对过失错误行为的罪责。② 如果我们没有理由在责任方面将注意力置于其他执行能动性之上,也许我们同样没有理由在意识方面将注意力置于其他执行能动性之上。一些学者和律师把意识等同于信念,我们可以相信某件事情而不立即注意它。③ 考虑一下"你是否意识到……"中关于一些琐事的提问。这个问题问的是我们知道什么,而不是我们正在关注什么。

此外,我们应该怀疑,这种解释是否能使我们获得许多我们凭直觉认为是过失犯罪的案例。在蒙哥马利的过失犯罪案件中,蒙哥马利应该相信她正在从事有风险的行为,即使她没有注意到这种风险。相比之下,在许多普通过失案件中,行为人似乎根本没有这种信念。蒙哥马利和许多其他过失行为人很可能没有将两者联系起来,而是被分散了对风险性信念的注意力。很有可能,许多过失行为人既相信某类行为是危险的,也相信自己正在从事某类行为,但却没有把这两个确信结合起来,从而相信自己正在从事危险行为。很容易想象蒙哥马利后来会说:"是的,我知道开车时打电话很危险,我知道我在打电话,我也知道我在开车。现在我明白了,我当时的行为是危险的——但我当时并没有想到最后一点。"因此,如果我们想解释像蒙哥马利这样的行为人的罪责,意识之外的执行活动不可能是故事(事情)的全部。

(二)过失的构成要素和犯罪原因

为了全面阐述过失问题,我想谈谈过失的构成要素。过失的构成要素是通常可能导致人们认为行为人的行为具有危险性的信念。对于蒙哥马利的案件,构成要素就是

---

① Resolving this question would require us taking up difficult questions regarding the nature of attention. For good overviews of attention, see Carolyn Dicey–Jennings (2020), Christopher Mole (2017), and Sebastian Watzl (2017).

② We can see something like this urged tacitly in an argument from Alexander and Ferzan: if an agent's failure to act appropriately manifests some untoward desire, the desire or lack thereof "must figure as a factor in the actor's practical reasoning in performing the action. Such an approach, however, looks as if it collapses culpable indifference into our conception of recklessness" (2009, 72).

③ Legal scholars sometimes treat awareness as synonymous with knowledge. See, for example, the treatment of awareness throughout Markus Dubber's (2015) review of the Model Penal Code. See also note 24 above.

她意识到自己在开车时打电话,并且打电话是危险的。认识到这些构成要素的作用对于理解过失的相关心理状态至关重要。在许多过失案件中,即使行为人未曾意识到他们的行为危险性,但行为人拥有一套足够的最低限度的执行功能。这种执行功能不仅在过失案件中可被视为证据来源,并且指导着行为人的行为。这种能动为罪责所需的指导控制提供了依据。①

我们可以在《模范刑法典》的过失定义中看到对这些构成要素的参考。请回想一下:

当一个人应该意识到其行为存在或将导致实质要件的重大且不合理的风险时,他在犯罪的实质要件方面的行为就是过失。考虑到其行为的性质和目的,以及他所了解的情况,风险的性质和程度必须是行为人未能觉察到该风险,严重偏离了一个理性人在行为人所处情况下会遵守的标准[《模范刑法典》第202(2)(d)条]。

第二句话在这里至关重要。并非所有不知情的危险行为都是刑事过失。首先,行为必须严重偏离谨慎标准。律师和学者们花费了巨大的精力来确定这一谨慎标准,并试图将理性人标准精确化。② 其次,要根据行为人行为的性质和目的以及他们所知道的情况来评估风险,行为人对这些情况的了解被认为是推断风险性的构成要素。

芬德利·斯塔克(Findlay Stark)对过失罪责进行了阐述,承认了这些构成要素的作用。③ 根据斯塔克的观点(2016,266),过失在以下情况下是有罪的:

(1)行为人具有与其计划行为所涉及的风险相关的背景理念。

(2)行为人感知到与该风险相关的情境特征。

(3)行为人未能形成在该情境中存在特定风险的信念,这可以用行为人性格的一个公认方面来解释,从而表明其对他人利益的关注不够。

当这三个条件得到满足时,我们就可以将行为人的过失行为解释为不充分关注的能动表现的产物。因此,我们可以将行为人的过失错误行为解释为不充分关注行为表现的产物。

考虑一下斯塔克的说法如何适用于蒙哥马利。我们可以假设蒙哥马利认为开车时打电话是危险的,她知道自己在开车,而且她知道自己在打电话。我们可能会认为,对开车时打电话的危险性的认识是如此普遍,对开车时打电话的看法是如此容易掌握,以至于我们认为几乎所有处于蒙哥马利这种情况的人都具备这些构成要素,并将

---

① There are substantive discussions of this positive cognitive element of negligence in Findlay Stark (2016) and Amaya (forthcoming).

② For two rich discussions of the reasonable-person standard, see Alexander and Ferzan (2009) and Peter Westen (2007).

③ These building blocks are also nicely captured by an example from Amaya and Doris (2014, 261): "You saw an injured pedestrian in distress, [and] you value helping others."

否认具备这些要素的举证责任转移到她身上。虽然在举证方面可能存在重大问题,特别是考虑到刑事司法系统的高标准,但斯塔克的前两个条件似乎已经得到满足。

那第三个条件呢,蒙哥马利未能形成她在该事件中的行为是有风险的这一信念,可以用她性格中的某些公认的方面来解释,即表现出对他人不够关心? 在更普遍的情况下,我们会遇到同样的问题。最重要的是,主张表现论的人必须对表现和要表现的相关基本现象做出令人满意的解释。斯塔克指出了一种用性格特征来解释的风险,而这种性格特征本身就表现出不够关心。然而,正如笔者在前文所论证的,正直的行为人对他人利益的关心程度可能会有所不同,即使是充分关心他人利益的行为人有时也会过失行事。根据斯塔克的观点,这样的行为人似乎可以逃脱责任。

更重要的是,关注失败的原因并不符合指导控制研究的精神。在指导—控制的责任论中,只要你的所作所为是你的能动性在充分意义上的产物,你就是有责任的。关于你为什么没有采取其他行动的解释只能间接地影响到这个项目。例如,通过显示一个破坏了你对你所做事情的因果贡献的借口。然而,对于责任而言,直接重要的是你所做的事情是由你的能动性因素造成的,而不是你没有做的事情是由你的能动性因素解释的。[①]

因此,我们应该接受斯塔克的前两个条件,但拒绝他的第三个条件。以下是经修订的适用于过失的指导—控制责任论述。在下列情况下,行为人应对过失负责:

(1)行为人具有一套最低限度的执行功能。

(2)行为人以某种过失的方式作为或不作为。

(3)行为人的执行过程在行为人的作为或不作为中发挥作用,在过失的情况下,执行过程参与了(1)与其行为所涉及的风险相关的背景信念和(2)对与该作为或不作为所产生的风险相关的情境特征的感知。[②]

满足这些条件的行为人对其风险行为拥有指导控制权。这与行为人不知道或没有意识到他们这样做会带来风险是一致的。这样的行为人应对其过失的错误行为负责。

行为人必须有哪种构成要素呢? 也许在某些过失案件中,行为人意识到了构成要素,但却没有作出危险性推论。试想,蒙哥马利既知道边打电话边开车是危险的,也知道自己边打电话边开车。我们可能会对她未能推断出自己的行为具有风险性感到困

[①] It might seem that any account that satisfies one of these will satisfy the other. Baron writes, "it doesn't happen that one 'just doesn't see' what one should see. There has to be an explanation" (2019, 337, citation omitted). However, even if there is an explanation of some sort, that explanation might not satisfy the manifestation conditions. In any case, insofar as guidance control is doing the explanatory work, as is suggested by the Frankfurt cases, the theory should capture that core guidance – control insight.

[②] This is an instance of the account of responsibility offered in §3.2, not a revision of it.

感,因为她同时关注了这两个构成要素,而这一失败可能构成了她的执行系统存在某种更深层缺陷的证据。然而,只要她意识到这些构成要素,拥有一套最基本的执行功能,并且危险驾驶,她就会因过失而受到惩罚。这将是一个奇怪的案例,但也是一个应受谴责的案例。

比较典型的案例结合了我所考虑的两种解释。相关的心理状态包括必要的构成要素——知道特定类型的行为具有不适当的风险,以及感知与该风险相关的行为和环境。然而,行为人对这些构成要素的心理参与并没有达到现象意识的程度。过失的犯罪意图在上述两个方面(对内容的限制和对所涉及的执行参与类型的限制)都受到了范式上的限制,这就解释了为什么过失行为人的罪责要比鲁莽行为人轻得多,因为责任的轻重与行为的实际参与程度相一致。这些综合解释既解释了过失中的心理活动,也解释了过失与其同类犯罪意图相比罪责更轻的原因。

回到蒙哥马利案件中。假设蒙哥马利有一套最基本的执行功能,假设她以一种不合理的危险方式在皮卡车前打了方向盘。过失责任的前两个条件已经满足,这标志着她是一个合格的行为人,并满足了相关的犯罪行为。那么她的犯罪意图呢?假设蒙哥马利具有与开车打电话的危险性相关的背景信念,假设她意识到自己正在开车,假设她意识到自己正在打电话。蒙哥马利对自己的驾驶和通话都给予了一定的关注,而且她对自己在这两方面的感知都进行了监控,尽管在这两种情况下,她的监控方式可能都有所欠缺。蒙哥马利也在运用她的工作记忆和任务转换能力。[1] 因此,她的执行系统的执行方式使她对自己的危险驾驶行为有了指导控制权,从而使她对自己的危险驾驶行为负责。由于蒙哥马利对其过失行为的责任是以指导控制和实际犯罪意图为基础的,因此标准反对意见的力量被化解了。蒙哥马利的案件得到了令人满意的解释。

最后,我们来看看一些更难解决的过失案例。首先注意疏忽的行为人。亚历山大和费尔赞为我们讲述了一个令人难忘的案例:山姆和露丝是一对可能存在过失的父母。山姆和露丝正在举办一个重要的晚宴,在晚宴开始前不久,他们去给孩子洗澡。当门铃响起时,山姆和露丝把孩子独自留在浴缸中,去迎接客人。在他们离开时,他们既相信如果他们不回来,孩子会有危险,又相信只要他们及时回来,孩子就不会有危险。不幸的是,山姆和露丝很快就被客人们分散了注意力,他们把孩子忘在了浴缸里,

---

[1] Hirstein, Sifferd, and Fagan argue that the executive system is instantiated in the brain's cognitive control network and that its functional roles correspond to particular, physical brain elements. Thus, we can imagine that Montgomery's actual executive functioning corresponded to significant brain activity. This is further reason to conclude that the mens rea of negligence has a significant actual component.

孩子溺水身亡了。①

我提出的过失过错责任的说法很好地解释了山姆和露丝在离开孩子时的过失过错责任。亚历山大和费尔赞告诉我们,在那个时候,山姆和露丝认为装满水的浴缸很可能会给孩子带来危险,而且他们也知道相关的情况(浴缸正在装水,他们两人正在离开浴缸,而且不能保证他们会按时回来)。我们还可以假定,他们一般都知道,如果把孩子单独留在装满水的浴缸里太久,孩子可能会溺亡。即使他们没有推断出他们所施加的特定风险,但这些都被认为是实际过失犯罪主观因素的必要构成要素,如果与一个正常运作的执行系统结合在一起的话(我们可以假设)。他们的离开是过失。

山姆和露丝没能回到孩子身边又是怎么回事呢?某种程度上说,山姆和露丝展现出的是一个令人烦恼的案例,而蒙哥马利的案子却没有展现。假定山姆和露丝具有最低限度的执行功能,他们未能妥善照顾自己的孩子,他们的执行过程自始至终都在发挥作用,他们没有意识到不去看孩子的危险性,而且他们都具有与将孩子留在装满水的浴缸中无人看管的风险相关的背景信念。过失责任方案还有最后一个要素,必须证明他们的执行功能充分参与了对其处境特征的感知,这些特征与将孩子留在无人看管的浴缸中产生的风险有关。

在这里,我们可以看到蒙哥马利与山姆和露丝之间的对比。我们可以合理地推测,蒙哥马利的执行功能参与了对驾驶和打电话的感知。至于山姆和露丝因为没有回到孩子身边而犯有过失罪,那么他们会察觉到他们的处境中哪些与风险相关的特征呢?想想他们在与同事通话时掌握的危险证据。他们肯定能感知到他们正在进行的谈话,但这些感知只能提供非常间接的危险证据。山姆和露丝面临的关键感知是他们的孩子不在身边,然而,不出所料,对于孩子不在身边的看法是存在争议的。② 如果我们认为孩子还留在他们的工作记忆中(即使没有达到意识水平),那么他们认为孩子不在身边是可信的。然而,如果孩子除从他们的意识中溜走之外,还从他们的工作记忆中溜走了,那么他们感知到孩子不在身边就不那么可信了。因此,我们可以看出还有哪些条件可以解释他们的罪责,以及为什么遗忘案例可能特别有争议,而不是范例。

最终,考虑一下那些只拥有基本构成要素的行为人。例如,考虑沃尔特和伯尼斯·威廉姆斯(Bernice Williams)。③ 他们的小儿子患上了牙齿脓肿,导致坏疽、营养

---

① Alexander and Ferzan tell us that Sam and Ruth correctly believed at the time that, given the rate the tub was filling, there would be plenty of time to return. Even if they did correctly believe this, did they believe they were sure to return on time? Alexander and Ferzan's stipulation of Sam and Ruth's beliefs is both partial and artificial. Accordingly, I am hesitant to rely on my intuitions about Sam and Ruth's culpability. For similar and other concerns about the case, see Baron (2020, 78 nn. 27 & 28).

② For an illuminating exploration of the perception of absences, see Anna Farennikova (2013).

③ This sad case, well-known in the negligence literature, can be found at State v. Williams, 4 Wash. App. 908484 P. 2d 1167 (1971).

不良、肺炎，最终死亡。威廉姆斯夫妇没有及时就医。他们认为病情并不特别危险，他们错误地认为自己会被拒绝治疗，他们过失地怀疑他们的孩子会被带走。威廉姆斯夫妇被判定犯有过失杀人罪，初审法院和上诉法院的结论是，威廉姆斯夫妇在相同或类似的情况下没有采取一个合理谨慎的人通常会采取的谨慎措施。①

许多学者和律师都对威廉姆斯夫妇的定罪产生了矛盾。评论者通常关注威廉姆斯夫妇的年纪（她20岁，他24岁）、未完成的教育（她只有十一年级的教育程度，他只有六年级的教育程度）、财富（她在家中工作，他是一名工人）和社会背景（两人均为美国原住民），询问对他们提出我们对"一个理性人"（使用《模范刑法典》的术语）或"一个理性谨慎的人"（使用现行的制定法术语）的要求是否公平。我在此提出的过失分析提供了另一种补充解释，说明为什么我们对威廉姆斯夫妇定罪的直觉是矛盾的。

威廉姆斯夫妇缺少一个相关的构成要素。我们可以从蒙哥马利的案件中归纳出范例构成要素"像这样的情况是危险的""这种情况也是如此"。根据我们对这些构成要素的描述，威廉姆斯夫妇似乎缺少其中一个或另一个构成要素。我们可以假设威廉姆斯夫妇知道"严重的、未经治疗的感染是危险的"，但记录显示威廉姆斯夫妇并没有意识到他们的孩子患有严重的、未经治疗的感染。或者，我们可以假设威廉姆斯夫妇知道他们的孩子患有未经治疗的牙齿感染，但不清楚他们是否知道"未经治疗的牙齿感染是危险的"。

威廉姆斯夫妇显然缺少其中一个典型的构成要素，这应削弱我们对他们完全有罪责的信心。然而，如果他们拥有所缺失构成要素的其他构成要素，他们的罪责程度可能仍然会降低。例如，考虑一下推断他们的孩子患有严重的、未经治疗的感染的构成要件。他们知道孩子没有得到医治，而且已经病了一段时间。他们报告说孩子的脸颊变成了青色，而且记录中有证据表明感染会散发出特殊的气味。因此，他们拥有了基本构成要素，即相信自己的行为是危险的。从对其行为的错误性认识中剔除的那一层额外的因素，可以帮助解释威廉姆斯夫妇直觉上减轻了罪责，这也是我所提供模型的另一点解释力。

结　语

造成伤害的可能性往往使我们的行为成为不法行为。然而，在过失的情况下，我们并没有意识到这种可能性。鉴于意识在能动控制中的核心作用，让我们为过失负责似乎并不公平。如果我们不知道我们本应知道的事情，我们又如何根据这些事情行事

---

① Washington's criminal negligence provisions from 1971 differ from the contemporary Model Penal Code provisions, though not in ways that complicate the case for our purposes. Washington has since reformed its criminal justice code such that it more closely tracks the Model Penal Code.

呢？然而，正如本文所展示的那样，对责任的指导—控制解释的承诺与执行活动的多样性相结合，有助于我们在过失案件中确定足以让过失行为人承担罪责的实际心理活动。在典型案例中，过失的犯罪意图与行为人参与实行行为以及所施加的风险相关，但行为人在作出行为时并不需要关注这些风险。实际的犯罪意图（而不仅是行为人本应具有的反事实的、规范性的心理状态）满足了刑事罪责所作出的犯罪意图要求。[①]

[①] I thank William Hirstein, Katrina Sifferd, and Tyler Fagan for their rich and fascinating book, and I thank Dennis Patterson and the Rutgers Institute of Law and Philosophy for organizing the conference on the book that occasioned this paper. I also thank Santiago Amaya, Marcia Baron, Amy Berg, Dana Kay Nelkin, Findlay Stark, and Evan Tiffany for their invaluable comments on prior drafts as well as the editorial staff of Criminal Law and Philosophy.

刑法上的危险概念与刑法解释

[韩]金台明[*] 著 赵 跃[**] 译

【摘要】"危险"的概念已经在刑法学的广泛领域中得到了广泛的应用。例如,因果关系、未遂、危险犯等,与对1953年《韩国刑法典》的立法产生影响的外国刑法典不同,《韩国刑法典》在若干条款中明确规定[例如,第17条(因果关系),第27条(不能犯)]将危险的概念定义为其基本特征。然而,在解释中,这一特征在文献中大量被忽视,因为它在确定因果关系和不能犯的刑事责任时并没有包含任何标准。但是,对于1953年《韩国刑法典》中这一特征的接受过程的历史研究表明,立法者通过明确危险概念,以期修订以前的讨论。根据《韩国刑法典》第17条的规定,刑事责任只能归因于行为与预期的犯罪危险发生之间的因果关系,并且行为与构成犯罪危险的发生有关。行为的危险性不仅是不能犯的刑罚基础,也是区分(可罚)未遂犯罪和(无罪)幻想犯罪的标准。这是关于危险概念的含义。为了清楚阐述其内容,首先介绍了不同的危险概念,然后探讨了它在刑法中的应用。再研究了其受《德国刑法典》影响的引入过程。在这里,发现1953年《韩国刑法典》的危险概念,先是受到了1940年《日本刑法典草案》的影响,而该草案又受到了1927年《德国刑法典草案》的影响。由此得出,1953年《韩国刑法典》的立法者吸收了危险的客观概念,并将其应用于刑法的普遍原理,特别是因果关系和不能犯。对于刑法分则上的许多危险犯罪,客观危险概念也被当作构成要件进行适用。

【关键词】 危险 危险概念 因果关系说 危险犯 不能犯未遂

一、刑法中危险概念的解释方向

《韩国刑法典》在第10条(身心障碍)、第17条(因果关系)、第18条(不作为犯)、第27条(不能犯)以及分则上的危险犯及特殊犯罪相关条文中规定了"危险"的

---

[*] 金台明(1968年11月),男,韩国全北(国立)大学法学专门大学院教授,韩国首尔(国立)大学刑法学博士,研究方向:刑事一体化。本文原发表于韩国核心期刊《成均馆法学》(第14卷第1号)2002年,第115~141页。
[**] 译者简介:赵跃(1989年1月),女,法学博士,四川轻化工大学法学院讲师,四川社区矫正中心研究人员。

标志。① 关于多种学说对立的因果关系及不能犯规定了"危险"的标志,这与外国(尤其是日本和德国)对刑法制定产生影响的立法例不同,可以说是韩国刑法的固有特征。特别是从刑法制定过程中出现的讨论可以看出,因果关系及不能犯条文是立法者为了从立法上克服学说上的对立,经过深思熟虑后制定的。② 尽管如此,刑法上的"危险"由于其意义的不明确,其存在本身被忽视或加重解释上的混乱,也被认为是不必要的。③ 对刑法上危险概念的这种态度,似乎涉及对韩国刑法的整体评价。

从近代法成立初期就被日本帝国主义强压统治的韩国,实际上在近半个世纪受到了日本帝国主义殖民地法制的影响。④ 不仅如此,1945 年从日本帝国主义手中解放并统治韩国的美军为了填补法律空白,基本维持了原有的殖民地法制;1948 年大韩民国政府成立并制定宪法后,基本法仍未得到完善,韩国立法者根据日本人制定的法律,迅速进行了刑法等基本法的修订。⑤ 在这样的过程中,韩国刑法在很大程度上不能不受到当时《日本刑法典》(1907 年)和《日本改正刑法假案(第二次)》(1941 年)的影响。正因为如此,我们认为刑法是"不希望的产物"(wrongful birth),并将我们的刑法评价为《日本刑法典》或《日本改正刑法假案(第二次)》的一个分支或翻译版本。⑥

事实上,这样的评价并非毫无根据,但至少立法者在各种困难条件下,致力于保障国民的自由和权利、维护我们独特的风俗良序,以及对法律术语的平衡考量。⑦ 这样的痕迹体现在刑法的各个角落,不容忽视。立法者设想对学说上的对立部分采用立法

---

① 分则"危险犯"规定如:第 166 条(对一般建筑物等放火)、第 170 条(失火)、第 172 条(破裂爆发性物品)、第 172 条之 2(放流煤气、电流等危险物)、第 173 条(妨害供应燃气、电等)、第 179 条之 1(对一般建筑物动等溢水)、第 181 条(过失溢水)、第 258 条(重伤害、重伤害尊亲属)、第 271 条第 3 项(重大污染)、第 274 条(虐待儿童)、第 326 条(重妨碍行使权利)、第 368 条(重破坏)。此外,特殊犯罪中涉及携带"危险武器等危险物品"的规定:如第 144 条(特殊妨害公务)、第 261 条(特殊暴行)、第 278 条(特殊逮捕、监禁)、第 284 条(特殊胁迫)、第 320 条(特殊侵入住宅)、第 369 条(特殊损坏)。

② 参考《刑法制定资料集》,韩国刑事政策研究院,1990 年,第 168 页。

③ 关于第 17 条(因果关系),金钟元:《刑法忠则的解释论和立法论研究》,《刑法修订的论点:刑事法修订资料Ⅱ》1985 年,第 88 页,对于第 27 条(不能犯),陈振浩:《不能未遂的危险性判断——以解释上的错误为中心》,《比较刑事法研究创刊号》1999 年,第 72 页。

④ 日本对朝鲜半岛的直接统治虽然从 1910 年持续到 1945 年,共计 35 年,但从法制的角度来看,实际上从 1894 年的"甲午改革"(1895—1896)就开始了,直到 1945 年解放。日本殖民地的法制统治,接近半个世纪。参考韩仁燮:《韩国刑法与法的支配》1998 年,第 16 页。

⑤ 《新法典编纂的动向》,《法政》1948 年 3 卷,第 6 页。

⑥ 在《刑法草案理由说明》中,刑法草案虽然表示"参考了世界各国现行法律、刑法修订草案,特别是德国刑法及德国 1930 年刑法草案,参考了与我国相似的中国刑法",但(《刑法制定资料集》,刑事政策研究院,第 86 页),但仍然存在对我们的刑法是以《日本刑法修改假案》为基础撰写的观点。这种观点认为,我们的刑法在很大程度上是将《日本改正刑法草案》直接翻译而来(吴英根、崔钟植:《日本的改正刑法草案研究》,《刑事政策研究》1999 年春季号,第 107 页。

⑦ 对于立法者的这种努力,参考政府法制编纂委员会(法典编纂委员会)在刑法初稿的制定过程中,以及国会法制司法委员会对刑法初稿的审议过程中,发挥领导作用的议员严相燮在第 15 届国会第 55 次发言,《刑事政策研究院附录 2》,第 175 页。

解决,反映这种独立构想的地方之一就是因果关系(第17条)和不能犯(第27条)。[1] 这一宗旨从当时作为法制司法委员会委员长,对刑法草案的制定起到主导作用的大法院院长金炳鲁的发言中也可以看出来。

在刑法总则编中,首先是关于罪的一般观念,即构成犯罪而共有的一般观念。以前有的国家的刑法中没有相关条款,而有的国家则设立了这样的条款,或者只是在学者的学说中进行讨论。因此,根据实际判断,在这样一种理论仍存在的阶段,韩国的刑法确立了将这种观念作为法条规定的理论。易言之,对于大家更容易理解的《日本刑法典》来说,它首先没有相关的条款。虽然在学者的学说或者判决书中可能有相关内容,但并没有明确设立相应的条款。为此,先简要列举一下明确设立为条款的内容。第一,新设了关于犯罪中常见因果关系的条文,作为第17条。第二,关于不能犯,在学者的学说中存在很多争论,但结果同样被明文规定为第27条。

因此,《韩国刑法典》关于"因果关系"和"不能犯"的条款规定,是立法者试图通过立法来解决当时学说对立的结果。这与当时的日本和德国的刑法典有所不同。特别是关于因果关系的条款,被认为对《韩国刑法典》产生了重大影响,而这在《日本改正刑法假案(第二次)》中并不存在。

在这里,我们对于刑法中因果关系和不能犯的理论争议,远比其他任何地方都激烈。因此,我们不可避免地需要考虑立法者是基于哪种学说来制定这些规定的问题。在解释因果关系和不能犯的条款时,我认为"危险"这个概念具有决定性的作用,它是我国刑法的特点。法律解释的目的不是探究立法者的历史和主观意图,而是解释法律本身所蕴含的意义。法律制定后,它具有独立的生命力,不受立法者主观意愿的限制,这种观点通常被接受。然而,正如恩吉施(Engisch)恰当地指出的那样,解释不能无视故意采用的价值判断和明显可察觉的规则意图,除非它违反宪法原则或一般认可的法院原则。如果无视这些因素,那么解释将不再是解释,而只是一种插入行为。[2] 此外,法律解释必须以法律文本本身为出发点。因此,在解释刑法中的因果关系和不能犯条款时,我们不能忽视"危险"这个概念的重要性。然而,由于《韩国刑法典》是在解放后的政治混乱和"6·25战争"之中迅速制定的,并且没有充分准备立法资料,因此,事实上很难准确了解我们的立法者在规定因果关系和不能犯时,具体持有什么意图[3]。

立法者试图通过立法来解决当时关于"因果关系"和"不能犯"的学术争论。为

---

[1] 仅从《韩国刑法典》总则上的犯罪论部分来看,可以列举对合法行为的期待可能性(第12条)、因果关系(第17条)、不真正不作为犯(第18条)、独立行为的竞合(第19条)、自救行为(第23条)、被害人承诺(第24条)、不能犯(第27条)、教唆犯(第31条第1款、第2款)、间接正犯(第34条第1项、第2项)。参见《刑法制定资料集》,刑事政策研究院,1993年,第87页。

[2] Engisch. Einfurung in das juristische Denken,7. Auf. S.249(Anm. 104b).

[3] 韩国刑事政策研究院于1990年对法政、第二届国会第十六届法律人相关文件、第十五届及第十六届国会全体会议记录等进行了系统整理,发行了《刑法制定资料集》,可以说刑法相关立法资料几乎全部都在其中。

此,通过审视立法者所了解的当时学术争论,特别是采纳危险概念作为关键要素,以及与此相关的因果关系和不能犯的学说,我们可以推测立法者在规定因果关系和不能犯时的意图。此外,考虑到在制定刑法之前,我们采用的是《日本刑法典》,并通过日本引入了现代法学,我们需要审视日本在刑法制定之前围绕危险概念、因果关系和不能犯的学说。当时日本和德国的刑法和刑法草案作为《韩国刑法典》制定的参考,也可以成为追踪立法者意愿的重要参考资料。

二、危险概念学说的展开

(一)危险概念的成立

德国关于危险概念的正式讨论始于1871年德意志帝国建立之后。19世纪最后30年是欧洲机械文明极其发达的时期,蒸汽和电这两种力量变革了世界,影响到机械、化学等各个领域。但是,公共利益与各种公共风险和犯罪并存。[1] 因此,在德意志帝国开创时期,伴随着工业化和技术化的迅速发展,各种问题的出现自然地反映在因果关系和危险概念中。

虽然在德意志帝国成立之前,也不是没有关于危险概念的讨论,但主要是围绕危险犯的处罚根据讨论,或围绕公共危险犯的体系地位讨论。值得关注的时期是以费尔巴哈(Feuerbach)为出发点的关于不能犯的学说的展开。其主张只处罚危险行为,并要求行为与其外部性质上的意图结果存在因果关系。费尔巴哈(Feuerbach)和跟随他的米特迈尔(Mittermaier)和伯尔曼(Bermer)等人通过从法益(权利)的侵害中寻找未遂犯的处罚依据,主张所谓的旧客观说(绝对不可能相对不可能说),[2]当时的危险概念被理解为事实的、物理的可能性。

当时的刑法理论在哲学上基于唯心论,从康德(Kant)开始,经过菲歇尔(Fichtel)直至黑格尔(Hegel),在政治上受到当时启蒙主义自由主义思想的影响,以反映现代法律精神中强调形式合理性以保障公民自由和权利的观念。然而,德国的唯心论在黑格尔逝世后的1931年迅速衰落,取而代之的是以费尔巴哈(Ludwig A. Feuerbach)为代表的德国唯物论,以及由法国孔德(Conte)创立并由英国密尔(Mill)等发展起来的实证主义。根据这些理论,哲学只存在于被机械主义解释的科学的综合中,而这些理论在达尔文的进化论的推动下得到了进一步发展,从1850年到1870年,欧洲逐渐接受了机械主义和唯物主义的进化论的观点。[3]

可见,在德意志帝国成立之前,以自然科学突飞猛进为背景的机械论思维风靡一

---

[1] Roterling. Gefahr und Gefardung im Strafrechtsgesetzbuche. GA Bd. 31. 1883. 5. 271.
[2] Liszt/ Schmidt, Lehrbuch des deutschen Strafrechts 25. Aul. 1927. S. 209.
[3] Joseph M. Bochenski. Europaische Philosophie der Gegerwart. 1956. S. 20.

时,这种时代趋势在刑法领域的因果关系上得到反映,布里(Buri)等人因此提出了条件论,强调自然科学和逻辑的一致性。根据布里等人的机械主义因果概念,费尔巴哈等人所主张的实际的、物理的可能性作为客观危险概念的论证变得脆弱。此外,德意志帝国成立后,俾斯麦的保守、反动倾向拒绝了以自由主义为基础的客观危险概念,从而推动了主观危险概念的发展。由此在当时刑法领域体现为条件论、主观未遂论和主观共犯论。特别是布里的理论,在此之前没有受到太多关注,但在他当上帝国法院的法官之后,其理论成为帝国法院判决的基础。

但是,在承认事实、物理世界的必然性的同时,基于此,构建的客观可能性的危险概念,特别是在因果关系中,开始提出了相当因果关系理论,对不能犯和危险犯的学说产生了影响。特别是弗莱堡的生理学家克里斯(Johanes v. Kriesi)创立了客观可能性的概念,可以说是与当时机械主义和唯物主义、实证主义相对抗的新康德主义的反对观点。以客观可能性和以此危险概念为基础的相当因果关系论是19世纪的自然主义思想倾向。尤其是实证主义哲学在刑法领域得到强烈主张的布里条件论的对立理论。以布里和克里斯为中心展开的关于因果关系的争论为契机,关于危险概念的主观说和客观说的对立变得明确。以下将探讨以布里为中心的主观危险说和以克里斯为中心的客观危险说。

(二)主观危险说

由布里法官审判的帝国法院在1880年作出了一项著名的堕胎未遂判决,本案概述如下。[1] 被告人1(孕妇)在被告人2(男)的教唆下企图堕胎,被告人2多次提供了被认为对流产有效的黑色液体给被告人1服用,但使用后对堕胎没有任何效果,无法达到预期目的。对此,拉文斯堡兰特法院对被告人1适用《德国刑法典》第218条及第43条,判决堕胎未遂,对被告人2根据《德国刑法典》第48条,以堕胎教唆犯认定有罪。这些被告人从旧客观说的角度主张,使用绝对不能的手段的未遂是不能处罚的,并以违反有关未遂的刑法规定为由进行了上诉,但是,在本案中,帝国法院对绝不可能发生堕胎结果的手段,也判定堕胎未遂成立。进而1883年对于没有怀孕的妇女也认定为堕胎未遂[2]。

这种帝国法院的判决是基于存在论的因果概念,并否认了客观风险概念的存在。换句话说,"结果未发生意味着行为绝对不具有结果的因果关系,也就是说结果的未发生表明它与因果关系无关"[3](在现实中无法因果化、最终未能实现结果的行为,是基于个别案例所给定的具体情况而无法产生结果,并且在具体情况下,如果该行为未

---

[1] RGSt Bd. 1. S. 439 ff.
[2] RGSt Bd. 8. S. 198 f.
[3] RGSt Bd. 1. S. 442.

侵犯法益,那么这意味着在没有理论的情况下,该行为在具体情况下无法侵犯法益,也无法实施侵犯,证明该行为客观上没有危险[1])。

依据布里[2]、拉玛施(Lamasch)、[3]赫茨(Hertz)、[4]菲格(Finger)[5]等提出的存在论因果概念,客观上不存在以可能性表示的危险性。因为在前提条件满足的情况下,结果的发生是必然的,在没有满足的情况下,结果的不发生也是必然的。为此,所谓客观风险实际上是主观判断,而且是基于判断者不充分的知识而导致的不完全判断。

根据存在论因果概念,结果发生的原因被视为具有同等价值的必然条件,而行为和结果之间的因果关系判断是基于条件关系,即如果没有行为,结果也不会发生。[6] 布里在存在论因果概念的基础上提出,对于未遂犯的惩罚依据不是结果发生的危险性,而是由人的意愿外部表示的违反刑法意思。因此,他采取了有关未遂犯惩罚依据的主观说,并主张《德国刑法典》中规定的危险概念,如第 223 条 a(伤害危险)和第 312 条(故意对生命构成危险的溢水)等仅是立法的目的而已。[7]

(三)客观危险说

如前所述,帝国法院关于未遂犯否认了危险概念,但在 1882 年关于《德国刑法典》第 233 条 a(危险伤害)的判决中明确采用了客观危险概念。此外,德国生理学家克里斯发表了一篇关于可能性概念的论文,提出了客观可能性和危险概念的新主张,以对抗否定危险概念的主观说。[8]

克里斯也承认存在论的因果概念,认为"实际发生的一切结果都是由事先存在的一切条件的总和所必然产生的",如果把所有的条件都准确地罗列下来,那么无法考虑客观可能性的概念。[9]然而,如果将一定结果关系理解为以普遍条件表达的条件,那么客观可能性的概念将具有意义。[10] 换言之,"在一定情况下,某个事件可能发生或不发生",这意味着两者在客观上是可能的,因为造成事件的情况关系是普遍的,并且包含了不确定的一系列不同可能性,这足够有意义。[11] 因此,克里斯认为客观意义上的可能性判断通常在以普遍条件表达的情况下,即在部分意识到事实或以抽象方式意识

---

[1] RGSt Bd. 8. S. 202.

[2] Buri. Ueber den Begriff der Gefahr und seine Anwendung auf den Versuch. GS Bd. 40. 1888. S. 503fT.

[3] Lamasch. Handlung und Erfolg, Grünhut für das privat – und öffentliche Recht der Gegenwart. Bd. 9. 1882.

[4] Hertz, Das Unrecht und die allgemeine Lerhren des Strafrechts. Bd. 1. 1880.

[5] Finger. Der Begriff der Gefahr und seine Anwendung im Strafrecht. 1899.

[6] RGSt. Bd. 3. S. 642;Bd. 5. S. 404.

[7] Buri. a. a. 0. S. 504 u. 510.

[8] Kries. Über den Begriff der objektiven Möglichkeit und einige Anwendung. Viertel – 25) Kries, Moglichkeit. S. 180.

[9] Kries. Moglichkeit. S. 180.

[10] A. a. O. S. 181.

[11] A. a. O. S. 182.

到每个单独事实的情况下是可能的。而且,只要根据事实法则(das faktisch geltenden Gesetz des Geschehens),即使在不完全表达的情况下,也可以说结果发生在客观上是可能的。因此,根据克里斯的观点,客观可能性与不完全的知识无关,而与对自然法则的经验性识别相关,并与自然法则协调一致。

克里斯基于这种客观可能性概念,解释刑法中的危险犯和因果关系。首先,他认为在刑法中重要概念危险基于客观可能性,并将危险定义为结果的客观可能性。① 其次,克里斯将危险分为广义危险和狭义危险。前者指涉个别案例中与损害的发生或不发生相关的具体形态,具有细节性、无法感知和无法列举的特殊性;后者则忽视个别情况的特殊性,指的是一系列普遍有害的案例。最后,克里斯还区分了危险犯(《德国刑法典》第27章关于公共危险的重罪和轻罪)和警察犯(《德国刑法典》第29章的违警罪)中的危险,前者表示狭义危险,而后者表示广义危险。② 尽管不能完全一致,但与现代的具体危险和抽象危险相似。进一步,克里斯应用了客观可能性的概念来发展了相当因果关系(adaquante Verursa-chung)的理论。作为因果关系理论的先驱巴尔(Bar)认为所有条件必须是必然条件,但不应将所有条件都称为原因,克里斯主张原因的选择可以根据目的而相对化。从这个观点出发,巴尔认为可以通过"事物的日常经过"(regelmäßige Lauf der Dinge)来判断因果关系的重要性。③ 为此,克里斯将巴尔所主张的"物体的日常进程"概念进一步发展,提出了"相当因果关系的理论"。

克里斯将因果关系(ursachliche zusammenhang)分为具体因果关系和抽象因果关系,前者涉及实际发生结果的具体过程,而后者则涉及条件和结果之间的合法则关联性的一般抽象表达。克里斯解释说,客观可能性就是指抽象因果关系。为了认定违法行为与引发的结果之间存在一般关联(因果关系),必须根据人类社会的一般关系来判断行为是否适合产生这样的结果,并在这种情况下才能说存在相当性,否则就只能说没有相当性或者是偶然的。④ 此外,为了承认刑法上的归责(strafrechtliche Zurechnung)于结果,克里斯主张必须承认结果是由违法(有责任)行为相当程度引发的。

(四)客观危险概念在刑法上的适用

受克里斯的客观可能性和危险概念的影响,许多学者如罗兰(Rohland)⑤、宾丁

---

① Kries. Über dieBegriffer der Wahrscheinlichkeit und Möglichkeit und ihre Bedeutung im Strafrecht. ZStW Bd. 9. 1889. S. 533(ZStW Bd. 9).
② A. a. O. S. 534 f.
③ Bar. Die Lehre von Kausalzusammenhange in Rechte, besonders im Strafrechte. 188.
④ Kries, ZStW. Bd. 9. S. 532.
⑤ Rohland. Die Gefahr im Strafrecht. 1886.

(Binding)[①]、西伯翰(Siebenhaar)[②]、布施(Busch)[③]、亨克尔(Henckel)[④]等提出了客观危险理论。正如亨克尔在他的著作标题中所示,危险概念使在刑法的因果关系、共犯理论、无罪论、过失犯罪和危险犯罪等各个领域都能够实现统一的解释。他对危险概念的阐释和应用进行了广泛的分析。

首先,亨克尔从因果关系中找到了客观风险概念适用的领域。他认为危险概念适用于因果关系领域的就是相当因果关系说,相当因果关系说是为了从结果发生的各种条件中提取法律意义上的原因适用抽象的因果概念,即危险概念。换言之,具有相当性的条件可以被认为是结果发生的危险。[⑤]

其次,关于未遂犯,亨克尔表示:"行为至少与犯罪构成条件的实现有抽象的因果关系时,即行为存在犯罪实现的危险时,作为未遂犯进行处罚。"因此,为了成立未遂犯,除对结果的主观相关性(故意或过失)外,还需要对结果具有客观关联性,即具有危险性。所以,主张了所谓对未遂犯的处罚依据的客观说。[⑥]

最后,刑法中与危险犯相关,明确要求引起危险的犯罪类型称为具体危险犯。在具体危险犯中,危险作为构成要件要素,其处罚需要在个别案例中证明已经引发了危险。[⑦] 相反,抽象危险罪是指根据立法者的观点,判断行为在一般情况下(在大多数情况下)具有导致侵害结果的危险,是为了对该行为进行惩罚而设立的。在抽象危险犯中,危险并不是构成要件,只不过是立法动机而已。[⑧]

对于主张客观危险概念的学者来说,危险性尤其是证明相当因果关系说的重要概念。从布里和克里斯的争论中可以看出,危险概念是以因果关系为中心展开,围绕危险概念的争论在因果关系中表现为条件说和相当因果关系说的对立,其中相当因果关系说就是采用了客观危险概念。此后,相当因果关系理论得到了吕梅林(Rumelin)、[⑨]

[①] Binding. Die Gefärdungshandlung besonders im Verhältnis zum fahrlässigen Delikt. GS Bd. 86. 1886, S. 353 ff.
[②] Siebenhaar. Der Begriff der Gemeingefährlichkeit und gemeingefährlichen Delikte nachdem Reichsstrafgesetzbuche, ZStW. Bd. 4. 1884. S. 248 ff.
[③] Busch, Gefahr und gefahrdungsvorsatz in der Dogmatik des modernen Strafrechts, 1897.
[④] Henckel, Der Gefahrbegriff im Strafrecht. 1930.
[⑤] A. a. O. S. 32.
[⑥] A. a. O. S. 37.
[⑦] A. a. O. S. 46.
[⑧] A. a. O. S. 60f.
[⑨] Rümelin, Die Verwendung der Causalbegriff in Straf - und Zivilrecht, 1990.

拉德布鲁赫(Radbruch)、①弗兰克(Frank)、②恩吉施(Engisch)、③希佩尔(Hippel)、④特雷格(Traeger)、⑤李斯特(Liszt)⑥等当时许多学者的支持。

然而,对于判断相当性,存在着主观说、客观说和折中说。⑦ 首先,作为相当因果关系理论的奠基人,克里斯主张以行为时行为者实际感知或可以感知的事实为基础的主观说。⑧ 然而行为者的认识和可预测性是责任(主观归属)问题,因此根据主观说,因果关系的判断存在与责任判断一致的问题。其次,客观说基于行为时的普遍可预见的经验规则,与行为者的主观认知无关。客观说根据一般人的判断能力,判断以行为时可感知的情况为基础,⑨可以说是一种事后预测(nachtragliche Prognosel)的方法。最后,折中说是以行为者认识的情况及普通人能够认识的情况为基础来判断的。⑩

三、危险概念在韩国刑法中的接受

(一)因果关系中的危险概念

作为刑法制定时法典编纂委员会主席,金炳鲁大法官在1953年10月3日举行的大韩民国刑法实施纪念仪式上通过纪念讲话,明确指出,"在战前,没有法律条文的规定,而是依赖学者的讨论和法官的意见来确定罪行的要件,现在应明确规定以使犯罪的要件能够被一般常识所理解"⑪。由此可见,对于当时的立法者来说,将经过学术研究和判例认可的犯罪构成要件明文化,被认为是重要任务。因此,通过研究当时韩国的学术观点和判例以及当时韩国采用了《日本刑法典》(1907年),可以推断出立法者的意图。

金炳鲁大法官在国会全体会议上解释刑法草案时,只是简单地表示关于因果关系的条款是为了在立法上解决学术争议,并没有具体介绍当时关于因果关系的学术观点,也没有解释引入危险概念的动机。此外,在对该条款进行审议的过程中,也省略了

---

① Radbruch. Die Lehre von der adaquanten Verursachung, 1902.
② Frank, Das Strafgesetzbuch für das Deutsche Reiche, 18. Au. 1931. $1. 12b.
③ 特别是Engisch当时的相当因果关系说是以逻辑条件公式(condition sine quanon)为基础判断相当性的。取而代之的是,以"一个行为是否与之合规律地结合在一起,又与构成要件性结果出现的时间上落后的外界变化联系在一起"的合规律性条件公式为基础,主张判断相当性的合规律性条件建设。Engisch. Die Kausalitat als Merkmal der strafrechtlichen Tatbestande. 1931. S.25 ff. 合法则条件说被介绍到我国是1975年沈宪燮教授提出的《因果关系的确定和合法则条件说》,《通知研究》1975年,第50页。
④ Hippel, Deutsches Strafrecht Bd. ll. 1930. S.144 ff.
⑤ Traeger. Kausalbegtriff im Straf - und Zivilrecht. 1929.
⑥ Liszt/ Scimidt, a. a.0. , S.163.
⑦ 关于相当因果关系的学说对立,参考 Radbruch, a.a.O. ,S.355 ff.
⑧ Kries. Moglichkeit, S.229.
⑨ Rümelin. a.a.0. S.19 f.
⑩ Traeger, a.a.0. S.159 ff.
⑪ 《历届大法院院长演讲文集》,法院行政处1973年。

对此进行讨论的环节,仅作出了决议。①

首先,在《韩国刑法典》制定前,韩国学界并没有具体说明条件说与相当因果关系说的对立,但也并不仅将因果关系视为事实关联性的问题,而是将其视为责任范围的限制,即规范判断的问题。例如,沈贤相教授表示,"本来因果关系意味着没有甲现象就不会有乙现象的推理条件关系","一定现象是指在多数条件的结合作用下成立的,只要对结果有条件关系,无论是否有直接间接的、主动被动的、单方共同如何和其势力大小轻重、优劣,理论上因果关系是存在的","在刑法上,责任是规范性责任,所以,即使存在一定的行为与结果的条件关系,行为人也必须在法律上具有有价值的因果关系"。为此,因果关系的存在与否依据条件说确定,而因果关系的范围则由相当因果关系说确定,并认为相当性判断是以行为人特别认识的事实和第三人认识或可预见的事实为标准而采取折中说。②李建镐教授也持相同的观点,即条件说是以决定行为与结果之间是否有因果关系(有无)为目的的,相当因果关系说在刑法上是重要的并且能确定因果关系的范围。③

法制官张承斗认为,所有条件都存在因果关系是违反社会情感的。因此,他认为有必要根据刑法的目的对其进行限制,并表示:"在刑法中,对于行为应根据社会是否感受到犯罪结果的风险来确定其界限。"④因此,他以危险为基准来判断因果关系。结合当时的判例来看,在解放前朝鲜高等法院的判决中,有采取条件说的立场,⑤但在解放后,出现了一系列采取相当因果关系说的判决。

【1946.3.26.1946 刑上诉 1(《韩国判例集》第 11 页以下)】

"通过对神经造成重大刺激,引起精神的兴奋以及随之而来的血压升高,这是任何人都可以预见到的事实。"

【1948.10.8[《韩国判例集》(87 号)第 94 页]】

"如果被告的行为以宽松的一般标准作为常态,作为导致受害者死亡结果的独立原因存在,那么就不能否认存在相当因果关系。"

【1956.7.13. 1956 刑上诉 7[《韩国判例集》(90 号)第 95 页]】

"由于面部是头部的一部分,所以在攻击面部时,不仅可以引起头部生理上的变化,还存在精神上的神经兴奋,可能会迅速增加脑部血压的危险,并可能导致血管破

---

① 《刑法制定资料集》,韩国刑事政策研究院,第 205 页。
② 沈贤相:《刑法总论》,建民文化出版社 1949 年版,第 80、83~84 页。
③ 李建镐:《刑法讲义(总论)》,1952 年版,第 99 页。
④ 张承斗:《刑法大纲》,1950 年版,第 50 页。这种观点与日本的牧野英一的主张类似,参阅牧野英一:《异种抗疫/日本刑法总论》,1957 年,第 190 页。
⑤ 根据 1996 年刘基天的《刑法学总论讲义》,第 148 页引述的内容:"即使受害者因为当时的偶发疾病等障碍而处于无法避免死亡的状态,如果这种伤害是由于被告人实施的暴力行为导致的,那么就可以认定暴力行为与死亡之间存在因果关系。"

裂,根据人类规律证明,在此情况下,可以明确地确定在伤害罪和死亡之间存在着相当的因果关系。"①

如此看来,在刑法制定时我国的学说和惯例中已经吸纳了以危险概念为核心内容的相当因果关系说,这种情况正如大法院院长金炳鲁所说,"从前没有法明文的规定,依靠学者的论罪和法官的见解来进行的事之一"。

与金炳鲁大法院院长一同在制定刑法中发挥重要作用的严相燮议员,在6·3刑法制定后发表的论文《责任条件的定型化》中表示②:"在无限的因果关系链中,应以行为人能够意识到的(故意)或者可以意识到的(过失)作为标准来划定刑责的界限。"他介绍了相当因果关系理论。他认为客观说是"通过第三人,即法官的立场,在事后审查中客观地观察,并综合考虑行为发生时的所有情况,来思考是否符合通常过程的问题"。而主观说是"只承认与行为人的行为和行为人意识的情况所产生的结果之间的法律上的因果关系,只有在通常过程中产生的结果才被认可"。折中说是"以普通人可以知道的事实为基础,包括行为人知道的事实,以判断因果关系"。因此,这三种学说都以认识的可能性作为限制因果关系的标准。严相燮议员还表示:"作为限制无限扩展的因果关系的要素,可包含故意和过失的因素的可察觉性可能发挥作用。"他认为,"即使行为人认识到或可以认识到某个情况,但没有认识到的情况,才是可以将刑事责任归咎于行为人的因果关系"。因此,他认为因果关系理论只是责任理论的一个方面。③

在影响《韩国刑法典》制定的当时日本和德国的刑法及刑法草案中,找不到关于因果关系的明文规定。但是从解放以后到刑法制定为止,一直沿用《日本刑法典》的情况,因此,观察一下当时日本刑法学界关于因果关系的学说情况,应该有自己的意义。

自从克里斯提出客观危险概念和相当因果关系理论以来,相当因果关系理论在德国逐渐成为主流观点。日本从20世纪初开始接受了相当因果关系理论,④许多学者都采纳了这一理论。⑤考虑到当时采用相当因果关系理论的学者,如大场茂马、藤本

---

① 刘基天:《刑法学总论讲义》,1996年版,第148页。
② 根据《刑法草案理由说明书》,在美军定期组织的法制编纂委员会(政府成立后继承为法典编纂委员会)中,刑法总则由梁元一法官负责,刑法各则由严相燮检察官负责制定刑法纲要。梁元一法官逝世后,大法院院长金炳鲁自负总责完成了刑法草案(见《刑法制定资料集》,刑事政策研究院,第85页),严相燮此后成为国会议员,不仅在法典编纂委员会,在国会法制司法委员会审议刑法草案方面也起到了实质性作用。
③ 廉相雪:《责任条件的定型》,《法律协会杂志》1954年3卷3号,第22~23页。
④ 周松参大郎:《刑法上二條作主義/因果論入》,載《法學志林》,明治40年,第243頁;勝本二郎:《法上/因果保二》,載《東京法學會》,明治42年,第16頁。
⑤ 大場茂馬:《刑法总论下卷》,大正2年,第473頁;藤本勘三郎:《刑法要论总则》,大正2되,123頁;平·井彦太郎:《刑法論叢論》,昭和5年,第356頁;泉二新熊:《日本刑法論》,昭和2年,第252頁。(林杨一:《刑法における相當因果關係(一)》,載《法學協合雜誌》,1986年,第1237頁。

勘三郎、泉二新熊等学者在日本刑法学界占据了一定的比重,[①]由此可以推测我们的立法者在留学日本接受日本刑法理论的过程中,也受到了相当因果关系理论的影响。不仅如此,到了20世纪30年代至40年代,相当因果关系说仍占据日本的多数说的地位。[②]

从《韩国刑法典》制定当时,在日本刑法学界具有巨大影响力的牧野英一和小野清一郎的著作中,也可以看到相当因果关系论。首先,小野清一郎表示:"原来因果关系的问题,第一个是刑罚法规中的定型性问题,构成要件的该当性问题。"他又说,"相当因果关系理论不仅是一般经验法则的适用,而是从行为和结果在刑法法规中是否存在定型关联的角度来考察,即定型因果关系。根据这种思考方式,不一定需要犯罪人主观上的预见,而是事后从审判的立场出发,告知一般可以预见的一切情况"。因此,他采取了相当因果关系理论中的折中观点。[③]

牧野英一被认为是提出所谓的危险关系条件论的人,但在解释因果关系时,基于危险概念,这一点值得注意。他认为"因果关系是行为的危险性问题",而"相当因果关系论的要旨在于基于行为可能性,即基于对行为结果的预测能力,并且只有在该预测能力所涵盖的范围内实现了才承认因果关系",但是行为的可能性只不过是个人对行为潜在势力的主观评价。因此,他从主观的立场上把握了相当因果关系说,并进而表示"在明确单纯归咎于行为责任(义务负担)的界限上,可以理解相当因果关系说的立场",将相当性判断问题与责任判断问题等同起来。[④]

考察龙川幸辰,也能发现牧野英一这样的立场。他认为在因果关系以结果的预见或预见性为前提的情况下,与故意或过失的界限完全相同,因此行为的因果关系理论只不过是责任理论的一个场面,刑法上尤其没有必要讨论行为的因果关系。[⑤] 所以采取了因果关系无用论。此处,牧野英一和龙川幸辰的主张,与前面说明的严相燮议员的主张有相当一致的地方。

(二)不能犯的危险概念

《韩国刑法典》中不能犯条文中出现的危险,是受到了1931年以未定稿形式发表

---

① 大場茂馬,担任法官、检察官,在德国留学时,在当时旧派的代表伯克迈耶的指导下进行研究,历任司法省参赞、教授、大审院法官。藤本勘三郎是日本刑法学中形成新派时期的学者,对《日本刑法典》(1907年)的制定产生了相当大的影响。泉二新熊,曾有过法官、检察官的实务经历,历任东京大学教授、检察总长(1931年)及大裁判院长(1939年),实质上制定了《日本刑法修改预备草案》(1927年),对修订刑法议案(1940年)的成立起到了很大的作用。详细内容见《法理論史線合の時》,1994年,第140、232、373页。
② 宫本美经:《刑法大纲》,昭和10年,第63页;平安政吉:《刑法における因果器係の本質》,《人格主義州法理》,昭和13年,第143页;植田重正:《刑法要说总论》,昭和24年,第75页;小野清一郎:《新订刑法讲义总论》,昭和27年,第112页;江家义男:《刑法总论》,昭和27年,第172页;日冲惠郎:《因果关系》,《刑事法讲座》第1卷,昭和27年,第183页。
③ 小野清一郎:《新订刑法讲义总论》,昭和27年,第112页。
④ 小野清一郎:《新订刑法讲义总论》,昭和27年,第188~189页。
⑤ 龙川幸辰:《犯罪论序说》,昭和13年,第50~51页。

的《日本刑法改正假案》总则的影响。① 这一影响可以追溯到《日本刑法典》(1907年)制定后到1926年的《日本刑法修改纲领》、1927年的《日本修订刑法预备草案》,再到1940年的《日本改正刑法假案(第二次)》。从对不能犯条款的审视中可以看出,直到《日本刑法改正假案(第二次)》中才首次出现了危险这一术语。此外,日本的刑法修正案受到了德国刑法草案中明文规定不能犯的影响。因此,对于《韩国刑法典》(1953年)未遂犯规定中出现的危险概念,通过对1925年《德国刑法典草案》和1927年《德国刑法典草案》、1927年的《日本修订刑法预备草案》和1931年的《日本改正刑法假案》的制定过程中有关危险概念的讨论进行分析,可以掌握一定程度的意义。

首先,看看当时德国和日本刑法草案的内容②:

1925年《德国刑法典草案》第23条第4款,行为人以对自然规律的严重无知,而根本无法实施行为的客体或手段企图实施行为的,其未遂行为不予处罚。

1927年《德国刑法典草案》第26条第3款,行为人选择的手段或客体的性质上未遂,根本达不到既遂时,法院可以根据自由裁量减轻刑罚。对于特别轻微的案件,法院可以先判刑。

1927年《日本修订刑法预备草案》第23条,尽管结果的发生是不可能的,但由于对自然规律的明显无知而企图实施犯罪的,不得以未遂犯论处。

1931年《日本改正刑法假案》第22条,结果不可能发生时,其行为不构成危险时,不予处罚。

1925年的《德国刑法典草案》中关于不能犯的规定,插入了"因明显的无知"的主观要件,可以说是根据主观立场规定的。相反,1927年的《日本刑法典草案》删除了这一要件,因此可以评价为接近客观立场的规定。同样地,1927年的《日本刑法修改预备草案》中的不能犯规定是基于主观立场,③而1931年的《日本改正刑法假案》中的不能犯规定可以评价为试图与客观说进行折中。

特别是牧野英一从客观立场上表示:"修正案决定放弃预备草案所采纳的立场,即以客观危险的思考方式决定不能犯的观念,因此应该将其从未遂中区别开来。"④他解释说,《日本改正刑法假案》明确了危险观念,是在未遂理论中采取了客观立场。此外,对1931年的《日本改正刑法假案》,从个人角度进行注释的大审院法官久礼多孝解释说,关于不能犯的成立条件,虽然存在客观说(绝对不能犯、相对不能犯说,法定不能犯、事实不能犯说)、主观立场和危险说(具体危险说、抽象危险说)立场,但他认

---

① 牧野英一:《刑法修订的诸多问题》,介绍了1927年及1930年的刑法修正案,且明确指出《日本修订刑法预备草案》(1927年)受到1925年《德国刑法修正案》的影响。
② 申东云:《关于不能犯的刑法第27条的成立经过》,《法学》2001年41卷2号,第43页。
③ 牧野英一:《刑法修订的诸多问题》,第244页。
④ 牧野英一:《纳粹刑法纲领和刑法修正案》,1941年,第101页。

为相当危险说(从行为的主观、客观两个方面具体观察事实,并根据一般社会观念价值判断,作出危险判断)是合理的,并对1931年《日本改正刑法假案》的不能犯规定,进行了以下解释:

对于该条款的解释,也可以通过"相当危险说"来合理解释,即所谓"不能发生的情况",应该单纯地解释为不能发生结果的具体情况;所谓"该行为不是危险的时候"应该解释为"该行为没有发生结果或其他构成条件实现相当危险的情况"①。

我们无法找到可以了解20世纪20年代至30年代日本和德国刑法草案,以及相关解释论对我们刑法制定过程具体影响的直接资料。但是,可以推断出在我们刑法制定的过程中,这些草案和解释论对其产生了相当大的影响,这主要体现在新修正的刑法草案中明确规定了不能犯条款,这个条款提到了"危险",可以认为对危险概念的讨论也在一定程度上影响了我们对刑法的解释。

而且,在制定刑法的过程中,观察不能犯条款规定危险的过程以及立法者的解释也是有意义的。原政府向国会提交的刑法草案中写道:"因实行的手段或者对象的错误而无法产生结果时,可以减轻或免除刑罚。"因此未明确规定危险标志。

但是,在国会法制司法委员会审议过程中,有人批评说,这种规定是从主观未遂论出发的,除迷信犯以外,其他都将予以处罚,因此过于严厉。② 因此,作为法制司法委员会的修正案,规定了危险标志。因此,在法制司法委员会审议刑法草案的过程中,起到主导作用的严相燮议员在国会全体会议审议刑法草案的过程中,根据以下发言,可以推测其一定程度的含义。

在这种情况中,即使事后判断的结论是不会发生这样的结果,但是对于我们事前看了觉得也是危险的行为,还是以未遂犯来处罚。比如,把子弹放在手枪里面射了人,事后检查发现是哑弹,根本杀不死这个人。但是射击者事先意识到,他是想拿子弹杀人,加上根据我们一般社会常规,如果用手枪向我们射击,就会产生危险,在这个客观上有社会危险性的时候,应当将其作为一般未遂犯进行惩罚。

考虑到严相燮议员以上的发言,可以看出,我们的立法者试图以不能犯的条件,规定结果发生的客观危险性,也就是说,考虑到所有情况,即使事后判断的结论是结果不可能发生,也要从事前的角度(ex‒ante)出发。其宗旨是,如果根据客观事实后的方法进行判断,在有危险性的情况下进行处罚,但比起一般的未遂犯,可以放宽处罚,减轻或免除刑罚。

严相燮议员对不能犯规定的上述解释与今天有关危险性判断标准的学说中具体危险说的立场一致。李斯特、希佩尔、小野清一郎等人的著作中,也可以确认关于危险

---

① 久多益喜:《昭和15年〈刑法修改假案(注释)〉》,载《法律时报》昭和35年7月号,第348页。
② 徐一教:《新刑法》,1953年版,第113页。

性判断的具体危险论,①他们的立场是借用相当因果关系说的思路进行危险性判断。②在相当因果关系说中,关于危险性判断标准的主观说、客观说及折中说与关于不能犯危险性判断标准的主观说、抽象危险说、具体危险说相一致,这并非偶然。

我们的立法者以具体危险说为依据的客观未遂论为基础,规定了不能犯。从主观未遂论的立场来看,与德国存在明显差异,德国没有将"危险"概念规定为要件,而是将其作为对法律秩序的抽象危险进而作为未遂犯可罚性的依据。③ 在韩国刑法中,不能犯的危险性标志是将不能犯与其他类型的未遂犯区分开来,决定处罚范围的重要标准。

考虑到以上不能犯的立法宗旨,《韩国刑法典》第 27 条(不能犯)规定的危险性是指未遂犯形态所共有的侵害法益的危险性,因此,即使《韩国刑法典》第 27 条规定"因实施的手段或者对象的错误,结果不可能发生时,可以减轻或者免除刑罚",在不能犯的解释上不会带来任何差异的观点是可以重新考虑的。④

我们的判例规定,"作为不能犯的判断标准,危险性判断应当根据被告人在行为当时所认识到的情况,从客观上看这是一般人的判断是否有发生结果的可能性,因此,如果要认定为博控剂而在麻黄碱中混合冰醋酸的行为不是不能犯,就上述情况客观地知道制药方法的科学。从一般人的判断来看,应当有结果发生的可能性",以客观危险概念为基础判断危险性。⑤ 大法院在一系列判决中表示"以死亡者为对象的诉讼欺诈不能进行处罚",可以认为是基于"以死亡者为对象的诉讼欺诈没有结果发生的客观危险性"的判断为依据。⑥

(三)危险犯的危险概念

《韩国刑法典》中规定了以危险为要素的具体危险犯罪(具体危险罪),以及即使没有明示危险、以侵害法益的危险性为依据的各种犯罪(抽象危险罪)。但是,如果以侵害的危险性为依据而不是以侵害法益为依据,则惩罚的范围会扩大,从而限制了公民的自由和权利。考虑到我们从日本统治下解放并建立现代独立国家的时代背景,我们致力于建立自由主义法秩序,并在思想上追求自由主义和个人主义的价值秩序。从这个角度来看,危险犯罪的扩大本身就是危险的。由于朝鲜、韩国之间存在军事对峙,

---

① Liszt/ Schmidt, a. a. O. S. 303; Hippel, a. a. O. , S. 148;小野清一郎:《新订刑法讲义总论》,昭和 27 年,第 112 页。
② Stoger. Versuch des untauglichen Taters. 1961. S. 45.
③ 对此的说明请参阅银河泰勋:《不能未遂》,《刑事法研究》1991 年 4 号,第 59 页。
④ 李亨国:《刑法总论研究Ⅱ》,法文社 1990 年,第 554 页;金日秀:《韩国刑法Ⅱ(总论下)》(修订版),1997 年,第 187 页;许日泰:《对不能未遂的危险性意义》,《刑事判例研究》2000 年 8 月号,第 1 页。
⑤ 参阅大法院 1978. 3. 28. 77 三审 4049。
⑥ 参阅大法院 1997. 7. 8. 97 三审 632;大法院 1986. 10. 28. 84 三审 2386;大法院 1987. 12. 22. 87 三审 852。对于 97 三审 632 判决,金日秀教授主张从上调说的角度承认危险性(金日秀:《诉讼欺诈与不能未遂》,《法律报纸》1997 年,第 12、15 页)。

有可能扰乱国家的法治秩序。为此,从立法者的角度来看,危险犯的处罚是不可避免的。

严相燮议员在国会全体会议上说:"刑法是限制其公民自由的重大法律,所以从维护人权、尊重国民自由的立场来看,刑法应该尽可能宽容,而我们现在面临的左翼势力或反国家行为,以及其他干扰我们和平民生的反社会、反国家行为,从公共利益的角度来看,就会做出严格而重的决定。因此,在这里,我们可以看到最尖锐的矛盾是在尊重个人自由的要求和实现国家目标、推动公益要求之间的权衡,而这最突出地体现在刑法中。"①对于刑法分则上的个别的危险犯规定,没有看到像不能犯一样的立法者的详细说明。但是,在解释、适用我国刑法上的(具体、抽象)危险犯规定方面,尽可能限制处罚范围符合立法宗旨,因此认为危险犯的危险概念也应该从客观说的立场上掌握,而不是主观论的立场。②

黄山德教授在1960年发表的《刑法上危险的概念》论文中指出,韩国刑法中常用危险一词,成为犯罪要素的危险(第17条)、公共危险(第166条第1款)、危险物品(第178条)等。接下来说明危险的概念③:"危险原本指的是对不幸结果的可能性(Moglichkeit)。在多个条件中,只有其中一个条件的发生导致了不幸结果的发生时,根据经验,这种可能性判断就会出现。因此,对于危险的评估应该具有经验上可能发生的客观性,也就是说,如果违反法益的行为与物体的法益接近,就必须有足够的客观依据来支持,否则就不能成立。然而,另一方面,不幸结果的发生并不是依赖于所有条件,而是只依赖于其中一部分条件,因此也存在不会发生这种结果的可能性。所以,在结果的发生只在非常规情况下发生或者这种可能性判断完全主观的情况下,我们应该认为这里不存在危险。"

这些危险概念的限制性解释在实际中也具有意义。一般认为,抽象危险犯并不是构成要件要素,而是单纯的立法动机,因此有人主张,在具体案件中,法官没有必要现实地证明或只要有构成要件的行为,就可以推测出危险。④没有现实性的法律利益侵害或法律利益侵害的危险性,只通过行为本身进行处罚,其实是扩大了可罚性的范围。这种解释论与我们立法者所考虑的客观危险概念相冲突,因此即使有符合构成要件的行为,也要从抽象的、客观的(普通人的)立场来看,如果没有危险性,就不能进行处罚。如下所示判例,如果要认定成立抽象危险犯,应该具有侵害法益的客观可能性,没

---

① 《刑法制定资料集》,刑事政策研究院,第177页。
② 判例中也显示,关于暴力行为等处罚的法律规定的"危险物品"是否具有危险性,应根据具体案件中是否按照社会传统观念使用该物品,对方或第三者很快就会感受到杀伤的危险性来判断(见大法院1999.11.91.9·99三审4146)。
③ 黄山德:《刑法中危险的概念》,《考试界》1960年,第125页。
④ 金日秀:《韩国刑法Ⅰ(总论上)》,1966年,第312页。

有这种可能性就无法处罚。①

【大法院 1995.3.393 三审 3080】

《韩国刑法典》第 151 条规定的犯人逃避罪是指,除犯人隐匿以外,以其他方法使对犯人的侦查、审判及刑罚执行等刑事司法的作用变得困难或不可能的行为,其方法没有任何限制,而且作为危险犯,现实上并不要求出现妨碍刑事司法作用的结果。此外,如果认为任何妨碍刑事司法发挥作用的行为,甚至任何帮助罪犯的行为都符合逃犯罪的构成要件,则认为这是过分限制普通公民的行动自由系不妥,所以逃犯行为仅限于促使罪犯潜逃的行为或直接便利其潜逃的行为。应该解释为,由于很难认为其本身是以逃避为目的的行为,所以间接地让犯人安心逃避的情况不包括在内。

【大法院 1997.3.28.97 三审 30】

对于以被告人行使为目的,将被告人身份证制度中的"710226 – 0000000"修改为"700226 – 0000000",变造釜山职称市长名义的居民登记中 1 张的伪造公文公诉事实,变造行为并不是对公文本身施加了变更,其变造方法粗糙,没有达到对公文造成公共危险的程度,因此认定为无罪是正当的。

【大法院 1996.5.31.96 三审 771】

诬告罪中,虚假事实是指因举报的事实,对方有受到刑事处分或惩戒处分的危险,虽然举报内容中包含违反部分客观真相的内容,但其独立不构成刑事处分等对象,只是夸大举报事实的情况,或者从整体上看与不直接影响犯罪事实成立与否的内容有关,那就不构成诬告罪。

【大法院 1998.4.14.98 三审 150】

即使是为了使他人受到刑事处分,而向公务部门申报了虚假的事实,如果该事实是亲告罪,对其控告期间已过,不能提起公诉,根据举报内容本身可以明确的,则没有损害该国家机关职务的危险,因此,在这种情况下,不构成诬告罪。

【大法院 1999.12.10.99 三审 3487】

即使考试的出题委员在选定题目,并提交给考试实施者之前将题目泄露出去,这种行为本身也不是使用诡计妨碍考试实施者工作的行为,而只是其准备行为。如果此类泄露的试题没有提交给考试实施者,就不能说存在因此类试题泄露而妨碍考试实施工作的抽象危险,故不能说构成妨害公务罪。

由以上判例得出,基于客观危险概念,对危险犯进行限制性解释,通过法律解释的方法,防止韩国立法者担心的国家刑罚权的过度行使,而导致国民自由和权利的不正当限制,最终可以评价为符合立法者的意愿。

---

① 最高法院 1995.3.393 三审 3080;最高法院 1997.3./97 三审 30;最高法院 1998.4.14.98 三审 150。

结　语

如前所述,我们的立法者主要依赖学说和判例来明确犯罪成立要件,并着重通过立法方式解决学说上的分歧。这种立法者的构想在德国、日本等制定刑法的国家的刑法典中是没有的,它们过于详细地明确了某些条款。特别是关于因果关系和不能犯等的总则规定,这反映了立法者的构想,展示了《韩国刑法典》的特殊性。但在这些规定中明确提及的"危险"标志并不是简单地模仿外国的立法范例,而是立法者经过深思熟虑后作出的立法决定,考虑了当时韩国的情况。然而,尽管立法者做出了这些努力,这些独特的标志几乎没有得到承认,特别是第17条中的"在不发生构成犯罪要素的危险时"这一表述,因其不明确而受到批评,与立法者的意图相反,它反而导致了混淆。然而,通过对危险概念的深入研究,我们可以确认《韩国刑法典》第17条中的"构成犯罪要素的危险发生"是指与构成要件的结果发生相关的危险,即客观可能性。因此,我们可以理解第17条的含义是:"无论行为如何,如果行为与结果之间虽然存在因果关系(条件因果关系),但对于构成要件的客观可能性不存在(相当因果关系),则不能以此作为结果。"①

从这一点看,判例立足于相当因果关系说来判断因果关系的问题,具有其自身的价值。但是,相当因果关系说在其判断标准及判断资料上,存在学说的对立。相当性的意义不明确,可以指出这是理论上的缺陷。韩国立法者试图通过《韩国刑法典》第17条引进的相当因果关系说能解决多少因果关系的问题,是另外一个问题。

此外,判例在不能犯和各种危险犯中的危险判断方面是基于客观危险概念,即根据具体情况来判断是否存在"根据社会通念"或"根据一般人的判断"的危险性。在不能犯中,即使结果绝对不可能发生,如果根据一般人的观点不存在危险性,就不予处罚,从而否定了以死者为对象的诉讼欺诈的成立;在抽象危险犯中,即使存在属于构成要件的行为,如果从一般人的观点来看不存在抽象的危险情形,就否定了犯罪的成立,从而限制了处罚的范围。从这个角度来看,可以认为韩国立法者所采用的客观危险概念至今仍然发挥着一定的作用。然而,由于危险概念在判断依据和危险程度等方面的不明确性,它受到了许多批评,因此,可以看到在因果关系中的客观归属理论,在不能犯中的主观理论(以"印象说"为代表),以及在危险犯上的主观危险说和客观危险说

---

① 成时卓:《因果关系》,《韩国刑事法学会篇:刑事法讲座Ⅰ》,第194页。

之后,①从兴起的自然科学危险说②和规范性危险说③中可以看到,德国发展了取代过去理论的新理论,并且这种新理论正在被引入我们的国家。特别是关于因果关系,可以说"客观归属理论"取代了"相当因果关系"说,占据了多数说的地位。但对于接受新理论的必要性本身没有明确的外部依据,但我想至少新理论的引入应该在对韩国刑法定位的基础上进行。虽然刑法已经实行了半个多世纪,但韩国刑法学的整体性仍然受到怀疑,这不能不指出在对韩国刑法的定位不准确的情况下,盲目引进外国(主要是德国)理论的弊端。车龙锡教授在很长一段时间内,通过许多研究成果为韩国刑法学的发展作出了巨大的贡献,如下所述:

我认为,确立韩国刑法学的身份认同需要在继承传统立场的同时进行修正和发展。如果我们完全摒弃过去所积累的知识,追求全新的理论,可能会导致永远停滞不前。例如,对于前文提到的"客观归属理论",如果它完全取代了传统的"相当因果关系"观点,我们应该审慎考虑这是否是一个可取的方向。④

近年来,客观归属理论受到了许多批评。日本并没有关于因果关系的明文规定,但日本从德国引入了相当因果关系理论,并将其发展为一种重要的理论,用于解决与因果关系相关的问题。从至今仍然广泛采用相当因果关系理论的情况来看,在立法决策中轻易放弃这一理论的事实,给在韩国刑法学的身份认同角度令人遗憾。我认为,至少我们刑法解释的出发点应该是韩国刑法上的法律文言和立法者的意愿。

---

① 20 世纪 30 年代以后,德国关于危险概念的讨论变得很模糊,但有学者指出,1967 年 Lackner 关于"交通刑法中的具体危险犯"的演讲,仅凭对高度工业社会中新出现的危险的传统危险概念的讨论是无法充分说明的,并敦促学者们进行研究。

② Horn, Konkrete, 1973.

③ Schünemann. Moderne Tendenzen in der Dogmatik der Fahrlässigkeit und Gefährdungsdelikte. JA 1975. S 435ff. ,511ff. 647if. , 715f. 797ff. 795fT. ; Dehmuth. Der normative Gefahrbegriff, 1980; Wolter. Konkrete Erfolgsgefahr und Konkrete Gefahrerfolk im Strafrecht. JuS 1978. S.748 f.

④ 车龙锡:《寻找韩国刑法及刑法学的认同感》,载《韩国刑事法学会夏季学术大会资料集》2002 年,第 23 页。

稿　　约

《刑法解释》是四川大学法学院和刑事政策研究中心主办、法律出版社出版发行、专题研究刑法解释学、刑法教义学和刑法方法论的连续出版物,由法学界学术泰斗和知名学者、司法实务界专家共同组成编辑委员会,由赵秉志教授和李少平大法官担任编委会主任,魏东教授担任主编,暂定每年出版1~2卷。《刑法解释》以登载学术底蕴深厚、理论创新性突出或者实践指导性强、字数在2万字以上的原创性长篇大作为主,设置的主要专栏有"特稿""刑法解释学""案例刑法学""刑法教义学""比较刑法学""书评"等。

《刑法解释》作为严肃的学术性连续出版物,主张严守学术规范,择善而从,择优而用。来稿请以Word文档附件形式,发送邮件到以下邮箱地址:xingfajieshi@163.com;纸质文稿可寄送以下通信地址:四川省成都市双流区川大路四川大学法学院办公室3007室,魏东(收),邮编:610207。

《刑法解释》热切期待刑法学同仁不吝赐稿,并请遵从下列写作技术规范:

一、论文的体例和标题的用法

(一)原则上不使用"章""节"等细目。

(二)一级标题编序原则上使用汉字表达,如:一,二。另行,前空二字。

(三)二级标题编序原则上使用汉字表达,如:(一),(二)。另行,前空二字,行末不带标点。

(四)其他层次,用阿拉伯数字表达,如:1、2、;(1)(2)。另行,前空二字。

正文标题排序中原则上不使用①、②等,如出现需以①、②等为标题层次时,即需对正文结构进行调整,避免层级过多。

(五)在自然段内出现要点列举时,可为:(1),(2);第一;其一;一般情况下接排。

二、注释的用法

(一)注释采用当页脚下注,注释号每页重新起算排序,用圆圈加阿拉伯数字①、②等。

(二)除特殊情况外,文中注号置于注处标点外右上角。

(三)引用资料非来自原始出处者,注明"转引自"。

(四)引文出自同一资料相邻数页者,采用注释例:第28页以下、第28~31页。

（五）引注作品重复出现时，需注释完整，不采用"同上注""同前注"等形式。

（六）作者为三人或三人以上的作品，首次引用时应显示全部作者，重复出现时可在第一作者之后加"等"字样。

（七）书名、论文题目、期刊杂志名、报纸名等，均采用书名号表示。

注释例一（著作类）：

《马克思恩格斯选集》（第2卷上册），人民出版社1972年版，第35页。

柴成文等：《板门店谈判》，上海人民出版社1989年版，第45~48页。

国务院发展研究中心：《中国农业报告》，中信出版社2001年版，第35页。

注释例二（期刊类）：

赵白辰：《建构新经济制度》，载《中国社会科学研究》1993年第2期。

注释例三（文集类）：

王民：《价格理论》，载张可主编：《经济学论集》，经济出版社1992年版，第33~39页。

注释例四（报纸类）：

王启东：《法制与法治》，载《法制日报》1989年3月2日，第2版。

注释例五（网站类）：

吴汉东：《论范式民法典中的知识产权制度》，载http://www.privatelaw.com.cn/cgi-bin/ztyj/view.asp?id=38，2015年1月1日访问。

注释例六（译作类）：

[德]拉伦茨：《德国民法通论》，邵建东译，法律出版社2003年版，第1页。

[澳]依凡·谢瑞尔：《国内法院对国际法的查明和适用》，尤明青译，载《法商研究》1997年第5期。

注释例七（外文类）：

从该语种的通常注释习惯。

三、法律法规等的用法

（一）法律名称前不需要加"中华人民共和国"字样，如不用《中华人民共和国刑法》，只需为"《刑法》"即可；但外国刑法名称除外。

（二）在专指某法典时，加书名号，其他叙述时不加书名号，如：《刑法》第5条规定……我国刑法所规定的故意杀人罪……

（三）涉及条款时，表述（示例）为《刑法》第292条第1款第（三）项。

（四）如文中多处出现名称较长的法律法规、规章、司法解释等，可于文前附缩略语表，文内统一使用简称。

（五）引用法条原文时，如和原文毫无差别，加引号；如有差别，不加引号。

四、数字的用法

(一)使用汉字的情况

定型词汇,如:八国联军,五四运动,白发三千丈,二八年华,五省一市。

民族纪年,如:腊月二十三,咸丰六年九月十日,日本平成七年。

概数和约数,如:七八十个,几千年,三十多个省份,约三千人。

非物理量,如:一个人,三本书,六条意见,五个百分点。

(二)使用阿拉伯数字的情况

统计数字,如:48 69% 1/4 1:50 -25.6 3.875。

时间,如:公元前8世纪 1949年10月1日 20世纪80年代 1970年代。

法条号,如:《刑法》第292条第2款,有期徒刑9年。

物理量,如:12m 100kg 45.8万元 11个月 4.9万册 12.4亿人。

《刑法解释》编委会

2024年1月1日